Hamburger Edition HIS Verlagsges. mbH
Mittelweg 36
20148 Hamburg

© 1999 by Hamburger Edition
Alle Rechte vorbehalten
Umschlaggestaltung: Wilfried Gandras
Herstellung und Layout: Jan Enns
Satz: Utesch GmbH, Hamburg
Druck und Bindung: Clausen & Bosse, Leck
Printed in Germany
ISBN 3-930908-44-1
1. Auflage März 1999

Die Deutsche Bibliothek – CIP-Einheitsaufnahme

Lorenz, Maren:
Kriminelle Körper – Gestörte Gemüter : die Normierung des Individuums in Gerichtsmedizin und Psychiatrie der Aufklärung / Maren Lorenz.
– 1. Aufl. – Hamburg : Hamburger Ed., 1999
ISBN 3-930908-44-1

Maren Lorenz

Kriminelle Körper – Gestörte Gemüter

Die Normierung des Individuums in Gerichtsmedizin und Psychiatrie der Aufklärung

Hamburger Edition

Inhalt

Einleitung 9
Zurückgeworfen auf die Quellen 27
  Der Spielraum 27
  Die Produzenten der forensischen Geschichtserzählung 44
  Das Erzählen von Geschichte(n) 56

A Körper vor Gericht
Ehen in foro ecclesiastico 71
  Männliches Unvermögen 73
  Weibliches Zeugungsvermögen und Unfruchtbarkeit 96
  Ein besonderes Grausen und Abscheu 109
  Hochzeit mit Hindernissen 127
Heimlichkeiten der frechen Frauenzimmer in foro criminali 134
  Von der Erzeugung des Menschen und sonderbaren Schwangerschaften 134
  Von den Zeichen der Jungfernschaft und vorsätzlichem Mißgebären 159
  Verdächtige Geburten und zweifelhafte Kindstode 175
Menschliche Wollust in foro criminali 189
  Sodomie oder Unkeuschheit wider die Natur 189
  Mutterwuth oder furor uterinus 208
  Notzucht oder: Weil eine Weibsperson immer so viel Gewalt hat als erforderlich 225

B Seelen vor Gericht
Zweifelhafte Gemütszustände in foro criminali – Verbrechen und andere Kleinigkeiten 255

Mord und Totschlag	264
Brandstiftung	289
Blasphemie, Aufruhr und Betrug	300
Dem Publiko eine unnütze Last – Gesellschaftsfähigkeit in foro civili	315
Unschuldiger Selbstmord	315
Einweisungen	338
Vormundschaften und Privatgesuche	357
Aus lauter Bosheit simuliertes Wesen – Wenn Krankheit Ruhe und Ordnung bedroht	372
In Gefängnis und Militär	372
Abergläubische Zaubergeschichten	399
Versuch einer Annäherung	430
Anhang	447
Kurzbiographien der Autoren	447
Zentrale Fallsammlungen	447
Ergänzende Fallsammlungen	457
Überblick über die Fallverteilung	460
Quellen	462
Literatur	468
Bibliographien und Lexika	487
Abkürzungen und Zitierweise	487
Sachregister	489

»Jeder, der eine Geschichte erzählt, erzählt sie anders, nur um uns daran zu erinnern, daß jeder sie anders sieht. Manche Menschen sagen, daß alle möglichen Dinge bewiesen werden können. Ich glaube ihnen nicht. Das einzige, was sicher ist, ist die Tatsache, wie kompliziert alles ist, wie eine Schnur voller Knoten. Es ist alles vorhanden, aber es ist schwer, den Anfang zu finden, und unmöglich, sich das Ende vorzustellen…

Jeanette Winterson,
Orangen sind nicht die einzige Frucht

Einleitung

Die internationale Historiographie befindet sich zur Zeit in einem jener Wandlungsprozesse, die sie sonst selbst zu ihrem Untersuchungsgegenstand zu erheben pflegt. Nachdem sich in den siebziger Jahren neben den traditionellen Domänen der großen Herrschaftsgeschichte und Politikgeschichte die Sozialgeschichtsforschung etabliert hatte, entwickelte sich in den Achtzigern ein neuer Trend. Ausgelöst durch die feministische Forschung, das wachsende Interesse der Zunft an den Arbeiten von Norbert Elias[1] und Michel Foucault[2] und einer langsamen Öffnung in Richtung Literaturwissenschaft, Ethnologie und Volkskunde, begannen neue Themen historische Relevanz zu beanspruchen. Kriminalitäts- und Sexualitätsgeschichtsforschung wuchsen zu eigenen Disziplinen heran und befinden sich ihrerseits inzwischen in einer Auseinandersetzung mit den neuesten Ausprägungen des Faches.[3] Beide Ansätze spielen im Zusammenhang mit der Sozialdisziplinierung (Gerhard Oestreich) für neue Untersuchungen zur Medizin- und Psychiatriegeschichte eine große Rolle.

Unausweichlich stößt man dabei auf das Thema *Körper*. Sexualität, Gewaltverbrechen, Krankheit, Folter- und Hinrichtungsrituale und nicht zuletzt die in der frühen Neuzeit verstärkt zu verzeichnende Körpermetapho-

---

1 Ohne die kürzlich von *Schwerhoff*, Zivilisationsprozeß, 1998, zu Recht vorgenommene Kritik an der allzu bereitwilligen Übernahme des Eliasschen Paradigmas gerade seitens der kulturhistorisch interessierten Teile der Geschichtswissenschaft in Abrede zu stellen, steht der von der Theorie ausgelöste Innovationsschub außer Frage.

2 Gleiches (s. Fn.1) gilt auch für den generellen Konflikt der Geschichtswisssenschaft mit Foucault. Vgl. *McGowen*, Power, 1994 und zum besonders zurückhaltenden deutschen Historiographiezweig siehe *Dinges*, Reception, 1994.

3 Vgl. dazu *Eibach*, Kriminalitätsgeschichte, 1996. Zu Positionierung und Methoden in der Sexualitätsgeschichte siehe *Vance*, Theory, 1989 und *Dean*, Hypothesis, 1994.

rik in Staatsphilosophie und Religion lassen aufgrund der offensichtlichen »Präsenz des Körpers in der sozialen Ordnung« der frühen Neuzeit erste Rufe nach einem notwendigen Paradigmenwechsel laut werden.[4] Die Bedeutung, die historisierter Körperlichkeit und Geschlecht für Gesellschaft neuerdings fachübergreifend zugeschrieben wird, läßt sich nicht zuletzt an einer Reihe von in den letzten Jahren erschienenen Schwerpunktheften der verschiedensten Fachzeitschriften ablesen.[5] Die Mediävistin Caroline Bynum stellte angesichts des wachsenden Forschungsinteresses unlängst die provozierende Frage »Warum das ganze Theater mit dem Körper?« und merkte dazu gleich an: »In gewissem Sinne ist es natürlich falsch, ›den Körper‹ zum Thema zu machen. ›Der Körper‹ ist entweder überhaupt kein eigenes Thema, oder er umfaßt so gut wie alle Themen.«[6] Auch sie plädierte zunächst für eine intensivere Auseinandersetzung mit den verschiedenen *historischen* Körpern Europas. Dies scheint auch dringend geboten, da in der Historiographie gerade im Bereich der Kriminalitätsforschung oft entweder eine Übernahme zeitgenössischer Interpretationen oder gar eine Übertragung in heutige (auch nicht unumstrittene) Kategorien stattfindet.[7]

---

4 So *List*, Körper, 1997, hier S. 183. Sie betont dabei vor allem die Bedeutung der Konstruktion der Geschlechterdichotomie, die sich als überraschend modernisierungsresistent erwiesen habe, weil der »Prozeß der Modernisierung auf einer dualen Gesellschaft und Kultur beruht ... auf Lebensmuster bezogen bleib[t], die ... vormodern sind und den Prinzipien organischer und generativer Integrität gehorchen« (S. 184). Vgl. auch die Ausführungen zur Identitätsbildung von *Fradenburg/Freccero (Hg.)*, Sexualities, 1996, Introduction.

5 Vor inzwischen beinahe 20 Jahren hatte der Volkskundler Utz Jeggle noch vergeblich versucht, die Aufmerksamkeit auf die Körperlichkeit von Kultur zu lenken, vgl. *Jeggle*, Schatten, 1980. Die Unterrepräsentation der Geschichtswissenschaft zeigt auch die bislang einzige Bibliographie zum Thema: *Duden (Hg.)*, Body History, 1990. – Eine chronologische Auswahl an Schwerpunktheften: *History and Anthropology* 2/1985: Interpreting Illness; *Representations* 17/1987: The Cultural Display of the Body – oder *Representations* 22/1988: Seance and Suicide. The Media of Somatic History; *Michigan Quarterly Review* 29, No. 4–5, 1990/91: The Female Body; *Neue Rundschau* 4/1993 mit dem programmatischen Titel: »Den Körper neu denken. Gender Studies«. Auch die *Feministischen Studien* und *L'Homme* widmeten dem Körper 1993 beziehungsweise 1994 sowie die *ÖZG* 1997 ganze Hefte. Die spezielle Sexualitätsgeschichte sei hier ausgenommen, denn in diesem Bereich ist die Flut kaum noch überschaubar.

6 *Bynum*, Theater, 1996, S. 1.

7 Dies läßt sich vor allem im Zusammenhang mit Wahnsinn, Suizid oder Kindsmord feststellen. Am weitesten ging dabei noch vor wenigen Jahren wohl Karl *Wegert*, Culture,

Einer kontextorientierten Kulturwissenschaft verpflichtet,[8] fordert Bynum dem Vergangenen nicht schlicht das Heutige überzustülpen, empfiehlt statt dessen das Denken in Analogien:

> »Wir müssen begreifen, daß wir zumindest teilweise die Erben vieler früherer Diskurse sind. Die Debatte über Natur und Differenz, Individualität und Identität, die heute so hitzig ist, hat ihre Wurzeln in jahrhundertelangen Auseinandersetzungen … Daß wir heute so große Mühe mit bestimmten, aus der Aufklärung stammenden Begriffen des philosophischen Vokabulars haben, hängt unter anderem damit zusammen, daß die prämoderne abendländische Philosophie gerade nicht dualistisch und nicht essentialistisch ist.«[9]

Denn »der tatsächliche Leib-Seele-Dualismus, den die Philosophen der frühen Neuzeit eingeführt haben, [ist] nur ein Punkt auf der langen Kurve der Geschichte«.[10] Der analytische Blick zurück in die Vergangenheit fällt jedoch um so schwerer, je vertrauter das Thema zunächst zu sein scheint. Bei genauerer Betrachtung stellt sich allerdings eine wesentliche Schwierigkeit heraus: Zwar ist Körper *physische Manifestation*, doch wahrgenommen und ausgedrückt werden kann er nur als *soziales Gebilde*, dem die jeweilige Gesellschaftsform ihren Stempel aufdrückt. Zwischen diesen beiden Ebenen findet »ein ständiger Austausch von Bedeutungsgehalten statt, bei dem sich die Kategorien wechselseitig stärken«.[11] Eine klare analytische Trennung scheint letztlich unmöglich, eine Annäherung dennoch wünschenswert. Denn obwohl unsere naturwissenschaftlich geprägte Körperwahrnehmung noch verhältnismäßig neu ist, halten wir sie für eine anthro-

---

1994, der sich durchweg zu Erklärungen etwa der folgenden Art versteigt: »Salome Herzog … was illiterate, mentally subnormal, and probably also psychopatic in that her natural feelings and affections were morbidly perverted.« *Ebenda*, S. 180.

8 Zum interaktiven Kulturbegriff, der als Summe strukturbildender Prozesse – gestaltet durch spezifische Handlungsweisen von »Geschichte machenden« Individuen und Gruppen – verstanden wird, siehe grundlegend *Greenblatt*, Kultur, 1995 und *Montrose*, Renaissance, 1995, besonders S. 69 sowie ausführlich das Kapitel »Die Produzenten der forensischen Geschichtserzählung«.

9 *Bynum*, Theater, 1996, S. 29.

10 *Ebenda*, S. 32. Die Auseinandersetzung mit der These, ob es den hier postulierten Dualismus, den Bynum für das Mittelalter überzeugend zurückweist, in der Alltags- wie der Wissenschaftswelt der Aufklärung tatsächlich so gegeben hat, wird diese Arbeit begleiten.

11 So zitiert *Tanner*, Körpererfahrung, 1994, S. 490 die Erkenntnisse der englischen Anthropologin Mary Douglas.

pologische Konstante. Fragen nach ihrem möglichen Entstehungsprozeß wurden lange kaum gestellt. Die sogenannte Schulmedizin, sui generis mit Körperlichkeit und neuerdings auch wieder verstärkt mit seelischer Befindlichkeit befaßt, stellt heute in allen modernen Gesellschaften unbestritten die Königsdisziplin dar.[12] Die Internalisierung moderner Körperbilder, Gesundheits- und Krankheitsnormen in den Industrieländern ist durch vielfältigen Medieneinsatz in Pädagogik und moderner »Volksaufklärung« selbstverständliche Basis jeglicher Selbstverortung und -wahrnehmung, ja Sicht auf die Welt geworden. Denn dank der jede Körperschicht bis ins kleinste durchdringenden Medizintechnik hat jeder Mensch unausweichlich ein »klares« Bild vom Leibesinnern.[13] Die Kenntnis körperlicher Abläufe und die optische Erfassung winzigster Vorgänge sogar am ungeborenen Körper suggerieren Sicherheit, Kontrollierbarkeit von Körperfunktionen und damit auch psychischer Konstitutionen in einer bedrohlich chaotischen Welt. Dieser Glaube an die abendländischen Naturwissenschaften als ultimative Referenz, der seit der Aufklärung in unserer Kultur Einzug gehalten hat, ist auch durch Widersprüche in seinem Fundament nicht zu erschüttern. Die Grenzen zwischen Gesundheit und Krankheit werden von der Medizin zwar ständig verschoben, doch geben vielfältig tradierte und dabei oft widersprüchliche Normen die Grundlage für weite Bereiche der Legislative ab (Kriminalstrafrecht, Eugenik, Umweltpolitik, Sozialpolitik, Versicherungsrecht, Arbeitsrecht etc.). Diese Normen definieren sogar so grundlegende kulturelle Eckpfeiler menschlicher Gesellschaft wie Leben (bspw. Gentechnik) und Tod (bspw. Herz- oder Hirntod) vordergründig naturwissenschaftlich objektiv. Tatsächlich wird eine eigentlich ethische Debatte als medizinischer Fachdiskurs geführt und dadurch die breite gesellschaftliche Mehrheit ausgeschlossen. Die Relativität solcher Definitionen von Leben und Tod wird an der unterschiedlichen Handhabung in den verschiedenen Staaten deutlich. Die Medizin geht damit über den physischen Rahmen des Körpers weit hinaus, verläßt den vorgeblich so

---

12 »Die Norm wird zum Kriterium, nach dem die Individuen sortiert werden. Sobald sich ... eine Normgesellschaft entwickelt, wird die Medizin, die ja die Wissenschaft vom Normalen und Pathologischen ist, zur Königin der Wissenschaften.« So *Foucault*, Mikrophysik, 1976, S. 84.

13 Barbara *Duden* stellt dies am Beispiel der Schwangerschaftsdiagnostik in ihrem Essay Frauenleib, 1991, sehr anschaulich dar.

klar abgrenzbaren naturwissenschaftlichen Raum. Diese Trajektorie zeichnete sich bereits in der Entstehungszeit der modernen Medizin ab.[14]

Auch die Psychopathologie versucht unter Berufung auf die Medizin anhand individueller Schicksale menschliches Verhalten und Empfinden anthropologisch zu systematisieren. Sie entstand im Gegensatz zur sich aus der Philosophie entwickelnden Psychologie im Verlauf der Aufklärung als Gerichtspsychiatrie, die künftig die Einschätzung psychischer Verfaßtheiten definierte. Die dabei entstehende forensische und psychiatrische Diagnostik operierte, medizinischer Logik entsprechend, mit einem anthropologisch konstanten Menschenbild, mit physiologisch untermauerten Geschlechterstereotypen, die sich auf die moral-philosophisch legitimierte Anatomie und Physiologie rückführen lassen. Historische Psychologie wie Medizingeschichte betreiben jedoch bisher ihre Rückblenden nur durch die natur- und die von ihr abgeleitete sozialwissenschaftliche Brille. Die Problematisierung der Genese von (durch divergierende Denk- und Sehweisen) und des Umgangs mit grundlegenden medizinischen Tatsachen, die von konkurrierenden gesellschaftlichen Prozessen gerade in der Aufklärung geprägt wurden, blieben unberücksichtigt. Dem linearen Fortschrittsgedanken widersprechende Befunde wurden ignoriert, denn im Hintergrund regiert noch immer das Dogma der nomothetischen naturwissenschaftlichen Erkenntnis, obwohl gerade in den letzten Jahren von den verschiedensten Disziplinen auf ihre Zeit- und Kulturgebundenheit hingewiesen wurde.[15] Der Rahmen, den die Naturwissenschaften der Aufklärung einmal gesetzt

---

14 Die Schaffung und Aneignung staatspolitischer Aufgaben unter dem Stichwort »medizinische Polizei« kann hier nur erwähnt werden. Mehr zu den Kompetenzbestrebungen und dem zunehmenden Einflußbereich der akademischen Medizin im Prozeß der modernen Staatsbildung bieten *Hull*, Sexuality, 1996, Kap. 2 und 3 sowie *Lindemann*, Health, 1996, Introduction, Kap. 1, 2 und 4. Maßgeblich bleiben trotz vielfältiger Kritik von historischer Seite immer noch die Arbeiten *Michel Foucaults* aus den sechziger Jahren: Wahnsinn, zuletzt 1993 und *ders.*, Geburt, zuletzt 1993.

15 Zum Wandel der theoretischen Vorstellungen bei der Krankheitsdiagnostik vgl. ausführlich *Hess*, Medizin, 1993. – Bezeichnend für die fortdauernde Tabuisierung der Historizität auch der modernen Medizin ist der zögerliche bis euphemistische Umgang mit der Konstruktion wissenschaftlicher Tatsachen im Nationalsozialismus (Euthanasie, Rassenmedizin), Stalinismus (politische Psychiatrisierung) oder auch den USA (Experimente an Soldaten und Strafgefangenen, Wegdefinition gesundheitlicher Kriegsfolgen noch in neuester Zeit).

haben, wird dabei so gut wie nie gesprengt.[16] Die Widersprüchlichkeit und der Prozeß des Wandels frühneuzeitlicher Denk- und Empfindungsstrukturen, die Ritualisierung medizinischer – und somit staatlicher – Kontrolle über die Körper muß stärker konturiert werden, um auf die Historizität und die Wurzeln heutigen Denkens aufmerksam zu machen. Dabei muß betont werden, daß die so häufig vorgenommene aber nie wirklich nachgewiesene Dichotomisierung von Volks- und Elitenmedizin nur als begriffliche und theoretische Krücke verwendet wird.[17]

Die vorliegende kulturhistorisch angelegte Arbeit will endlich mehr Licht auf die Körperwahrnehmung einer Zeit werfen, die unter Berufung auf das klassische Argument des Quellenmangels bisher vernachlässigt wurde. Sie stellt somit einen Versuch dar, Einblick in die Aneignung und den Gebrauch von Körperbildern, Denkstrukturen und Wahrnehmungskategorien frühneuzeitlicher Menschen zu gewinnen. Deren Äußerungen zu im Grunde so alltäglichen Themen wie Krankheit, Verletzung, Tod, Sexualität, Ängsten, körperlichem wie seelischem Schmerz sowie einer Bandbreite an sonstigen Emotionen sind in anderen Quellen für diese Zeit nur vereinzelt dokumentiert und müßten mühsam aus den verschiedensten Quellengruppen zusammengetragen werden. Im untersuchten Quellenkorpus dagegen wurde der Köperwahrnehmung durch die gerichtsmedizinische Ermittlung jene Bedeutung zugestanden, die ihre schriftliche Fixierung so umfangreich ermöglichte.

Grundlage der Studie bilden rund 1800 Fälle aus sämtlichen 35 deutschsprachigen forensischen Gutachtensammlungen des 18. Jahrhunderts, die

---

16 Lange vergessen und erst in den letzten Jahren wiederentdeckt wurde denn auch das die entscheidende Frage nach Genese, Popularisierung und Wandel naturwissenschaftlicher Erkenntnis (aus mikrobiologischer Sicht) formulierende Werk des tschechischen Arztes Ludwik *Fleck*, Entstehung, (1935) 1993. *Lachmund/Stollberg (Hg.)* widmeten, angeregt durch die britische Forschung um Roy Porter, bereits 1992 der »Social Construction of Illness« einen interdisziplinären Sammelband. Eine neue Richtung schlugen inzwischen *Sonntag/Jüttemann (Hg.)*, Individuum, 1993, ein, nachdem sie sich bereits in früheren Publikationen mit der »Geschichtlichkeit des Seelischen« (1986) befaßt hatten. Sie versuchen, sich historischen Mentalitäten durch interdisziplinäre Ansätze zu nähern und gleichzeitig die psychologischen Kategorien der eigenen Disziplin zu historisieren.

17 Die Zweifelhaftigkeit einer solchen Polarisierung betonten in ihren Arbeiten unlängst auch *Kaufmann*, Aufklärung, 1995, S. 82, für die psychiatrische und *Lindemann*, Health, 1996, S. 73 f. und S. 303–315 für die heilmedizinische Seite.

in teilweise mehrbändigen Werken gedruckt vorliegen und die bisher als geschlossener Quellenkanon nicht wahrgenommen wurden.[18] Nur unter Bezug auf den Focus Körper lassen sich die anfangs beschriebenen kulturellen Setzungen hinterfragen und Annäherungen an folgende sich daraus ergebende Probleme versuchen:

1. Innerhalb welcher Grenzen sind Körpererfahrungen überhaupt historisch übertragbar? Müßten bedeutende Unterschiede in der körperlichen Wahrnehmung nicht als Beweis der Wandelbarkeit und damit sozialen Konstruktiviertheit von Körper- und Seelenbildern betrachtet werden? Und welche Rolle spielt dabei die biologisch legitimierte Geschlechterdichotomie?

Um die Grenzen von Fremdheit und Vertrautheit mit Physiologie und Psychosomatik nachvollziehen zu können, gilt der Verbalisierung frühneuzeitlicher Körperbilder und der zeitgenössischen Repräsentation psychischer Vorgänge sowohl auf akademisch-medizinischer wie auch auf seiten der Laien größte Aufmerksamkeit in der Analyse. Deshalb wurde eine betont narrative Form der Darstellung gewählt.

2. Läßt sich die von Foucault für die Aufklärung postulierte machtvolle Disziplinierung durch die allgemeingesellschaftliche Internalisierung der neuen Wissenschaften des »Zeitalters der Vernunft« nicht gerade an den epistemologisch bedeutsamen forensischen Fällen überprüfen? Seiner Ansicht nach wird

»in einem Disziplinarsystem ... das Kind mehr individualisiert als der Erwachsene, der Kranke mehr als der Gesunde, der Wahnsinnige und der Delinquent mehr als der Normale; ... und wenn man den gesunden, normalen, gesetzestreuen Erwachsenen individualisieren will, so befragt man ihn immer danach, was er noch vom Kind in sich hat, welcher geheime Irrsinn in ihm steckt, welches tiefe Verbrechen er eigentlich begehen wollte ...«[19]

Die untersuchte Epoche der Aufklärung gilt ja gerade als jene, die das Individuum als politischen und philosophischen Nucleus von Gesellschaft erst herstellt. Die Macht der Wissenschaft »produziert Gegenstandsbereiche und Wahrheitsrituale: das Individuum und seine Erkenntnis sind Ergebnisse dieser Produktion«.[20]

---

18 Die wenigen älteren lateinischen Sammlungen sind wegen ihrer Beschränkung auf die Gutachten kaum ergiebig.
19 *Foucault*, Überwachen, 1994, S. 248 f.
20 *Ebenda*, S. 250.

3. In der Gerichtspraxis entsteht durch solche Konstruktion einer »psychologischen Kausalität« ein Netz von biographischen Naturalisierungen, die die Anfänge einer wissenschaftlichen Kriminologie bilden. Delinquenz wird zu einem Determinismus, der die Tat »verwissenschaftlicht« und damit das Delikt und dessen Strafbarkeit verschwinden läßt.[21] Diese zentrale These Foucaults bezieht sich auf französische rechtsmedizinische Texte um die Wende zum 19. Jahrhundert. Anfänge einer Umsetzung in die Praxis werden bisher erst für die Zeit nach 1820/30 angenommen.[22]

Hier hingegen wird versucht, mittels der Anfänge gerichtsmedizinischer Überlieferung, der frühen Verzahnung von Theorie und Praxis seit dem Ende des 17. Jahrhunderts auf die Spur zu kommen, deren Bedeutung aufgrund der weniger prominenten Überlieferung (noch keine regelmäßig erscheinenden Fachjournale) schlicht übersehen wurde. Die Foucaultschen Ideen dienen als zentrale Anregungen zur intensiven Auseinandersetzung mit den Anfängen der Rechtsmedizin- und Psychiatrie. Keinesfalls ist jedoch eine sklavische Evaluation der Quellen entlang der Foucaultschen Postulate vorgesehen. Gilt es doch gerade die von Foucault und seinen Epigonen getroffenen verschiedenen Vorannahmen zunächst zu überprüfen:

a. Elitäre Medizintheorien unterschieden sich maßgeblich von populären Vorstellungen von (Geistes-)Gesundheit und Körperlichkeit. – Dabei wird das Problem der »Sozialisation« der akademischen Vordenker, ihrer Teilhabe an der Alltagswelt aller, ihre Einbettung in gleiche kulturelle »Denkstile« ignoriert und zwangsläufig unterstellt, neue Erkenntnisse seien ausschließlich auf zufällige Entdeckungen oder geniale Geistesblitze zurückzuführen.

b. Obrigkeitliche Vorstellungen von Sittlichkeit, Moral und damit Kriminalität unterschieden sich ebenfalls maßgeblich von populären Einstellungen. – Hier scheinen folkloristische Darstellungen von wilden Tanz- und Festgelagen des »einfachen Volkes« und einer scheinbar authentischen – weil noch nicht von normativen Ängsten wie im 19. Jahrhundert dominierten – Triebstruktur ihre Spuren hinterlassen zu haben.

c. Selbstreflexion und damit Selbstwahrnehmung der Betroffenen findet nur in der repressiven Kommunikation (hier Gerichtsmediziner und Verdächtige) statt und wird von diesem Machtgefälle maßgeblich bestimmt. –

---

21 *Ebenda*, S. 324–327.
22 Vgl. *Martschukat*, Seelenkrankheiten, 1997.

Ausgehend von formalisierten Verhörverfahren wird eine permanente Drohsituation unterstellt, wobei vom Fragekatalog abweichendes Reden oder gar ein selbstständiges Aufsuchen eines medizinischen Gutachters nicht erwogen wird.

Die der ärztlichen Dokumentation zugrundeliegenden Medizintheorien und Denkmodelle werden in der Untersuchung nur dort ausführlicher behandelt, wo dies in der Beziehung zur Wahrnehmung der Begutachteten geboten erscheint, da der medizinische Elitendiskurs bereits vielfach Gegenstand historischer und feministischer Analyse war. Statt dessen werden in den einzelnen Kapiteln die das gutachterliche Vorgehen unmittelbar leitenden medizintheoretischen Annahmen am konkreten Fall herausgearbeitet.

Ein weiterer bedeutender Aspekt medizinischer Gutachtung bleibt in dieser Arbeit ebenfalls unberücksichtigt: der Umgang mit Leichensektionen[23] und die Ursachenklärung tödlicher beziehungsweise lebensgefährlicher Verletzungen, etwa durch Arbeitsunfälle oder Wirtshausschlägereien. Diese Bereiche bedingen eine recht einseitige Darstellung des Vorgefallenen: Tote und Bewußtlose hinterlassen in der Regel keine verbalen Spuren in den Fallsammlungen. Solche Fallberichte kreisen ausschließlich um medizintechnische Feinheiten und lebensrettende Operations- und Behandlungsmethoden. Diese Form der Darstellung diente dem Kampf gegen die nichtakademische Konkurrenz (Stichwort »Kurpfuscherei«) und ist für die Interdependenz von Selbst- und Fremdwahrnehmung nicht besonders ergiebig.

Im Vergleich zu den Elitendiskursen ist die Quellenlage bezüglich überlieferter konkreter Körperempfindungen erheblich schwieriger. Außer der vielzitierten Arbeit Barbara Dudens über die Patientinnen eines Kleinstadtarztes Anfang des 18. Jahrhunderts und wenigen autobiographischen Ansätzen bürgerlicher Provenienz, die zudem entweder aus dem 16. Jahrhundert stammen oder eher im 19. Jahrhundert angesiedelt sind, liegen keine Arbeiten vor, die mehr als anekdotische Einblicke in die körperlichen wie psychischen Erfahrungswelten unterer Schichten bieten.[24] Statt dessen überwiegen die

---

23 Zu diesem Thema siehe ausführlich *Stukenbrock*, Cörper, 1999. Hier wird erstmals die standespolitische und gesellschaftliche Bedeutung untersucht.
24 Siehe *Duden*, Geschichte, 1987; *Lumme*, Höllenfleisch, 1996 und *Lachmund/Stollberg*, Patientenwelten, 1995. Auch für die englisch- beziehungsweise französischsprachigen Kulturräume ließen sich keine derartigen Studien ausfindig machen.

oben bereits erwähnten Studien, die sich mit den intellektuellen Diskursen seit der Renaissance und ihrer Neuentdeckung des Körpers in der Anatomie befassen. Dies überrascht, da seit den achtziger Jahren vor allem im englischen Sprachraum, angeregt durch die Arbeiten um Roy Porter, eine ganze Reihe sozialhistorischer Studien zum Arzt-Patient-Verhältnis erschienen, die auch in Deutschland Wirkung zeigten.[25] Wenn die sozialhistorische Medizingeschichte[26] sich eher um Erhellung der gesellschaftlichen Rahmenbedingungen bemüht und die inzwischen häufig als Körpergeschichte bezeichnete Richtung um Thomas Laqueur generell um die weibliche Anatomie kreist, ist dies nicht nur den heutigen gesellschaftspolitischen und feministischen Fragestellungen zu verdanken, sondern vor allem durch die thematischen Schwerpunkte der bisher zugänglichen Quellen selbst bedingt. Als besonders faszinierend, in der Praxis jedoch nur schwer faßbar, erwies sich damals wie heute der schillernde Bereich der Sexualität.[27] Dies führt manchmal zu bizarren Ergebnissen. So verspricht zum Beispiel ein, ob des immensen Zeitraumes ohnehin etwas grob geratener, Überblick von Roy Porter und Lesley Hall Tatsachen über die Entstehung von sexuellem Wissen zu liefern, thematisiert jedoch – anders als der Titel suggeriert – ausschließlich Traktate und Literatur. Der kulturhistorisch relevante tatsächliche Umgang der Zeit der Aufklärung mit Sexualität wird nicht einmal erwähnt. Populäre Einstellungen werden entgegen der von Foucault entlehnten Grundthese von der gesell-

---

25 Hier werden nur die wichtigsten Monographien und Sammelbände genannt, da die Aufsatzflut den Rahmen sprengen würde: *McCray Beier*, Sufferer, 1987; *Porter/Porter*, Progress, 1989; *Radley (Hg.)*, Worlds, 1993; *Digby*, Making, 1994; *Scull et al.*, Masters, 1996. Wegbereitend waren in Deutschland die Arbeiten Arthur E. Imhofs, 1983. Für das 16. und 17. Jahrhundert sei auf *Jütte*, Ärzte, 1991 sowie für das 18. Jahrhundert auf den aus einer Tagung hervorgegangenen Sammelband *Holzberg et al. (Hg.)*, Gesundheit, 1995, verwiesen. Unter der Geschlechterperspektive siehe für Frankreich: *Knibiehler/Fouquet (Hg.)*, Femme, 1983; für Deutschland: *Frevert*, Frauen, 1982, S. 177–210; *dies.*, Krankheit, 1984 und *Elkeles*, Medicus, 1987.
26 Selbst der neue methodische Wege beschreitende Band von *Schnalke/Wiesemann (Hg.)*, Grenzen, 1998, geht zwar auf die gesellschaftliche Praxis, nicht aber auf die Genese von Körper- und Gesundheitsvorstellungen ein.
27 Von historischer Seite erschien bspw. *Erlach et al. (Hg.)*, Privatisierung, 1994 und *Porter/Teich (Hg.)*, Knowledge, 1994. *Gleixner*, Mensch, 1994 und *Kienitz*, Sexualität, 1995, (für einen etwas späteren Zeitraum) gelang es dabei, frühneuzeitliches Sexualverhalten und dessen Beurteilung durch die Obrigkeit anhand von Gerichtsverfahren zu untersuchen.

schaftlichen Konstruktion von Sexualität in einer Vielfalt verschiedener Diskurse, die weit über den klassischen intellektuellen Textbegriff hinausreichen, schlicht als Aberglauben und Folklore vom Tisch gewischt.[28]

Sobald Körperlichkeit konkret thematisiert wird, stößt der »Sonderfall« Frau – dies zeigen auch die vorliegenden medizinischen Fallsammlungen – bei damaligen Anatomen und Ärzten wie heutigen Historikern und Historikerinnen und in anderen Fächern (vor allem die Soziologie ist hier zu nennen) stets auf besonderes Interesse.[29] Der männliche Körper hingegen ist in der Geschichtswissenschaft sicher auch wegen dieser Einseitigkeit, außer im Bereich der sich bisher vor allem in den USA und England etablierenden Homosexualitätsforschung, noch kaum entdeckt worden.[30] Bliebe anzumerken, daß, abgesehen von sexuellen Aspekten, der männliche Körper nicht wie der weibliche per se als geschlechtlich, sondern eher als Neutrum betrachtet wird. Sämtlichen Arbeiten, die sich heute aus medizinhistorischer Perspektive mit Körperwahrnehmung im Spiegel von Krankheit befassen, liegt ohnehin weiterhin ein axiomatisches Körperbild zugrunde.[31] Obwohl Gianna Pomata, bezogen auf den weiblichen Körper, bereits 1983 darauf hinwies, daß es keine ahistorische Körperlichkeit gäbe[32], und Tho-

---

28 Siehe *Porter/Hall (Hg.)*, Facts, 1995.
29 In Frankreich setzte dies Interesse besoders früh ein: Vgl. *Peter*, Femmes, 1976 und *Azouvi*, Woman, 1981. Zur sexistischen Darstellung in der aufgeklärten Anatomie siehe *Jordanova*, Visions, 1989. Natürlich *Honegger*, Ordnung, 1991, vgl. auch *Stolzenberg-Bader*, Schwäche, 1989 und *Jones*, Women, 1990, in Deutschland zuletzt *Labouvie*, Umstände, 1998.
30 Einzige Ausnahmen für die frühe Neuzeit im deutschen Sprachraum: *Roper*, Oedipus, 1994; *Dinges*, Soldatenkörper, 1996, *Sieber*, Passionen, 1995 und *Lumme*, Höllenfleisch, 1996. Grundsätzlich machte *Theweleit*, Männerphantasien, 1980, bereits früh darauf aufmerksam. Einen Überblick über die primär sozialhistorischen und sozialwissenschaftlich geprägten Publikationen zu Männlichkeit bietet das entsprechende Themenheft der Schweizer Zeitschrift für Geschichte: *traverse* 1/1998.
31 Zuletzt wieder festzustellen zum Beispiel bei *O'Dowd/Philipp (Hg.)*, History, 1994, passim und dem kanadischen Medizinhistoriker Edward *Shorter*, Mind, 1994. Hier werden seit der Aufklärung transportierte biologistische Krankheitsbilder in Form anthropologischer Konstanten auch psychischen Erkrankungen zugrunde gelegt (Vorwort) und damit den Frauen (Kap. 3) ebenso wie bestimmten Volksgruppen (Kap. 4 und 5) unveränderliche psychische Dispositionen unterstellt. Damit befindet sich der Autor wieder in der akademischen Mentalität des 18. Jahrhunderts.
32 Vgl. *Pomata*, Frage, 1983.

mas Laqueur wissenschaftliche Körperbilder der verschiedenen Epochen als soziokulturelle Kategorien entlarvte,[33] entbrannte erst mit den provokanten Theorien der Philosophin Judith Butler seit 1990 vor allem in den USA – und weniger heftig im deutschsprachigen Raum – eine feministische Debatte um die kulturelle Konstruktion von »sex« *und* »gender«.[34] Butlers radikal dekonstruktivistischer Ansatz geht von der zentralen These aus, daß alle Wirklichkeit sprachlich konstruiert ist, Materie erst durch ihre Bezeichnung Bedeutung erhält. Deshalb kann es auch keinen vordiskursiven Zugang zu Materie, d.h. Körperlichkeit, geben. Butler zufolge – angelehnt an den Foucaultschen Begriff der Macht der Diskurse – schaffen sprachliche Vermittlung und das Wiederholen von einübenden Handlungen (Performanz) zusammen somit auch Vorstellungen von Geschlechtlichkeit. Geschlecht wird anhand biologischer Zuschreibungen Signifikanz verliehen, indem ein dichotomes Anderes ausgeschlossen wird. Unter Bezug auf psychoanalytisches Denken à la Freud und Lacan zielt sie dabei auf die in weite gesellschaftliche Bereiche ausgreifende symbolträchtige Geschlechterdichotomie ab, die auf der scheinbar essentiellen Differenz von Vagina und Penis beruht. Die Unterscheidung zweier Geschlechter anhand zweier ständig mystisch beschworener Organe dekonstruiert sie als durch Tabus und Gesetze abgesicherte kulturelle Setzung, da andere Ausschlußkriterien auch zu anderen Bedeutungsinhalten führen würden. Wäre es das die Menschheit in zwei Gruppen teilende natürliche Ausschlußkriterium, hätte diese es nicht nötig, jenes sich selbst herstellende und bewahrende Prinzip durch Zwangsheterosexualität und Zwangszuordnung in eine der beiden Geschlechterkategorien per Gesetz zu erzwingen. In letzter Konsequenz weist Butler somit die zentrale Unterscheidung in »sex« und »gender« als Bestätigung biologistischen Denkens zurück und fordert, körperliche Materialität solle »object to feminist inquiry« sein, aber keinesfalls »subject of feminist theory«.[35] Absurd, aber weit verbreitet, weil gerade im ersten Buch

---

33 Vgl. *Laqueur*, Sex, 1990.
34 *Butler*, Unbehagen, 1991 und *dies.*, Bodies, 1993. Zur Diskussion siehe *Duden*, Frau, 1993; *Angerer*, Ekstase, 1994; Herta *Nagl-Docekal*s Rezension, 1994 sowie die Debatte mit Beiträgen von Barbara Vinken, Allison Weir, Gesa Lindemann, Herta Nagl-Docekal und Judith Butler in der *Frankfurter Rundschau* im Juni/Juli 1993 und jene in den *Feministischen Studien* Nr. 1 und 2 1995, vgl. auch *Bynum*, Theater, 1996.
35 Hierbei beziehe ich mich vor allem auf Butlers zweites Buch: *dies.*, Bodies, 1993, S. 49.

sehr mißverständlich dargestellt, ist die Annahme, Butler wolle jegliche Form von Leiberfahrung, ja die Existenz von Materie selbst negieren. Butlers Verdienst ist es jedoch, die längst überfällige Erkenntnis ins Zentrum der Aufmerksamkeit gerückt zu haben, daß auch die scheinbar letzten anthropologischen Konstanten als kulturelle Konstrukte betrachtet werden müssen – auch wenn die Frage, was sich denn tatsächlich dahinter verberge, aufgrund der Unumgänglichkeit kulturspezifisch aufgeladener Bezeichnungen letztlich nicht beantwortet werden kann.

In genau gegenteilige Richtung – aber mit derselben Absicht, nämlich auf die Notwendigkeit der Historisierung von Körpererfahrung hinzuweisen – zielt auch ein eher essentialistischer Ansatz. Barbara Duden konnte als erste mit ihren Arbeiten zeigen, wie sehr die moderne Medizin die Körperwahrnehmung von Frauen seit der Aufklärung maßgeblich verändert hat, wie die haptische Leiberfahrung des Tastens, Riechens und In-sich-hinein-Horchens, von visuellen Erfahrungen des Unter-die-Haut-Sehens kulturell überformt wurde.[36] Für Duden bleibt ein immanent-weiblicher, von ihr allerdings nie präzise bestimmter, verschütteter materieller Kern vormoderner biologischer Referenz, von dem gerade die Frauen der Industrienationen entfremdet seien. Dabei übersieht Duden, daß auch die frühneuzeitliche Körperwahrnehmung von den ihr vorausgegangenen populären wie wissenschaftlichen Diskursen geformt sein muß, eine vorsoziale Leiberfahrung so nie möglich ist und eine ontologische Essenz auch niemals analytisch herauszupräparieren sein wird. Dieser weiblich-somatische Ansatz läßt sich im Gegensatz zu den Theorien Butlers auch nicht auf das männliche Geschlecht übertragen, da die Frage nach dem vormodern genuin Männlichen von Duden erst gar nicht gestellt wird. Butler wie Duden gemeinsam ist jedoch das zentrale Anliegen, auf die Definitionsmacht bestimmter Diskurse und deren Träger hinzuweisen, deren Konstruktivität und Wirkungsmacht hinter ihrer alltäglichen, scheinbaren Selbstverständlichkeit verborgen bleibt.

Die soziokulturelle Konstruktion von scheinbar anthropologischen Konstanten aufzudecken und dadurch die Darstellung ihres Entstehungsprozesses und damit ihre Wandelbarkeit nachvollziehbar und plausibel zu machen, ist ein Ziel dieser Arbeit. Wenn auch hier die Frage nach der »Hen-

---

36 Vgl. *Duden*, Geschichte, 1987 und *dies.*, Frauenleib, 1991.

ne« und dem »Ei« wieder einmal nicht beantwortet werden kann (schaffen vorreflexive, so-seiende körperliche Wahrnehmungen gesellschaftliche Tatsachen oder verleiht Reflexion körperlichen Wahrnehmungen erst ihren Realitätsstatus?), so soll die Studie doch zu vorsichtigem Umgang mit scheinbar unumstößlichen Wahrheiten anregen.

Angesichts solch grundsätzlicher methodischer Schwierigkeiten wundert es kaum, daß eine kulturhistorische Auseinandersetzung mit dem menschlichen Körper in seiner Abhängigkeit vom zu beobachtenden Wahrnehmungswandel der Neuzeit und seiner Verwobenheit mit seelischen Vorgängen in der Geschichtsforschung lange ausblieb.[37]

Ebenso fehlte eine Verknüpfung von Körper und Seele außerhalb einer psychoanalytisch orientierten Diskussion.[38] Auch die immer wieder neue Soziogenese des menschlichen Körpers in früheren Jahrhunderten, die Leiberfahrung in Alltag, Krankheit und Tod und die Leibwahrnehmung durch die medizinischen Spezialisten in den einzelnen Phasen der Technisierung der Wissenschaften blieben dabei unbeachtet.[39] Erst in letzter Zeit erscheinen nun eine Reihe von Studien zur Psycho(patho)logisierung, obwohl Michel Foucault schon in den sechziger Jahren durch seine Arbeiten dazu angeregt hatte, sich mit der disziplinierenden Rolle der Psychiatrie

---

37 Die bisher umfassendsten Anregungen hierzu bietet *Kleinspehn*, Blick, 1989. Der Autor untersucht die Inszenierung von Macht, thematisiert besonders die Sexualisierung des wissenschaftlichen Blicks und die Ansätze einer Psychologisierung von Verhalten. In die gleiche Richtung zielt in der englischen Forschung *Fletcher*, Gender, 1995. Weiter zurück reichen die Sammelbände von *Schreiner/Schnitzler (Hg.)*, Gepeinigt, 1992 und *van Dülmen (Hg.)*, Körper-Geschichten, 1996.

38 Symptomatisch dafür ist der Ansatz von *Shorter*, Paralysis, 1992 und vor allem ders., Mind, 1994. Seine vagen Ausführungen zur Psychoanalyse meiden das Problem ihrer Historisierung. Dasselbe Problem kehrt wieder in: *Shorter*, History, 1997. Programmatisch hingegen die Einleitung von *Roper*, Oedipus, 1994. Für sie ist die Psychoanalyse zentraler Erklärungsansatz. Ähnlich arbeitet auch der Literaturwissenschaftler Sander *Gilman*, Sexuality, 1989. Zur Kritik an einer psychoanalytischen Heuristik der frühen Neuzeit vgl. das Interview mit Barbara *Duden* in der ÖZG 3/1992, S. 360 ff. Einen vorsichtigen Schritt in eine die Psychoanalyse historisierende Richtung ging *Micale*, Hysteria, 1995.

39 Einen erstes Signal in diese Richtung gab John *Blacking (Hg.)* bereits Ende der siebziger Jahre, siehe ders., Anthropology, 1977, als sich verschiedene Autoren mit der Semiotik der anatomischen Klassifikationen befaßten.

auseinanderzusetzen.[40] Die Nähe zur Literaturwissenschaft und die Flut zeitgenössischer Reflexionen bedingen, daß hauptsächlich der aufklärerische Wissenschaftsdiskurs und das literarische Schaffen im Zentrum stehen.[41] Allein im Zusammenhang mit der nach 1800 systematischeren Isolierung Verhaltensauffälliger in Anstalten erfährt man Details aus der psychiatrischen Praxis.[42]

Die sozialen Praktiken und Verhältnisse, die das körperliche Erleben ebenso wie den Umgang mit und die Pathologisierung von abweichendem Verhalten manifestieren und weitertradieren, blieben in der Forschung aus Quellenmangel bisher fast unberücksichtigt. Abschließend läßt sich feststellen, daß die historische Landkarte für das sonst so »geschwätzige« 18. Jahrhundert im Bereich der Körpergeschichte gerade für Deutschland noch sehr viele weiße Flecken aufweist, obwohl die Publikationsflut der Aufklärung zu einer ebensolchen über dieselbe geführt hat.

Die neue Methode der Falldarstellung im frühneuzeitlichen Wissenschaftsdiskurs erfordert eine spezielle Zugangsweise. Schon durch die in der Gliederung vorgenommene Anordnung der einzelnen Sachgruppen wird auf die Gewichtung und normative Klassifizierung »aufgeklärter« ärztlicher Beurteilung hingewiesen. Diese Zuordnung der einzelnen Themenbereiche unter den Kapitelüberschriften ist aber keineswegs identisch mit den Kategorisierungen der damaligen Gutachter. Die Gruppierung in zwei Hauptbereiche (Körper und Seele) sowie die jeweilige Einbettung in die einzelnen Kapitel wurde nach an den Quellen beobachteten Zielkriterien beziehungsweise

---

40 *Foucault*, Mikrophysik, 1976 und *ders.*, Wahnsinn, 1993, wo er bereits auf die Bedeutung hinwies, die dem Lebenswandel seit dem 18. Jahrhundert für die Gesundheit zugesprochen wurde.

41 Für Deutschland: *Bennholdt-Thomsen/Guzzoni*, Theorie, 1990; *Ebrecht*, Krankheit, 1991; *Meyer-Knees*, Verführung, 1992. Zu sehen besonders bei *Porter*, Anatomy, 1985; *ders.*, Menacles, 1987 und seinen anderen Publikationen zum Thema; siehe auch *Ingram*, Madhouse, 1991, *Small*, Madness, 1996 und *Benrekassa*, Hystérie, 1987. Alle diese Autoren und Autorinnen konnten jedoch aufgrund ihrer Quellenlage die Umsetzung der theoretischen Dogmen in der medizinischen Praxis nicht verifizieren.

42 Aus der Vielzahl von Publikationen die bedeutendsten: *Porter*, Social History, 1987; *Bynum/Porter/Shepherd (Hg.)*, Asylum, 1988; *Micale/Porter (Hg.)*, Discovery, 1994. Für Deutschland stehen für den Untersuchungszeitraum bisher *Kaufmann*, Aufklärung, 1995 und *Vanja*, Leids, 1994, allein da.

Schwerpunktsetzungen vorgenommen und schließt den jeweils anderen Bereich dem ganzheitlichen Denken der frühen Neuzeit entsprechend keineswegs aus. Dabei stehen nicht sozialhistorische Fragen nach frühneuzeitlichen Familienstrukturen, Grad und Art der Medikalisierung oder Formen der Rechtspraxis im Mittelpunkt, nach denen eine Gliederung der Arbeit durchaus auch hätte vorgenommen werden können. Fragen nach Standeszugehörigkeit oder regionalen Besonderheiten werden, je nach Bedeutung für körper- und psychiatriehistorische Fragen, dort, wo sie virulent werden, berücksichtigt. Es bedarf in diesem Zusammenhang wohl keiner weiteren Erläuterungen, daß Geschlechterfragen im Zusammenhang mit Körpervorstellungen in unserem Kulturkreis immer die zentrale Rolle spielen.

Eine Untersuchung körperlicher und seelischer Wahrnehmungsprozesse läßt sich meines Erachtens nicht anhand der aus kriminalhistorischen Untersuchungen (Prozeßakten, Gesetze) gewohnten Einteilung in zum Beispiel Gewaltverbrechen, sexuelle Devianz und Ehrdelikte durchführen. Eigentumsdelikte tauchen bspw. nur durch die Hintertür eines Hexereiverfahrens auf. Mord, Vergewaltigung und Suizid etwa stellen zwar jeweils Gewaltdelikte dar, divergieren in ihrer Bedeutung für die Gerichtspsychiatrie jedoch erheblich. Bei Mord und Suizid stehen der Täter oder die Täterin im Mittelpunkt des medizinischen Interesses, bei Vergewaltigung jedoch allein das Opfer. Neue Delikte im Zusammenhang mit sexuellem Verhalten und Fortpflanzung werden als Störungen der sittlichen Ordnung erst konstruiert (etwa Onanie und Hysterie, verschuldete Miß- und Frühgeburten), andere wegdefiniert (Notzucht, Hexerei). Auch jenseits eines Kriminalprozesses werden von Justiz, Verwaltung und privater Seite medizinische Gutachten eingeholt und erhalten juristische Relevanz (Einweisungen, Entmündigungen, Tauglichkeit, Haftfähigkeit). In unklaren sozialen Situationen geht es zunächst nur um die Klärung und damit Definition eines Zustandes (Fortpflanzungsfähigkeit, Schwangerschaft) oder einer potentiell bedrohlichen geistigen Verfassung.

Die Spezifik der Quellen lenkt deshalb zunächst den Blick auf den neue Zugangsweisen erzwingenden Quellenkorpus der Fallsammlungen. Sein Entstehungskontext, die inhaltliche Struktur der Sammelbände und die Perspektive ihrer Autoren beziehungsweise Herausgeber in deren besonderer gesellschaftlicher Situation wird beleuchtet. Diese Faktoren bestimmen den Rahmen des zu Erzählenden und die Grenzen des Erzählbaren maßgeblich mit. Um die Textualität narrativer Quellen gerade angesichts einer unmittelbar und individuell erfahrenen Körperlichkeit optimal nutzen zu können und die benutzten Bilder von Leiblichkeit zum Sprechen zu bringen, werden die in den letzten Jahren in Anlehnung an die Literaturwissenschaften entwickelten neuen Methoden der Quelleninterpretation vorgestellt.

Die drei Kapitel des ersten Hauptteils konzentrieren sich auf einen sich durch obrigkeitliche Einmischung als zentral für die staatliche Ordnung entpuppenden Komplex von Körperlichkeit: die Sexualität. Neuralgische Themen wie Sittlichkeit und öffentliche Ordnung sowie Fragen nach Zustandsklärungen bildeten sich im Spiegel des Umgangs mit Scheidungsverfahren wie sämtlichen Fragen der Gebärfähigkeit ab. Außereheliche Sexualität jeglicher Art gefährdete zudem die Ordnung von Familie und Staat, selbst wenn sie oft nicht als strafbares Delikt nachgewiesen werden konnte. Letzteren ist deshalb ein eigenes Kapitel gewidmet. Im gesamten Feld der Sexualmoral wird zwangsläufig der Handhabung der zeitgenössischen anatomisch-physiologischen Theorien zur Geschlechterdichotomie bei der Gutachtung besondere Aufmerksamkeit geschenkt. Interdependenzen wie auch Konflikte in der Selbst- wie Fremdwahrnehmung werden anhand konkreter Beispiele in Relation gesetzt und vor dem zeitgenössischen Hintergrund gedeutet.

Im zweiten Hauptteil geht es um eine von ihrer körperlichen Basis nicht trennbare neue Dimension der aufgeklärten Medizin: ihre Psychologisierung beziehungsweise Psychopathologisierung im Kriminal- wie Zivilverfahren. Die verschiedenen Komplexe von Gemütszustandsuntersuchungen werden auf Gemeinsamkeiten und Widersprüche zwischen akademischen und laienhaften Erklärungsmustern hin untersucht, wobei auch die ihnen zugrundeliegenden psychosomatischen Muster durchleuchtet werden. Dabei wird der durchaus selbstbewußte Umgang mit ärztlicher Gutachtung bei zivilrechtlich relevanten Verhaltensauffälligkeiten beleuchtet. Anhand angeblicher Täuschungsversuche wird versucht, auch die Eigeninitiative der Betroffenen beziehungsweise das Bemühen der strategischen Nutzung der Gerichtsmedizin in alltäglichen Konflikt- und Notsituationen darzustellen. Der Handlungsspielraum der Betroffenen in einer modernen Disziplinargesellschaft bildet dabei den Hintergrund der Analyse.

Schließlich gerät die im Vergleich zur alltagsmedizinischen Praxis nur indirekt sichtbare Relevanz des fragilen physischen Gesundheitsbegriffs deutlicher ins Blickfeld als in jenen Bereichen der Psychopathologisierung von abweichendem Verhalten. Hierbei spielen Definitions- und Meßverfahren für die Nützlichkeit von körperlicher und geistiger Effektivität in einer neuen Leistungsgesellschaft ebenso eine Rolle wie der Umgang der Gutachter mit der Schmerzwahrnehmung, den Zukunftsängsten und den ihnen manchmal schon befremdlich erscheinenden magischen Erklärungsversuchen der Menschen.

Abschließend wird der Versuch unternommen, in der Vielfalt von Körperlichkeit und Psyche im 18. Jahrhundert mögliche Diskursstrukturen und Machtverhältnisse zu erfassen und zu entwirren. Dabei werden schließlich zusammenfassend die zunehmend professionalisierte Synthese von Kriminalisierung und Pathologisierung, die divergierenden Werte- und Wahrnehmungswelten von Bevölkerungsmehrheit und akademischen Ärzten sowie mögliche Tendenzen des Wandels im Untersuchungszeitraum dargestellt.

Zurückgeworfen auf die Quellen

Der Spielraum

Wenn der Quellenkorpus medizinischer Gutachten bisher kaum ins Bewußtsein des Faches vorgedrungen ist, überrascht dies nicht.[1] Die Recherche in diversen nord- und ostdeutschen Archiven, u.a. bei der Berliner Humboldt-Universität, die die Bestände der Charité verwaltet, ergab mit einer Ausnahme[2] überall das gleiche Bild: Medizinische Gutachten wurden frühestens seit den 1820er Jahren systematisch archiviert. Nachlässe von Medizinprofessoren oder Unterlagen von Kreisphysici liegen vor den 1830er Jahren ebenfalls nicht vor. Wenige Einzelgutachten früherer Jahre ließen sich zum Beispiel in Kriminalakten, Akten der Sanitätspolizei und ähnlichen Beständen finden. Dies ist insofern überraschend, als seit der zweiten Hälfte des 17. Jahrhunderts die Bedeutung gerichtsmedizinischer Gutachten bei verdächtigen Todesfällen, abweichendem Verhalten oder eindeutigen Gewaltverbrechen proportional zur Verbreitung von Kreisphysikaten auf dem Land beziehungsweise der Etablierung von Medizinalkollegien als Gutachtergremien wuchs.[3] Beide rangierten in der Hier-

---

1 Dabei finden sich mit *Dornheim/Alber*, Fallberichte, 1982, *Geyer-Kordesch*, Fallbeschreibungen, 1990, *Kaufmann*, Psychiatrie, 1991 sowie *Kutzer*, Magd, 1995, für den »psychiatrischen Bereich«, einige Erwähnungen in der deutschen Literatur. *Montgomery Hunter*, Stories, 1991 und *Stowe*, Seeing, 1996, wiesen immerhin allgemein auf medizinische Fallgeschichten hin.

2 Es handelt sich um das Niedersächsische Staatsarchiv Wolfenbüttel, welches den Bestand des ehemaligen Landesmedizinalkollegiums und der medizinischen Fakultät Helmstedt verwaltet.

3 Die Hinzuziehung von Medizinern war schon 1532 in der Constitutio Criminalis Karls V. (Carolina) festgelegt worden, vgl. *Meyer-Knees*, Verführung, 1992, S. 125, siehe auch *Geyer-Kordesch*, Infanticide, 1993, S. 186.

archie unterhalb der wenigen medizinischen Universitätsfakultäten, die traditionell in umstrittenen Fällen zur Obergutachtung durch Rechtsfakultäten oder Schöppenstühle herangezogen wurden.[4] Ein Großteil der Gutachtungen fand bereits in der Vorerhebungsphase eines Verdachtes als Teil der »Generalinquisition« statt. Die meisten Gerichtsakten enthalten allerdings nur die spätere »Specialinquisition«; falls es zu dieser nicht mehr kam, wurden Akten selten aufbewahrt.[5] So nimmt es kaum wunder, daß nicht einmal die historische Kriminalitätsforschung medizinische Gutachten zur Kenntnis nahm. Selbst wenn eine Person als wahnsinnig eingestuft wurde oder die Verteidigung eine solche Einlassung versuchte, wird meist nicht erwähnt, auf welchem Wege die Einschätzung zustande kam.[6]

In vielen Ländern Europas hatte im Laufe des 18. Jahrhunderts zudem ein regelrechter Forschungsboom eingesetzt. Anatomische und medizinische Experimente und Beobachtungen wurden über nationale Grenzen hinweg rezipiert und diskutiert. Mit der allgemeinen Zunahme des gedruckten Wortes[7] ging ausschließlich in den deutschen Territorien der Aufstieg eines neuen Genres beziehungsweise einer neuen Forschungsmethode einher: die Publikation authentischer, will heißen minutiös dokumentierter Fälle aus der (gerichts)medizinischen Praxis von Fakultätsor-

---

[4] Zwei Arten von Medizinalkollegien werden unterschieden: Zum einen gab es reine Interessenvertretungen der lokalen akademischen Ärzteschaft, andere, wie das Berliner Kollegium, waren offiziell mit der Regelung sämtlicher die »medizinische Polizei« betreffenden Angelegenheiten betraut, siehe dazu *Geyer-Kordesch*, Education, 1985, S. 196 f. sowie ausführlich *Lindemann*, Health, 1996, besonders S. 50–59, S. 61.

[5] Zu diesem zweischrittigen Verfahren, das in der Kriminalitätsforschung keine Rolle zu spielen scheint, aber für das »Machen« eines Deliktes zu einem solchen grundlegend ist, siehe *Wegert*, Culture, 1994, S. 93 ff.

[6] Ebenda, S. 157, erwähnte er in seiner Territorialstudie über Mord, Kindsmord und Sodomie nur ein einziges medizinisches Gutachten und zeigte sich verwundert über das medizinische Interesse. Griff er psychiatrische Erklärungen auf, schrieb er diese der juristischen Fakultät Tübingen oder den Gerichten zu. Dabei hatte sich *Kaufmann*, Psychiatrie, 1991, bereits eingehender mit der Gutachtung der Tübinger medizinischen Fakultät beschäftigt.

[7] *Fahner*, System, Bd. 1, 1795, S. 27–98, zählt in einer einleitenden Literaturliste 1331 – nicht nur deutschsprachige – Titel ausschließlich zur gerichtlichen Arzneikunde für das 18. Jahrhundert auf. Im dritten Teil (1800) rezensiert er weitere 86 seitdem neu erschienene Bände.

dinarien oder Stadt- und Kreisphysici.⁸ Im Gegensatz zu anderen europäischen Ländern, die bereits im 17. Jahrhundert spezielle forensische Lehrstühle eingerichtet hatten, entwickelte sich die deutsche Forensik direkt aus der gutachterlichen Praxis.⁹ Die Fallsammlungen boten – vor der umfassenden Einführung des Klinikwesens, welches erst größere systematische empirische Vergleiche ermöglichte¹⁰ – als einzig breitenwirksames Medium der Vermittlung medizinischer Erkenntnis die Chance zur Qualifikation des medizinischen wie juristischen Nachwuchses. Gleichzeitig sollten sie auch die Bedeutung (gerichts)medizinischer Kompetenz für die absolutistische Bevölkerungspolitik herausstreichen.¹¹ So bekannte ein Herausgeber eines an die erfolgreichen Fallsammlungen anschließenden neuen gerichtsmedizinischen Magazins im Widmungstext an seinen Landesherrn:

> »Diese Schrift hat zum Zweck, die Vorsteher der Polizei und die Richter mit denjenigen Grundsätzen bekannt zu machen, die sie billig von der Arzneikunst entlehnen sollten, um das Wohl des Landes und das besondere Recht einzelner Bürger gehörig zu sichern und auch die Ärzte fähig zu machen, den Absichten der Gerichte und der Kameralkollegien mit Leichtigkeit, Sachkunde und Fertigkeit in öffentlichen Geschäften die Hände zu bieten.«¹²

Mancher Autor machte auf diese Weise bei seinem Fürsten nachdrücklich Werbung für die Einführung eines »Collegium Medicum« beziehungsweise für die grundsätzliche Notwendigkeit der Objektivierung und Kontrolle von Gerichtsmedizin sowie Ausbildung, Bestellung und Überwachung von

---

8 *Jackson*, Expertise, 1995, S. 145, bedauert explizit das Fehlen solcher Quellen für die britische Insel. Immerhin liegt mit der Arbeit Peter *Eigens*, Insanity, 1995, die erste englische Arbeit vor, die die gerichtspsychiatrische Tätigkeit im 18. Jahrhundert untersucht. Die französische und US-amerikanische Forschung scheint nicht einmal Kenntnis von deren Existenz zu haben.

9 Siehe dazu *Meyer-Knees*, Verführung, 1992, S. 125.

10 Vgl. dazu *Foucault*, Geburt, 1993, besonders Kap. 6 und 7.

11 *Geyer-Kordesch*, Fallbeschreibungen, 1990, S. 7 ff., betont die Veränderung des »Autoritätscharakter[s] verschiedener Wissensquellen« zwischen 1620 und dem ersten Drittel des 18. Jahrhunderts: Vernunft und Empirie waren die neuen Maßstäbe, wobei die Fallbeschreibung »als empirischer Zugang zu naturphilosophischen Denksystemen« fungierte. Die Studie von *Thomas Hoyt Broman*, The Transformation of German Academic Medicine, 1750–1820, Cambridge 1996, die leider nicht eingesehen werden konnte, gibt vielleicht mehr Aufschluß über diesen und andere Aspekte der Professionalisierung.

12 *Uden/Pyl (Hg.)*, Magazin, Bd. 1, 1782, 1. St., S. 3 f.

Chirurgen, Hebammen und Apothekern.[13] Dabei sollten, so wie neuerdings Justiz und Polizei voneinander getrennt wurden, auch »Gerichtliche Arzneikunde« und »Medizinische Polizei« unterschieden werden. Unter letzterer wurden das Gesundheits- und Veterinärwesen sowie die Medizinalverfassungen verstanden. Die Ausrichtung gerade der »Medizinischen Polizei« war derartig utilitaristisch auf eine Verbesserung des gebrauchsfähigen und deshalb unbedingt »gesunden Volkskörpers« bis hin zur Eugenik und rassezüchterischen Veredelung des »Menschenmaterials« gerichtet, daß neuerdings sogar eine gerade Linie zur NS-Ideologie gezogen wird, deren Medizintheoretiker sich primär auf den Begründer dieses Denkens Johann Peter Frank beriefen.[14]

Die Fülle der vorliegenden Bände aus fast allen Regionen deutschsprachiger Territorien des Alten Reichs zeigt einen erheblichen Grad an Einheitlichkeit der Medikalisierung im Laufe des 18. Jahrhunderts, auch wenn klar ist, daß einige Landesherren früher als andere in ihren Physikatsordnungen dem gerichtsmedizinischen Bereich größere staatliche Bedeutung zumaßen.[15] Wenn dabei der Eindruck entsteht, daß Fälle aus den sächsischen und preußischen Territorien dominieren, so liegt dies zwar nicht zuletzt an der geographischen Überlegenheit dieser deutschen Großstaaten, ist jedoch in erster Linie auf das aufklärerische Engagement und die besondere publizistische Aktivität der dort tätigen Ärzte sowie das ihnen gewährte landesherrliche Wohlwollen zurückzuführen.

Bayerische Fallsammlungen scheinen kaum zu existieren, da dort strittige Prozesse an den Hofrat delegiert und nicht etwa juristische oder gar medizinische Fakultäten eingeschaltet wurden.[16] Ein Physikus aus der

---

13 *Schweickhard*, Beobachtungen, Bd. 3, 1789, klagte in seiner Vorrede erstaunlich offen über das Desinteresse seines Landesherrn, des Markgrafen von Baden.
14 Siehe dazu ausführlich *Pieper*, Körper, 1998.
15 Zum Aspekt der Medikalisierung siehe ausführlich *Wischhöfer*, Krankheit, 1991, passim und *Loetz*, Kranken, 1993, passim. *Lindemann*, Health, 1996, Kap. 1, führt am Braunschweiger Beispiel vor, wie sich die absolutistische Territorialpolitik noch Ende des Jahrhunderts an der *daily routine* orientierte und vor grundlegenden Reformen zurückschreckte. Im Gegensatz zu den vielen kleinen Territorien scheint der Vorzeigestaat Preußen eine ziemliche Ausnahme darzustellen.
16 Vgl. *Behringer*, Mörder, 1990, S. 88; *Geyer-Kordesch*, Infanticide, 1993, S. 187 und *Hull*, Sexuality, 1996, S. 60f. Eine Sammlung stammt aus dem reichsstädtischen rekatholisierten Territorium der Stadt Nürnberg, gehörte also zum Berichtszeitpunkt noch nicht zu

bayerisch-württembergischen Grenzregion sah sich veranlaßt, Erfahrungen aus der eigenen Praxis zu veröffentlichen.[17] Obwohl der Autor das Buch angeblich primär für seinen Sohn verfaßt hatte, dachte er durchaus auch an die Qualifikation anderer junger Ärzte. Der Band wurde zwar in der freien Reichsstadt Ulm gedruckt, die Erwähnung der Hofräte in den anonymisierten Fällen als Entscheidungsgremium legt jedoch die Vermutung nahe, daß der Autor in Bayern tätig war. Er sah sich auch als einziger Herausgeber genötigt, sich hinter einem Pseudonym zu verstecken. Dies deutet darauf hin, daß im Gegensatz zu protestantischen Territorien die Definitionsmacht zwischen bayerischen Physici und Hofräten in forensischen Angelegenheiten noch Gegenstand heftigster Konkurrenzkämpfe war. Diesen Konflikt bestätigt auch die einzige bayerische Sammlung mit Fällen aus der Gegend um Augsburg (Landkreise Aichach und Friedberg).[18] Die Häufung von Veröffentlichungen aus Preußen, Sachsen und Württemberg zeigt im Gegenteil, daß die größeren protestantischen Flächenstaaten bereits einen höheren Grad an Zentralisierung und Akzeptanz gerichtsmedizinischer Gutachtung (Universitätsfakultäten statt Medizinalkollegien) aufwiesen als kleinere Territorial- und Stadtstaaten wie Baden (Karlsruhe) oder Ansbach, in denen ebenfalls rührige medizinische Aufklärer relativ isoliert von medizinischen Fakultäten gutachteten und publizierten.[19]

Bayern, vgl. *Pfann*, Sammlung, 1750. – Es ist bisher nur eine österreichische Fallsammlung namentlich bekannt, die nicht verifiziert werden konnte: *Franz Xaver Rebsamen*, Decas observationum medico-forensium, Wien 1780. Schweizer Sammlungen scheinen ebenfalls nicht zu existieren. Mehrere potentielle Quellen konnten nicht verifiziert werden: so die dreiteilige Sammlung eines *Peter Poterius*, Medicina Consultatoria, worinnen über schwere Casus ausgebreitete Consilia …, Halle 1721–1723. Zur gleichen Zeit erschien in Halle die fast gleichnamige 12bändige Sammlung Friedrich Hoffmanns (s. Literaturverzeichnis). Auch die mehrteiligen »Specimina varia medicina forensis«, Frankfurt/(M.?) 1714–1720 von *A. O. Goelicke* sowie *Gottfried Adolph Welpers*, Beiträge zur gerichtlichen und praktischen Arzneikunde, Berlin 1798, konnten nicht ermittelt werden. Bei diesen beiden Schriften ist nicht einmal klar, ob es sich um Fallgeschichten und nicht vielmehr um Traktatsammlungen oder »dissertationes« handelt.

17 *Parmenion*, Sammlung, 1742. Die Wahl des Namens eines Feldherrn Alexanders des Großen läßt darauf schließen, daß sich der Verfasser selbst als tapferen Helden an der heißumkämpften bayerischen Medizinalfront sah.
18 Vgl. *Ruef*, Unterricht, 1777.
19 Vgl. die Liste der Quellen im Anhang.

Forensische »Casuus« stießen seit etwa 1700 auf wachsendes Interesse der Leserschaft. Auf die Menge entsprechender Publikationen zurückblickend, stellte der Weimarer Stadt- und Kreisphysikus 1782 unter Berufung auf berühmtere Kollegen befriedigt fest, daß sich aus solch konkreten »Beobachtungen« erheblich mehr lernen lasse »als aus Compendien und Systemen«.[20] An den Universitäten wurde das Studium von Fallsammlungen als empirischer Zugang zunehmend den Traktaten alter Autoritäten vorgezogen.[21] Auch Juristen publizierten bald entsprechende Bände, in denen sie die Bedeutung der Gerichtsmedizin betonten.[22] Die juristischen Sammlungen, die sich auch im 19. Jahrhundert noch großer Beliebtheit erfreuten, wurden später nach dem französischen Juristen François Gayot de Pitaval (1673–1743) »Pitavale« genannt. Er hatte zwischen 1734 und 1743 die berühmt gewordenen 20bändigen »Causes célèbres et intéressantes« herausgegeben. Die in Deutschland schon früher verbreiteten gerichtsmedizinischen Sammlungen gerieten vielleicht deshalb in Vergessenheit, weil ihre Welle im 19. Jahrhundert abzuebben schien.[23] Sie waren nur für Fachpublikum interessant und thematisch nicht so faszinierend wie die skandalösdramatischen Gift- und Sexualmordgeschichten, mit denen Juristen und Schriftsteller später gerne aufwarteten.[24] Die Bände sollten nicht als Anekdotensammlungen fungieren. Ihre diskursive Funktion beruhte vielmehr auf dem Erfahrungsaustausch, um die Regelhaftigkeit von Phänomenen, eindeutige Indizien für deren Feststellung und einheitliche Erklärungsmu-

---

20 *Bucholz*, Beiträge, Bd. 1, 1782, Vorbericht. Er zitierte auch seine Kollegen Metzger und Daniel, die als Vorreiter der Systematisierung galten.
21 Vgl. *Geyer-Kordesch*, Infanticide, 1993, S. 189.
22 Zwei juristische Sammlungen wurden, um körperhistorisch relevante Fälle aufgreifen zu können, ergänzend in die Untersuchung einbezogen. Nicht nur einzelne Themenbereiche unterscheiden sich, zum Beispiel tauchen Eigentumsdelikte oder Betrugsverfahren nur dort auf, auch die Auswahl der überlieferten Dokumente (keine medizinischen Befragungen, mehr juristischer Diskurs und Defensionen) ist verschieden: *Herrmann*, Sammlung, 4 Bde., 1733–1736 sowie *Herzog*, Sammlung, 1745.
23 *Rudolf*, Aufbau, 1993, erwähnt die Gerichtsmedizin in seinem historischen Überblick nicht einmal.
24 Hier sei nur auf die mehrere Auflagen erreichenden »Merckwürdige(n) Criminal-Rechtsfälle« des Juristen Johann Anselm Feuerbach verwiesen (1811/12), auf seine »Actenmäßige Darstellung merkwürdiger Criminal-Rechtsfälle« (1827) sowie auf seine berühmte Recherche über Kaspar Hauser (1832).

ster herauszufiltern.[25] Es sollte dabei durchaus die persönliche Überlegenheit gegenüber konkurrierenden Kollegen unterstrichen und zugleich der Prestigeanspruch der neuen »omnikompetenten« Kaste legitimiert werden. Die Fallberichte, in denen Gutachten aufgerollt wurden, waren Bestandteil einer »medizinischen Fachprosa«, die vor aufklärerischem Hintergrund natürliche Erklärungen für bisher rätselhafte Phänomene bot.

Dabei spielte die noch selbstverständliche Interdisziplinarität der Naturwissenschaften eine große Rolle.[26] Auffällig ist, wie häufig sich selbst bekannte Mediziner auf berühmte ausländische Kollegen aus Frankreich, England oder Holland beriefen, um ihren Beobachtungen und Schlüssen Nachdruck zu verleihen. Einige der Autoren wiesen bereits im Titel oder in einem Vorwort darauf hin, daß sie sich auch an Juristen wenden wollten (Rechtsgelehrte, Richter, Advokaten).[27] Die Bücher wurden offenbar bei ihrem Erscheinen schon sehnlichst erwartet und viel gelesen.[28] Die Veröffentlichung in teurer Buchform und nicht wie heute in periodischen Fachzeitschriften, die es vereinzelt erst seit Ende des Jahrhunderts gab, läßt auf eine größere medizinisch gebildete Leserschaft schließen.[29] Manchmal finden sich Verzeichnisse von »Pränumeranden« und »Subscribenden«, die sich die oft in Serien von »Stücken« oder »Theilen« erscheinenden Fallsammlungen nicht entgehen lassen wollten, ja auf Verlangen der Verleger

---

25 Dieses Ziel scheint gerichtsmedizinische von anderen Fallsammlungen grundlegend zu unterscheiden. Siehe auch *Kaufmann*, Aufklärung, 1995, S. 68. Zur Struktur von Krankenerzählungen vgl. *Geyer-Kordesch*, Enlightenment, 1995, S. 113f. *Epstein*, Conditions, 1995, Kap. 2 und 3, weist ebenfalls auf die literarische Struktur ärztlicher Fallerzählungen hin. Für die Gerichtsmedizin hat diese Erzähltechnik aufgrund des großen Raumes, der den Aktenexzerpten eingeräumt wird, nur sehr eingeschränkt Geltung.

26 »So ist es historiographisch wesentlich, solche Disziplingrenzen wie Rechtswissenschaft, Medizin und die praktischen Wissensbereiche (zum Beispiel Chemie und Physik) nicht isoliert zu betrachten, oder zumindest in ihrer zeittypischen epistemologischen Einheit begreifen zu lernen.« *Geyer-Kordesch*, Fallbeschreibungen, 1990, S. 8.

27 Zu den Rangstreitigkeiten zwischen Juristen und Medizinern siehe ausführlich *Fischer-Homberger*, Medizin, 1983, S. 85–99.

28 Bei *Müller*, Entwurf, Bd. 1, 1796, ist auf dem papiernen Einband ein handschriftliches Verzeichnis (»Circulation«) eines Lesezirkels erhalten, woraus hervorgeht, daß im Zeitraum von November 1796 bis März 1797 21 Ärzte und/oder Juristen unmittelbar nacheinander das Buch entliehen hatten. Zwei Vormerkungen waren ebenfalls verzeichnet (Exemplar der Bibliothek des Ärztlichen Vereins Hamburg).

29 Vgl. *Dornheim/Alber*, Fallberichte, 1982, S. 30f.

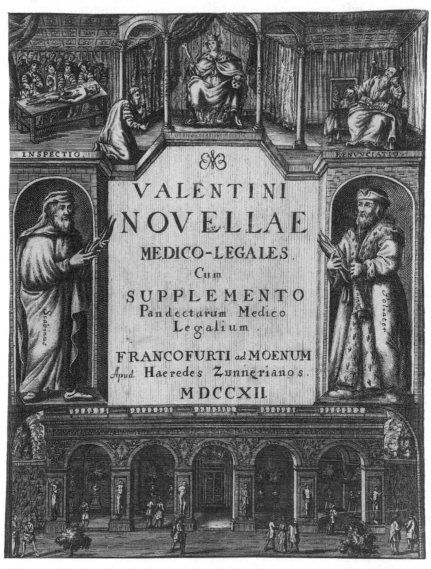

Abb. 1: *Michael Bernhard Valentini*, »Novellae medico-legales cum supplemento Pandectarum Medico Legalium«, Frankfurt/M. 1712.

PANDECTARUM
MEDICO-LEGALIUM
PARTIS I.
SECT. I.
DE
RESPONSIS PHYSIOLOGICO-FORENSIBUS.

INTRODUCTIO.
§. I.

Varia ferè sunt, quæ in Parte Medicinæ Physiologicâ potissimùm occurrunt: Vita, Sanitas & exinde profluentes Functiones, œconomiam animalem, ut loquuntur, constituentes. Quoad singula non leviculæ in Foro difficultates se trudunt, quarum intuitu tum integræ Facultates Medicæ, tum Archiatri ac Physici a Judiciis, sive Civilibus, sive Ecclesiasticis, sive Criminalibus sæpe consuli, eorumque relationes & judicia requiri solent. Ut enim 1. non dicam de variis circa vitæ gradus, quos ÆTATES vocant, occurrentibus controversiis Medico-Legalibus, ubivis ferè obviis, intricatissimi saltem & difficilimi illius dubii heîc meminisse iuvabit, quô, si pauci vel plures, ex eodem casu, si-

Abb. 2: *Michael Bernhard Valentini*, »Novellae medico-legales seu responsa medico-forensia cum introductione generali directorii loco serviente ... ex archivis celebriorum facultatum Academiarum continuata, Frankfurt/M. 1711.

Abb. 3: *Johann Franciscus Löw*, Theatrum medico-juridicum, continens varios easque maxime notabilies, tam ad tribunalia ecclesiastico civilia quam ad medicinam forensem pertinentes materias, Nürnberg 1725.

oft schon bezahlen mußten, bevor die Schriften überhaupt in Druck gingen.³⁰ Aus solchen Listen geht hervor, daß es hauptsächlich Ärzte, dann Apotheker und Chirurgen, aber auch Juristen und Pfarrer waren, die sich für die gerichtsmedizinische Praxis interessierten.³¹

Die meisten der älteren Gutachtensammlungen, wie auch einige der theoretischen Schriften, waren noch in lateinischer Sprache erschienen.³² Spätestens seit der Mitte des 18. Jahrhunderts wurden solche Bücher ebenso auf deutsch verfaßt wie das gesamte explodierende Genre der volksaufklärerischen Schriften.³³ Grundsätzlich typisch für medizinische Fachbücher ist die Häufung lateinischer und griechischer Fachtermini. Gerade ältere Bände weisen noch einen aus deutschen und lateinischen Halbsätzen bestehenden Stil auf, vor allem wenn die Sittlichkeit – im Zusammenhang mit körperlichen Ausscheidungen oder sexuellen Handlungen – gewahrt werden mußte. Ohne gute lateinische und medizinische Grundkenntnisse konnte also auch ein Zeitgenosse die Texte nicht verstehen. Deshalb waren sie für Laien nicht besonders reizvoll, zumal in Fällen mit Todesfolge seitenlange Sektionsprotokolle abgedruckt wurden.³⁴

---

30 Dies berichtet der Marburger Professor *Baldinger*, Journal, Bd. 1, 1784, 1. St., S. 70 f.
31 So zum Beispiel bei *Uden/Pyl (Hg.)*, Magazin, Bd. 1, 1782, 3. St., S. 795–799.
32 So alle Sammlungen des Gießener Professors *Michael Bernhard Valentini (1657–1729)*, die als »Pandectae medico-legales ...« 1701, als »Novellae medico-legales ...« 1712 in Frankfurt/M. und »Corpus iuris medico-legale ...« 1722 in Frankfurt/M. erschienen sowie das in noch eher in scholastischer als casuistischer Tradition verfaßte »Theatrum medico-juridicum ...« des Prager Professors (1682–1725) *Johannes Franciscus Löw (von Erlsfeld) (1648–1725?)*, Nürnberg 1725. Von der berühmten Fallsammlung des Stahl-Nachfolgers in Halle (1719), *Michael Alberti (1682–1757)*, Systema, 1725–1747, konnte nur der systematische und in Latein verfaßte erste Teil (1725) eingesehen werden. Die Bände 2 bis 6 und vom selben Autor der »Corpus juris medico-legale ...«, Frankfurt/M. 1722 und 1731 f., konnten aus konservatorischen Gründen nicht eingesehen werden, enthalten vermutlich ebenfalls rein lateinische Quellen. Alberti publizierte noch Ende der dreißiger Jahre ausschließlich auf latein. Siehe auch *Geyer-Kordesch*, Infanticide, 1993, passim.
33 Vgl. dazu *Böning*, Volksaufklärung, 1990.
34 An breitere bürgerliche Schichten richteten sich die dramatisch aufbereiteten Geschichten über (religiösen) Wahnsinn, (Kinds-)Mord, Suizid und andere »Exzesse«, die in romantischem Stil in populären Magazinen, wie z. B. dem »Journal von und für Deutschland« und dem »Magazin für Erfahrungsseelenkunde« erschienen oder in eigenständigen Bändchen gedruckt wurden. Wegen der seltenen Lehrsektionen waren solche Berichte neutral, siehe dazu ausführlich *Stukenbrock*, Cörper, 1999.

Auffällig ist der in die Erzählungen integrierte Fachdiskurs. Viele Fallgeschichten, nicht nur das Gutachten selbst, sind gespickt mit kommentierenden Fußnoten oder Literaturhinweisen und Querverweisen auf parallele Fälle. Auch ältere fachwissenschaftliche Werke wurden von Autoren der achtziger und neunziger Jahre noch fleißig zitiert. Blättert man in späteren gerichtsmedizinischen Handbüchern, so stellt man fest, daß einige der frühen Autoren noch bis weit ins 19. Jahrhundert hinein als Spezialisten für bestimmte Gebiete galten und ihre Werke auch nach über hundert Jahren noch empfohlen wurden. Schon in seinem 1723 erstmals (in Latein) erschienenen Traktat legte die Galionsfigur der Gerichtsmedizin, Teichmeyer, die Grundpfeiler fest: Die Gutachten sollten »*nach den Grundsätzen der Naturlehre ... insbesondere nach den Regeln der Physiologie, Anatomie, Pathologie, Chirurgie und Chimi*« abgefaßt werden.[35] Dieser Spezialbereich der Medizin verstand sich also als Mittler zwischen staatlicher Verwaltung, d.h. hier der Narration der Rechtsprechung, und dem konkret naturgegenständlichen Bereich der Biologie. Der menschliche Körper wurde zur neuen »Instanz der Wahrheit«.[36]

Die Beiträge in den untersuchten Bänden fielen sehr unterschiedlich aus. Sie konnten sich auf reine Obduktionsberichte und Abschlußgutachten beschränken. Oft handelte es sich aber um viele Seiten lange Rekonstruktionen des Prozeßverlaufs und Schilderungen des Kompetenzgerangels. Hier wurden Amtsschreiben, Schöppenurteile und Urfehden ungekürzt zitiert, Gegengutachten, Defensionsschriften, Zeugenaussagen in längeren Auszügen sowie Befragungen der Betroffenen durch Ärzte wörtlich wiedergegeben.[37] Ein individuell ausschweifender oder im Gegenteil besonders knapper Stil erschweren den Vergleich der Diagnosen.

Allen gemeinsam ist aber die Zentralität der ärztlichen »consilia« (Beratungen) und »responsa« (Gutachten), die aufgrund von »observationes« (empirischer Erfahrung) erstellt wurden. Universitätsfakultäten gutachteten für gewöhnlich anhand der Lektüre der Gerichtsakten, doch in brisanten

---

35 Zitiert nach der deutschen Ausgabe: *Teichmeyer*, Anweisung, 1761, S. 2f. (Hervorhebung i. O.)
36 *Meyer-Knees*, Verführung, 1992, S. 128.
37 Wenn *Kaufmann*, Aufklärung, 1995, S. 309, das Fehlen der juristischen Stimme und zitierter Zeugenaussagen in gedruckten Fallsammlungen konstatiert, kann sich dies nur auf das 19. Jahrhundert beziehen.

Fällen wurden Abordnungen von Ordinarien vor Ort geschickt. Stadt- und Landphysici, die Mehrheit der Autoren, mußten nach Lektüre der Akten stets persönliche Untersuchungen anschließen. Körperliche und seelische Verfassungen ließen sich nicht allein aus Papier erhellen. Ob es sich dabei um eine reine »Ocular-Inspection« oder um eine innere wie äußerliche Untersuchung handelte, hing nicht nur vom Problem, sondern in erster Linie vom Geschlecht sowie dem sozialen und rechtlichen Status der Person ab.

In den Sammlungen wurden die verschiedensten Themen abgehandelt, die je nach Interessengebiet des Autors mehr oder weniger Raum einnehmen konnten und auch ein unterschiedliches Maß an persönlichem Einsatz erforderten. Es fällt jedoch auf, daß der Bereich des weiblichen Körpers den weitaus größten Teil der dokumentierten Fälle ausmacht. Geburtskomplikationen bis hin zu Kindsmord, sogenannte Frauenbeschwerden, mysteriöse Geschehnisse um die Fortpflanzungsorgane schienen grundsätzlich verdächtig und bedurften der fachlichen Klärung. Besonders intensiv widmete man sich auch der Todesursache nach plötzlicher Krankheit oder gewalttätigen Auseinandersetzungen sowie dem Bereich männlicher wie weiblicher Sexualität.

Versucht man die Summe der Fälle in eine statistische Ordnung zu bringen, um einen Überblick über das gerichtsmedizinische Tätigkeitsfeld und die Gewichtung der einzelnen Themenfelder zu gewinnen, so stellen sich diesem schlichten quantitativen Verfahren unüberwindliche Probleme in den Weg. Es ist vielfach unmöglich, einheitliche und klare Einordnungen in verschiedene Kategorien vorzunehmen. So stellen Scheidungsverfahren eine eindeutige Gruppe von Fallerzählungen dar, die in verschiedene Untergruppen unterteilt werden kann. Doch kann zum Beispiel wegen Suizidverdachtes in einem Hexereiverfahren ermittelt oder ein scheinbar eindeutiger Selbstmord aus sozialen Gründen als Unfall eingestuft werden, um eine ehrbare Familie nicht zu desavouieren. Der gesamte gynäkologische Bereich, der Kindsmorde, verheimlichte Schwangerschaften, Überschwängerungen, Abtreibungen, Früh- und Fehlgeburten, Scheinschwangerschaften, Vaterschaftsklagen, Erbschaftsangelegenheiten oder Unterleibskrankheiten umfaßt, kann auch im Zusammenhang mit Mordversuchen, tödlichen Verletzungen, Hexerei oder Kurpfuscherei auftauchen. Tödliche Verletzungen, ein zentrales Thema, werden von einem Autor als eigenständiges Kapitel gesammelt, vom anderen in den Abteilungen Mord, Totschlag, Suizid, Unfall und Kurpfuscherei abgehandelt. Impotenzfälle können als solche oder auch als Hexerei oder Melancholie auftauchen. Gerade Gemütszustandsgutachten waren oft nicht konkreter Auftrag, sondern Teil einer komplexen gesundheitlichen Einschätzung. Krankheiten mit und ohne Todesfolge können als Giftmorde, Bezauberung oder Suizide eingeordnet werden. So gilt für alle Themen: Jeder Autor stellte seine Sammlung nach individuellen Kriterien, das heißt vor allem nach eigenen Forschungsinteressen zusammen. Nur wenige publizierten den gesamten Aktenbestand eines bestimmten Zeitraums oder eines Gremiums. Stadt- und Kreisphysici wechselten auf der Karriereleiter häufiger die Stätte ihres Wirkens.

Zu beachten ist ebenfalls, daß es sich um verschiedene Gutachtungsebenen handelt. Zum einen werden einfache Physikatsgutachten auf unterster Ebene veröffentlicht, zum anderen Archivbestände von Universitätsfakultäten oder Obermedizinalkollegien verwendet, die auch die Erstgutachten enthalten. Subjektive Häufigkeitsempfindungen werden von einzelnen Verfassern geäußert, divergieren allerdings erheblich. Routinemäßige Gutachten wie Leichensektionen bei überraschenden oder rätselhaften Todesfällen stehen neben einzelnen besonders strittigen Verfahren.[38] Es wurden auch Einsendungen von Kollegen als Beispiele für vorbildliche Verfahren oder einfach rätselhafte Beobachtungen abgedruckt. Einige Autoren teilten langwierige Geschichten auf, etwa in frühere Behandlung eines Patienten, spätere Gutachtung als Delinquent oder Opfer und in oft erst nachträglich erwirkte Sektionserlaubnis, um wissenschaftliche Streitfragen zu klären. Wenige Autoren druckten auch bereits publizierte Fälle von Kollegen in Kopie ab, um sie mit eigenen Erfahrungen zu vergleichen. Ein Autor beklagte in seinem Vorwort und rechtfertigte damit sein fast 900seitiges Opus, daß es zwar bereits diverse Fallsammlungen gäbe, aber noch kein Buch, in welchem

>»auch Responsa Juridica, die pro & contra ergangen mit angeführt worden wären, ingleichen auch was vor Defensiones in solcherley Fällen die Herren Advocaten und was für Monita die Herren Fiscales darwieder vorzubringen pflegen«.[39]

---

38 Im Laufe des 18. Jahrhunderts wurde innerhalb weniger Jahre in den verschiedenen Territorialgesetzgebungen und Physikatsordnungen die »Besichtigung«, d.h. allerdings nicht unbedingt »Sektion«, bei sämtlichen Todesfällen vorgeschrieben. In der Praxis kam es jedoch immer wieder vor, daß Tote ohne Rücksprache mit den Behörden beerdigt und teilweise später wieder exhumiert wurden.

39 *Richter*, Digestia, 1731, Vorrede.

Dies sollte sich im Verlauf der Jahrzehnte ändern und hing auch von den Zugangsmöglichkeiten des jeweiligen Autors zu den Originalakten ab. Deshalb gab es Fälle, die erst Wochen vor Drucklegung abgeschlossen worden waren, während andere bereits 30 oder mehr Jahre zurücklagen, zum Beispiel aus einer früheren Physikatstätigkeit des Herausgebers oder seines Vaters stammten.

Eine Übersicht über die Fallverteilung[40] kann angesichts der unterschiedlich strukturierten Fallberichte und der innerhalb einer einzigen Erzählung verschieden kombinierten Themen demnach nur eine grobe Orientierung der vorgefundenen quantitativen Tendenzen bieten. Sie enthält keinerlei Aussagekraft über Häufigkeitsrelationen im konkreten Physikats-, Fakultäts- oder Kollegiumsalltag. Einordnungen in die verschiedenen Kategorien sind deshalb letztlich subjektiv vorgenommen worden. Soweit möglich wurde der Zuordnung der Autoren gefolgt, die begrifflich vereinheitlicht werden mußte. In mehrdeutigen Fällen mußte eine Dominanzentscheidung gefällt werden, d.h. die bedeutendste oder dem Zusammenhang nach wahrscheinlichste Thematik wurde zum Maßstab genommen. So fällt etwa eine Gemütszustandsgutachtung aufgrund einer Hexereibeschuldigung unter Hexerei und nicht unter Gemütszustände, ein Abtreibungsverdacht wird gemeinsam mit Frühgeburten, Jungfräulichkeitsnachweisen und Scheinschwangerschaften unter Gynäkologie subsumiert und nicht unter Kindsmord. Diese Rubrik wiederum beinhaltet auch all jene rätselhaften Totgeburten, die Anlaß zu einer Untersuchung gaben, jedoch ohne eindeutiges Ergebnis blieben. Verheiratete Kindsmörderinnen fallen unter Gemütszustandsgutachten, da ein Nachweis der Tat nicht mehr erbracht werden mußte und diese Frauen nur wegen ihrer Verstandeskräfte überhaupt rechtsmedizinisch relevant wurden.

Einige Autoren anonymisierten Orts- und Personennamen grundsätzlich nicht, so daß es damals leicht möglich gewesen wäre, jeden einzelnen Fall auf Authentizität zu prüfen. Mühe mit der Verschleierung der Identitäten der Beteiligten gab man sich nur bei Personen der höheren Stände, deren Schicksale ohnehin selten Niederschlag in gerichtsmedizinischen Sammlungen fanden. Krankengeschichten aus adeligen oder bürgerlichen Kreisen nahmen statt dessen in »normalen« Fallsammlungen großen Raum

---

40 Vgl. den Überblick im Anhang.

ein.[41] Andere Autoren griffen gemäß alter Tradition auf klassische lateinische Namen wie »Sempronius« oder »Cornelia« für die Beteiligten und auf italisierte Ortsbezeichnungen zurück. Eine dritte Gruppe entschied sich für Namenskürzel, die bei dem Reprint von Originaldokumenten, zufällig oder auch nicht, später oft doch aufgelöst wurden.

Es ist sehr unwahrscheinlich, daß es sich bei den publizierten Fällen um fiktive oder extrem verfremdete »Merkwürdigkeiten« handelte, wie sie noch im 17. Jahrhundert verbreitet waren. Schließlich waren an jedem Gutachten, bei jedem ärztlichen Gespräch mit Tatverdächtigen oder Opfern weitere Amtspersonen als Zeugen namentlich beteiligt, wie Chirurgen, Hebammen, Gerichtsdiener, Amtsaktuare, Dorfschulzen, Gerichtsschöffen, Pfarrer, um nur die häufigsten Gruppen zu nennen. Ein vereidigter Physikus mußte jede Reise zu einem Untersuchungsort, jede Ausgabe sowie das Gutachten selbst beim Amt abrechnen und dokumentieren. Es war daher kaum möglich und wäre bei der Vielzahl von gerichtsmedizinischen Aufträgen im Laufe eines Dienstlebens auch überflüssig gewesen, Fälle dazuzuerfinden oder gefälschte Dokumente abzudrucken, ohne daß es einer Anzahl von Mitbeteiligten aufgefallen wäre. Fälle, die von Fakultätsmitgliedern publiziert wurden, hatten ohnehin einen solchen Bekanntheitsgrad unter Kollegen erreicht, daß jede Fälschung einen Skandal nach sich gezogen hätte. Auch hatten die Akten oft weiteren medizinischen und zuvor mindestens einer juristischen Fakultät vorgelegen. Die nur im Original vorhandenen Unterlagen wurden versiegelt von einer Instanz zur anderen verschickt, so daß sich ein Verfahren über Jahre hinziehen konnte, währenddessen die verdächtige Person nicht selten in der Haft verstarb.

Die Zunahme umfassender Gutachtungen in Verbindung mit der wachsenden Professionalisierung und Bürokratisierung in territorialer Medizin, Justiz und Verwaltung führte zu einem stillen, aber grundlegenden Wandel im Verhältnis von Arzt und Verdächtigen beziehungsweise Ratsuchenden. Die Verschriftlichung von Untersuchungen durch Protokollierung von Gesprächen und die Dokumentation einzelner Befunde führten zu einer bes-

---

41 Dort waren es die gebildeten Kranken vielfach selbst, die in ausführlichen Anschreiben berühmten Ärzten oder sogar direkt medizinischen Fakultäten ihren Lebenslauf, ihre Beschwerden, Reflexionen darüber sowie den bisherigen Umgang mit der Krankheit beschrieben und um professionellen Rat baten.

seren Vergleichbarkeit verschiedener Fälle gleicher Konvenienz und so zur Konstruktion von Krankheitsbildern beziehungsweise Pathologien. In Schriftform war der Gutachter zur genaueren Reflexion und Argumentation genötigt, da sein Entscheidungsweg für andere – Kollegen wie Nichtmediziner (Juristen, Schöffen) – transparent sein mußte. So kam es zur Einbeziehung vergleichender Literatur in Fußnoten oder Anmerkungen. Im Gegensatz zur traditionellen Medizin oder Gutachtung war dies kein Entscheidungsprozeß *by doing* mehr, sondern eine Diagnose *by thinking* geworden. Allein diesem Wandel medizinischer Erkenntnisfindung haben wir die spärliche Überlieferung der Selbstzeugnisse von Betroffenen zu verdanken.

Die regionale Vielfalt der Quellen ermöglicht außerdem einen breiteren Blick auf Körperwahrnehmung und Seelensicht, ohne auf Lokalstudien beschränkt zu sein. Angesichts der Gemeinsamkeiten, die sich im Prozeß der Medikalisierung wie in den überregional gültigen Körperbildern und Erklärungsmustern erkennen lassen, hat die territoriale Streuung wenigstens für protestantische Gebiete sogar eine größere Aussagekraft zur Folge als die von mikrohistorischen Puristen und Statistikern gerne prognostizierte Verwässerung der Ergebnisse.[42]

Die spezifische Art der Informationsselektion, die die Autoren für ihre Leser aus Aktenkonvoluten trafen, bedingt zwar den Nachteil der Ausschnitthaftigkeit der Prozeßakten – ein Problem, das sich auch in vielen Archiven stellt, da die zugehörigen Gutachten meist vernichtet wurden, während an medizinischen Fakultäten höchstens illegale Abschriften einzelner Aktenauszüge zu wenigen Experten erhalten geblieben sind. Gleichzeitig bietet sie jedoch den unschätzbaren Vorteil, von vornherein auf körperlich und seelisch relevante Fragen der Zeit konzentriert zu sein: Einerseits wird klar, welche Passagen für die Mediziner bedeutend waren, andererseits wird eine Auseinandersetzung mit der Wahrnehmung der Untersuchungsobjekte erzwungen. Die herausragende Stellung der Selbsteinschätzung der Beschuldigten betonte der langjährige Dekan der medizinischen Fakultät der Universität Helmstedt: Kleinigkeiten entpuppten sich oft erst nach mehrmaliger Lektüre als zentrale Hinweise. Der »Zu-

---

42 Dies stellte auch *Lindemann*, Health, 1996, S. 20 fest, nachdem sie selbst einen regionalen Zugriff gewählt hatte.

sammenhang der Umstände« und dabei vor allem die »erste summarische Aussage der Inquisiten«, die zwar oft noch sehr »tumultarisch« sei, gemeinsam mit den Antworten »ad articulos speciales«, wäre zentral für die ärztliche Entscheidung.[43] Über die Konzentration auf die Betroffenen hinaus finden sich oft Nachsätze, die über das weitere Schicksal von Prozeßbeteiligten Auskunft geben. Gespräche der Gutachter mit Beklagten, sonstigen Beteiligten und den konkurrierenden Medizinberufen (Chirurgen, Hebammen, Accoucheure, Feldscheerer) sind aus anderen Quellengattungen meines Wissens nicht bekannt. Die Untersuchung der eingeschränkten ärztlichen Perspektive und der durch sie produzierten psychosomatischen Selbstthematisierung der Menschen unterer Schichten innerhalb eines auf andere Fragen ausgerichteten Gerichtsverfahrens ist also keineswegs als Entwertung zu verstehen, sondern als längst überfällige Ergänzung der Rechtsquellen, die ebenfalls unter einem spezifischem Blickwinkel zustande kamen und bei deren historischer Analyse die Rolle der Medizin meistens unbeachtet bleibt. Alle Aussagen, die sich aus den Quellen ableiten lassen, können deshalb stets nur vor dem Hintergrund der nach physischen und psychischen Gesichtspunkten selektierenden ärztlichen Brille in ein Gesamtpanorama frühneuzeitlicher Lebenswelten eingeordnet werden.

Die Produzenten der forensischen Geschichtserzählung[44]

Bisher wird die Einführung der neuen Methode der Fallbeschreibung den Galionsfiguren deutscher Medizingeschichte und Absolventen der progressiven Universität Jena Friedrich Hoffmann (1660–1742) und Georg Ernst Stahl (1660–1734) zugeschrieben, die beide später in Halle lehrten.[45] Die ersten mir bekannten (fast) ausschließlich deutschsprachigen Fallsammlungen waren allerdings gerade nicht bloße Krankengeschichten, sondern gerichtsmedizinische Fälle. So erschienen früh die beiden, von allen

---

43 So *Fabricius*, Sammlung, 1772, im Vorbericht.
44 Zu den einzelnen Autoren siehe die Kurzbiographien im Anhang.
45 So *Geyer-Kordesch*, Fallbeschreibungen, 1990, S. 10ff.

späteren Autoren als Vorbilder benannten, Sammlungen Ammanns (1670) und Zittmanns (1706) mit Gutachten der medizinischen Fakultät Leipzig, die, durch zusätzliche Materialien angereichert, den späteren Krankenerzählungen erst den Weg wiesen. Alberti als Nachfolger Stahls in Halle baute dieses System mit seinen »Systema« seit 1725 aus, noch bevor 1733 die ersten Sammlungen Stahls und Hoffmanns erschienen.

Den Beruf des Gerichtsmediziners gab es im 18. Jahrhundert noch nicht. Amtsphysici waren, sofern sie nicht eine der neuen Kliniken leiteten und/oder an den Universitäten lehrten, für viele Bereiche zuständig. Sie fungierten u. a. als Seuchenexperten, Lebensmittelchemiker, Veterinäre[46] und selten als Geburtshelfer – falls man sie überhaupt rief.[47] Bei Leichenfunden wurden sie von der örtlichen Obrigkeit zugezogen, um die Todesursache festzustellen. Die Entscheidung über eine Obduktion überließen die Untersuchungsrichter häufig ihnen.[48] Schon Anfang des Jahrhunderts kam es vor, daß Familienangehörige bei Verdacht auf Fremdverschulden von sich aus um eine Leichenöffnung baten.[49] Von Medizinalkollegien approbierte einfache Ärzte und Wundärzte durften im Gegensatz zu den Physici keine »Visi Reperti« ausstellen. Amtsphysici waren stolz auf dieses Privileg und kämpften um dessen prestigeträchtigen Erhalt, da sie als einzige im Bereich der Gifte und Anatomie als kompetent gelten wollten.[50]

---

46 Einige Sammlungen enthalten Abhandlungen zu verschiedenen Viehseuchen, Tollwut, Luftverschmutzung, Essig-, Bier- und Fleischqualitäten etc., die teilweise ein Drittel des Umfangs ausmachten.

47 Nicht gerufen worden zu sein beklagten viele Ärzte besonders im Zusammenhang mit Hebammen, »Kurpfuschern« oder bei Selbstbehandlung, vgl. auch *Duden*, Geschichte, 1987, passim.

48 Die zu seltene Zuziehung eines Arztes beklagte zum Beispiel der gleichnamige Sohn des Verfassers und Herausgebers Christian Friedrich *Daniel*, Sammlung, 1776, in seinem Vorwort, S. V.

49 1724 bat zum Beispiel der Müller Michael Anders aus Hirschbach bei Dieppoldiswalda um die »Öffnung« (bei gleichzeitiger Erlassung der Kosten) seines 12jährigen Sohnes, der als Ochsenjunge bei einem Bauern in Dienst gewesen und von diesem vermutlich zu Tode gequält worden war, vgl. *Troppanneger*, Decisiones, 1733, Dec. I, IX.

50 Vgl. *Brinckmann*, Anweisung, 1781, S. 12 ff. – Zum Kompetenzstreit mit den Chirurgen, den die Mediziner gewannen, da nur sie »innere Kuren« vornehmen durften, siehe ausführlich *Fischer-Homberger*, Medizin, 1983, S. 43–52.

Die Quellen für ihre Exempla gaben die Verfasser nicht immer an, sie mußten oft aus dem Zusammenhang erschlossen werden. Mehrheitlich veröffentlichte man Fälle aus dem eigenen Physikat oder dem Aktenbestand der Fakultät, an der man beheimatet war. Gelegentlich nahm man aber auch komplizierte oder exemplarische Beiträge von Kollegen aus der Provinz auf.[51]

Bereits seit Ende des 17. Jahrhunderts begannen die Landesherren, die Kompetenzen und Pflichten des gesamten medizinischen Personals in Medizinal-, Apotheker- beziehungsweise Hebammenordnungen schriftlich und für ihren Herrschaftsbereich einheitlich zu fixieren.[52] Diese Verordnungen wurden ständig modifiziert und verfeinert. So sah zum Beispiel die »Badische Verordnung wie sich Physici und Chirurgi bey Legal-Fällen zu verhalten haben« Ende des 18. Jahrhunderts vor, daß nicht nur der zuständige Amtsphysikus, sondern noch ein weiterer »Landchirurgus« oder »geschworener Wundarzt« zugezogen werden und für den Einzelfall extra vereidigt werden mußte.[53] Sektionen und Untersuchungen lebender Personen sollte mindestens ein Amtszeuge beiwohnen und das Protokoll unterzeichnen. Tat- beziehungsweise Fundorte sollten genau untersucht, der Leichnam erst bewegt werden, wenn ersteres abgeschlossen war. Leichen sollten bis zur baldmöglichen Obduktion bewacht werden. Ein genauer Stufenplan für Sektion und »Besichtigung« wurde ebenso vorgegeben wie spezielle Anweisungen für Verwundete, »totgefundene Kinder«, Suizide und

---

51 Der Braunschweiger Professor Roose schrieb 1798 in seiner Vorrede: »Die von dem Herzoglich Braunschweigschen Obersanitätskollegium mir ertheilte Erlaubniss, die wichtigsten und interessantesten zur gerichtlichen Arzneykunde gehörenden Fälle aus der Registratur desselben öffentlich bekannt machen zu dürfen, bestimmt mich zunächst zur Herausgabe dieser Beiträge ... Zweckmäßige, das heißt wirklich merkwürdige und lehrreiche Beiträge zu den künftigen Heften dieser Sammlung werden mir willkommen sein, und mit Dank werde ich das Honorarium dafür erstatten.« *Roose*, Beiträge, Bd. 1, 1798, Vorrede. – Der Berliner Stadtphysikus Pyl beschwerte sich sogar, ihm würden massenhaft unfrankierte Beiträge zugesandt, die er künftig zurückweisen wolle, da ihn das Nachporto zuviel koste. *Pyl*, Repertorium, Bd. 3, 2. St., 1793, S. 355 f.

52 Vgl. *Wischhöfer*, Krankheit, 1991, passim und *Lindemann*, Health, 1996, passim. Derartige Verordnungen finden sich zum Beispiel gesammelt bei *John*, Polizei, 1796. Die k. u. k.-Verordnungen unterschieden sich nicht wesentlich von den im Alten Reich schon seit der Mitte des Jahrhunderts eingeführten.

53 Wiedergegeben in *Schweickhard*, Beobachtungen, Bd. 1, 1789, S. 302–316.

Sexualdelikte. Bei »Besichtigung« von Frauen dürfe aus sittlichen Gründen außer Physikus, Accoucheur oder Hebamme niemand anwesend sein und sie habe außerhalb der Gerichtsstube stattzufinden, nur das Protokoll müsse anschließend dort diktiert werden.

Auf dem Land war die Ärztedichte jedoch noch gegen Ende des Jahrhunderts entweder sehr gering, so daß die Einhaltung solcher Vorschriften nicht immer gewährleistet war und vielfach Anlaß zu juristischen Attacken seitens der Verteidigung gab, oder sie war in der Nähe von Städten sogar so dicht, daß sich Kollegen um diesen wichtigen Zusatzverdienst zu ihrem kargen staatlichen Salär stritten. Außerdem gab es gewaltige Unterschiede in Prestige wie Einkommen zwischen der großstädtisch-ärztlichen Elite und dem armen Land- oder Kleinstadtarzt, der unterschiedlich starkes Engagement vor allem im – ob der zurückzulegenden Strecken – strapaziösen Außendienst zur Folge haben konnte.[54] Die meist nur auf wenige Jahre befristete und deshalb von starker Fluktuation geprägte Position des Amtsphysikus brachte bei großen Kreisen und Städten einen geographisch beziehungsweise demographisch großen Einzugsradius mit sich, denn in Problemfällen mußten diese Mediziner von den ihnen unterstellten »Chirurgi« oder »Practici« zugezogen werden.[55] Gleichzeitig waren sie Vorgesetzte der regionalen Ärzte und Apotheker, die sie (theoretisch) bei regelmäßigen »Kreisbereisungen« zu kontrollieren hatten. Über die Effizienz dieser Maßnahmen läßt sich höchstens spekulieren.[56] Vielfach klagten die Kreisphysici über stunden- und auch tagelange Kutschfahrten. In sommerlicher Hitze waren Verletzte oft verstorben, Leichen, Nachgeburten, amputierte Gliedmaßen etc. bereits verwest oder begraben und sämtliche Indizien am Tatort unbrauchbar geworden. Im Winter war wegen tiefen Schnees eine Anreise teilweise unmöglich, so daß Leichen wochenlang gefroren aufbewahrt werden mußten, was den Widerstand von Angehörigen zur Folge hatte. Sie ließen Tote entgegen obrigkeitlicher Anweisung und meist mit

---

54 *Wischhöfer*, Krankheit, 1991, S. 205–230. Auch *Duden*, Geschichte, 1987, betont, daß eine Landpraxis »weder Geld noch Status« einbrachte, vgl. S. 71 f. Zu den ökonomischen Fährnissen eines auf das Patronagesystem und Pfründewesen angewiesenen Arztes im Absolutismus vgl. ausführlich *Lindemann*, Health, 1996, S. 3–11, S. 57 f., S. 79–82 und S. 117.
55 Siehe dazu ausführlich *Lindemann*, Health, 1996, S. 75 ff., S. 107–119.
56 Vgl. *John*, Polizei, 1796, Schlagwort: »Kreisbereisungen« – und *Wischhöfer*, Krankheit, 1991, S. 113.

Unterstützung des Ortsgeistlichen bestatten, so daß der Körper bei Ankunft des Arztes exhumiert werden mußte.[57]

In den Quellen finden sich häufig Klagen über die mangelhafte Ausstattung der Physici mit modernen medizinischen Instrumenten, so daß zum Beispiel eine als notwendig erachtete Schädelöffnung unterbleiben und ein Gutachter allein »nach den Gesetzen der Logick« urteilen mußte.[58] Auch für Gespräche mit Verdächtigen wurden tagelange Reisen in Kauf genommen und anschließend dem Amt in Rechnung gestellt. Einflußreichere Gutachter ließen sich Personen wiederholt vorführen, indem sie im Wohnort des Arztes vorübergehend einquartiert wurden. Die Kosten der teilweise sehr aufwendigen Untersuchungen mußten von den Ärzten zunächst vorgestreckt werden. Deren Erstattung und die durch fürstliche Dekrete gestaffelten Gebühren waren nachträglich gegen den oft erbitterten Widerstand der Gemeinden und vor allem der Amtmänner mühsam zu erstreiten.[59] Gerade den »Stadt und Creys Physici« wurde aufgrund ihrer vielfältigen praktischen Erfahrungen jedoch die größte Kompetenz zugesprochen, über sämtliche Verbrechen zu befinden, bei denen Körper, Seele oder magische Kräfte eine Rolle zu spielen schienen.

Der theoretische Wegbereiter der Gerichtsmedizin Michael Alberti zählte in seinem noch in Latein verfaßten Kommentar zur Carolina Hunderte von gerichtsmedizinisch relevanten Rechtsfragen auf, zu denen zum Beispiel auch noch die Hexerei und die Frage, ob eine Frau die andere beim Liebesspiel schwängern könne, gehörten.[60] Zentrale gutachterliche Aufgabe war es aber, in den drei großen juristischen Bereichen klärend einzugreifen:

»1) *in Foro ciuili* von verheelter und erdichteter Schwangerschaft, von der Geburt und deren Eintheilung, von den Zeichen einer reifen und unreifen Frucht, von Mißgeburten, Zwittern und Hermaphroditen, Zwillingen, Molis oder Sammlung des Geblüts in der Gebährmutter, von rechter oder unrechter Zeit der Geburt, unterschobener Frucht, Überschwängerung, Jungfrauschaft, von den Zeichen, daß eine Frauensper-

---

57 Zum Mobilitätsproblem in den teilweise riesigen Physikaten siehe *Lindemann*, Health, 1996, S. 90 f.
58 So zum Beispiel *Brinckmann*, Anweisung, 1781, S. 16 f.
59 So in Braunschweig-Wolfenbüttel, vgl. *Lindemann*, Health, 1996, Kap. 1, besonders S. 33 f. Zur in allen Regionen ähnlichen Rolle der Amtmänner und Schultheissen, hier in Württemberg, siehe auch *Wegert*, Culture, 1994, S. 24 ff.
60 *Alberti*, Commentatio, 1739, S. 65 beziehungsweise S. 239.

son würklich schon geboren, vom Partu viuo et vitali, von Einteilung des Alters, verstellten und verheelten Krankheiten, seine Gedanken zu entdecken und die ihm vorgelegte Fragen gründlich zu beantworten. 2) *In Foro criminali* todte Körper, welche theils mit Gift oder andern giftigen Sachen vergeben, theils würklich gewaltsamer Weise getödtet, theils im Wasser ertrunken, im Walde oder andern Örtern erhangen, auf dem Acker oder am Landwege todt gefunden, auch nach etlichen Wochen aus der Erde wieder gegraben worden, ingleichen todt oder lebendig geborne und auf diese oder jene Art gewaltsam oder aus natürlichen Ursachen gestorbne Kinder, auch abgetriebene Früchte zu besichtigen, wegen eines von andern begangenen Stupri violenti oder gewaltsamen Beyschlafs, nicht minder wegen der mit Tortur zu belegenden Übelthäter den Richter zu belehren, in wie weit ersteres gültig und letzteres nach der Leibesbeschaffenheit des Übelthäters gering oder stärker anzusehen sey? 3) *In Foro ecclesiastico* auch zuweilen, was Ehescheidungen anlanget, nach vorhero angegebener und geschehener Krankheitsuntersuchung, auch vorhergegangenen Besichtigung der Geburtstheile beyderlei Geschlechts, von der Unfruchtbarkeit der Frauen, vom Unvermögen des Mannes, ingleichen ob zweyleibige oder zweyköpfige Mißgeburten, wenn sie lebendig zur Welt geboren worden, getauft werden können, den Doctoribus canonici ihre Gedanken zu eröffnen und ihr Sentiment zu geben.«[61]

Der dritte Komplex konnte besonders in Scheidungs-, Unzuchts- oder Erbverfahren im Mittelpunkt stehen. Hier nicht erwähnt, dafür aber in späteren Traktaten wie auch Fallsammlungen, werden (Selbst-)Bezichtigungen von Besessenheit und Magie, die auf natürliche oder übernatürliche Ursachen hin untersucht werden mußten.[62]

Gegenwärtige sowie ehemalige Stadt- und Kreisärzte – inzwischen zu Universitätsprofessoren aufgestiegen – stellten die Fallsammlungen zu all diesen Fragen zusammen. Trotz ihrer Ämterhäufung blieb vielen Medizinern Zeit für verschiedene Arten der wissenschaftlichen Forschung als individuelles Hobby, das eventuell zusätzlich Geld einbrachte. Die Methode der Sammlung von Exempla zu Klassifikationszwecken war allen gemeinsam. Die einen verfaßten Fallsammlungen, andere Handbücher, wieder andere systematisierten Tier- und Pflanzenarten oder legten geologische oder Münzsammlungen an.[63] Die erhoffte Lebenswelt dieser Ärzte mit akademischem Titel war eindeutig die Stadt, die für sie eher gehobene geistige Ansprüche erfüllte und für Bessergestellte angenehmere Alltagsbedingungen

---

61 *Büttner,* Unterricht, 1769, Vorbericht (Hervorhebungen durch M. L.).
62 Ausführlicher geht darauf der Gießener Primar *Johann Wilhelm Baumer* (1719–1788) in seiner Medicina forensis, 1778, S. 144 f. ein.
63 Zu den Freizeitinteressen von Landärzten siehe auch *Lindemann,* Health, 1996, S. 136 ff.

bot als das »unzivilisierte« Land. Dies geht einerseits aus den biographischen Angaben der Autoren hervor, läßt sich aber auch aus verschiedenen abwertenden Kommentaren gegenüber der Landbevölkerung herauslesen. Die konfligierenden Wertesysteme zwischen den akademisch gebildeten Physici und ihrer potentiellen Klientel trafen häufig so fundamental aufeinander, daß Gemeinden bei vorgesetzten Stellen über völligen Vertrauensverlust klagten und um Abberufung ihres zuständigen Physikus baten. Eine größere Zahl von Ärzten auf dem Land scheint alkoholabhängig gewesen zu sein, denn die ständige Trunkenheit und das unangemessene Benehmen der medizinischen Repräsentanten fand in fast jeder Beschwerde Erwähnung. Andere Ärzte gaben durch befremdliches Verhalten wie illegale Leichensektionen nach eigenmächtigen Exhumierungen, wegen aufklärerischer Bildungsexperimente mit sozialen Außenseitern oder mangelnder Religiosität Anlaß zur Klage bei den zuständigen Medizinalkollegien.[64]

Der neue Berufsstand rekrutierte sich in den höheren Rängen der medizinischen Welt – und dazu gehörte ein Großteil der Autoren – gerade in der zweiten Jahrhunderthälfte bereits aus dem mittleren Bürgertum und versuchte wenigstens in einer größeren Kreis-, wenn nicht gar in einer Residenzstadt Fuß zu fassen. Oft waren schon die Väter mindestens Militärchirurgen oder Apotheker, manchmal sogar Professoren oder fürstliche Leibärzte gewesen. Einige Mediziner stammten aus Pfarrhäusern und hatten zuerst Theologie studiert. Keiner der Biographien waren direkte Angaben über die Konfession zu entnehmen. Bei Pastorensöhnen ist die protestantische Herkunft eindeutig, andere hatten in pietistische Familien eingeheiratet oder verkehrten in entsprechenden Kreisen. Eine große Zahl von Autoren hatte selbst in Halle oder bei anerkannten Koryphäen, die in diesem Zentrum des Pietismus ausgebildet worden waren, studiert und vertrat daher die Position einer »Pastoralmedizin«.[65] Diese verband einerseits

---

64 Details zu diesen *culture clash*-Problemen finden sich bei *Lindemann*, Enlightenment, 1995, passim und *dies.*, Health, 1996, S. 126–136.

65 Als Vorreiter der »Pastoralmedizin« gelten für die erste Hälfte des Jahrhunderts Stahl, Alberti und Hoffmann in Halle. Die Spätaufklärung moralisierte direkter, zum Beispiel Metzger in Königsberg. Siehe dazu *Luyendijk-Elshout*, Masks, 1990, S. 206 ff. und *French*, Ethics, 1993, passim. Im Zusammenhang mit der pietistischen Form von Sozialmedizin entstanden auch die Franckeschen Stiftungen in Halle. Siehe dazu ausführlich *Wilson*, Reform, 1996, die viel Literatur zum Pietismus aufführt.

Medizin untrennbar mit religiösen Vorgaben, idealisierte andererseits Gesundheit als perfekte Einheit mentaler wie körperlicher Befindlichkeit. Keiner der Ärzte ließ sich als Katholik identifizieren. Den häufigen polemischen Bemerkungen über den Aber-, Hexen- und Wunderglauben von Dorfpfarrern wie Bevölkerung läßt sich jedenfalls durchweg eine kritische Distanz zur Religion und ein Konkurrenzverhältnis zur Kirche jeglicher Provenienz entnehmen. Wie für andere Bereiche scheint auch hier gegolten zu haben: Aufstrebende Mediziner rekrutierten sich mehrheitlich aus protestantischen Kreisen. Doch allein die Tatsache, daß konfessionelle Fragen bei der Gutachtung keine Rolle spielten, zeigt, daß für den Naturwissenschaftler die Frage des rechten Glaubens von geringerer Bedeutung war, als die Frage der allen Konfessionen gemeinsam gültigen sittlichen Lebensweise. Jüdische Kollegen, die »jüdischen« Fällen zugezogen werden mußten oder jüdische Beklagte zuvor behandelt hatten, wurden kommentarlos als kompetente Kollegen respektiert. Dies läßt sich für die christlichen Glaubensgenossen – mit denen man schließlich um Posten konkurrierte – so nicht feststellen. Hier fanden regelrechte Fußnotenkriege und polemische Schlammschlachten statt.

Alle Autoren hatten, für ihre Positionen unabdingbar, an Universitäten und manchmal zusätzlich an chirurgisch-anatomischen Kollegien studiert und waren sowohl als Wundärzte als auch als Geburtshelfer tätig, was ihnen ermöglichte, in jedem forensischen Bereich als universale Spezialisten aufzutreten.[66] Die universitäre Ausbildung eines Mediziners sagte jedoch nicht viel über seine tatsächlichen Fähigkeiten aus. Universitäten prüften nicht, sondern verliehen und verkauften Titel. Prüfungsinstanzen stellten eher die Collegia Medica dar. Eine Promotion oder der Nachweis eines Universitätsstudiums waren nicht ausreichend für eine berufliche Karriere. Landesherrliche Privilegien oder geschicktes Einheiraten, Protektion und Empfehlungsschreiben entschieden über Lizenzvergabe und Zulassungen.[67] In zeitgenössischen Biographiesammlungen wie denen Baldingers, Börners oder

---

66 Zur Einführung des Amtsphysikus und zu seinen weiteren Aufgaben vgl. *Wischhöfer*, Krankheit, 1991, S. 112 f. und S. 212 f. sowie ausführlich *Lindemann*, Health, 1996, Kap. 2. – Zu den Aufgaben und der Verbreitung chirurgisch-anatomischer Kollegien vgl. die leider sehr konventionelle medizinhistorische Arbeit von Volker *Klimpel*, Collegium, 1995, besonders S. 30–44.

67 Vgl. hierzu *Duden*, Geschichte, 1987, S. 70 f.

Elwerts werden die Hürden, die einige der Männer aufgrund von Intrigen oder Geldnot auf ihrem Weg zu bewältigen hatten – was den Kauf eines Titels zum günstigen Zeitpunkt verhinderte –, immer wieder betont. Einige Ärzte verfaßten ihre Lebensläufe selbst und schickten diese an Herausgeber, so daß sie ihren Werdegang entsprechend pointieren konnten. Das junge ständische Bewußtsein in einer von Adels- und Amtstiteln geprägten Gesellschaft spielte die entscheidende Rolle in der Beziehung zu anderen im medizinischen Bereich tätigen Gruppen, die nicht über eine repräsentative Qualifikationsgeschichte verfügten. In diesem Zusammenhang fällt die Betonung von persönlicher Erfahrung mit Leichensektionen auf. In vielen Biographien werden Zahlen genannt, wird zwischen bezeugten und selbst vorgenommenen Obduktionen genau differenziert.[68] Gerade diese exklusive Erfahrung qualifizierte einen studierten Mediziner, der im Vergleich zum studierten Chirurgen nicht nur praktische anatomische Fähigkeiten vorweisen konnte, sondern als Fachmann den komplexen Gesamtzusammenhang der Vorgänge im menschlichen Körper im Blick hatte. War »der *gerichtliche Arzt*, welchen man in Deutschland *Physikus* zu nennen pflegt« mit der delikaten Vorarbeit zur Rechtsfindung betraut, mußte er im Gegensatz zum einfachen Arzt oder Wundarzt, von dem er in Handbüchern klar unterschieden wurde, besondere Qualitäten aufweisen: Denn

> »philosophische Bildung des Geistes und Beobachtungsvermögen, unerschütterliche Rechtschaffenheit und Menschenliebe, gründliche Kenntniss und nie aufhörendes Studium der Arzneikunde und ihrer Hülfswissenschaften, nebst der Fertigkeit, sich gut und zweckmässig schriftlich ausdrücken zu können, sind daher Erfordernisse, die bei ihm noch unerlässlicher sind als bei jedem andern Arzte«.[69]

Aufgrund solcher Standesdünkel waren Selbstzweifel an der eigenen Kompetenz eher selten. Wenn der Karlsruher Stadtphysikus und Direktor des Sanitätskollegiums, Schweickhard, in einer Beurteilung zu einem Kindsmordfall selbstkritisch anmerkte, daß »auch die Kunst, die ich treibe nur eine scientia probabilium« sei und es auf »unwiderlegliche Beweise zur Erhärtung einer Sache ... also auf in der menschlichen Maschine gefundene

---

68 Zum theatralischen Charakter vieler Lehrsektionen, die oft vor applaudierendem, auch nichtmedizinischem Publikum ausgeführt wurden, siehe *Bergmann*, Verlebendigung, 1996, S. 88 f. Sie deutet dies als Aneignung der »neue[n] weltliche[n] Macht über den Tod« durch die Medizin.

69 *Roose*, Grundriss, 1802, S. 4 f. (Hervorhebungen i. O.).

oder nicht gefundene Erscheinungen ankomm[e]«, die eben oft nicht nachweisbar seien, so gab es doch nur wenige Fälle, in denen ein Gutachter sich einer Entscheidung entzogen hätte.[70]

Auch wenn die Qualifikation der einzelnen Ärzte aus medizinhistorischer Perspektive sehr unterschiedlich gewesen sein mag und in der gutachterlichen Praxis die Beurteilungen einzelner Fälle teilweise erheblich differierten, so war der prägende religiöse, soziokulturelle und vor allem der neue naturwissenschaftliche Hintergrund allen gemeinsam. Im Verlauf des 18. Jahrhunderts wurde die Anatomie zum dominierenden Faktor in der bis dahin europaweit vornehmlich von antiken Kenntnissen geprägten akademischen Medizin. Untersuchungen zu England, Frankreich und auch den USA zeigen, daß es hier keine gravierenden theoretischen Unterschiede gab. Gerade in Deutschland lieferte die antike Humoralpathologie noch bis nach 1800 die Basis der akademisch-medizinischen Ausbildung. Die Säftelehre wurde unter unterschiedlich starker Berücksichtigung neuer Theorien zum Blutkreislauf, zur Zeugung, zu den Organen weiterhin diskutiert.[71] Die schon 1684 von dem Engländer Robert Boyle publizierte chemische Abhandlung über die Zerlegung des Blutes in verschiedene Teile wurde zum Beispiel von deutschen Physici ebenso ignoriert wie die bereits 1673 erfolgte Entdeckung der roten Blutkörperchen durch Leeuwenhoek. Selbst Erkenntnisse aus der ausführlichen Zusammenstellung über das Wissen vom Blut, die Albrecht von Haller 1760 herausgegeben hatte und die sicher in jeder auch noch so kargen Universitätsausbildung gestreift wurden, schlugen sich in der gutachterlichen Praxis keineswegs nieder. Zwar wurde nach 1750 nicht mehr von den darin aktiven göttlichen »Spirituus« geredet, aber es handelte sich immer noch um jenen rätselhaften Lebenssaft, der je nach Seelenlage und Gesundheitszustand verschiedene Färbungen oder Flüssigkeitsgrade an-

---

70 *Schweickhard*, Beobachtungen, Bd. 2, 1789, S. 86.
71 Dies bestätigte unlängst erst wieder *Hull*, Sexuality, 1996, S. 262, unter Bezug auf den Sexualitätsdiskurs. Hier sei lediglich auf einige maßgebliche Arbeiten hingewiesen, die einerseits die Studienreisen und die gegenseitige Rezeption akademischer Mediziner betonen, andererseits auf die weithin gültige Säftelehre verweisen: *Adler/Pointon (Hg.)*, Body, 1993; *Benrekassa*, Hystérie, 1987; *Blacking (Hg.)*, Anthropology, 1977; *Cook*, Trials, 1994; *Foucault*, Geburt, 1993; *Porter (Hg.)*, Medicine, 1995; *Knibiehler/Fouquet (Hg.)*, Femme, 1983; *Laqueur*, Sex, 1990; *Stowe*, Seeing, 1996, S. 41–79; *Williams*, Physical, 1994.

nahm, ohne daß man dies genauer hätte beschreiben können.[72] Die deutschen Autoren hatten an den Universitäten auf jeden Fall wenigstens an einigen Leichensektionen teilgenommen, bei einer an anatomischen Theatern absolvierten chirurgischen Ausbildung zusätzlich selbst seziert und dabei Dinge gesehen, die ihnen neue Perspektiven auf die menschliche Physis eröffnet hatten und erste Körpernormierungen ermöglichten. Um so erstaunlicher ist es, wie nahtlos die im Gegensatz dazu eher individualisierende antike Humoral- und Temperamentenlehre und die damit verbundenen Geschlechtscharaktere mit den neuen anatomischen Erkenntnissen verschmolzen wurde.[73] Blut (Sanguiniker), Schleim (Phlegmatiker), gelbe Galle (Choleriker) und schwarze Galle (Melancholiker) prägten weiterhin die vier Grundtypen, die meist in differenzierten Mischformen auftraten. Die Frau war ihres Zeichens kalt und feucht, weil sie von Phlegma und Melancholie dominiert wurde. Der Mann, der von der gelben Galle geprägt war, galt als heiß und trocken. Dementsprechend waren Frauen »kaltblütig« und gefühlsmäßig stärker kontrolliert als Männer. Das galt besonders für Sexualität und Aggressionen.[74] Die schwarze Galle blieb »der pathogene Saft par excellence«, da sie weiterhin für die schlimmsten Magen-Darm-Leiden, Krebs u. a. Krankheiten verantwortlich gemacht wurde, die wiederum das Gemüt beeinflußten. »Hypochondrische Gase« stiegen von der Milz ins Gehirn auf und richteten dort Unheil an.[75] Solche Ansichten vertraten in der ersten Hälfte des 18. Jahrhunderts in Variationen auch wegweisende deutsche Mediziner, wie Hofmann, Haller und Stahl, deren Schriften den folgenden Ärztegenerationen zur naturwissenschaftlichen »Bibel« wurden. Es gab keine Kette plötzlicher Erleuchtungen vernunftgeleiteter Genies, die alles bisher Dagewe-

---

72 Wie gering die Rezeption selbst bei Universitätsmedizinern war, beschreibt *Büttner*, Untersuchung, 1987, S. 192–196.

73 Zur Entwicklung der geschlechtlichen Normkörper sowie der beliebigen Reproduktion von Wachsmoulagen durch Verarbeitung Dutzender Leichen in einem Modell siehe *Bergmann*, Verlebendigung, 1996, S. 86 und S. 91. Zur Parallelität von Anatomie und Säftelehre und ihrer Bedeutung für den Umgang mit dem toten menschlichen Körper seit Vesals Publikationen im 16. Jahrhundert *ebenda*, S. 83–86, vgl. auch *Jordanova*, Visions, 1989, passim.

74 Vgl. auch *Davis,* Kopf, 1988, S. 96f.

75 So *Fischer-Homberger,* Krankheit, 1979, S. 112.

sene mutig und innovativ über den Haufen warfen.[76] Vielmehr sah noch gegen Ende des Jahrhunderts ein schlesischer Kreisphysikus bei der Obduktion der Leiche eines »ertrunkenen unverheirateten Frauenzimmers« mit bloßem Auge folgendes: »Die Galle zeigte das Daseyn der Melancholie, welche durch die fehlerhafte Leber und Vollblütigkeit erzeugt worden, die aber durch den Druck auf das Gehrin von den Knochenfortsätzen vergrößert worden.« Woraus eindeutig hervorging, »daß dieselbe epileptisch-melancholisch und zu Zeiten wahnsinnig gewesen ist ...«.[77]

Solche Kausalverknüpfungen unter Verwendung einer Synthese aus Humoralpathologie und Anatomie lassen sich – wie noch zu zeigen sein wird – in jedem thematischen Zusammenhang nachweisen. Der Säftekreislauf, in dessen Zentrum das Blut stand, konnte bei Krankheit oder moralischem Fehlverhalten Ursache für organische Fehlfunktionen und Mißbildung, bei angeborenen Defekten oder Unfall auch Wirkung solcher Organschädigungen sein. Mit den Säften wurden sämtliche Phänomene erklärt, deren Effekte man am Verhalten oder am Körper einer Person ablesen, deren Entstehungsprozessen man allerdings nur durch Rekonstruktion auf die Spur kommen konnte. Dabei darf die Bedeutung der Moral für die geistig-seelische wie körperliche Gesundheit des einzelnen, der damit auch Verantwortung gegenüber dem Staat und der Gemeinschaft trug, gerade für die pietistisch geprägten Universitäten und Territorien nicht unterschätzt werden. Eine moralische Lebenshaltung trat im Verlauf der Aufklärung an die Stelle der christlichen Sünde, welche vorher Gott durch Krankheit und Tod geahndet hatte. Nun war das Individuum auf andere, vielleicht noch viel rigidere Weise in die Pflicht genommen.[78] Nicht nur Sittlichkeit, auch Ernährungsverhalten, Bekleidung, Körperhal-

---

76 *Fischer-Homberger*, Krankheit, 1979, S. 112, behauptet, das 18. Jahrhundert habe die Viersäftelehre, vor allem die schwarze Galle als Verursacherin der Melancholie, bereits ad acta gelegt; ähnliches vertreten auch *O'Dowd/Philipp (Hg.)*, Obstetrics, 1994, passim. Auch *Stolzenberg-Bader*, Schwäche, 1989, S. 751, spricht von einer »Abkehr« der Theoretiker »von der ... Humoralpathologie«, ausgelöst durch eine bekannte Arbeit von 1761, die die Organe und nicht die Säfte für Krankheiten verantwortlich machte.
77 So *Kühn*, Sammlung, Bd. 1, 1791, Kap. VI, Fall 18.
78 Siehe dazu *Labisch*, Construction, 1992, S. 88–93. Diesem Denkmodell fehlt wie immer die geschlechtliche Perspektive. Denn wenn Frauen mangels Intellekt keine Bürger sein konnten, wie konnte man von ihnen dann entsprechend vernünftig-moralisches Verhalten erwarten?

tung, Bewegung, emotionale Selbstbeherrschung, die die Säfte im Zaum halten sollten, lagen als Selbstzwang seit der Reformation allein in der Hand des protestantischen Bürgers, wo vorher katholische »Fremdrepression« direkten normativen Druck ausgeübt hatte. In diesem Zusammenhang ist besonders darauf hinzuweisen, daß psychiatrische Gutachtung entgegen vielfacher Ansicht nicht aus der Philosophie und der sich von ihr auch begrifflich emanzipierenden Psychologie entstand, die sich seit Ende des 18. Jahrhunderts in Schriften wie der Moritzschen »Erfahrungsseelenkunde« artikulierte. Vielmehr stammte ihre naturwissenschaftliche Legitimation aus der Tradition der mindestens seit dem 17. Jahrhundert von Gerichten eingeforderten Gemütszustandsbeurteilungen der frühaufklärerischen, häufig pietistischen Mediziner.[79] Literaten begaben sich erst später auf Introspektion und beleuchteten ihre Melancholie und Empfindsamkeit unter diesem Licht. Sich erstmals als Psychologen bezeichnende Philosophen versuchten zu dieser Zeit das Sein und Wesen – die Seele des Menschen – in theoretischen Modellen zu entschlüsseln, wobei Ideen von Vererbung, Lebenswandel und Umwelteinflüssen in ihren Selbsterklärungen die zentrale Rolle spielten. Die Legitimation dafür lieferten jedoch konkrete forensische Untersuchungen, für die praktizierende Ärzte auf ihre physiologische und humoralpathologische Empirie zurückgegriffen hatten. Die »Psychiatrie« war nicht nur »fester Bestandteil ... frühneuzeitlicher medizinischer Wissenschaft, sondern auch alltäglicher ärztlicher Tätigkeit und in keiner Weise nur ein praxisfernes theoretisches Konstrukt«.[80] Nur deshalb konnte sie das Selbstverständnis aufgeklärter Schichten derartig beeinflussen.

Das Erzählen von Geschichte(n)

Um die Kulturabhängigkeit bisher vertraut erscheinender Axiome (hier der Körperlichkeit) erkennen zu können, ist der Blick auf die konkrete Einstellung und ihre Situationsgebundenheit in der Vergangenheit der

---

79 *Kutzer*, Magd, 1995, wies derartige »Observationes« in den Niederlanden sogar schon im 16. Jahrhundert nach.
80 *Ebenda*, S. 265.

eigenen Kultur ebenso wichtig wie der Blick der Ethnologie auf fremde Kulturen.[81]

Um sich den Wahrnehmungskategorien im 18. Jahrhundert zu nähern, ist die Akzeptanz von uns heute eher seltsam erscheinenden Phänomenen als reale Erfahrung und Ausdruck des Welt- und Menschenbildes der damals Lebenden unabdingbar. Erst durch eine Art »dichter Beschreibung«[82] kultureller Praktiken, die auch vordergründig unwichtigen Details Aufmerksamkeit schenkt und gerade nicht versucht, Fremdes und bizarr Erscheinendes in heute Plausibles umzuwandeln, besteht die Möglichkeit, der Genese und Konstruktion von Körpernormen und psychologischen Kategorien auf die Spur zu kommen. In Anlehnung an das Geertzsche Kulturverständnis vom »Netz«, in das die Menschen eingesponnen sind – für die Historikerin fast ausschließlich gespiegelt in Texten – wird immer wieder die Gretchenfrage nach Existenz und Lokalisierung der »Spinnen«, die dieses Gewebe kultureller Bedeutungen produzieren, gestellt.[83] Deshalb wird eine Prozeßanalyse angestrebt, d. h. Kultur – in Form gesellschaftlicher Werte und Normen – wird als interdependenter Prozeß verstanden. Das Zu- und Umschreiben von Bedeutungen funktioniert über die Interaktion verschiedener Subjekte in einem Netz von Beziehungen.[84]

Will man der sozialen Logik menschlicher Innenperspektiven auf die Spur kommen, müssen bisher vernachlässigte Quellen herangezogen werden. Hier scheinen medizinische Fallsammlungen, in denen sich das Aufeinandertreffen unterschiedlich sozialisierter Gruppen, Stände und Geschlechter auf spezifische Weise offenbart, besonders aufschlußreich zu sein. Obwohl die ärztliche Dokumentation aufgrund gerichtlicher Ermittlungen zustande kam, kann die Aussagekraft auch der wiedergegebenen

---

81 Vgl. dazu auch *Davis*, Möglichkeit, 1986.
82 *Geertz*, Beschreibung, (1966) 1983, kann bei aller Kritik an seinem konkreten Verfahren immer noch als Katalysator eines Umdenkprozesses auch in Teilen der Geschichtsforschung gelten.
83 Die zentrale Frage nach Kulturkonzepten, Machtstrukturen und ihren Repräsentationen treibt die Kulturwissenschaften immer stärker um, vgl. zum Beispiel *Bachmann-Medick*, Kulturen, 1994.
84 Siehe dazu auch *van Dülmen*, Historische Anthropologie, 1993, passim und *ders.*, Kulturforschung, 1995, hier S. 420–427.

Selbstzeugnisse als sehr hoch eingeschätzt werden.[85] Im Vergleich zu reinen Gerichtsakten dokumentierten Ärzte zusätzlich bei Verhören beobachtete Mimik und Gestik von Angeklagten und anderen Befragten, die für ihre Urteilsfindung von zentraler Bedeutung sein konnten. Derartige Überlieferungen geben Hinweise auf nonverbale Kommunikation und Verhaltenspraktiken, die für die Frühneuzeitforschung aufgrund der Schriftlichkeit der Quellen sonst kaum zu entschlüsseln sein dürften.[86] Die Struktur der Quellen macht deutlich, daß die angebliche Neuartigkeit der Freudschen psychoanalytischen Technik (Krankheitsbericht als Behandlungsbericht, Kasuistik als literarische Form, Bericht als wissenschaftliches Beweismaterial)[87] bereits schon viel früher entwickelt wurde als angenommen. Fallgeschichtsliteratur in hippokratischer Tradition ist bereits aus Mittelalter und Renaissance überliefert. Im 16. und 17. Jahrhundert fand das Verfahren der Protokollierung nach Befragung und Beobachtung Kranker bereits ansatzweise Eingang in die Ausbildung von Hospitalärzten.[88] Der medizinische Autor war auch schon im frühen 18. Jahrhundert nicht nur »Chronist im Hintergrund«, sondern bereits »Gestalter und Interpret seines Materials«.[89] Auf die erst um 1800 stark narrative Züge aufweisende Struktur von Krankengeschichten, die im Jahrhundert des populären Romans und des wachsenden Buchmarktes zu einer regelrechten Mode wurden, die den bürgerlichen Arzt auch als kultivierten Literaten und Publizisten zeigen sollten, muß zur Unterscheidung deutlich hingewiesen werden.[90] Besonders faszinierend an den frühen Fallstudien, die als Einzelbeschreibungen zur Kategorisierung, Durchschnittsermittlung und damit zur Normenfixierung im wissenschaftlichen Diskurs gedacht waren, ist eben ihr Entstehungszeitpunkt – eine Zeit des Übergangs hin zu den »klinischen Wissenschaften«,

---

85 Zu diesem Thema vgl. die verschiedenen Beiträge in *Hahn/Kapp (Hg.)*, Selbstthematisierung, 1987 und *Schulze (Hg.)*, Ego-Dokumente, 1996, vgl. *ebenda* die entsprechenden Beiträge von Wolfgang Behringer, Helga Schnabel-Schüle und Winfried Schulze. Eine umfassende Problematisierung und Evaluierung von Gerichtsquellen, zu denen im weiteren Sinne auch die Fallsammlungen zählen können, bietet *Kienitz*, Sexualität, 1995, S. 59–70.
86 Diesem Thema widmet sich inzwischen ein ganzer Band, siehe *Kapp (Hg.)*, Sprache, 1990.
87 *Rudolf*, Aufbau, 1993, S. 20.
88 Vgl. *Epstein*, Conditions, 1995, S. 35 f.
89 Dies sieht *Rudolf* als Neuerung erst im 19. Jahrhundert, siehe *ders.*, Aufbau, 1993, S. 18.
90 Dazu auch *Epstein*, Conditions, 1995, S. 59 und *Geyer-Kordesch*, Enlightenment, 1995.

wie Foucault die neue Art des analytischen Forschens beschrieb. Gerade in der Anamnese, bei der Vernehmung, der Prüfung, der Klassifizierung, entstand ein Individuum, dessen Biographie, Körperlichkeit und Seelenlage als historisches Subjekt Einordnung in neue Rahmen erfuhr. In der Medizin ist der »Fall« nicht mehr »wie in der [traditionellen] Kasuistik oder in der Jurisprudenz ein Ganzes von Umständen, das eine Tat qualifiziert und die Anwendung einer Regel modifizieren kann, sondern der Fall ist das Individuum, wie man es beschreiben, abschätzen, messen, mit andern vergleichen kann – und zwar in seiner Individualität selbst ...«.[91]

Bei der (gerichts)medizinischen Kasuistik scheint es sich übrigens um ein deutsches Spezifikum gehandelt zu haben, das von ausländischen Zeitgenossen durchaus belächelt wurde. Für England und Frankreich, die im Bereich der klinischen wie psychiatrischen Institutionalisierung weiter fortgeschritten waren, liegen aus dem 18. Jahrhundert keine derartigen Materialien vor.[92]

Bei der Lektüre der gerichtsmedizinischen Fallsammlungen zeigt sich, daß der medizinische Anspruch des Arztes, zunächst Zeuge physischer Vorgänge und Dokumentator der Äußerungen von Patienten zu sein, um anschließend sein Urteil zu fällen, weiterhin im Vordergrund stand.[93] Die Autoren griffen mit Vorliebe auf den Abdruck von Auszügen aus gerichtlichen oder eigenen Verhörprotokollen zurück, um die Personen selbst sprechen zu lassen, auf daß der medizinisch oder juristisch qualifizierte Leser die Einschätzung des Gutachters persönlich nachvollziehen möge – eine literarische Strategie, die in der Geschichtsschreibung ebenfalls anzutreffen ist, auch wenn die in Deutschland noch weitgehend tabuisierte Debatte um die Frage, ob »die Historiographie sowohl eine Wissenschaft als auch eine Kunst« sein könne, unter den Fachleuten immer wieder aufflammt.[94] Und genau hier zeigt sich die unausweichliche Problematik von Textquellen, die seit der Einführung des durch Stephen Greenblatt in den US-amerikanischen Literaturwissenschaften zuerst unter dem Schlagwort des »New Historicism« oder als »poetics of culture« propagierten Ansatzes

---

91 *Foucault*, Überwachen, 1994, S. 246.
92 So *Geyer-Kordesch*, Infanticide, 1993, S. 181 und *Jackson*, Expertise, 1995, S. 145.
93 Zur Dokumentationstechnik siehe *Epstein*, Conditions, 1995, S. 36 f.
94 *LaCapra*, Geschichte, 1987, S. 16 ff.

vielfach bei der Erörterung von Geschichtsforschung und Geschichtserzählung diskutiert wurde.[95] In Deutschland hatte sich schon Anfang der achtziger Jahre der Kreis um Jörn Rüsen und Reinhart Koselleck mit den verschiedenen Möglichkeiten historischer Narration befaßt und auf die dahinter verborgenen unterschiedlichen Zielvorstellungen hingewiesen.[96] Diese Reflexionen scheinen aber kaum Niederschlag gefunden zu haben. Universale Prozeßgeschichte sowie die Hoffnung auf bruchlose Rekonstruktion von Vergangenheit dominieren weiterhin den überwiegenden Teil historischer Forschung in Deutschland.[97] Wenn dann ausgerechnet Emotionen, Sinneserfahrungen, Denkmuster und Selbstbilder zum Forschungsgegenstand werden sollen, fehlen der Geschichtswissenschaft nicht nur angemessene Methoden, sondern es stellt sich die Grundfrage nach dem Verständnis historischer Forschung, nach Relevanz von Alltäglichkeit und den Grenzen des Forschungshorizontes.[98] Neue Ansätze und theoretische Prämissen gehen inzwischen von der im Deutschen irritierend als Historische Anthropologie bezeichneten »anthropological history« aus.[99] Historische, und das heißt gesellschaftliche, Prozesse werden als Synthese aus überlieferten oder geophysischen Strukturen auf der einen und Handlungen und Wahrnehmungen von Individuen auf der anderen Seite verstanden. Menschen werden als Akteure der Geschichte, nicht als ihre Objekte be-

---

95 Zum Topos des »Machens« von Geschichte *de Certeau*, Schreiben, 1991. In die konkrete Auseinandersetzung mit den Kritikern von Narration und Diskursbegriff begab sich in Deutschland Dieter *Lenzen* (Melancholie, 1989) schon vor einigen Jahren. – Einblick in die grundlegenden Aufsätze und die Entwicklung des literaturwissenschaftlichen Ansatzes bieten *Veeser (Hg.)*, New Historicism, 1989 und 1994 sowie *Baßler (Hg.)*, New Historicism, 1995.
96 *Koselleck et al. (Hg.)*, Formen, 1982, vgl. vor allem die Beiträge von Rüsen und Gumprecht.
97 Zur von dieser Seite vorgebrachten Kritik an der neuen Kulturforschung vgl. *van Dülmen*, Kulturforschung, 1995, S. 427f.
98 Vgl. dazu das Vorwort des Herausgebers, in: *Raulff (Hg.)*, Umschreiben, 1986, besonders S. 12f., sowie die Ausführungen von Natalie Zemon Davis, Lawrence Stone und Patrick H. Hutton im selben Band. Siehe auch *Medick*, Geschichte, 1992.
99 Auf diesen längst überfälligen Kurswechsel in den Geisteswissenschaften wurde bereits in den achtziger Jahren von Autoren wie Hans Medick und Detlev Peukert in dem Band von *Süssmuth (Hg.)*, Historische Anthropologie, 1984, hingewiesen. Unlängst erschien der erste Versuch einer Systematisierung des methodischen Spektrums, siehe *Dressel*, Historische Anthropologie, 1996.

trachtet. Die Dimension der Erfahrung, die die Wahrnehmung und damit das Handeln prägt und steuert, wird so zum Fokus der Forschung.

Mit den mehrfach verschriftlichten Aussagen muß vorsichtig, aber mangels Alternativen dennoch konstruktiv – im wahren Wortsinne – umgegangen werden.[100] Denn, »die Sicht des Patienten ist wesentlich mit dem verknüpft, was gehört wird. In diesem Sinn ist die Sicht des Patienten ein Artefakt der sozio-medizinischen Wahrnehmung«,[101] da der Gutachter ihm irrelevant Erscheinendes auslassen kann, worauf verschiedene Autoren durchaus hinweisen.[102] Hinzu kommt, daß nur verhältnismäßig wenige Äußerungen der Verhörten von den Ärzten wörtlich wiedergegeben werden. Sie wurden zuvor bereits von Amtsschreibern protokolliert, ebenso wie die Gespräche der Gutachter mit den Betroffenen. Hochsprachliche Reformulierungen und mögliche Paraphrasierung längerer Aussagen sowie die Tatsache, daß Reflexionen über bestimmte Gegenstände bei den Befragten erst durch die Untersuchung ausgelöst worden sein konnten, verändern den Gehalt von Aussagen und verleihen ihnen so oft erst im Moment ihres Entstehens Bedeutung. Doch selbst wenn der Begriffsraum von den Ärzten teilweise vorgegeben wurde, diese manche Äußerungen nicht wiedergaben, weil sie ihnen als nicht zur Sache gehörig erschienen, ist diese Quellengattung von unschätzbarem Wert – einfach weil keine besseren Alternativen zur Verfügung stehen. Wenn David Armstrong für Arzt-Patienten-Gespräche des 20. Jahrhunderts feststellt, daß das, was gehört wird, nicht von der Rede der Ratsuchenden, sondern vom Wahrnehmungsfeld des Arztes strukturiert wird (siehe oben), dann gilt dies für das 18. Jahrhundert nur in ganz begrenztem Maße.[103] Ohne Technik, fast gänzlich ohne innere Untersuchungsmöglichkeiten, war der Arzt in erster Linie auf das Sprechen über Körpererfahrungen und Erklärungsvorschläge der befragten Person angewiesen. Für Arzt wie Historikerin wird die Körperlichkeit des/der anderen nur durch sprachliche Repräsentation faßbar, doch »Sprache ist kein Gefängnis, sondern ein Medium, das wunderbar zur Interaktion mit der Rea-

---

100 Vgl. dazu vor allem die Kritik am Vorgehen Carlo Ginzburgs und Robert Dantons, wie sie *LaCapra* formulierte, der allerdings auch nur zu mehr Vorsicht aufrief, ohne eine Lösung des Problems bieten zu können: *Ders.*, Geschichte, 1987, Kap. 2 und 3.
101 So *Armstrong*, Sagen, 1987, S. 204.
102 Vgl. dazu die Reflexionen über Text und Macht bei *Isaac*, Geschichte, 1994, S. 119 ff.
103 *Armstrong*, Sagen, 1987, S. 193.

lität geeignet ist«.[104] Denn nur durch diese Art der Fixierung erfahren wir überhaupt ansatzweise von physischen wie psychischen Gefühls- und Gedankenwelten sogenannter einfacher Menschen, die in anderen Quellen kaum dokumentiert wurden. Das spezifisch medizinische Gespräch gewährt zusätzlich einzigartige Einblicke in auch vor Gericht sonst unaussprechliche, weil gesellschaftlich tabuisierte Sphären. Meist blieb »das Widerspenstige, Unversöhnliche, Sperrige, Unabgegoltene an der Hochkultur sowie deren insgeheime Gespräche mit der Volkskultur ... ungesehen und ungehört«.[105] Angelehnt an das Geertzsche Modell von der »dichten Beschreibung« werden medizinische Fallgeschichten inzwischen sogar als regelrechte ethnographische Beschreibungen gewertet.[106] Diese Einschätzung geht davon aus, daß die erzählende Person – hier der Arzt und im Falle der Gerichtsmedizin auf der anderen Seite Verdächtige oder Zeugen – eine Summe von Symptomen mit einem Kontext erklärt beziehungsweise um eine Gruppe von Symptomen herum einen sinnvollen Erklärungszusammenhang herstellt. Dieser Vorgang gibt Einblick in zeitgenössische Logik, soziale Ideologien und Erklärungsschemata. Die mehrfache Brechung von Wahrnehmung, die der Artikulation stets vorausgehen muß, sonst wäre verbale Reflexion über jeglichen Gegenstand unmöglich, ist Teil jeder Erzählung, nicht zuletzt auch Teil historischer Forschung. Doch immerhin waren auch Protokollanten und Gutachter in den Fallgeschichten als Zeitgenossen Teil desselben Systems von Weltsicht, auch wenn sich bildungs- und geschlechtsspezifische Filter zwischen Sprechende und Schreibende schoben.[107] Die Aussagekraft von Verhören und sonstigen Befragungen

---

104 So stellte sich Gianna *Pomata*, Männer, 1996, S. 281, dem Problem mit der verbalisierten Körperwahrnehmung unlängst in einem Interview.
105 *LaCapra*, Geschichte, 1987, S. 73. In diesem Zusammenhang muß darauf hingewiesen werden, daß der deutsche Begriff »Volkskultur«, wie ihn zum Beispiel Richard van Dülmen und Norbert Schindler verwenden, nicht ganz mit dem im Amerikanischen verwendeten Terminus »popular culture« identisch ist. Letzterer bezieht sich nicht ausschließlich auf Unterschichten, sondern ist eher als Vielfalt von in den verschiedenen Gesellschaftsschichten vorfindbaren kulturellen »Trends« zu verstehen.
106 So *Epstein*, Conditions, 1995, S. 74f.
107 Der Gebrauch lateinischer Termini in wörtlicher Rede muß zum Beispiel nicht zwangsläufig auf eine Verfremdung durch Dritte hindeuten. Lateinische Überreste in der Umgangssprache sind durchaus auch für das 18. Jahrhundert überliefert, vgl. *Burke*, Küchenlatein, 1989, besonders S. 50f.

büßt selbst dann nichts von ihrer Faszination ein, wenn man berücksichtigt, daß sie jenseits ihres »objektiven« Wahrheitsgehaltes als zeitgenössisch adäquate Strategien zur Erreichung eines unmittelbaren Zweckes, etwa der Ingangsetzung eines Verfahrens oder dessen Steuerung in eine bestimmte Richtung, ihr Ziel oft nicht verfehlten.[108] Die gerichtsmedizinische Fallgeschichte ist der ideale Ort, an dem, wie Stephen Greenblatt es formulierte, »Selbstbildung ... stattfindet, an dem Autorität und ein Fremdes einander begegnen«[109] und mittels des Zeichensystems der Sprache und der sich darin spiegelnden Handlungen Bedeutungssysteme und differierende Wirklichkeitsverständnisse verhandeln, die grundsätzlich Menschliches definieren: nämlich Körperlichkeit und psychisches Bewußtsein, Schuld und Unschuld.[110]

Die Forderung nach »kritischer Interpretation« der Quellen ist dann ein Totschlagargument, wenn sie alternative Deutungen nicht zuläßt. Jegliche Geschichtsforschung muß ebenso Interpretationsentscheidungen treffen und Informationsreduktion betreiben, wie es die Produzenten der untersuchten Texte bereits selbst tun mußten, um ihre »Geschichte« erzählen zu können.[111] Die angesichts dieser neuen »Bescheidenheit« aufgekommene Unzufriedenheit läßt inzwischen Rufe nach einem umdefinierten Objektivitätsbegriff hörbar werden und verlangt einen einheitlich-methodischen Zugriff, um die Integration in die herrschenden Zweige der Disziplin zu erleichtern.[112] Will man die Besonderheit der Fallgeschichten als historische

---

108 Mit dem strategisch-fiktiven, aber effektiv-diskursmächtigen Charakter übernatürlicher Erklärungsversuche in Kriminalfällen befaßt sich *Gaskill*, Murder, 1998. Zum Komplex der Fiktion in der Geschichte siehe auch *Lützeler*, Klio, 1997, S. 11–17.
109 *Greenblatt*, Selbstbildung, 1995, S. 46.
110 *Isaac*, Geschichte, 1994, S. 115, umschrieb dies so: »Das Handeln der Akteure läßt ... neue Texte entstehen, veränderte Versionen über eine veränderte Welt.« Zur Bedeutung der verbalen und nonverbalen Semiotik für Welterfahrung vgl. auch *Simon (Hg.)*, Zeichen, 1995 und *Bynum*, Theater, 1996, S. 29f.
111 Probleme wie Vorteile der zu treffenden Vorannahmen und der Teilperspektivität dieses Zuganges wägt *Fluck*, Amerikanisierung, 1995, besonders S. 234–242 ab.
112 *Bevir*, Objectivity, 1994, schlägt etwa die Methode des operationalisierten Vergleichs als Instrumentarium vor. *Dinges*, Anthropologie, 1997, empfiehlt hingegen die von der streng hermeneutischen Mehrheit ebenfalls schwer zu akzeptierende Kategorie des »gelebten Lebensstilkonzeptes«, die – ohne daß Dinges dies thematisierte – eine Parallele zu Ludwik Flecks imaginativen »Denkstilen« darzustellen scheint.

Quellen trotz solcher Widrigkeiten nutzbar machen, erweisen sich die traditionellen hermeneutischen Methoden als wenig sinnvoll. Für die im klassisch-quellenkritischen Sinn einzigartige Kombination aus Überrest und Tradition (Publikation von Protokollen, amtlichem Schriftverkehr, Urteilen etc.) und literarisch strukturierter Narration (Einleitungen, Vorstellung des Falles, Anamnese) bietet die an Foucaultschen Diskurs- und Repräsentationsgedanken orientierte Vorgehensweise interessante Zugänge. Auf den durch die methodische Öffnung erreichten Zugewinn auf der besonders in den Literaturwissenschaften historisch schwierigen »Materialebene« machte schon vor einiger Zeit Anton Kaes aufmerksam und konstatierte zwei weitere Impulse des New Historicism, die sich gerade auch an vorliegender Quellengruppe aufzeigen lassen:[113] Für die »Inhaltsebene« gilt nach wie vor, daß es außerhalb klassisch literarischer Texte und weniger autobiographischer Quellen keine Äußerungen zu unsichtbaren, also nichtmateriellen historischen Ereignissen wie körperlichen und seelischen Erfahrungen gibt. Doch gerade sie beleuchten einen besonderen Aspekt von »Weltaneignung und Weltauslegung« oder – wie Clifford Geertz es nennen würde – Sinnstiftung und Selbstrepräsentation. Schließlich bietet die besonders eng an die Quellen angelegte »Darstellungsebene« die einzige Möglichkeit, »mit einer bewußt anekdotischen, subjektiven Präsentation, in der das Nicht-Systematische, Widersprüchliche, Kontingente, ja Zufällige betont wird«, die Heterogenität von Geschichtlichkeit einigermaßen abzubilden.

Eine medizinische Fallsammlung bietet demnach mehr als das von Kritikern nicht nur der Literaturwissenschaft zu gern unterstellte »historische Vergnügen an der Anekdote, am Erzählen …, [an] einer unerschöpflichen Geschichtensammlung, der man Kuriositäten entnehmen kann, um diese alsdann findig neu zu erzählen«.[114] Abgesehen davon, daß die Erzählung selbst bereits eine Neukonstruktion darstellt, wäre zunächst zu fragen, was grundsätzlich gegen »Vergnügen« bei der professionellen Beschäftigung mit der Vergangenheit einzuwenden ist, warum ernsthafte Wissenschaft und literarischer Genuß einander zwangsläufig auszuschließen haben? – Greenblatt u. a. machen immer wieder auf die Vergeblichkeit des Unterfangens der

---

113 Zu den folgenden Ausführungen vgl. *Kaes*, New Historicism, 1995, S. 262f.
114 Mit dieser beliebten Kritik setzt sich *Montrose*, Renaissance, 1995, besonders S. 66f. auseinander.

vollständigen Wiedergabe aufmerksam, da man kaum Abertausende von Geschichten erzählen könne. Deshalb solle man »von den Tausenden eine Handvoll ins Auge fallender Gestalten in Beschlag [nehmen], die viel von dem zu umfassen scheinen, was wir brauchen, und die ... den Zugang zu umfassenden kulturellen Mustern versprechen«.[115] Das Interesse an der Geschichtlichkeit muß ein reziprokes sein. Es geht um die »Geschichtlichkeit von Texten«, d. h. die kulturelle Einbettung jeglichen geschriebenen Wortes, und gleichzeitig um die [Inter-]»Textualität von Geschichte«, d. h. die Vermittlung zwischen gelebter materieller Existenz und den darüber vermittelten textuellen Spuren.[116] Damit zielt die aus der klassischen Sozialgeschichtsforschung erwachsene Forderung nach allgemeiner »Repräsentativität« eines Forschungsergebnisses a priori an der Fragestellung vorbei. Es geht nicht nur darum zu erfahren, ob die überwältigende Mehrheit der Menschen einer Zeit gleich dachte und fühlte, sondern welche Tendenzen erkennbar werden, welche Gegenbilder welcher Gruppen gleichzeitig existierten und wie die verschiedenen Entwürfe einander beeinflußten. Es geht auch um »die interpretatorischen Konstruktionen, die die Mitglieder einer Gesellschaft auf ihre Erfahrungen anwenden«.[117] So wird das Bild einer bewegten Vergangenheit entworfen und kein Standfoto, das scheinbar klare Ränder aufweist. Es sind »die Risse in einem herrschenden System, in denen der Zweifel und der Einspruch sich versammeln können«, die die Aufmerksamkeit auf sich lenken.[118] Nur durch methodologische Kunstgriffe (Reduktion) ist es möglich, die oft als unhistorisch diffamierte Pluralität von Gesellschaft handhabbar zu machen. Doch sollte man nicht der Illusion erliegen, durch das Wegschneiden der Ränder oder die Reduktion der Farben die Vergangenheit klar sehen zu können. Die lautere Wahrheit dessen, was sich abgespielt haben mag, wird nie ergründet werden, da alle Beteiligten ihre eigene Wahrheit darzustellen suchten. Der so oft eingeforderte Wahrheitsanspruch läßt sich eher mit dem Foucaultschen Machtbegriff der Diskurse fassen. Wer entscheidet, was als wahr zu gelten hat, verfügt über die gesellschaftliche Definitionsmacht.[119]

---

115 *Greenblatt*, Selbstbildung, 1995, S. 42.
116 Vgl. *Montrose*, Renaissance, 1995, S. 67.
117 *Greenblatt*, Selbstbildung, 1995, S. 39.
118 *LaCapra*, Geschichte, 1987, S. 71.
119 Vgl. ausführlich zum Beispiel *Foucault*, Archäologie, 1981.

Aufgabe der Historikerin kann es demnach nur sein, nicht nach »Grunddispositionen« zu suchen, sondern nach dem Wandel der Diskurse, nach »Brüchigkeit im Leben« und »mögliche[n] Alternativen«,[120] dabei die zeitgenössische Plausibilität von sozialem Wissen, Strategien und Selbstkonzepten vor dem Hintergrund anderer Quellen beziehungsweise Forschungsergebnisse zu überprüfen, auf Widersprüche hinzuweisen und die eigenen Interpretationen nachvollziehbar zu machen. Dazu muß erzählt werden, denn menschliches Handeln läßt sich nur durch die Methode der Erzählung in seinen »grundlegenden Artikulationen rekonstruieren«.[121] Das schillernde Material dazu liefert die im Vergleich zu heute beeindruckende Gedächtnisleistung der damaligen Menschen, die angesichts der geringeren Schriftlichkeit stärker auf Reden und damit auf wörtliches Erinnern angewiesen waren.[122] Den divergierenden zeitgenössischen Diskursen wird wiederum ein ordnender historischer Diskurs übergestülpt, der letztlich eine neue Textualität, ein neues Bild der Vergangenheit herstellt. Dieses Verfahren nannte der Historiker Hayden White *emplotment* und wies darauf hin, daß auch die Historiographie als Sprachhandlung letztlich nur Fiktion ist, die höchstens Näherungswerte beanspruchen soll, da es keine »rohen Tatsachen« gibt, sondern nur »unterschiedlich beschriebene Ereignisse«. White betont, daß »bis zum Eintreten der kopernikanischen Wende« in den Geschichtswissenschaften, die sich ähnlich den Naturwissenschaften nach der einen Methode der Beweisführung sehnen, die Freiheit der Untersuchungsmethoden und Diskursformen gegeben ist. Mit ihm möchte ich deshalb die Frage stellen: »Genügt denn diese Art des Wahrseins nicht?«[123] Daß der Verzicht auf den Versuch, eine absolute Wahrheit, die es nicht gibt, einzukreisen und statt dessen die Vielfalt der Perspektiven und ihr Machtverhältnis aufzuzeigen, keinesfalls die Relativierung der einen Geschichte bedeuten muß, findet zunehmend Beifall, wenn auch nicht ungeteilten.[124]

---

120 So beschreibt *van Dülmen*, Kulturforschung, 1995, S. 429, die spezifischen Chancen dieses Ansatzes.
121 Zum Erzählen von Geschichte vgl. *Ricœur*, Geschichte, 1996, S. 122.
122 Zur Rolle frühneuzeitlicher Erinnerungsleistungen vgl. *Schindler*, Prinzipien, 1993, S. 371 ff.
123 Vgl. *White*, Literaturtheorie, 1996, S. 74–79 und S. 89.
124 Der Vielfalt in der geschichtstheoretischen Debatte und der Abwendung von der Suche nach *der* Metatheorie widmet sich »auf Bielefelder Art« *Lorenz*, Konstruktion, 1997,

Immerhin lassen die neuesten polemischen Attacken seitens der Sozialgeschichte erkennen, daß sich inzwischen auch unbeirrbare Gegner der neueren Kulturgeschichte zur Auseinandersetzung mit dieser gezwungen sehen[125] und gar eine Relevanz körperhistorischer Fragestellungen anerkennen.[126] Auch die deutsche Historiographie sollte sich mehr davon faszinieren lassen, sich auf begrenzte, aber nach sinnvollen und überprüfbaren Verknüpfungen konstruierte Netze von Beziehungs- und Ordnungsmustern zu konzentrieren. Es sind die Machtgefälle und Widersprüche, die Ambi- und Polyvalenzen, es ist die Gleichzeitigkeit des Ungleichzeitigen, die Kraft der *longue durée* neben den Implosionen des Wandels, die das menschliche Kommen und Vergehen so aufregend für jene gestalten, die das Privileg der »späten Geburt« genießen und über Freud und Leid vergangener Subjekte sinnieren dürfen, ohne daß ihnen ein ordnender »Weltgeist« die Richtung vorgäbe.

---

ignoriert dabei *gender history* und Mikrogeschichte völlig. – *Munslow*, History, 1997, setzt sich besonders mit Foucault und White auseinander.

125 Hier sind die Bücher Evans' und Wehlers gemeint, die sich entweder nur mit bizarren Randfiguren (Evans) oder auf polemisch metatheoretische Art (z.B. Wehler) mit willkürlich ausgewählten und disparaten Ansätzen (z.B. Foucault und Erikson) auseinandersetzen, vgl. *Evans*, Fakten, 1998 und *Wehler*, Herausforderung, 1998.

126 So *Wehler*, Herausforderung, 1998, S. 93, auch wenn er wieder einmal die »Entdeckung« dieses wissenschaftlichen Neulandes durch persönliche Seitenhiebe auf Foucaults sexuelle Präferenzen zurückführen zu müssen glaubt (S. 89) und damit unfreiwillig eine überzeugende Erklärung für die allzulange »entkörperlicht« gebliebene deutsche Geschichtsforschung liefert.

A Körper vor Gericht

Ehen in foro ecclesiastico

Die Welle der Sexualitätsgeschichte, die sich vor allem im anglo-amerikanischen Sprachraum ungebrochener Beliebtheit erfreut, hat schon vor Jahren auch den deutschsprachigen Raum erreicht. Abgesehen von einer nicht zu verhehlenden voyeuristischen Faszination, kann die Beschäftigung mit Konzepten von Sexualität und dem konkreten Verhalten frühneuzeitlicher Menschen interessante Einblicke in die Wahrnehmungsstrukturen und »Denkstile« (Ludwik Fleck) vergangener Zeiten geben. Hier zeigt sich, wieweit normative Ansprüche internalisiert wurden, wie diese gelebt, wie sie umgangen wurden und welche gesellschaftlichen Ordnungs- und Reinheitsvorstellungen sich dahinter verbargen. Von zentraler Bedeutung ist m. E. jedoch die Frage der Identitätsbildung frühneuzeitlicher Menschen. Wie nahmen sich Männer und Frauen wahr, welche Vorstellungen von Geschlecht, Geschlechterrollen, welche Einstellungen zu Liebe, Sexualität und Ehe, welcher Umgang mit körperlichen Erfahrungen und Problemen läßt sich feststellen?

Gerade das Mittelalter und die frühe Neuzeit werden gerne als sinnenfrohe Zeitalter gepriesen, in denen die katholische Kirche und später auch die protestantischen Moraltheologen unermüdlich mit der Zügelung der eigenen wie vor allem der unbändigen Fleischeslust ihrer Schäflein befaßt waren. Eine wahre Forschungsflut befaßt sich mit katholischen und reformatorischen moraltheologischen Schriften, Beichtbüchern sowie fürstlichen Reskripten und untersucht, wie Obrigkeiten versuchten, rigide Normen durchzusetzen.[1] Die ständige Wiederhohlung von Predigttexten, die Masse an aufgeregten und detailversessenen Moraltraktaten, die Erneuerung und

---

[1] Stichwort »Kirchenzucht«, vgl. zum Beispiel *Pallaver*, Ende, 1987 und *Schmidt*, Dorf, 1995.

Verschärfung der Unzuchtparagraphen lassen sowohl auf massenweise Ignoranz und Widerstand seitens der Adressaten wie auf pornographische Faszination seitens der Autoren schließen. Auch die Dialektik von »Obsession und Repression«, i.e. die Reziprozität von Unterdrückung und dem Reiz des Aufbegehrens gegen dieselbe, mag eine Rolle gespielt haben.[2] Die Erkenntnisse über das, was tatsächlich in der konkreten intimen Kommunikation zwischen Individuen beziehungsweise den Geschlechtern stattfand, sind jedoch noch dürftig.[3] Scheidungsverfahren, in denen es um körperliche Ehehindernisse ging, bieten erstmals intimere Einblicke.

Scheidung war im 18. Jahrhundert kein Ding der Unmöglichkeit mehr. Die katholische Kirche kannte allerdings offiziell nur die Annullierung der Ehe bei nicht erfolgtem Vollzug des konstituierenden Aktes, was die Wiederverheiratungsmöglichkeit des daran unschuldigen Partners miteinschloß.[4] Geistesgestörten, mißgebildeten und zeugungsunfähigen Personen war die Eheschließung ohnehin verwehrt. Das protestantische Eherecht hatte einige nachträgliche Lücken (Ehebruch, widernatürliche Unzucht, böswilliges Verlassen etc.) im Netz geschaffen, weil die Ehe nicht mehr als Sakrament galt. Durch die sehr komplexe Naturrechtsdebatte, die die Ehe einerseits als bei Vertragsbruch auflösbaren Kontrakt betrachtete, andererseits die menschliche Sexualität als natürliches und damit legitimes Bedürfnis ansah, gab es auch innerhalb der Theologie radikalere und gemäßigtere Positionen. Immerhin war jedoch in einigen Territorien auch bei erst später auftretenden körperlichen Hemmnissen nicht mehr nur die »Trennung von Tisch und Bett«, sondern die Auflösung der Ehe und die Wiederheirat des fortpflanzungsfähigen Partners trotz früheren Beischlafs möglich geworden, wenn auch eheliche Gewalt oder unüberwindliche Abneigung als Scheidungsgründe sehr unterschiedlich gehandhabt wurden.[5] Als körper-

---

2 Vgl. *Roper*, Ödipus, 1995, S. 168.

3 Die von *Flandrin*, Geschlechtsleben, 1995, schon 1984 konstatierten Quellenprobleme bestehen noch immer.

4 Diese relativ häufige Praxis bestätigt die Untersuchung Rainer *Becks*, Frauen, 1992, S. 139 ff.

5 Zur territorial unterschiedlich ausgestalteten Rechtslage und selbst davon noch häufig abweichenden Rechtspraxis in der frühen Neuzeit siehe *Möhle*, Ehekonflikte, 1997, S. 20–31 und *Schnabel-Schüle*, Überwachen, 1997, S. 181–194 sowie *Blasius*, Ehescheidung, 1992, S. 22–27, vgl. auch *Wunder*, Sonn', 1992, S. 70, S. 78 f.

liche Eheunfähigkeit galten physiologisch bedingte Impotenz beziehungsweise Unfruchtbarkeit, aber auch »die Franzosen, die Schwermuth, die fallende Sucht, der Scorbut, ein eingewurzelter übler Geruch aus dem Munde usw.«.[6] Ein anderer Autor führte sogar »Lungensucht, kakochymische Beschaffenheit der Säfte, das Blutbarnen, Urininkontinenz, Fisteln, Blasensteine, Nymphomanie, Wahnsinn«, verheimlichte Behinderungen, »Nachtwandeln« und »chronische Nervenübel« – mithin Geistesstörungen – als Scheidungsgründe an.[7] Derartige Beschwerden tauchten jedoch in den konkreten Klagen selten auf.

Männliches Unvermögen

Impotenz und Unfruchtbarkeit waren proportional zum Geschlecht der klagenden Partei die zentralen Vorwürfe.[8] Ursachen konnten, von angeborenen Schädigungen abgesehen, auch »Vollblütigkeit«, »Fettleibigkeit« und »schwache Nerven« sein, die angeblich durch »Mißbrauch des Beyschlafs, durch Venerische Krankheiten, durch manustuprationes« ausgelöst würden.[9] Ein 32jähriger aus einem Dorf bei Stettin erklärte sich seine plötzlich aufgetretene Impotenz durch eine Jahre zurückliegende Fieberkrankheit mit Seitenstichen. Dabei »sey er mit Sausen vor dem linken Ohr und mit einem Schlagen oder Pukkern, wie er es nannte, inwendig an der Stirne befallen, welches sich bisweilen ins Genikke hin erstrecke« und woran er noch heute litte. Der Stadtphysikus schloß sich der Erklärung des äußerlich mit tiefer Stimme, kräftigem Haar und Bartwuchs zufriedenstellend erscheinenden Probanden an, da aufgrund der Beschwerden klar war, daß

---

6 *Schwaben*, Anweisung, Bd. 2, 1787, S. 239.
7 So *Fahner*, System, Bd. 3, 1800, in seiner Einführung zu den Impotenzfällen. – Verstandesverwirrung galt allerdings noch nicht in allen protestantischen Territorien als Scheidungsgrund. In Holstein, aus dieser Region sind allerdings keine Fallsammlungen bekannt, wurde dies in der Landesordnung sogar explizit ausgeschlossen, die unzurechnungsfähige Partei »nur« ins Irrenhaus gesperrt. (Diesen Hinweis verdanke ich Alexandra Lutz.)
8 Vgl. dazu auch *Fischer-Homberger*, Medizin, 1983, S. 189–198 beziehungsweise S. 199–209.
9 *Daniel*, Beiträge, Bd. 1, 1749, XIX, S. 219. Diese Definition unterschied sich im wesentlichen kaum von früheren, wie sie *Darmon*, Tribunal, 1979, S. 25–52, schon in französischen Scheidungsverfahren des 16. und 17. Jahrhunderts gefunden hatte.

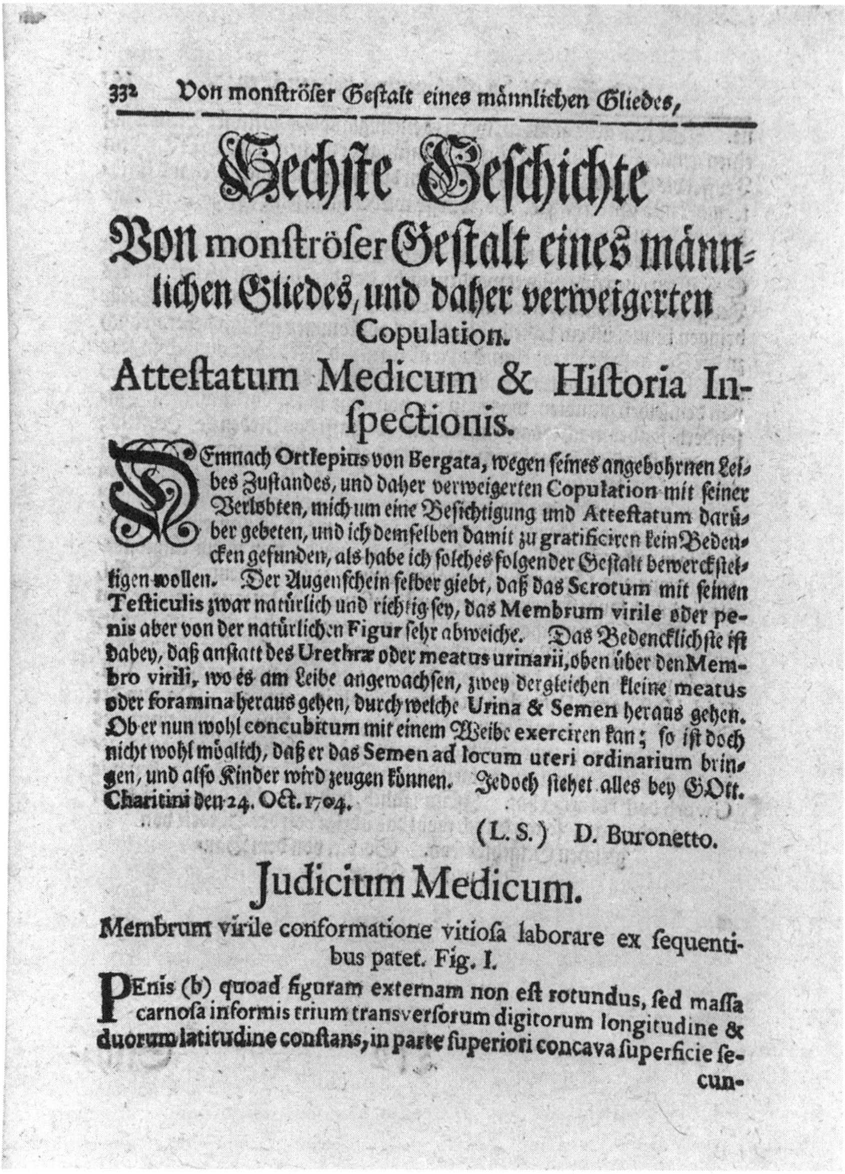
332 Von monströser Gestalt eines männlichen Gliedes,

Sechste Geschichte

Von monströser Gestalt eines männlichen Gliedes, und daher verweigerten Copulation.

Attestatum Medicum & Historia Inspectionis.

Demnach Ortlepius von Bergata, wegen seines angebohrnen Leibes Zustandes, und daher verweigerten Copulation mit seiner Verlobten, mich um eine Besichtigung und Attestatum darüber gebeten, und ich demselben damit zu gratificiren kein Bedencken gefunden, als habe ich solches folgender Gestalt bewerckstelligen wollen. Der Augenschein selber giebt, daß das Scrotum mit seinen Testiculis zwar natürlich und richtig sey, das Membrum virile oder penis aber von der natürlichen Figur sehr abweiche. Das Bedencklichste ist dabey, daß anstatt des Urethræ oder meatus urinarii, oben über den Membro virili, wo es am Leibe angewachsen, zwey dergleichen kleine meatus oder foramina heraus gehen, durch welche Urina & Semen heraus gehen. Ob er nun wohl concubitum mit einem Weibe exerciren kan; so ist doch nicht wohl möglich, daß er das Semen ad locum uteri ordinarium bringen, und also Kinder wird zeugen können. Jedoch stehet alles bey GOtt. Charitini den 24. Oct. 1704.

(L. S.) D. Buronetto.

Judicium Medicum.

Membrum virile conformatione vitiosa laborare ex sequentibus patet. Fig. I.

PEnis (b) quoad figuram externam non est rotundus, sed massa carnosa informis trium transversorum digitorum longitudine & duorum latitudine constans, in parte superiori concava superficie secun-

Abb. 4: *Johann Christian Fritsch*, Seltsame jedoch wahrhafftige Theologische, Juristische, Medicinische und Physicalische Geschichte, Sowohl aus alten als neuen Zeiten, Worüber der Theologus, Jure-Consultus und Medico-Physicus sein Urtheil eröffnet, Aus denen Original-Acten mit Fleiß extrahiret, Zu mehrerer Erleuterung mit kurtzen Anmerckungen versehen, …, 5. Theil, Leipzig 1734.

»das Gehirn selbst« betroffen sein mußte.[10] Bei psychosomatischen oder aus gesundheitlichen Gründen vorübergehenden Erektionsproblemen hing die Scheidungsmöglichkeit vom Wahrscheinlichkeitsgrad der Heilung ab.

Um Beschuldigungen überprüfen zu können, wandte sich das jeweilige Oberkonsistorium stets an den örtlichen Physikus, der zunächst den beklagten Teil – dies waren bei Scheidung aus medizinischen Gründen mehrheitlich Männer[11] – in Gegenwart weiterer Amtspersonen, mindestens aber eines vereidigten Chirurgen, zur Untersuchung zitierte. Erbrachte diese Maßnahme keine brauchbaren Indizien, erschien der Mann zu den festgesetzten Terminen nicht oder gelang es ihm, entlastende Argumente vorzubringen, wurde in solchen Fällen auch die Frau genötigt, sich befragen und »besichtigen« zu lassen. Dies tat in fast allen Fällen der Arzt und nicht, wie im gynäkologischen Bereich sonst üblich, eine Hebamme, auch wenn eine solche manchmal anwesend war.[12] Trotz entsprechender Bestimmungen im örtlichen Kirchenrecht war es Ehefrauen oft möglich, sich einer solchen moralisch kaum vertretbaren Entblößung zu verweigern, weshalb Ärzte in diesen Fällen eine Stellungnahme allein aufgrund der gegenseitigen Schuldzuweisungen verweigern mußten.[13] Unsichere junge Frauen erklärten sich auf hartnäckiges Zureden nur dann bereit, wenn ihnen der Gutachter weismachen konnte, andernfalls sei eine Scheidung völlig unmöglich. Die Untersuchung einer Frau gestaltete sich anders als die eines Mannes. Die männlichen Genitalien wurden nach ihrer vermute-

---

10 Dr. Kölpin, in: *Pyl*, Aufsätze, 5. Slg., 2. Ab., 1787, Fall 3, S. 143ff., vgl. auch Dr. Kölpin, *ebenda*, 8. Slg., 2. Ab., 1793, Fall 1.
11 *Beck*, Frauen, 1992, S. 142, stellte fest, daß auch 75 Prozent der allgemeinen Klagen vor Ehegerichten, darunter ein Großteil Scheidungsbegehren, von Frauen vorgebracht wurden. Er erwähnt allerdings kein einziges Mal medizinische Gutachten, sondern bezieht sich auf Ehegerichtsprotokolle. Auch *Möhle*, Ehekonflikte, 1997, erwähnt keine medizinischen Gutachten, vermutlich weil die territoriale Kirchenordnung keine gesundheitlichen oder psychosomatischen Gründe zuließ (*ebenda*, S. 22 und S. 26).
12 Eine Frau wurde vom Physikus sogar in Gegenwart ihres Vaters untersucht. Siehe *Pyl*, Aufsätze, 1. Slg., 1783, Fall 23, S. 222. Zum gerichtsmedizinischen Verfahren, das in Frankreich ähnlich gelagert, aber schon hundert Jahre früher fast zur Routine geworden war, siehe auch *Darmon*, Tribunal, 1979, Kap. III, besonders S. 159–232.
13 So klagt zum Beispiel *Schwaben*, Anweisung, Bd. 2, 1787, Fall 6, S. 262, daß der Arzt in solchen Fällen nichts erzwingen könne.

ten Leistungsfähigkeit beurteilt, die einer Frau nach ihrer Ästhetik und weiteren Verwendungsmöglichkeiten. Außerdem wurde der gesamte Körper vor allem junger Frauen nach »Abnutzungserscheinungen« abgesucht. So vermaß ein Gutachter zum Beispiel nicht nur Klitoris, Schambehaarung und die Weite der Vagina einer 18jährigen Ehefrau, die er als brünett, »von schönem vollem Wuchs und guter Gesichtsbildung, sehr lebhaftem Temperamente« bezeichnete, sondern untersuchte sie ausgiebig manuell. Dabei stellte er, ähnlich wie viele seiner Kollegen, mit pornographischem Unterton fest, daß »trotz aller wollüstigen Betastungen des Mannes doch die Brüste noch schön gewölbt und ziemlich elastisch, von mittlerer Größe, die Brustwarzen dunkelbraun, aber von dem öfteren Saugen des Mannes an denselben doch etwas herausgezogen« waren. Sie sei also nicht mehr ganz »jungfräulich«, aber durchaus noch gut wiederzuverheiraten.[14] Derselbe Arzt betonte in einer theoretischen Abhandlung, daß der Untersuchung der Frau besondere Bedeutung zukomme. Denn jede Frau, die ihren Mann kurz nach der Heirat beschuldige, sei verdächtig. Offensichtlich mangele es jenen an »der jungfräulichen Delikatesse«, da sie keinerlei Scham hätten und sich der medizinischen Untersuchung wie dem »Gerede und Spott« der Leute ebenso aussetzten wie ihre Männer. Oft sei eine solche Frau sexuell erfahrener, als sie vorgebe, und dabei unersättlich. So eine müsse vom Gericht in ihre Schranken verwiesen werden, »daß sie auch von ihrem Mann nicht zu viel fordert«.[15] Ein Zuviel an Beischlaf galt nach der Balancetheorie der antiken Säftelehre als ebenso schädlich wie ein Zuwenig, da es die Körperflüssigkeiten in Wellen versetzte, die Fließrichtung verkehrte oder Stockungen an falschen Orten zur Folge haben konnte.

In diesem Zusammenhang unterstrichen Ärzte immer wieder, daß die

---

14 Das junge Mädchen hatte sich nur untersuchen lassen, weil sie aus der erzwungenen Ehe unbedingt geschieden werden wollte. Er »behandle sie wie seine Sclavin. Dabey aber quäle er sie Tag und Nacht mit wollüstigen Betastungen, ohne doch die Pflichten eines Mannes erfüllen zu können, sei im höchsten Grade eifersüchtig ... und sey so filzig und niederträchtig, daß sie ohnmöglich mit diesem Manne länger leben könne. Sie wolle lieber sich von ihrer Hände Arbeit nähren, als in dieser schrecklichen Sclaverey länger verbleiben.« Siehe *Fahner*, System, Bd. 3, 1800, S. 23–28. Entsprechendes Vorgehen stellte auch *Darmon*, Tribunal, 1979, S. 159–181 fest.

15 *Fahner*, System, Bd. 3, 1800, S. 17–23.

männliche Zeugungsfähigkeit nicht ausschließlich von physiologischen Voraussetzungen abhinge, sondern vor allem von der Attraktivität der Frau, den Umständen des sexuellen Aktes und dem davon geprägten emotionalen Zustand des Mannes:[16] Diese Überzeugung hatte zur Konsequenz, daß Geschlechtsverkehr als »Medizin« nicht nur theoretisch erörtert, sondern von einzelnen Männern erfolgreich als Entlastung bei Unzuchtsverfahren eingesetzt werden konnte. Ein etwa 40jähriger Mann gab zum Beispiel 1699 als Begründung für seine Schwängerung einer 18jährigen an, mit seiner Frau, mit der er einige Kinder hatte, seit Jahren nicht mehr verkehren zu können. »Aus Trieb der Natur propter abundantiam seminis, indem er hierdurch grossen Kranckheiten, die er sonst ausser diesem empfunden vorzukommen und also Verlängerung der Jahre und den Seinen zum besten augenscheinlich gespühret«, habe er »nach seinem Plaisier« mit dem Mädchen »gebüsset«. Er wehrte sich gegen die Unterstellung, allein die »Wollust« habe ihn getrieben, mit der Erklärung, er habe nur aus übergroßer Not »mehrer subjecti sich bedienet«. Die Besorgnis um die eigene Gesundheit galt als so glaubwürdig, daß die medizinische Fakultät Leipzig mit der Endgutachtung betraut wurde. Diese stellte lakonisch fest, Beischlaf sei zwar gesund, keineswegs aber lebensnotwendig, da die Natur bei Männern durch die »polutiones nocturnas« gegen mangelnden Säfteausgleich Vorsorge getroffen habe.[17] Schließlich habe der Beschuldigte in seiner Ehe weder unter Epilepsie noch Melancholie oder anderen Auffälligkeiten gelitten, was auf Langzeitschäden hingedeutet hätte.[18]

Ein 52jähriger, der sich aufgrund seiner Impotenz bereits in seiner Jugend entschlossen hatte, nie zu heiraten, wandte sich im Jahre 1696 wegen

---

16 Solche Psychophysiologie läßt sich bereits in französischen Medizintraktakten des 17. Jahrhunderts nachweisen. Vor allem Ambroise Parè wurde noch im 18. Jahrhundert in Deutschland stark rezipiert. Siehe dazu *Berriot-Salvadore*, Diskurse, 1994, S. 395 f. Im Gegensatz zu Frankreich kamen Eheannulierungen aus diesen Gründen in Deutschland nicht nur für Angehörige der höheren Stände in Frage. Die Autorin bezieht sich in ihren verallgemeinernden Ausführungen ausschließlich auf den französischen Diskurs.

17 Zur Bedeutung des Samens, der über die reine physische Energie hinausgehend, als pure »Lebenskraft« begriffen wurde, welche in geistige Kreativität verwandelt wurde, sofern man sie nicht unnötig verschwendete, siehe *Hull*, Sexuality, 1996, S. 248 ff.

18 *Zittmann*, Medicina, 1706, Cent. VI, LXXI, S. 1624–1627.

inzwischen häufig auftretender Pollutionen und vorzeitigem Samenerguß zunächst noch vergebens an zwei theologische Fakultäten. Schließlich bat er – wie in gebildeteren Schichten um die Wende zum 18. Jahrhundert zunehmend üblich – eine medizinische Fakultät um eine Ferndiagnose und Verschreibung dienlicher Medikamente. Auch dieser Ratsuchende gab offen zu, aus therapeutischen Gründen mehrmals »in unterschiedenen mit gewissen Weibs-Personen« »Proben angestellt« zu haben, ohne rechtliche Konsequenzen wegen Unzucht zu befürchten, da Unzuchtsdelikte meistens nur dann vor Gericht kamen, wenn ein Schwangerschaftsverdacht bestand.[19]

Aufgrund der emotionalen Komponente war es mit einer einfachen Besichtigung nicht getan, bei der Größe und Form des Penisses und der Hoden, aber eben auch Farbe und Stärke des Schamhaares und Bartwuchses, die Stimmlage sowie der gesamte Körperbau genauestens nach den gültigen Kriterien von »Männlichkeit« beurteilt wurden: Rothaarige, bartlose, blasse, hagere und schmächtigere Männer wurden als weniger männlich, als tendenziell effeminisiert, mithin als weniger potent angesehen. Körpermaße, sehr selten die Nasengröße und das Alter, wurden in vermutete Relation zu den Geschlechtsorganen und deren Leistungsfähigkeit gesetzt.

War bis zum Beginn des 16. Jahrhunderts mit Erlaubnis der Kirche der Vollzug des Geschlechtsaktes in Gegenwart von Zeugen (hinter einem Vorhang) Bedingung des Nachweises männlicher Potenz, so war dies inzwischen aus sittlichen Gründen unmöglich geworden.[20] Auch zog man durchaus in Erwägung, die Beobachtung könne der angemessenen Konzentration und Erregung abträglich sein. Ärzte begnügten sich im 18. Jahrhundert zur Klärung der Sachlage mit einer nicht weniger heiklen, weil grundsätzlich sündhaften und dazu noch gesundheitsschädigenden – aber in diesem Zusammenhang eben unabdingbaren – sexuellen Handlung, der

---

19 Vgl. *ebenda*, XII, S. 1447–1452. Als Impotenzursache wurde schlechtes Blut diagnostiziert. Zum Umgang mit Unzuchtsdelikten siehe ausführlich *Rublack*, Magd, 1998, S. 199–235.

20 Zum öffentlichen Charakter der mittelalterlichen Ehe und damit auch ihrer Körperlichkeit vgl. die prägnante Darstellung bei *Stolz*, Handwerke, 1992, S. 39–45. Zur europaweit verbreiteten Praxis des »congressus« genannten Beischlafs vor vereideten Zeugen und ihrer Abschaffung vgl. ausführlich *Darmon*, Tribunal, 1979, S. 207–232 und *Fischer-Homberger*, Medizin, 1983, S. 61 f.

Onanie.²¹ Zuvor wurde ein Mann zur Befragung und körperlichen Untersuchung einbestellt, dann mußte sich die Ehefrau den Fragen des Arztes bezüglich der Vorgänge im Ehebett stellen. Aus diesen Befragungen wurde im folgenden versucht, hinter den Strategien einiges über die Vorstellungen, Wünsche und Erwartungen der Beteiligten herauszufinden. Vielleicht ist es allein der Delikatesse der Gutachter zu verdanken, daß bei den überlieferten Protokollen keines aus adeligen oder großbürgerlichen Häusern stammt. Vielleicht standen höheren Ständen auch weniger kompromittierende Möglichkeiten der Eheauflösung zur Verfügung.²² Es zeigt, wie sehr die Scheidung als rechtliches Trennungsmittel auch in breiteren Schichten der Bevölkerung wahrgenommen wurde.

In der überwiegenden Mehrheit der überlieferten Impotenzfälle drangen Ehefrauen bereits nur wenige Wochen oder Monate nach der Heirat oder innerhalb der ersten drei Ehejahre auf Scheidung.²³ Diese Klagen wurden sämtlich angenommen, obwohl die gerichtsmedizinische Theorie dem Mann eine »3jährige Probezeit« zugestand, »seine Mannbarkeit zu beweisen«.²⁴ Die eine Hälfte der Frauen behauptete, die Männer hätten ein oder auch

---

21 Zur bevölkerungspolitischen Bedeutung der nur vordergründig christlich-moralisch legitimierten pädagogischen Anti-Onanie-Kampagne der Spätaufklärung siehe *Hull*, Sexuality, 1996, S. 258–280. Sie stellt fest, daß Deutschland im Gegensatz zu anderen europäischen Ländern nur in den 1780er Jahren eine kurze, aber intensive Welle der Beschwörung der gesellschaftspolitischen Gefahren der »Selbstbefleckung« erfuhr, wobei die medizinischen Bedenken bezüglich der individuellen Gesundheitsgefährdung außerhalb des Fachdiskurses kaum zum Tragen kamen. In Pädagogik und Philosophie symbolisierte die Onanie vielmehr die allgemeine Gefahr des Kontrollverlustes über die Vernunft zugunsten animalischer Triebe, die bürgerlicher Rationalität und Effektivität entgegenstanden. Zudem war sie als autoerotische Handlung ebenso »asozial« wie sämtliche als sodomitisch etikettierte Praktiken, die nicht der Fortpflanzung dienten. Zur medizinisch-theologischen Argumentationskette (Tissot und Epigonen) siehe *Braun*, Krankheit, 1995, passim. Zum Verfahren des Erektionstests auch in Frankreich vgl. *Darmon*, Tribunal, 1979, S. 192–195.
22 Dies geht auch aus *Möhle*, Ehekonflikte, 1997, hervor.
23 Dies bestätigt auch *Beck*, Frauen, 1992, S. 170 ff., der es mit der Schwierigkeit der meist in die Familie des Mannes einheiratenden Frau und ihrer anfangs besonders befremdlichen, Mißverständnisse und Aggressionen hervorrufenden Situation erklärt.
24 Diese Grundregel findet sich bereits Anfang des 18. Jahrhunderts in den entsprechenden Kapiteln der gerichtsmedizinischen Standardwerke *Albertis*, Systema, Bd. 1, 1725 und Commentatio, 1739, und wird noch am Ende des Jahrhunderts so zitiert, vgl. *Elvert*, Fälle, 1792, IV, S. 104.

mehrmals versucht, ihnen beizuwohnen, es sei ihnen aber aus bestimmten Gründen nicht gelungen. Die andere Hälfte beschwor, der Ehemann habe es nie wirklich versucht, obwohl sie ihn verbal oder auch durch ihr Verhalten nachdrücklich dazu aufgefordert hätten. Auch die Argumentation der Männer, die Impotenz bestritten, verfolgte zwei Strategien. Einmal war da die widerspenstige Ehefrau, die sich ihren ehelichen Pflichten entzog und ihn nun auch noch verbal zu entmannen versuchte. Auf der anderen Seite gab es die Unersättliche, die jede Nacht oder sogar während des Tagwerks übermenschliche Leistungen von ihm forderte. Sah sich ein Mann nicht im Stande, die sexuelle Schwäche zu leugnen, versuchte er häufig die sexuelle Ehre seiner Frau in Frage zu stellen, indem er ihr ebenso wie so mancher Gutachter vorwarf, für eine Jungverheiratete zu viele Kenntnisse über einen bis dato tabuisierten Bereich zu haben: Als eine junge Frau ihrem Angetrauten nach diversen vergeblichen Versuchen vorwarf, »wenn er nichts werckstellig machen könte, so sollte er mich doch nur schlaffen lassen«, gab dieser zum Beispiel zurück, »so müßt ich es doch mit einem andern versucht haben, wenn ich wüßte, daß er nichts könte. Habe ich versetzt, ich hätte ja eine Schwester, die Kinder hätte. Man redete ja wohl darvon wie es zwischen Eheleuten zugienge.«[25]

Andererseits konnten auch ungewohnte Hemmungen Mißtrauen hervorrufen. Hier waren jene im Vorteil, die bereits auf frühere Eheerfahrungen zurückblicken konnten. Sie stellten anatomische Vergleiche an und schätzten das Verhalten des anderen eher ein. Eine Frau fand ihren Mann nicht nur besonders spärlich ausgestattet, »auch allezeit die cohabitation knall und fall vorbey gegangen«. Der Gatte hatte nie versucht, sie tagsüber oder bei Licht zum Beischlaf zu bringen. Er hatte auch niemals in ihrer Gegenwart urinieren wollen. Sie hatte ihn heimlich dabei beobachtet und festgestellt, »daß es mit solchem sehr schwer hergehe. So offt er bei ihr gelegen, vor Angst beständig geschwitzet, welches ihme, wenn er allein gelegen, nicht widerfahren und er deshalben nimmer bey ihr liegen wollen«. Sie hatte, wie andere Frauen auch, seine Hemden erfolglos auf Spermareste überprüft und dabei erkannt, daß die »Feuchtigkeit, die sie in sich spürte ... von ihr selbsten müsse gekommen sein«.[26]

---

25 *Fritsch*, Geschichte, Bd. 1, 1730, Fall 11, S. 338f.
26 *Hasenest*, Richter, Bd. 1, 1755, XI, S. 86f.

Bis derartige Auseinandersetzungen vor den oder die Gutachter kamen, hatten sie gelegentlich öffentlichen Charakter angenommen, waren Männer bereits wegen Impotenz jahrelang »berüchtigt«.[27] Frauen redeten in der Nachbarschaft und im Dorf mit anderen Frauen über die sexuellen Fähigkeiten ihrer Männer, junge Irritierte fragten bei Erfahreneren nach, ob das, was sie im Ehebett erlebten, dem Üblichen entspräche, klagten über Gewaltanwendung und ob sie sich dieses oder jenes »Ansinnen« gefallen lassen müßten: Ein Stadtschreiber, der erst sechs Wochen mit einer 18jährigen verheiratet war, nahm nicht als einziger frischgebackener Ehemann seine Angetraute in Schutz, sie sei nur »von andern bösen Leuten aufgehetzt ... Er liebe sie herzlich und wünschte nichts sehnlicher als sie zur Frau behalten zu dürfen. Auch hoffe er nachgerade, daß er mit der Zeit immer besser seine eheliche Pflicht werde erfüllen können, wenn sich nur erst die allzugroße Engigkeit seiner Frau etwas mehr gegeben haben würde.« Sie hingegen hatte erst durch das öffentliche Höhnen seiner ersten, bereits geschiedenen Ehefrau und der Mägde, »mit denen er sich eingelassen habe«, von seinen sexuellen Mängeln erfahren. Sein Zustand war »stadtkündig geworden«. Als sie einen Anwalt um Rat fragte, klärte sie dieser erst einmal über die eheliche Sexualität auf und riet ihr zur Scheidungsklage.[28] In einem anderen Fall hatte die Frau den Nachbarinnen und einer Hebamme gegenüber mehrmals über ihren Gatten geklagt: »Nun wird er wieder nach Hause kommen und mich quälen. Er springt immer wie ein Bock herauf und herunter und kann nichts.« Auch »daß ihr Mann gerne wolle und nicht könne und sich unnöthig quäle« hatte sie Außenstehenden anvertraut.[29] Unter solchen Umständen, die im Alltag wenig von der religiösen und bürgerlichen Tabuisierung spüren lassen, überrascht die nach anfänglichem Zögern unverblümte Di-

---

27 Dieses Schicksal ereilte 1721 ausgerechnet einen Mann, dessen Frau zwar Erektionen und Samenerguß bestätigte, aber hinzufügte, er habe »ihr niemahls gehörig beikommen mögen, sondern wann er sich auch noch so sehr bemühet, bis ihm der Schweiss über die Stirn gelauffen, dannoch nicht so kräftig gewesen, das er ihr etwas beybringen können. Vielmehr sey allezeit, citra immissionem penis der Saame und noch darzu gantz wässerigt hinweg gegangen.« *Baier*, Introductio, 1748, XVIII, S. 132.
28 *Fahner*, System, Bd. 3, 1800, S. 23–28. Das Thema der Grenzen der »ehelichen Pflicht« war Gegenstand vieler rechtsmedizinischer Traktate, siehe dazu *Fischer-Homberger*, Medizin, 1983, S. 183–188.
29 *Metzger*, Neue Beobachtungen, 1798, III, S. 68f.

rektheit vieler Äußerungen kaum noch. Der seit sechs Monaten verheiratete 31jährige Glaser Johann Christoph K. erzählte zum Beispiel auf die Frage nach dem ersten Beischlafversuch in der Hochzeitsnacht freimütig:

> »Er habe aber die Hosen nicht ausgezogen, weil die Hochzeitsgäste ihm gedrohet, [ihn] aus dem Bette zu hohlen. Worauf seine Frau ihm Schuld gegeben, daß er nicht tüchtig sey. – Er habe indeßen derselben mehrmalen die eheliche Pflicht geleistet... Seine Frau habe ihm aber allezeit vorgeworfen, daß ers nicht recht könnte, habe [dies] auch zu den Leuten im Orte gesagt. Worauf er denn, da er vom Gegentheil gewiß überzeugt wäre, derselben ein paar Ohrfeigen gegeben. Worauf sie von ihm gegangen. – Aber er wiße schon, daß seine Frau unersättlich wäre... Und wenn er die ganze Nacht nicht von ihr weg käme, so wäre es ihr doch nicht genug. Sie habe ihm auch im Anfang der Ehe versichert, daß es ihre Natur nicht anders zuließe und daß sie gar nicht satt kriegte.«

Auf Befragen, ob er schon zu Beginn der Ehe Mühe gehabt habe, der Frau »die eheliche Pflicht zu leisten«, antwortete er: Ja,

> »es habe ihn Mühe gekostet durchzukommen. – Auch habe ihm die Frau im Anfange der Ehe einigemal angereizt, die eheliche Pflicht zu leisten, doch habe er ihr solches niemals außer dem Bette gethan. Vor 3 Wochen... habe [sie] ihn aber nicht wieder zu sich ins Bett gelaßen, sondern ihm vorgeworfen, er habe sich schneiden laßen und die Kaulen (Testikel) nehmen, weil er keinen Sack (Scrotum) hätte.«[30]

Gerade diesem sehr kleinen und hageren Bauern bescheinigte der Arzt jedoch schon »in schlaffem Zustand« einen sehr langen und großen Penis, der während der Betastung durch den Arzt fast völlig erigierte, normale Hoden, mithin Genitalien, mit denen die Frau »gar wol zufrieden sein könne«. Hinter ihren verbalen Attacken, die sich gegen den männlichen Stolz richteten, vermutete man demnach andere Motive.

Die meisten Befragten fühlten sich genötigt, auf Fragen des Gutachters mehr als nur die notwendige Antwort zu geben. Sie nutzten die Gelegenheit, um auf ihre besonders angespannte Situation oder das unmögliche Ansinnen ihrer Ehefrauen beziehungsweise -männer hinzuweisen. Dabei wurde durchaus über verschiedene Praktiken sexueller Stimulans berichtet, um eigene Beobachtungen damit zu belegen.[31]

Auch Frauen waren unter den gegebenen Umständen überraschend of-

---

30 *Bucholz*, Beiträge, Bd. 4, 1793, S. 147ff. Der Gutachter sah sich nicht nur in diesem Fall genötigt, der plastischen Alltagssprache fachmännische Erklärungen hinzuzufügen. In den meisten Fällen entschärften Mediziner »unziemliche Äußerungen« jedoch gleich durch Lateinisierung.

31 Eine Internalisierung der engumrissenen normativen Ansprüche, die sich auf Angst vor Fehl- oder Mißgeburten wegen minderwertigen Samens durch generell zu häufigen oder

fen gegenüber dem männlichen Arzt, so wie jene, die sich offenbar nicht an kirchlichen Verboten bezüglich sodomitischer Sexualpraktiken stieß und freimütig referierte: »Zuweilen aber habe er auf ihre Aufforderung zwar in verschiedenen Stellungen und auf mancherley Art versucht, dieselbe [eheliche Pflicht] zu verrichten.«[32]

Erstaunlich ist, wie viele beschuldigte Männer nur halbherzige Versuche zu ihrer Ehrenrettung unternahmen, obwohl die Potenz das zentrale Moment männlicher Ehre sein soll.[33] Ein Mann, dessen Scheidungsverfahren sich bereits zweieinhalb Jahre hinzog, erzählte wie viele andere von nur einem einzigen Versuch, den ehelichen Vollzug zu erreichen. Er habe dieses »seiner Frau kurz nach der Copulation des Nachts im Bette angeboten ... Dieselbe solches aber nicht gestatten wollen und ihm gesagt, daß ers falsch mit ihr meyne und daß sie sich darauf herumgedrehet und ihm den Rücken gekehret habe.« Auf verschiedene Fragen zu Erektion und Schlafgewohnheiten antwortete er freimütig, doch betonte er wiederholt, seit dem ersten Mal habe er es ihr »nie wieder angeboten«, geschweige denn es mit Gewalt versucht, wie ihm der Gutachter nahelegen wollte. Erst als er mit der Aussage seiner Frau konfrontiert wurde, sie habe ihn sogar zum Verkehr »anleiten« müssen »und er habe darauf geantwortet: sie solle ihn ungeschoren laßen«, widersprach er vehement.[34] Ein 22jähriger, der seit zwei Jahren mit einer Gleichaltrigen verheiratet war, gab nicht als einziger offen zu, zwar als Lediger geschlechtliche Erregung empfunden, seit der Heirat aber diesbezüglich nichts mehr verspürt zu haben. Er sei noch nie

> »im Stande gewesen, seine eheliche Pflicht zu vollbringen. Es seie dieses gar nicht aus Abneigung gegen sein Weib, mit der er übrigens in gutem Vernehmen lebe und die keinen Fehler, Geruch oder sonst was an sich habe, das ihn entfernen könnte. Auch komme ihm sonst nicht bei Erblickung einer schönen Dirne eine Lust zu einem fleischlichen Vergnügen. Weder Wein ... noch der Genuß gewürzter Speisen habe je eine solche Wirkung bei ihm gehabt, daß er eher seinem Weibe hätte zu Willen leben können.«[35]

---

in verwerflichen Stellungen praktizierten Beischlaf zurückführen ließe, wie es *Bostl*, Sexualität, 1996, besonders S. 289f. beschreibt, läßt sich für die hier geschilderten Scheidungsfälle keineswegs bestätigen.

32 *Pyl*, Aufsätze, 1. Slg., 1783, Fall 23, S. 222.
33 So *Roper*, Wille, 1991, S. 193 und *Beck*, Frauen, 1992, S. 195 ff.
34 *Bucholz*, Beiträge, Bd. 4, 1793, S. 107–114.
35 *Elvert*, Fälle, 1792, IV, S. 98 ff.

Nicht jeder Mann fand sich mit seinen Erektionsproblemen so klaglos ab, allerdings versuchten nur sehr wenige mit Gewalt über ihre Schwäche hinwegzutäuschen. Die Frau eines 28jährigen Budweiser Weißbäckers schilderte, sie habe es nur sieben Wochen mit ihrem Mann ausgehalten, ihm

> »als ein Eheweib allemal den Willen über mich gelassen. Er hat auch den Congress manche Nacht 3, 4 biß 5 mal versucht, daß ich fast keine Ruhe gehabt. Aber er hat nichts effectuiret, sondern nachdem ich gefühlet, ... daß er mich etwan ein paar mal angerühret, ist es, wenn er gethan als ob er sich helffen wolte, gar ausgewesen. Und wenn ich dann gesaget, daß er mich doch nur ruhen lassen solte wenn es vergebens wäre, hat er geantwortet: davor wäre ich sein Weib. Dargegen ich repliciret, daß wisse ich nicht, ob ich eben schuldig wäre, mich so herumnehmen zu lassen. Dieses hat mehr und mehr Gelegenheit gegeben, daß er unwillig worden, gefluchet und in der Ungedult mir entgelten lassen wollen, woran er selbst schuld gewesen. Gestalt er hernach eines morgens, da er ein groß Hauß-Messer in Händen gehabt, unter andern mir gedrohet, er dürffte bald auf den Sinn kommen, daß er mir das Messer in Leib stösse.«[36]

Derartig in ihrer Position des Hausvaters und damit in ihrer ihr Selbstbewußtsein dominierenden Rolle verunsicherte Männer stritten zwar die Impotenz, nicht aber vergebliche Vergewaltigungsversuche ab, war es doch ihr Recht, das »debitum conjugale« einzufordern. In diesen Fällen konnte meist nicht erwiesen werden, ob es sich wirklich um Erektionsprobleme handelte, wie die Frauen behaupteten oder ob sie aus Abneigung die eheliche Pflicht durch körperlichen Widerstand erfolgreich verweigerten. Der Eindruck von erfolgreicher Gegenwehr mag darauf zurückzuführen sein, daß ohnehin nur Frauen, die sich aus persönlichen, familiären oder ökonomischen Gründen stark genug fühlten, sich gegen ihre Männer zu stellen, den langwierigen und kostspieligen, möglicherweise sogar Ruf und ökonomische Basis gefährdenden Weg in eine ungewisse Zukunft einschlugen. Solche Frauen ließen sich familiäre Gewalt nicht widerstandslos gefallen. Bei eindeutig zerrütteten Ehen betonten die Gutachter häufig »moralis conditio« des Paares, dessen »Gemüths Alienation und Verwandlung der Liebe in Hass« vielfach zum beiderseitigen »Ausbruch gefährlicher Tätlichkeiten« führe, was sicher nicht zu einer erfolgversprechenden Beischlaf-

---

36 Nach der Flucht zu ihren Eltern wurde sie von Rat, Amtmann und Superintendent zur Rückkehr genötigt, siehe *Fritsch*, Geschichte, Bd. 1, 1730, Fall 11, S. 338. Die Klägerin wurde vom Herausgeber mit dem Pseudonym »Lasciva« versehen, der Ehemann mit dem Namen »Libidinosus«.

atmosphäre beitrage.[37] Hier rieten die Mediziner wenigstens zur Trennung, da keine Chance auf Versöhnung, vielmehr die Gefahr von psychisch bedingten Krankheiten oder sogar Gewaltverbrechen bestehe.[38]

Auch Unterschiede im Temperament konnten einer Ehe abträglich sein. Dorothea und Georg Leuteritz zum Beispiel wurden bereits 1731 nicht nur geschieden, weil der Mann unterentwickelte Sexualorgane aufwies, sondern auch weil er

> »von einem sehr phlegmatischen und melancholischen [Temperament], der sich aus allem nicht viel macht und also auch zu dem Exercito veneris nicht den geringsten Appetit bezeiget, dessen Frau aber von einen sehr sanguinischen und voluptuosen Temperament, welche beyde also just einander contrair sind«.[39]

Gutachter räumten also freimütig ein, daß physische Qualitäten allein zum Eheglück nicht hinreichten. Verweigerte eine Frau die Pflicht, konnte auch der Partner Schuld daran tragen, wie jener Bauer, der zwar groß, stark und

> »von gesundem männlichen Aussehen, jedoch von einer stillen Gemüthsart [war und] höchstwahrscheinlich nicht dazu gemacht [war], der lebhaftern Frau ... Caressen zu machen oder derselben angenehme Dinge zu sagen, welches denn wahrscheinlich ein Odium [Haß] gegen den Mann bewürkt hat«.[40]

Ein 30jähriger, dem eine operable Vorhautverengung attestiert wurde, verweigerte sich dem auch damals nur kleinen Eingriff sogar mit den Worten:

> »Schau er, Herr Doctor! Ich habe einen gesunden Körper. Um den Schmerzen geht es mir nicht, aber warum soll ich mich wegen einem Weibsbild verschnipfeln lassen, die ich nicht mag und die mich nicht leiden kann, weil sie sagt sie möge mich nicht, ich sey ein elender Mensch. Es ist nicht allein, daß man beyeinander schlaft, man muß auch einander lieb haben, wenn man beysammen hausen will. Kurz, ich verspreche, mich nie zu heurathen, sondern will bleiben wie ich bin. Ein Hochfürstliches Oberamt mag mit mir anheben, was es will.«[41]

Spezifische Abneigung gegen die eigene Frau war gerade bei physisch unerklärlicher Impotenz ein unwiderleglicher Aspekt, dessen sich besonders Männer bedienten, die selbst die Scheidung durchsetzen wollten, wobei sie

---

37 Vgl. *Baier*, Introductio, 1748, XVII, S. 133.
38 So wurde zum Beispiel eine Frau ernst genommen, die laut Attest seit ihrer Kindheit an Epilepsie litt, täglich mehrmals auf ihren Mann losging und vor dem Arzt zugab, ihren Mann zu hassen und nicht für sein Leben garantieren zu können. Siehe *Schwaben*, Anweisung, Bd. 2, 1787, Fall 5, S. 261.
39 So *Troppanneger*, Decisiones, 1733, Dec. VI, VI, S. 241.
40 *Bucholz*, Beiträge, Bd. 4, 1793, S. 112 f.
41 *Schweickhard*, Beobachtungen, Bd. 2, 1789, XXXVII, S. 403 f.

ihre Schwäche als Folge der Entfremdung und nicht als ihre Ursache darzustellen versuchten.

Gerade Ehen, die nicht aus gegenseitiger Zuneigung geschlossen wurden, sondern von Zurückweisung und Gefühlskälte geprägt waren, konnten nicht nur zu Impotenz führen, sondern weitere gesundheitliche Folgen nach sich ziehen. Ein 43jähriger Postmeister, dessen Frau sich scheiden lassen wollte, bestätigte, es sei nach einigen Jahren »durch ihr zänkisches und liebloses Betragen alle Zuneigung und Liebe gegen sie bey ihm erloschen ... Mithin [hätten] keine wollüstige Regungen mehr Statt gefunden.« Sein »Gallenfieber« sowie »Kreuzschmerzen und Zittern in den Füßen« schrieb er »hauptsächlich dem vielen Ärger und häuslichen Verdrüßlichkeiten« zu. Der Berliner Stadtphysikus bestätigte ihm »eine[r] Art von Schwäche und relativen Unvermögenheit«, »welche von den Alten mit dem Nahmen frigiditas belegt ward und welche sie so gern übernatürlichen Ursachen zuschrieben«.[42]

Solche – in den Augen der Ärzte eher empfindsameren – Charaktere standen für gewöhnlich unter besonders starkem Rechtfertigungsdruck. Vor allem gebildete Männer neigten nach medizinischer Lehrmeinung zu hypochondrischen Krankheiten, die häufig mit Impotenz einhergingen. So konnten falsche Ernährung, eine sitzende Tätigkeit, zuwenig Biergenuß sowie zuviel Schreiben und Lesen Blutkreislauf und Gedärme dermaßen in Unordnung bringen, daß die durch schlechte Verdauung hervorgerufene »Schärfe der Säfte« zu diversen Krankheiten führte. Klagen über Schwindel, Kopfweh, Blähungen, Seitenstechen, Verstopfung, schlechten Schlaf wurden mit einer unfruchtbaren Ehe in Verbindung gebracht. Nächtliche Pollutionen widersprachen den Erektionsproblemen beim Koitus und stürzten gerade jene ins Grübeln, die pubertäre Onanie als einzig mögliche Erklärung für sich ausschlossen.[43] Dieses Erklärungsmuster war dem hydraulischen Prinzip des Säftehaushaltes verpflichtet. Die übermäßige Reizung bestimmter Körperteile lenkt den Fluß der Flüssigkeiten in diese Richtung und stört so die natürliche Ordnung des Körpers. Selbstbefriedigung führte demnach zu einer Ausschüttung kostbarer Samenflüssigkeit, deren Energie dem System verlorenging. Zu häufige nächtliche Pollutionen, die ein nie explizit festgelegtes normales Maß überschritten, galten als ein

---

42 *Pyl*, Aufsätze, 5. Slg., 2. Ab., 1787, Fall 2, S. 135–142.
43 Etwa bei *Daniel*, Beiträge, Bd. 1, 1749, XIX, S. 208.

durch Onanie hervorgerufener Automatismus, den sich der Körper zur letztlich selbstzerstörerischen »Gewohnheit« gemacht hatte.[44]

Üblicherweise waren es jedoch nicht die Männer, die versuchten, auf legale Weise aus solch unbefriedigenden und zugleich ungesunden Situationen auszubrechen, indem sie die Scheidung einreichten. Die Motive der klagenden Frauen waren vielfältig und nicht immer deutlich. Einige Äußerungen lassen Ärger und Trauer über Versuche sexueller Gewalt erkennen, andere gaben offen zu, auch im Ehebett ihren Spaß haben zu wollen, wieder andere betonten ihren unerfüllten Kinderwunsch.[45] Männer bemühten sich in solchen Fällen, ihre klagenden Frauen der vor- oder außerehelichen Untreue zu beschuldigen.

Es kam auf das rollenkonforme Verhalten der Ehefrau an, von der man(n) erwarten durfte, daß sie ihn bei seinen Bemühungen »ohne Widerrede und unter liebreichen Bezeigen ad coitum zuließ« und so unterstützte.[46] Von Gutachtern wurde nachdrücklich gefordert, die Frau habe durch »Caressieren« und »mehr Zärtlichkeit und liebreicheres Begegnen ... das halberloschene Feuer und die schwachen Begierden [des Gatten] anzufachen«. Vielfach sei es schlicht »Mangel an gehöriger Aufmunterung und Zärtlichkeit«, der dazu führe, daß Ehemänner zu Hause als impotent gälten, bei »anderen Weibspersonen, die ihnen ... reizender geschienen« jedoch sogar zum Schwängerer werden könnten.[47] Frauen wurden von Ärzten direkt auf ihr Verhalten angesprochen und mußten sich rechtfertigen, so wie eine Jungverheiratete, die dem Gutachter entgegnete:

»Herr Doctor! Mein Mann ist eben kein rechter Mann. Wenn er und ich noch so große Lust haben, das zu thun, was in der Schrift befohlen ist, so ist keine Habung und keine fourage da, vielweniger, daß ich sollte etwas naßes von ihm empfinden.«[48]

---

44 Vgl. hierzu auch *Richter*, Wet-Nursing, 1996, hier S. 14–19.
45 Eleonora Sophia Bösewetterin verlangte 1712 die Scheidung, weil sie feststellen mußte, daß ihr Mann keine Hoden hatte und deshalb keine Kinder zu erwarten seien, siehe *Gohl*, Medicina, 1735, Sec. II, XII, S. 275 ff. – Eine 37jährige fürchtete den baldigen Tod ihres einzigen Kindes aus zweiter Ehe und wollte von ihrem dritten Mann schnell geschieden werden, »nicht zwar aus Wollust«, wie sie betonte, sondern um noch Gelegenheit zur Zeugung weiterer Kinder, »an welchen sie ihr größtes Vergnügen suchte«, zu gewinnen. Siehe *Hasenest*, Richter, Bd. 1, 1755, XI, S. 85.
46 So *Daniel*, Sammlung, 1776, LVI, S. 188.
47 So *Pyl*, Aufsätze, 1. Slg., 1783, Fall 24, S. 231. Es handelte sich um eine Vaterschaftsklage.
48 *Schweickhard*, Beobachtungen, Bd. 2, 1789, XXXVII, S. 407.

Gutachter fragten angesichts solcher Ansprüche gerade Männer, ob sie den Eindruck hätten, ihre Frauen würden die Sexualität genießen. Die Befragten berichteten dann stets, daß ihre Frauen sie »sowohl bey der ehelichen Umarmung als auch nachher geherzt und gedrückt« oder ihre Potenz expressis verbis gelobt hätten.[49]

Eine ähnliche Strategie verfolgten gerade jene Männer, die des Ehebruchs oder einer außerehelichen Schwängerung bezichtigt wurden. Auch hier stand die Rollenkonformität der Klägerin im Zentrum der Argumentation. Die Beklagten wandten nicht einfach die Strategie der »Mehrfacheinlassung« der Frau an. Sicherheitshalber schlugen einige zusätzlich den Weg der totalen Selbstverleugnung ein und trugen damit lieber das Risiko des – offenbar nicht so dramatischen – Gesichtsverlustes, als Strafe beziehungsweise Alimente zahlen zu müssen.[50] So mancher behauptete, durch einen Unfall zeugungsunfähig geworden oder schon immer impotent gewesen zu sein.[51] Er habe der Klägerin also gar nicht erst beiwohnen können, oder er könne nur mit Mühe im Stehen koitieren, wobei eine Zeugung ohnehin nicht stattfinden könne.[52] Ein von beiden Parteien gleich beschriebener Verkehr, bei dem der auf einem Stuhl sitzende Mann die Frau mit Gewalt auf seinen Schoß gezogen, »sie mit beiden Händen auf die Hüften festgehalten und mit Force auf sich herunter gedrückt« hatte, wurde von der Frau als Vergewaltigung, vom Mann nur als üblich »handgreifliche Karesse« bezeichnet und soll aufgrund seines riesigen Hodenbruches keine Schwangerschaft zur

---

49 So ein 23jähriger bei *Bucholz*, Beiträge, Bd. 2, 1783, S. 34.
50 Siehe dazu auch *Möhle*, Ehekonflikte, 1997, S. 176–184.
51 *Pyl*, Aufsätze, 8. Slg., 2. Ab., 1793, Fall 2. Der Beklagte behauptete, die Klägerin sei ihm nachgelaufen und nachts in sein Bett gekommen. Weil er aber selbst u.a. gestand, »der Klägerin in den Busen und an ihre Geburtstheile gegriffen« zu haben, seine Finger, »nur durch seine Gutmüthigkeit und der Klägerin ungestümes Andringen bewogen«, in ihre Vagina gesteckt zu haben, wurde seiner Aussage, keinen Verkehr gehabt zu haben, nicht geglaubt. Die Frage war nur, ob der 48jährige Kutscher mit nur einem Hoden zeugungsfähig war, nachdem er 16 Jahre kinderlos verheiratet war. Reisebeschreibungen – so der Gutachter – berichteten nämlich, daß die »Hottentotten« alle nur einen Hoden hätten und sich dennoch fortpflanzten.
52 Diese Überzeugung war Anfang des Jahrhunderts sowohl bei Ärzten wie in weiten Teilen der Bevölkerung medizinischer Standard, vgl. *Gohl*, Medicina, 1735, Sec. II, XLIII, S. 380–385. Derartige Äußerungen eines Friseurgesellen gaben noch 1797 Anlaß zur medizinischen Gutachtung, siehe *Metzger*, Neue Beobachtungen, 1798, IV, S. 75–78.

Folge gehabt haben können.[53] Seine eigenen Kinder habe er nur unter größten Verrenkungen seiner Frau auf dem Rücken liegend zeugen können.

Manche versuchten sogar ihr Können mit vor- und außerehelichen Abenteuern zu beweisen. Sexuelle Potenz war jedoch nur dann wichtiger als ein makelloser Ruf und Angst vor Geldstrafe, wenn früher schon ein Unzuchtsdelikt gerichtsnotorisch geworden war.[54]

Andere Männer wurden trotz größter Demütigungen von ihren Ehefrauen in Schutz genommen: Obwohl ein aus Lüttich stammender »Spanischer Wollweber« und ehemaliger Soldat den vielfachen Ehebruch mit der Klägerin nicht bestritt und die eigene Frau mit dem Tripper infiziert hatte, bestätigte die für ihren Mann Dolmetschende den regelmäßigen Beischlaf, der in 30jähriger Ehe keine Kinder gebracht hätte, obwohl sie bereits in erster Ehe Mutter geworden war.[55] Gerade wenn sie nachweislich Kinder geboren hatten, berichteten diese solidarischen Ehefrauen über Erektionsprobleme, Hodenbrüche oder Geschlechtskrankheiten ihrer Männer. Sie mußten dann allerdings erklären, warum sie ihrerseits nicht längst die Scheidung eingereicht hatten, da doch das eigentliche Eheziel der Fortpflanzung nicht mehr erreicht werden konnte.[56]

Lustlosigkeit im Ehebett wurde von den Gutachtern ausgerechnet in Fällen von vermutetem Ehebruch »mit Folgen« gern als Indiz, wenn auch nicht

---

53 *Pyl,* Aufsätze, 8. Slg., 2. Ab., 1793, Fall 4. Er wies den Vergewaltigungsvorwurf mit dem üblichen Einwand ab, daß sie, »wenn es ihr würklich Ernst gewesen wäre, durch sehr geringe Bewegungen mit dem Untertheil ihres Leibes sehr leicht den ganzen Coitum hätte verhindern können ...« (zu diesem Thema vgl. ausführlich das Kapitel »Notzucht« dieser Arbeit).
54 *Ebenda,* 5. Slg., 2. Ab., 1787, Fall 2, S. 135–142.
55 *Ebenda,* 8. Slg., 2. Ab., 1793, Fall 3. Hier zeigte sich Pyl überrascht, daß »der alte Schalk«, dessen »Augen voll Feuer« und der von der jungen Attraktiven mit Branntwein verführt worden war, seine »alte runzlige Frau, [die] kalt und ohne Begierden«, überhaupt noch anfaßte.
56 Eine Ehefrau rechtfertigte sich zum Beispiel damit, »ihr Mann sey von Anfang her immer sehr kalt und träge in Verrichtung der ehelichen Pflicht gewesen ... Sobald er sich ihr nähere und sie sich was vermuthe, so werde solches auch einmahl wieder schlapp und er müsse unverrichteter Dinge wieder abziehen. Sie habe hierüber bereits vielen Zank mit ihm gehabt, sey auch anfangs Willens gewesen sich deshalb ... scheiden zu lassen. Doch sey sie es mit der Zeit gewohnt geworden und habe sich in ihr Schicksal gefunden.« Die Untersuchung bestätigte dem Gutachter tatsächlich, daß er »kein sonderlicher Held im Liebeswerk« gewesen sein könne. *Ebenda,* 1. Slg., 1783, Fall 24, S. 225 f.

als Beweis für Impotenz genommen. Die umfangreichen Untersuchungen der Männer bei solchen Vaterschaftsklagen minderten eindeutig die Chancen jener Frauen, die tatsächlich versuchten, die Kinder ihrer Liebhaber älteren, aber wohlhabenden Männern unterzuschieben. Die Untersuchung eines 62jährigen ehemaligen Majors im Jahre 1787, dessen Penis zwar einen gesunden Eindruck machte, »indessen sieht man es an der gedunsenen Gesichtsfarbe und dem schlaffen hangenden seines ganzen Körpers doch ziemlich deutlich, daß dieser bereits sehr enervirt und er nicht unter die vigoureusen und starken Männer zu rechnen sey«, ergab schließlich eine verschleppte Geschlechtskrankheit, die jegliche dauerhafte Versteifung verhindere. Der Offizier leugnete weder gewisse Gelüste noch mit der Klägerin »sehr oft geschäkert« zu haben,

> »sie an ihre Scham gefaßt und daran gekützelt zu haben, auch sich von ihr an die seinige das nehmliche thun lassen. Hierbei sey es aber geblieben, weil platterdings aller Versuche ungeachtet, sein penis sich nicht erigiren wollen, sondern – obgleich manchmahl nach langen Reizen der Saamen – und zwar nicht ohne wollüstige Empfindungen von seiner Seite – der Klägerin in die Hand gelaufen ...«

Der Stadtphysikus mußte in diesem Falle passen. Es wäre zwar möglich,

> »daß so ein alter enervirter Mann mit dem Mangel an fortdauerndem Reize und hinlänglichen Vigeur und Feuer zwar wohl bey einem jungen Mädchen einige stimulos carnis empfinden, auch wenn wollüstige Empfindungen recht sehr bey ihm erregt werden, wohl mit unter kleine Manövres versuchen könne, aber einer Person so nachdrücklich beizuwohnen, daß daraus ein Kind entstanden, nicht vermögend gewesen sey«.

Die Zeugung solle immerhin zwei Jahre zurückliegen, doch vermutete der Arzt eher, dahinter stecke »viel Schelmerey und Lust, den alten, schwachen Mann um ein Stück Geld zu prellen«.[57]

In solchen Fällen konnte es tatsächlich um eine Menge Geld gehen. So verlangte eine 20jährige Unteroffizierstochter im Jahr 1793 600 Taler für die Entjungferung und ein gebrochenes Eheversprechen durch ihren Dienstherren – einen 63jährigen Erbmühlen-Pächter – und 600 Taler für ihre aus diesem Vorfall hervorgegangene Tochter. Bei der Untersuchung des angeblichen Vaters stellte man einen riesenhaft verschwollenen Hodenbruch fest,

---

57 *Ebenda*, 6. Slg., 2. Ab., 1789, Fall 2, S. 128–134. – »Feurige Umarmungen eines raschen, jungen, wollüstigen Mädchens« im Gegensatz zu den »kalten Aufforderungen einer bekannten [Ehe-]Frau« zog Pyl auch *ebenda*, in Fall 2 der 8. Slg., 2. Ab., 1793 in Erwägung.

der dauerhafte Erektionen verhindere. Solch medizinische Diagnose allein genügte im Zweifelsfall nicht. Nachträglich wurden sein Schneider und Nachbarinnen befragt sowie verschiedene Atteste von Chirurgen eingeholt.[58] Obwohl die Bescheinigungen nachweislich gefälscht waren, der versuchte Beischlaf auch nicht geleugnet wurde, erhielt der Beklagte in zweiter Instanz recht, weil der Kindsmutter ein Liebhaber nachgewiesen werden konnte. Frauen von zweifelhaftem Ruf hatten stets mit dem Vorurteil zu kämpfen, daß sie wahrscheinlich nur »einen Schanddeckel« zu finden suchten.[59]

Alle Diagnosen setzten stillschweigend voraus, daß zur Schwängerung das vollständige Eindringen des Penis und ein »richtiger« Samenerguß notwendig seien. Das Beharren auf dem vollständigen Koitus entsprach wohl eher männlichem Solidaritätsdenken, nicht jedoch der allgemeinen Medizintheorie, die besagte, daß »bekanntermaßen nur die feinste hervorspritzende aura seminalis zur Befruchtung« genüge, »das andere ist ja bloß Vehikel. Und wann wir die ansaugende Kraft der Mutter nicht leugnen, so wäre auch ein sehr geringes Eindringen des penis hinreichend.«[60] Man war sich auch keineswegs einig, welches die Minimalgröße von Hoden und Penis für eine erfolgreiche Schwängerung waren, ab welchem Stadium ein Hodenbruch den Koitus verunmöglichte oder wann Vorhautverengungen zu schmerzhaft für geschlechtliche Erregung wurden. Auch war den Gutachtern bekannt, daß »es Hülfsmittel der Kunst giebet, beydes [Länge und Durchmesser des Penis] zu verbessern und der Natur proportionirt zu machen«.[61] Mit lateinischen Bonmots, launigen Sprüchen wie: »Denn wer ist unter denen Menschen zu allen Zeiten parat?« oder kürzere Glieder seien oft effektiver »als der langhalsigte Gansser mit seinem großen circumflexo«, versuchten Gutachter die Zweifelhaftigkeit ihrer Entscheidungen zu verschleiern.[62] Derartige Kommentare lassen die scheinbare Sachlichkeit medizinischer Gutachten in einem anderen Licht erscheinen. Gerade die Ärzte waren als Geschlechtsgenossen auch persönlich dem Automatismus der Selbstreflexion und des Eigenvergleichs in bezug auf Form und Größe der

---

58 *Metzger*, Neue Beobachtungen, 1798, III, S. 55–74.
59 So *Richter*, Digestia, 1731, Dec. IV, IX, S. 163.
60 So *Pyl*, Aufsätze, 5. Slg., 2. Ab., 1787, Fall 3, S. 147.
61 So der Stettiner Stadtphysikus Kölpin in: *ebenda*, 3. Slg., 2. Ab., 1785, Fall 3, S. 152.
62 *Fritsch*, Geschichte, Bd. 1, 1730, Fall 11, S. 345.

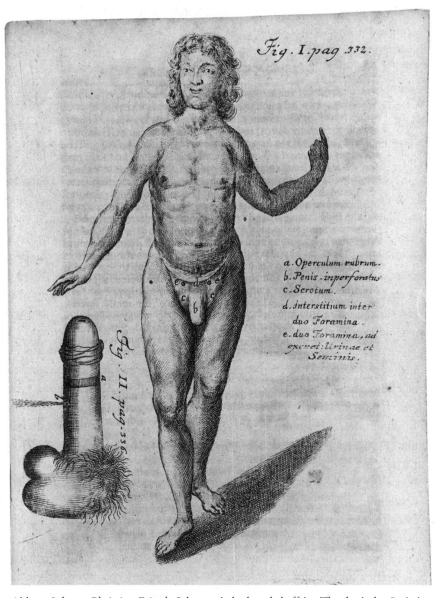

Abb. 5: *Johann Christian Fritsch*, Seltsame jedoch wahrhafftige Theologische, Juristische, Medicinische und Physicalische Geschichte, Sowohl aus alten als neuen Zeiten, Worüber der Theologus, Jure-Consultus und Medico-Physicus sein Urtheil eröffnet, Aus denen Original-Acten mit Fleiß extrahiret, Zu mehrerer Erleuterung mit kurtzen Anmerckungen versehen, …, 5. Theil, Leipzig 1734.

Geschlechtsorgane, Frequenz und Intensität von Erektion und Ejakulation ausgeliefert. Höchstens bei eindeutig sichtbaren Fehlern wie bei Mißbildungen, Brüchen, Geschwüren oder Amputationen gab es Einigkeit. Sonst zeichneten sich im Zusammenhang mit männlicher Sexualität sehr individuelle Einschätzungen bezüglich Zeugungsfähigkeit, Glaubwürdigkeit des weiblichen Geschlechts per se sowie der Aussagekraft von Erektionstests durch »Manipulation« ab.

Die Empathie der Gutachter wird besonders in ihren Schilderungen deutlich. Die meisten Versuche, durch Onanie eine Versteifung oder gar einen Samenerguß zu bewirken, scheiterten völlig oder fast ganz. Nur in einem einzigen Fall konnten die Gutachter »bey anhaltender pertractatione penis cum manu ein würkliches und gutes semen, welches von gehöriger Farbe, Consistenz und Beschaffenheit war, auf eine ziemliche Distanz ejaculirt« sehen.[63] Waren keine äußeren Schäden zu erkennen, deuteten die Gutachter die medizinisch positiven Befunde stets als Auswirkung des natürlichen Schamgefühls. Ein verständnisvoller Stadtphysikus merkte an, aus solchem Scheitern würde »niemand, der erudition, Vernunfft, Pflicht und Gewissen hat, ein Indicium impotentiae fingiren ... Es ist ja bekannt, daß die erectio penis nicht unter die motus voluntarios gehöre, indem dieses Glied seinen eigenen Kopff hat und ihme nicht befehlen lässet ...«[64] Die äußeren Umstände trugen nichts dazu bei, die Verkrampftheit der Getesteten zu lockern. Es fehlte an der richtigen »Heiterkeit und Stimmung«.[65] Schon der Weg zu einer solchen Untersuchung konnte angesichts »vieler hundert [vor dem Rathaus] ... lauernder Leute« zum Spießrutenlauf geraten.[66] Meistens wurde der Proband aufgefordert, in Gegenwart des Arztes »Hand an sich zu legen«, andere Gutachter waren so taktvoll und ließen ihn mit der Bitte, »er möge sich angenehme Vorstellungen machen«, zurück. Die meist enttäuschenden Ergebnisse führten zu langen Rechtfertigungen, die sich stets sehr ähnelten:

> »daß ihm zwar sonst wenn er hübsche Weibsleute sähe oder auch daran gedächte, ingleichen des Nachts und Morgens im Bette penis sehr steif und lange Zeit rigide wäre. Jetzo aber wäre er, vermuthlich aus Scheu und Verdruß, nicht im Stande es ins

---

63 *Pyl*, Aufsätze, 3. Slg., 2. Ab., 1785, Fall 3, S. 152.
64 *Fritsch*, Geschichte, Bd. 1, 1730, Fall 11, S. 342.
65 So *Pyl*, Aufsätze, 5. Slg., 2. Ab., 1787, Fall 2, S. 139.
66 So bei *Fritsch*, Geschichte, Bd. 1, 1730, Fall 11, S. 347.

Werk zu richten ... Er gestund ferner, daß er zuweilen nächtliche pollutiones hätte und daß ihm bey seiner zwoten Ehefrau der Saame freylich zwar eher als er das membrum in vaginam uteri hätte bringen können, entgangen wäre, welches aber lediglich davon herrühre, weil sie sich ... sehr darwider gestreubet und die Füße zusammengedrücket, mithin ihn also nicht zugelassen hätte. Da ihn denn endlich der Saame nothwendig in der Hitze habe entgehen müssen, welches hingegen nicht geschähe, wenn ihm sonst das Glied beym Anschauen eines hübschen Mädchens steif würde. Indem bey solcher Gelegenheit die erectio penis ohne Entgehung des Saamens oft so lange bey ihm anhielten, daß er fast nicht davor gehen könne.«[67]

Es wurden »weder Zeit noch Mühe« gescheut, die inneren Widerstände zu überwinden. Geschlechtsorgane wurden mit Brennesseln gekitzelt und gepeitscht,[68] in warmes Wasser getaucht,[69] der gesamte Mann abwechselnd in warme und kalte Bäder gesteckt, da durch Kälteschock und Erwärmung »einige Wallung des Geblüts« und somit entsprechende Wirkung erhofft wurde.[70] Nicht nur die Untersuchten selbst, auch die Ärzte legten sehr oft – wie manche betonten, widerwillig – mit Hand an. Keiner der Gutachter gab in seinen Ausführungen zu erkennen, daß er auch nur die Möglichkeit in Betracht zog, einige der Ehemänner könnten eventuell das weibliche Geschlecht per se für uninteressant erachtet haben. Ohne die Aussagekraft der Quellen überstrapazieren zu wollen, deuten doch einige offenherzige Aussagen weniger auf physische Hemmnisse oder individuelle Abneigung als vielmehr auf generelles Desinteresse an Geschlechtsverkehr mit Frauen hin. Keiner der Gutachter, die sonst durchaus zu persönlichen Stellungnahmen oder polemischen Äußerungen neigten, gab einen Kommentar dazu ab. Die Einschätzung des ehelichen Geschlechtsverkehrs als Bürgerpflicht, wie sie Hippel und andere Aufklärer postulierten, war für die Mediziner kein Thema, für sie kam es primär auf die Gesundheit des Individuums an.[71] Die Angst, womöglich die falschen »schlafenden Hunde zu wecken«, war jedoch in einem Fall so groß, daß sich der Arzt weigerte, den »schändliche[n] Weg der Mastupration« einzuschlagen, denn, so begründete der Physikus seine Weigerung dem Ehegericht schriftlich:

---

67 So ein seit neun Monaten verheirateter Bauer, den seine Frau bereits nach sieben Wochen verlassen hatte, siehe *Daniel*, Sammlung, 1776, LVI, S. 186 f.
68 *Elvert*, Fälle, 1792, IV, S. 99
69 *Pyl*, Aufsätze, 5. Slg., 2. Ab., 1787, Fall 3, S. 143.
70 *Elvert*, Fälle, 1792, IV, S. 99.
71 Vgl. *Hull*, Sexuality, 1996, S. 243.

»… es ist diese Verrichtung eine solche schändliche Handlung, vor der ich von jeher den größten Abscheu gehabt habe … Würde nun der unnatürliche Gebrauch an ihm vollzogen, so würde er ohne Zweifel durch diesen Weg seine Lusttriebe, ohne ein Weibsbild zu stillen suchen, den scopum primarium matrimonii verfehlen und seine ihm ohnehin so verhaßte Frau um so viel weniger zu sich nehmen oder wohl gar beschlafen … Würde der Beklagte durch Vollziehung des peccati onanitici (von dem er vielleicht gar nichts weiß) in ein Laster verwickelt, das in meinen Augen noch größer ist als Huren und Ehebrechen, weil bey der mastupration procreatio sobolis nicht vorgehen kann. Würde er nicht denken, eine solche Sünde stehe jedem Christen wenigstens im Nothfall frey? Und wie oft könnte er sich nicht als ein im Irrthum wandelnder und von den natürlichen Trieben hingerissener einen solchen Nothfall denken? Würde ich ihn nicht dadurch zu mehrerer Fleischeslust reitzen? Und endlich selbst nach dem biblischen Ausspruch ein Knecht des Verderbens werden? Würde ich nicht Übels thun, daß Gutes komme oder mich der Sünde der Unreinigkeit oder der Weichlinge theilhaftig machen?«[72]

Dieses so vehement vorgetragene Engagement ist im Bereich der Gerichtsmedizin einzigartig. Die Welle der Anti-Masturbations-Literatur, die Pädagogen, Theologen und Philosophen gerade in den beiden letzten Dekaden des 18. Jahrhunderts umtrieb, scheint in der medizinischen Praxis, auf deren Grundlagen sich jene Autoren schließlich implizit beriefen, nicht auf besonderen Widerhall gestoßen zu sein.[73]

Doch ob sich nun physische oder emotionale Gründe hinter den angeblichen wie tatsächlichen Erektionsschwächen verbargen – meistens traten hinter Impotenzvorwürfen auf beiden Seiten noch andere Gründe für eine

---

72 »Dieses frömmelnden Aufsatzes ungeachtet« wollte der Herausgeber selbst die Untersuchung des Beklagten übernehmen. Letzterem gelang es jedoch immer wieder, sich der »Sistirung« zu entziehen, bis er schließlich »zu Tisch und Bett geschieden« wurde. *Schweickhard*, Beobachtungen, Bd. 2, 1789, XXXV, S. 391 f.

73 Zur Mode der bürgerlichen Selbstbezichtigung in Krankengeschichten, die zunehmend in medizinisch-philosophischen Magazinen erschienen, siehe *Eder*, Erfindung, 1994, passim. Er überschätzt allerdings meines Erachtens die angebliche Neuartigkeit von Samenökonomie und Psychophysiologie. Das bürgerliche Ökonomiemodell konnte sich vielmehr dieser passenden traditionellen Körpermodelle bedienen. Schon zu Beginn des Jahrhunderts finden sich in Fallsammlungen Ratsuchende – teilweise aus dem 17. Jahrhundert –, die aufgrund häufiger nächtlicher Samenergüsse vielfältige Krankheits- und Schwächesymptome an sich selbst diagnostizieren, die mit denen der späteren Onanieklagen identisch sind, siehe zum Beispiel *Hoffmann*, Medicina, 2. T., 1721, Dec. II, IX. – Welche umfassende politische Bedeutung der *spermatic economy* zukam, zeigte *Barker-Benfield*, Horrors, schon 1976 für Britannien und die USA des 19. Jahrhunderts. Weitere Literatur zu diesem Thema bietet *Hull*, Sexuality, 1996, S. 259 f.

grundsätzliche Unzufriedenheit mit dem ehelichen Status quo zutage.[74] Eine ganze Reihe von Aussagen beiderlei Geschlechts zeigt deutlich, welches Maß an Zärtlichkeit, Verständnis und Geduld auch in Unterschichtsehen zu einer Zeit erwartet wurde, als die romantische Liebe angeblich gerade erst in bürgerlichen Kreisen erfunden wurde, etwa wenn ein Beklagter betonte: »wenn ihm seine Frau nicht lieb gewesen wäre, so hätte er sie nicht genommen und hätte auch nicht über zwey Jahre vorher mit ihr caressirt ... Sie hätten vielleicht keine Ader an ihrem ganzen Leib, wo sie sich nicht berührt hätten ...«[75] Männer wie Frauen forderten Zuneigung, Rücksichtnahme auf die eigenen Bedürfnisse und Kräfte sowie zärtliche Signale als selbstverständliche Bestandteile einer Ehe gegenüber den Gutachtern ein. Fehlten solche Aspekte, durfte trotz physiologischer Voraussetzungen niemand einen »erfolgreichen Vollzug« erwarten.

Komplizierte Beziehungsstrukturen im Spannungsfeld von ökonomischen Abhängigkeiten, Angst vor Gewalt, aber auch zärtliche Partnerschaften, die ohne Geschlechtsverkehr funktionierten, bildeten vielfältige Ehekonstellationen, die sich in Zeitpunkt und Inhalt einer Impotenzklage und nicht zuletzt im Geschlecht der klagenden Partei widerspiegelten. Gesellschaftliche Spielregeln setzten dem Körperargument Grenzen. Die Normativität hinter dem physiologischen Interpretationsmuster wird klar. Zeugungsunfähigkeit war nicht nur an weibliche Ehre und Ästhetik gekoppelt. Potenz und Stärke entpuppten sich vielmehr unfreiwillig als sehr fragil und unverläßlich – ein wahres Lindenblatt am Leib des männlichen Helden.

Weibliches Zeugungsvermögen und Unfruchtbarkeit

Nur in weniger als einem Drittel der publizierten Fälle mit gesundheitlichen Vorwürfen reichten Männer die Scheidungsklage ein. Ihre Argumentation gestaltete sich schwierig, da die weibliche Anatomie ungleich geheimnisvoller zu sein schien als die männliche und Ursachen für Kinder-

---

74 Eine hinter solchen Vorwürfen verborgene eheliche »Zerrüttung« stellte auch *Beck*, Frauen, 1992, S. 194 fest.
75 *Schweickhard*, Beobachtungen, Bd. 2, 1789, XXXVII, S. 405 ff. Die Existenz eines Liebesbegriffes, der, abgesehen von ehelicher Verantwortung, auch emotionale Zuneigung wie lustvolle Aspekte beinhaltete, bestätigt auch *Beck*, Frauen, 1992, S. 186 ff.

losigkeit nicht gleich sichtbar waren. Die Klagen der Männer waren weniger auf Unfruchtbarkeit als auf konkrete Probleme oder Auffälligkeiten beim Geschlechtsakt gerichtet. Anders als bei klagenden Frauen fragte sich kein Gutachter, ob die anatomischen Kenntnisse der Ehemänner bezüglich der Beschaffenheit einer Jungfrau oder der weiblichen »Geschlechtsteile« von persönlicher vorehelicher Erfahrung herrührten. Ein 31jähriger Schlossermeister, der erst seit vier Wochen in erster Ehe verheiratet war, verlangte zum Beispiel die Scheidung, da er in der Hochzeitsnacht entdeckt zu haben glaubte, daß seine Frau keine »reine Jungfrau« mehr gewesen sein konnte. Seine detaillierten Beobachtungen entsprachen exakt dem medizinischen Kenntnisstand der Zeit, der Hymen und imaginierte physische Unberührtheit zu konstituierenden Faktoren von »Virginitas« machte. Er habe

> »in der Brautnacht ihre genitalia so weit und schlaff befunden, auch ihre Brüste so welk, daß er gleich dabey bedenklich geworden sey, da er wol sonst gehört habe, daß eine reine Jungfer ganz anders beschaffen seyn müsse. Auch habe er das bekannte notwendige Zeichen der Jungferschaft bey ihr nicht gefunden, nemlich daß sie beym ersten Beyschlafe schmerzhafte Empfindungen geäussert oder Blut vergossen habe. Dazu käme, daß ihm nun andere Leute sagten, daß seine Frau schon lange mit einem Tuchmachergesellen und auch wol mit andern häufig verbotnen Umgang gehabt habe. Er habe das vorher nicht erfahren und sey überhaupt erst 4 Monate hier. Habe geglaubt, daß sie wirklich ein so sittsames Frauenzimmer sey als sie sich gegen ihn immer angestellt hätte. Aber da er nun das Gegentheil erfahren, so verlange er wieder von ihr geschieden zu seyn. Ja es käme ihm sogar verdächtig vor, daß seine Frau einen ungewöhnlich dicken Leib habe, den er vorher nicht bemerkt hätte. Ferner hätte seine Frau gleich vom Hochzeitstage an den Beyschlaf nicht satt kriegen können und ihn durch viele Schmeicheley und Liebkosungen immer dazu gereizt.«[76]

In dieser Aussage finden sich die drei großen Klischees vom unzüchtigen Weib: voreheliche Unzucht, verheimlichte Schwangerschaft und Nymphomanie. Diese manifestieren sich im Körper, der so zum Verräter an seiner Trägerin wird. Dieser Logik folgt auch das Vorgehen des Gutachters: Der Physikus untersuchte zunächst den Kläger in Gegenwart des Landchirurgen, um mangelnde Manneskraft für eine Entjungferung ausschließen zu können, anschließend wurde in Gegenwart einer Hebamme der 25jährigen zugeredet, die Wahrheit über ihr Sexualleben zu gestehen. Sie wies alle Verdächtigungen weit von sich, allerdings sei vor drei Monaten »auf einen gehabten Schrecken hin ihre Zeit stehen geblieben, sie hoffte aber

---

76 *Fahner*, System, Bd. 3, 1800, S. 28–31.

nun durch die Heirath solche zu bekommen«. Eine Untersuchung ließ sie erst zu, als der Physikus ihr mit rechtlichen Konsequenzen drohte. Dabei stellte er tatsächlich fest, daß ihr Körper in seinen Augen bereits starke »Abnutzungserscheinungen« aufwies. Für ihr Alter schienen ihre Brüste und Schamlippen bereits sehr »welk«. Zudem deutete das Tastergebnis des Muttermundes auf eine Schwangerschaft hin, die allerdings erst in einigen Monaten offenbar würde.[77]

Wissen um Körperlichkeit und Sexualität, das für Frauen ehrgefährdend war, wurde Männern als Schutz vor Betrug sogar empfohlen. Anfang des 18. Jahrhunderts war es nicht ungewöhnlich, daß ein Ehemann, der in der Hochzeitsnacht nicht in die Vagina eindringen konnte, diese umgehend selbst mit der Hand »explorirte«.[78] Die Schmerzen seiner Frau und ihre darauffolgende Inkontinenz interessierten ihn nur insofern, als er noch einen Arzt zu Rate zog, der die gleiche Untersuchung vornahm. Dabei stellte dieser Tumore auf dem Schambein fest und konstatierte eine anatomische Mißbildung, die den Koitus in den Harnwegen stattfinden ließ. Die Frau hatte keine Möglichkeit, sich den Untersuchungen und den folgenden vielfachen Operationen zu entziehen. Ohne ihre Einwilligung einzuholen, schnitt der Arzt täglich in der Vagina herum und versuchte, eine für den Geschlechtsverkehr ausreichend weite Öffnung zu schaffen, um wenigstens den Mann »zufrieden zu stellen«. Die Frau, die betonte, nie menstruiert, auch gegen ihren Willen geheiratet zu haben, weil sie aufgrund einer merkwürdigen »Schwere« im Unterleib sexuelle Qualen befürchtet hatte, mußte dennoch verschiedene Experimente über sich ergehen lassen. Der Arzt schob ihr Kerzen verschiedener Größe in Anus und Vagina, um festzustellen, ob diese sich in der Mitte träfen, ihr wurden zusätzlich verschiedene Flüssigkeiten in den Unterleib gespritzt. So verschlimmerte sich ihr Zustand stetig, sie wurde immer niedergeschlagener, klagte über schreckliche Schmerzen und Durchfall, ihr Urin schäumte wie »Bier« – wie der Arzt gegenüber der medizinischen Fakultät, die er schließlich um Rat fragte, einräumen mußte. Die Fakultät riet von weiteren Eingriffen ab. Aus ihrer Anweisung geht allerdings klar hervor, daß eine Entscheidungsbefugnis der

---

77 Der Ausgang des Verfahrens wird – im Gegensatz zu anderen Fällen desselben Autors – nicht mitgeteilt.
78 *Zittmann*, Medicina, 1706, Cent. IV, LXXXVIII, S. 1053–1056.

Frau in ihrem Weltbild nicht vorkam. Den Professoren ging es einerseits um das medizinisch Mögliche, andererseits um das Ziel des korrekten ehelichen Vollzugs. Nur weil die Sache aussichtslos schien, sollte die Frau lindernde Behandlung durch Schwammpessare erfahren, die Schmerzen und Entzündungen eindämmen sollten.

Bei anatomischen Problemen stand allein die Wahrscheinlichkeit einer erfolgreichen Zeugung im Vordergrund. Schmerzen waren nur relevant, wenn sie die beiderseitige angemessene Erregung verhinderten, die für die Zeugung unabdingbar war.[79]

Schmerzen empfand auch jene jung Verheiratete, bei der man 1683 einen verwachsenen Uterus feststellte, ohne wegen ihres Vaginismus mit Instrumenten untersuchen zu können. Ihr Mann hatte geklagt, nicht eindringen zu können. Als sie zwei Jahre später in einer »Winkelehe« mit einem anderen ein Kind zur Welt brachte, erklärten die verwirrten Gutachter dies damit, daß sie ja bereits »vorgeritten« war.[80] Aus diesem Grund war ein gewisses Maß an Schmerz zumutbar, sofern der Zustand längerfristig veränderbar schien. Eine enge Vagina allein, die ihm wie ihr Schmerzen verursachte, sollte kein hinreichender Scheidungsgrund sein, denn diese war durch Medikamente und »einige Zeit und Gebrauch« zu erweitern. Schwierig wurde es erst, wenn auch das Becken so eng war, daß eine »zeitige« Geburt und ein gesundes Kind unmöglich schienen.[81] Andere Fälle waren ähnlich gelagert. Im Gegensatz zu Ärzten zogen Hebammen, die solche Frauen untersuchten, selbst wenn sie die Erfahrungen der Ehemänner bestätigten, auch andere Ursachen in Erwägung, die über anatomische Hemmnisse weit hinausgingen. Sie betonten die »Liebeshitze«, welche die Dehnbarkeit der Vagina entscheidend mitbeeinflusse. Sie unterschieden zwischen dem Sexualakt als Genuß und der Fortpflanzung. Auch Ehefrauen taten dies. So betonte eine Witwe, die zwar nur zweimal in ihrem Leben menstruiert, in erster Ehe trotzdem mehrere Kinder geboren hatte, ihr junger erster Ehemann habe sich nie über angebliche anatomische Mängel ihrerseits beklagt. Der zweite Ehemann hatte jedoch eine Untersuchung ver-

---

79 Die Rolle des Schmerzes bei sexueller Erregung gewinnt im Zusammenhang mit Vergewaltigungen grundlegende Bedeutung, vgl. hierzu das Kapitel »Notzucht« dieser Arbeit.
80 *Zittmann*, Medicina, 1706, Cent. IV, XXIX.
81 So ein Physikus in: *Schweickhard*, Beobachtungen, Bd. 2, 1789, XL, S. 422.

langt, weil er nicht eindringen konnte. Die vereidigten Hebammen fanden »alles zu ... als griffe man in einen ledernen Beutel«. Die Beklagte wandte dagegen im Gespräch mit dem bei der Untersuchung anwesenden Physikus ein, der 60jährige neue Gatte sei »gantz krafftlos, ... sogar daß, wenn er die eheliche Beywohnung versuchen wollen, es nur so gelegen hätte. (Ich würde wohl wissen, was sie meyne.) ... Darum er auch immer gesagt, es müsse ihm doch jemand einen Possen gethan haben, daß also der Mangel vielmehr an ihrem jetzigen Manne als an ihr wäre.«[82]

Dieser Fall blieb wie andere, bei denen anatomische Auffälligkeiten festgestellt wurden, für die Gutachter rätselhaft. Im Verlauf verschiedener Scheidungsverfahren stellte sich nämlich heraus, daß scheinbar simple Phänomene eine hintergründige Vorgeschichte haben konnten. So mancher Mann, der gegen seine Frau klagte, mußte seinerseits mit Unannehmlichkeiten rechnen, denn keine Frau wollte die Schande der Unfruchtbarkeit, die offenbar für das weibliche Selbstbild von größerer Bedeutung war als Impotenz für viele Männer, auf sich sitzenlassen. Ein Mann, der wissen wollte, ob seine Frau anatomisch überhaupt zum Geschlechtsverkehr in der Lage war, weil er diesen mit ihr trotz Erektion nicht vollziehen konnte, fand sich plötzlich selbst auf der Anklagebank wieder. Er hatte die eheliche Pflicht gerichtlich erzwingen lassen wollen, weil er »von Zurücktretung des Seminis« bereits »ungewöhnliche Trägheit, Schwermüthigkeit und Verwirrung der gantzen Natur, auch Untüchtigkeit zu seinen Beruffs-Geschäfften« verspürte, auch fürchtete, »dadurch in Gefahr [zu] gerathen, mit der Genorrhoea befallen zu werden«.[83] Die Gattin gab bei ihrer ergebnislosen Besichtigung an, gar nicht zu wissen, wie »die Vereinigung« überhaupt funktioniere. Schon ihr erster Ehemann habe nie mit ihr geschlafen. In der nun medizinisch erzwungenen Untersuchung des Ehemannes diagnostizierte man nicht nur eine Gonhorrhöe, sondern rang ihm schließlich das Geständnis ab, unter häufigen nächtlichen Pollutionen und vorzeitigen Samenergüssen zu leiden und deshalb keine Kraft für erfolgreichen Beischlaf übrig zu haben.

Manche Frau bemühte sich selbst um die Scheidung, weil sie ihrem Partner Kinderlosigkeit oder eine unbefriedigende Sexualität ersparen wollte.

---

82 *Zittmann*, Medicina, 1706, Cent. VI, XLVIII, S. 1557–1559.
83 *Troppanneger*, Decisiones, 1733, Dec. VII, V, S. 284–295.

Dabei spielten unerträgliche Schmerzen und Angst vor eigener weiterer gesundheitlicher Gefährdung jedoch die größte Rolle in ihren Argumentationen. Einige Frauen hatten nach der Geburt mehrerer Kinder einen Uterusvorfall erlitten. Dieser »Schaden« taucht immer wieder in verschiedenen gynäkologischen Zusammenhängen auf. Die harte körperliche Arbeit und die häufigen Geburten, mitunter auch eheliche Gewalt, hatten viele Frauen überfordert. Wer es sich finanziell leisten konnte, trug einen »Mutterkranz«, der von Hebammen oder anderen erfahrenen Frauen eingesetzt wurde, oder ließ sich wenigstens bei übergroßen Schmerzen den Uterus »reponieren«. Die Aussagen machen allerdings deutlich, daß es auch weniger gut Informierte gab, die ihre Schmerzen verschwiegen und sich jahrelang heimlich quälten. Zweifelsohne wurden trotz eines Gebärmuttervorfalles von solchen Frauen manchmal noch Kinder geboren, wie Berichte von gefährlichen oder gar tödlich verlaufenden Geburten bestätigen. Uterusvorfälle galten zunächst nicht als Scheidungsgründe. Erst wenn wiederholte Behandlung durch Hebammenmeister und Physici, d.h. durch obrigkeitlich legitimiertes Fachpersonal, vergeblich war, konnte das Konsistorium auf Scheidung erkennen: Eine Frau, deren Zustand sich nach monatelanger Behandlung derartig verschlechtert hatte, daß der behandelnde Arzt wegen ständig neuer Verletzungen eine Krebsgefahr diagnostizierte, verweigerte sich schließlich jeder weiteren Therapie und erreichte erst dadurch die Zustimmung des Konsistoriums.[84] Da sie wenige Monate nach der Scheidung einen Sohn gebar und sich ihr Zustand in der folgenden Zeit besserte, wurde sie erneut vor das Konsistorium geladen. Hätte der zuständige Kreisphysikus nicht bestätigt, daß sich ihre lebensgefährlichen Beschwerden bei erneutem Beischlaf wieder einfänden, hätte das Konsistorium die Rückkehr zu ihrem Mann veranlaßt.

Selbst wenn körperliche Gebrechen wie ein Uterusvorfall zweifelsfrei auf eheliche Gewalt zurückzuführen waren, bedeutete dies für die Frau noch nicht die Scheidung. Es hing von der Empathie des Gutachters und von der Einstellung der einzelnen Konsistoriumsmitglieder zur ehelichen Zucht des Gatten ab, ob einer Scheidungswilligen rascher Erfolg oder letztlich Mißerfolg beschieden war. Wie schmal der Grat der Entscheidung war, zeigt auch der Fall einer 23jährigen, die von ihrem behandelnden Arzt ein Gut-

---

84 *Schweickhard*, Beobachtungen, Bd. 2, 1789, XXXVI, S. 393–400.

achten erhalten hatte, das sie ihrem Scheidungsantrag beifügte. Darin betonte Dr. G., daß seines Erachtens eine Trennung von Tisch und Bett bereits gerechtfertigt sei, wenn die Frau »durch das tyrannische Betragen« des Angetrauten gefährdet sei. Seine Patientin habe, wie sein Gutachten zeige, viel mehr Argumente, als sie selbst in ihrem Bittgesuch aufzähle. Hauptbefunde waren eine starke Inkontinenz, begleitet von Dauerblutungen, und ein Uterusvorfall, hervorgerufen durch Tritte in den Unterleib. Außerdem werde sie von »convulsivischen Zuckungen« befallen, die

> »aus der beständigen Angst und Schrecken während ihrem Ehestande entstanden seyn mögen ... Und endlich ... beschwert sie sich insonderheit über die mehr als herkulischen Eigenschaften ihres Mannes in Ansehung des Beyschlafs, den er ohngeachtet ihrer gebrechlichen Leibesbeschaffenheit in seinem rasenden Unsinn ihrer Aussage nach bis aufs viehische treibt und welches dann das andere Extrem ist, auf das er in seinen frohen Stunden verfällt ... Dies wären nach meinem Ermessen hinlängliche Gründe, die auf der einen Seite die Untüchtigkeit der Frau zum Ehestand und auf der andern den schändlichen moralischen Character des Mannes sattsam vor Augen legen.«[85]

Stadtphysikus Schweickhard sollte als Kontrollinstanz die Frau persönlich »besichtigen«. Sie erschien in Begleitung ihrer Mutter und mußte ihm drei Stunden lang Rede und Antwort stehen. Beide Frauen, so monierte der Gutachter, beschweren sich zwar endlos über den schlechten Ehemann, doch erwähnten sie weder sexuelle noch sonstige Mißhandlungen. Auch konnte der Arzt weder Krämpfe noch eine Blasenschwäche beobachten, obwohl er die Klägerin durchaus als »kränklich« bezeichnete, sie auch ihm gegenüber über »große Schmerzen im Unterleib« klagte, auch »ihre monatliche Reinigung sehr oft und allzuhäufig zu haben« angab. Das durchweg ironisch formulierte Schreiben an das Konsistorium ließ keine Zweifel an der Ungläubigkeit des Verfassers. Für ihn stellten Tritte in den Unterleib keinen hinreichenden Scheidungsgrund dar. Ein Vorfall hindere den Beischlaf nicht unbedingt, und die Menstruationsprobleme könnten durch »dienliche Mittel bey einer so jungen Person verbessert, die Nerven können gestärkt und dadurch der Mutterscheidevorfall gehoben werden«. Eine zeitweilige Trennung käme nur in Frage, wenn der Gatte eine dauerhafte Bedrohung für ihre Gesundheit darstelle. Sie solle medizinisch behandelt, sein »roher Charakter« in der Zwischenzeit »durch christliche

---

85 *Ebenda*, XXXVIII, S. 410–418.

Bemühung« »umgebildet« werden. Der Arzt der Klägerin verweigerte sich diesen Anordnungen, da er die ernsten Leiden der »Siechen« nicht heilen könne. Nach Drohungen seitens des Physikats wurde eine einjährige Behandlung aufgenommen, an deren Ende Dr. G. kapitulierend konstatierte:

> »Diese Frau ist nemlich, wie bekannt, sehr gebrechlich, unheilbar zerrüttet in ihrem ganzen Bau und bedarf für sich allein allem Anschein nach keiner Extinctio libidinis. Ihr Mann hingegen ist nervigt, in aller Rücksicht ... gesund und übervoll der besten Säfte. – Oft wiederholte eheliche Beywohnung, wie sie den Umständen des Mannes gemäß ist, mußte daher der schwachen Frau wegen Mangel der Liebe wenigstens beschwerlich, ich will nicht sagen ihrer Gesundheit nachtheilig seyn, weil Beyspiele von der Art wohl selten sind. Aber den Mann quälten vielleicht seltenere und kalte Umarmungen, wo er sich zum voraus keines erfreulichen Resultats versehen darf, so sehr, daß er gegen alle Gefühle und Rechte der Natur standhaft streiten müßte, wenn er sich für Ausschweifungen und Lastern sollte verwahren können. Im ersten Fall litte demnach die Frau wahrscheinlich mehr am Gemüth als am Körper und der Mann desgleichen, nicht sowohl der positiven absoluten als der relativen und moralischen Unvermögenheit der Frau zur Ausübung des concubitus, in sensu stricto genommen. Überhaupt sind die Seelen- und Leibeskräfte bey diesen beeden Personen so widersprechend und so ungleich gepaart, daß die ganze Ehe ein Misgriff war, der nach meinem geringen Erachten zurückgegeben und von dem Mann nicht einmal gefordert werden sollte ...«

Sollte die Ehe wegen Gefahr der Hurerei aufrechterhalten werden, so bestehe die Gefahr, noch Schlimmeres zu provozieren. »Doch ich verliere mich hier in ein Feld, das eigentlich ausser meiner Sphäre ist.« Nachdem auch der Stadtphysikus dauerhafte Schädigungen der Klägerin nicht mehr ausschließen konnte, erteilte das Oberkonsistorium schließlich die Scheidungserlaubnis. Die feinsinnige Argumentation des Hausarztes macht deutlich, wie sehr eine geregelte Fortpflanzung die medizinische Definition von Ehe prägt. Die bestätigte physische Gefährdung der Frau, die an sich hätte genügen können, wurde der psychischen Situation beider Beteiligten untergeordnet, da der unzumutbare Zustand den Mann aufgrund seines »Geschlechtscharakters« zur Unmoral gezwungen hätte, wollte er nicht ebenfalls gesundheitliche Schäden wegen ungenügender Reinigung des Säftehaushaltes durch fehlenden Samenerguß riskieren.

Solche nicht selten mehrjährigen Untersuchungsverfahren zeigen einerseits, wie sehr das Dogma des Erhalts der Ehe als primärer gesellschaftlicher Ordnungsfaktor um fast jeden Preis von seiten der Obrigkeiten durchgesetzt werden konnte (getragen von Konsitorien wie vielen Gutachtern),[86] wie schwierig es deshalb andererseits für Frauen sein konnte, sich experimentellen Behandlungsversuchen zu entziehen, während Männer wie jener, der sich »wegen einem Weibsbild [nicht] verschnipfeln lassen« wollte, sich sogar einfachen Eingriffen selbstverständlich verweigern konnten und auch nicht gezwungen wurden.[87]

Wer allerdings wegen sexueller Vergehen einsaß, hatte durchweg keine Möglichkeit und offenbar auch selten den Mut, sich gegen eine Untersuchung zu wehren: Die geständige Rosina Elisabeth Schorin saß 1731 wegen Ehebruchs im Stockhaus. Die reuige Sünderin rechtfertigte ihr Verhalten damit, daß sie durch ihre letzte Geburt »dergestalt verderbet worden, daß der nachhero zu ihr gelassene Manns-Saame nicht bey ihr bleiben könne. Und da ein Soldate 6 mahl mit ihr sich fleischlich vermischet, sie allemahl gespühret, daß der Saame allezeit wieder von ihr gangen.« Deshalb habe sie auch nichts dabei gefunden, denn es handele sich ja nicht wirklich um Ehebruch. Diese sehr spitzfindige Argumentation war nicht so abwegig, wie sie heute erscheinen mag. Ihre Argumentation erzwang diverse medizinische Untersuchungen. Ihr Ex-Mann konnte in der Angelegenheit nicht befragt werden, weil er sich – aus anderen Gründen von der Todesstrafe bedroht – abgesetzt hatte. Die erste Hebamme konnte keinen Vorfall feststellen. Die Patientin sei im Gegenteil so eng gebaut, daß sie starke Schmerzen beim Beischlaf empfinden müsse. Der Ehebruch könne demnach nur erfunden sein. Zwei andere Wehemütter, die nach detaillierten Instruktionen des Gutachters vorgehen mußten, stellten dann doch einen Vorfall fest. Der Muttermund stehe so weit offen wie bei einer Geburt. Ein sexueller Akt könne stattfinden, der Samen müsse allerdings herausfallen.[88] Da die »Einlassung des Samens« jeglichen wahren sexuellen Akt von falschen konstitutiv unterschied, so zum Beispiel auch im Zusammenhang mit juristischen Definitionen von Notzucht, Sodomie, Inzest oder vorehelicher Unzucht, konnte die Inquisitin nicht wegen »Adulteriums« belangt werden. Der anfangs so klare Fall hatte sich durch widersprüchliche medizinische Gutachten nur verkompliziert. Nicht eine eindeutige Fachentscheidung, sondern

---

86 Siehe dazu auch *Möhle*, Ehekonflikte, 1997, S. 122–140.
87 *Schweickhard*, Beobachtungen, Bd. 2, 1789, XXXVII, S. 403.
88 *Troppanneger*, Decisiones, 1733, Dec. VII, I, S. 269–272.

Abb. 6: *Johann Jodocus Beck*, Tractatus de eo quod iustum est circa conjugalis debiti praestationem. Von Leistung der ehelichen Pflicht. Worinnen in specie von der bosshafft und halsstarrigen Entziehung der ehelichen Pflicht und der daraus entstehenden Ehescheidung … ausführlich gehandelt wird. Aus denen göttlichen und allgemeinen Reichs-Rechten … zusammengetragen. Jedermänniglich zum täglichen Gebrauch und Nutzen, Frankfurt/Leipzig 1733.

die höhere Instanz hatte sich mit ihrer Einschätzung schließlich durchsetzen können.

Instanzentscheidungen waren es auch in den seltenen Fällen, in denen konkrete Krankheiten, die als erbliche Gefährdung zukünftiger Kinder betrachtet wurden, als Scheidungsgründe genannt wurden. Hier spielte die Epilepsie, auch »fallende Sucht«, »das böse Wesen« oder »die Wuth« genannt, die Hauptrolle. Es gab Frauen, die sich selbst als krank bezeichneten, um aus einer Ehe zu entkommen. Hier waren Aussagen anderer, die frühere Anfälle – am besten bereits aus der Kindheit – bestätigen konnten, unverzichtbar. Fehlten diese, wurden die Beschuldigungen oder Selbstbezichtigungen von den Gutachtern als strategische Vorwände betrachtet. Ein Handwerker, dessen Frau schon seit längerem zu ihren Eltern zurückgekehrt war, berichtete zum Beispiel dem Kreisphysikus,

> »daß seine Frau seit einiger Zeit mit dem bösen Wesen befallen worden. Und daß sie bisweilen so wüthend wäre, daß sie sich über ihn hergemacht und ihm geprügelt. Und daß sie ihm überhaupt gar nicht leiden möchte. Auch habe sie oft des Nachts neben ihm im Bette den stärksten Anfall vom bösen Wesen gehabt, daß sie dieses so oft bekommen als er selbige mit harten Worten (denn gute Worte fruchteten bey ihr gar nichts) zur Arbeit aufgefordert hätte, so wäre der Anfall wieder gekommen. Bisweilen seye sie wüthend gewesen und habe ihn oft ohne Ursach bey den Haaren ergriffen und gezauset, auch gedrohet sie wolle ihn ermorden. Habe auch früh im Bette einstmals ihn an die Kehle gegriffen und als er aufgefahren, habe sie gesagt, sie wolle nur sehen, ob er noch schliefe.«

Auf die Nachfrage, ob die Frau etwa sehr »wollüstig« wäre und ob sie mit ihm sexuell »nicht zufrieden wäre und ob etwa der Haß, welchen sie gegen ihn habe hiervon herrühre, so antwortete derselbe: Das könne er nicht wissen, er habe nicht mehr als 5mal in der ganzen Zeit ihrer Ehe bey ihr geschlafen. Zuletzt habe sie ihn nicht mehr dazu gelassen.«[89] Dieser Ehemann war von dem extrem rollenwidrigen Verhalten seiner Frau so verstört, daß er sich dies nicht als bewußte Aggression gegen seine Person, sondern nur als Krankheit erklären konnte. Der Gutachter suchte nun die Beklagte überraschend zu Hause auf, um mögliche Täuschungsmanöver unterbinden zu können. Er traf sie in Gegenwart des Dorfschultheißen nähend am Tisch an, wo sie äußerlich kräftig und gesund auf ihn wirkte. Sie erzählte

---

89 *Bucholz*, Beiträge, Bd. 1, 1782, S. 133–144.

»unter vielen Schluchzen und Thränen und starker Bewegung der Brust beym Athemholen, daß sie vom Mutterleibe an bis in ihr siebendes Jahr das böse Wesen gehabt. Aber hernach in 15 Jahren habe sie es nicht wieder gehabt. Bis verwichenen Winter habe sie von vielem Ärger, den sie mit ihrem Manne und daraus entstandener Prügeley solches wieder bekommen, welches in und nach Ostern manchmal des Tags zweymal wieder gekommen. Und nun habe sie es in acht Tagen nicht wieder gehabt, da sie Arzney von der Scharfrichterin in N. bekommen. Reißen in Gliedern habe sie immer und wenn ihr Zufall käme, so würde es ihr eine Viertelstunde vorher so angst und albern, und es wäre als wenn sie jemanden umbringen müßte. Bisweilen vergiengen ihr die Gedanken völlig ... Sie habe auch oft den Anfall bey ihrem Mann im Bette gehabt, wenn sie sich vorher stark geärgert oder wenn der Mann ihr gedrohet. Verwichenen Osterheiligen-Abend habe sie der Mann geprügelt und da habe sie den Anfall zweymal des tags gehabt. Jetzt aber lebe sie ruhig. Zu ihrem Manne wolle sie nicht wieder, denn sie hätte keine Liebe mehr zu ihm und glaube, daß wenn sie wieder zu ihm müßte, daß sie augenblicklich ihren Anfall wieder bekäme.«

Auf Nachfrage bezüglich der Motive für ihren Haß interessierte den Gutachter wieder nur die »eheliche Pflicht«. Doch »in diesem Punkte« konnte sie ihm nichts Schlechtes nachsagen, »in Ansehung seiner Vermögens-Umstände« habe er sie allerdings belogen, weshalb sie »so grimmig auf ihn geworden«, daß sie »nicht mehr mit ihm leben« könne. Die Mutter bestätigte die Erzählungen der Tochter und fügte hinzu, daß sie im letzten Monat ihrer Schwangerschaft »einen heftigen Schrecken gehabt und daß hernach ihr Mädchen sobald es auf die Welt gekommen, das böse Wesen bekommen« und trotz verschiedener Behandlungen »bis zum 7. Jahr daran gelitten« habe, danach allerdings nicht mehr. »Sonst würde sie dieses Mädchen nicht verheyrathet und auf ein ander Dorf weggegeben haben.« Die Eltern beider Ehepartner befürworteten die Scheidung, auch der Gutachter schloß sich dem an, da erstens die Gefahr bestehe, daß sie den Gatten während eines Anfalles ermorde, und zweitens ihr Haß in weitere Anfälle und somit gesundheitlicher Schwächung münden müsse, die kränkliche Kinder zur Folge hätte, welche dann dem Staate zur Last fielen.

Ein im 18. Jahrhundert medizinisch besonders faszinierendes und vieldiskutiertes Phänomen für Ehehinderung und damit auch weibliche Unfruchtbarkeit taucht hingegen nur ein einziges Mal auf, nämlich Hermaphroditismus.[90] Im Jahre 1715 hatte ein Handwerker und Inwohner

---

90 Zu den im Vergleich zur vieldiskutierten Medizintheorie erstaunlich seltenen Fällen siehe auch *Darmon*, Tribunal, 1979, S. 53 ff.

(Häusler) die Tochter eines Bauern geehelicht, begehrte aber nach nur sechs Monaten die Scheidung, »indem sie nicht wie andere Weiber beschaffen und er ihr nicht ehelich beywohnen könte«. Der Kreisphysikus ließ die Person durch eine vereidigte Hebamme und eine andere erfahrene Dorfbewohnerin untersuchen. Der Arzt gab in seinem Bericht an das Konsistorium den genauen Befund wie folgt wieder:

> »Sie hatte aber gar keine Brüste wie andere Weibes-Leute. Ne vestigia quidem [keine entsprechenden Merkmale] und nur auf beyden Seiten 2 kleine Wärtzlein, so ein Ansehen hatten als wenn sie auf eine Schindel genagelt. Ferner waren an ihr gar keine Pudenda [Schamlippen] zu sehen. Und zwar war sie an diesem Ort gantz kahl und glatt. Und wo die Fissura [Schamspalte] seyn sollte, war es ganz zu, feste und hart. Und war da nur so eine kleine Öffnung, daß man nicht einmahl mit der äussersten Spitze eines kleinen Fingers hinein kommen kunte. Und schiene solche Öffnung als wenn sie rings um mit einem kleinen Rinck umgeben wäre, durch welche Öffnung sie auch ihr Wasser von sich ließ. Darzu sagte sie, daß sie noch niemahl ihre Blüte (Menstrua) gesehen. Ist also bewandten Umständen nach diese Person weder Mann noch Weiblichen-Geschlechts und also zum Ehestand und Kinder-Zeugen untüchtig.«[91]

Aufgrund des Abschlußgutachtens des Physikus wurde sofort die Scheidung vollzogen. Obwohl die Person nun offiziell als Hermaphrodit eingestuft war und nie eine neue Heiratserlaubnis erhalten würde, zweifelte die Frau weiterhin nicht an ihrer Geschlechtsidentität. Sie zog in einen Nachbarort, in dem ihr prominenter Fall bekannt war, und fand dort ohne weiteres eine Stelle als »Magd«. Weder die eigene Geschlechtsidentität noch das eheliche Begehren seitens des Mannes, noch die Einordnung ins Arbeitsleben wurden also von den für Mediziner so zentralen Zeichen von Weiblichkeit abhängig gemacht, wie sie »weibliche Rundungen«, Menstruation oder Gebärfähigkeit darstellten. Nur Akademiker hingen diesem antikisierenden statischen Geschlechterbild an. An alltäglichen Erfahrungen orientierte Menschen wußten, daß nicht jede Frau alle Charakteristika aufwies. Frau war, wer sich als solche präsentierte, in Kleidung und rollenkonformem Verhalten, die Physis interessierte nur in zweiter Linie und nur in eingeschränkter Hinsicht. Für den Ehemann war allein das Nicht-eindringen-Können Anlaß für das Scheidungsbegehren, da er einen wesentlichen Aspekt seines Begehrens nicht ausleben konnte.

Gebärfähigkeit war wie Zeugungsvermögen nur dann das wirkliche The-

---

91 *Richter*, Digestia, 1731, Dec. IV, X, S. 164f.

ma, wenn Kinder erwünscht waren. Sonst verbargen sich hinter dem Aufgreifen des einzigen theologisch legitimen Scheidungsgrundes ganz andere Probleme. Sich dieser zu entledigen, bedienten sich Menschen unterer Schichten, denen die finanziellen und sonstigen Winkelzüge von Adel und Oberschichten unmöglich waren, selbstbewußt und zielstrebig der Fortpflanzungsthematik. Konnte man dieses Argument aus naheliegenden Gründen nicht nutzen, gab es nur wenig andere Möglichkeiten.

Ein besonderes Grausen und Abscheu

Abgesehen von Schmerzen wurden auch andere Empfindungen während körperlicher Intimitäten von allen Beteiligten als für sie bedeutend geschildert. Deshalb waren Ekelgefühle für beide Geschlechter eine logische Scheidungsbegründung. Die eingangs erwähnten Ehehemmnisse wie Geschlechtskrankheiten oder strenger Geruch standen nicht nur auf dem Papier, sondern waren schon früh rechtliche Konsequenz aus praktiziertem Trennungsverhalten. Selbst offensichtliche Täuschungsmanöver konnten wenigstens als verfahrenauslösendes Instrument eingesetzt werden: Ein Ehemann forderte 1639 nach nur sechsmonatiger Ehe die Scheidung, »alldieweil 1. sie [die Gattin] nach dem Bocke stincke. Daher 2. das debitum conjugale ihm unmöglich zu entrichten. Auch 3. dieser Gestanck an sich selbst für ein signum lues venereae gemeinhin gehalten werde.«[92] Der unerträgliche Achselgeruch konnte von den sie besichtigenden Hebammen ebensowenig festgestellt werden wie eine Geschlechtskrankheit.

Eine junge Frau brauchte zwei Jahre, bis sie 1715 endlich gegen den Willen ihrer Eltern die Auflösung ihrer Verlobung wegen angeblichen Mundgeruchs des (ungeliebten) Mannes durchgekämpft hatte, obwohl der Gutachter keine Mundkrankheiten oder Gerüche hatte feststellen können.[93] Derartigen Beschwerden mußte auf jeden Fall nachgegangen werden. Sie zwangen die Gutachter – wollten sie nicht als Aufschneider dastehen –, nicht nachprüfbare subjektive Gefühle wie Ekel oder Schmerz in empirisch

---

92 *Ammann*, Medicina, 1670, XCVII.
93 *Fritsch*, Geschichte, Bd. 1, 1730, Fall 8. Ihre Eltern wurden wegen Zwangs zur Ehe vom Kirchengericht zu 50 Talern Strafe verurteilt.

nachprüfbare Theoriemodelle umzusetzen und entweder so zu neutralisieren oder ihre Wahrscheinlichkeit zu bestätigen.

Als die 46jährige Frau eines Handelsmannes nach zweijähriger Ehe von diesem beschuldigt wurde, ihn mit einem alten eiternden und übelriechenden Geschwür derartig abzustoßen, daß er »einen unüberwindlichen Ekel und Widerwillen« gegen den Beischlaf entwickelt habe und sogar Schmerzen dabei empfände, war dies tatsächlich Anlaß für eine Untersuchung. Die Beschuldigte, bei der nur eine alte Narbe hinter einem Ohr, aber keinerlei Gerüche oder Ausfluß festgestellt werden konnten, versuchte ihrerseits den Mann als unglaubwürdig darzustellen. Dieser habe sich nie als besonders empfindlich gegenüber körperlichen Flüssigkeiten gezeigt, da er ihr doch häufig »zur Zeit ihrer Reinigung beywohnen wollen, welches sie zwar nicht gerne gesehen, aber doch nicht gänzlich abgeschlagen habe«. Derartige Tabubrüche waren dem Physikus nicht unbekannt. Er wußte die Aussagen des Klägers darin medizinisch-logisch einzubinden und dadurch zu entkräften: Der Ekel könne nur »in einem großen Haß und Widerwillen gegen sie liegen, welcher denn freilich alle Neigung zum Beischlaf und wollüstige Empfindungen unterdrückt«. Der Schmerz beim Geschlechtsakt rühre daher, daß er der Frau während ihrer Menstruation beigewohnt habe, »als zu welcher Zeit man beobachtet haben will, daß der Beischlaf schmerzhaft werde, manchmal noch schlimmere Folgen nach sich ziehe«.[94]

Beischlaf während der alttestamentarisch-unreinen Zeit der Frau war trotz Tabuisierung nicht unüblich, weil das niedrigere Schwangerschaftsrisiko vielen bekannt war.[95] Das Wissen um das Verbot äußerte sich vielmehr in einer diffusen Angst damit assoziierter Anfälligkeit für Geschlechtskrankheiten. Verdächtige körperliche Veränderungen wurden nächträglich entsprechend mental integriert. 1680 wehrte sich eine Frau, deren Mann an einer Geschlechtskrankheit gestorben war und deren neuer Verlobter nun seinerseits eine Ansteckung fürchtete, gegen den Verdacht einer Infektion damit, der frühere Gatte habe sie täglich zum Sex genötigt und sie weder

---

94 *Pyl*, Aufsätze, 3. Slg., 2. Ab., 1785, Fall 5, S. 157 ff.
95 Viele Männer ließen sich durch die Blutung nicht vom Beischlaf abhalten. So gaben z. B. beide Liebhaber einer Kindsmörderin unter Berufung auf deren Menstruation an, sie könne zum jeweiligen Zeitpunkt noch nicht schwanger gewesen beziehungsweise geworden sein, da sie beim Sex ihr Blut an sich bemerkt hätten, siehe *Fritsch*, Geschichte, Bd. 5, 1734, Fall 4, S. 220 und S. 226.

während ihrer Regel noch nach der Geburt des Kindes, also während der noch fließenden Lochien verschont, »biß er darüber kranck geworden«. Der Gutachter schloß sich ihrer Theorie nach einer Blutbeschau an – obwohl sie an Fieber und Ausschlag litt – und fügte noch hinzu, der den Verstorbenen behandelnde Barbier habe tödlich gepfuscht, »biß er die Hitze hinein zum Herzen getrieben«.[96]

Weibliche wie männliche Körperflüssigkeiten, nicht nur das Menstruationsblut, konnten mit vielfältigen Ängsten, aber auch Faszination besetzt sein.[97] Beide Geschlechter fühlten sich aber höchstens durch unvertraute Ausscheidungen, etwa »garstige fordes ... dem Leime gleichend«, verunsichert. Stellte man an sich »gar schwere Zufälle ... mit grosser Geschwulst des Scroti und Blutgang aus meiner männlichen Röhren und dabey erlittenen andern Schmerzen« fest, verging die Lust auf Sex schnell, und eine medizinische Klärung schien angezeigt.[98]

Der Hintersasse Georg Gr. zum Beispiel hatte seine Frau 1748 zunächst »nur« öffentlich »einer garstigen Krankheit« und der Verweigerung des Beischlafs beschuldigt. Sie verklagte ihn daraufhin wegen Ehrabschneidung, woraufhin der Konflikt so eskalierte, daß er schließlich die Scheidung verlangte und seine Beschuldigungen damit rechtfertigte, er habe gleich in der Hochzeitsnacht etwas bemerkt,

> »welches bey einer Braut nicht seyn sollte. Und auf Befragen, ob sie etwa ihre Zeit habe, sie mit Nein geantwortet. Sie hätte solche längst verlohren. Die folgende Nacht hätte er sie wieder beschlaffen und gleiches wahrgenommen. Und am dritten Tag hätte sich bey ihme eine Geschwulst und an seinem Hemd garstige Befleckung eingefunden. Sie habe aber allezeit gesagt, sie hätte ihre menses nicht mehr. – Er habe darauf einen Eckel vor ihr gefasset, zumalen er noch an ihrem angehabten Hemd ... abscheuliche Flecken gesehen.«[99]

Die 49jährige gestand dem Arzt, sie habe sich geniert, ihrem Mann zu beichten, daß die Blutungen in ihrem Alter doch unerwartet wieder eingesetzt hätten. Eine Hebamme bestätigte, daß die Beschuldigte an keiner ve-

---

96 *Zittmann*, Medicina, 1706, Cent. III, XV, S. 644 ff. Die medizinische Fakultät entschied in oberster Instanz auf Einhaltung der Verlobung, da der übermäßige und ungesunde Geschlechtsverkehr den Tod verursacht habe.
97 Zur symbolischen Besetzung und dem Verhalten beim heterosexuellen Geschlechtsverkehr vgl. *Kienitz*, Sexualität, 1995, S. 277–290.
98 *Zittmann*, Medicina, 1706, Cent. VI, XLIV, S. 1545–1548.
99 *Hasenest*, Richter, Bd. 3, 1757, IV, S. 29–32. Der Ausgang des Verfahrens ist unbekannt.

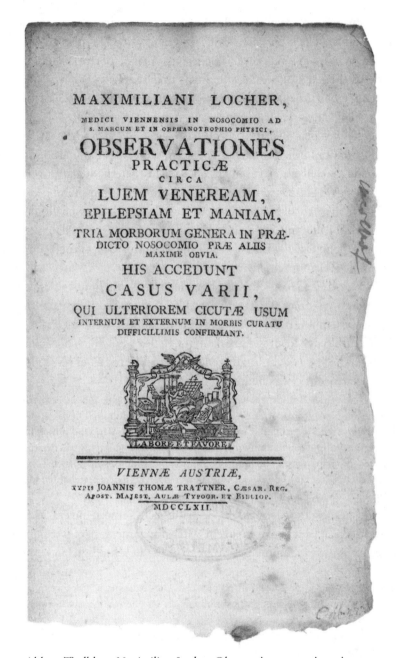

Abb. 7: Titelblatt; *Maximilian Locher*, Observationes practicae circa luem veneream, epilepsiam et maniam, Wien 1762.

nerischen Krankheit leide. Auch der Gutachter bestätigte, daß vor ihrem endgültigen Ausbleiben die Blutungen sehr unregelmäßig kämen, mal stärker, mal schwächer, »was vielen Weibern sehr beschwerlich ist«. Der Beischlafsakt habe ihr Geblüt derartig »irritiert«, daß es zu einer spontanen Blutung kommen mußte. Die vom Ehemann als Indiz angeführte Geschwulst galt dem Untersuchenden als »Strafe« für den wiederholten Beischlaf während der Regel, vor der sich der Bauer offenbar nicht genug geekelt habe, um tatsächlich davon abzulassen. Es sei zwar eine »absurde Meynung, als wenn sanguis menstruus vergiftet wäre«, es könne allerdings durch zu langes »Stagniren« »scharf geworden« sein.

Die physiologische Empirie wird ganz selbstverständlich vor dem Hintergrund moraltheologischer Axiome gedeutet. Die Gefährlichkeit des Menstruationsblutes war medizinisch nämlich nicht erwiesen. Der physisch unbestreitbare und deshalb erklärungsbedürftige Effekt eines Geschwürs entzog sich als göttliche Strafe für Unmoral der naturwissenschaftlichen Analysenotwendigkeit. Dennoch bestand Bedarf an einer wissenschaftlichen Erklärung, so daß eine chemische Reizung durch die »Schärfe« alten Blutes in Erwägung gezogen wurde.

Ekel als Furcht vor Folgeerkrankungen verunsicherte die Körperwahrnehmung. Mediziner bestätigten und verschärften diese Ängste, wenn sie irritierende Empfindungen moraltheologisch erklärten. Die Angst vor Geschlechtskrankheiten war nicht zuletzt deshalb allgegenwärtig. Auch Frauen beobachteten körperliche sowie Verhaltensänderungen an ihren Männern und verdächtige Flecken an deren Hemden genau, fürchteten eine Infektion durch Körpersekrete wie Blut oder Eiter, schon aus Angst vor der Geburt kranker oder geschwächter Kinder. Auch diese Befürchtungen gingen mit medizinischen Überzeugungen konform, so daß man bei nichtgenitalen Sekreten aus medizinisch-polizeilichen Gründen ebenfalls genau hinsehen mußte. Als der Vater einer jüdischen Braut das Berliner Medizinalkollegium um eine Untersuchung bat, nachdem seine Tochter kurz nach der Hochzeit »heftig stinkende Fisteln« an ihres Mannes Beinen entdeckt und auch erfahren hatte, daß dessen Bruder ähnliche Geschwüre am Ohr aufwies, sie demnach »ein angeerbtes Übel« fürchten mußte, stand fest, daß »sie auch bereits wegen erlittenen Ungemachs und Gestanckes vor dessen Person abhorrire, daß sie nimmer bey ihn zu kommen« und mit ihm leben könne. Die Untersuchung des Mannes ergab eine alte Krätze, die zwar »das ganze Blut verderben könne«, wenn sie denn ausheile der Ehe grundsätzlich jedoch nicht im Wege stünde.[100]

Klare Diagnosen von Geschlechtskrankheiten hatten bessere Chancen. Die soziale Position einer Adeligen, die Ende des 17. Jahrhunderts tatsächlich durch den Hautkontakt mit solchen Sekreten »nicht alleine große Blasen..., sondern auch darauff große Beulen so hitzig und scharff gebrennet« und einen Ausschlag in der Schamgegend bekommen hatte, war angesichts der gesundheitlichen Gefahr unbedeutend für die Entscheidung.[101] Vor der Heirat sei sie gesund gewesen, »so lange sie aber im Ehestande gelebet, ihr nicht alleine das Fleisch vom Leib verfallen, sondern sie auch stets sieg und kranck gewesen und habe sonderlich auff der lincken Seite nicht liegen und ruhen können«. Der Gatte hingegen habe am ganzen Leibe »grosse braune Flecken« und Beulen, vor allem zwischen seinen Beinen sei ein Ausschlag »wie eine Bircken Rinde« zu sehen, auch sei er ständig heiser gewesen, ohne je eigentlich »einen bösen Hals bekommen« zu haben, den sie als Symptom einer Geschlechtskrankheit kannte. Daß er sie »fast übermässig fleischlich erkannt« hatte, sie aber dennoch nie schwanger geworden war, führte sie ebenfalls auf seine ansteckende Krankheit zurück.

Derartig anschauliche und präzise Schilderungen lieferten den Gutachtern die Möglichkeit, allein aufgrund der Erinnerung an vergangene Symptome Rückschlüsse auf bestimmte Krankheiten zu ziehen. Wissen über den Verlauf von Geschlechtskrankheiten scheint nach der standesübergreifenden Detailkenntnis allgegenwärtig gewesen zu sein. Sie lauerten schließlich überall, selbst bei einem untadeligen monogamen Leben. Die Medizin sah in »venerischen Krankheiten« nicht allein eine leidvolle, in extremen Fällen sogar tödliche Strafe für Sittenlosigkeit, sondern primär eine schleichende Verhinderung ehelicher Fruchtbarkeit und Schwächung der Volksgesundheit. Geschlechtskrankheiten konnten bei Männern zur »Verzehrung« der Eichel und der Hoden oder Verkürzung des Gliedes führen, so daß oft erst Jahrzehnte später ihre Unfruchtbarkeit und damit die Vergeudung gebärfähigen Frauenlebens ruchbar wurde.[102] In sieben von acht Fällen von Scheidungen wegen venerischer Krankheiten waren es Frauen, die

---

100 *Gohl*, Medicina, 1735, Sec. II, XX, S. 305–309.
101 *Zittmann*, Medicina, 1706, Cent. IV, VIII, S. 872–874.
102 So *Hasenest*, Richter, Bd. 1, 1755, XI, S. 88.

ihre Männer verklagten. Die meisten Beklagten konnten wenigstens eine frühere Erkrankung an Gonorrhöe (Tripper) oder Syphilis (Lues, Schanker) nicht abstreiten. Sie wußten wie die Ehefrauen meistens über deren Symptomatik gut Bescheid. Klägerinnen konnten teilweise auf Erfahrungen aus früheren Ehen zurückblicken und hatten dementsprechend keine Hemmungen, ihre detaillierten Kenntnisse über männliche Sexualorgane kundzutun. Sie boten auch Zeugen auf, teilweise früher behandelnde Ärzte oder Chirurgen, die genaue Symptombeschreibungen beisteuerten. Manch Verdächtiger wies Narben oder chronische Krankheiten auf, die per Gutachten eindeutig auf vergangene Infektionen zurückzuführen waren. War jedoch keine akute Infektion nachweisbar, blieben Frauen mit ihrem Gesuch erfolglos, da keine Ansteckungsgefahr mehr bestand. Tumore konnten auch auf Krebs oder Hautkrankheiten zurückzuführen sein, Halsentzündungen auf chronische Erkältungen. Sonderbare Absonderungen konnten »bey Personen, die unordentlich leben, sich nicht rein halten und durch hitzige Getränke echauffiren ... scharf werden«, also natürliche Ursachen haben.[103]

Ein Hauptgrund für verdächtige genitale Ausscheidungen lag in der Verantwortung der Ehefrau und konnte auf diese zurückfallen: Eine Berlinerin war kurz nach der Hochzeit mißtrauisch geworden, weil der Gatte »um diese Zeit in seinen Hemden und einigen Lappen, so er getragen, gelbgrünliche Flecken von einer Materie, davon selbige ganz steif gewesen [aufgewiesen]. Auch Beklagter ständig Arzneien gebraucht habe.«[104] Der Ehemann leugnete dies, wies auch zum Zeitpunkt der Klage keine Spuren auf, doch konnten ihm Arztbesuche und Konsultationen medizinisch erfahrener Personen nachgewiesen werden, die auch über die Medikation Auskunft geben konnten. Er berief sich darauf, die samenähnlichen Flüssigkeiten seien erst aufgetreten, seit ihm seine Frau den Verkehr verweigerte. Sie habe

> »ihn nie zulassen wollen. Und wenn er gleich solches einigemal halb mit Gewalt versucht, ihn nie ganz admittiret, sondern in medio actu concubitus sich zurückgezogen, so daß er nie ganz fertig geworden, noch ejaculatio seminis erfolgt sey, welcher

---

103 So *Pyl*, Aufsätze, 6. Slg., 2. Ab., 1789, Fall 1, S. 125.
104 Ein Fall des Berliner Stadtphysikus Pyl (mehrfach 1795 datiert!), publiziert bei *Fahner*, System, Bd. 2, 1797, S. 408–414, aber bereits in: *Pyl*, Aufsätze, 4. Slg., 2. Ab., 1786, Fall 1, S. 114–121 (datiert 1785).

denn zurückgeblieben. Dieser Ursache glaube er, da er keinen andern Umgang mit Weibspersonen sich erlaubt, es zuschreiben zu müssen, daß er nach einiger Zeit nicht nur von öftern pollutionibus nocturnis incommodirt worden, sondern auch bemerkt habe, daß ihm öfters bey Tage eine weißlichte saamenähnliche Feuchtigkeit vorne aus der Harnröhre, jedoch nur sparsam geflossen. Diese aber sey nicht übel aussehend noch besonders übel riechend gewesen, auch habe er dabey außer gewissen Hämorrhoidalzufällen, denen er eine Zeit her unterworfen gewesen, keine besondere Unbequemlichkeit noch Schmerzen beym Urinlassen oder während der Erection empfunden.«

Der Physikus, der keine verdächtigen Symptome feststellen konnte, mußte dieser Aussage trotz einiger Ungereimtheiten folgen und sich der Erklärungslogik des Beschuldigten anschließen, indem er befand, »sehr blutvolle libidinöse Männer« litten zeitweilig an solchem weißlichen Ausfluß. Es sei anzunehmen, daß es »blos eine vermehrte Absonderung des Schleims aus den Drüsen der Harnröhre gewesen« sein mag, wofür auch die Verwendung blutreinigender Kräuter spräche. Derartige Beschwerden seien auf Verweigerung des Beischlafes zurückzuführen, was allerdings auch

> »die gewöhnliche Entschuldigung aller [sei], welche einen Tripper haben und dem Arzt der Noth wegen zwar ihre Zufälle entdecken müssen, aber wo möglich ihm die Ursache desselben noch gerne verheelen möchten ... Dergleichen zurückgebliebener Saamen bleibt selten so lange in den Saamenbläschen stecken. Er resorbirt sich entweder halb ins Blut zurück oder geht auch durch nächtliche Pollutiones ab.«

Trotz massiver Zweifel wurde die Klage der Frau abgewiesen.

Selbst solch karge Aktenauszüge demonstrieren unfreiwillig, daß sich hinter gesundheitlichen Motiven fast immer unglückliche Ehen verbargen, denen andere Wege der dauerhaften Auflösung verschlossen waren. Eine illegale Trennung genügte besonders Frauen nicht, da sie auf eine neue, glücklichere Verbindung zu hoffen schienen.[105] So manche junge Frau konnte dabei auf die Unterstützung ihrer Eltern zählen, die bei mangelnder Argumentationskompetenz der Töchter nachweislich soufflierten und mit Informationen bezüglich Krankheitssymptomen aushalfen.

Ein weiteres, wenn auch seltener thematisiertes Ehehindernis war der Impotenz diametral entgegengesetzt, hatte aber ebenso eine fruchtlose Verbindung zur Folge, obwohl auf den ersten Blick gerade kein gesundheitliches Problem vorlag. Es waren ausschließlich Frauen, die wegen »zu häu-

---

105 Zu eigenmächtigen Trennungen siehe auch *Rublack*, Magd, 1998, S. 299–306.

figen Beischlafs« oder auch »zu starken Zeugungsvermögens« eine Auflösung der Ehe anstrebten.[106] Männer verwahrten sich gegen derartige Anwürfe und beriefen sich ausnahmslos auf ihre ehelichen Rechte. So entrüstete sich ein zweifach verwitweter 56jähriger Schuhmacher, seine früheren Frauen hätten sich nie beklagt. Seine »viele Reitzung zum Beischlaf« sei legitim, auch seine dritte Frau müsse dies »leiden«.[107] Ein anderer Beklagter gab dem Arzt gegenüber zu, seiner Frau sechs- bis achtmal am Tag beizuwohnen, wies aber ihren Vorwurf, sie »nur zum Verdruß so [zu] plage[n]«, zurück. Ihre vaginalen Schwellungen und Entzündungen, die selbst den Gutachter zu Mitleidsäußerungen veranlaßten, irritierten ihn nicht. Auch er betonte, »daß er deswegen [ihm ständig zu Willen zu sein] eine Frau genommen hätte«.[108]

In den Gutachten entspann sich ein Diskurs über die normale Frequenz und Intensität männlicher Potenz. Auch die Frage der Schädlichkeit zu häufiger sexueller Aktivitäten für beide Geschlechter wurde aufgeworfen. Solche Fragen nach Ausmaß und Form sexueller Praxis gewannen seit der zweiten Hälfte des 18. Jahrhunderts immer mehr an Bedeutung für die bürgerliche Identitätsbildung.[109] Gutachter berichteten aus der eigenen Praxis von über 70jährigen, die, durch besonders junge Frauen hochmotiviert, bis zu 40mal in einer Nacht zu Höchstleistungen fähig waren, da es »bloß auf die Rezeptivität des Körpers« ankäme, »wenn eine Sache, die dem einen ganz unschuldig ist, dem andern Gift wird«.[110] Andererseits gäbe es Frauen, die an solcher Überanstrengung gestorben seien, während unersättliche jun-

---

106 Zu »übermäßigem Beischlaf« siehe *ebenda*, S. 392.
107 *Pyl*, Aufsätze, 3. Slg., 2. Ab., 1785, Fall 1, S. 140.
108 *Schwaben*, Anweisung, Bd. 2, 1787, Fall 3, S. 245. Ihr Antrag auf Scheidung wurde abgelehnt. Der Gutachter verschrieb ihr eine Kur und empfahl dem Konsistorium, den Mann bei Androhung einer Gefängnisstrafe zur Unterlassung jeglicher Nötigung bis zu ihrer Genesung zu zwingen »und sodann die Beiwohnungen nach den Umständen seiner Frauen ein[zu]schränken«.
109 Corinna *Wernz* konnte zeigen, wie der heterosexuelle Geschlechtsverkehr im interdisziplinären Diskurs von Theologie, Pädagogik, Medizin, Philosophie und Rechtswissenschaft in allen Details systematisiert, damit kontrollierbar schien und als notwendiges Übel beurteilt wurde, vgl. *dies.*, Sexualität, 1993, passim.
110 So ein dem Herausgeber bekannter, aber anonym bleiben wollender Kollege in einem speziell diesem Thema gewidmeten Kapitel bei *Pyl*, Neues Magazin, 1. Bd., 2. St., 1785, Kap. I, Fall 2, S. 231 ff.

ge Mädchen davon sogar »Pollutionen« bekämen.[111] Ursache für solche Unverhältnismäßigkeit sei nicht nur die unterschiedliche erbliche Anlage, sondern vor allem die Zunahme sogenannter Konvenienzehen, in denen meistens ungleiche Paare miteinander verheiratet würden (»geile« alte Männer mit blutjungen Frauen und umgekehrt). Männer klagten aus Scham nur selten auf Scheidung. Jedem Arzt sei jedoch aus eigener Praxis bekannt, wie viele von ihnen an ihren unersättlichen Ehefrauen litten und um »physische Mittel dagegen« bäten.[112] Der Berliner Stadphysikus vermutete deshalb gerade hinter den Klagen von Frauen andere Motive. Männliche Sexualität könne so anstrengend gar nicht sein, da »er« zwischendurch einiger Ruhephasen bedürfe, von denen auch »sie« profitiere. Die gesundheitliche Gefährdung wurde von Seiten der Medizin allein auf eine zu häufige Abfolge von Schwangerschaften limitiert. Pyl belegte seine Einschätzung mit seinen Beobachtungen an »Huren«. Diese würden schließlich selten schwanger,

> »entweder weil ihr Körper des Reizes der Wollust so gewohnt wird, daß nun in ihm derjenige Grad von angenehmer Empfindung nicht entstehen kann – den die Ärzte zum fruchtbaren Beischlaf für nothwendig ansehen – oder weil wegen des beständig durch die häufigen Beischläfe unterhaltenen Reizes in den Geschlechtstheilen, das was durch den einen gebauet worden, durch den andern sogleich wieder zerstört wird«.[113]

Die Beschwerden betroffener Frauen lassen allerdings auf andere Sorgen schließen. Die »Unersättlichkeit« des Mannes war meist mit Rücksichtslosigkeit bis hin zur brutalen Vergewaltigung verbunden. Die individuell empfundene Unerträglichkeit in der Binnenbeziehung der Ehe ging in der Argumentation stets mit sozialer Unverträglichkeit nach außen einher. Solche Ehemänner prügelten nicht nur bei Widerstand und nötigten ihre Frauen sexuell während der ökonomisch doch so bedeutsamen Arbeitszeit, sondern verlangten die Beiwohnung sogar auf öffentlichen Wegen, in sittenwidrigen Stellungen und während der Menstruation.[114]

---

111 *Ebenda*, S. 237. Pyl berichtet (242) unter Angabe der Quelle von einem Fall aus den 1690er Jahren, bei dem die sexuell unbefriedigte Frau abgewiesen und nach Verweigerung der Rückkehr zu ihrem Mann ins Gefängnis geworfen worden sei.
112 *Ebenda*, S. 239 ff.
113 *Ebenda*, S. 243.
114 Pyl zitiert den Fall eines Häuslerpaares ausführlich, den er als repräsentativ für viele ihm bekannte (Unterschichts-)Ehen erachtet, *ebenda*, S. 244 ff.

Eheliche Gewalt und sexuelle Überforderung allein genügten medizinischen Gutachtern nur in den seltensten Fällen. Die Frau eines Schuhmachergesellen verlangte z.B. bereits nach vierzehntägiger Ehe die Scheidung, da »die unmässige Länge und Dikke seines männlichen Gliedes« ihr unerträgliche Schmerzen bereite. Beide Partner wurden daraufhin untersucht. Der Arzt zeigte sich von der genitalen Ausstattung des Beklagten und seiner raschen Ejakulation zwar beeindruckt, betonte allerdings, daß sich die »noch sehr enge Jungfer« schon noch dehnen und somit daran gewöhnen würde. Auf die Schläge und Fußtritte des Zurückgewiesenen ging er nicht ein.[115] Eine nachweislich kränkelnde 30jährige Schuhmachersfrau nannte die »viehische Geilheit« ihres 56jährigen Mannes in siebenjähriger Ehe als Ursache für ihren schlechten Gesundheitszustand. Ihre Schilderungen beschrieben nach Ansicht des Arztes nur »seine Art sie zu befriedigen«, obwohl sie »allerhand Stellungen« als »widernatürlich« und bei ihr »jedesmal die heftigsten Schmerzen und übelsten Empfindungen ... einen heftigen drückenden Schmerz nach hinten zu in der Tiefe ... als ob ihr das Herz herausspringen wolle« auslösend beschrieb. Sie hatte ihren Mann, dessen tägliche Attacken noch zunahmen, seit er kaum noch Arbeit hatte, bereits ein Jahr zuvor nach einem Uterusvorfall verlassen und sich seitdem etwas erholt. Der Stadtphysikus wollte ihren Aussagen nicht folgen, da der Mann einen völlig gesunden Eindruck machte. Er sei wohl mit dem Penis an den Muttermund gestoßen, »weil er den Beischlaf gewöhnlich so oft ... vollzogen, daß er die Beine der Klägerin unter seine Arme genommen, sie um den Leib gefaßt und so das Membrum weit tiefer und mit weit mehr Force in ihre Theile gebracht hat«, daß sie »Zufälle« davontragen mußte. Sobald dieser »so saftvolle und höchstwollüstige Mann, an dessen genitalibus man schon sieht, welch ein starker Zufluß von Säften dahin und welche reichliche Absonderung von Saamen in ihnen vorgeht« seine »impetuöse Wuth« zügele und auf diese Praktik verzichte, würden sich auch ihre »epileptische[n] Zuckungen, Entzündungen und Blütflüsse« geben.[116] Eine Scheidung wurde von den Gutachtern trotz theoretischer Akzeptanz in keinem der vorliegenden Fälle angeraten. Wieder zeigt sich, wie sehr die Interpretation auch der dramatischsten Erzählung allein von den geschlechtsstereo-

---

115 *Pyl*, Aufsätze, 3. Slg., 2. Ab., 1785, Fall 2, S. 147–150.
116 *Ebenda*, Fall 1, S. 140–147.

typisch geprägten Überzeugungen der männlichen Gutachter abhing. Mitleid mit der einen oder anderen Partei führte hingegen bei zweifelhaften Geschichten zu einem positiven Bescheid, wenn das Verhalten der leidenden Seite der ehelichen Rollenvorstellung entsprach, das der anderen als monströs dargestellt wurde. Wurde mit den Geschlechterrollen gebrochen, führte dies zu extremen Polemiken, denen die Gerichte mit ihren Urteilen häufig entsprachen. Andererseits wurden Mediziner von Klagenden immer wieder mit völlig mysteriösen, weil psychischen Phänomenen konfrontiert: Ein 40jähriger Bauer hatte eine 44jährige Witwe geheiratet, mit der er nicht glücklich war. Er suchte den Kreisphysikus von sich aus auf, um diesem von einer »hitzigen Kranckheit« zu berichten, an der er vor 12 Jahren gelitten habe. Durch die darauf entstandenen »Geschwülste« habe er nicht einmal mehr nächtliche Pollutionen. Er bat um Scheidung, »massen sein männliches Glied mit dem Hoden ganz vertrocknet und eingekrümmet worden«. Der Physikus mußte jedoch verwundert feststellen, daß keinerlei Mißbildungen oder Schädigungen erkennbar waren und er den Mann daher nicht für impotent befinden konnte.[117] Nicht nur Ende des 17. Jahrhunderts konnten sich manche Männer die eigene Impotenz allein mit Magie erklären: Ein 39jähriger hatte bereits in der ersten Ehewoche für ihn ungewohnte Erektionsprobleme, sobald er sich seiner Frau näherte. Doch erst nach 12 Jahren wandte er sich 1681 hilfesuchend an die medizinische Fakultät in Halle und bat um Bestätigung seiner Selbstdiagnose sowie um Heilung, die er nur durch Gegenzauber, weil »durch böse Leute mir zugebracht« für möglich hielt.[118] Die Fakultät, die nichts feststellen konnte, schloß sich seiner Ansicht an, es handle sich tatsächlich um »incantation« – Verzauberung –, doch stellte sie fest, bei derlei übernatürlichen Ursachen liege eine Heilung nicht in ihrer Macht. Medizin und Magie lagen noch Ende des 17. Jahrhunderts nach allgemeiner Auffassung eng beieinander.

Erheblich komplizierter lag da schon 1713 der Fall eines Bauern, bei dem der Pfarrer auf Bitten der Familie zu vermitteln versuchte.[119] Zunächst hatte der Mann seine Frau im Verdacht, ihn mit dem Schwager zu betrügen. Die

---

117 *Gohl*, Medicina, 1735, Sec. II, XXXI, S. 354 f.
118 *Zittmann*, Medicina, 1706, Cent. III, XXXI/XXXIII, S. 675 f. und S. 679 f.
119 *Fritsch*, Geschichte, Bd. 1, 1730, Fall 5, S. 196–228. Der Pfarrer berief sich auf Paulus, als er den Bauern zu mehr sexuellem Engagement ermahnte.

Beschuldigte stritt nicht nur dieses ab, sondern klagte, ihr Mann habe sie in über acht Ehejahren »nicht mit einem Finger berührt«. Dies gab der so Gescholtene bald zu. Seine Mutter stellte ihn daraufhin zur Rede und berichtete dem Pfarrer von seinem Schlüsselerlebnis am Hochzeitstage: Es sei

> »da er die Braut aus ihres Vaters Hause geholet und sie nach der damaligen bösen Gewohnheit um die gemeine Linde herum gefahren sey, ihm eine solche Angst ankommen, daß er durchaus nicht gewußt bey der Braut zu bleiben. Und solche Angst habe sich allezeit wieder eingestellt, so oft er sich zu ihr nahen wollen. So gar, daß er zum öfftern wiederum aus dem Bette aufstehen und im Hoffe herum gehen müssen, frische Luft zu schöpffen: Ja, wenn er sich auf die Seite nach seinem Weibe geleget, sey es ihn den Rücken hinangelauffen und habe ihn gebissen wie lauter Ungeziefer, s. v. Läuse und Flöhe.«

Der Mann, vom Pfarrer daraufhin nochmals befragt, gestand diese Erlebnisse ein und ergänzte noch:

> »Und wenn die Obrigkeit ihn bedrohete, enthaupten zu lassen, könte er ihr doch nicht ehelich beywohnen. Es komme auch, wie es wolle. Und so das Ehe-Weib auf diese Art nicht bey ihm zu bleiben gedächte, müßte man es hoher Obrigkeit hinterbringen, damit eine Änderung getroffen würde.«

Er habe früher »einen ehelichen Trieb gefühlet, sonst er nicht würde geheiratet haben«.[120] Der Pfarrer sah sich zu diesem Zeitpunkt veranlaßt, die Geschichte der Obrigkeit zu melden, da er fürchtete, die 25jährige Bäuerin könne unter diesen Umständen durch ihre Jugend oder den »Satan« zu schweren Sünden verleitet werden. Sie hatte ihm immerhin mitgeteilt, sie wolle sich nicht länger zum Gespött der Leute machen »und könte auch ihrer Natur nach ausser Ehe ferner nicht leben und fleischliche Versuchung erdulden«. Die folgenden Monate vergingen trotz diverser Arztkonsultationen und Medikation, begleitet von frommem Gebet, ohne Erfolg. Der Bauer beschwerte sich sogar bei der Obrigkeit darüber, sie »begegnete ihm mit keiner Liebe, welches doch der Herr Doctor befohlen hätte«. Nach 15 weiteren Monaten stellte die Bäuerin einen offiziellen Scheidungsantrag. Immer wieder wurden die beiden vernommen. Der Bauer mußte zugeben, ihr keine konkreten Verfehlungen vorwerfen zu können, auch keine Besserung garantieren zu können, da er sich schon seit Jahren vergeblich in ärztlicher Behandlung befand. Schließlich war es die juristische Fakultät in Jena, die ein medizinisches Gutachten anforderte, um klären zu lassen, ob eine

---

120 *Ebenda*, S. 196 ff.

körperliche Ursache oder »Nestel-Knüpffen« vorlägen. Die Gutachter waren nun genötigt, sich das Erleben während der Beischlafsversuche genauestens schildern zu lassen. Der Bauer berichtete denn auch von »starckem Frost« und »Angst-Schweiß« in der Hochzeitsnacht. Niemals habe er versucht, sich ihr zu nähern. Beide hatten keine Zärtlichkeiten versucht, weil der/die andere auch keine Anstalten dazu gemacht hatte. Die Aussagen ähneln den anderen Impotenzfällen, in denen Männer sich schnell mit ihrer Schwäche abgefunden hatten. Dieser Bauer willigte schließlich in die Scheidung ein, bestand jedoch darauf zu beeiden, nicht von Natur impotent zu sein, sondern nur zufällig »durch Zauberey und böse Künste«. Auch er wollte sich wie seine Frau die Möglichkeit der Wiederverheiratung erhalten. Der Herausgeber fügte diesem ausführlich geschilderten Fall eine längere Erklärung zum Nestelknüpfen an, dessen verschiedenste Varianten dargestellt wurden. Dabei betonte Fritsch, daß gerade besonders »geile und ruchlose« Männer »von starcker Imagination« (Einbildungskraft) Opfer solcher Bezauberungen würden. Man könne sie leicht an ihrer Niedergeschlagenheit und Melancholie erkennen. Der Mediziner legte als Beweis seines modernen medizinischen Denkens großen Wert darauf, daß es sich hier nicht um einen Teufelspakt handele. Vielmehr spiele sich die Magie allein in Seele und Gemüt des Betroffenen ab, die sämtliche Körperbewegungen – auch die Erektion – steuere und so dessen »Phantasie turbire und derselben eine Idee von der Untüchtigkeit ... ein[ge]prägt« werde. Bereits die Angst vor Zauberei, das Wissen um magische Praktiken, könnten den Körper derartig »alteriren«. Der Arzt schlug demnach einen psychologischen Trick vor: Solche Männer könnten allein durch »Anti-Zeremonien«, von Aderlässen und Aphrodisiaka medizinisch unterstützt, von ihren Erektionsproblemen geheilt werden. Gegenzauber gegen den Teufel sowie Einschüchterung der Nestelknüpferinnen dürften allerdings ebenfalls nicht fehlen – sicherte sich der aufgeklärte Mediziner am Schluß lieber ab.[121] Mit solcher Kombination von moderner Psychologie und traditionellem Teufelsglauben befand sich ein Gutachter stets auf der sicheren Seite.

Magisches Denken hatte sich noch um die Wende zum 19. Jahrhundert in der Bevölkerung nicht verloren, wandte sich doch noch 1784 ein 46jähriger Berliner Bürger mit ähnlichem Verdacht gegenüber seiner Ehefrau an

---

121 *Ebenda*, S. 208 ff. und S. 217–227.

das Kriminalgericht und löste damit folgerichtig ein Untersuchungsverfahren aus.[122] (Der um Gutachtung ersuchte Stadtphysikus hielt die Ängste dieses »Schwärmers« immerhin noch für so verbreitet, daß er sich genötigt sah, seinen Lesern, den jungen Kollegen, Handhabungen für solche Fälle mit auf den Weg zu geben.) Aus den Schilderungen der Beteiligten geht hervor, daß die Ehefrau auf Anraten von Geschlechtsgenossinnen tatsächlich getragene Strümpfe und ein Hemd des Mannes zu einer Kartenlegerin gebracht hatte, »daß ihrem Mann, wenn er die Sachen anzöge, die Lust schon vergehen sollte«. Für Pyl war nach Besichtigung und mehreren Gesprächen mit dem Betroffenen klar, daß er »ein etwas simpler Mann ... von etwas schwärmerischer Einbildungskraft« war, dessen Angst in Verbindung mit der angeblichen Häßlichkeit seiner elf Jahre älteren Frau zur Impotenz hatte führen müssen, »bey einem jungen raschen Mädchen seine Natur ihm ihre Dienste [jedoch] nicht versagen wird«.

Gemütszustände waren also sowohl in der Selbstwahrnehmung der Betroffenen als auch nach medizinischer Erklärung eindeutig an gegenseitige Zu- beziehungsweise Abneigung und ästhetische Ansprüche gekoppelt. Solche »Seelenzustände« konnten »ein psychologisches Räthsel« für den medizinischen Gutachter bedeuten, der hier mit anatomischen Kenntnissen nicht weit kam und sich ganz auf die Gespräche mit den Beteiligten verlassen mußte.[123] Manchmal konnten für Außenstehende unbedeutende Ursachen schwerste emotionale Folgen zeitigen: »Mangel an Bedienung und Domestiken« hatte bei einer »nach Standeserhöhung strebenden jungen Frau« »Anfälle von Melancholie« ausgelöst. Wiederverheiratung war »der große und stete Gedanke, der vor ihrer Seele schwebt[e]«. Dieses Sehnen führte zu regelrechter Verstandesverwirrung, die sich in derartig »gegen die Sittsamkeit ihres Geschlechts anstößigen Demarchen« äußerte, daß sie der Verfasser nicht wiedergeben mochte.[124] In einem anderen Fall beschuldigte eine Bäuerin ihren Mann nach fünfjähriger Ehe, »wahnsinnig und so rasend«

---

122 *Pyl*, Aufsätze, 3. Slg., 2. Ab., 1785, Fall 10, S. 186–195. Dem Physikus war die Frau schon nach einem 30minütigen Gespräch extrem unsympathisch, denn sie war »in höchstem Grade zänkisch, widersprechend, mißtrauisch, eifersüchtig« und schob die unleugbare Schwäche ihres Mannes kurzerhand auf seinen »in venere & bacho« ausschweifenden Lebenswandel.
123 Dies beklagte *Metzger*, Annalen, Bd. 1, 2. St., 1790, III.2., Fall 1, S. 128.
124 *Ebenda*, S. 128–131.

geworden zu sein, »daß sie von ihm schon einigemal grausam mishandelt und fast todtgeschlagen worden« sei.[125] Ob sie diesen Weg einschlug, um ihre Chancen auf eine Scheidung zu erhöhen, oder ob sie sich die plötzliche Verhaltensänderung ihres Mannes nicht anders erklären konnte, ist nicht genau zu entscheiden. Da aber die Trennung von Tisch und Bett wegen übertriebener eheherrlicher Gewaltausübung durchaus möglich war, erscheint Psychopathologisierung als reine Strategie eher unwahrscheinlich. Das Ehegericht sah sich aufgrund ihrer Argumentation jedenfalls genötigt, einen ärztlichen Gutachter zuzuziehen. Dieser versuchte zunächst die Zurechnungsfähigkeit zu testen. Nach diversen Gesprächen »über den Feldbau und die Erziehung seiner Kinder« und der (Selbst-)Bestätigung eines normalen Eß-, Schlaf-, Pollutions- und Verdauungsverhaltens, stufte der Physikus den 34jährigen als »ganz vernünftig« ein. Dem widersprach freilich die Aussage eines Untermieters, der dem Arzt berichtete, der Beschuldigte verdrehe »zu periodischen Viertelstunden« die Augen, stehe still und starr und rufe dabei »Ja! Ich komme«, erinnere sich anschließend jedoch an nichts. Weil der Bauer sonst jedoch seinem (cholerischen) Temperament entsprechend als durchschnittlich reizbar galt, auch Eltern und Geschwister nicht besonders auffällig geworden waren, tippte der Mediziner auf »moralische Ursachen« für die ehelichen Gewaltausbrüche, empfahl gerade deshalb die Trennung von der Frau, um neuerliche »starcke Anfälle von Raserey ... und höchst gefährliche Streiche« zu vermeiden.

Wie bereits beim Thema Impotenz angerissen, zogen persönliche Animositäten nicht nur bei Gewaltausübung gesundheitliche Folgen nach sich. Frauen und Zeuginnen beschrieben körperliche Veränderungen durch Ekel und Angst vor dem Partner in eindringlichen Worten. Da war die Rede von Schweißausbrüchen, Krämpfen, Toben, Appetitlosigkeit, verzweifelten Gebeten, Melancholie, »Ohnmachten«, »Herzens-Angst«, »Zittern an Händen und Füssen«. Körperliches Mißbehagen wurde zudem als befremdliches Innenleben wahrgenommen. (»Auch hat man in der Seite etwas verspühret als ob es auf und nieder kröche.«[126])

---

125 *Schweickhard*, Beobachtungen, Bd. 2, 1789, XXXIX, S. 418 ff.
126 Vgl. *Fritsch*, Geschichte, Bd. 2, 1731, Fall 1, »Scheidung wegen Ungleichheit der Gemüther«, S. 397–431. In seiner ausführlichen Anmerkung setzte sich der Verfasser mit den verschiedenen Temperamenten und ihren geeigneten wie ungeeigneten ehelichen Kombinationen auseinander.

Derartig »besonderes Grausen und Abscheu« konnte auch durch Erlebnisse beim Verkehr erst ausgelöst werden: Eine 59jährige, die nur zehn Wochen mit ihrem neuen Mann gelebt hatte, rechtfertigte ihre Verweigerung der ehelichen Pflicht mit extremen Schmerzen.

»Woher diese kommen, könne sie nicht wissen. Doch meyne sie, es möge ihr die Lieb genommen worden seyn. Auf die erste mit diesen ihren Mann gepflogene Beywohnung seye ihr der Leib aufgeschwollen als ob sie schwanger wäre, daß sie auch deswegen ein Tuch um dem Leib binden müssen. Nach und nach aber habe sich dieses Aufschwellen wieder verlohren und mit diesem habe auch die Lieb gegen ihren Mann dergestalten abgenommen, daß sie auf die weiter erfolgte eheliche Beywohnung so wohl in – als absonderlich nach derselben, grose unerträgliche Schmerzen empfunden. Auch von solcher Zeit an eine so erschreckliche Furcht und Herzens-Bangigkeit gegen ihren Mann bekommen, daß, wann er die eheliche Pflicht an sie begehret, ihr nicht anders gewesen als wenn er ihr mit einem Messer in das Herz steche. So bald sie ihn von solcher Zeit an nur reden hören, habe sie nicht anders geglaubet als wenn er mit einem Schwerdt auf sie loß – und es ihr ans Leben gienge. Dahero sie oft gemeinet, sie müsse sich selbst ums Leben bringen.«[127]

Um »in ihren alten Tagen in Ruhe« und ohne Angst leben zu können, bestand sie auf Scheidung, obwohl Pfarrer wie Konsistorium ihr »nochmalen auf das Schärfste ins Gewissen« redeten. Schon in erster Ehe habe ihr der Sex Schmerzen bereitet, weil ihr beide Kinder »aus dem Leib gerissen worden«, doch habe der Verstorbene sie in sexueller Hinsicht »geschonet«. Ein Gutachter des Onolzbacher Medizinalkollegiums konnte anhand der Akten keine physischen Ursachen eruieren, forderte Details über die angewandten Sexualpraktiken, Angaben zur Form seines Penisses und ihrer Klitoris sowie eine genauere Beschreibung ihrer Schmerzen. Vielleicht habe er schlechten Samen, vielleicht habe aber eine alte Frau wie sie auch nur »ihre Hitze … verloren«.

Die Verweigerung des Beischlafes war auf beiden Seiten durchaus verbreitet. Frauen wie Männer lehnten sich bei Überschreitung ihrer Leidensgrenze gegen das monotheistische Gebot der »ehelichen Pflicht« auf und

---

127 *Hasenest*, Richter, Bd. 3, 1757, III, S. 23 f. Der Mann hatte die Scheidung beantragt, nachdem sie ihn bereits ein Jahr verlassen hatte, »massen er bey seinen dermaligen Leibeskräften sich nicht überwinden könne, ausser der Ehe keusch und züchtig zu leben, sondern befürchte er möge im Wittwer-Standt zu fleischlichen Sünden angereizet werden und dadurch vor GOTT und der Obrigkeit in schwere Straf verfallen«, deshalb möge man ihm auch eine baldige Wiederverheiratung gestatten.

hielten diesen Widerstand auch gegen starken öffentlichen Druck bei, so daß die Behörden diese Eheauflösung legitimieren mußten, wollten sie ihr Gesicht als Machtinstanzen wahren.[128]

Gegen Ende des 18. Jahrhunderts bedienten sich scheidungswillige Frauen sogar selbst des neuen Mittels der Gemütszustandsgutachtung, um sich von einem Arzt ihre Gefährdung bescheinigen zu lassen. Die Frau eines Lederbereiters war 1786 längst zu ihren Eltern zurückgekehrt und beantragte von dort aus die Scheidung, da sie wegen »Nervenschwäche« die Werkstattgerüche nicht ertragen könne. Der Brieger Stadtphysikus bestätigte anstandslos die Gefahr von »Convulsionen«.[129] Der Königsberger Professor Metzger stellte in zweiter Instanz das entscheidende Gutachten aus, in welchem er der Klägerin zustimmte, daß sie in ihrer »unglücklichen Ehe« bald »in eine völlige religiöse Melancholie zu versinken« drohe. Symptome seien »starke Beklemmungen der Brust, Herzensangst, bange Besorgnisse über die Zukunft« und Zweifel »an ihrer künftigen Seeligkeit«, wozu auch »das venerische Gift«, womit ihr Mann sie infiziert habe, beitrage.[130] Obwohl sich Metzger dabei allein auf die tränenreichen Beteuerungen der Frau verließ und keinerlei Untersuchungen vornahm, wurden seine Argumente als einzig beweiskräftige akzeptiert, alle anderen als »wahrscheinlich«, aber »nicht erwiesen« abgelehnt.

Der selbstbeantragten Gutachtung der 33jährigen Frau eines Berliner Posamentiermeisters war 1785 ein zwiespältiger Erfolg beschieden.[131] Der sie in Gegenwart ihres Mannes befragende Stadtphysikus bemerkte schon bei seiner Ankunft unangemessenes Verhalten. So war die Frau – obwohl bei der Hausarbeit – »unangekleidet«, zitterte, hatte »in den Augen eine besondere Röthe und etwas trübes im Blick«. Anfangs berichtete sie noch »gelassen« über ihre Herkunft, ihre Menstruationsbeschwerden und ihr von jeher stilles, kränkliches, zu »traurigen Gedanken aufgelegt[es]« Wesen. Sie habe nur geheiratet, weil alle ihr aus gesundheitlichen Gründen dazu geraten hatten. Durch die schlechte Ehe mit ihrem lieblosen Mann habe sich ihr Zustand so sehr verschlimmert,

---

128 Vgl. dazu auch *Rublack*, Magd, 1998, S. 305 f.
129 Gutachten des Dr. Glownig, in: *Pyl*, Aufsätze, 5. Slg., 2 Ab., 1787, Fall 12.
130 Metzger, in: *Pyl*, Aufsätze, 6. Slg., 3. Ab., 1789, Fall 12.
131 *Pyl*, Aufsätze, 4. Slg., 3. Ab., 1786, Fall 8. Ein Posamentierer stellte verzierte Borten an Textilien her.

»daß sie vor Angst, Unruhe und Traurigkeit oft nicht wisse, wohin sie sich wenden oder was sie thun solle. Sie fände es deswegen notwendig sich von ihm zu trennen, da sie doch keine Änderung in seinem Betragen gegen sie absähe und darunter an Leib und Seele zu sehr litte.«

Als sich der Mann in das Gespräch einmischte, ereiferte sie sich zusehends, so daß Pyl zu dem abschließenden Urteil kam, sie litte »an einer besonderen Schwäche des Verstandes«, die auf »verkehrte Religionsbegriffe« und »verschmähte Liebe« zurückzuführen sei, so daß sie »dieserhalb eines rechtlichen Beystandes zur Führung ihres [Scheidungs-]Prozesses höchstbenöthiget sey«. Der Versuch dieser Frau, ihr seelisches Leid nutzbringend in die Waagschale zu werfen, wandte sich damit letztlich gegen sie. Zwar war ihr Scheidungsgesuch noch nicht gescheitert, aber sie fand sich plötzlich entmündigt wieder.

Sobald das Gemüt ins Spiel kam, barg dies unabschätzbare Risiken. So wundert es nicht, wenn nur wenige Frauen versuchten, diesen Weg einzuschlagen. Männer, die als psychisch stabiler galten, konnten nach zeitgenössischer Logik seelische Probleme nur mit sexueller Frustration begründen, ohne Gefahr zu laufen, in einem Scheidungsverfahren medizinisch effeminisiert und damit mental entmündigt zu werden.

Die meisten Klagen, mit denen sich Ärzte zu befassen hatten, wurden ohnehin von bereits getrennt lebenden Paaren vorgebracht. Eine pragmatische Haltung schien aufgeklärteren Geistern gegenüber gescheiterten Ehen oder Verlöbnissen entgegen den Vorschriften vieler Kirchenordnungen aus bevölkerungspolitischen Gründen angemessen. Ärzte befürchteten zusätzlich psychosomatische und lebensbedrohliche Folgeprobleme, erzwang man die Fortdauer einer solchen Verbindung.

Hochzeit mit Hindernissen

Nicht nur Scheidungsverfahren bargen ihre Tücken für die Beteiligten, schon Heiratspläne konnten – abgesehen von den ökonomisch motivierten Heiratsbeschränkungen – aus medizinischen Gründen gegen den Willen eines oder beider Beteiligten durchkreuzt werden. Fälle, in denen sich Privatpersonen oder Kirchengerichte zur Klärung gesundheitlich strittiger Paarungsfragen an Stadt- und Kreisärzte wandten, scheinen sehr selten gewesen zu sein und nur durch die Hartnäckigkeit von Braut oder Bräutigam Eingang in Aktenvorgänge gefunden zu haben. Ein sehr früher Fall ist aus dem Jahr 1654 überliefert: Einem Studenten kam gerüchteweise zu Ohren, seine Verlobte sei so »manisch« geworden, »daß man sie mit Ketten binden müssen. Wäre auch einmahl loßkommen, hätte sich ganz unverschämt entblösset und in allem gleich einem tollen unsinnigen Menschen angestellet.« Der Mann befürchtete eine Erbkrankheit, da schon ihr Vater Suizid begangen habe und ein Bruder melancholisch sei, weil der sein Studium abgebrochen habe und nur noch Musik mache. Der Gutachter bestätigte diesen Verdacht und attestierte der Frau große Rückfallgefahr, da die Menstruation Frauen generell anfälliger mache.[132]

Auch wird von einer jungen Frau berichtet, die 1706 »wider willen einen Menschen heyrathen [sollte], den sie gar nicht um sich leiden noch vor Augen sehen kunte« und deshalb nachweislich an »Melancholia hysterica« erkrankt war.[133] Der Physikus bescheinigte ihr vom Kummer ausgelöste Menstruationsprobleme, die den gesamten Säftehaushalt zunehmend »turbirten«. »Deswegen sie öffte ganz tumm im Haupte ist. Dabey wird ihr das Hertze so schwer, daß sie zu solcher Zeit nur in grossen Ängsten und Betrübniß sitzet, weinet und nicht weiß, was ihr ist und fehlet.«

Einem jungen Mädchen war es nur auf diese Weise möglich, gegen den Willen der Familien und des Verlobten eine Ehe zu verhindern. Auch die umgekehrte Strategie kam vor: Sicher nicht zufällig war es die Mutter und nicht der Vater einer 14jährigen Adeligen, die als körperkompetente Informantin fungierte und ihre Einwilligung von einem ärztlichen Gutachten abhängig machte, bevor sie dem Drängen ihrer Tochter nachgab, welche einen Leutnant heiraten wollte. Das Oberkonsistorium beauftragte den Physikus mit der Beurteilung der Heiratsfähigkeit des Mädchens. Der Arzt durfte sie nur im bekleideten Zustand besichtigen und war daher weitgehend auf Aussagen der Mutter angewiesen. Seine schwärmerische Beschreibung des für ihn unsichtbaren Körpers der Braut bedient sämtliche Vorstellungen, die sich Männer von noch »unberührten« jungen Mädchen zu machen pflegten: der »fleischige Körper«, die »blühende Gesundheit«, der schöne wohl-

---

132 *Ammann*, Medicina, 1670, LXIV. Bleibt die Frage, warum diese Informationen erst nach der Verlobung bekannt geworden sein sollen.
133 *Richter*, Digestia, 1731, Dec. V, II.

proportionierte Wuchs, weshalb sie »einmal als Mutter sich der besten Aussichten zu erfreuen hat«. Der sich zart wölbende Busen, den sie glücklicherweise nicht schnürte, sondern »der lieben Mode gemäß in ihrem Anzuge nicht eben zu sorgfältig zu verstecken nöthig hat«, begeisterte den Gutachter. Zwar menstruiere sie noch nicht und der Schamhaarbewuchs sei noch gering, weshalb die Mutter gegen die frühe Eheschließung war. Doch der Mediziner legte andere Kriterien für Geschlechtsreife zugrunde:

> »Weil sich ihre Schenkel schon so sichtbar erweitern und von einander entfernen, ... bey ihr der Geschlechtstrieb sich regt, so daß sie mit ganzer Seele ihren Bräutigam liebt, ganz als ein erwachsenes Mädchen mit ihrem Geliebten zu schäkern und zu tändeln versteht«

stünde einer Heirat nichts im Wege. Das Menstruationsblut würde noch zur physischen Entwicklung benötigt. Mäßiger Geschlechtsverkehr befördere das Einsetzen der Regel, ein Eheverbot könnte die Blutung sogar unterdrücken und »die so blühende Gesundheit des Mädchens nur ruinieren«.[134] Wie immer war die Fortpflanzungsfähigkeit das entscheidende Kriterium, hier sogar noch vor der Erreichung des dafür nötigen Entwicklungsstadiums.

In anderen Fällen stand aus gleichem Grund die Gesundheit der Beteiligten und damit die Frage nach behinderten Kindern im Vordergrund: Ein 24jähriger bekam neuerdings epileptische Anfälle und führte diese selbst auf »schleunige und heftige Alteration und ... Kummer darüber [zurück], daß man ihn die D. welche er sehr liebte und von der er gewiß wüßte, daß sie ihn glücklich machen würde, nicht wolle heyrathen lassen«.[135] Der junge Mann lag nur noch »unzufrieden, mißmuthig und oft so unruhig« im Bett, »daß er vor Angst nicht wisse, wo er hin solle«. Der Gutachter bemerkte auch an seinem Blick »etwas starres und scheues«. Da Epilepsie und Beischlaf als verschiedene Formen von Krämpfen physiologisch eng zusammenhingen, stellte die Verweigerung der Heiratsgenehmigung auch in diesem Fall eine gesundheitliche Bedrohung dar. Männer waren besonders gefährdet, da »Vollblütigkeit, Enthaltsamkeit in der Liebe, heftige Sehnsucht nach dem Ehstande« in Krankheit münden mußten. Andererseits konnte bei einem geborenen Epileptiker gerade der Geschlechtsverkehr ei-

---

134 Der Bräutigam versprach, »die Freuden des Ehestandes nur mäßig, das heißt nach der alten bekannten Ehestandsregel die Woche zwier zu genießen ...«.
135 *Pyl*, Aufsätze, 1. Slg., 1783, Fall 25.

nen Anfall erst auslösen, dessen Anblick Kinder oder die eigene, vielleicht schwangere Frau durch »Imagination« zusätzlich gefährdeten.¹³⁶ In diesem Fall war die Epilepsie durch den Entzug des Liebesobjektes erst entstanden, so daß eine Heirat zur Genesung zwingend war. Eine 29jährige, die wegen Epilepsie und Geistesschwäche in die Berliner Charité eingewiesen worden war und heiraten wollte, weil sie schwanger sei, wurde nach ähnlichen Gesichtspunkten beurteilt.¹³⁷ Der Gutachter beschrieb sie zwar als »blöden Ansehens«, doch dürfte nach glücklicher Schwangerschaft und Entbindung, die unter Beobachtung in der Charité stattfinden sollte, einer Heirat mit dem Bäckermeister, mit dem sie »sehr glücklich zu werden« hoffte, nichts mehr im Wege stehen. Die von der Insassin selbst eingestandene Geistesschwäche und »immer anklebende Schüchternheit, welche sie nur zu oft hindere, ihre Herzensmeinung so recht nach Wunsch andern und fremden Leuten erklären zu dürfen«, die sie der schlechten Behandlung durch ihre Stiefmutter zuschrieb, sah Pyl nicht als Hinderungsgrund, da »große Dummheit« noch lange kein »Blödsinn« sei.

In einem anderen juristisch eindeutigen Fall kapitulierte die Obrigkeit ausnahmsweise nicht nur vor dem medizinischen Urteil, sondern vor allem vor der Hartnäckigkeit des Liebespaares: Der 45jährige Schneider Barthold E., der nur mit Oberschenkelstummeln und auch einem verstümmelten rechten Arm geboren worden war, und die 38jährige Marie Katharine G., die seit zwei Jahren zusammenlebten, wollten heiraten. Der Pfarrer weigerte sich, Aufgebot und Trauung ohne Rückendeckung durch das Konsistorium vorzunehmen, welches sich durch mehrere medizinische Gutachten Klarheit verschaffen wollte.¹³⁸ Die Recherche des Physikus konzentrierte sich erfolglos auf mögliche Erbkrankheiten in der Familie, auch der Mann

---

136 Zur sog. Einbildung vgl. das Kapitel »Heimlichkeiten der frechen Frauenzimmer« in dieser Arbeit.
137 *Pyl*, Aufsätze, 6. Slg., 3. Ab., 1789, Fall 2.
138 *Roose*, Beiträge, Bd. 2, 1802, Fall 3. Im Staatsarchiv Wolfenbüttel ist über diesen Schneider eine dünne Akte überliefert, weil er, Jahre nach seiner Heirat doch verarmt, sich entschloß, seinen Körper schon zu Lebzeiten der Anatomie zu verkaufen, um seine Familie nach seinem Ableben ökonomisch abgesichert zu wissen. Die medizinische Fakultät von Braunschweig war an dem mißgebildeten Körper sehr interessiert, lehnte aber aus Kostengründen ab, da sich die gesamte Familie bester Gesundheit erfreue und der Mann bis zu seinem Tode noch viele für die Universität später kostspielige Kinder zeugen könne. Für diesen Hinweis danke ich Karin Stukenbrock.

selbst erfreute sich blühender Gesundheit und hatte es trotz seiner Behinderung gelernt, »Treppen und Leitern« hinaufzusteigen, hatte sich selbst Schreiben und Nähen beigebracht, so daß er sich unabhängig vom Armenwesen ernähren konnte. Im Gespräch überzeugte er den Arzt davon, daß er aufgrund seines starken Sexualtriebes und seiner gesunden Geschlechtsorgane gezwungen sei, seine Bedürfnisse auszuleben, die ihn sonst durch nächtliche Pollutionen quälen würden. Nachfrage bei der Braut ergab,

> »daß unter allen ihren Liebhabern (deren sie schon neun gehabt) keiner ihre Lüste in dem Maße befriediget habe als dieser. Seine Verunstaltung hindere ... auf keine Weise den Beischlaf, den er ohne ihre besondere Beihülfe ausüben könne. Sowohl während des Beischlafs als nach demselben habe sie durchaus nicht Arg daraus, ob er ein vollkommen gestalteter Mensch sei oder nicht. Sie sei gesonnen ihn zu heirathen und durch jedes Hinderniß, daß man dieser Heirath in den Weg lege werde er ihr nur lieber.«

Da die Ursachen für die Behinderung des Bräutigams eindeutig in einer Imagination zu finden waren, mußte die Braut diesen zentralen Einwand entkräften.[139] Sie hatte nämlich bereits einen behinderten Abort im fünften Monat entbunden, dessen Beschädigung sie allerdings auf »das häufige Besehen und Einpacken« zurückführen wollte, obwohl man dem inzwischen als Mißgeburt konservierten Fötus die natürliche und mit physikalischen Ursachen erklärten Mißbildungen zweifelsfrei ansehen konnte. Trotz dieser extrem ungünstigen Ausgangslage schaffte es dieses Paar durch Fürsprache des Braunschweiger Medizinalkollegiums eine Heiratsgenehmigung zu erhalten. Ihnen kam gerade ihre ärmliche Herkunft und der in den Augen der bürgerlichen Gutachter schlechte Ruf der Frau zustatten. War doch die Braut »keineswegs eine Person von zarten, leicht zu heftiger Thätigkeit auf-

---

139 Der 76jährige Vater soll berichtet haben, er und seine Frau seien nach ihrer Heirat von Dienstkollegen auf dem Hof immer geneckt worden. Er habe auf die ständigen Fragen, ob er sie schon geschwängert habe, stets geantwortet: »Kopf und Rumpf seien fertig. Er wolle nun bei den Armen und Beinen anfangen.« »Durch diese unanständige Gespräche [sei] die Einbildungskraft der schwangern Mutter rege geworden und dadurch, daß sie sich lebhaft eine solche Verunstaltung ohne Arme und Beine vorgestellt habe, [sei] dieser verstümmelte Mensch entstanden.« Das Braunschweiger Obersanitätskollegium hielt solche Imaginatio in zweiter Instanz für unwahrscheinlich, weil »gerade diese Art von unanständiger Witzelei unter dem großen Haufen so gewöhnlich ist, daß man einerseits einen so lebhaften Eindruck davon auf E.'s Mutter nicht erwarten sollte« und andererseits derartige Mißbildungen viel häufiger auftreten müßten.

zuregenden Nerven und von lebhafter Einbildungskraft, da sie vielmehr als eine schamlose Dirne, deren ganzes Empfindungsvermögen durch Lüderlichkeit abgestumpft ist, erscheint«. So war eine Gefährdung künftiger Föten durch imaginativen Ekel ausgeschlossen, auch brauchte der Behinderte »im Alter eine pflegende Gehülfinn«, die die Armenkasse entlasten würde. Und nicht zuletzt würde ein Verbot diese »zur Wollust geneigten« Personen nicht vom Beischlaf abhalten, der Mann sich zur Not eine andere »feile Dirne« suchen. Diese pragmatische Einschätzung der Lage bestätigte sich, denn zum Zeitpunkt der Publikation war das nun legalisierte Ehepaar bereits Eltern »eines wohlgestalteten Kindes« geworden.

Auch in diesen Gutachten zur Ehetauglichkeit stand also neben den körperlichen Fragen immer die Einschätzung der gegenwärtigen und zukünftigen Sittlichkeit der Beteiligten im Zentrum. Die Ärzte sahen sich durchaus neben den Pfarrern als Hüter einer sexuellen »Psychohygiene«, da die Ehe die Keimzelle des Staatswesens darstellte. Aufgrund der Vielfalt der individuellen Wahrnehmungen, deren Interpretation stark vom Grad der Identifikation der Gutachter mit dem betroffenen Mann und von stereotypen Vorstellungen von Weiblichkeit und weiblicher Sexualität abhing, läßt sich abschließend feststellen, daß es häufig die moralische Entrüstung oder aber Mitleid mit einer der beiden Parteien war, die eine ärztliche Beurteilung ausmachten, da anatomische oder gesundheitliche Ursachen bei diesem psychosomatisch hochsensiblen Thema der sexuellen Leistungsfähigkeit beider Geschlechter nur selten zweifelsfrei nachweisbar waren. Von pauschaler Männersolidarität oder Misogynie kann nicht ausgegangen werden, da die zugrundeliegenden Geschlechterstereotypen den Parteien je nach Situation zum Nutzen oder Schaden ausschlagen konnten. Auch die Selbstwahrnehmung von Frauen und Männern läßt sich nicht in schlichten Dichotomien greifen. Das gesamte Spektrum von physischen, psychischen und psychosomatischen Argumentationsketten läßt sich finden. Dabei fällt auf, daß die überwiegende Mehrheit der Beschwerden von Frauen erhoben wurden und die meisten Männer solche Vorwürfe nicht ableugneten, sondern höchstens versuchten, sie in ein anderes Licht zu setzen. Hierbei offenbarten sich konträre Auffassungen von ehelicher Pflichterfüllung ebenso wie ein erstaunliches Widerstandspotential von Ehefrauen gegenüber ungewollten Sexualkontakten. Diesen Widerstand versuchten nur wenige Männer mit Gewalt zu brechen. Daß sie dies gegenüber männlichen Gutachtern und weiteren männlichen Zuhörern so freimütig gestanden, stellt bisherige Ansichten über frühneuzeitliche »Derbheit« als Teil von »Männlichkeit« in Frage und läßt gerade Aussagen in bezug auf das angeblich natürlich-aggressive sexuelle Werbeverhalten in einem anderen Licht erscheinen.[140] Gleichzeitig betonten überraschend viele Ehepaare, welch großen Wert sie grundsätzlich auf sexuelle Lust und emotionale Zuwendung legten, wobei auch gelegentlich die Mißachtung gesellschaftlicher Tabus bezüglich sittlicher Sexualpraktiken durchschimmerte. Noch um 1800 war die in den Äußerungen der akademischen Gutachter schon deutliche Lustfeindlichkeit und Angst vor den sich Vernunft und rationaler Kontrolle entziehenden körperlichen Leidenschaften also nur die eine Seite der Medaille. Frauen und Männer unterbürgerlicher Schichten hatten individuelle emotionale Ansprüche, die sie auch vor obrigkeitlichen Kontrollinstanzen nicht nur äußerten, sondern im Glauben an ihre soziale Berechtigung offen einforderten.

Deutlich wird, daß Frauen weniger bereit waren, sich in unglücklichen Ehen mit dem Status quo abzufinden, während Männer zwar auch Frustration über Streit, Gewalt und mangelnde Zärtlichkeit äußerten, sich aber als physisch oft und sozial stets überlegenes Geschlecht in der besseren Position befanden und wenigstens formal bereit waren, in der gescheiterten Ehe zu verharren. Dennoch wagten es mindestens bäuerliche und Handwerkerfrauen entgegen der christlich-traditionellen reinen Zweckgebundenheit der Ehe immer noch, im Ehebett *und* vor den akademischen Gutachtern das Recht auf sexuellen Genuß und nicht nur Pflichterfüllung einzufordern.

---

140 Vgl. dazu das Kapitel »Notzucht« in dieser Arbeit.

Heimlichkeiten der frechen Frauenzimmer in foro criminali

Von der Erzeugung des Menschen und sonderbaren Schwangerschaften

Von den Voraussetzungen für die Zeugung nun zu den Rätseln um dieses Wunder selbst. War die Ehefrau nicht nur hauptverantwortlich für den oft steinigen Weg bis zur erfolgreichen ehelichen Beiwohnung, hatte sie noch größere Bedeutung für das, was sich danach in ihrem Innern abspielte. Das (männliche) 18. Jahrhundert – im Zuge der Aufklärung gerade bemüht, Licht ins Dunkel des (potentiell) gebärenden Geschlechtes zu bringen – war mit dem Aufschwung der Anthropologie dabei, sich eine weibliche »Sonderanthropologie« zu konstruieren, die sogar weibliche und männliche Knochen zu unterscheiden wußte.[1] Hierbei spielte die Medizin die wegbereitende Rolle.[2] Das Mysterium der Schwangerschaft – und damit das mögliche Wissen einer Frau um den eigenen Zustand – stand aus vielfältigen Gründen im Zentrum ärztlicher Ermittlungen. Oft mußten der Nachweis der strafbaren Verheimlichung der Schwangerschaft und eventuell sogar eines im Anschluß daran vermuteten Kindsmordes im Gegensatz zu einer tatsächlichen Totgeburt erbracht werden. Eine Abtreibung mußte von einem natürlichen Abort unterschieden, Erklärungen für die ausgebliebene Menstruation, den Abgang einer Mola (eines »bösen Muttergewächses«)

---

1 Vgl. *Honegger*, Ordnung, 1991, besonders S. 107–199; *Stolzenberg-Bader*, Schwäche, 1989, und *Schiebinger*, Body, 1993. Zur Konstruktion der weiblichen Anatomie bis hin zu einem weiblichen Normskelett vgl. *Schiebinger*, Geister, 1993, Kap. 6 und 7.

2 Vgl. *Schiebinger*, Geister, 1993, Kap. 8. *Simon*, Heilige, 1993, vor allem Kap. 2, wies bereits auf die Vorarbeiten des medizinisch-theologischen Diskurses des (reformierten) 16. Jahrhunderts hin, der aus der Hexe die Hysterikerin und aus der unreinen Gebärenden die hilfsbedürftige Mutter machte, sich aber in der Praxis noch nicht durchsetzen konnte.

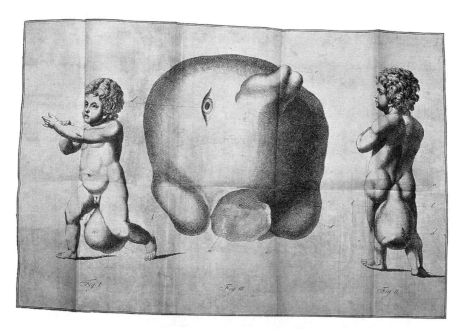

Abb. 8: Knabe mit Gewächs, aus: *Johann Christian Stark*, Neues Archiv für die Geburtshülfe, Frauenzimmer und Kinderkrankheiten mit Hinsicht auf die Physiologie, Diätetik und Chirurgie, Bd. 1, 2. Stück, Jena 1799.

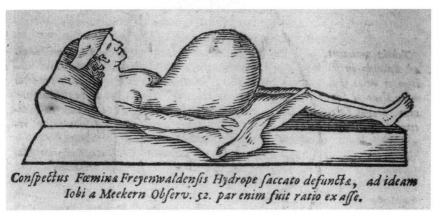

Abb. 9: Frau mit einer verdächtigen Geschwulst; aus: *Johannes Daniel Gohl*, Medicina practica clinica et forensis sive collectio casum rarorum ac notabiliorum medico-clinicorum, chirurgicorum ac forensium, Leipzig 1735.

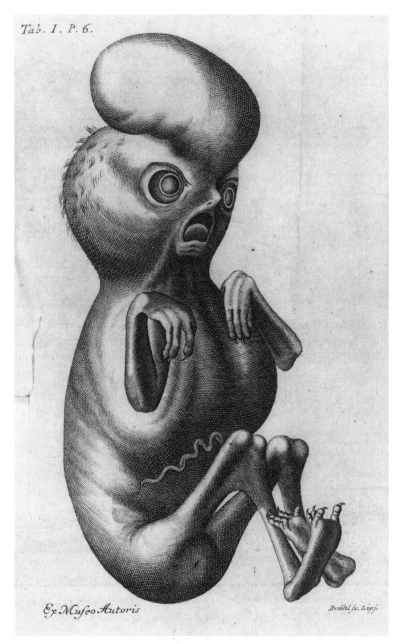

Abb. 10: Monstrum; aus: *Johann Ernst Hebenstreit*, Anthropologia forensis, Leipzig 1753, 2. Auflage.

oder die Ursache für eine »Mißgeburt« gefunden werden. So kam eine Frau entweder von selbst bei einem Arzt um Rat ein, oder sie war in die Mühlen der Justiz geraten, sei es, weil sie selbst geklagt hatte oder weil sie öffentlich verdächtigt worden war.

Bedingung für ein Wissen um die eigene Schwangerschaft war in jedem Fall die Existenz eindeutig sichtbarer und spürbarer Zeichen. Im 18. Jahrhundert war eine Frau dabei ganz auf sich selbst gestellt, auch wenn sie sich mit mißtrauischen Fragen aus ihrer – zumeist weiblichen – Umgebung auseinandersetzen mußte. Sie allein entschied, ob sie sich schwanger fühlte oder nicht und konnte gegenüber Hebammen und Ärzten auf ihrer Meinung beharren, während heute schon früh durch einen Schwangerschaftstest eine Definition zuerst von außen vorgenommen wird, die die Selbstwahrnehmung dann in die »richtige« Richtung lenkt.[3] Wie schon aus den Scheidungsverfahren vertraut, war auch hier die Einschätzung primär vom sozialen Status einer Frau abhängig. Dieser war nicht auf die Ehe bezogen, sondern auf den allgemeinen Lebenswandel, d. h. den Leumund. Dabei läßt sich eine klare Klassenjustiz beobachten. Zwei typische Beispiele zeigen die unterschiedlichen Konsequenzen auf, die sich daraus zwangsläufig ergaben. Ende September 1783 wurde der Berliner Stadtphysikus Pyl vom Kriminalgericht beauftragt, eine 16jährige Arrestantin, die wegen Diebstahls im Arbeitshaus einsaß, auf Schwangerschaft hin zu untersuchen. In gleicher Sache wurde ihm vom Gericht ein versiegeltes Glas mit einem zweifelhaften Abtreibungsmittel zur Analyse zugesandt.[4] Die Flüssigkeit, eine Mischung aus Salpeter- und Salzsäure, könne in dieser starken Verdünnung keinerlei Schaden anrichten, befand der Physikus. Bei Befragung durch den Mediziner gab die Verdächtigte Beischlaf zu.

> »Gleich darauf sei ihr die bald erwartete monatliche Reinigung ausgeblieben, auch drey mahlen nicht wieder zum Vorschein gekommen. Hieraus und aus dem Zunehmen des Unterleibes, Strammwerden der Brüste und öftern Übelkeiten, da sie übrigens nicht krank gewesen, habe sie geschlossen, daß sie schwanger sey.«

---

3 Siehe hierzu *Duden*, Frauenleib, 1991, die sich ausführlich mit der externen Konstruktion des modernen Schwangerschaftsbewußtseins auseinandersetzt.
4 Pyl, Aufsätze, 3. Slg., 2. Ab., 1785, Fall 9.

Nach der Vaginaluntersuchung, bei der er im Uterus »etwas schweres« gefühlt hatte, kam der Mediziner zu dem Schluß, das Mädchen sei im dritten oder vierten Monat schwanger. Es könne sich bei dem festen Körper allerdings auch um »eine Mola oder gar nur [um] angesammeltes zum Theil geronnenes Blut« handeln. Doch »es zeigte sich nachher, daß diese Person nicht schwanger gewesen, sondern wahrscheinlich die Schwangerschaft nur erdichtet hatte, um desto gelinder behandelt zu werden«. Auch beteuerte sie beim Verhör, »das Scheidewasser« besorgt zu haben, »nur denen Leuten einen Schreck damit einzujagen, damit sie minder scharf behandelt werden möchte«.

Die Glaubwürdigkeit dieser Aussage beruhte gerade auf dem nachweislich »unehrenhaften« Lebenswandel der Befragten. Nach Ablauf einer mehrmonatigen Frist ohne erfolgte Geburt wurde der Verdächtigten deshalb nicht ein Irrtum, sondern vorsätzliche Irreführung der Obrigkeit unterstellt. Die Gefangene mußte ihre Strategie schließlich darauf abstellen, um der im Vergleich zu verheimlichter Schwangerschaft ungleich härteren Strafe für Abtreibung zu entgehen. Der Gedanke, daß sie sich ein Abortivum besorgt haben könnte, weil sie tatsächlich fälschlich vermutet hatte, schwanger zu sein, kam dem Physikus nicht in den Sinn.

Die These, nach der Frauen, die eine ihnen unterstellte Verheimlichung der Schwangerschaft abstritten, grundsätzlich logen, ist meines Erachtens nicht haltbar. Das Ausbleiben der Regel konnte von ihnen nicht unbedingt als sicherer Beweis verstanden werden. Nur für wenige Frauen – ledige wie verheiratete – war dies allein ein überzeugender Schwangerschaftshinweis. Die Tatsache, daß vereinzelte Kindsmörderinnen und der Abtreibung Angeklagte diesbezügliche Erkenntnis zugaben und sich damit nur schadeten, deutet darauf hin, daß diese Überzeugung umstritten war, zumal Gutachter sich auf diese Aussagen nicht einfach verließen.[5] Im Gegenteil fanden zur Warnung der Gerichte und Kollegen Fälle »vermeintlicher Schwangerschaften« Aufnahme in die ärztlichen Sammlungen, die mit dem Ausbleiben der Menstruation begründet wurden und in die Irre führten. Fast immer handelte es sich dabei um Ehefrauen, die inständig hofften, schwanger zu sein, und denen durch einfühlsame medizinische Betreuung klargemacht

---

5 Vgl. zum Beispiel *ebenda*, 5. Slg., 1. Ab., 1787, Fall 3 und *Stukenbrock*, Abtreibung, 1993, S. 94 f.

werden mußte, daß sie nicht gebären würden.⁶ Diese Frauen hatten keinerlei Veranlassung, ihre Vermutung geheimzuhalten, aber letztlich sicher konnten auch sie nicht über ihren Zustand sein. Auch manch »ehrbare Jungfrau« sah sich gezwungen, gewisse Symptome so lange wie möglich verborgen zu halten und zu hoffen, daß diese von selbst wieder verschwänden. Wenn sie schließlich die Flucht nach vorn antrat, dann nur, weil selbst ihr tadelloser Ruf den Verdächtigungen nicht standhielt. Ein Gutachter nannte als Beispiel:

> »... eine 32jährige Jungfrau, Namens Katharina Sophia Müllerin zu S., die von Jugend auf sehr arbeitsam, sittsam und keusch gewesen war. [Sie] vertauschte ihre mit vieler Bewegung verbundenen Geschäfte mit einer sitzenden Lebensart. Die Folge davon war, daß ihre Reinigung dadurch unordentlich wurde und daß sie anfieng zu kränkeln. Bald hatte sie ihre Reinigung zu oft, bald zu stark, bald zu wenig, bald gar nicht. Sie brauchte vielerley passende Mittel, aber vergeblich. Ihr Unterleib fieng an zu schwellen, und sie kam in den Verdacht als wenn sie schwanger. Darüber grämte sie sich um so mehr, weil sie sich ihrer Unschuld bewußt war, und ihre Kränklichkeit nahm immer mehr zu. So vergiengen 4 Jahre, ohne daß es sich mit ihrer vermeintlichen Schwangerschaft auswies, und der Unterleib wurde immer stärker. Endlich sagte sie selbst, daß sie ungewöhnliche und unerträgliche Schmerzen, die sich aus dem Unterleibe nach der Schamgegend zu ausbreiteten, empfände. Und der Verdacht einer etwanigen Schwangerschaft entstand aufs neue bey ihren Verwandten und Bekannten. Diese schrecklichen Schmerzen, die am Ende wahre Wehen wurden, nahmen so zu, daß die Patientin aus Verzweiflung und Ungeduld zuletzt selbst bat, daß man ihr den Unterleib doch öffnen sollte. Nach 24 Stunden klagte sie über eine schwere drückende Last in den Geburtstheilen, mit der Beschreibung, es sey, als wenn die Blase vorfallen wollte. Nun wurde die Hebamme gerufen ...«⁷

Diese fühlte zwar einen festen Körper in der Scheide, konnte über dessen Identität aber keine Auskunft geben. Nach Anwendung verschiedener Klistiere, Umschläge und Fußbäder gelang es dem herbeigerufenen Arzt, die Patientin von Unmengen verschieden großer »Wasserblasen« zu befreien. Dieser und ähnliche Fälle bestätigten dem Verfasser,

> »daß unordentliche Menstruation auch das unschuldigste Mädchen in den größten Verdacht verletzter Keuschheit bringen kann. Wo auch vielleicht ein viel erfahrener

---

6 Siehe dazu *Lorenz*, Stein, 1996, S. 99 f. – Welche Ausmaße ein extrem starker Kinderwunsch bei einer unfruchtbaren Frau annehmen konnte (Vortäuschung einer auch den Physikus überzeugenden Entbindung von Fröschen), zeigt auch *Rublack*, Body, 1996, S. 69–74. Den gleichen Fall untersuchte *Wegert*, Culture, 1994, S. 75 f.
7 Fahner, System, Bd. 2, 1797, Beispiel ad Cap. IX, S. 334 ff.

und geschickterer Arzt als ich zu seyn mir einbilden darf, nicht eher zu voller Ueberzeugung kommen kann als bis das corpus delicti zum Vorschein kömmt.«

In solchen Situationen war es den Ärzten nachträglich ein leichtes, angemessene Erklärungen für die schwangerschaftsähnlichen »Zufälle« zu finden – dieselben Erklärungen, die allerdings aus dem Munde »leichtlebiger« Dienstmägde nie akzeptiert wurden.

Der Verdacht simulierter Schwangerschaften traf ledige Frauen auch dann, wenn sie öffentlich zu Gerüchten um einen Geliebten standen, weil ihnen ein Erpressungsversuch des angeblichen Kindsvaters unterstellt wurde.[8] Die Aussage einer »unmoralischen« Person, die den außerehelichen Beischlaf pflegte, wurde grundsätzlich zunächst in Zweifel gezogen.[9] Die angebliche oder tatsächliche Selbstwahrnehmung der Klägerin spielte für den Ablauf der Untersuchung keine Rolle. Die Ärzte strukturierten und lenkten das Verfahren. Ironische Einsprengsel illustrieren häufig das Bedauern, Frauen nicht direkt eines Betrugsversuches überführen zu können. Zweifelhafte Schwangerschaftswahrnehmungen waren nicht kriminalisierbar, solange sich keine strafbaren Handlungen nachweisen ließen.

Kam eine Frau zum Arzt, weil ihre Blutung längere Zeit ausgeblieben war, sie aber keine Schwangerschaftszeichen aufwies, so war ein Mediziner im Interesse des Staates geradezu verpflichtet, ihr durch Aderlässe am Bein, durch Purgieren und Klistieren – Maßnahmen, die unautorisiert als Abtreibungsversuche gewertet worden wären – zum Wiedereinsetzen der Menstruation zu verhelfen. Also mußte man Vorsicht walten lassen: »Der Blutfluß hindert auch die Schwangerschaft so wenig, indem viele Frauen noch einige Monate, sogar einige biß zur Hälfte, die gewöhnliche Reinigung haben, wenn sie schwanger sind.«[10] Das Blut konnte, so mutmaßte man, auch aus anderen Gefäßen des Uterus kommen, die nicht mit dem Fötus zusammenhingen. Die Anerkennung derartiger Abweichungen von der gerade in der Entwicklung begriffenen Schwangerschaftsnorm wurde verdächtigen

---

8 Vgl. dazu *Zimmermann*, Kindsmörderinnen, 1991, S. 79.

9 Zur systematischen Verschlechterung der Chancen von Frauen in ehegerichtlichen Verfahren seit dem 16. Jahrhundert durch einseitige Verantwortungszuschreibung seitens der protestantischen Sexualmoral siehe ausführlich *Burghartz*, Geschlecht, 1995, passim.

10 Dr. Schobelt, Stadtphysikus zu Strasburg in der Ukkermark 1783, in: *Pyl*, Repertorium, Bd. 2, 2. St., 1791, Kap. 6, S. 328.

Kindsmörderinnen, die gerade dieses als Beleg für ihr Nichtwissen um die eigene Schwangerschaft anzuführen versuchten, allerdings regelmäßig versagt.

Massive Schwangerschafts- und Menstruationsprobleme waren die weitaus häufigsten Gründe für eine Frau des 18. Jahrhunderts, überhaupt einen Arzt oder andere medizinische Praktiker und Praktikerinnen aufzusuchen.[11] Die Anwendung von Aderlässen oder des Schröpfens als traditionelle, druckentlastende und reinigende Mittel war bei Schwangeren heftig umstritten. Frauen seien aufgrund ihrer dünneren Adern, Muskeln und vor allem Nerven, wegen ihrer zarteren Knochen und der Weichheit des Gehirns etc., durch äußere Einflüsse wie Witterung, Anstrengung und Aufregung viel gefährdeter als Männer.[12] Entsprechend mußte auch ihre Leibesfrucht besonders geschützt werden. So könnte es z. B. bei starker Verliebtheit der Frau zu plötzlichen Aufwallungen des Blutes kommen, die ihr so zu Kopfe stiegen, daß sie an dem Überdruck im Gehirn sterben konnte, wenn nicht sofort ein Aderlaß vorgenommen würde.[13] Auch der »Concubitus« oder – je nach Situation – auch die unbefriedigte Sehnsucht nach einem solchen könnten die Nerven – vor allem eines jungen Mädchens – so überreizen, daß es zu Stockungen des Geblüts und im Extremfall sogar zu epileptischen Anfällen käme, da sich die Gebärmuttermuskeln verkrampften und das Gehirn durch aufgepeitschte Flüsse durcheinandergeraten könnte.[14] Der weibliche Orgasmus galt entsprechend als natürlicher Krampf, der aber besonders während der Schwangerschaft irritierend wirken konnte, da bei der Frau Uterus und Zwerchfell über Nerven direkt miteinander ver-

---

11 *Duden*, Geschichte, 1987, S.63. Scharfrichter, Bader, Hebammen und andere Empiriker waren im Vergleich nicht immer billiger, auf dem Lande aber oft eher erreichbar.
12 Vgl. *Stolzenberg-Bader*, Schwäche, 1989, passim und für Frankreich *Knibiehler*, Médicines, 1976, S.829–839. Aufgrund dieser natürlichen Unzulänglichkeit forderten einige Mediziner sogar ständige medizinische Betreuung. *Ebenda*, S.780. Siehe dazu auch *Duden*, Geschichte, 1987, S.170f. und S.199, ebenso *Azouvi*, Woman, 1981, S.22–36. *Peter*, Femmes, 1976, S.341, betont die besondere Verknüpfung von Überempfindlichkeit der Nerven und Schwangerschaft als Krankheitszustand. Hier zeigt sich, daß die Medizin in Mitteleuropa (auch Engländer, Schotten, Holländer, Italienier etc. wurden rezipiert) über Grenzen hinweg einen gemeinsamen Diskurs pflegte.
13 Vgl. *Duden*, Geschichte, 1987, S.130.
14 Man nannte dieses Phänomen der »Mannstollheit« denn auch treffend »furor uterinus«. Siehe dazu ausführlich das Kapitel »Mutterwuth«.

bunden wären. Zu heftige Krämpfe störten somit die Sekretionsorgane, was zu einem Ungleichgewicht der Spannungen und so zu einer Nervenschwäche führen könnte.[15] Deshalb sollte sich der Ehemann seiner schwangeren Frau auch nicht geschlechtlich nähern, denn, so sorgte sich ein französischer Fachmann: »Der Fötus würde durch die Unordnung, die in der gesamten Ökonomie durch die Ekstase der Wollust verursacht wird, zugrunde gehen.«[16] Eine durch einen Schrecken drohende Frühgeburt könne nur durch Aderlässe in letzter Minute verhindert werden. Das heftige Temperament einer schwangeren Frau, die zur Frühgeburt neige, gefährde Mutter und Kind.[17] Auch wenn sich eine Frau über ihre eigene uneheliche Entbindung zu sehr aufregte, konnte es durchaus geschehen, daß sie

> »nach Lösung der Nachgeburt in heftiger Verzweiflung über ihr Schicksal verblutet[e]. Und ist diese [Blutung] durch die starke Gemüthsbewegung, Betrübniß und Zorn, als woher ein gemeiner Krampf, ja gar Convulsionen entstanden und wodurch das Blut mit Gewalt aus seinen Gefäßen gepreßt worden, verursacht.«[18]

Eine derartige Katastrophe war noch wahrscheinlicher, wenn eine Frau allein gebar und ihr niemand zu Hilfe eilen konnte. Der berühmte Londoner Geburtshelfer William Hunter stellte sichtlich triumphierend fest, daß mehrere Frauen, die ihm ihre uneheliche Schwangerschaft hatten verheimlichen wollen, an uterinen Krämpfen gestorben waren, weil ihr Körper der seelischen Belastung der Geheimhaltung nicht gewachsen gewesen war. Bei der Sektion war die Schande dann doch ans Tageslicht gekommen.[19] Selbst wenn eine der Abtreibung verdächtige Frau ihre Totgeburt auf einen

---

15 *Azouvi*, Women, 1981, S. 31 f., weist auf die Betrachtung des menschlichen Körpers als hydraulische Maschine hin, deren weibliche Variante als nicht ganz ausgereiftes Modell betrachtet wurde.

16 »Le fœtus périrait dans le ›desordre‹ que produit, dans toute l'économie, l'extase de la volupté.« Aus: Dictionnaire des Sciences médicales, Vol. XIX, 1817, zitiert nach: *Peter*, Femmes, 1976, S. 343, der diesen Schluß weiter ausführt.

17 Fallbeispiel: *Pyl*, Aufsätze, 2. Slg., 3. Ab., 1784, Fall 7.

18 *Ebenda*, 1. Slg., 1783, Fall 22. Die Hebamme berichtete von der Zeit unmittelbar vor der Geburt: »und sei [die Gebärende] so erboßt gewesen, daß sie die Zähne zusammen gebissen, damit geknirscht und geschluchzt, auch gesagt habe, sie hätte gewiß geglaubt, daß das Kind oder auch sie, wegen der vielen Ärgernisse, die sie während der Schwangerschaft gehabt, sterben würde«. Das Kind überlebte.

19 Hunter in: *Pyl*, Neues Magazin, Bd. 1, 3. St., 1785, Kap. 1, S. 415. Zur Politik der Zwangsentbindung lediger Frauen in Gebäranstalten siehe ausführlich *Schlumbohm*, Magd, 1988, *Metz-Becker*, Körper, 1997 und *Seidel*, Kultur, 1998, Kap. 4 und 5.

schweren Sturz zurückführte, machten Ärzte nicht von diesem damals völlig plausiblen Erklärungsangebot Gebrauch, sondern waren fest überzeugt, der Fötus sei »durch Erschütterung der Leidenschaften der [Gebär-]Mutter« tödlich geschwächt worden.[20]

Die Zirkulation der Körpersäfte, die für Krankheit und Gesundheit verantwortlich war, manifestierte sich allgemein in dem Gegensatz von Krampf und Erschlaffung. Da sich weibliche Nerven, Muskeln und Adern durch besondere Schlaffheit auszeichneten, seien sie durch Krämpfe, als welche besonders die Muskelkontraktionen beim Geburtsvorgang verstanden wurden, auch extrem gefährdet.

Aus der Synthese zwischen Säftelehre und Anatomie erklärte man sich auch die bekannten Schwangerschaftszeichen: Blut aus dem Uterus flösse in die Brüste und ließe diese anschwellen, deshalb fiele die monatliche Reinigung aus. Auch die Beine schwöllen an, weil der Körper nun keine Säfte mehr abließe. Der ganze Körper würde mit jedem Monat, der ohne Blutung verging, schwerer und träger, die Frau durch diese »Vollblütigkeit« launisch und nervös. Aderlässe bei schwangeren Frauen wurden deshalb meistens an den Beinen vorgenommen. Beischlafsunlust, Stimmungsschwankungen, Veränderungen der Eßgewohnheiten und der Gesichtsfarbe wurden im Zusammenhang mit dem nun umstrukturierten Flüssehaushalt interpretiert. »Frauens aber, die in ehelichem Stande leben und zum Kinder-Zeugen geschickt seyn, sind eben deswegen, daß alsdenn die gewöhnliche excretio menstruorum zurück bleiben muß, mit unterlaufenen hysterisch-hypochondrischen Anfällen, sonderlich im Anfang und in ersten Monathen biß bey nahe zur Helffte unterworffen. Als nemlich überlauffendes Frösteln, Übelkeiten, Ohnmachten, Würgen, Erbrechen, Kopf-Schmerzen, Zahn-Schmerzen etc.«[21] Schwangerschaft und Infektion wurden analogisiert und gleich therapiert.[22]

Völlig unzweifelhafte Kennzeichen der Schwangerschaft, zum Beispiel

---

20 *Roose*, Beiträge, Bd. 1, 1798, Fall 3.
21 *Gohl*, Medicina, 1735, Sec. III., XIV. *Duden*, Frauenleib, 1991, S. 114, führt weitere Symptome an: »So sind zum Beispiel die Augen der Frauen ... geschwollen, sie werden trübe, es zieht sich ein blauer Ring um sie; die Augenlider werden weich und hängen herunter. Die Säfte im Körper ziehen gegen den Kopf und verursachen Flecken, Hitzebläschen, Speichelfluß, Kopfweh und Röte des Gesichts.«
22 *Borkowsky*, Krankheit, 1988, S. 36.

wenn »der Kaffee nicht schmekke und ... sie oft so engbrüstig sey und ihr das Othemholen schwerfalle« oder »Eckel, so gar vor dem lieben Brodte«, gab es nicht, das wußten alle Mediziner.[23] Die Juristen mußten sich damit abfinden, »weilen die Kennzeichen der Empfängniß und das Ausbleiben der Reinigung bisweilen einerley sind; z. E. verlohrner Appetit, Eckel für Speisen, Erbrechen in den Frühstunden, Flecken im Gesicht, Milch in den Brüsten...«, wozu auch »andere Zeichen, so aus der Erzählung der Weibsbilder selbst zu erfahren sind, gehören, welche jedoch von einer solchen verdächtigen Person meistentheils unterdrücket, oder mit Stillschweigen übergangen werden«. Doch es sollte gemutmaßt werden: »Dann es ist gewiß, daß in einer jeden Schwangern die ganze Haushaltung der Eingeweide, besonders des Unterleibs, zerrüttet und beunruhiget wird.« Doch nur wenn das Vorausgehen des Beischlafes sicher war, durfte die »Aufschwellung des Bauches« als ziemlich sicheres Zeichen gelten, denn man wußte, daß dies aus »Wassersucht, Windsucht, Verhärtung der Leber und des Milzes, des Gekröses und der Gebähr-Mutter ebenfalls sich ereignen kan. Geschwülste des Unterleibs wachsen unregelmäßig«, der Bauch einer Schwangeren hingegen regelmäßig, so daß man dies meistens durch Abtasten ausschließen könne. Eine derartig hautnahe Untersuchung konnte ein Arzt aber nur bei einer Gefangenen erzwingen. Milch in den Brüsten konnte ebenfalls viele Ursachen haben, sogar bei Jungfrauen, Männern und Ziegenböcken auftreten sowie eben »von ermangelnder und verstopffter monatlichen Zeit« oder von der »Mutter-Wassersucht« herrühren.[24]

Auch die Menstruation war ein unsicheres Zeichen, wußte man doch von Fällen, in denen Frauen während der ganzen Schwangerschaft ihre normale Blutung hatten. Ekel vor bestimmten Speisen, Übelkeit und andere bekannte Phänomene traten bei jeder Frau anders oder auch gar nicht auf. Einzig

---

23 Beispiele: *Pyl,* Aufsätze, 3. Slg., 2. Ab., 1785, Fall 8 und *Troppanneger,* Decisiones, 1733, Dec. IV, VIII. Hier sei im folgenden beispielhaft Teichmeyers grundlegendes Buch angeführt, auf das sich die folgenden Ärztegenerationen stets bezogen: *Teichmeyer,* Anweisung, 1761, S. 33–39, vgl. auch *Fischer-Homberger,* Medizin, 1983, S. 223–235.

24 Vgl. auch *Petermann,* Casuum, Dec. I, 1708, X, hier S. 107 f. Bei dieser 1676 fälschlich der Abtreibung bezichtigten Ehefrau war die Milch deshalb weißer als gewöhnlich. Zu den Ziegenböcken siehe *ebenda,* S. 108. – Über die Gründe für die Rückkehr zur alten Theorie der männlichen Laktation und auch Menstruation mangels besserer Erklärungen Anfang des 18. Jahrhunderts siehe auch *Pomata,* Männer, 1996, S. 279.

»die Regung der Frucht« könne durch den Arzt, allerdings erst reichlich spät, ertastet werden. Wie das geschehen und wer darüber entscheiden sollte, blieb allerdings offen.

> »Da ein Medicus auf diese Art nicht von honnetten Weibs-Personen sein Urtheil zu fällen hat, sondern von solchen, welche hartnäckig läugnen, daß sie geschwängert worden und trächtig sind. Dahero hat ein Medicus dergleichen Untersuchung mit Vorsicht vorzunehmen, damit er nicht betrogen werde und anlauffe. Denn dieses leichtfertige Gesindel kann die Bewegung der Frucht verbergen, durch Zusammenzwängung oder Schnürung den grossen Leib verbergen.«

Die Urinprobe und das Abtasten des Muttermundes wurden als Test verworfen, trotzdem weiterhin praktiziert. Über die Urinbeschau konnte man sich nicht einigen – mußte die Flüssigkeit nun weißlich, trüb oder honigfarben ... sein? Die manuelle Untersuchung erwies sich als problematisch, denn der Muttermund konnte nur in den ersten Tagen »gespüret und mit Fingern gefühlet werden«, dann steige die Gebärmutter hoch, um den Samen besser zu halten, und die Finger des Untersuchenden wären zu kurz.[25] Die traditionelle Methode, die Vagina mit Gewürzen zu räuchern, um zu testen, ob der Geruch durch den Körper bis in ihre Nase steige, wurde als gesundheitsschädlich für Frau wie Frucht verworfen: »Also erhellet sich aus allem deme ..., daß eine Schwängerung in den ersten Monaten der Schwangerschaft schwerlich, in den letzteren aber etwas gewisser könne erkannt werden.« »Etwas gewisser« bedeutete, daß nichts anderes übrigblieb, als verdächtige Frauen um den vermuteten Geburtstermin herum besonders im Auge zu behalten. Der Landphysikus Fahner riet deshalb auch eher zu psychologischen Methoden. Um »diese listigen Weibsbilder« aus der Reserve zu locken, solle der Arzt zweigleisig fahren: »Die gemeinsten ihrer Kunstgriffe sind, auf die Frage, deren Beantwortung mit Ja ihnen zum Fallstrick werden könnte, standhaft mit Nein zu antworten.« Ein Arzt sollte also ganz besonders auf der Hut sein, seine nur selten körperlichen Untersuchungen häufig wiederholen, ihre Form aber immer wieder abändern und den »medizinisch-chirurgischen Augenschein« sowie »physiognomische Kentnisse ... zu Hülfe nehmen ... und sie durch unverfänglich scheinende Fragen zu treffenden Schlußfolgerungen hinzuleiten wissen«. Konnte so noch immer kein Geständnis erreicht werden, »so muß er den Richter er-

---

25 Siehe auch *Fischer-Homberger*, Medizin, 1983, S. 226.

suchen, verständige Leute zu bestellen, die ein wachsames Auge auf sie haben und von jedem verdächtigen Umstande, der sich ereignet, bei der Obrigkeit Anzeige zu thun. Vor allem muß er sie bey dem Richter für jeden unglücklichen Erfolg verantwortlich machen.« Einer Verdächtigen ins Gewissen zu reden sei gleichermaßen Aufgabe von Richter, Arzt und Prediger.[26]

Für die Medizin des ausgehenden 18. Jahrhunderts war das subjektive Schwangerschaftsbewußtsein einer Frau nicht mehr ausreichend. Selbst die Kindsregung sollte keine Beweiskraft haben, wenn sie nicht von außen nachzuweisen war. So schrieb Ploucquet 1788 im Zusammenhang mit dem Kindsmord über den Nachweis verheimlichter Schwangerschaft: »Die Bewegungen der Frucht, in so fern sie von einem andern befühlt oder von außen gesehen werden können und dem Untersuchenden also vorkommen, sind eins der vorzüglichsten Zeichen der Schwangerschaft.«[27] Doch auch sie war nur eines von verschiedenen Zeichen, die relativ gleichwertig nebeneinanderstanden. Die Selbstwahrnehmung der Frau, die traditionell als einziges Kriterium Gültigkeit beansprucht hatte, wurde von ihm, sicherlich ganz bewußt, nicht einmal mehr erwähnt. Ein exaktes Wissen über den weiblichen Körper sollte neuerdings nur noch von außen möglich sein, mit den neuen Methoden des Vermessens und Beschreibens.

Obwohl die sich nur langsam etablierende akademische Medizin auf diese Weise ständig um die Konstruktion eines weiblichen Musterkörpers kreiste, galt noch im gesamten 18. Jahrhundert in der ärztlichen Praxis die Individualität jeder einzelnen Schwangerschaft als medizinische Norm. Jede Frau hatte ihren Körper, der aufgrund des individuellen Körperbaus, der spezifischen Säftekonstellation und der variierenden äußeren Einflüsse auf das besonders leicht »reizbare« Gefühlsleben einer Schwangeren einer genauen Analyse unterzogen werden mußte, um die jeweils angeblich oder tatsächlich aufgetretenen Komplikationen hinterfragen zu können. Als An-

---

26 *Fahner*, System, Bd. 1, 1795, S. 147 f. Gleiches forderte auch der einflußreiche Osiander 1796, siehe *Fischer-Homberger*, Medizin, 1983, S. 231.

27 *Duden*, Geheimnisse, 1989, S. 50. Ploucquet forderte sogar ein monatliches (kontrolliertes) Bad aller »unverheirateten Weibspersonen von 14–48«, um eine Kindsregung im Wasser leichter orten zu können. Zur zunehmenden Durchsetzung haptischer Untersuchungen von ärztlicher Seite unter Verdrängung der Hebammen siehe *Fischer-Homberger*, Medizin, 1983, S. 127 f., S. 231, S. 270–274.

haltspunkte für die Definition eines bestimmten Zustandes galten die bereits oben ausführlich dargestellten »Zeichen«. Jedes für sich genommen konnte in gänzlich verschiedene Richtungen weisen und nur unter Berücksichtigung weiterer Faktoren korrekt eingeordnet werden. Dies soll im folgenden näher erläutert werden.

Viele Frauen, ob ledig oder verheiratet, gaben bei Befragungen im Zusammenhang mit vermuteten Schwangerschaften an, daß ihnen »das Thun«, »das Geblüth«, »ihre weibliche Zeit«, »die Periode«, »ihre Veränderung«, »die Mensis«, »die Reinigung«, »das Monatliche« »verhalten«, »gestockt«, »vergangen«, »ausblieben« sei.[28] Die meisten ledigen Frauen verknüpften dieses Bekenntnis durchaus mit mindestens einem konkreten Beischlafszeitpunkt. Dies allein war für sie zunächst kein Anlaß zu größerer Beunruhigung. Frauen im 18. Jahrhundert zählten keine Tage, sondern bemerkten einfach an sich, daß »der Fluß« in etwa monatlich kam und verging.[29] In einem Prozeß um die Frage einer ehrenhaften Geburt, d. h. eines innerehelich gezeugten Kindes, konnte der Gutachter die Frage nach der Befruchtung während der Menstruation nicht sicher beantworten. Die Klägerin jedoch beteuerte die Ehelichkeit der Zeugung, da der einzige vier Wochen vor der Heirat stattgefundene erste Geschlechtsverkehr am vierten Tage ihrer Menstruation erfolgt sei.[30] Selbst die unterschiedliche Stärke oder Schwäche einer Blutung wurde ausschließlich mit der persönlichen Empirie verglichen. Es gab keine von außen gesetzten Maßstäbe, mit denen eine »regellose« Regel hätte verglichen werden können. Entsprechend gelassen beobachteten Frauen Veränderungen an sich, ohne gleich einen Feldscher, Arzt oder eine Hebamme zur Bestätigung des einen oder anderen Verdachtes aufzusuchen. Es gab immer zuerst Erklärungen, die sie selbst suchten

---

28 Vgl. dazu auch *Gleixner*, Mensch, 1994, S. 75 f. Auch Ausnahmen von dieser »Regel« lassen sich finden, so zum Beispiel bei *Hasenest*, Richter, Bd. 1, 1755, IV. Diese Frau hatte, wie verschiedene Aussagen bestätigten, bis zur überraschenden Geburt jeden Monat menstruiert – wie sie es gewohnt war.
29 Die Norm der 28tägigen Regel ist ein modernes medizinisches Konstrukt, das erst im Zeitalter der Pille Einzug hielt und außerhalb dieser künstlichen Regelmechanismen nur bei einem kleinen Teil von Frauen zuzutreffen scheint, da für den Zeitpunkt und die Stärke einer Blutung offensichtlich verschiedene psychische und physische Faktoren eine Rolle spielen. Dies stellten Frauen im 18. Jahrhundert selbstverständlich am eigenen Leibe fest.
30 *Parmenion*, Sammlung, 1742, XVI.

und fanden. Eine »hat es für Blut- und Gallenfieber gehalten«, was sie sich bei Fortdauer von einem »Medicaster«, wie der Gutachter verächtlich anmerkte, bestätigen ließ.[31] Eine andere führte die verschiedensten körperlichen »Zufälle«, u.a. auch das Ausbleiben der Menstruation, auf einen entzündeten Fuß zurück.[32]

Auch Krankheiten wie die Ruhr konnten Menstruationsstörungen nach sich ziehen.[33] Eine Magd machte Braten und Würste bei einem Dorffest für das Ausbleiben der Monatsblutung verantwortlich.[34] Einer anderen diente das Trinken »vieler Krautsbrühe« beim Mittagessen als Erklärung.[35] Ärzte konnten die uns heute seltsam erscheinenden Erklärungen nicht von der Hand weisen, da solche Wahrnehmungen auch ihren Erfahrungen mit unverdächtigen Patientinnen entsprachen. Für das männliche wie weibliche »Aequilibrium« galt allgemein, daß »falsche Diät«, ungewohnte Anstrengungen, Kummer oder Erschrecken zu pathologischen Störungen im Säftehaushalt führten.[36] Frauen, die bei andauernden beunruhigenden Symptomen zu einer medizinisch erfahrenen Person gingen, suchten also nicht nach einer Erklärung für Unregelmäßigkeiten, sondern nach einem Mittel zur Korrektur. Sie hatten ihre eigenen Erklärungen für körperliche Probleme und forderten entsprechende korrigierende Maßnahmen – wie etwa Aderlaß oder Purgiermittel – zur Unterstützung der inneren Reinigung ein, die sie zumeist von den Ärzten auch anstandslos erhielten.[37] Auch »vornehme Damen[n]« ließen sich unter ärztlicher Aufsicht »die Ader am Fuß öffnen«, wenn sie während einer Schwangerschaft von Fieberanfällen, »Beängstigung«, »grosse[m] Drücken und Brennen im Magen, fliegende[r] und ab-

---

31 Vgl. *Bucholz*, Beiträge, Bd. 1, 1782, S. 83–93.
32 Vgl. *ebenda*, Bd. 4, 1793, S. 223–234.
33 Vgl. beispielsweise *Roose*, Beiträge, Bd. 1, 1798, Fälle 3 und 6.
34 Vgl. *Hasenest*, Richter, Bd. 2, 1756, VII.
35 Vgl. *ebenda*, Bd. 4, 1759, XIV.
36 Siehe dazu auch *Lindemann*, Health, 1996, Kap. 5, besonders S. 313 ff. Es gab sogar eine ganze Reihe fürstlicher Pamphlete, die einen Zusammenhang zwischen Sittsamkeit, Leidenschaften und Ernährung herstellten und eine gemäßigte Lebensweise als Untertanenpflicht einforderten. Siehe *ebenda*, S. 264–271 und S. 277f., vgl. auch *Stolberg*, Orakel, 1996, S. 398f.
37 Schon die häufigste Betitelung als »Reinigung« zeigt den längst stattgefundenen Wandel weg von der Auffassung der Krankhaftigkeit der weiblichen Blutung, wie unlängst noch *Jütte*, Construction, 1992, S. 26f. für das 17. Jahrhundert betonte.

mattende[r] Hitze« und vielerlei anderen unerklärlichen »Zufällen« gequält wurden.[38] Andere Frauen machten sich gar keine Gedanken über ihre ausbleibende Blutung, da sie es gewohnt waren, daß diese unregelmäßig kam oder sogar über Monate hinweg ausblieb. Eine 22jährige, die eine viermonatige Fehlgeburt gehabt hatte, gab an:

>»Nach dem ersten Beischlaf habe sie nichts besonderes verspürt. Gleich nach dem zweyten sey ihr aber ihre Reinigung ausgeblieben und nicht wiedergekommen. Sie habe zwar dieses und mit der Zeit einiges Zunehmen des Unterleibes bemerkt, aber doch nicht geglaubt, daß sie würklich schwanger seyn würde, weil sie immer auch sonst ihre Reinigung sehr unordentlich und oft in zwey Monaten nicht gehabt habe.«[39]

Als aus dem »Stocken des Geblüts« resultierende Folgen wurden die Zunahme des Körpervolumens, Wasser in den Beinen ebenso wie ein Anschwellen der Brüste erklärt, womit sich vor allem viele ledige Frauen einerseits nach außen absichern, andererseits aber auch selbst beruhigen konnten. Eine 32jährige, der heimlichen Geburt verdächtigte Wirtshausmagd, die als Gelegenheitsprostituierte arbeitete, rechtfertigte den ärztlichen Befund – »fanden wir die Brüste groß und schlapp, die Warzen groß und sehr herausgezogen, die araeolas um sie herum von grossem Umfang und dunkelbraun« – damit, »daß sie beständig starke Brüste und grosse Warzen gehabt. Das stärkere Hervorragen der letzteren aber wohl daher rühren könne, daß einige liederliche Mannspersonen öfters Vergnügen gefunden hätten, daran zu saugen und solcher gestalt hervorzuziehen.«[40] Die weitere medizinische Untersuchung überzeugte den Gutachter, daß sie nie schwanger gewesen sei.

Selbst ein »hoher Leib« mußte für die Umgebung noch kein Grund sein, auf eine Schwangerschaft zu schließen, wenn kein Sexualpartner bekannt war. Wie genau eine Frau damals ihren Körper beobachtete und sich ihren eigenen Reim auf physiologische Vorgänge machte, wird an den Rechtfertigungen einer wegen Kindsmordverdachtes verhafteten 23jährigen im Jahre 1754 deutlich:

---

38 So zum Beispiel in *Hoffmann*, Medicina, 4. T., 1724, Dec. V, VIII. Die zwölfbändige Sammlung (1721–1739) bietet solche Zustände und deren Behandlung in Fülle, vgl. dazu auch *Duden*, Frauenleib, 1991, S. 102 und besonders *dies.*, Geschichte, 1987, passim.
39 *Pyl*, Aufsätze, 4. Slg., 1. Ab., 1786, Fall 21.
40 *Ebenda*, 6. Slg., 2. Ab., 1789, Fall 4.

»Es wäre auch schon 5. biß 6. Jahren der weiße Fluß allezeit vor und nach dem rothen ordentlich erfolget und hatte beim Ausbleiben des rothen sie umso weniger an eine Schwangerschaft gedacht, da sie sagen hören, daß der weiße den rothen Fluß verzehrete. Daher sie kein Bedenken getragen, sich hier und da Raths zu holen und unterschiedlicher Mittel zu bedienen.«[41]

Der weiße Fluß galt grundsätzlich als krankhaft,[42] deshalb mußten Aussagen wie diese zunächst akzeptiert werden:

»... un was meynen sie? Der weise Fluß ziehet einen nicht ein wenig auf. Sie habe den weisen Fluß schon vor ihrer Niederkunft gehabt. Wenn sie nach Eschenbach gegangen, so seye die Haut nur so von den Beinen gegangen, so beise das Ding. Bey ihrer Niederkunft seye zwar der Blutfluß wieder roth worden, aber jetzo habe sie den weisen Fluß schon seit 8. Tage nach ihrer Arrestsetzung wieder. Sie seye noch verschwollen, werde auch nicht davon befreyet werden bis der weise Fluß vergehe ... Sie habe den weisen Fluß schon in ihrer vorigen Kindbett gekriegt, aber den zehenden Theil nicht so stark als jetzt. Damals seye immer was rothes dabey gewest, aber jetzo seye ganz weiß und etwas gelb. Man könne ihre Hemder sehen ... Es brenne sie grausam. Wenn sie liege oder sitze so thue es ihr so viel nicht, aber wenn sie gehe, so greife es auch die Haut an Beinen an. Wenn sie den Urin lasse oder wenn das Zeuch wegfließe, so habe sie grausames Brennen und es werde immer ärger.[43]

Jeglicher Ausfluß wurde von den Ärzten als von den Frauen selbst künstlich erzeugt angesehen, da kein Nutzen erkennbar war, denn nur der rote Fluß reinigte und entgiftete den Körper. Hauptursache für die Entstehung jenes »scharfen Saftes« war wohl das schreckliche Laster der Selbstbefleckung, welches Frauen aber nie nachzuweisen war.[44]

Der Verdacht gegen eine »alte hysterische Jungfer« von 58 Jahren, an der ihre Umgebung zwei Jahre lang Schwangerschaftssymptome bemerkt hatte, ließ sich zum Beispiel erst nach ihrem Tod durch eine Sektion ausräumen, bei der ein Gewächs an einem Eierstock gefunden wurde. Die Frau reagierte zu Lebzeiten »um so empfindlicher ..., weil sie schon seit 30 Jah-

---

41 *Hasenest*, Richter, Bd. 2, 1756, VII.
42 Siehe auch *Lindemann*, Health, 1996, S. 271.
43 *Hasenest*, Richter, Bd. 4, 1759, IX.
44 Vgl. *Langhans*, Laster, 1773, S. 69. Dazu paßt die, von *Borkowsky*, Krankheit, 1988, S. 197f. und S. 250ff. angeführte Praxis, noch im 18. Jahrhundert in einigen Gegenden schwangere oder vor der kirchlichen Aussegnung verstorbene Frauen bei Mördern und Selbstmördern beizusetzen, da Schwangerschaft wie die nach der Geburt austretenden vaginalen Flüsse (Lochien) als unrein und als Teufelswerk betrachtet wurden.

ren jedermann zu bereden gestrebt hatte, daß sie aus Grundsätzen nicht habe heirathen wollen«.⁴⁵

Auch der Vorgänger Metzgers, der Anatom Büttner, wurde zum Beispiel einmal

> »zu einer würdigen Frau eines vordem allhie gewesenen Geistlichen gerufen und von ihr ersucht, in der ihr zugestossenen schweren Krankheit zu assistieren … Sie hatte eine grosse Hitze, starken Durst, der Appetit und Schlaf war weg. Im Unterleibe empfand sie die heftigsten Schmerzen und Brennen. Angst, Bangigkeit und ein sehr heftiges Fieber, so eine wirkliche Entzündung im Leibe anzeigte.«⁴⁶

Der Arzt erkundigte sich als erstes nach ihrem Monatsfluß und nach einer möglichen Schwangerschaft. Sie gab zwar an, seit sechs Wochen ihre Reinigung zu vermissen, war sich aber sicher, nicht schwanger zu sein, »weil sie schon einige Kinder geboren, und die damals in grauiditate gehabte Zufälle anjetzo nicht vermerkte«. Die Frau starb sechs Tage später. Bei ihrer Obduktion fand sich ein »kleine[r] weisse[r] zarte[r] Embryo« in einer der Tuben und wurde dem begeisterten Professor zur Aufbewahrung »in Spiritu« überlassen.

Dies zeigt überdeutlich, daß wissenschaftlicher Anspruch auf »Wissen«, wie er noch heute in der traditionellen Medizingeschichte als Erkenntnisfortschritt gefeiert wird, in der Praxis des 18. Jahrhunderts oft nicht mehr war als Schall und Rauch. Gegen die Berichte ehrbarer Zeuginnen konnte es wenigstens bis zu ihrem Tod keinen empirischen Gegenbeweis geben.

Das Dilemma des »Wissens« zeigt sich besonders bei mehrfach geburtserfahrenen Ehefrauen. Wenn auch sie bei gleichen Merkmalen ihren Zustand gänzlich verschieden interpretierten, wer sollte es dann besser wissen?

Entsprechende Verwirrung stiftete eine 30jährige Litauerin. Sie kam 1779 extra zu Metzger nach Königsberg, um seinen Rat einzuholen. Sie fühlte eine Geschwulst im Unterleib, »die sie von Anfang an und zwar um destomehr für eine Schwangerschaft gehalten hatte, da sie schon ein Kind geboren, folglich die Zufälle einer Schwangerschaft und die Vorbote einer Niederkunft durch ihre eigene Erfahrung kennen gelernt hatte«. Sie hätte »ihrer Rechnung zufolge« zu Pfingsten 1778 niederkommen müssen. Das Ausbleiben der Monatsblutung, das Aufschwellen des Unterleibes, die Kindsregung und 20stündige Wehen »um die gesetzte Zeit« hatten sie zunehmend

---

45 *Fahner*, Beyträge, 1799, Teil A, VI.
46 *Büttner*, Wahrnehmungen, 1769, Fall XV.

sicherer gemacht. Doch es ging kein Fruchtwasser ab, die Wehen verschwanden, ihre Menstruation war seitdem ausgeblieben, doch traten seit neun Monaten Fieberanfälle auf. Dem Arzt schien sie äußerlich hochschwanger zu sein, bei der vaginalen Untersuchung konnte er allerdings nichts ertasten. So rieten er und seine Kollegen ihr – nach mehr als zweijähriger Schwangerschaft – »in Geduld ihre Niederkunft, die vielleicht noch erfolgen würde, abzuwarten«.[47] Hier nahm Metzger in der Praxis seine eigenen theoretischen Ansprüche zurück. Hatte doch ausgerechnet er eine der kürzesten Schwangerschaftsdauern von längstens 280 Tagen postuliert, um Ehemänner vor untergeschobenen Kindern zu schützen, wie er betonte.[48]

Das Engerwerden der Kleider war ein anderes oft thematisiertes Verdachtsmoment, galt jedoch allein nicht als Handhabe für Maßnahmen. Mütter versuchten manchmal, ihre Töchter zur Rede zu stellen: »Es habe ihr gedauchet ihrer Tochter wachse das Herz, und gehe so wampet umher, welches keineswegs vom vielen Genuß der Erdbirn ... herkommen kan.«[49] Hier spielte die Periode als Symptom für die Frauen keine Rolle, die Frau ging nur im Rahmen der Fragen des Arztes überhaupt darauf ein. Weitere auch für die Mitmenschen wahrnehmbare äußere Zeichen wie ein »Aufschwellen des Leibes«, Übelkeit, Schwächeanfälle, größere Brüste oder gar Milch in denselben hatten im obigen Fall weder sie selbst noch ihre Bäuerin an ihr feststellen können.[50] Milch war ohnehin kein eindeutiges Zeichen, war solche doch sogar schon bei »Mannspersonen« und »Jünglingen« »herausgemolken« worden.[51] Andererseits kam es vor, daß eine Frau, die mehr-

---

47 *Metzger*, Schriften, Bd. 1, 1784, Kap. III, Fall 2.
48 Ausführlich zitiert ihn *Fischer-Homberger*, Medizin, 1983, S. 251.
49 *Hasenest*, Richter, Bd. 4, 1759, IX, vgl. einen ähnlichen Fall bei *Metzger*, Materialien, Bd. 2, 1795, Fall 2. Gerade dieses Thema prägte auch die Schlüsselstelle im berühmten Märchen von Rapunzel. In der ersten Ausgabe der Brüder Grimm von 1812 schloß die Zauberin gerade aus solcher Andeutung des Mädchens, daß hier ein Mann im Spiel gewesen sein mußte, woraufhin sie ihr die Haare abschnitt und sie verstieß. Später brachte Rapunzel Zwillinge zur Welt. In der bekannten Fassung von 1857 wurde diese Stelle (aus sittlichen Gründen?) plump verändert. Fassung 1: »Sag sie mir doch, Frau Gotel, meine Kleiderchen werden mir so eng und wollen nicht mehr passen.« Fassung 2: »Sag sie mir doch, Frau Gotel, sie wird mir viel schwerer heraufzuziehen als der junge Königssohn ...« Vgl. beide Fassungen, in: *Kinder- und Hausmärchen*, 1990, S. 749 f.
50 *Bucholz*, Beiträge, Bd. 1, 1782, S. 83–93; ebenda, Bd. 3, 1790, S. 24–34.
51 *Hasenest*, Richter, Bd. 4, 1759, X.

fach geboren hatte, »Jahr aus Jahr ein Milch in den Brüsten« hatte.[52] Zeuginnen und Hebammen bestätigten häufig die Angaben von Inquisitinnen. Dies bewies, daß all diese Phänomene keine verläßlichen Zeichen waren.

Es gab immer wieder Frauen, die zwar des heimlichen Gebärens überführt wurden, denen aber ein Wissen um ihren Zustand nicht nachgewiesen werden konnte, weil sie weder vor noch nach der Geburt Milch in ihren Brüsten hatten. Für sie war meistens die Kindsregung das erste Signal, das sie – obwohl vielfach Erstgebärende – eindeutig einer Schwangerschaft zuordneten. Die Bewegungen des Fötus im Mutterleib konnten allerdings unter den vielen Hemden und Röcken nur wenige erahnen oder gar gegen den Willen der Frau erfühlen.[53] Für ledige Frauen war die erste Kindsregung der Moment, in dem sie sich dem entsetzlichen Verdacht spätestens stellen und sich über ihre weitere Vorgehensweise Gedanken machen mußten. Eine 26jährige Dienstmagd, die 1738 ihr (erstes) Kind erwürgt hatte, berichtete freimütig von der Zeit der Ungewißheit und der wiederholten Zweifel:

> »Und ob sie schon 14 Tage nach Lichtmeß [2. Febr.] was im Leibe verspüret, habe sie aber doch nicht geglaubt, daß sie schwanger seye, bis daß sie in der Charwoche, als sie auf der Wiesen Mist gebreitet und sich aufgeschnüret, gesehen, wie aus ihren Brüsten Wasser herausgegangen. Da habe sie erst gewußt, daß sie schwanger seye. Dann habe sich das Kind in ihrem Leib also geregt als wenn so etwas herüber kriechete oder man was zusammenschiebete.«[54]

Die meisten Ledigen waren spätestens zu diesem Zeitpunkt fest entschlossen, die Schwangerschaft zu verheimlichen: »Ich schwieg und sagte niemandem, was mit mir vorging ... Ich wollte nicht die Schande haben, eine Hure zu sein. Ich war voller Angst, und Gott hat mir den Verstand geraubt gehabt.«[55] Diese Einschätzung der weiblichen sexuellen Ehre, deren Defini-

---

52 *Bucholz*, Beiträge, Bd. 1, 1782, S. 130ff.
53 Ein seltener Fall, in welchem zwei Zeuginnen den »ab und auf schnellenden Leib« bei der Inculpatin gesehen hatten, findet sich bei *Bucholz*, Beiträge, Bd. 3, 1790, S. 24–34. Ein »Schnalzen des Bauches« will eine Nachbarin in einem anderen Fall kurz vor der dann heimlich erfolgten Geburt bemerkt haben, als sie der Bauerntochter gegen deren Willen die Hand auf den Bauch legte. Siehe *Hasenest*, Richter, Bd. 2, 1756, VII. Zur generellen Bedeutung der Kindsregung siehe *Duden*, Frauenleib, 1991, S. 92–97, S. 109f.; dies., Geheimnisse, 1989.
54 *Hasenest*, Richter, Bd. 4, 1759, XIV.
55 Nachzulesen bei *Metzger*, Materialien, Bd. 2, 1795, Fall 2.

tion von der Betroffenen mit den bekannt fatalen Folgen internalisiert worden war, hatte auch für die Interpretationen seitens der Gerichtsmedizin enorme Bedeutung, wie man schon daran erkennen mag, daß sich ein fast 40seitiger Auszug des Artikels »Hure« aus der Krünitzschen Enzyklopädie in einem der bekanntesten gerichtsmedizinischen Magazine abgedruckt findet.[56]

Einzige Strategie vieler lediger Schwangeren war angesichts der gesellschaftlichen Diskriminierungsmacht die Verdrängung der Geburt. Es war nicht unbedingt intendierter Kindsmord, wenn bei einer als Darmkolik interpretierten Geburt »etwas« in den Abtritt fiel, sondern es konnte durchaus eine selbsttätige Reinigung des Körpers von ungesunden Stoffen stattfinden. Daß dies nicht immer fadenscheinige Ausreden sein mußten, zeigen die Wirrnisse um die »Schwangerschaft« einer 32jährigen Pfarrfrau. Diese war sich sicher, daß ein Sturz im vierten Monat ihrer Schwangerschaft, der sie für Monate ans Bett gefesselt hatte, die Ursache für einige Komplikationen (starke Blutungen »mit hefftigen Kreuzschmerzen«, Ohnmachten, »Frösteln« und »Herzensangst«) sei.[57] Der Arzt machte statt dessen »eine stillsitzende Lebensart [und] wenig Bewegung« verantwortlich. Hauptursache war allerdings, daß sie »beständig viele Bücher gelesen ... und dem Nachdenken sehr ergeben gewesen, wodurch sie sich eine Schwäche des Nervensystems, der Eingeweide des Unterleibes, hypochondrische Zufälle, Verstopfung und Verhaltung der Blähungen zugezogen«. Eine Hebamme hatte der Frau bestätigt, nicht abortiert zu haben. Zudem hatte sie noch vor kurzem Kindsregungen bemerkt, ihr Unterleib war täglich größer geworden, sie hatte auch Wehen gespürt. Der Arzt, der die Patientin nur »wegen eines Brust-Fluß-Fiebers« behandeln sollte, befragte die Kranke im Rahmen der Anamnese ausführlicher. So erfuhr er von ihr, die weiterhin in Geduld ihre Geburt erwartete, ohne darüber ärztlichen Rat einholen zu wollen, die vorangegangenen Ereignisse. Sie selbst erklärte sich die »Umstände« folgendermaßen:

> »... da schon 12 Monate der Schwangerschaft verflossen, [sie] täglich ihre Niederkunft [erwartete]. Hätte sich außerdem munter befunden. Sey weder mit der hartnäckigen Verstopfung nach dem Erbrechen wie bey vorherigen Schwangerschaften beschweret. Sie vermuthe, daß wegen dem im Monat Jul. erlittenen häufigen Abgang

---

56 Siehe *Uden/Pyl (Hg.)*, Magazin, Bd. 1, 1783, 4. St., S. 958–992.
57 *Pyl*, Repertorium, Bd. 1, 2. Ab., 1789, I.

des Blutes der foetus nicht genugsam habe ernähret werden können, weshalb eine längere Zeit zu seinem Wachsthume erfordert würde.«

Warum sich das Predigerehepaar keine ernsthaften Sorgen machte, geht zudem aus dem weiteren Bericht des Physikus hervor:

»Vor einigen Monaten konnten, wenn die Hand auf den Unterleib geleget wurde, solche Bewegungen verspüret werden, wie man beym vorhandenen lebendigen foetu gewahr wird. Ja man konnte die Bewegungen deutlich sehen. Und der Prediger nebst dessen Frau versichern, daß sie bey der starken Bewegung bisweilen die fluctuation der Feuchtigkeit, so den foetum umgiebt – oder wie sie es nennen – ein Plempern des Wassers gehört.«

Auch eine Hebamme und ein zu Rate gezogener weiterer Mediziner fühlten in der Nabelregion »Stösse« wie von einem Ungeborenen. Der Ehemann wies alle medizinischen Vermutungen über eine Mola entrüstet zurück. Nachdem er das schriftliche Obergutachten des Collegium Medicum zugesandt bekommen hatte, »so gab mir derselbe [Prediger] mit Zurücksendung des Consilii den schriftlichen Bescheid, daß er von der Würklichkeit des Daseyns eines lebenden Kindes bey seiner Frau zu gewiß überzeugt sey. So würde er den Ausgang dieser Sache Gott und der Natur allein überlassen und nichts gebrauchen.« Zwischen dem Sturz der Frau und dem Schreiben des Pfarrers lagen genau 32 Monate. Wenige Wochen später gingen Wasser und geronnenes Blut ab, die Symptome verschwanden.

Die Empfindung solcher »inneren Rührung« konnte zu Anfang des 18. Jahrhunderts noch anders interpretiert werden: Ein Kreisphysikus berichtete 1733 amüsiert von zwei Fällen, die bereits einige Jahrzehnte zurücklagen; den ihnen zugrundeliegenden »Aberglauben« hielt er aber noch immer für weit verbreitet, wie er betonte. Eine 50jährige Frau hatte »5 Jahre ein lebendig Thier im Leibe« gespürt, und kein Arzt konnte eine überzeugende Erklärung liefern. Eine andere ließ man erbrechen und schmuggelte ein Tier in das Gefäß, so daß sie tatsächlich glaubte, »sie habe es mit weggebrochen«[58] Solche Erscheinungen standen einerseits in Zusammenhang mit der bis zum Ende des 18. Jahrhunderts auch von einigen akademischen Ärzten noch bestätigten Lehre von der Einbildungskraft (Imagination). Seelische

---

58 *Gohl*, Medicina, 1735, Sec. I, I und II. Beispiele dafür finden sich auch bei *Fischer-Homberger*, Krankheit, 1979, S. 116.

Kräfte, durch optische oder akustische Reize ausgelöst, wirkten auf das Kind im Mutterleib und formten es entsprechend.[59] Andererseits wurde die Gebärmutter lange Zeit selbst als ein lebendiges Tier betrachtet, das im Körper ein Eigenleben führte.[60]

Ein weiteres Problem stellte die »Superfoetation« dar, die sogenannte Überfruchtung oder Überschwängerung.[61] Dies waren nicht nur Fälle ungewöhnlich langwieriger Schwangerschaften, sondern auch jene, in denen zwei vollausgetragene Kinder im Abstand weniger Wochen oder ein Abort und ein reifes Kind im Abstand weniger Monate zur Welt kamen: 1676 war die Ehefrau des Delitscher Torwächters von einer Hebamme von einem etwa 20 Wochen alten »Mond-Kind« entbunden worden. Man vermutete ein weiteres Kind, da die Schwangerschaftszeichen anhielten. Um zu klären, ob eine Superfoetation oder ein Abtreibungsversuch vorlag, wurde ein Verfahren eingeleitet. Nach einigen Monaten wurde es – wie so viele andere auch – ergebnislos eingestellt.[62] Auch zur Klärung der Vaterschaft konnte die Theorie der Überfruchtung herangezogen werden: Noch 1790 versuchte ein Bäcker im Pflegestreit um die Versorgung des weißen Kindes der Witwe eines »Mohren«, die angab, noch zu Lebzeiten ihres Mannes ein Verhältnis mit jenem gehabt zu haben, wegen Überfruchtung die Vaterschaft dem Afrikaner zuzuschreiben. Seine Klage wurde abgewiesen.[63]

Die Schwangerschaftsdauer war noch immer umstritten, obwohl sie in einigen Ländern zwischen 181 bis 302 Tagen variierend sogar gesetzlich festgelegt war.[64] In fast allen Fallsammlungen tauchte bis zur Jahrhundert-

---

59 Betrachtete zum Beispiel eine Schwangere auf einem Heiligenbild zu lange einen Drachen, konnte sie ein so geformtes Wesen gebären, wurde sie von einem Schuß erschreckt, konnte das Neugeborene entsprechende Verletzungen aufweisen. Zur Imaginatio siehe ausführlicher *Bennholdt-Thomsen/Guzzoni*, Theorie, 1990; *Fischer-Homberger*, Medizin, 1983, S. 254–267, *Boucé*, Imagination, 1987, S. 86–100 sowie *Huet*, Imagination, 1993, Teil 1.
60 Derartige Vorstellungen hielten sich teilweise bis ins 20. Jahrhundert, indem bestimmte schmerzhafte Unterleibsbeschwerden, allgemein als Koliken bezeichnet, als lebendige Kröten, Frösche oder krallenbewehrte Tiere begriffen wurden, die man nicht durch unvernünftigen Lebenswandel reizen dürfe, vgl. *Berg*, Krankheitskomplex, 1935, besonders S. 25–36.
61 Wie viele andere, so beschreibt auch noch *Roose*, Grundriss, 1802, S. 112 und ders., Beiträge, Bd. 2, 1802, Fall 6, dieses manchmal bei Witwen zu beobachtende Phänomen.
62 Siehe *Petermann*, Casuum, Dec. I, 1708, X.
63 Vgl. *Pyl*, Aufsätze, 7. Slg., 3. Ab., 1791, Fall 2.

wende immer wieder die Frage auf, ob eine Frau auch nach 12 oder mehr Monaten ein normales Kind zur Welt bringen könne.[65] So durfte eine ledige Frau, wenn sie ein besonders kleines Kind zur Welt brachte, welches vom Arzt als Sechs-, Sieben- oder Achtmonatsfrucht bezeichnet wurde, eventuell mit einem Freispruch rechnen, weil die Frucht als Fehlgeburt gesehen wurde und sie so von der Geburt überrascht worden sein konnte.[66] Eine 29jährige Ehefrau hatte im Januar 1779 einen Abort im vierten Monat. Obwohl Fötus wie Nachgeburt klar identifiziert wurden, verloren sich ihre Schwangerschaftszeichen nicht, nahmen sogar weiter zu. Sechseinhalb Monate später gebar sie schließlich ein voll ausgewachsenes gesundes Kind.

»Die Mutter trug also schon eine Frucht von viereinhalb Monaten als sie eine zweyte empfieng, welche sich fest genug einwurzeln konnte, um durch die Erschütterung der Geburtsarbeit viertehalb Monate hernach, nicht ausgestoßen zu werden ... Das zweite Kind konnte nicht nach der Geburt des ersten empfangen seyn, denn dann wäre es nur fünf Monate alt und folglich nicht lebensfähig gewesen.«[67]

---

64 Siehe *Borkowsky*, Krankheit, 1988, S. 262. Dies war für die Frage nach der ehelichen Zeugung von Kindern entscheidend, vgl. zum Beispiel *Gohl*, Medicina, 1735, Sec. II, XXIII. Auch der Zeitpunkt der Beseelung der Frucht spielte in diesem Zusammenhang eine große Rolle. Mädchen (42 Tage) brauchten länger als Jungen (30 Tage), um dieses Stadium zu erreichen. Siehe ausführlicher *Fahner*, System, Bd. 1, 1795, S. 153 ff.; auch *Fischer-Homberger*, Medizin, 1983, S. 268–277.
65 1748 war eine Frau in Onolzbach der heimlichen Geburt überführt worden. Sie beteuerte, von der Geburt überrascht worden zu sein, da sie nur einmal vor einem Jahr Geschlechtsverkehr gehabt hätte. Die Ärzte sollten nun klären, ob eine 12monatige »Tragzeit« möglich sei. Man konnte sich allerdings nicht so ganz einigen. *Hasenest*, Richter, Bd. 1, 1755, XIII. Zur Diskussion um die Schwangerschaftsdauer siehe ausführlich *Fischer-Homberger*, Medizin, 1983, S. 235–251.
66 Vgl. zum Beispiel *Gohl*, Medicina, 1735, Sec. II, XXIV. Selbstanzeigen waren verständlicherweise sehr selten. Als sich im März 1790 in Berlin die ledige Johanne Weisbachen, die sowohl Schwangerschaft als auch Geburt zunächst verheimlicht hatte, selbst bei der Polizei denunzierte, hatte sie wohl aus der Größe des Säuglingskörpers geschlossen, daß ihr kein Mordvorwurf drohen würde. Pyl stellte dann auch eine sechsmonatige, nicht lebensfähige Frühgeburt fest. Welche Strafe die Frau erhielt, ist nicht bekannt, *Pyl*, Aufsätze, 7. Slg., 1. Ab., 1791, Fall 11.
67 So *Fahner*, System, Bd. 2, 1795, S. 330 ff. Dieser Fall stammt aus »Hufelands Annalen der französischen Arzneikunde und Wundarzney«, Bd. 1, S. 451 ff., und verdeutlicht, daß dieses Phänomen so selten war, daß man auf ausländische Fälle zurückgreifen mußte, obwohl sich der Verdacht hin und wieder stellte.

Zunächst hatte man einen doppelten Uterus vermutet, dann wurde den Ärzten klar, »daß hier noch eine Frucht übrig[geblieben] war, die die Säfte absorbirt [hatt]e«. Mag es auch Ansätze zu anatomischen Klassifizierungen verschiedener embryonaler Entwicklungsphasen gegeben haben, sie existierten noch bis nach 1800 nur als ein Erklärungsmuster neben den althergebrachten. Die für die Medizingeschichte typische Ansicht, mit der wissenschaftlichen »Entdeckung« eines bestimmten Phänomens (in diesem Fall fötale Stadien, Bauchformen, Stellung des Muttermundes etc.) habe das neue Zeitalter der »rationalen Schwangerschaftsdiagnose« begonnen, sitzt dem aufklärerischen Axiom auf, das heute Gültige habe schlagartig alle Alternativen verdrängt.[68]

Gegen Ende des 18. Jahrhunderts wurde Leiblichkeit von Frauen wie Ärzten anders erfahren als heute. Die Vorgänge zwischen Zeugung und Geburt eines Kindes waren weitgehend unsichtbar, da sie hauptsächlich von den Empfindungen und der Selbstbeobachtung der Schwangeren abhängig und darum für die Umwelt bis zur Geburt rätselhaft waren. Die Unsicherheit der Gutachter gegenüber den Aussagen vor allem lediger Frauen war groß. Weit war man noch von der oft vorgetäuschten Sicherheit der Erkenntnis entfernt. Ambivalent war gerade das Verhalten jener Ärzte, die während einer noch ungewissen Schwangerschaft von »ehrbaren« Frauen wegen Menstruationsproblemen konsultiert worden waren, ohne etwas diagnostizieren zu können.

Doch wie intensiv sich eine Frau mit ihrem Körper befaßte, sie konnte – ebensowenig wie die Ärzte – bis zur Geburt, geschweige denn in den ersten drei Monaten,[69] nie wirklich sicher sein, ob, was und wann sie entbinden würde, da selbst die angeblich so eindeutige Kindsregung wie die nicht unbedingt neunmonatige Schwangerschaft auf Irrwege führen konnten. Angesichts dieser Unsicherheit selbst innerhalb der Wissenschaft kann der Passus des Preußischen Allgemeinen Landrechts, der das Verkennen einer Schwangerschaft maximal bis zur 30. Woche »zuließ«, nur als neuerlich verschärfte Kriminalisierungskampagne außerehelicher

---

68 So auch *Fischer-Homberger*, Medizin, 1983, S. 229 f.
69 Zu diesem Schluß kommt *Stukenbrock*, Zeitalter, 1993, S. 111. Man darf Fehleinschätzungen nicht schlicht als Zeichen geistiger Retardiertheit abtun, wie dies *Wegert*, Culture, 1994, S. 178, tut.

Schwangerschaften gedeutet werden und traf wieder einmal allein die Frau.[70]

Von den Zeichen der Jungfernschaft und vorsätzlichem Mißgebären

Im Zentrum der Aufmerksamkeit stand bei Schwangerschaftsverdacht zuerst das »Geblüth«. Frauen, Hebammen, Ärzte, Familie, Dienstherrschaft und Nachbarschaft beschäftigten sich mit dem Monatsfluß einer Frau, sei es, weil Nachwuchs in einer Ehe erwartet wurde, sei es, daß Folgen eines Ehebruchs oder einer nichtehelichen Beziehung befürchtet wurden. Und nicht zuletzt gab es auch Ehen, in denen weitere Kinder aus verschiedenen Gründen nicht mehr willkommen waren. Innereheliche Maßnahmen gegen unerwünschte Schwangerschaften drangen nur selten an die Öffentlichkeit. So verdächtig heftige Blutstürze bei ledigen Frauen waren, so unverdächtig waren sie zunächst bei Ehefrauen.[71] Gleiches galt für die Beschaffung und Anwendung von Brech- und Abführmitteln. Diese galten als recht verläßliche Abtreibungsmittel. Von ihrer Effektivität waren wenn auch nicht alle Ärzte, so doch weite Bevölkerungskreise fest überzeugt. Deshalb war bei den Behörden das Mißtrauen gegenüber diesbezüglicher Aktivitäten von Ledigen und Witwen groß. Auch ein vergeblicher Abtreibungsversuch zog Strafe nach sich, zumal »stattgehabte Unzucht« damit de facto eingestanden war. Allerdings konnte die Möglichkeit einer Fehlgeburt nie ausgeschlossen werden[72] – von Scheinschwangerschaften, die auch durch geträumten Beischlaf hervorgerufen werden

---

70 Zum ALR vgl. *Jerouschek*, Lebensschutz, 1988, S. 249.
71 *Hasenest*, Richter, Bd. 2, 1756, III. Der Ehemann mußte zugeben, er habe »seines Weibes dicken Leib« nach einiger Zeit »einfallen« sehen. Hintergründe und Ausgang des Prozesses sind nicht überliefert. – Nur in einem Fall wurde 1743 ein Verfahren wegen verheimlichter Schwangerschaft und Kindsmords gegen eine Ehefrau eingeleitet. Dabei wurde die vergrabene Nachgeburt eines fünf- bis sechsmonatigen Abortes aufgefunden.
72 *Pollock*, Embarking, S. 50ff., stellte anhand autobiographischer Quellen für den englischen Adel fest, daß die Gefahr einer Fehlgeburt ständig präsent und gefürchtet war und ein Spontanabort nicht eben selten vorkam. Dies bestätigt *Seidel*, Kultur, 1998, S. 49ff., auch für Deutschland im 18. und 19. Jahrhundert.

konnten, ganz zu schweigen.[73] In Ausnahmefällen galt sogar ein medizinisch induzierter Abort als statthaft.[74]

Eine Ehebrecherin steht für nicht wenige, die versuchten, über Vermittlung ihres Geliebten, eines Apothekers oder auch anderer Frauen, ihre »verlohrne weibliche Zeit wiederzuerlangen«.[75] Menstruationsstörungen öffentlich zu machen war dabei nicht ganz ungefährlich. In Hamburg zum Beispiel wurden außer Gichtkranken und Menschen mit Nabel- oder Leistenbruch auch Frauen mit Menstruationsproblemen ins Pesthaus zwangseingewiesen, wo sie unter strenger Aufsicht auf engstem Raum lebend zu harter Arbeit gezwungen wurden.[76] Andernorts waren es Familienangehörige oder Sexualpartner, die ohne Heimlichkeit für Urintests (Gesundheits-, aber auch Schwangerschaftsprobe) und die Verschreibung reinigender und damit treibender Mittel sorgten.[77]

Wie fließend die Grenzen zwischen frühneuzeitlicher Schwangerschaftsvorsorge und Abtreibung sein konnten, zeigt das Beispiel einer 25jährigen, deren Vetter dem Herausgeber ihren Urin mit einem versiegelten Brief sandte. Darin äußerte er offen, sie habe seit sechs oder sieben Wochen ihre Regel nicht mehr, »also förchtet sie andere grosse Übel und Ärgernus«. Damit sie nicht »durch grossen Kummer und Sorgen« noch kränker würde, »weilen das gute Mensch durch den Trunck zu einem Fall gebracht«, bat er, »solche Remedia an die Hand aus Güte zu verschaffen, daß alles in alten Stand wiederum komme, weilen ohne das die Sach noch in Zweifel ist und auch wann es so wäre, so ist es nach vieler Authorum ihrer Meynung erlaubt«, da ein Fötus je nach Geschlecht erst nach 40 beziehungsweise 80 Tagen »lebend und beseelet« würde. »Das Mensch sagt, sie empfinde weiter nichts in dem Leib, es seye ihr wie vorhin, als sich den Winter durch, absonderlich bey dieser grossen Kälte noch ein Husten mercken lässet, kan

---

73 Vgl. *Hoffmann*, Medicina, 7. T., 1730, Dec. I, III. Siehe dazu auch *Duden*, Geschichte, 1987, S. 181–187.
74 Vgl. dazu *Fischer-Homberger*, Medizin, 1983, S. 267f.
75 Vgl. *Hasenest*, Richter, Bd. 1, 1755, I. Nicht immer stieß diese Begründung auf Glauben (vgl. dazu *ebenda*, II).
76 Siehe dazu *Bake*, Fleiß, 1992, S. 49. Vermutlich galt diese Zwangsmaßnahme »nur« für ledige Frauen, die der Unzucht verdächtigt wurden, ohne daß Beweise dafür vorlagen.
77 *Stukenbrock*, Abtreibung, 1993, S. 95–110, geht unter Bezug auf bewußte Abtreibungsversuche differenziert auf die Aktivitäten der verschiedenen Beteiligten ein.

also wohl seyn, daß es nur ein verderbtes Wesen ist.«⁷⁸ In solchen Situationen bekamen Frauen von verschiedenen akademischen wie nichtakademischen »Practici« oft bestätigt, nicht schwanger zu sein. Auch von den Betroffenen selbst zur Klärung herbeigerufene schwangerschaftserfahrene Frauen, denen keine persönliche Beziehung zur Verdächtigen unterstellt werden konnte – Arztfrauen oder vereidigte Hebammen –, täuschten sich zuweilen über den Zustand der Untersuchten. Frauen aus höheren Ständen gerieten sehr selten in die Mühlen der Justiz. Nur ein Fall eines »adeligen Fräuleins«, das vermutlich abgetrieben hatte, findet sich in den Quellen und beweist wieder einmal die Selbstverständlichkeit der Klassenjustiz.⁷⁹ Nachdem im Garten das Skelett eines achtmonatigen Fötus gefunden worden war, erinnerte man sich daran, wie sie monatelang treibende Mittel genommen und ständig unter krampfartigen Schmerzen gelitten hatte. Obwohl sie einem Zeugen gegenüber gestanden hatte: »Hätte ich gewüßt, daß ein totes Kind zur Welt zu bringen so viel Schmerzen machte, hätte ich gewiß nichts eingenommen«, wurde das Verfahren eingestellt.

Andauernde krampfartige Schmerzen zogen unter anderen Umständen sehr wohl Einmischung der Umwelt nach sich.⁸⁰ Eine als »liederlich bekannte Wirtsmagd« wurde 1707 im Dorf für schwanger gehalten, war andernorts in einer Apotheke gesichtet worden, dazu wurden ihr Besuche bei einem im Haus logierenden Arzt nachgesagt. Nachbarinnen wurden aber erst aktiv, als sie »sich so ungewöhnlich wunderlich angestellet, … in dem Stall unter den Paaren herumgekrochen wie ein Viehe und … abscheulich gewinzelt und geweheklaget«. Mit verschiedenen Drohungen versuchte man vergeblich sie zur Geburtsarbeit zu bewegen, statt dessen wiederholte

---

78 *Parmenion*, Sammlung, 1742, XVIII. Es drängt sich der Verdacht auf, der rührige Cousin habe sich selbst an seiner volltrunkenen Verwandten vergriffen, da er hinzufügte: »Es will auch das Mensch selbst nicht glauben, daß es dieses seye, weil sie nichts schier darum weiß, daß sie seye cognoscirt worden perfecta copula. Sondern sie vermeynt vielmehr, daß sie sich an einem kalten Trunck verderbet habe, da sie in die Hitz an dem Tantz getruncken.« Er bat, Antwort wie Medizin zu versiegeln, damit der Bote nichts erfahre. Der Autor vertrat jedoch bereits die Ansicht, das Leben beginne mit der Zeugung, und verweigerte seine Hilfe.
79 *Gohl*, Medicina, 1735, Sec. II, XXXII.
80 Reflexionen und Verhalten von Dienstherrschaft, Verwandten, Kollegen und Kolleginnen, die die gleiche Körperwahrnehmung teilten, wurden bereits in meiner Magisterarbeit ausführlich untersucht. Siehe dazu *Lorenz*, Delikt, 1992, Kap. 2.

sie immer wieder, »es solle ihr kein Mensch ein Kind abnöthen«. Obwohl sie Nächte »voller Wintzeln, Heulen und Brüllen« zubrachte, »bey drey Tagen her gewaltige Hitz als wollte es ihr das Hertz abbrennen«, fühlte, »sich auch zuweilen anstellte als wollte sie wahnwitzig werden«, konnte sie keine der Nachbarinnen und Hebammen umstimmen. Noch bei der allein durch Willenskraft so lange verzögerten Geburt weigerte sie sich, dem Tode nahe, zu pressen und stellte trotzig fest, »dass sie wohl sterben müsse. Und nach ihrem Todt soll man sie aufschneiden oder öffnen. Und wann man finde, dass sie was eingenommen, das Kind abzutreiben, so sollte man ihren Leib verbrennen.«[81]

Heikel wurde es für Ledige immer dann, wenn sie bereits früher wegen »verdächtiger Conversation« aufgefallen waren und Schwangerschaftssymptome aufwiesen. Auch Witwen wurden dann in Präventivhaft genommen, um die weitere Entwicklung abzuwarten. Gerade ältere Frauen konnten aber an »Mutterbeschwerung« oder »obstructione mensium« leiden, an Blähungen und Krämpfen, die auf »passio[ne] hysterica« hindeuteten. Die zwei »Stücke Blut«, die man 1724 bei einer dreifachen Mutter entdeckt hatte, reichten als Indizien wie so oft nicht für eine Verurteilung aus. Da hatte die Betroffene schon monatelang in Haft gesessen.[82] Solche »Stücke Fleisch und Klumpen« waren letztlich nicht einzuordnen. Die Medizin erkannte dieses Dilemma in der Theorie an, in der Praxis wurden Frauen auf ärztlichen Rat hin zur Beobachtung oft monatelang festgehalten.

Der Tübinger Professor Ploucquet (1744–1814), der Vorzeige(gerichts)mediziner der Zunft und Kindsmordspezialist, schrieb in einer seiner Schriften sehr treffend: »... nicht alles, was aus den Geburtsteilen einer Frau kommt, ist ein Mensch«.[83] Es hatte zum Beispiel das »beschwerliche Klopfen und Weltzen« eines »Mond Kalbes« falsche Erwartungen beziehungsweise Befürchtungen wecken können.[84] Deshalb hatte eine 50jährige mehrfache Mutter und ehrbare Ehefrau »über Jahr und Tag« auf ein weiteres Kind gewartet, doch erst bei einer deshalb verordneten Kur ging »unter denen grau-

---

81 *Baier*, Introductio, 1748, XXVII. Die Frage nach der Ursache für den Abgang des viermonatigen Fötus konnte der Gutachter nicht beantworten. Er erstellte einen Fragenkatalog, den man ihr vorlegen müsse, um Näheres zu erfahren.
82 Siehe *Hoffmann*, Medicina, 4. T., 1724, Dec. IV, X.
83 Zitiert nach *Duden*, Frauenleib, 1991, S. 114.
84 *Hoffmann*, Sammlung, 1735, Part. IV, Caput V, Observatio I.

sigsten Schmertzen ein fleischlichtes Gewächs oder Mond-Kalb« ab.⁸⁵ Auch eine 29jährige Ehefrau, die bereits Erfahrungen mit der Geburt dreier Kinder und einer Fehlgeburt vorweisen konnte, beobachtete seit einiger Zeit an sich nicht nur Blutstürze, Ekel vor Bier und Fleisch, sondern auch blutigen Husten, Schreckhaftigkeit, Herzensangst, Zittern und verschiedene Schmerzsymptome vor allem im Darmbereich. Mit dem Stuhl gingen mehrmals Blutklumpen und – wie der Gutachter nach der Untersuchung bestätigte – auch »Knöchelchen von einer Frucht« ab. Da dem Arzt parallele Fälle bekannt waren, bezweifelte er die Umstände nicht und verordnete eine »vorsichtige Cur«.⁸⁶ Angesichts der Realität solch mysteriöser Phänomene wird besser verständlich, daß gerade ledigen Erstgebärenden nicht widerlegt werden konnte, sie hätten geglaubt, es sei eine »Mißgeburt«, ein »Mondkalb oder schlicht »geronnenes Geblüt« gewesen, was da unter ihnen in den Abtritt gefallen war.⁸⁷ Ein solches »Gewächs« konnte zum Beispiel aufgrund ungesunder Genüsse und übermäßiger Gier abgehen, wie bei jener 24jährigen Ehefrau, die ein riesiges Stück Mettwurst hinuntergeschlungen und in der Nacht prompt fiebernd und unter Schmerzen eine Mola entbunden hatte.⁸⁸

In jedem Fall war nach ärztlichem Dogma ein fruchtbarer Beischlaf Voraussetzung für solche Mißbildungen. Ledige Frauen, die Geschlechtsverkehr abstritten, waren somit der Lüge überführt, erst recht wenn die Mola menschliche Formen erahnen ließ.⁸⁹ Eine der verheimlichten Schwanger-

---

85 *Hoffmann*, Medicina, 12. T., 1739, Dec. IV, V.
86 Siehe *Daniel*, Beiträge, Bd. 3, 1755, XIII.
87 Eine Zwanzigjährige hatte ein Bedürfnis nach Stuhlgang verspürt und sich deshalb auf den Abtritt begeben. Dort fühlte sie etwas von sich »schießen«, konnte aber in der Flüssigkeit unter sich nichts entdecken. Da sie auch keine Geräusche gehört habe, habe sie sich nicht weiter darum gekümmert, vgl. *Pyl*, Aufsätze, 7. Slg., 1. Ab., 1791, Fall 2. Fast identisch *ebenda*, Fall 8: Diese Frau hatte den Kopf des Kindes zwischen ihren Beinen bemerkt, als sie Stuhldrang verspürte. Sie fing das Kind auf, bevor es in den Nachtstuhl fallen konnte, und hielt es sogar noch eine Weile, um zu sehen, ob es lebte. Da es sich nicht rührte, warf sie es in den Nachtstuhl und dessen Inhalt später auf den Misthaufen. Das gleiche *ebenda*, 1. Slg., 1783, Fall 17; *ebenda*, 5. Slg., 1. Ab., 1787, Fall 4, sagte eine Frau, sie habe überraschend auf dem Nachteimer geboren und »kein Leben daran verspüret und ohne es weiter anzusehen ins Wasser geworfen«.
88 *Hoffmann*, Medicina, 3. T., 1723, Dec. I, II.
89 Vgl. *Schwaben*, Anweisung, Bd. 2, 1787, Kap. 9. Siehe auch *Fischer-Homberger*, Medizin, 1983, S. 232–235.

schaft verdächtige 33jährige saß 1733 bereits seit neun Wochen in Untersuchungshaft. Sie wies die typischen Zeichen wie einen dicken Bauch, Milch in den Brüsten und Wasser in den Beinen auf, berichtete aber von langjährigen Unterleibsbeschwerden, schwarzem Menstrualblut und Blutstürzen, die »aller Apparenz nach schon vor vielen Jahren von Erkältung entstanden«. Den dicken Bauch habe sie seit Jahren, war deshalb nachweislich in Behandlung. Hebamme und Arzt widersprachen einander in ihren Befunden. Verdächtig machte sie ihr fragwürdiger Ruf und die Tatsache, daß sie immer dann einen hohen Leib gehabt habe, »da die Hirten bey ihr waren«. Der Arzt empfahl, bei ihr zu Hause nach einem Abort oder einer Kindsleiche zu suchen und begründete dies entsprechend akademischer Logik folgendermaßen: »Hätte sie ein ungesund, i.e. eine molam, ein Gewächs getragen, so hätte sie es ohne Zweifel gerne gestanden, dann die gemeine Leute wissen nicht, daß solches einen coitum praesupponirt.«[90]

Dieser Umgang mit ledigen Frauen, die nicht auf die Idee kamen, einen logischen Zusammenhang zwischen Sexualität und Unterleibsproblemen herzustellen, war üblich. Über die Unterschiede zu populären Vorstellungen und neuesten medizinischen Erkenntnissen, d.h. über eine seitens der Ärzte unterstellte Unwissenheit, versuchten die Akademiker häufig ihre Unsicherheit mit viel Theorie und wenig Empirie zu verschleiern. Sie konstruierten »Wissenslücken«, die die ahnungslosen Frauen in juristische Fallen tappen ließen. Auch beim Abgang einer Mola wurden deshalb normale Verfahren wegen verheimlichter Schwangerschaft und Abtreibungsverdacht eingeleitet, die jahrelange Haftstrafen nach sich ziehen konnten. Die Verhöre und Befragungen waren dabei ebenso aufwendig wie in den öffentlich engagiert diskutierten Kindsmordverfahren: Die 24jährige Maria Brandin zum Beispiel, der 1724 beim nächtlichen Kornmahlen »ein Stück Fleisch« abgegangen war, das sie heimlich vergrub, mußte in wiederholten Verhören jeweils mehr als 200 Fragen über sich ergehen lassen.[91] Nach sieben Monaten befand man, es sei wirklich eine Mola gewesen, denn als »einfältiges Bauer-Mensch« habe sie sich ihre detaillierte Geschichte kaum ausdenken können, auch sei sie von ihrer Mutter häufig »wie ein Viehe tractiret« und verprügelt worden, habe ständig »Manns-Arbeit« tun müs-

---

90 *Parmenion*, Sammlung, 1742, VII. Die Frau starb kurz nach ihrer Entlassung.
91 Sämtliche Fragen und Antworten finden sich bei *Fritsch*, Geschichte, Bd. 5, 1734, Fall 4.

sen, was für die Mißbildung verantwortlich gewesen sein mochte. Nur ein Fall von 1783 ist erwähnt, in dem das Gericht von sich aus einen Gutachter einschaltete, um den Geisteszustand einer Inhaftierten als mögliche Entlastung zu überprüfen.[92] Offenbar hatte die Magd bereits in den Verhören einen derart debilen Eindruck gemacht, daß weniger Liederlichkeit als Übertölpelung für die Schwängerung verantwortlich gemacht wurden. Die Routinefragen zu Krankheiten und Menstruationsproblemen brachten den Physikus zunächst nicht weiter. Ihre »wunderbare Gleichgültigkeit bey allem was ihr gesagt wird« deutete allerdings auf »unbegreifliche angebohrne Dummheit, vielmehr Mangel an Begriffen, Einfalt, welche nahe an Blödsinn grenzt« hin, weshalb man sie tatsächlich für ihre Sorglosigkeit angesichts der als lebensgefährlich eingeschätzten einsamen Entbindung nicht strafen könne.

Vermutlich fürchteten viele Frauen, die nur wenige Tage oder Wochen nach »stattgehabtem Beischlaf« tatsächlich abtreibende Mittel anwandten, sonst erst schwanger zu werden. Viele schienen tatsächlich zu glauben, durch einen »Trank danach« das Verhängnis noch abwenden zu können. Sie setzten eine Konzeption nicht mit dem Beischlaf selbst an. Das Befördern einer starken Regelblutung schien die Chancen auf Ausschwemmung des Samens jedenfalls zu erhöhen.[93] Dazu ließen sie sich Kampferspiritus, Wacholdersaft, Schnaps aufnötigen und arbeiteten noch härter als sonst, bis spät »in der Nacht nach heftigem Leibschneiden durch die vaginam uteri vier bis fünf compacte blutige Fauststarke Klumpen von ihr gangen«.[94] Schon ein einziger Geschlechtsverkehr genügte manchen Paaren, um nachträglich kontrazeptiv tätig zu werden.

Den Beschreibungen des »Abgegangenen« läßt sich entnehmen, daß die Frauen keine emotionale Bindung an ein etwaiges »ungeborenes Leben«

---

92 *Pyl*, Aufsätze, 5. Slg., 3. Ab., 1787, Fall 15.
93 Einen parallelen Fall zitiert auch *Stukenbrock*, Abtreibung, 1993, S. 120, interpretiert dieses Verhalten allerdings als schon zur Routine gewordenes gezieltes Abtreiben – welches objektives Wissen voraussetzen würde.
94 *Kühn*, Sammlung, Bd. 1, 1791, Kap. I, Fall 9. Von den 14 schwanger verstorbenen Frauen, die der Autor in dem Band »vorstellte«, kam er immerhin bei vier Frauen zu dem Schluß, sie hätten einen Abtreibungsversuch nicht überlebt, vgl. auch *Büttner*, Unterricht, 1769, S. 206. Von konkreter Initiative der Sexualpartner zur Abtreibung berichtet auch *Stukenbrock*, Abtreibung, 1993, S. 113 f.

empfanden. Frauen, die einem Kind gegenüber keine positiven Gefühle aufbringen konnten, weil sie (noch) keines haben wollten, betrachteten eine mögliche Frucht ihres Leibes als bloßen Teil von ihrem Fleisch und – im Wortsinne – Blut. Dieses Verhalten stützt die von Duden aufgestellte These eines kulturellen Konzeptes von Schwangerschaft, welches ein »geronnenes Geblüth« erst dann »Kindlein« sein läßt, wenn es sich durch Bewegungen im Leib bemerkbar gemacht hatte. Diese Einstellung läßt sich eindeutig auf die traditionelle Definition menschlichen Lebens mit der ersten Kindsregung zurückführen. Sie war der Beweis, daß Gott der Frucht in diesem Augenblick spürbar Leben eingehaucht hatte. Entsprechend lautete der lateinische Fachterminus auch »animatio«. Im englischen Sprachraum galt dieser Moment ebenfalls als einzig glaubwürdiger Schwangerschaftsbeweis und wurde »quickening« genannt. In beiden Ländern galt die erste Regung auch rechtlich bis weit ins 18. Jahrhundert hinein als Beginn der Lebendigkeit. Nur von diesem Zeitpunkt an war eine Abtreibung strafbar. Erst die eigentlich paradoxe Allianz von Medizinern und Theologen setzte langsam die neue wissenschaftliche Tatsache der Beseelung zum Zeitpunkt der Empfängnis durch.[95] Wie sehr der Blick das Sehen prägte und gleichzeitig die Rechtssetzung einer Gesellschaft beeinflußte, zeigt die Reflexion eines Mediziners noch aus dem Jahr 1797, der Abtreibung für verwerflicher als Kindsmord ansah:

> »In Ansehung der Frage: wann ist die Leibesfrucht belebt zu nennen? denken die Ärzte und Rechts-Gelehrten nicht völlig gleich. Nach den Grundsätzen der Ärzte fängt sich die Belebung der Leibesfrucht mit dem Augenblicke an, worin sie empfangen wird ... Die Entdeckungen der Zergliederer lehren uns aber, daß schon am 14ten Tage sich die kenntlichste Spuren der Menschheit an einem Fötus zeigen, ja schon im Ey die zway Häute, die den Fötus einschließen und die Nabelschnur zu unterscheiden seyn ... Mir scheint ein Weib, das ein noch nicht gliedmäßiges Kind abtreibt, grausamer und strafbarer, als die, welche ein gliedmäßiges durch abtreibende Mittel toedtet.«[96]

Dieses Extrem war keine Ausnahme. In gleicher Schärfe gegen Frau und Justiz berief sich Metzger »auf den in der neueren forensischen Medicin längst verworfenen Unterschied zwischen einer beseelten und unbeseelten

---

95 Vgl. *Teichmeyer*, Anweisung, 1761, S. 46–50. Siehe auch *Duden*, Frauenleib, 1991, S. 116f.; ausführlich *Jerouschek*, Lebensschutz, 1988, S. 179–192.
96 Zitiert nach *Duden*, Nachsicht, 1980, S. 119.

Frucht. Jede Frucht ist vom Anfang ihrer Existenz her beseelt, und wenn die Jurisprudenz mit der Medicina forensis in ihrer Verbesserung Schritt halten soll, so muß diese Verschiedenheit der Strafe wegfallen.«[97]

Obwohl Ärzte bei Tieren schon fötale Stadien originalgetreu abbildeten, sahen ihre Augen im Leib der toten Frau stets nur, was sie sehen wollten – ein fertiges kleines Männlein. Dabei bezog man sich explizit auf Abbildungen von Erkenntnissen der »neueren Zergliederer«, wenn man im Ei vierzehn Tage nach der Empfängnis ganz eindeutig menschliche Züge erkannte.[98]

Vom Wandel in der Anatomie unbeeinflußt, scheinen nicht wenige Frauen sogar nach den ersten Kindsregungen noch Abtreibungsversuche unternommen zu haben. In den Sammlungen finden sich häufiger Fälle von vermuteten Aborten beziehungsweise Früh- und Totgeburten unter dramatischen Umständen, deren Hintergründe nicht endgültig geklärt werden konnten. Trotzdem lassen die Quellen darauf schließen, daß gerade einem Großteil der späteren Kindsmordfälle vergebliche Abtreibungsversuche, häufig mit Unterstützung anderer, vorausgegangen waren.[99] Eine von einem Feldwebel schwangere Dienstmagd gab zum Beispiel nach einer in Gegenwart ihrer Mutter und einer Offiziersfrau erfolgten Totgeburt zu, mehrmals ein Brechmittel und Tropfen aus »Sadebaum« und »Sinngrün« genommen zu haben, um abzutreiben, doch noch acht Tage nach der letzten Einnahme habe sie Kindsregungen gespürt.[100] Eine Woche vor der Totgeburt sei ihr zudem »beym Holzhauen ein Splitter ins Gesicht gesprungen, und sie nebst grossen Schreck verletzt, auch sie Tags vorher bey sehr stürmischem und kaltem Wetter nach W. zu Fuß, und von da wieder nach M. gegangen«. Aus heutiger Sicht mag die Argumentation der Frau als einfältige Verteidigungsstrategie erscheinen, doch derartige Erklärungen für Fehl- und Frühgebur-

---

97 *Metzger*, Materialien, Bd. 1, 1792, S. 160 f.
98 *Fahner*, System, Bd. 1, 1795, S. 155.
99 Die Kindsmordgutachten enthalten sehr viele Fälle, in denen ein Säugling tot geboren wurde oder nach wenigen Stunden verstarb (»Verwahrlosung der Frucht«). Vgl. dazu auch *Ulbricht*, Kindsmord, 1990, S. 160. Zur doppelt so hohen Zahl von Totgeburten bei Ledigen und Erstgebärenden (also besonders Dienstmägden) im Vergleich zu Ehefrauen vgl. *Seidel*, Kultur, 1998, S. 49 ff.
100 *Hoffmann*, Medicina, 6. T., 1728, Dec. III, VI. Die drei Frauen hatten den »foetus sextimestris«, der später vom Arzt obduziert wurde, nach drei Tagen heimlich begraben.

CASVS I.
Abortus tentatus cum insecuta Matris morte.
Eine abgetriebene Leibesfrucht, und darauf erfolgter Todt der Mutter.

DECRETVM.

Dem Hoch-Fürstl. Collegio Medico wird von dem Ober-Casten-und Richter Amt Cadolsburg wegen des in pto. procurati abortus bey seiner Dienstmagd verdächtigen Johann Peter Kiels, auf den Muckenhof eingesendetes Protocoll zu dem Ende zugestellet um ein förderſamſtes

X Physi-

Abb. 11: *Johann Georg Hasenest*, Der medicinische Richter oder Acta Physico-Medico forensia collegii Medici Onoldini. Von Anno 1735 biß auf dermalige Zeiten zusammen getragen hier und mit Anmerckungen ... und vollständigem Register ... versehen, Bd. 2, Onolzbach 1756.

ten veranlaßten Gerichte immer wieder, medizinische Gutachten einzuholen. Die Wahrnehmung der Kindsregung nach dem Abtreibungsversuch wurde nicht angezweifelt. Vielmehr bemerkte der Hallenser Professor in seinem Gutachten, gäbe es tatsächlich zuverlässige Abortiva, kämen gar keine unehelichen Kinder zur Welt. Doch bei Frauen mit »Disposition« zum Abort könnten solche Mittel »eine hefftige und außerordentliche Regung in dem Geblüth, auch wohl selbst der [Gebär-]Mutter einer schwangern Person verursachen«. Kämen noch »insonderheit hefftige Gemüths-Bewegungen« hinzu, könne es allerdings zur Fehlgeburt kommen.[101] Dies sei hier der Fall gewesen. Der »Schreck« und die auf der »kurz vorhergegangenen beschwerlichen Reise ... geschehene[n] Erkältung« seien für den Abort verantwortlich zu machen.

Demnach konnte eine Frau auch ohne Abtreibungsversuche selbst schuld an ihrer Fehlgeburt tragen, indem sie sich unnötig aufregte und »ungebührlich« aufführte, wie jene 19jährige Dienstmagd, die »öfters sich um geringer Ursachen halben (zum Zeichen eines eigensinnigen und boshaften Naturels) über ihre Frauen [Dienstherrin] erzörnet, die kurz vor ihrem abortiren getanzet, sogar ... einen nochmaligen unzüchtigen Beischlaf gehalten«. Gerade wiederholter Beischlaf, der zu »spasmodischen Convulsionen«, quasi einer Form von Epilepsie führe, löse eine nicht korrekt sitzende Leibesfrucht aus dem Uterus.[102] »Gemüthsbewegungen« wurden allerdings auch gegen Ende des Jahrhunderts noch für Kindstode verantwortlich gemacht. Der Berliner Stadtphysikus Pyl obduzierte einen nach drei Tagen gestorbenen Säugling, dessen Mutter von ihrer früheren Dienstherrin in der Mitte der Schwangerschaft mit einem Holzscheit auf den Unterleib geschlagen worden war.[103] Die neue Herrin hatte eine Tochter, deren epileptische Anfälle die Magd sehr ängstigten. »Dazu hatte sie vielen Kummer und Nah-

---

101 Diese Ansicht war medizinischer Konsenz, vgl. *Jerouschek*, Lebensschutz, 1988, S. 216–221.
102 Diese Position vertrat nicht nur *Hasenest*, Richter, Bd. 4, 1759, XIII. – *Hoffmann*, Sammlung, 1735, Part. IV, Caput V, De Abortu, Observationes I–VI, führt weitere Beispiele für vorzeitige Geburten wegen Ärger oder Schreck an. – Die medizinischen Klagen über zu häufigen Beischlaf während der Schwangerschaft und rücksichtslose Ehemänner, die Frau und Kind gefährdeten, lassen darauf schließen, daß weite Bevölkerungskreise diese temporäre Pathologisierung der ehelichen Beiwohnung nicht teilten.
103 *Pyl*, Aufsätze, 1. Slg., 1783, Fall 15.

rungssorgen und war immer kränklich.« Der Physikus sprach dem Schlag wohl Einfluß zu, doch seien die »Gemüthsbewegungen« der wahre Grund für die letale Schwäche des Neugeborenen gewesen.

Physische Gewalt gegen sichtbar Schwangere wurde in einigen Fällen zwar erwähnt, doch nur selten gestanden Ärzte diesem Faktor ursächliche Bedeutung für Fehlgeburten zu. So reizempfindlich das weibliche Gemüt auch war, der schwache Leib einer Frau sei schließlich zum Gebären gedacht und entsprechend zäh gegenüber äußeren Einwirkungen.[104] Tatsächliche Komplikationen wurden anderen Ursachen zugeschrieben und damit meistens der alleinigen Verantwortung der Betroffenen überstellt: Auch die Frau eines Gerichtsdieners klagte vergebens gegen einen Bäckermeister, der sie im Streit so hart zu Boden gestoßen hätte, daß sie eine Fehlgeburt erlitten habe. Sie habe bereits sieben Kinder geboren und wisse ganz genau, daß sie schwanger gewesen sei, denn ihre Regel sei seit zwei Monaten ausgeblieben. Nach dem Sturz habe sie unter starken Schmerzen und Blutungen gelitten. Der Kreisphysikus hingegen befand, sie sei keinesfalls schwanger gewesen, vielmehr könne sie wegen eines starken Gebärmuttervorfalles, der sich bei dem Sturz verschlimmert habe, weil sie keinen »Mutterkranz« trage, kaum mehr schwanger werden. Zudem sei »die vorgebliche Schwangerschaft noch sehr zweifelhaft, weil das zweymonatige Ausbleiben der Reinigung dazu nicht hinreichend ist«.[105]

Berichte über körperliche Gewalt, Stürze und Unfälle sind gerade in den Aussagen von Dienstmägden oder Bäuerinnen sehr häufig und ließen sich durch gutachterliche Recherche leicht überprüfen.[106] All diese nichtprivi-

---

104 Eine Schwangere war von ihrem Onkel niedergestoßen worden und auf einen Balken geprallt (»Von der Zeit an habe sie ihr Kind nicht mehr gespürt«), eine andere hatte sich mit ihren Brüdern geprügelt, vgl. *Roose*, Beiträge, Bd. 1, 1798, Fall 2 sowie *Daniel*, Sammlung, 1776, LXVI.

105 *Pyl*, Repertorium, Bd. 2, 2. St., 1791, Kap. 6, S. 324–328. Die Ehefrau beteuerte vergeblich, sie habe trotz ihres Gebärmuttervorfalles mehrere Kinder geboren; und einen Mutterkranz könne sie sich nicht leisten, weil eine »kluge Frau« dafür 6 Taler verlangt habe. Die Klage wurde abgewiesen.

106 Eine 38jährige Tagelöhnerin und mehrfache Mutter verklagte 1785 ihren Dienstherrn, der sie durch Ohrfeigen mehrfach zu Boden geschlagen hatte, worauf sie abortierte. Die Schläge als Ursache wurden zurückgewiesen. »Schreck« beim Anblick eines Erhängten sei verantwortlich. *Metzger/Elsner*, Bibliothek, Bd. 1, 4. St., 1786, Fall 2.

legierten Frauen mußten noch bis unmittelbar vor der Geburt schwerste körperliche Arbeit leisten und wurden bei Anzeichen von Schwäche mit physischer Gewalt angetrieben. Von der Feldarbeit bis zur Fron im Steinbruch gab es nichts, was diese Frauen in ihrem »Zustand« nicht tun mußten.[107] Extreme körperliche Anstrengungen, zum Beispiel Holz und Wasser schleppen oder Treppensteigen, wurden nach einer Totgeburt als bewußter Abtreibungsversuch gedeutet. Kam der Nachweis »unerlaubten Umgang[s]« hinzu, konnte ein solches Verfahren schon mal zehn Jahre Zuchthausarbeit einbringen.[108] In einem Fall berichteten Zeugen von einer hochschwanger verstorbenen Bäuerin, die noch wenige Tage vor der Geburt Mehlsäcke und Schweine geschleppt, Teig geknetet und Brot gebacken habe, »worauf sie über Schmerzen im Kreutz geklaget, ... sich erhitzet, und als sie nach Hause gekommen, mit ihrem Vater einigen Wortwechsel gehabt hat, nach welchem der Vater ihr mit dem Axthelm einen ziemlichen Schlag an den linken Arm gegeben«.[109] Der medizinische Gutachter kam nach der Obduktion ihrer Leiche zu dem Schluß, die Tote habe durch den Streit »Alteration, Erschrecken und Ärgernis empfunden, welche der Frucht schädlich gewesen«. Durch die harte Arbeit und den Schlag sei »das Geblüt in mehrere Wallung gekommen ... So geben diese Umstände uns an die Hand zu schlüßen, daß Denata sich selbsten durch das viele Heben und Tragen nothwendig verwahrloset, und der Frucht Schaden getan habe.«

Die Bedeutung des Blutes für die Entwicklung des Fötus war allgemein anerkannt. Die Schwester einer Verdächtigen führte die Totgeburt nach einem Treppensturz und starken Blutungen ebenfalls darauf zurück, daß »dem Kinde solchergestalt die Nahrungs-Kraft und vitalität entzogen worden« und es deshalb bald »hat crepiren müssen«.[110]

---

107 Vgl. etwa *Roose*, Beiträge, Bd. 1, 1798, Fall 4. Ferner siehe zum Beispiel *Gohl*, Medicina, 1735, Sec. II, VI oder *Pyl*, Aufsätze, 5. Slg., 1. Ab., 1787, Fall 6, um nur einige Beispiele zu nennen.
108 *Metzger*, Schriften, Bd. 3, 1784, Kap. III, Fall 12. Eine frühere Zwangsuntersuchung war ergebnislos verlaufen.
109 *Büttner*, Unterricht, 1769, S. 153 f. Sie selbst starb sechs Tage nach der Geburt einer »todten Frucht«. Die Untersuchung wurde nur ausgelöst, weil im Dorf »die Rede gewesen«, daß der Vater schuld an beider Tod trage.
110 *Richter*, Digestia, 1731, Dec. VII, II. Die Gebärende wurde nach Ableistung der Urfehde »nur« mit Staupenschlägen des Landes verwiesen.

Die Verantwortung für die Folgen der Überanstrengung oder eines Unfalls wurde immer den Frauen zugeschoben, obwohl diese gegenüber Ärzten häufig selbst über zu harten Dienst und daraus folgende Schwangerschaftsbeschwerden klagten.[111] Da in vielen Beschreibungen anklingt, welche uns heute hart erscheinenden Anstrengungen als alltäglich galten, ist die Dimension der gewagten Klagen kaum vorstellbar. Rationale Argumente wie Überarbeitung und physische Gewalt wurden nur dann in eine Diagnose einbezogen und der Frau sogar noch zum Vorwurf gemacht, wenn sie den Staat einen neuen Untertan gekostet hatten. Dies galt selbst, wenn zum Beispiel nach einer bewaffneten Schlägerei ein Kind mit eingedrückter Hirnschale geboren wurde und der verheirateten Mutter der Vorwurf der Imaginatio durch zu starke »Alteration« gemacht wurde, anstatt den Knüppel und die Fußtritte des Nachbarn in Erwägung zu ziehen.[112] Gerade Ehefrauen konnten schlecht unter sittlichen Vorwänden zur Rechenschaft gezogen werden, wurden deshalb als leichtsinnig Handelnde, weil die Frucht gefährdende Personen abgestempelt. Nur Witwen und Ledige konnten ohne Beweise zu langjährigen Zuchthausstrafen verurteilt werden.[113]

Die emotionale Einstellung der Gebärenden gegenüber Fehl- oder auch Totgeburten läßt sich nicht pauschalieren. Auch sind Hinweise darauf in den Quellen nur sehr spärlich zu finden, zumal viele Untersuchungen wegen Abtreibungsverdachtes allein wegen auffälliger Blutungen eingeleitet wurden, ohne daß es außer »Gerede« und »verdächtigen Arzneyen« konkrete Nachweise in Form eines aufgefundenen Abortes gab.[114] Allerdings lassen die wenigen überlieferten Beschreibungen dessen, was aus den eigenen »Geburtstheilen« gekommen war – von Befremden und Ekel abgesehen –, keinerlei Emotionen erkennen. Selbst wenn eine Frau eine Fehlgeburt bereits

---

111 Vgl. zum Beispiel *Hasenest*, Richter, Bd. 4, 1759, IX.
112 *Hoffmann*, Medicina, 5. T., 1726, Dec. II, X.
113 So wurde zum Beispiel eine Berliner Dienstmagd für eine Totgeburt zu sechs Jahren Zuchthaus verurteilt, obwohl ihr eine Verheimlichung der Geburt nicht nachgewiesen werden konnte, sie im Gegenteil »immer eine ordentliche, stille Person gewesen«, auch die Herrschaft nichts geahnt hatte, sie sich auch »nie ihren Augen entzogen, sondern beständig um ihr gewesen, wie auch noch den Morgen, da sie geboren, geschehen. Man ihr auch überdem äußerlich fast gar nichts ansehen können.« *Pyl*, Aufsätze, 1. Slg., 1783, Fall 17.
114 So zum Beispiel bei *Gohl*, Medicina, 1735, Sec. II, III. *Büttner*, Unterricht, 1769, S. 205 f., wetterte nachdrücklich gegen »solche boshafte[n] Gemüther« und zählte einige Fälle auf.

als »Kind« bezeichnete, wie jene Dienstmagd, die »aus Furcht vor ihrer Brodtherrschaft« den vier bis fünfmonatigen Fötus, der »doch nicht das mindeste Zeichen des Lebens geäußert«, zunächst »in ein Tuch gewickelt und in eine Lade gelegt« hatte, war es ausschließlich die Angst um die eigene Existenz, die Frauen zum Handeln trieb, und nicht die Sorge um die Rettung des Neugeborenen.[115] Anna Böhmin zum Beispiel hatte die »Stücker«, »das Gewürg« auf den Misthaufen geworfen und rechtfertigte ihr Tun damit,

> »es sey was einer Spannen lang von ihr gegangen. Sie habe sich nicht darnach umgesehen und es hinausgeschüttet. Es seye kein rechtes Kind gewesen. Es werde ein Büblein gewesen seyn, aber man habe keinen Kopf recht daran sehen können. Wie sie es angegriffen, seye alles voneinander gegangen. Es seye so weich und verfault gewesen. Das Kind habe nicht gelebt. Sey alles vermorscht und verfault gewesen. Der Kopf sey nicht dicker als ein Mannsdaumen gewesen.«

Mehrmals wiederholte sie, es sei »kein rechtes Kind« gewesen. Nie sprach sie von einer Geburt, nur davon, »etwas« oder »es« sei ihr »entgangen«. »Es habe alles gesehen wie lauter gestockte Geblüt.« Erst auf wiederholte Nachfrage nach ausführlichen Beschreibungen ihrer »verdächtigen Niederkunft« und einer geschlechtlichen Identifikation des Fötus gab sie weitere Details preis und übernahm den Ausdruck »Kind«, den die Verhörenden benutzten:

> »… sie habe an das Geschling ein wenig gegriffen und gespührt, daß es ein Büblein sey … Sey nicht ganz verfault doch noch beysamm gewesen, wie es aus dem Mutterleib gekommen. Es habe wohl die Haut noch gehabt, aber wann man sie angefaßt, sey sie gleich herunter gegangen. Unter der Haut sehe es weiß und vermorscht aus. Habe recht stark gestunken, geblutet habe es nicht … Der Kopf sey auch nicht faul gewesen, die Haut seye herunter geklitscht, aber das Bein (Skelet) nicht, dieses sey beisammen gewesen … Sie habe das Kind beim Beinen (weiset um die Gegend der Hüfte) angefaßt, und da sey sie mit dem Finger neben hinein gekommen und seye das Knöpperlein zerquetscht, selbigemal seye das Kind noch nicht auseinander gefallen, sie habe es nicht hart daran herumgeschüttelt, sondern seye steet mit umgegangen.«[116]

---

115 Hier *Pyl*, Aufsätze, 4. Slg., 1. Ab., 1786, Fall 21.
116 *Hasenest*, Richter, Bd. 4, 1759, IX. Auf den Einwand des Gutachters: »Wenn das Kind faul wäre gewesen, so wäre ihr Leib auch angesteckt worden«, entgegnete sie, »sie seye genug herumgetaumelt, hab sich im Gehen vor Schwindel anhalten müssen. Sie habe noch Schmerzen im Creutz genug.« Das bereits verweste Corpus delicti nötigte die Ärzte zu mehreren Verhören. – Die Beteuerung, vorsichtig gewesen zu sein, erfolgte nach massiven Beschuldigungen, sie habe das lebende Kind möglicherweise bloß zu grob angefaßt und dabei zerrissen.

Durch die insistierenden Fragen des medizinischen Gutachters sah sich diese Frau genötigt, über das Erlebte detailliert zu berichten, ihr Verhalten in der Situation nachträglich zu rechtfertigen und sich dabei nicht noch selbst zu belasten. Gefühlsäußerungen bezüglich der Aborte, wie etwa von Kindsmörderinnen überliefert, die bei der Obduktion einer Kindsleiche dabeisein oder ein totes Neugeborenes als ihres identifizieren mußten, fanden sich nicht. Man könnte fast von einer schicksalhaften Hinnahme solcher Ereignisse sprechen, was bei unerwünschten Kindern nicht verwundert. Auch so manche erfahrene Ehefrau erwähnte mehrmalige Aborte, die sie, an ihrer individuellen Schwangerschaftswahrnehmung gemessen, entweder als Fehlgeburt oder als bloßen Abgang gestockten Geblüts eingestuft hatte, ohne besondere Regung. Sorge um einen Fötus oder Trauer wegen gescheiterter Schwangerschaften kam in den als Abgang unreiner Stoffe oder einer mißgebildeten Mola empfundenen Fällen nicht zum Ausdruck.

Nur Ehefrauen, die sich ein Kind gewünscht hatten, klagten nach bewußt erlebten Fehlgeburten über etwas, das Mediziner »hypochondrische Beschwerden«[117] nannten. Sie verspürten seitdem »Kopf-Schmerzen, Neigung zum Brechen, Hartleibigkeit, offtern Brechen, Drücken in Magen, Reissen in Leibe, Erkältung der äußern Glieder und einer kältenden Empfindung auf einem gewissen Fleck des Hauptes«, »Schlafflosigkeit und grosse Traurigkeit«,[118] »beschwerliches Zwengen«,[119] »Hertzens-Angst und innerliche Hitze«[120] und vieles mehr. Nur in solchen Fällen wird Trauer über verfehlte Schwangerschaften immerhin durch den Filter der ärztlichen Interpretation deutlich, die einen direkten Zusammenhang zwischen den Vorgängen im Uterus und gewissen »Gemüthsaffecten« durch den aus dem Gleichgewicht geratenen Säftehaushalt konstatierte.

Die Unsicherheit der Schwangerschaftswahrnehmung teilten Frauen, Ärzte, Familie und Nachbarn. Die Art der Kombination der persönlichen

---

117 *Hoffmann*, Sammlung, 1735, Part. IV, Caput V, Ob. IV. Hiermit konnten sowohl schlicht Oberbauch- (i.e. Hypochondrium) beziehungsweise Unterleibsbeschwerden gemeint sein, als auch eingebildete Beschwerden. Da es sich bei der Aufzählung jedoch um vielfältige Symptome handelte, ist wohl die zweite Interpretation die wahrscheinlichere.
118 *Ebenda.*
119 *Ebenda*, Ob. V.
120 *Ebenda*, Ob. VI.

Zeichen war keineswegs eine rein physiologische, die auf eine Bandbreite anthropologischer Konstanten hingedeutet hätte, sondern vielmehr an die psychische Situation der Betreffenden gekoppelt. Bei der einen lösten bestimmte Symptome Schrecken und (vergebliche) Abtreibungsversuche aus, eine andere wollte sich unbedingt schwanger sehen und ignorierte deshalb alles, was diesem Selbstbild widersprochen hätte. Aus medizinischer Sicht war gegen dieses psychosomatische Chaos kein Kraut gewachsen. Ein ehrlicher Arzt wußte, daß er im Grunde nichts wußte. Die soziale, familiäre und ökonomische Situation einer werdenden Mutter beeinflußte jedoch nicht nur den Schwangerschaftsverlauf, sondern auch das unmittelbare Geschehen um die und nach der Geburt.

Verdächtige Geburten und zweifelhafte Kindstode

Geburtsbeschreibungen aus der Perspektive von Gebärenden sind in detaillierter Form fast nur von des Kindsmordes Verdächtigten oder aus wenigen Verfahren gegen Hebammen überliefert, bei denen eine überlebende Wöchnerin geklagt hatte.[121] Anhand deren Erzählungen wollten die medizinischen Gutachter entweder die angebliche Überraschung der Geburt sowie die mögliche Todesursache des Neugeborenen überprüfen oder Verfahrensfehler der Wehemütter rekonstruieren. Die meisten Prozesse gegen Hebammen wurden allerdings erst beim Tod der Gebärenden eingeleitet, so daß keine Selbstaussagen vorliegen. Doch auch in den historischen Untersuchungen zu Kindsmord blieb der zentrale Aspekt der Körperwahrnehmung bisher marginal, obwohl hier die Berichtslage erheblich besser ist. Die Bedeutung des Zusammenhangs zwischen der Einstellung der Frauen zum Vorgefallenen und der davon maßgeblich beeinflußten Einschätzung der Gutachter fand kein Interesse. Werden in Prozeßakten erwähnte medizinische Gutachten von der historischen Forschung überhaupt berücksichtigt, gewinnt das Gutachten automatisch den Status eines objektiven Maßstabs zur Interpretation der Aussagen der Betroffe-

---

121 Eine dieser wenigen ausführlichen Geburtsbeschreibungen einer Ehefrau findet sich bei *Pyl*, Aufsätze, 1. Slg., 1783, Fall 20.

nen.¹²² Der *medizinische* Nachweis des Tötungs*vorsatzes*, der in den Kindsmordgutachten eine große Rolle spielt und damals aus dem der Frau nachzuweisenden *Wissen* um die eigene Schwangerschaft abgeleitet wurde, wird in der Forschung kaum problematisiert.¹²³ Angaben von Kindsmörderinnen und Zeugen wie Zeuginnen in Verhören müssen zwar immer auch als mögliche Verteidigungstaktiken in Betracht gezogen werden, doch selbst als Strategien, die sowohl juristische als auch medizinische Obrigkeiten in Zugzwang brachten, erzählen sie von in der frühen Neuzeit bekannten und ausschließlich Frauen vertrauten Erfahrungen mit bestimmten Körperphänomenen. In diesem Zusammenhang wird immer wieder die Frage nach den Gefühlen und Motiven der Täterinnen gestellt.¹²⁴

Bei der Lektüre der Medizinprotokolle fällt zunächst auf, daß in einer Zeit, für die man bisher gemeinhin von einer hohen Kindbettsterblichkeit ausging und für die ein Medizinhistoriker sogar die These aufstellte, viele Frauen hätten aufgrund rachitisch deformierter Becken größte Schwierigkeiten bei der Geburt gehabt,¹²⁵ ausgerechnet Kindsmordverdächtige

---

122 Besonders deutlich wird dieser Blickwinkel insgesamt bei *Fischer-Homberger*, Medizin, 1983. Meistens handelt es sich um den Nachweis einer Lebendgeburt anhand der Obduktion eines toten Neugeborenen, wobei die Lektüre der Ermittlungsakten vorausgegangen ist. Zuletzt auch bei *Wegert*, Culture, 1994, Kap. 5.
123 So bei *Ulbricht*, Kindsmord, 1990, besonders Kapitel 2.2. und 2.5.2. Schwieriger ist dies bei Abtreibungsfällen, von denen erheblich weniger überliefert sind. *Stukenbrock*, Abtreibung, 1993, weist wiederholt auf die Hilflosigkeit der Gutachter hin, thematisiert allerdings nicht die Unsicherheit der Selbstwahrnehmung der Frauen. Ausnahmen stellen *Zimmermann*, Kindsmörderinnen, 1991, S. 77 ff. und neuerdings *Michalik*, Kindsmord, 1997, S. 155–172, dar. *Jackson*, Child Murder, 1996, ist ebenfalls vorsichtiger.
124 Siehe *Wegert*, Culture, 1994, S. 153 f.
125 Vgl. *Shorter*, Körper, 1984, S. 39–47. Auch *O'Dowd/Philipp (Hg.)*, Obstetrics, 1994, feiern im Verlauf ihrer Arbeit immer wieder die Rettung der Gebärenden durch die Entwicklung von Zangen und Operationstechniken seit dem Ende des 18. Jahrhunderts, ohne die den Tod vieler Frauen verursachenden Menschenversuche in den Gebäranstalten zu thematisieren oder gar die Notwendigkeit einer massenhaften Anwendung geburtshilflicher Instrumente zu hinterfragen. Der Geburtsvorgang wird von der Medizingeschichte weiterhin per se pathologisiert. Im Gegensatz dazu vgl. die eher sozial- und kulturgeschichtlichen Ansätze bei *Metz-Becker*, Körper, 1997 und *Labouvie*, Umstände, 1998, *Schlumbohm*, Rituale, 1998 und sehr differenziert *Seidel*, Kultur, 1998, Kap. 3, besonders S. 57–64 und S. 356–360, der angesichts des massiven Kindbettsterbens den »Nutzen« der medizintechnischen Entwicklung bis 1880 für äußerst »ambivalent« hält (S. 425).

durchweg leichte Geburten aufwiesen.[126] Die meisten Schwangerschaften mußten »beschwerdefrei« verlaufen sein, sonst wäre es ausgeschlossen gewesen, sie geheimzuhalten.[127] Todesfälle von Müttern bei heimlichen Geburten erscheinen in den Gutachtensammlungen gar nicht, obwohl gerade diese Publikationsstoff für gynäkologische Forschungen geboten hätten. Keine der Frauen beschrieb eine von ihr selbst als lebensgefährlich empfundene Geburt. Fast alle berichteten hingegen von Sturzgeburten – das Kind sei von ihnen »geschossen«, dabei sei die Nabelschnur gerissen, so daß das Neugeborene mit dem Kopf aufgeprallt sei.[128] – Eine jüdische Dienstmagd, die eine viermonatige Fehlgeburt hatte, berichtete,

> »um elf Uhr abends habe sie, eines besondern Drängens im Geschöß wegen, aufstehen müssen. Da sey etwas von ihr auf die Erde geschossen, welches sie für Stücken Geblüt gehalten und deshalb den in der Stube seyenden Personen zugerufen: Es schieße was von ihr. Sie glaube, daß es ihre wiederkehrende Reinigung sey.«[129]

Zu Sturzgeburten konnte es besonders dann kommen, wenn das Kind schnell nach dem Fruchtwasser kam. Die Geburten wurden durch starke körperliche Bewegungen bis kurz vor dem Zubettgehen oder auch direkt nach dem Aufstehen beschleunigt. Die meisten Kinder kamen deshalb nachts oder frühmorgens zur Welt. So sagte etwa die Magd eines Buchhändlers aus:

> »... plötzlich, da sie im Begriff gewesen, Feuer auf dem Heerd zu machen, hat sie den heftigsten Geburtsschmerz im Kreutz und gleich darauf ein gewaltiges immer zunehmendes Drängen im Geschöß empfunden, daß sie sich mit dem Oberleibe vornüberbeugend mit den Händen an den Feuerheerd anhalten müssen. Wenige Augenblicke

---

126 Sogar eine Frau, die bis zum letzten Tag Steine geschleppt hatte und dabei aus einem Boot in den winterlichen See gefallen war, hatte trotz einer schweren Erkältung nach nur dreistündigen Wehen eine leichte Totgeburt, vgl. *Pyl*, Aufsätze, 5. Slg., 1. Ab., 1787, Fall 6. Nur eine Kindsmörderin gab an, das Kind sei mit dem Gesicht nach hinten geboren und im »*Morast*« von Blut und Nachgeburt erstickt. Der Gutachter bestätigte ihre Version, vgl. *Ruef*, Unterricht, 1777, S. 39 ff. Eine weitere Frau berief sich vergeblich auf Ersticken während der Geburt, da das Kind »vier Vater unser lang« steckengeblieben sei. *Pyl*, Aufsätze, 7. Slg., 1. Ab., 1791, Fall 16.
127 So auch *Ulbricht*, Kindsmord, 1990, S. 128.
128 Siehe zum Beispiel *Roose*, Beiträge, Bd. 1, 1798, Fall 2. Offensichtlich gebaren viele Frauen weiterhin stehend oder hockend, an Tische und Wände angelehnt, obwohl die Ärzte sich redlich mühten, dies als primitiv anzuprangern.
129 *Pyl*, Aufsätze, 1. Slg., 1783, Fall 11.

darauf sind die Wasser gesprungen und gleich darauf auch das Kind von ihr auf die Erde geschossen.«[130]

Daß Sturzgeburten damals häufiger waren als heute, liegt sicher auch an dem völlig anderen frühneuzeitlichen Arbeitsverhalten und traf hart arbeitende Ledige ebenso wie jene Ehefrau, die ihre Hebamme verteidigte, welche das hervorschießende Neugeborene in ein heißes Kamillenbad hatte fallen lassen.[131] Nur in etwa einem Drittel der Kindsmordfälle hielt man es für nötig, in den Gutachten genauer auf solche Aussagen einzugehen. Wenn die Leiche Kopfverletzungen aufwies, hatten die Frauen stets eine Sturzgeburt als Erklärung angegeben.[132] Gerichtsmediziner konnten durch eine Sektion nicht nachweisen, ob das Kind absichtlich zu Boden geworfen worden oder unglücklich auf Steinböden, Treppenstufen, harten Lehmboden oder ähnliches gefallen war.[133]

Derartige Geburten scheinen eher wie ein Betriebsunfall oder als unpassende Unterbrechung während der Arbeitszeit oder der wohlverdienten Nachtruhe empfunden worden zu sein. Es findet sich kein Hinweis darauf, daß sie von den Betroffenen als herausragendes Ereignis im ihrem Leben betrachtet wurden – abgesehen davon, daß es sie vor Gericht brachte. Dies erscheint mehr als plausibel, wenn ein Kind nicht als ersehntes Naturwunder erwartet, sondern als Störung der Lebensplanung gefürchtet wurde. Statt dessen zeigen die Erzählungen der Frauen, wie sie ganz allein mit einer Situation fertig wurden, die sie zuvor nicht erlebt hatten. Es war sicherlich ein Unterschied, ob man als Magd bei der Geburt eines Kalbes assistierte oder sich selbst in einem Geburtsvorgang wiederfand. Den Frauen scheint

---

130 *Ebenda*, 6. Slg., 1. Ab., 1789, Fall 1. Vgl. dazu *Gélis et al. (Hg.)*, Weg, 1980, S. 84 f., S. 91, und das allerdings die Mutterschaft als natur- und gottgegebenes weibliches Bedürfnis glorifizierende Werk von *Gélis*, History, 1991.

131 Sie saß im Gebärstuhl und verspürte noch keine Wehen, da sei es »ihr gewesen, als ob das Kind mit einer Pistole von ihr geschossen«. *Roose*, Beiträge, Bd. 1, 1798, Fall 5.

132 Siehe etwa *Bucholz*, Beiträge, Bd. 1, 1782, S. 83 f.; *Bucholz*, Beiträge, Bd. 3, 1790, S. 97 f.; *Elvert*, Fälle, 1792, I; *Hasenest*, Richter, Bd. 1, 1755, III; *Pyl*, Aufsätze, 1. Slg., 1783, Fälle 16 und 17; *ebenda*, 5. Slg., 1. Ab., 1787, Fall 7, um nur einige Fälle zu nennen. Zu heutigen Sturzgeburten und ihrer Häufigkeit vgl. *Flaig*, Betrachtungen, 1976, S. 39–42.

133 Eine Umfrage bei den württembergischen Oberämtern sollte 1817 endlich Licht ins Dunkel bringen: Von 183 Sturzgeburten waren 153 Kinder im Stehen, 22 im Sitzen und sechs im Knien geboren worden. Kein einziger Säugling soll Verletzungen davongetragen haben. Vgl. *Winter*, Lehre, 1963, S. 1130.

der Gedanke, bei einer einsamen Entbindung zu verbluten oder anderen lebensgefährlichen Komplikationen zu begegnen, entweder gar nicht gekommen oder nicht abschreckend genug gewesen zu sein.[134] Keine der Frauen, die tagsüber entbanden, war länger als eine Stunde verschwunden. Die Wehen wurden anfangs nicht als solche betrachtet, sondern wie die Kindsregung von Erstgebärenden oft als Koliken interpretiert oder so lange wie möglich unterdrückt.[135] Schwere Koliken oder Stuhldrang gaben auch sämtliche Frauen an, die auf dem Nachtstuhl oder Abort entbunden hatten. Erst wenn das Fruchtwasser abging, suchten sie einen ruhigen Ort. Oft verlief alles so schnell, daß Dienstherrschaft oder Eltern die während der Arbeitszeit erfolgte Geburt erst viel später bemerkten. Für Verdrängung der Wehen spricht die dadurch verhinderte Suche nach einem geeigneten Geburtsort und die anschließende Hektik, die später in die Entdeckung von Geburtsspuren mündete. Ein Teil der Frauen verweigerte den Säuglingen durch den Gang zum Abtritt

> »von vorn herein jegliche soziale Existenz ... Die Fiktion der Unbestimmtheit und Formlosigkeit dessen, was von ihnen ›abgegangen ist‹, kann nur aufrecht erhalten bleiben, wenn sie das Kind nicht als kleinen Menschen ... identifizieren. Frauen, die nicht auf dem Abtritt geboren haben, vermeiden die differenzierte Wahrnehmung des Kindes. Sie lassen es zwischen den Beinen liegen, wo es nur ›etwas sich Bewegendes‹ ohne Kontur und Gesicht bleibt ... Sie verhindern jeglichen Kontakt mit dem Kind. Auch die Angst, das Kind könnte schreien, ist eine doppelte: entdeckt zu werden, es als lebendig zu erleben.«[136]

Wer nachts gebar, hatte mehr Zeit für die Nachsorge. Das (Nicht-)Abbinden der Nabelschnur, das wenigstens teilweise mit der Vermeidung jeder

---

134 Besonders deutlich wird dies bei *Gohl*, Medicina, 1735, Sec. II, VI.
135 Vgl. etwa *Pyl*, Aufsätze, 5. Slg., 1. Ab., 1787, Fall 6; *ebenda*, 7. Slg., 1. Ab., 1791, Fall 5, ebenso *ebenda*, Fall 6, und bei *Müller*, Entwurf, Bd. 4, 1801, S. 570.
136 *Schulte*, Kindsmörderinnen, 1984, S. 128 ff. Dieselbe Position vertrat bereits *Piers*, Kindermord, 1976, S. 424 ff. – *Ulbricht*, Kindsmord, 1990, S. 118 und *Schulte*, Kindsmörderinnen, 1984, S. 127, berichten sogar von regelrecht triumphierenden Frauen, die nach der Ermordung des Neugeborenen wieder neue Selbstsicherheit gewannen und sich nachträglich über frühere Verdächtigungen lustig machten oder beschwerten. Vgl. auch *Schulte*, Dorf, 1989, besonders S. 153–160. Dieses Verhalten von Kindsmörderinnen läßt sich auch noch in der zweiten Hälfte des 20. Jahrhunderts feststellen. Vgl. dazu *Flaig*, Betrachtungen, 1976, die 19 Fälle (zwischen 1964 und 1972) des Tübinger Raumes untersuchte, dabei meines Erachtens allerdings äußerst unkritisch psychopathologische Kategorisierungen und Erklärungsmuster anwandte.

Berührung als Kenntnisnahme zu tun hat, war darum ständiges Thema der gerichtlichen Untersuchung, zumal ein Verbluten des Neugeborenen sonst als sicher galt. Fast alle Erstgebärenden behaupteten, sie hätten von dieser Gefahr nichts gewußt. Nur eine gab zu, »daß sie, weil sie den leidigen Vorsatz gehabt, ihr Kind umzubringen, nicht darnach gesehen habe«.[137] Das übliche Argument für Unterlassung war hingegen, »weilen sie niemahlen ein neugeborenes Kind gesehen, noch gewußt, daß man den Kindern die Näbel verbinden müsse.«[138] Viele beriefen sich auf ihre außerordentliche Verwirrung oder sogar auf zeitweilige Bewußtlosigkeit vor Erschöpfung:

> »Sie habe sich nimmer helfen können, habe kein Zuckerlein gethan ... dieß wisse sie, daß nach dem Kindshaben ihr was langes an den Beinen heruntergehangen. Ob es aber die Nabelschnur oder die Nachgeburt gewesen und ob sie ihr Kind verkurzet [getötet] habe, das wisse sie nicht.«[139]

Wie eine heimliche Geburt von einer Betroffenen selbst wahrgenommen und allein bewältigt werden konnte, soll ein Beispiel zeigen:[140] Mitten in der Hausarbeit hatte die 18jährige Bauernmagd Catharina Burklin »Bauchschmerzen empfangen, welche immer ärger geworden«. Worauf sie sich erst auf dem Stallboden in ihr Bett geflüchtet hatte, wo sie »geächzet und gekrümmt ... voller Hitze gewesen«. Um ihren schrecklichen Durst zu löschen, hatte sie sich in die Stube hinuntergeschleppt, »worauf ihr das Wasser gebrochen und etwan ein Seidel abgegangen«. Sie brach zusammen, raffte sich wieder auf und schleppte sich erst hinter das Haus, bis sie vor Schmerzen weiter in den »Graßgarten« lief, wo bald das Kind auszutreten begann.

> »Dabey sie in dem abschüßigen Graßgarten so gesessen, das sie ihre abwärts hängenden Füße einwärts und aufwärts an den Leib gezogen und so zu sagen einen Backofen gemacht hatte. Nachdem das Kind mit dem Kopf zuerst aus Mutterleibe gekomen, habe sie es mit beiden Händen bey den Schultern ergriffen und nach einigem sanften und behutsamen Ziehen aus Mutterleibe gebracht, welches langsam und schwer gegangen. Worauf sie nach dem Geschlecht des Kindes gesehen und gespürt, daß sich das Kind ein wenig gerührt, aber die Augen und das Maul zugehabt. Da sie hierauf

---

137 *Elvert*, Fälle, 1792, I.
138 *Hasenest*, Richter, Bd. 2, 1756, VII. Dies bestätigt auch *Wegert*, Culture, 1994, S. 157.
139 *Ebenda*, Bd. 4, 1759, XIV.
140 *Pyl*, Repertorium, Bd. 3, 2. St., 1793, IV.

Abb. 12: *Michael Alberti*, Commentatio in Constitutionem Criminalem Carolinam Medica variis titulis et articulis ratione et experientia explicatis ac confirmatis comprehensa, observationibus selectis illustrata multisque testimonis juridicis et medicis probata ac indice pleniori instructa, Halle 1739.

das Kind vom Leibe weg und abwärts gestoßen, und die Nabelschnur angespannt und zweymahl daran gerissen, so sey diese dicht am Bauche des Kindes abgerissen, welches ihr selbst im Leibe sehr weh gethan und wobey der Bauch des Kindes stark herausgezogen worden. Es auch in dem Leibe desselben einen Schnapper gethan, wobey das Kind aber nicht laut geschrieen, sondern nur gequäket und gethan als ob es greinen wollte.«

Dann habe sie das Kind neben sich gelegt und mit einer Schürze bedeckt und sei »in eine Ohnmacht gefallen«. Irgendwann sei sie wieder aufgewacht und mit dem Kind »500 Schritt weiter, in das Erdäpfel Feld hinübergegangen ... Da hier noch das Kind das Maul ein wenig aufgesperrt und hin und wieder gezerrt, so habe sie die 4 Finger der rechten Hand dem Kind auf Maul und Nase gethan und so langhe zugehalten, bis das Kind keinen Othem mehr ziehen können und sie den Tod desselben vermerkt.« Schließlich habe sie das Kind in ein eine halbe Stunde entferntes Wäldchen getragen und dort »nackend in ein Sumpfloch« gelegt.[141] Eine junge Frau, die den Säugling im Gegensatz zu vielen anderen nicht nur berühren, sondern auch selbst aus sich herausziehen mußte, die sich – ebenfalls selten – für das Geschlecht des Kindes interessierte, die nicht in der ersten Erregung tötete, ja sogar noch mit dem lebenden Kind in der Hand einen geeigneten Tatort suchte, das Kind vor der Tat sogar noch einmal genau betrachtete, macht deutlich, daß es sich bei der Tötung durchaus um einen bewußten, emotional-distanzierten Akt handeln konnte. Eine Handlung, die ebenso präzise geschildert wurde wie der Verlauf der nicht alltäglichen Entbindung. Diese Angeklagte versuchte nicht, sich auf Verwirrung oder ein Versehen zu berufen.

Die häufig emotionslosen Beschreibungen des Tötungsvorganges lassen kaum auf ein obrigkeitlichen Normen entsprechendes Unrechtsbewußtsein oder gar auf Gewissensbisse schließen, obgleich Respekt vor der Würde des Sterbens in manchen Beschreibungen anklingt. Ambivalente Gefühle gegenüber dem Leiden des Kindes und die Hoffnung, es möge auch ohne eigenes Zutun schnell sterben, klingen in den Angaben einer Magd an, die gestand,

---

141 Weil man sie, durch die Geburtsspuren im Garten aufmerksam geworden, bald nach ihrer Rückkehr von einer Hebamme untersuchen und befragen ließ, zeigte sie nach einigen Überredungsversuchen endlich den Ort der Ablage des Kindes, »damit es nicht von Hunden möge verschleift werden«.

»daß das Kind *gequarrt* habe, daß sie das Kind in einer Ecke liegen lassen und sich zu verschiedenenmalen niedergelegt habe, aber wieder aufgestanden sey, um nach ihm zu sehen. Daß sie einmal ein Schwein bey ihm gefunden, welches die mit dem Kinde abgegangene und an der Nabelschnur hängende Nachgeburt aufgefressen hatte. Daß sie endlich ein Brett auf das Kind gelegt und es, als es todt war, in ein Loch geleget habe.«[142]

Die Geburtsbeschreibungen und Tötungsmethoden, die Ärzte zur Rekonstruktion der Tat besonders interessierten und die deshalb von ihnen ausführlich wiedergegeben wurden, sprechen Bände. Abgesehen von der Unzahl von Kindern, die aus Abtritten gefischt wurden, ohne daß man zum Berichtszeitpunkt ihre Mütter hätte ausfindig machen können, gibt es für die oben zitierte Interpretation reichlich Belege. Tatsächlich gebar eine auffällige Zahl von Frauen auf dem Nachtstuhl, über einem Nachteimer oder direkt auf dem Abtritt, d. h. über einer tiefen Grube.[143] Andere warfen ihre Kinder erst nach der Geburt dort hinein oder einfach auf den Misthaufen, wo sie relativ schnell entdeckt wurden.[144] Auch Frauen, die im Bett, in einem Stall oder auf einer Wiese gebaren, bemühten sich, das Kind nicht nur im wahrsten Sinne des Wortes zum Schweigen zu bringen, sondern es auch so schnell als möglich aus den Augen zu bekommen, womit es dann tatsächlich auch erst einmal aus dem Sinn schien. Die junge Adelige Margaretha von Kaveczynska drückte ihre Gedanken im Moment der Geburt so aus:

»Sie habe ihm nicht in die Augen gesehen, es auch nicht schreyen oder weinen gehört. Sie sey in diesem unglücklichen Moment wie von Sinnen gewesen. Sie habe das Kind

---

142 *Pyl*, Aufsätze, 6. Slg., 1. Ab., 1789, Fall 4 (Hervorhebung im Original).
143 Die Dienstmagd eines Kürschners hatte ihre Geburt erst vier Wochen später erwartet und brachte ein Achtmonatskind zur Welt. Sie hatte »gestern ... ein heftiges Drücken auf den Urin verspürt, ... weshalb sie über einen Topf gegangen um das Wasser zu lassen, da denn aber sogleich ein Kind und gleich nach demselben die Nachgeburt von ihr in den Topf geschossen wäre. Sie habe sodann das Kind herausgenommen und nachgesehen, ob es lebe. Da sie aber kein Leben daran verspüret, es wieder in den Topf gethan, um es gegen Abend zur Hebamme R. zu bringen, welches sie denn auch um sechs Uhr befolget.« Der Gutachter entschied auf »lethalis per accidens«. *Pyl*, Aufsätze, 1. Slg., 1783, Fall 18. – Man muß die bewußte Geburt über einem wassergefüllten Gefäß in vielen Fällen aber durchaus als rationalen Mordplan in Erwägung ziehen.
144 Eine Kaufmannsmagd warf ihr Kind, »da es nicht mehr lebendig geschienen«, in den Abtritt, vgl. *Pyl*, Aufsätze, 7. Slg., 1. Ab., 1791, Fall 5. Auch eine verheiratete Frau hatte ihr sechs Monate altes Baby in den Abtritt geschleudert, wo es erstickte, vgl. *ebenda*, 7. Slg., 1. Ab., 1791, Fall 6.

unter der Erde liegen lassen, ohne ihm die Nabelschnur zu verbinden oder sonst jemandem hievon etwas zu sagen.«[145]

Eine Dienstmagd, die berichtete, ihr Kind habe »sofort einen Laut von sich gegeben«, aber »damit es nicht sollte lauter und die Geburt bekannt werden« habe sie den Säugling in einem Hemd fest eingewickelt und »sogleich in ihrem Bettstrohsack zur Kopfseite versteckt«, steht für viele.[146] Ebenso konsequent handelte eine Frau, die das Neugeborene, obwohl sie es bereits für tot hielt, sicherheitshalber würgte und ihm noch einen Gegenstand so tief in den Hals stopfte, daß es dem Säugling den Schlund zerriß.[147]

Einschränkend muß noch einmal betont werden, daß Verdrängung nicht nötig war, wenn die Schwangerschaft bis zum Schluß nicht wahrgenommen wurde, die Frau ihr »gestocktes Geblüt« sogar noch medizinisch bestätigt bekommen hatte. Gerade auf dem Abtritt gebärende Frauen suchten nicht nach etwas, von dessen Existenz sie nichts ahnten. Andere hingegen töteten bewußt und ohne Skrupel, einige versuchten anschließend, dem Kind wenigstens eine würdige Grabstätte zukommen zu lassen.[148]

Die Ermordung eines Neugeborenen wurde selbst von der Umgebung nicht immer als »abscheuliches« Verbrechen betrachtet. Vereinzelt deutet sich in Ermittlungen an, daß mancherorts erst beim zweiten oder dritten Mal die Gerüchteküche so instrumentalisiert wurde, daß die Behörden eine konkrete Person verhaften ließen. Der Kindsmord der 21jährigen ledigen Anna Gräffin wurde zum Beispiel 1716 ohne Fund eines Corpus delicti lanciert, weil man fand, daß eine unerwünschte Schwangerschaft verzeihlich, wiederholter »Leichtsinn« allerdings geahndet werden

---

145 Als sie die Wehen spürte, war sie in den Garten hinter einen Busch gegangen und hatte mit der bloßen Hand eine kleine Grube ausgehoben, in die hinein sie gebar und sofort alles ohne hinzusehen mit Erde bedeckte. Ausführlich in *Metzger*, Materialien, Bd. 1, 1792, Fall 2 und *Beck*, Minds, 1988, passim.
146 *Pyl*, Aufsätze, 5. Slg., 1. Ab., 1787, Fall 3. Ein anderes Neugeborenes lag sogar acht Tage unter dem Kopfkissen, bis die Mutter es wagte, die Leiche im Wald zu vergraben. Der im selben Bett schlafende Bruder hatte nichts bemerkt. Vgl. *ebenda*, Fall 6.
147 *Elvert*, Fälle, 1792, I.
148 Vgl. dazu *Ulbricht*, Kindsmord, 1990, S. 157ff. Wie sich an den Fundorten der weitaus meisten Leichen ablesen läßt, war die spurlose Beseitigung von Belastungsmomenten vordringliches Ziel vieler dann auch unerkannt gebliebener Täterinnen.

sollte. Große Teile der Stadt hatten nachweislich von ihrer 18 Monate zurückliegenden ersten Tat gewußt, und nichts war unternommen worden.[149] Als ihre Herrin sie fragte: »Dorothea, wie werdet ihr wegen des weggeschaften Kindes vor Gottes Gerichte bestehen?« hatte diese geantwortet: »Wann sie fleißig bete, so könnte man die Sünde alle verbeten.« Auch einem anderen Zeugen gegenüber hatte die Täterin freimütig geäußert: »Daß sie das erste Kind umb seinetwillen sterben lassen.«

Wie einfach und naheliegend – und deshalb von andern auch leichter zu ignorieren – gerade die Tötung durch Unterlassung sein konnte, zeigt auch die Aussage jener Kindsmörderin, die erzählte,

> »daß sie den Gedanken, daß es unrecht sey, sein Kind umzubringen, zuvor nie gehabt, sondern dieses erst nach ihrer Niederkunft, als sie sich so gleichgültig darüber bezeiget, erfahren. Auch vorher nicht gewußt habe, daß solches in menschlichen Gesetzen verboten sey, wiewohl sie davon gehoeret, daß eine Kindsmörderin gestraft werde. Und sie geglaubt habe, daß wenn sie nur nicht Hand an das Kind legte sondern es so liegen liesse, daß es todt bliebe, sie keine Suende beginge.«[150]

Zu dieser Form der Unterlassung gehörte auch das Verhungernlassen durch Nicht- oder Zu-wenig-Stillen. Solche Neugeborene starben erst nach einigen Tagen und damit erheblich unverdächtiger.[151]

Ein unter der Folter erzwungenes Geständnis demonstriert, durch die in das Sprachrepertoire eingeflossene Nähe zur Küche und dem gewohnten Schlachten von Kleinvieh, ein anderes Vorgehen: Die Inquisitin gestand, »daß sie es [das Kind] mit dem Kopff wider das Spinde-Ecke gestossen, da es nur noch wie eine Henne gequicket«.[152] Eine Kaufmannsfrau beteuerte vehement, sie habe das wenige Wochen alte Kind leider mit einem Huhn verwechselt, das sie fürs Essen zubereiten wollte, und ihm die Kehle durch-

---

149 *Richter,* Digestia, 1731, Dec. VI, II. Im Zuge des Verfahrens wurde ihre Dienstherrin, übrigens selbst frischgebackene Mutter, der Beihilfe bei der Leichenbeseitigung überführt. Sie hatte der Magd erst dazu geraten.
150 Zitiert nach *Wächtershäuser,* Verbrechen, 1973, S. 108. Die juristische Fakultät bemängelte in diesem Zusammenhang, die Inquisitin habe kaum Religionsunterricht genossen. Die Zehn Gebote kannte sie zwar, bezog das Tötungsverbot aber nicht auf Neugeborene.
151 Siehe zum Beispiel *Ziegler,* Beobachtungen, 1787, XIII. Hier wußte das Stadtviertel offenbar schon vor dem Tode des Neugeborenen von dessen Situation, aber niemand griff ein.
152 *Gohl,* Medicina, 1735, Sec. II, XXVIII.

geschnitten. Als sie das Unglück bemerkte, brach sie zusammen und wurde »rasend« – so der Arzt.[153] Ohne derartig karge Äußerungen überstrapazieren zu wollen, zeigen solche nicht seltenen Aussagen in Verbindung mit den teilweise martialischen Tötungsarten,[154] wie wenig Überwindung es eine im Schlachten erfahrene Frau kostete, einen Säugling ums Leben zu bringen. Dies gilt nicht nur für die Tötungen illegitimer Babys direkt nach der Geburt, sondern wohl auch für einen Teil der verheirateten Kindsmörderinnen, die sich teilweise liebevoll um ihre Kinder gekümmert hatten, bevor sie sich entschlossen, diese zu töten. Gerade in solchen Fällen mußte das Kind für den Moment der Tat in die Nähe des Schlachtviehs gerückt werden, um die bewußte Tötung überhaupt erst zu ermöglichen.

Margaretha Roßnerin, 27 Jahre alt, beschrieb ihre Tötungsabsicht folgendermaßen:

> »Vor der Geburt sei ihr gewesen als wenn sie eines hinten beym Halß hielte und sagte: Brings um. Wie sie zu sich kommen, sey das Kind mit dem Maul auf ihrem Fuß gelegen. Und mit der Hand habe sie demselben Maul und Nase zugehalten ... bis man 3 oder 4 Worte rede.«[155]

Doch da habe die Bäuerin nach ihr gerufen, so daß sie es vor Schreck auf ihr Bett legte. Dort »habe das Kind um das Herz herum ein Zuckerlein gethan«, dann rührte es sich nicht mehr. Sie ging nach unten, verrichtete ihren Dienst wie gewöhnlich und ohne daß jemand etwas an ihr bemerkte. Die Leiche begrub sie erst später in einem Kornacker. Immer wieder verwies sie in den Verhören auf die Stimme, die ihr befohlen habe, »tu es«. Stimmen, die das Töten befahlen – im Zweifelsfalle der Satan –, wurden gerade von Frauen für die Tat verantwortlich gemacht, die vergeblich in der Religion Zuflucht aus ihren irdischen Frustrationen gesucht hatten; dabei

---

153 Von *Gohl*, Medicina, 1735, Sec. II als Vergleichsfall zu Casus XVIII, *ebenda*, S. 290 zitiert.
154 Einige Kinder wurden gewürgt oder unter kiloschweren Steinen zerquetscht, vgl. *Bucholz*, Beiträge, Bd. 1, 1782, S. 1–24. Sie wurden gegen Wände, Bettpfosten und Tische geschlagen, bis sie sich nicht mehr regten, ihnen wurden Schläfen oder Fontanelle eingedrückt, die Gurgel durchschnitten, manche mit Scheren erstochen, mit der Axt erschlagen oder sogar in Kombinationen (so bei *Troppanneger*, Decisiones, 1733, Dec. V, IX) umgebracht. Eine Frau nahm Verstümmelungen an der Leiche erst nach dem Ertränken vor (*Elvert*, Fälle, 1792, I). In den meisten Fällen wurden die Säuglinge allerdings »nur« ertränkt, erstickt oder einfach liegengelassen. Diese Verteilung bestätigt auch *Wegert*, Culture, 1994, S. 156f.
155 *Hasenest*, Richter, Bd. 4, 1759, XIV.

handelte es sich fast immer um verheiratete Frauen.[156] Gerade sie mußten sich selbst und damit ihrem Gewissen erklären, warum sie das, was sie am meisten liebten, in einer als »black out« erlebten Situation getötet hatten.

Die Aussagen von ledigen Kindsmörderinnen erscheinen damit in einem anderen Licht und lassen sich nicht vorschnell als bloße Verteidigungsstrategien abtun, vergleicht man sie mit den Berichten von Ehefrauen.

Gleiches trifft für den gesamten Komplex des Fehlgebärens zu. Die Anwendung treibender Mittel wurde sowohl von Ehefrauen wie Ledigen praktiziert. Auch starke Gefühlsregungen konnten den Abgang einer Frucht oder eine Blutungsstörung auslösen. Frauen und Ärzte teilten noch gleiche Vorstellungen von den Vorgängen in Leib und Gemüt einer schwangeren Frau, auch wenn sich die Art ihrer Beschreibungen und die jeweiligen Schlußfolgerungen oft deutlich unterschieden und die Mediziner – ganz im Gegensatz zu ihrem sachlichen Anspruch – moralisch begründeten Urteilen zuzuneigen pflegten. Frauen erklärten sich hingegen ihr Fehl- und Totgebären durchweg rational durch ihren harten und oft gefährlichen Alltag. Manchmal schimmerte Trauer über unfreiwillige Fehlgeburten durch die medizinischen Texte hindurch, doch wurde nicht deutlich, ob es dabei eher um das Scheitern an einer gefährlichen Aufgabe ging oder um den Verlust eines konkreten Kindes. Gefühlsregungen wie etwa Reuebezeugungen ließen sich bei nachweislichen Abtreibungsversuchen nicht feststellen, obwohl sie doch strafmildernd hätten wirken können.

Frauen wußten, daß Schwangerschaft und Geburt unabhängig von ihrem eigenen Handeln immer mit Gefahren und Risiken verbunden waren. Die Gefühle gegenüber diesem Zustand der Erwartung und Befürchtung und der Umgang mit dem Geburts- oder Aborterlebnis hingen primär von der individuellen Situation der Frau und ihrem sozialen Status ab. Deshalb wundert es nicht, daß die fast nur von Kindsmörderinnen überlieferten Geburtswahrnehmungen das Gebären ausschließlich als widerwillig erlebten einsamen Akt zeigen. Entsprechend wurde mit den unwillkommenen, tatsächlich oft überraschend geborenen Kindern umgegangen. Die mögli-

---

156 Zu religiösen Einflüssen siehe auch *van Dülmen*, Frauen, 1991, S. 85. Dies einfach als manische Depression oder Schizophrenie abzutun, wie dies *Wegert*, Culture, 1994, S. 179 tut, erscheint zu kurz gedacht. Vgl. dazu auch das Kapitel »Mord und Totschlag« in dieser Arbeit und *Lorenz*, Delikt, 1992, Kap. 2.2., vor allem S. 101 f.

che Intensität eines Kinderwunsches und die Erfahrung einer Schwangerschaft als Warten auf den ersehnten Nachwuchs wurde allerdings in Fällen fälschlich vermuteter Schwangerschaften überdeutlich. Frauen des 18. Jahrhunderts lebten zwar in einer von einem bestimmten Körperbild geprägten Zeit, doch konnten die gleichen Symptome in verschiedenen sozialen Situationen so unterschiedlich erfaßt und interpretiert werden, daß eine Frau nur in ihren eigenen Körper lauschen konnte, um sich wenigstens eine trügerische Gewißheit über ihren Zustand zu verschaffen.

Die Einstellung gegenüber Schwangerschaft und Neugeborenem läßt sich damit nicht als gottgegebenes oder endogenes und damit kulturell konstantes Naturverhältnis kategorisieren, wie dies essentialistische Positionen immer wieder glauben machen möchten.

Menschliche Wollust in foro criminali

Sodomie oder Unkeuschheit wider die Natur

Der Begriff der Sodomie bezeichnete in christlich-mittelalterlicher Tradition zunächst jeglichen nicht zur Zeugung genutzten bewußten Samenerguß – eine sündige Verschwendung, die mit dem schändlichen Tod der Verbrennung geahndet werden mußte.[1] Im 18. Jahrhundert unterschied man hauptsächlich die »Sodomia bestialis« von der Sodomie mit einem anderen Mann. Im Verhältnis zu anderen Delikten spielte Sodomie nur eine untergeordnete Rolle. Nicht nur daß derartige Verfahren eher selten waren – eine medizinische Gutachtung schien den Gerichten nur in zweifelhaften Fällen überhaupt vonnöten.

Sodomia bestialis
In den Publikationen taucht Sodomie mit Tieren fast nur auf, wenn der Geisteszustand des Beschuldigten in Frage gestellt wurde. In den meisten Fällen handelte es sich dabei um Selbstbezichtigungen. Dies deutet darauf hin, daß es trotz der angeblich so umfassenden sozialen Kontrolle dennoch möglich war, unentdeckt zu bleiben oder die Verurteilung sodomitischer Praktiken doch nicht so rigide war, wie die religiöse Sozialisation vermuten ließe.[2] Hier

---

1 Zu den religiösen Konnotationen von kultischer Reinheit beziehungsweise Unreinheit und Sexualität siehe *Boswell*, Christianity, 1980, passim. Zur Rechtslage in der frühen Neuzeit siehe *Schnabel-Schüle*, Überwachen, 1997, S. 314 und S. 318 f. Im Anhang finden sich Protokolle, die zeigen, daß auch heterosexueller Analverkehr ein lebensbedrohliches Kriminalverfahren nach sich ziehen konnte, S. 351–362.
2 Diese Ambivalenz fiel *Wegert*, Culture, 1994, S. 189 ff., S. 195–200, S. 206, der auch auf unterschiedlich motivierte Denunziationen hinweist, immerhin auf, dennoch vertritt er den Standpunkt, die dörfliche Gemeinschaft habe insgesamt aktiv bei der Verfolgung von Verdächtigen geholfen.

macht sich eine Parallele zum Umgang mit Hexereidelikten bemerkbar. Auch diese wurden von der Medizin schon Anfang des 18. Jahrhunderts zunehmend als Geistesstörung begriffen, während ein Zusammenhang mit bösen Mächten von Juristen und Theologen noch in Erwägung gezogen werden mußte.[3] Sodomie war wie Hexerei in vergangenen Jahrhunderten in vielen Ländern immer im Zusammenhang mit Teufelspakten oder wenigstens Einflüsterungen des Satans gesehen worden.[4] Relikte davon klingen in Erklärungsversuchen der Beschuldigten noch an. Sie konnten, in die Enge getrieben, ihre Motivation nur schwer in Worte fassen und führten darum häufig den Teufel als Drahtzieher an. Die Selbstanzeige aus Gewissensnöten war meist der eigentliche Grund für das Einschalten des medizinischen Gutachters, wenn nicht der Defensor ohnehin auf Unzurechnungsfähigkeit plädierte. Die Feststellung des genauen Tatbestandes, für den die »Einlassung des Samens« in das Tier Voraussetzung war, wurde von den meisten Tätern gar nicht bestritten. Vielmehr war häufig fraglich, ob die diversen gestandenen Stellungen oder der Verkehr mit bestimmten Tieren wie Ziegen, die als unüberwindbar aggressiv und störrisch galten, überhaupt möglich gewesen war. Selbst die wenigen überlieferten Geschichten bestätigen, daß es sich bei den ertappten oder sich selbst beschuldigenden Jungen und Männern mehrheitlich um dörfliche Außenseiter gehandelt zu haben scheint,[5] denen man derartige »Abartigkeiten« am ehesten zutraute oder die versuchten, auf diese Weise wenigstens einmal die Aufmerksamkeit der Gemeinschaft zu erregen. Die wahren Motive für Selbstbezichtigungen bleiben weitgehend im dunkeln. Es fällt aber auf, daß die oft Jahrzehnte zurückliegenden Akte häufig erstmals in anderen Zusammenhängen in gütlichen Verhören genannt wurden. Ein zirka 45jähriger Musketier der Infanterie war beispielsweise 1748 durch sein Verhalten bei der Verhaftung wegen Desertion und während der Haft (Lachen, Weinen, Selbstgespräche, Toben) in eine psychiatrische Gutachtung geraten, obwohl ihn ein Feldscherer zuvor noch als geistig gesund eingestuft hatte.[6] Der Soldat sollte auf eine ererbte melancholische Disposition hin untersucht werden, da er eine »simpelhaffte Mutter« und einen ge-

---

3 Vgl. dazu die Kapitel »Einweisungen« und »Abergläubische Zaubergeschichten«.
4 Vgl. *Liliequist*, Peasants, 1992, S. 64 ff.
5 Vgl. *Wegert*, Culture, 1994, S. 193, S. 202–205. Zur Selbstbezichtigung, siehe S. 195 und S. 199 f.
6 *Pfann*, Sammlung, 1750, 1. Ab., V.

störten Bruder habe, der sich für den Papst ausgebe. Seine Aussagen bezüglich der Penetration von Schafen und einer Stute waren so widersprüchlich, daß der Arzt die einzelnen Taten rekonstruieren sollte. Kameraden wie ehemalige Dienstherren beschrieben den früheren Knecht als

> »ohne offenbare Ursache still, tiefsinnig, verdrüßlich, traurig, furchtsam und schwermüthig... dahero man ihn auch hier und da pro homine lunatico, melancholico, fatuo [einfältig], epileptico &c. ausgegeben. Wie er dann auch öffters die Leuthe starr angesehen, verdrehte Augen gemacht und hierdurch sowohl als durch seine düstere Physiognomie sein melancholisches Naturell genugsam zu erkennen gegeben.«

Zwar wurde dies zum Teil auf seine Existenzsorgen zurückgeführt, da er sehr arm und ständig von Arbeitslosigkeit bedroht gewesen war, allerdings gab der Beklagte vor, »er seye verhexet worden, es wäre alle Nacht im Zimmer etwas gekommen und habe wie Papier herum das Bett gerauschet... Ferner, es habe... in seiner Cammer ordentlich als ein Mensch gelachet etc.« Diese Aussagen galten dem Gutachter, der den Teufel erst gar nicht in Betracht zog, als »indicia phantasiae magis depravatae & per consequens majoris melancholiae gradus«. Zweimalige Suizidversuche waren letzter Beweis für Melancholie und »taedio vitae« [Lebensüberdruß]. Deshalb war es für den Arzt letztlich irrelevant, ob die vielfachen sodomitischen Akte, die der Soldat als Zehnjähriger begangen habe wollte, der Wahrheit entsprachen oder nicht. Es ließ sich nach so langer Zeit die juristisch relevante Frage ohnehin nicht mehr klären, ob die damals abgehende Flüssigkeit Urin oder schon Samen gewesen war.

Das schlechte Gewissen spielte im Zusammenhang mit Sodomie im Gegensatz zu anderen sexuellen Vergehen wie außerehelicher Unzucht oder Ehebruch eine zentrale Rolle.[7] Gewissen diente nicht der Selbst- und Handlungskontrolle in einer Situation, sondern ermöglichte »nachträgliche Einsicht« und war klar mit Furcht vor irdischer oder überirdischer Strafe gepaart. Für die obrigkeitlichen Beamten stellte es deshalb ein ideales Herrschaftsinstrument dar, denn sie und die von ihnen repräsentierten Gesetze vertraten Gottes Gerechtigkeit auf Erden.[8] Gerade die so erwünschte Internalisierung christlicher Werte stieß bei den Gerichten auf »Zweifel an der

---

[7] Gewissensnot bei Selbstanzeigenden wie Anzeigenden (wobei andere soziale Motive nicht übersehen werden dürfen) bestätigt auch *Schnabel-Schüle*, Überwachen, 1997, S. 261 f. und S. 315 ff.
[8] Vgl. ausführlich *Sabean*, Schwert, 1990, S. 199–202.

Geistesgesundheit« der reuigen Sünder, vor allem wenn diese sich selbst nicht sicher waren, wie jener 27jährige Ehemann, der dem Amt eine zehn Jahre zurückliegende Tat angezeigt hatte. Diese Handlung ließ den Oberamtmann sofort den Physikus wegen eines Geistesgutachtens auf den Plan rufen.[9] Im »vertraulichen Gespräch«, so der Gutachter, redete der Mann »vernünftig und zusammenhängend« über sein Leben und sein Verhältnis zu den verschiedenen Familienmitgliedern. Zusammenhanglos begann er jedoch plötzlich zu erzählen,

>»daß seit mehreren Wochen sein Kopf ihm so verwirrt seye, daß er dieses daher leite, da er ... zu tief in Gottes Wort hineingekommen und da Dinge gelesen habe, die nicht für ihn gehörten. Daß er sich immer nicht zu helfen gewußt, kein Geschäft mehr gemocht habe und sich eben immer für einen so bösen Menschen halte und sich das Leben habe absprechen müssen ... Vor einiger Zeit, er wisse nicht, komme es von dem Bösen, habe er seinen Kameraden sagen müssen, er habe vor 10 Jahren mit einer Kuh zu thun gehabt. Er wisse nun selbst nicht, seye es wirklich so oder sey es ihm nur so vorgekommen.«

Um die Verwirrung aufzulösen, bemühte sich der Arzt, sich ein Bild vom körperlichen Zustand des Mannes zu verschaffen. Er fragte nach Aderlaßpraktiken, fühlte den Puls, erkundigte sich nach Würmern und Stuhlgang, Appetit und Schlaf. Doch außer »Brennen« im Magen, einer belegten Zunge und einer harten Bauchdecke ließ sich nichts feststellen. Zeugen berichteten, daß der Mann, bevor er sich dem Oberamt stellte, stundenlang »in der Irre herumgelaufen« war. Als Motiv für seine späte Reue gab er an, »daß er nie selbst recht habe draus kommen können, ob es ihm nur so vorgekommen oder ob er es wirklich begangen. Nun aber glaube er, es gewiß zu wissen, daß er es wirklich begangen und er könne daher nicht ruhig seyn, bis ihm sein Recht angethan seye.« Angesichts dieses melancholischen Zustandes hielt der Physikus zunächst eine medizinische Therapie mit Brech- und Abführmitteln für notwendig, um die »Vollblütigkeit« des von religiöser Lektüre und mangelnden Aderlässen überreizten Gehirns zu lindern. Als dies nicht anschlug, machte er verwirrte Phantasie durch ein Übermaß »unverdaute[r] Lektüre«, »übertriebene Grübeleien in Religionsgeheimnissen« und »Überspannung der Einbildungskraft« verantwortlich. Daß sich der Unglückliche ausgerechnet der Sodomie bezichtigte, könne daran liegen, »weil aus der Geschichte der Religionsschwär-

---

[9] *Elvert*, Fälle, 1792, VI.

mer am Tage liegt, daß sich häufig mit religiös-schwärmerischen Ideen die Ideen von Befriedigung des Geschlechtstriebes associiren ...«. Den Nachweis für tatsächliche Geistesverwirrung sah Elvert schon dadurch erbracht, daß sich der Inquisit ihm gegenüber so offen gezeigt hatte. Der Arzt sei eben kein Richter, und deshalb sei der Betroffene nicht auf die Idee gekommen, »daß einzelne Ausdrücke, die er gegen mich gebrauchen würde, auf seine Behandlung einen Einfluß haben konnten«. Diese These bestätigte sich, als sich nach einiger Zeit der Purgationsbehandlung der Zustand des Angeklagten soweit besserte, daß er sein Geständnis widerrief und schließlich von der Herzoglichen Regierung unter der Bedingung absolviert wurde, daß er »der Beobachtung seiner Obrigkeit, hauptsächlich des Pfarrers« unterstellt werde. Trotzdem blieben Elvert Zweifel. Die detaillierten Schilderungen konnten »Delirium«, ein Wahn, ähnlich den Fieberphantasien, sein und doch auch vielleicht echte Gewissensnot aus »Pietisterei«. Selbstbezichtigungen hinterließen immer Zweifel, auch wenn eine Anklage fallengelassen wurde.

Gewissensnot stand auch bei dem 1715 seit zwei Jahren verwitweten 36jährigen Tagelöhner und Häusler Hans Beyer im Vordergrund. Er suchte seinen Dorfrichter auf und bat diesen, ihn beim Amt anzuzeigen: »Er hätte eine grosse Übelthat auf dem Herzen, ... wolte auch sein Herz erleuchtern und sein Recht deswegen leiden.« Das überraschende Geständnis der bis zu 21 Jahre zurückliegenden sodomitischen Akte bewog den Amtmann, den Kreisphysikus mit der Untersuchung zu beauftragen, ob bei dem Inquisiten »etwa eine Melancholie verspühret werde?«.[10] Bei der Befragung durch den Amtmann hatte der Häusler angegeben, er habe nicht mehr schweigen können, seine Sünden würden ihn zu sehr beunruhigen, er fürchte sein Seelenheil zu verlieren. Er hoffe allerdings, »daß Gott noch seinen Finger über ihn

---

10 *Fritsch*, Geschichte, Bd. 3, 1733, Fall 9. Die von Fritsch mit ähnlichen Namen anonymisierte Geschichte enthält neben ausführlichen Amtsprotokollen die ärztliche Gutachtung nur in Form des abgedruckten Responsums unter falschem Namen. Der gleiche Fall wird von *Troppanneger* als eigener Fall in seiner Sammlung mit den tatsächlichen Namen abgedruckt. Die Fallerzählung aus der Perspektive des Mediziners enthält weniger Auszüge aus den Verhören, dafür aber mehr eigene Fragestellungen. Hier erfährt man ganz andere Dinge. Der Vergleich vieler Details zeigt aber, wie getreu beide Autoren aus den Akten beziehungsweise Troppanneger aus seinen Aufzeichnungen zitierte(n): *Troppanneger*, Decisiones, 1733, Dec. VII, VIII.

halte, daß er ihn zu solcher Erkenntniß und Bekehrung kommen lasse«.
Den Amtmann interessierte denn auch die innere »Unruhe« am meisten.
Auf diese Frage antwortete der Befragte:

>»Der böse Feind habe ihn so geplaget und er so große Angst und Bangigkeit im
> Hertzen gehabt, auch grossen Durst empfunden, daß er immer trincken müssen,
> ausser dem sei er aber gar gesund gewesen. Und sey es nicht anders, er könne es auch
> nicht anders sagen, als daß ihm seine begangene grosse Sünden das Hertz und Gewissen also gedrücket ...«

Die »Plage« durch den Teufel beschrieb er auf Nachfrage als Folge seiner
Sünden. Der Teufel habe

>»ihm kein Ruhe gelassen und ihm immer vorgekommen sey, als ob derselbe mit ihm
> rede und ihm sehr zusetze. Denn er habe die ganze Nacht gebetet, und dabey sey ihm
> immer vorgekommen als ob der böse Feind sage: Sein Beten hülffe ihm nichts. Ob er
> wohl nicht sagen könne, daß er einiges Gespenste gesehen habe. Indessen habe er sich
> darbey kaum enthalten können, daß er sich nicht ein Leid zugefüget.«

Als er bei diesen Worten zu zittern begann und nach dem Grund dafür
gefragt wurde, entgegnete der Tagelöhner, daß er friere. Bereits dem medizinisch unbelasteten Amtmann schien dies ein Krankheitssymptom, da der
Mann sonst »grosse Hitze gehabt habe«. Der Häusler schilderte genau wie
alle anderen Inquisiten ausführlich den Hergang der lange zurückliegenden
einzelnen Sexualakte, datierte sie ungefähr, beschrieb die jeweiligen Tiere
und erinnerte sich an die Namen ihrer Besitzer, bei denen er als Hirte oder
Knecht gedient hatte. Obwohl er der Verführung durch den Teufel die
Schuld gab, betonte er wiederholt, der Same sei aus den Tieren wieder herausgelaufen oder das entsprechende Tier sei bald gestorben. Ihm lag viel
daran, eine Trächtigkeit auszuschließen, da er offenbar noch an die Möglichkeit einer Zeugung von Monstren glaubte. Einmal dabei, gestand der
Mann auch noch eine Vielzahl von Diebstählen und die mehrfache Vergewaltigung seiner 60jährigen Schwiegermutter. Wenn er betrunken war, hatte er seinen Samen »jedesmal in ihren Leib lauffen lassen, welches das meiste
mit sey, daß ihn so sehr drücke, da vornehmlich die Schuld dißfalls seine am
meisten sey, indem er sie ... fast darzu gezwungen ...« Sie habe versucht,
sich zu wehren, als er aber gewalttätig wurde, habe sie es schließlich »verstattet«. Außerdem sei er ein Spieler und Trinker und habe sich der vorehelichen Unzucht befleißigt. Er schloß seinen Bericht mit den Worten, er sei
glücklich, »daß er sein Herz nunmehro völlig erleichtert und ausgeschüttet
habe« und nähme gerne jede Strafe auf sich, die ihm die »ewige Seeligkeit«

dennoch garantiere. In einem späteren Verhör betonte er, er fühle sich wieder ganz ohne »Beschwerung«. »Jetzo wäre er ganz ruhig in seinem Herzen, seit dem er sich im Amte allhier angegeben.« In der darauf folgenden Voruntersuchung bewahrheiteten sich die Diebstähle, die Vergewaltigungen wie die Zecherei, sogar eine Ansteckung seiner Ehefrau mit »den Franzosen«. Verwandte und der Pfarrer bestätigten, der Häusler habe sich wie ein Melancholiker verhalten und sich für besessen, das heißt seinen Körper buchstäblich für von fremden Wesen in Besitz genommen gehalten (»daß sein Leib voll böser Geister sey«). Beyer selbst führte sein sündiges Leben auf seine durch Armut und Gleichgültigkeit des Vaters verursachte mangelhafte »Gottesfurcht«, gar »Gottlosigkeit« in der Jugend zurück und rechnete mit dem Feuertod. Zeugenbefragungen erbrachten allerdings keine belastenden Aussagen bezüglich der Sodomie. Ein früherer Dienstherr, der den Inquisiten als »Wahnsinnigen« bezeichnet hatte, wurde noch einmal einbestellt und genauer vernommen. Der Bauer berief sich dabei auf andere, die den Beklagten als »wercklich im Kopf« bezeichnet hätten, und Nachbarn, die sagten, »man müsste immer Achtung auf [ihn] geben, weil er melancholisch« sei. Seiner elfjährigen Tochter gegenüber hatte Beyer sich als »vom Teufel besessen« bezeichnet. Er müsse bald fort, da »seine Zeit um« sei.[11] Vom Kreisphysikus Troppanneger erfährt man, daß Beyer seine Sodomien schon damals dem Ortspfarrer gebeichtet hatte, der jedoch schwieg. Das bedeutet, daß das gesamte Dorf das Reden über Sünden und Dämonen nicht als realistisch betrachtete, sondern als seelisches Krankheitssymptom wertete. Der Amtsarzt versuchte in zwei Gesprächen mit dem ständig seufzenden Inquisiten dessen Geisteszustand und die Motive für die Selbstanzeige zu ergründen. Troppanneger beschrieb den Angeklagten als kränklich, »blaß von Farbe und nicht nur eines temperamenti Melancholici, so dergleichen Subjectis, die ein unordentliches Leben führen«. Eine Geistesstörung wollte der Arzt nicht diagnostizieren, vielmehr seien die Geständnisse »vor eine Regung seines verletzten Gewissens anzusehen«, weil seine Seele »ANGST« habe.[12]

Der Arzt hielt die Geschichte für einen »Traum oder falsche Impression«. In seinem abschließenden Gutachten empfahl der Physikus,

---

11 Soweit *Fritsch*, Geschichte, Bd. 3, 1733, Fall 9.
12 *Troppanneger*, Decisiones, 1733, Dec. VII, VIII (Hervorhebung im Original).

> »daß bey diesen zur Melancholie inclinirenden Menschen, welcher ex taedio vitae dazu das Armuth und Unlust zur Arbeit nicht wenig contribuiren kan, die beste Cur seyn dürffte, wenn er ohne alle fernere Untersuchung …, um alles Ärgerniß zu vermeiden, … an einen Ort oder auff Vestungs-Bau gebracht, zur Arbeit angehalten, in Christenthum beßer informiret und also dadurch von seinen bißhero geführten bösen ruchlosen Leben abgehalten würde«.[13]

Das Gericht hatte den Schwerpunkt der Untersuchung von Anfang an auf die Sodomie gelegt, dieser sollte auch das besondere Augenmerk des medizinischen Gutachters gelten. Die Vergewaltigungen der Schwiegermutter, die den Angeklagten nach eigener Aussage ungleich schwerer belasteten, wurden beiläufig als einvernehmliche Blutschande abgehandelt und geahndet, spielten als »normales« männliches Sexualverhalten in dem Zusammenhang keine Rolle.

In Bayern, wo es keine institutionalisierte Gutachtung gab, wurden in Fällen von Sodomie zwei Ärzte extra vereidigt und mußten unter Geheimhaltungspflicht völlig getrennt voneinander urteilen. Dazu erhielten sie vom Amt ausdrücklich freie Hand bezüglich ihrer Fragen und der Dauer der Beobachtung. Die wenigen bayerischen Gutachten weisen keine inhaltlichen Unterschiede zu denen aus protestantischen Territorien auf. Der Autor beschrieb einen 21jährigen Gefangenen als normal entwickelt, wenn auch etwas klein gewachsen,

> »die Augen seyn etwas grell und torvi [wild drohend], das Temperamentum mehr ad phlegmaticum als sanguineum tendens«. Er habe »2 Schwestern, die stumm gebohren und einen Bruder, der auch halb stumm und halb taub ist von Geburt, so daß er, Delinquent nach dem exterieur noch der Vollkommenste unter seinen Geschwistrigten. Dabey aber leider nach dem interieur der schlimmste ist. Ratione des Verstands finde ich ihn weder insanum noch omnio fatuum, weder Melancholicum noch Maniacum, sondern Stupidum und tumm zu seyn.«[14]

Es handele sich demnach um einen Erbfehler, »nemlich eine laesa organisatio cerebri [einen Fehler in der Hirnstruktur]«. Durch Erziehung hätte man

---

13 Soweit *ebenda*. Die Leipziger Schöffen nahmen die Sodomie als erwiesen, aber verjährt (»nunmehro durch praescription erloschen«) an. Für den Inzest sollten der Beklagte und seine Schwiegermutter zunächst Staupenschläge und den Landesverweis erhalten, doch das medizinische Gutachten bestätigte den »Wahnsinn«. So wurde der Landesverweis für den Tagelöhner in eine sechs- bis achtjährige Zuchthausstrafe umgewandelt.

14 *Parmenion*, Sammlung, 1742, VIII. Dem Herausgeber war noch zum Zeitpunkt der Publikation die Einschätzung seines Kollegen unbekannt.

beizeiten eine Menge ausgleichen können, dieser Junge sei inzwischen schon als Dieb auffällig geworden. Er sei sich immerhin der Schwere seines Vergehens bewußt, das gehe aus seinem Verhalten hervor, als er erwischt worden sei, auch wenn er nur wenig religiöse Unterweisung genossen habe und auf Fragen nach seinem Gewissen stets schweige.[15] Der Inquisit hatte sich durch Vorhaltungen einer Frau, die ihn schon früher einmal ertappt, aber nicht angezeigt hatte, nicht abhalten lassen. Bereitwillig gab er dem Arzt gegenüber auch zu, der Samenerguß sei im Tier erfolgt. »Wie er das wissen könne, da er es nicht sehen können? – Er hab's post actum im Hemde gesehen, daß was weiß darinn gewesen.« Weitere Fragen des Arztes dienten speziell der Verstandesprüfung und werden hier als beispielhafter Auszug für das psychologische Vorgehen wiedergegeben:

»12. Was gedenckest du, wann du Tag und Nacht so allein bist, wird dir die Zeit nicht lang, kommt niemand zu dir? 12. Niemand. Die Zeit wird mir freylich lang. Ich denke halt immer, wann ich nur wieder hinaus käme.

13. Betest du auch fleissig im Gefängnüß? 13. Wann ich hinaus käme, ich wolte schon beten.

14. Als er am offenen Fenster bey mir stunde und die Berge so begierig ansahe, was meynest du von der Welt, wird sie immer so bleiben? 14. Ja.

15. Als ich ihm aber sagte, daß dieses alles vergehen würde. 15. Es müßte nur der Himmel herunter fallen, wann die Berge und Häuser vergehen sollten.

16. Ob er dann das niemals gehöret und nicht glaube? 16. Ich weiß nicht, man sagts wohl, wir werden es nicht erleben.

17. Ob er nicht wisse, daß GOTT am Jüngsten Tag, wann solches geschehen wird, einen jeden belohnen oder straffen werde, wie er hier gehandelt habe? 17. Wollte nichts darauf antworten, bis ich ihm halffe und sagte: GOTT würde das Gute belohnen und das Böse strafen, worauf Delinquent sprach: Das wohl.

18. Wo kommt die Seele hin, wann der Mensch stirbt? 18. Entweder in den Himmel oder in die Hölle oder in das Fegefeuer. Ich wollte doch lieber ins Fegefeuer als in die Hölle, man kommt hier wieder heraus, dort nicht.

19. Da du nun solche Sachen weissest, warum hast du dann das gethan? 19. Man kann Buß auch thun, aber wann mans mehr thut, läßt GOTT einen sincken.

20. So du wieder loß würdest, was wolltest du anfangen? 20. Wollt ein Handwerck lernen.

21. Was für eines? 21. Konnte sich nicht resolviren.

---

15 »Ob er vor, in oder nach der That nicht hätte in seinem Hertzen eine Bestraffung und Erinnerung, daß es nicht recht wäre, gefühlet? Diß konnte oder wollte er nie distincte beantworten, sagte doch endlich Ja, doch konnte keine sichere Erklärung ... von ihm bringen.« *Ebenda.*

22. Wolltest du ein Soldat werden? 22. Ich hätte können längst einer werden, aber ich mag nicht, man verschießt und versticht einen und schlägt einem den Kopf ab ...
29. Ob es ihme ums Hertz nie schwer werde? 29. Nein, doch weil er so lang ingehalten werde, komme es ihn bisweilen schwer an.«

Weitere Fragen bezogen sich auf die religiösen Kenntnisse, sein Schlaf-, Trink- und Eßverhalten. Der vom Arzt nach Verhaltensauffälligkeiten befragte Stockmeister, in dessen Wohnung der Delinquent gefangengehalten wurde, betonte mehrmals, daß der Gefangene nie bete, sich aber mit den Kindern der Familie beschäftige. Sonst rede er mit niemandem, wiederhole nur monoton: »Es nehme ihn Wunder, daß man ihn um des Drecks willen so lange innhalte.« Aus diesen uns eher pragmatisch-kritisch bis naiv-offenherzig erscheinenden Äußerungen schloß der Arzt auf offensichtliche Dummheit des Delinquenten, weil der seine Situation unterschätzte, obwohl ihm die Ruchlosigkeit seiner Taten bewußt sein mußte. Dieser Befund scheint bei der Urteilsfindung eine Rolle gespielt zu haben, denn der junge Mann wurde nach weiteren Verhören trotz eingestandener »emissione seminis« »nur« zu andauerndem Hospitalsgewahrsam verurteilt.

Der Fokus ärztlicher Analyse war in allen Sodomiefällen auf die Verbindung von religiös motivierter Gewissensfrage und Grad der Verständigkeit gerichtet. Ein dabei als schwach entlarvter Kopf konnte Ende des 17. Jahrhunderts durchaus noch die Freilassung ohne Sicherheitsverwahrung zur Folge haben. So wurde 1697 ein von zwei anderen denunzierter Dienstjunge nach ärztlicher Gutachtung nur zur Kostenerstattung der Generalinquisition verurteilt, da eine Spezialinquisition aufgrund seiner »Vergeßlichkeit und schwachen Verstandes« sinnlos sei.[16] Bei Denunziationen kam es sonst darauf an, ob die Zeugen und Zeuginnen den Geschlechtsakt direkt beobachtet oder nur aus großer Ferne Verdächtiges zu sehen geglaubt hatten, selbst wenn ein Beschuldigter angesichts der Folterwerkzeuge doch noch gestand.[17]

Alle Inquisiten, ob für zurechnungsfähig erklärt oder nicht, betonten,

---

16 Siehe *Herzog*, Sammlung, 1745, CXXXVI.
17 Vgl. *Zittmann*, Medicina, 1706, Cent. V, XLVII. Der zunächst geständige Schmiedknecht, der später eine plausible Erklärung für das scheinbar Gesehene anzubieten hatte, wurde 1692 schließlich freigelassen. Sein Advokat hatte sich für ein medizinisches Gutachten eingesetzt, obwohl bereits ein Exekutionstag angesetzt worden war. Einerseits war die angeblich penetrierte große englische Dogge des Fürsten als bissig bekannt, andererseits war sie bereits trächtig – und ein trächtiger Hund ließ sich nicht mehr koitieren, befanden Gericht wie Gutachter.

nur mit weiblichen Tieren Verkehr praktiziert zu haben. Das heterosexuelle Rollenmuster blieb also auch hier erhalten. Ein hyperdominanter Mann überwand in einer anderen Art des Zweikampfs der Geschlechter »das widerstrebende Weib«, sei es hier auch ersatzweise vertreten durch Sau, Kuh, Ziege, Huhn oder Stute. Dazu paßt, daß nur ein einziger Fall einer der Sodomie (mit einem Hund) beschuldigten Frau vorliegt. Auch hier nahm das Verfahren durch eine Selbstbezichtigung seinen Ausgang.[18] Anna Maria Rößlerin saß 1731 seit über drei Jahren wegen verschiedener Diebstahlsvorwürfe in Untersuchungshaft und war bis aufs Skelett abgemagert. Sie befand sich nach Meinung des Arztes

> »in einem elenden und miserablen Zustand, ratione ihrer Gesundheit, da sie auf kein Bein treten kan und geschwollen ist, dabey kurtzen Athem und gar keinen Schlaff ietzo besitzet... Und also menschlichen Ansehen nach, wegen langwieriger und ungesunden Gefangenschafft, da sie doch vorhero frisch und gesund gewesen, nicht lange leben kan.«

Der Amtsphysikus untersuchte und befragte sie innerhalb eines halben Jahres mehrmals. Dabei gestand sie dem konsternierten Arzt nicht nur die Sodomie, sondern auch noch diverse Ehebrüche und Abtreibungen, die sie detailliert beschrieb, als auch einen Kindsmord. Schließlich gestand sie noch einen acht Jahre zurückliegenden, äußerst brutalen Mord am Säugling einer Dienstherrin in allen Einzelheiten und bediente damit perfekt sämtliche Klischees von bösartiger Weiblichkeit. Die auf einem Weg zwischen zwei Dörfern mehrfach stattgefundene Sodomie, bei der der konkret beschriebene Hund eines bestimmten Hospitalschreibers seinen Samen in sie habe laufen lassen, entpuppte sich bald ebenso als Lüge (der Mann hatte nie einen Hund besessen) wie alle anderen Geschichten. Schließlich blieb der tatsächliche materielle Schaden einiger möglicher Diebstähle sogar unter dem für die Todesstrafe notwendigen Wert von 12 Talern (während die Kosten für die »ausländischen Erkundigungen« weit höher waren), so daß man sie freilassen und mit Staupenschlägen des Landes verweisen mußte. Diese Geschichte war offensichtlich nur ausgewählt worden, um mit dem reißerischen Titel »De Sodomia cum Cane« pornographisch interessierte Leser zu locken. Der eigentliche Zweck der medizinischen Betreuung, die Inquisitin für die Folter »fit« zu machen, was dem Arzt auch gelang, schimmert nur zwischen den Zeilen durch.

Gerade dieser letzte Fall zeigt, daß manch eine(r) sich selbst zu Unrecht

---

18 *Troppanneger*, Decisiones, 1733, Dec. VI, VII.

anzeigte, um einem unglücklichen Leben – unter Umgehung des Verlusts des Seelenheils bei Suizid – ein Ende zu setzen.[19] Vielleicht bezichtigten sich die Menschen ausgerechnet des entehrendsten aller Verbrechen, um sich einer Hinrichtung ganz sicher zu sein. Der Tabubruch der für die Christenheit so bedeutenden Grenzüberschreitung zwischen Mensch und Tier sollte eine schnelle Verurteilung nach sich ziehen, ohne daß man Suizid oder einen Mord begehen mußte, den man nicht erfinden konnte. Daß statt dessen nur der eigene Geisteszustand angezweifelt wurde, ahnten die Betroffenen nicht. Damit unterscheidet sich das 18. Jahrhundert maßgeblich von früheren Zeiten. Als vernunftgeleitete psychologische Avantgardisten, wie sich die Physici verstanden, konnten sie sich selbst in eindeutigen Fällen den erotischen Reiz des Verbotenen oder die Naivität der von Größeren in harmlose (weil frauenlose) Lüste eingeweihten Jungen nicht mehr vorstellen und suchten nach »natürlichen« Erklärungen. Fanden sich diese nicht, mußte das, was das Zeitalter des Lichtes verdunkelte, »weginterpretiert« werden.

Crimen occultum
Ein weiteres »Delikt« im Schatten der Aufklärung, das nur durch Gewissensbisse oder persönliche Racheakte an den Tag zu kommen schien, waren homosexuelle Akte. Bei nicht vollzogenem Analverkehr zwischen Männern fiel jedoch auch die »manustupratio« beziehungsweise Onanie unter den Oberbegriff des in Akten häufig euphemistisch als »crimen nefandum« [gottlos, ruchlos] oder »occultum« [verborgen] bezeichneten »Verbrechens«. In der juristischen wie rechtsmedizinischen Theorie war auch Sodomie unter Frauen vorstellbar. Dieser Tatbestand wurde jedoch in den Handbüchern – wenn überhaupt – im Notzuchtkapitel abgehandelt, da man sich solchen Vorgang offenbar nur im heterosexuellen Rollenmodell der Zeit vorstellen konnte. Eine mit einem Dildo »bewaffnete« Verführerin – meistens in Männerkleidern – »schändet« ein eigentlich heterosexuelles unwissendes Opfer. Anhand der zwangsläufig dabei auftretenden »Spuren der Gewalttätigkeit« könne die Täterin manchmal überführt werden.[20] Sexuelle Kontakte zwischen Frauen ohne Penetration galten nicht als sodomitisches

---

19 Dies bestätigt auch *Schnabel-Schüle*, Überwachen, 1997, S. 316.
20 Exemplarisch sei hier auf *Mende*, Handbuch, 1819, S. 138 f. verwiesen. Man bezog sich ausschließlich auf die wenigen Fallbeispiele von Alberti oder Valentini aus dem 17. Jahr-

Verbrechen, sondern als »liederliche« und ungesunde, aber letztlich doch läßliche Sünde der Onanie.[21] Es überrascht nicht, daß im gesamten Quellenbestand nicht ein einziger authentischer Fall überliefert ist. In theoretischen Erörterungen zu Onanie, Notzucht und Hermaphroditismus finden sich Anspielungen auf Fälle von Kollegen, von denen man gehört, Geschichten aus dem Ausland, über die man in Zeitschriften gelesen habe. Kein Gutachter scheint jemals persönlich mit der Gutachtung sodomitischer Frauen befaßt gewesen zu sein. Angesichts des brennenden Interesses an der Frage, ob der »widernatürliche Gebrauch« und die »Reizung« der Klitoris nicht zwangsläufig zu einer Art Penis-Metamorphose führten einerseits und den gerade entstehenden psychopathologischen Konnotationen andererseits, ist kaum anzunehmen, daß ein entsprechender Fall nicht begeistert in die Publikationen Eingang gefunden hätte.[22] So muß unter Verweis auf die Quellensituation weibliche Homosexualität unberücksichtigt bleiben.

Auch in bezug auf Männer sind nur zwei Fälle überliefert, sieht man vom Delikt der »Knabenschändung« ab, das im Zusammenhang mit sexueller Gewalt gegen Kinder untersucht werden wird. In beiden Fällen wandten sich die Betroffenen selbst an Ärzte, da sie gesundheitliche Probleme auf bestimmte sexuelle Praktiken zurückführten. Doch nur eine der Initiativen mündete in eine Inquisition. Ein 30jähriger »Chevalier« schrieb 1691 wegen seiner Gonorrhöe direkt an die medizinische Fakultät Leipzig und berichtete freimütig, er sei schon als 16jähriger zur Onanie verleitet worden, habe dann später als Soldat seine Kameraden auf die gleiche Art »onaniert« und

---

hundert. Entsprechende Prozesse sind aus der frühen Neuzeit nur vereinzelt überliefert. Die langjährige Unwissenheit der angeblich getäuschten Ehefrauen schien allerdings schon den Zeitgenossen suspekt. Siehe dazu *Roecken/Brauckmann*, Margaretha Jedefrau, 1989, S. 295–298; *Lindemann*, Jungfer, 1995 und vor allem *Dekker/van de Pol*, Frauen, 1990, Kap. 3 und 4.

21 Ausführlich dazu *Langhans*, Laster, 1773, S. 68 ff. und *Alberti*, Commentatio, 1739, S. 237–257, besonders S. 238 f.

22 Gegenseitige Stimulation führte zu Klitorisvergrößerung und deren Verformung zum Penis, eine diesem ähnliche Erektionsfähigkeit aufgrund des übermäßig austretenden weißen Flusses inbegriffen, vgl. *Lipping*, Konzepte, 1986, S. 39 ff. Siehe auch *Fahner*, System, Bd. 3, 1800, S. 174, S. 182. Für ihn waren jene Frauen besonders verführbar, deren Nerven vom »Romane-Lesen« und romantischem »Hang zur Einsamkeit« bereits überreizt waren. Für *Müller*, Entwurf, Bd. 1, 1796, S. 132 ff., erzeugte diese »Krankheit der Seele« nicht nur »Haß der Frauenzimmer« auf Männer, sondern trug auch noch zur »Entvölkerung« bei.

sich zusätzlich noch mit Frauen herumgetrieben.[23] Seine Schmerzen verschlimmerten sich derart, daß er seinen Dienst habe quittieren müssen. Er beklagte schmerzhafte Samenergüsse »im Schlaffe mit venerischen Träumen«. Sein Same sei »gekocht«. Der Patient fürchtete offenbar keine Einleitung eines Sodomieverfahrens und ordnete homosexuelle Aktivitäten in eine Kategorie mit heterosexueller Unzucht als »Kavaliersdelikt« ein. Ob diese Einschätzung in seinem Stand begründet war oder eine verbreitete Ansicht repräsentierte, läßt sich daran allein kaum festmachen.[24] Letztere Vermutung erhärten allerdings die Erzählungen des 19jährigen Kossätensohnes Martin Köhler aus Bießdorff bei Freyenwalde.[25] Der Waisenjunge war von einem Weißbäcker aufgezogen worden und lernte seit acht Jahren dessen Handwerk. Kurz vor Ende seiner Lehre erkrankte er schwer und klagte, er könne nicht Wasser lassen, habe starken Durchfall und Schluckauf. Als verschiedene Mittel nicht anschlugen, deutete der verängstigte Patient an: »Ich weiß nicht, ob es davon ist. Der Becker-Gesell Ephraim Ostermann, so bey uns war, hat mich gesogen.« In Verhören des daraufhin eingeschalteten Amtes erzählte der Sterbende, daß der Geselle

> »meist alle Nächte in Schlaff zu ihm dem Lehr-Buben ins Bette gekommen und sein membrum virile in Mund genommen und daran genutschet und gesogen, biß der Saame cum erectione penis von ihm gegangen. Worauf er sich denn des Tages so läßig befunden, über Steiffig-Läßig- und Müdigkeit in Beinen geklaget, wie der Meister sich wohl erinnert. Auch ist der Umstand noch dabey, daß manustupratio vorhergegangen, und nachem er [Ostermann] die ejaculationem seminis vermerckt, so hat er suctionem instituirt und solche inständigst per horam continuirt, biß er gehindert worden, semper asserens, daß es dem Leidenden gesund sey und er es ihm aus Liebe thue. Einsmahls da sie am Tage eben auf der Kammer, woselbst sie auch beyde geschlafen, doch jeder in einem besondern Bette, was zu thun gehabt, habe gedachter Ostermann den Patienten in sein Bette gelegt und es also, wie erwehnet, mit ihm practiciret und diß sey nach des Patienten Aussage das eintzige mahl, da er gewußt, was er mit ihm gemacht. Desgleichen als vor drey Wochen einige Compagnien Soldaten hierdurch gegangen und hierselbst Nachtlager gehalten, hat gedachter Oster-

---

23 *Zittmann*, Medicina, 1706, Cent. V, XL.
24 Auf die schonende Behandlung vor allem des preußischen Adels, dessen sexuelle Übergriffe auf Untertanen immer als Verleugnungen abgetan wurden, weist allerdings *Steakley*, Sodomy, 1989, S. 164ff. hin. Gleichzeitig berichtet er von einer blühenden, halb offen gelebten adeligen und frühbürgerlichen männlichen homosexuellen Subkultur im Berlin des ausgehenden 18. Jahrhunderts.
25 *Gohl*, Medicina, 1735, Sec. II, XLVI.

mann an dreyen bey Meister in Quartier liegenden Unter-Officiers eben dergleichen Gottlosigkeit des Nachts vorgehabt, welche aber darüber erwacht, da denn der Bube geantwortet, er habe sie geweckt. Weil sie aber wohl an sich gemerckt haben und ihn deshalb befraget was er gemacht, hat er geantwortet, er hätte sie so lieb. Worauf der Meister ihn fortgejagt hat. Seine Entschuldigung ist gewesen, er habe immer die Colique und davor sey es gut.«

Bei weiteren Verhören fügte Köhler von sich aus hinzu »daß einer unter den Soldaten gonorrhoae laborirt habe, dessen sperma er wieder ausgespucket hätte. Der eine aber hat ein recht delicates sperma gehabt.«

Die anfängliche Scham wich offensichtlich der Erleichterung, angesichts des Todes endlich reinen Tisch zu machen, sich selbst dabei trotzdem als möglichst passiv darzustellen. Daß wie hier sexuelle Normverstöße nur durch Krankheit an den Tag kamen, spricht für die These, daß »das Bewußtsein einer eigenen Mitschuld an der Krankheit ... von vielen Menschen offenbar als immer noch erträglicher erlebt [wird] als das Gefühl, ohnmächtig einem blinden Schicksal ausgeliefert zu sein«.[26] Andererseits schimmert noch nachträglich der Genuß der sexuellen Erfahrungen durch. Auch hier scheint die Gewissensregung eher auf die zwar indirekt religiös motivierte, realiter aber volksmedizinisch internalisierte Angst vor gesundheitlichen Konsequenzen zurückzuführen sein. Aus den Aussagen geht zudem hervor, daß beider Arbeitgeber nach Aufdeckung der Vorkommnisse seinen Gesellen nicht anzeigte, sondern nur hinauswarf. Auch einige der nächtens belästigten Soldaten verbaten sich zwar die Übergriffe, entfachten aber ebenfalls keinen Skandal. Selbst Köhler hatte von sich aus Sex mit einigen Soldaten, gegen den jene nichts einzuwenden hatten. Die manuelle und orale Befriedigung wurde von allen Beteiligten als (gegenseitige) Onanie und nicht als sündhafte Sodomie verstanden, obwohl alle wissen mußten, daß sie Verbotenes, vielleicht sogar Schädliches taten. Die Obrigkeit war offenbar anderer Ansicht, denn der 30jährige Ostermann wurde umgehend ausfindig gemacht und festgesetzt.[27] Das rasche Vorgehen des Amtes mag auch damit zusammenhängen, daß die Geschichte im Kreis schnell die Runde machte und man gezwungen war, ein Exempel zu statuieren. Zunächst

---

26 Zu diesem Ergebnis kommen moderne medizinsoziologische Studien. Siehe dazu *Stolberg*, Orakel, 1996, S. 403 f.

27 Ihm wurde bald zusätzlich u. a. Sodomie mit Pferden nachgewiesen, weshalb er mit dem Schwert hingerichtet und anschließend verbrannt wurde.

wurde jedoch der verstorbene Köhler obduziert, um mögliche Verbindungen zwischen seinen Erzählungen und der Todesursache festzustellen. Unter anderem diagnostizierte der Physikus ein »welkes« Herz und die letale Entzündung aller Eingeweide. Unmittelbare Rückschlüsse auf das Sexualleben des Toten ließen sich nicht ziehen, »denn ob der Thäter schon über zwey Monat weg ist, hat sich doch die directio motuum humorum ad partes exercitas wieder begeben«. Die allgemeine Schwächung des Körpers war jedoch an der von Zeugen bestätigten Erschöpfung und Lustlosigkeit des Jungen in letzter Zeit abzulesen und wurde auf die nächtlichen Aktivitäten zurückgeführt. Gohl wurde nun mit der Untersuchung des Haupttäters beauftragt, der in der Haft Zeichen der Melancholie zu zeigen begonnen hatte, weshalb man seinen Geisteszustand überprüfen wollte. Das Gespräch mit Ostermann lieferte keine Hinweise auf geistige Verwirrung. Als aber die Frage aufgeworfen wurde,

> »wie er dazu gekommen sey, daß er wider die Ordnung der Natur ... als ein Mensch sich an das unvernünfftige Vieh gemacht habe? gab er zur Antwort, daß, nachdem aus seiner projectirten Heyrath mit N.N. nichts geworden, er gleichwohl bey ihr consuetudinem cohabitandi [Beischlaf] habe gestattet bekommen. Er auch sonst bey Ausübung seiner gottlosen Dinge allemahl viel sperma loß worden. Sey ihm wohl acht Tage lang eine grosse Unruhe zu Gemüth getreten, daß er nirgends in Hause dauren können, auch sich anderwärts hin, die Unruhe zu vergehen, habe machen müssen, biß er endlich seine schändliche Begierde an Vieh in einer Stunde zweymahl hat sättigen müssen. Und gab selbst zu erkennen, daß diese Unruhe von Teuffel müsse hergerührt haben.«

Für den Arzt war damit geklärt, daß die ungesunde, weil unnatürlich ausgeprägte »Begierde zum Beischlaff (welche oestrum venereum [geschlechtliche Raserei] heist ...), wenn sie nicht nach Gefallen kan gesättiget werden, in Verrückung derer Sinnen bringen könne«.

In diesem Fall war egal, welcher Art die verschiedenen sexuellen Handlungen waren. Sodomia bestialis war auf jeden Fall weit verwerflicher und deutete per se auf geistige Verwirrung hin. Gleichgeschlechtliche Aktivitäten ohne Analverkehr spielten im Vergleich dazu weder medizinisch noch juristisch eine Rolle, obwohl Ostermann Fellatio und das Schlucken des Samens bei 20 anderen Männern gestanden hatte.[28]

---

28 Diesen Fall erwähnt auch *Steakley*, Sodomy, 1989, S. 164, und bezieht sich dabei auf eine Studie von 1930. Danach sei Ostermann sehr wohl wegen der Fellatio hingerichtet worden;

Die standes- und geschlechtsübergreifende Ansicht, die Penetration zum Kern jedes echten Sexualaktes machte, entkriminalisierte damit manch gleichgeschlechtliche Praktik, selbst wenn ein gesundheitliches Risiko damit verbunden zu sein schien.[29] Damit wird ein weiterer Faktor deutlich, der die Seltenheit solcher Sodomieverfahren erklärt: Erst die Ausweitung der juristischen Definition auf jegliche Form sexueller Kontakte zwischen Männern auch ohne anale Penetration, die mit der Verbreitung der medizinischen Überzeugung der Schädlichkeit des Onanierens einherging, ließ im 19. Jahrhundert das Gespenst des geschwächten – weil effeminisierten – (homosexuellen) Mannes aufkommen. Es überrascht daher nicht, daß keiner der Beteiligten, sei es Gericht, Arzt, Soldaten, Bäcker, Ostermann oder Köhler, etwas wie homosexuelle Identität thematisierte. Sex wurde von Männern praktiziert, um sich zu entspannen oder um dem eigenen Geschlecht gegenüber soziale Macht zu demonstrieren. In den puritanischen englischen Kolonien wurde Analverkehr unter Männern sogar bei Nachweis nicht geahndet, solange die dominante männliche Rolle dem sozial Höherstehenden oblag. Die meisten Männer waren verheiratet oder strebten wie Ostermann eine Ehe an. Das abschätzige Etikett des »Sodomiten« blieb sogenannten notorischen »Kuhfickern« vorbehalten.[30]

Sexuelle Bedürfnisse waren da und wurden je nach Gelegenheit ausgelebt. Die eigentliche Bedrohung, die für die Obrigkeit und den medizinischen Gutachter von dem Bäcker Ostermann ausging, war deshalb die Unkontrolliertheit seiner Sexualität, nicht das Objekt seiner Begierde. Diese Angst hat eine lange christliche Tradition und wurde im 18. Jahrhundert endgültig wissenschaftlich verfestigt. Nun bedeutete mangelnde Selbstbeherrschung die Schwächung des Organismus durch den Verlust

---

die Sodomie wird nicht erwähnt. – Zur Notwendigkeit des Analverkehrs zur Deliktkonstitution für viele europäische Länder siehe auch *Huussen*, Sodomy, 1987, S. 172 f. und *Talley*, Gender, 1996, S. 396 f.

29 Dieser Befund geht konform mit der Theorie der pädagogisch dominierten Onaniedebatte der Aufklärung, vgl. *Hull*, Sexuality, 1996, S. 258–280, besonders S. 277 f. Zum von Tissot ausgelösten christlich-moralischen Onaniediskurs siehe ausführlich *Braun*, Krankheit, 1995.

30 »A free adult male could penetrate women, boys, slaves, and prostitutes without opprobrium, but for a dominant male to be penetrated was censorious because it violated gender and class norms and involved a status loss.« Siehe *Talley*, Gender, 1996, S. 398 beziehungsweise S. 407.

nützlicher Säfte und damit die Schwächung des starken Geschlechts in bezug auf seine staatsbürgerlichen beziehungsweise Untertan-gemäßen Pflichten.[31] Klagen über nächtliche Pollutionen, die im Gefolge erotischer Träume auch ohne Masturbation die männliche Gesundheit ruinierten, finden sich in wachsendem Maße in Patientenberichten seit dem Ende des 17. Jahrhunderts. Männer dokumentierten ihren kritischen Zustand dabei stets sehr genau. Die Folge konnten zum Beispiel Durchfall, Gedächtnisstörungen, Gewichtsverlust, Heiserkeit, kalte Extremitäten, Sehstörungen und Heißhunger sein.[32] Wer die in der Masturbationsproblematik konzentrierte Samenökonomie erst am Ende des Jahrhunderts mit seiner frühbürgerlich romantischen Introspektion festmacht, greift zu kurz.[33] Andererseits gab es den konträren traditionellen medizinischen Strang der Säfteökonomie, der die regelmäßige Reinigung des Körpers von überschüssigen Flüssigkeiten geradezu einforderte. Da diese Therapie nur innerhalb einer Ehe moralisch vertretbar war, blieben jene gewagten ärztlichen Stimmen vereinzelt, die im Notfall den regelmäßigen »Gebrauch« einer Prostituierten als »Remedium« empfahlen, bevor es zu inneren Vergiftungserscheinungen oder gar zur Onanie kam.[34] Die sexuellen Kontakte zwischen Männern bewegten sich sicherlich innerhalb dieses Spannungsfeldes. Die alte Säftelehre war in alltäglich erlebter Form noch in allen Köpfen vorhanden. Die neue Theorie der Gefährdung war den um ihre Gesundheit Besorgten inzwischen ebenfalls durch religiöse Unterweisung nahegebracht worden. Im täglichen Miteinander von Arbeit und Schlaf ergaben sich jedoch zuhauf Gelegenheiten, sich spontan und relativ unauf-

---

31 Vgl. dazu *Hurteau*, Discourse, 1993; *Richter*, Wet-Nursing, 1996, S. 22 und *Meyer-Knees*, Verführung, 1992, S. 58 ff. Für Tissot, den Vater der medizinisch-pädagogischen Onaniedebatte, war selbst heterosexueller Geschlechtsverkehr nur das kleinste notwendige Übel, vgl. *Stolberg*, Orakel, 1996, S. 403.
32 Vgl. etwa das Anschreiben eines Patienten bei *Hoffmann*, Medicina, T. 2, 1721, Dec. II, IX oder bei *Cappel*, Responsa, 1780, I. Diese Einstellung setzte sich in »aufgeklärten« Schichten im Verlauf des 18. Jahrhunderts weitgehend durch, wie die Erklärungsmuster in Patientenbriefen an den Lausanner Arzt Tissot belegen. Siehe dazu *Stolberg*, Orakel, 1996, besonders S. 402 f.
33 Dies tut zum Beispiel *Eder*, Erfindung, 1994, passim. Siehe dazu besser *Hull*, Sexuality, S. 259 ff., die die Verknüpfung von Haushaltung mit dem eigenen Samen, bürgerlicher Handelsökonomie und rationaler Selbstbeherrschung betont.
34 *Langhans*, Laster, 1773, S. 68 ff., siehe auch *Meyer-Knees*, Verführung, 1992, S. 25.

fällig vorübergehende Erleichterung zu verschaffen, die man später vielleicht bereute. Soldaten, Knechte wie Handwerksgesellen waren es gewohnt, in einem Raum dicht beieinander zu schlafen. Physische Nähe zwischen Männern war noch selbstverständlich und unverdächtig.[35] Die Intimisierung und Privatisierung des Schlafens, die in Onanietraktaten als existentielle Rahmenbedingung zur Verhütung der »Selbst- (und Fremd-)Befleckung« später eingefordert wurde, spielte bis weit in die zweite Hälfte des 18. Jahrhunderts noch keine Rolle.[36] Die These, es habe sich bei frühneuzeitlichen homosexuellen Beziehungen meistens um sexuelle Nötigungen in Abhängigkeitsverhältnissen gehandelt, da nur hier Verschwiegenheit gewährleistet gewesen sei, halte ich nicht für überzeugend.[37] Gerade die Bekanntheit sodomitischer Akteure in der Gemeinschaft beweist, daß das Schweigen aller oft über Jahrzehnte funktionierte, bis ein bestimmter Konflikt oder eine körperliche Veränderung das Schweigen brüchig werden ließen. Hinter der scheinbaren Toleranz (Wegsehen hieß eben *nicht* anzeigen) gleichgeschlechtlicher Aktivitäten verbarg sich eher eine in anderen Untersuchungen nachgewiesene Binnendifferenzierung der Zeitgenossen. Nicht der eigentliche Sexualakt, sondern die drohende Effeminisierung des penetrierten Partners hatte entehrende – weil entmännlichende – Wirkung. In den Fällen, in denen Männer relativ offen über nichtanale homosexuelle Praktiken sprachen, nahm ohnehin keiner der Beteiligten die als passiv verstandene Rolle der minderwertigeren Frau ein. Deshalb machte sich im 18. Jahrhundert das christliche Gewissen nur bei gesundheitlichen Komplikationen nachträglich bemerkbar.

---

35 Vgl. dazu *Gilbert*, Buggery, 1976/77 und *Huussen*, Sodomy, 1987, S. 178. Hier ist nicht der Ort, um ausführlich auf die für die Niederlande, Frankreich und den angelsächsischen Raum bereits umfassende frühneuzeitliche Homosexualitätsforschung einzugehen. Für Deutschland liegen noch kaum Quellen vor.
36 Vgl. *Richter*, Wet-Nursing, 1996, S. 17.
37 *Schnabel-Schüle*, Überwachen, 1997, S. 320–326. Im Zusammenhang mit Inzestfällen zwischen Erwachsenen geht sie hingegen von gegenseitiger Freiwilligkeit aus, ohne familiäre Machtgefälle mitzudenken (vgl. *ebenda*, S. 206–314).

Mutterwuth oder furor uterinus

Die Säftelehre stellte – wie bereits beschrieben – geschlechtsübergreifend einen kausalen Zusammenhang zwischen Überreizung eines Organs oder Körperteils und einem vermehrten Zustrom der Säfte in diesen Teil des Körpers her. Am Beispiel der Hysterie,[38] die schon Hippokrates als typisches Frauenleiden begriff, da er sie auf krankhafte Veränderungen der Gebärmutter (griech. hystéra) zurückführte, soll auf die naturwissenschaftliche Legitimation eines solchen stark sexuell konnotierten medizinischen Konstruktes und seine Konsequenzen für die Normierung weiblicher Sexualität hingewiesen werden. Der niederländische Arzt Pieter van Foreest hatte schon im 16. Jahrhundert ebenso wie der Schweizer Felix Platter Anfang des 17. Jahrhunderts bei bislang unbescholtenen Patientinnen einen Zusammenhang zwischen (mangelnder oder zu starker) Samenzufuhr und Wahnsinn festgestellt.[39] Jeder Mediziner, der im 18. Jahrhundert zu gynäkologischen Themen publizierte – und das taten beinahe alle –, widmete der »passione hysterica« oder »der Mutterbewegung« ein umfängliches Kapitel, um auf rätselhafte Uterusbeschwerden, die Ursache für Epilepsie, Mißgeburten, Wahnsinn und diverse Krankheiten seien, aufmerksam zu machen.[40] Führende Theoretiker wie Johann Peter Frank hatten dabei sogar noch das Staatswohl (Stichwort: »Peuplierung«) im Auge, wenn sie bei Schwangeren eine Gefährdung gesunder künftiger Generationen anpran-

---

38 Sie wird heute als »psychogene Erkrankung mit seelischen oder körperlichen Symptomen als Reaktion auf stark belastende Erlebnisse, die infolge einer angeborenen oder erworbenen Disposition nicht normal verarbeitet werden« verstanden. *Arnold et al. (Hg.)*, Lexikon, 1988, S. 947. Der Normalitätsbegriff wird nicht problematisiert.
39 Dazu *Simon*, Heilige, 1993, S. 60–66; *Kutzer*, Magd, 1995, S. 253 und *Porter (Hg.)*, Cambridge History, 1996, S. 282. Zu den historischen Wurzeln des »furor uterinus« siehe auch *Fischer-Homberger*, Medizin, 1983, S. 144–147.
40 Der Brite Robert Whytt [1714–1766], dessen »Beobachtungen … über Nervenübel« erst 1794 ins Deutsche übersetzt worden waren, hatte die sich erst Ende des 19. Jahrhunderts durchsetzende These aufgestellt, nicht die Gebärmutter, sondern die allgemeine physische Schwäche und das empfindliche Nervensystem der Frau seien für »hysterische Anfälle« verantwortlich. Ende des 18. Jahrhunderts herrschte in medizinischen Publikationen eher eine Mischform vor. Zum synchronen Hysteriediskurs in England seit dem 17. Jahrhundert siehe ausführlich *Veith*, Hysteria, 1965, Kap. 7 und 8, vgl. auch *Tuana*, Sex, 1993, S. 93–107.

gerten.⁴¹ Parallel dazu gab es die »hypochondrischen Beschwerden« bei Männern.⁴² Vor diesem Hintergrund überrascht nicht, daß Ärzte endogene sexuelle Perversionen bei Frauen nicht erst im 19. Jahrhundert (hier sei nur auf Krafft-Ebbing verwiesen) diagnostizierten, sondern – dank Einbeziehung moderner anatomischer Erkenntnisse in das Säftemodell – bereits erheblich früher. Dabei stellte sich ihnen theoretisch das Problem der körperlichen Untersuchung, doch in der Praxis gerieten ohnehin nur jene Frauen ins Blickfeld, die keine Möglichkeit mehr hatten, sich den forschenden Blicken und Händen der Ärzte zu entziehen. Die unter solchen Umständen entstandenen Fallgeschichten gewähren nicht nur Einblick in die medizinische Sicht spezifisch weiblicher »Gemüthszustände«, sie werfen auch Schlaglichter auf die Selbstwahrnehmung und den Handlungsspielraum der Betroffenen. Die Analyse einiger Beispiele, die als typisch für den soziomedizinischen Umgang mit nonkonjugaler weiblicher Sexualität betrachtet werden können, zeigt, wie schon im 18. Jahrhundert die Verwendung traditioneller, doch neu legitimierter wissenschaftlicher Konstrukte zur Psychopathologisierung, ja Kriminalisierung von nonkonformen Verhaltensäußerungen führte.

Eine 23jährige ledige Frau saß seit dem 10. Mai 1783 wegen verschiedener »Betrügereyen« im Berliner Calandshof ein.⁴³ Ihr vier Monate altes Baby hatte man dem Waisenhaus übergeben. Der Gutachter beschrieb sie später als »eine Person von vielem natürlichen Verstande und äusserster Verschmitztheit, dabey sehr lebhaft und muthig in Ausführung und Durchsetzung ihrer Projekte, wovon sie, wie auch zum Theil die Akten bekunden, in ihrem kurzen Leben sehr viele Proben gegeben hat«. Sie sei, obwohl von »zarte[m] Körper«, stets gesund gewesen. Zunächst verhielt sich die Arrestantin unauffällig. Als aber am 19. Mai ein heimlicher Briefwechsel mit ihrem jüdischen Liebhaber auffiel und sie zur besseren Kontrolle in eine andere Zelle verlegt wurde, begann sie »sehr unruhig zu werden und viel verrücktes Zeug ohne Zusammenhang zu schwatzen«, auch das Gericht zu beschimpfen. »... bald weinte sie, daß man ihr Kind von ihr genommen, welches ihr weder Tag noch Nacht Ruhe ließe und ihr immer vor Augen stünde, bald lachte sie wieder,

---

41 Vgl. *Pieper*, Körper, 1998, S. 112.
42 So etwa nachzulesen bei *Gohl*, Medicina, 1735, Sec. II, S. 445.
43 *Pyl*, Aufsätze, 3. Slg., 3. Ab., 1785, Fall 5.

sang und versicherte, daß ihr nichts fehlte und sie sich bloß so stellte, damit Niemand aus ihr klug werden sollte.« Mitgefangene Frauen bestätigten, daß sie nachts tobe und die andern nicht schlafen ließ, sie beschimpfte und

> »sie neckte und ihnen allerhand Schaden zuzufügen trachtete, bald wieder sie ankrichte und mit ihnen unerhörte Unzucht treiben wollte. Wie sie denn überhaupt grosse Malice und ausserordentliche Geilheit zeigte, welche so weit gienge, daß sie sich manchmahl nicht halten zu können schiene, sich selbst in den Geburtstheilen schändlich wirthschaftete, wobey sie oft ganz ermattet würde, in starke Hitze und beinahe ausser sich käme. Dabey riefe sie beständig den Nahmen des B. (des Juden, mit dem sie zuletzt in vertraulicher Bekanntschaft gelebt hat) aus.«

Erst dieses empörende sexuelle Verhalten löste eine medizinische Untersuchung aus. Der Stadtphysikus Pyl besuchte die Gefangene nun regelmäßig, verordnete Aderlässe und andere »Mittel«, um ihre »wallenden Säfte« zu mäßigen. Sie verweigerte sich jedoch allen Maßnahmen, tobte und drohte – als ihr klar wurde, daß sie nicht so bald freikommen würde – gar mit Suizid. Derartige »Exzesse« verstärkten den Verdacht auf »Wahnsinn«, doch die den Akten entnehmbare Biographie ließ Pyl seiner eigenen Diagnose mißtrauen. Zudem erinnerte sich die Frau – für Tobende untypisch – an alle Gespräche, die während ihrer Anfälle in ihrer Gegenwart geführt wurden, betonte zudem mehrmals, daß sie sich nur verstelle, um Verwirrung zu stiften. Der Entzug ihres Kindes, so der Physikus, könne nicht der Grund für ihr auffälliges Verhalten sein, schließlich habe sie bei seiner Entfernung und in den Tagen danach nicht geklagt. Als die Gefangene eines Nachts zunächst versuchte sich zu erhängen, dann eine Mitgefangene zu erwürgen, wurde sie auf Anweisung des Arztes in Ketten gelegt. Um sie von möglichen schädlichen Säften zu befreien, wurden ihr heimlich Brechmittel ins Essen gemischt, so daß sie glaubte, vergiftet zu werden. »Zugpflaster«, die Giftstoffe über die Haut absaugen sollen, riß sie sich herunter, so daß sie zusätzlich gefesselt wurde. Erst nachdem sie mehrmals »kalt gebadet« worden war, beruhigte sie sich. Ihre Eingaben um eine Einzelzelle führten am 10. Juni zu einer Vorführung beim Kammergericht, bei der sie ruhig und vernünftig auftrat. Auf die Frage des Gutachters, wie sie selbst sich ihr Verhalten erkläre, antwortete sie ihm: »Man könne sich doch wohl eine Zeitlang ein bißchen unklug stellen.« Dies bestärkte den Arzt nur in dem Verdacht, daß sie in Einzelhaft nur in Ruhe ihre Korrespondenz wieder aufnehmen wolle, um Fluchtpläne zu schmieden. Er attestierte ihr nun »entweder Schelmerey oder Malice«, »Verstellung«, »außerordentliche List und Verschlagenheit«, »grosse Fertigkeit und Übung im Ränkeschmieden«, »Hang zu Kabalen und ausharrende Gedult«. Allerdings hätte die zweiwöchige Medikation eindeutig Wirkung gezeigt, was immerhin Beweis für einen geringen Grad von Wahnsinn sei. »Die Grenzen zu bestimmen« sei sehr schwer, »da heftige Leidenschaften oft so sehr den Verstand umnebeln, daß der Klügste, wenn er sich denselben ohne Nachdenken überläßt, oft Handlungen ausübt, die denen eines Wahnsinnigen gleich sind«. Die einzig überzeugende Methode der Wahrheitsfindung sei die Langzeitbeobachtung durch einen geschulten Arzt. Auch in diesem Fall habe er »im Anfange würcklich manchmal viel wildes in ihren Augen wahrgenommen, auch hatte sie oft sehr starke Hitze, besonders nach Aussage der Mitgefangenen Nachts, wenn sie am stärksten tobte. Die erstaunliche Geilheit welche sie blikken ließ und wie sie sich dabey betrug, zeigen in der That speciem furoris uterini und eine Störung der Sinnen.« Die Selbstverletzungen durch Widerstand gegen die Fesseln und die Unempfindlichkeit zum Beispiel gegenüber dem sehr schmerzhaften Zugpflaster könnten keine Verstellung gewesen sein, seien ebenfalls typische Symptome Wahnsinniger. Die C. sei eben »von sehr lebhaftem, jachzornigem und hitzigem Temperament«, versuche durch ihre »Projekte und Schwindeleyen« »sich empor und in Ruf und Ansehen« zu bringen. Es sei logisch, »daß solche Personen dem Überschnappen und Verirrungen des Verstandes gar zu leicht und am allerehesten ausgesetzt sind«. Seine Diagnose lautete schließlich auf in Intervallen auftretenden Wahnsinn. Wäre sie nicht so »halsstarrig«, hätte Pyl in ihrer Behandlung »jetzt viel weiter seyn« können, klagte er in seinem Abschlußgutachten.

Die äußerlich gute körperliche Verfassung der Inhaftierten ließ keine Rückschlüsse auf organische Schäden zu und brachte den Arzt in Erklärungsnot. Derartig extreme Ausbrüche von Gefangenen waren grundsätzlich nicht selten. Gutachten über Tobende und Rasende finden sich in ärztlichen Fallsammlungen des 18. Jahrhunderts zuhauf. Auch die Diagnose von Verhaltensauffälligkeiten wegen »passione hysterica« und die Gefahr ihrer Simulation waren bereits im 17. Jahrhundert Thema medizinischer Gutachtung.[44] Vorliegender »Casus« unterscheidet sich von den meisten

---

44 Siehe etwa *Ammann*, Medicina, 1670, XIX. 1624 wurde die verdächtige Kindsmörderin Sybilla R. nach ausführlicher Beobachtung und Untersuchung auf »passione hysterica«

anderen jedoch dadurch, daß die Frau zusätzlich durch sexuelle Belästigung ihrer Zellengenossinnen auffiel, sich darüber hinaus ungeniert autoerotisch betätigte und dabei den Namen ihres Geliebten stöhnte. Derartig ungezügeltes Begehren einer Frau, das sich nicht einmal ausschließlich auf das ihr entzogene männliche Objekt ihrer Begierde reduzieren ließ, dazu im Beisein anderer ausgelebt, mußte Irritationen auslösen. Solche sexuellen Aktivitäten mußten, dem medizinischen Bild »vom Weibe« entsprechend, als Hinweis auf eine hinter dem aggressiven Widerstand gegen die Haft verborgene physische Ursache verstanden werden.

»Excesse in puncto sexti« waren 1735 sogar der einzige Grund, der eine 30jährige ledige Dienstmagd ins Gefängnis brachte, wo sie ein Arzt auf ihren Geisteszustand hin untersuchte.[45] Die Frau war, neben anderen vom Arzt als extrem »ausschweiffend« bezeichneten Handlungen, einem Knecht »aufm Boden sans façon um den Hals gefallen, [hatte] ihn geherzet, und zur Unzucht initiiret«. Obwohl sie seit Jahren als »tiefsinnig« bekannt war, unter ständigen Kopfschmerzen litt und ihre Umgebung mit ihren bis zur Arbeitsunfähigkeit führenden Angstzuständen in Atem hielt, hatte sie eigentlich stets »einen guten, treuen, fleißigen, aber dabey stillen Wandel geführt«, so daß der Gutachter keinen Zusammenhang zwischen ihrer Melancholie und den sexuellen Auffälligkeiten herstellen konnte. Medizinisch war klar, daß »das taedium vitae die fleischliche Wollust aufhebet«. Weil sie regelmäßig zur Ader ließ und auch ihre Menstruation bekam, könne nur eine noch unbekannte Art der »Mutterwut« vorliegen. Der belästigte Knecht wie die am Verfahren beteiligten Repräsentanten der Obrigkeit verstanden das bei Männern als aggressives Werbeverhalten legitimierte Auftreten bei einer Frau zwangsläufig als krankhaft. Andere Symptome wurden nachträglich dazukonstruiert, um diese Logik abzusichern.

Bei dieser noch vagen bis widersprüchlichen Diagnostik kamen traditionelle Medizinkenntnisse ins Spiel, die in der zweiten Hälfte des 18. Jahrhunderts physiologisch neu begründet wurden. Vermehrte Leichensektio-

---

durch zwei Mitglieder der Leipziger medizinischen Fakultät der Simulation von Ohnmachten und anderen Symptomen überführt. Sie habe versucht, dadurch der Folter zu entgehen.

45 *Clauder*, Praxis, 1736, XIV.

nen an den anatomischen Universitätsfakultäten boten einigen Meinungsmachern Gelegenheit, sich mit den vielfältigen Formen des Uterus und seinen nervlichen und säftespezifischen Gegebenheiten eingehend auseinanderzusetzen und darüber in extenso zu publizieren. Der »furor uterinus« war eine lange bekannte »Weiberkrankheit«, die verschiedene Ursachen haben konnte, welche man nun am aufgeklappten Uterus zu verifizieren suchte: Zuwenig Samenzufuhr machte die ausgehungerte »Mutter« verrückt, aber auch zuviel sexuelle Betätigung führte zu ungesunden Erregungszuständen, die den Säftehaushalt störten und damit den gesamten Körper in seinen gesunden Funktionen behinderte.[46] Es ist unwahrscheinlich, daß die 50 Jahre später lebende Berlinerin von solchen, zudem in lateinischer Wissenschaftstradition stehenden Theorien wußte, obwohl sie – für eine Frau ihrer bäuerlichen Herkunft ungewöhnlich – fließend lesen und schreiben konnte. Gerade wenn sie aus eigener Anschauung gewußt hätte, wie man mit Frauen umging, denen »Mutterwuth« diagnostiziert worden war, hätte sie aus Angst vor den Folgen genau diese provozierende Krankheit sicher nicht simuliert. Zumal ihr aus dem städtischen Alltag bekannt gewesen sein dürfte, wie mit Wahnsinnigen verfahren wurde, wie diese für unbestimmte Zeit an- und weggeschlossen wurden. Es scheint eher wahrscheinlich, daß sie tatsächlich gewöhnlich ihre Sexualität offensiv und selbstverständlich einzufordern pflegte. Daß sie als Christin mit einem Juden eine – auch noch fruchtbare – »Winkelehe« eingegangen war sowie die Anspielung des Gutachters auf ihr ausgeprägtes Selbstbewußtsein, lassen darauf schließen, daß sie sich nicht das erste Mal über die öffentliche Meinung hinweggesetzt hatte.

»Zwar hatte der bürgerliche Moralbegriff Einfluß auf ihr Leben, etwa über den Arbeitsplatz oder Heiratsabsichten, doch beeinflußte er kaum ihr Selbstbild bezie-

---

46 Ebendiese Sicht auf die weibliche »Biologie« findet sich noch in dem 12bändigen Medizinlehrbuch, das bis in die sechziger Jahre unseres Jahrhunderts als Standardwerk für das Medizinstudium galt: *Seitz, Ludwig/Amreich, Alfred I.* (Hg.), Biologie und Pathologie des Weibes. Ein Handbuch der Frauenheilkunde und der Geburtshilfe, Berlin u. a. 1953–55. Hier wird durch biochemische und organische Erklärungsansätze zum Beispiel intellektuelle Tätigkeit ebenso für Infertilität und Gebärmutterdeformationen verantwortlich gemacht wie weibliche Berufstätigkeit allgemein für »Männerscheu« und »Ehescheu« bei zunehmender Homosexualisierung, vgl. etwa *E. Stransky,* Medizinische Psychologie. Grenzzustände und Neurosen beim Weibe, *ebenda,* Bd. 6, 1954, 3. Teil, S. 217–342 oder *O. Albrecht,* Vita sexualis und deren Störungen, *ebenda,* S. 382–420.

hungsweise ihr Selbstverständnis im sozialen Handeln. Ehrbarkeit war für sie nicht automatisch geknüpft an Keuschheit oder sexuelle Abstinenz, sondern wurde nach anderen Kriterien und Maßstäben gemessen.«[47]

Es war der studierte Arzt, der zwischen den Tobsuchtsanfällen, Selbstmord- und Mordversuchen der Gefangenen und ihrem sexuellen Verhalten einen organischen Zusammenhang herstellte. Einerseits glaubte er ihren Simulationsbeteuerungen, die sich in sein Bild von ihr fügten, andererseits blieb dann nur ihr sexuelles Begehren als Grund für seine Krankheitsdiagnose übrig.[48]

Dieses sexualpathologische Erklärungsmuster hatte sich im Laufe von Jahrzehnten in den medizinischen Kanon eingeschrieben, seit um 1720 herum die erste Welle deutschsprachiger Fallsammlungen eingesetzt hatte.[49] So stellte Gohl bereits im Jahre 1720 fest, daß schon die Belastung der Uterusnerven durch eine Geburt »Mutterwuth« zur Folge haben konnte und belegte dies ausgerechnet mit einer Adeligen, die seit ihrem zweiten Wochenbett als »maniaco-melancholica« galt.[50] Sie litt nach ihrer letzten Entbindung unter »Gemüths- und Verstandes-Verwirrung«, drohte das Haus anzuzünden, attackierte Umstehende und beschimpfte sie, gab den Teufel als Kindsvater an und hatte »sich in Gegenwart der dabeyseyenden splitternackend ausgezogen«. Solche »Zufälle« hießen »nach der Lehre derer Medicorum furor uterinus..., qui est immodicus affectus...«. Das bedeutete aufreizendes Benehmen, Zurschaustellung des Körpers und vor allem aktive Suche nach Sexualpartnern, kurz gesagt, jegliche Äußerung autonomer Lust: »Wie denn ... solcher furor sich bey der Frau Patientin auch gezeiget, daß sie zu der Waise-Mutter gesprochen, laß mich doch einmahl an dein Ding greifen, habe ihr unter den Rock gegriffen, daß sie sichs kaum erwehren können.«

Der Hallenser Anatom und Fachmann für »Weiberkrankheiten« Hoff-

---

47 Dies fand *Kienitz*, Sexualität, 1995, S. 80, in ihrer Untersuchung über einen Massenprozeß gegen sich gelegentlich prostituierende Unterschichtsfrauen heraus.
48 Dieser Topos der »Liebeskrankheit« fand später gerade in der vielgelesenen »schönen Literatur« ausführlichen Niederschlag. Vgl. *Veith*, Hysteria, 1965, S. 174 ff. und *Small*, Madness, 1996.
49 Alle Theorien, die der von der medizinhistorischen Nachwelt oft als Avantgardist gefeierte berühmte Pariser Arzt Pinel 1801 in seinem für die nächsten 100 Jahre grundlegenden »Traité médico-philosophique sur la manie« vorstellte, waren demnach nicht neu.
50 Vgl. *Gohl*, Medicina, 1735, Sec. II, I.

mann empfahl deshalb für das sogenannte Kindbettrasen eine spezielle Kombinationstherapie aus Aderlässen, beruhigenden Medikamenten und täglichen warmen Bädern.[51] Im Zweifelsfall war eine neue Schwangerschaft das natürlichste Therapeutikum für eine Frau, auch wenn Geburt und Kindbett immer eine Gefährdung ihrer Geisteskräfte darstellten. Für einen Arzt waren solche »Zustände« nicht überraschend, bewiesen sie doch, daß nicht nur Frauen niederer Stände und »liederlicher Lebensart« davon befallen wurden, sondern das weibliche Geschlecht per se potentiell pathologisch war und sein ausfernder Sexualtrieb in kontrollierte und gesunde Bahnen gelenkt werden mußte.

Schon im 17. Jahrhundert wurde dieser enge Zusammenhang zwischen Gemütszustand und Vorgängen im Uterus von medizinischen Autoritäten durch Beispiele von Aborten, Molae und anderen »hysterischen Zufällen«, die Epilepsie oder Nervenfieber auslösen konnten, beschrieben und in den ersten Fallsammlungen des 18. Jahrhunderts dann vielfach empirisch dokumentiert.[52] Solche »passio hysterica« sah Pyl gegen Ende des Jahrhunderts mit als Ursache für den im »ungebildeten Volk« noch verbreiteten Hexereiglauben an. Viele angeblich verhexte Frauen, die an Krämpfen, Wahnvorstellungen, Leibschmerzen, Sprachstörungen und ähnlichen Symptomen litten, waren schlicht Opfer ihrer übererregten Phantasie geworden. Eine übererregte Gebärmutter hatte die Nervenbahnen angegriffen, die in direkter Verbindung zum Gehirn standen. Schon kleine Mädchen konnten diesem typischen Frauenleiden zum Opfer fallen, weshalb die Gefahr das gesamte Geschlecht unabhängig von der sexuellen Reife betraf.[53] Auch ehrbaren Frauen von schwächlicher Konstitution drohten »Beklemmungen«, »Ohnmachten«, »Kopfschmerzen«, »hysterische Krämpfe« schon »bey den geringsten Gemüthsaffecten«. »Frauenzimmer ... von sehr lebhaftem Temperament« neigten »vorzüglich zu Krämpfen und denen damit verbundenen, oft sehr üble Folgen habenden Zufällen«. Kamen »Sorgen« und »Gram« hinzu, konnte das »Erstickung, Schlagflüsse, Blutstürzungen oder auch langwierige auszehrende Krank-

---

51 *Hoffmann*, Medicina, T. 2., 1721, Dec. III, III.
52 Als bahnbrechend auf dem Gebiet galten noch bis nach 1800 vor allem die von Ärzten wie Juristen vielzitierten vieltausendseitigen Fallgeschichten *Hoffmanns*, vgl. zum Beispiel seine Sammlung, 1735, Part. IV, Caput V, De Abortu, Von unzeitiger Geburt, S. 809–822.
53 Siehe dazu ausführlich das Kapitel »Abergläubische Zaubergeschichten« in dieser Arbeit.

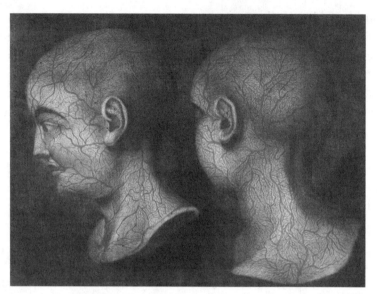

Abb. 13: Hirnsektionen, gemalt von Jacques-François-Marie Duverney; aus: *Jacques Gautier d'Agoty*: Anatomie de la tête, Paris 1748.

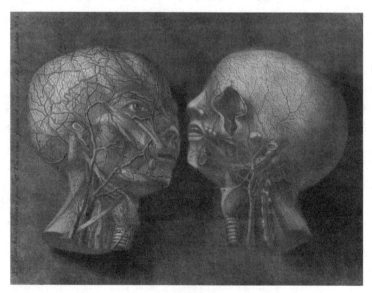

Abb. 14: Hirnsektionen, gemalt von Jacques-François-Marie Duverney; aus: *Jacques Gautier d'Agoty*: Anatomie de la tête, Paris 1748.

heiten« zur Folge haben.⁵⁴ Pyl stand damit in direkter Tradition von Klassikern der Gerichtsmedizin wie Hoffmann, Gohl oder Alberti. Letzterer hatte noch die Bibel als Beleg für seine Hysterietheorie herangezogen. Denn schon die sexuelle Aggressivität der Frau des Potiphar wies auf die spezifisch weibliche Pathologie hin: Es lag ein besonderer »lascivia gradu« – »de mente capitis & uterino furore impulsis« vor.⁵⁵ Somit konnte die geistige Gesundheit, d.h. die Zurechnungsfähigkeit von Frauen, durch »Nymphomanie« jederzeit in Frage gestellt werden.⁵⁶ Ein Jahrhundert später hieß eine solche Erkrankung dann auch »Hysteromanie«, womit jegliches vom weiblichen Geschlechtsstereotyp der Passivität und Hingabe abweichende Sexualverhalten von Frauen gemeint war. Dem widersprach allerdings der ebenfalls normative Anspruch, wie er in den bereits vorgestellten Gutachten zu Impotenzklagen zum Ausdruck kam, daß die Frau durch erotische Stimulation den Gatten zur ehelichen Dienstleistung anzutreiben habe.

Die lange Tradition solcher Stereotypen hatte gerade in gebildeten Kreisen, die einem stärkeren sozialen Druck unterlagen, die Selbstdefinition so mancher Frau nicht unberührt gelassen. Bereits im Jahre 1720 wandte sich eine 42jährige an Gohl, die über Jahre vergeblich versucht hatte, ihre »Delirien« und verschiedensten »körperlichen Zufälle« durch Aufenthalte in Kurbädern und »Sauerbrunnen« in den Griff zu bekommen.⁵⁷ Sie selbst hielt sich für schwer krank, »denn sie hätte in Schlaffe mit Menschen zu schaffen, die sie niemahlen gesehen hatte, auch entdeckte sie, daß sie in der vagina uteri unter währenden paroxysmis [Krampfanfällen] einen ardorum [Blitz, Glut, Feuer, Brand] empfände«. Die trotz ihrer Ehe unvertrauten Empfindungen lösten »Hertzens-Angst und Bangigkeit« aus. Seitdem delirierte und stam-

---

54 So attestierte Pyl einer Fabrikantengattin, die sich aus medizinischen und psychosozialen Gründen weigerte, den Umzug weg von ihren Berliner Freundinnen ins einsame Potsdam zu ihrem griesgrämigen Gatten anzutreten, Reiseunfähigkeit, *Pyl*, Aufsätze, 2. Slg., 3. Ab., 1784, Fall 5.
55 *Alberti* räumte die Möglichkeit einer unglücklichen Ehe als teilursächlichen Faktor ein. Siehe *ders.*, Commentatio, 1739, S. 254 f.
56 1772 erschien in Wien die erste deutschsprachige Übersetzung der französischen Abhandlung »La Nympomanie« von Bienville, 1771 in Amsterdam publiziert. Zu diesem Begriff siehe ausführlich *Veith*, Hysteria, 1965, 179–184.
57 Siehe *Gohl*, Medicina, 1735, Sec. III, V.

melte sie, lag stundenlang starr, vor allem während ihrer Menstruation. Zum Berichtszeitpunkt, so der Autor, habe sich ihr Zustand derartig verschlimmert, »daß sich auch maritus ihrer entäussern müssen«. Die von Gohl verordneten Medikamente konnten dieser »maniaca« nicht mehr helfen. »Da sie auch von honorabler condition ist, hat man sie nie in vincula [Fesseln] gelegt, sondern sie wird in Freyheit, doch unter sicherer Aufsicht gelassen.«

Diese Geschichte zeigt zum einen die typische Klassenjustiz der Zeit. Abweichendes Verhalten wurde unterschiedlich sanktioniert: Leute von Stand waren materiell versorgt und wurden zumeist in ihrer vertrauten Umgebung beaufsichtigt. Schlimmstenfalls wurden sie gegen Ende des Jahrhunderts in die neu entstandenen Privatasyle eingekauft. Menschen der niederen Stände wurden auf Kosten der Armenkasse in die für ihre grauenvollen Zustände berüchtigten Spinnhäuser, Hospitäler und späteren Irrenanstalten gesperrt. Das Bedeutende dieses Falls scheint allerdings zu sein, daß diese Frau aus höheren Kreisen sich selbst für krank hielt, weil sie zusätzlich zu den gewohnten Menstruationsbeschwerden neuerdings von nächtlichen erotischen Träumen bis hin zu orgasmischen Empfindungen geplagt wurde. Ihre eigene Wortwahl muß dem Arzt zu gewagt erschienen sein, da er sich, wie bei sexuellen Themen üblich, ins Lateinische flüchtete. Vielleicht war ihm die Beschreibung ihrer Empfindung auch schlicht unverständlich. Leider verrät die allgemeine Form der Beschreibung nicht, welchen Geschlechts die nächtlichen Traumpartner waren, noch was genau die Dame mit ihnen »zu schaffen« hatte. Doch schon daß es sich in ihren Träumen nicht um ihren Ehemann handelte, daß sie ohne einen realen, der Fortpflanzung dienlichen Geschlechtsakt in Erregung geriet, die zudem außerhalb ihrer Willenskraft lag, ließ sie so stark selbst an ihrer geistigen und physischen Gesundheit zweifeln, daß sie von sich aus einen Arzt konsultierte. Die Schilderung des Mediziners zeigt, daß er derartige Phänomene ebenfalls für verdächtig hielt. Arzt und bürgerliche Patientin teilten hier bereits das gleiche Bild von weiblicher Sexualität: Einer Überreaktion durch uterine Krämpfe, der alle Frauen, allein durch die Existenz der alles dominierenden und unkontrollierbaren Gebärmutter jederzeit ausgesetzt waren, konnte man nur medikamentös gegensteuern.[58] Zu dieser Selbstsicht höher-

---

58 Dazu ausführlich *Peter*, Femmes, 1976, passim. Siehe auch *Borkowsky*, Krankheit, 1988, S. 203.

gestellter Frauen trug sicher bei, daß die »Schlüsselstellung von Nerven und Sensibilität« perfekt zur allgemeinen Sensibilisierung des Bürgertums paßte und bei dem »labilen« Geschlecht noch stärker ausgeprägt sein mußte als bei seinen männlichen Standesgenossen.[59]

Die Wirkung von Träumen auf den weiblichen Organismus, besonders die Nerven des Uterus, war traditionelle medizinische Tatsache und galt als Erklärung für Scheinschwangerschaften. Ursache für die »passio hysterico-melancholica« sei »das schwere dicke Geblüt, welches aus dem Unterleib in den Kopff getrieben, die Adern des Gehirns gar zu sehr auftreibet, und mit grosser Difficultät durch dieselben gehet und daher die Phantasie sehr turbiret«.[60]

War der Uterus einer Frau für den Säftehaushalt und damit für die psychosomatische Verfassung zentral, so war wiederum dessen Zustand von der »ordentlichen Reinigung«, einem natürlichen »Purgativum« abhängig. Dieser wurde wie im Fall der eingangs vorgestellten Berliner Gefangenen gegebenenfalls nachgeholfen. Gerade die geheimen Kräfte der roten und weißen Flüsse erweckten das Interesse der Mediziner, nachdem Haller 1752 durch vielfaches Sezieren von Frauenleichen die Sensibilität des Nervensystems entdeckt und auch herausgefunden hatte, daß der weiße Fluß kein Äquivalent zur Samenflüssigkeit des Mannes war, sondern vielmehr erst durch Onanie und andere äußere Einflüsse hervorgerufen wurde.[61] Ausfluß, sogenannte »vapeurs« und unregelmäßige Menstruation ließen das Schlimmste befürchten,[62] zumal auch Jungfern aus gutem, sprich bürgerlichem Hause davon befallen waren. Frauen laugten sich auf diese Weise ebenso aus wie Männer, da gesunde Stoffe abgingen und die Geschwächten krankheitsanfällig wurden. Diese falsche Form der Erregung reizte die bei Frauen besonders empfindlichen Nervenstränge[63] so sehr, daß es zu

---

59 Diesen Befund stützen auch die Analysen von Patientinnenbriefen von *Stolberg*, Orakel, 1996, S. 395–399.
60 So bei *Hoffmann*, Medicina, 7. T., 1730, Dec. I, III.
61 Vgl. *Lipping*, Konzepte, 1986, S. 34.
62 Zur französischen Tradition der »vapeurs« siehe *Peter*, Femmes, 1976, zur englischen *Veith*, Hysteria, 1965, S. 168 ff.
63 Die experimentelle Neurologie und Muskelforschung von Haller und Whytt hatte die Grundlagen für die Unterscheidung zwischen weiblichem und männlichem Nervensystem und deren verschiedene Auswirkungen auf die Seele bereitet. Whytt (nach *Ebrecht*,

Krämpfen im Uterus kommen konnte, was dessen Muskeln auf Dauer abschlaffen ließ und zu Aborten führen mußte. Hier gewann das private Laster öffentlichen Charakter, da es den Staat schädigte, indem es ihn um das angestrebte Bevölkerungswachstum brachte.[64] Die ersten Fragen eines Mediziners bezogen sich demnach bei Wöchnerinnen stets auf die Lochien, bei Schwangeren auf regelmäßige Aderlässe, sonst auf die Menstruation, um den physischen Grundzustand einer Frau erfassen zu können. Die Menstruation versetzte als natürlich-pathologischer Vorgang ebenso wie eine Geburt die weibliche Psyche in einen vorübergehenden Ausnahmezustand, stand deshalb bei der ärztlichen Diagnostik wie Therapie im Zentrum und lieferte *die* Legitimation für die gesellschaftliche Entmündigung der Frauen.[65]

Weil die Menstruation als »Sprachrohr« des unberechenbaren Uterus galt, konnte sie nicht normiert werden. Wenn eine 41jährige Insassin des Berliner Arbeitshauses im Jahre 1785 von ihrer alle drei Wochen auftretenden und acht Tage anhaltenden Blutung berichtete, erschien das allein zunächst weder ihr noch dem Arzt ungewöhnlich.[66] Ihre alle vier Wochen – »wenn sie sich ärgert« – auftretende Epilepsie, die die Leitung des Armenhauses den Vertreter des Stadtphysikus alarmieren ließ, mußte demnach einen anderen Hintergrund haben. Dr. Böhr beobachtete deshalb die Gefangene nicht nur aufmerksam, sondern entlockte ihr aufschlußreiche lebensgeschichtliche Details. So kam er schnell zu einem klaren Urteil über die wahre Ursache der epileptischen Anfälle:

>»In allen ihren Reden zeigte sie eine unbändige Geilheit und heftige Liebe zu einem gewissen Töpfer R., wobey sie jedoch äußerte, wenn dieser auch sein Versprechen sie zu heyrathen nicht erfüllte, so wollte sie schon einen andern erhaschen. Ihre Geburtstheile wären, obgleich sie schon sechs Kinder gebohren hätte, noch in so gutem Zu-

---

    Krankheit, 1991, S. 13) hatte herausgefunden: »Die Frauenzimmer sind, da bey ihnen überhaupt die Nerven leichter als bey Mannspersonen sind, den Nervenübeln mehr als die Männer unterworfen und bekommen sie auch in einem höheren Grade.«

64 In England gab es vereinzelt abweichende Meinungen. Manche Ärzte empfahlen Frauen hier sogar die Masturbation zur Dämpfung ihres unbändigen Sexualtriebes, vgl. *Easlea*, Science, 1981, Kap. 3.

65 Wie weit die Anwendung dieses Theorems in der klinischen Irrenbehandlung im Zusammenhang mit sexuell verhaltensauffälligen Frauen bereits in der ersten Hälfte des 18. Jahrhunderts selbstverständlich war, zeigt für Wien *Mixa*, Weiber, 1996, besonders S. 103.

66 Die folgenden Zitate stammen aus *Pyl*, Aufsätze, 4. Slg., 3. Ab., 1786, Fall 11.

stande, daß es nicht recht wäre, sie so ungenutzt zu lassen. Und ihr ganzes Gespräch lief auf nichts weiter hinaus als daß sie wünschte, aus dem Arbeitshause entlassen zu werden, damit sie ihr Verlangen befriedigen und wieder heyrathen könnte. Weiter verlangte sie nichts. Hieraus erhellet nun wohl soviel mit vieler Gewißheit, daß die (sinnliche) Liebe dieser R. den Kopf verwirrt habe und daß sie durch beständiges Nachdenken auf diesen Gegenstand und da sie ihre Begierde nicht befriedigen können, von einer wahren Manntollheit (furor uterinus) befallen worden, die wegen gespannter Nerven und deren Schwächung durch beständiges Denken darauf wie sie ihre Lust befriedigen könne, bey einer entgegengesetzten Gemüthsbewegung nemlich des Zorns mit epileptischen Zuckungen begleitet ist.«

Auf Nachfrage bestätigten Zeugen sowie die Frau selbst, »daß sie sich beständig mit diesen Gedanken trüge, davon auch gar nicht abzubringen wäre, sondern vielmehr öfters mit Ungestüm die Befriedigung derselben begehrte, dabey aber auch sehr zänkisch und boshaft sey«. Die selbstverständliche Artikulation sexueller Bedürfnisse, die deutlich machte, daß es der Frau primär um den eigenen Genuß ging, erschien auch diesem Arzt krankhaft. Als erfahrener Physikus konnte er die Formulierung der Gefangenen nicht als Wunsch, noch mehr Kinder zu gebären, mißverstehen, sondern erkannte darin sexuellen Wahnsinn.

An dieser Stelle muß darauf hingewiesen werden, daß im Gegensatz zum ausgehenden 19. Jahrhundert und auch später zu Freuds Theorien Frauen keineswegs die Orgasmusfähigkeit abgesprochen wurde. Dies hätte die gültige Fortpflanzungstheorie ad absurdum geführt, die besagte, daß erst der sexuelle Höhepunkt der Frau die Befruchtung des Eis ermöglichte.[67] Auf selbständiger und wechselnder Partnerwahl insistierende Frauen waren also mehr als ein moralischer Affront, sie bedrohten die monogame Gewißheit einer jeden Vaterschaft.

Auch im letzten hier vorgestellten Fall war aktive Partnersuche der Grund für die Verhaftung und Gemütszustandsuntersuchung: Die zirka 30jährige Anna Margaretha R. hatte nach dem Tod ihres Verlobten vergeblich offensiv in der Garnison nach einem anderen Ehemann Ausschau gehalten. Sie hatte verschiedene Soldaten »zur Liebe reizen wollen«.[68] Weil sie »durch viele Thorheiten zu erkennen gegeben, daß ihr ein Mann oder sonst eine dienliche Beschäftigung nöthig sei«, setzte man sie fest und überlegte, ob sie nicht ins »Irrenhaus« einzuweisen sei. Der Gutachter, der sich dar-

---

67 Siehe dazu das Kapitel »Notzucht« in dieser Arbeit.
68 *Uden*, Abhandlung, 1780, 8. Ab., S. 144–148.

über beschwerte, daß es der Hartnäckigen gelang, das Gespräch immer wieder auf ihre bevorzugten Themen Gesundheit und Heirat zu lenken, hielt sie zwar nicht für wahnsinnig, aber aufgrund ihrer späten und geringen Menarche (mit 20) und wegen ihrer »fortdauernden unordentlichen monatlichen Reinigung« zweifelsohne für »histerischen Zufällen« unterworfen. Verschlimmernd wirkten zu leichte Arbeit, »Müßiggang« und die »bei einem dem ersten Anblick nach leicht zu erkennenden sanguinischen Temperamente verliebten Grillen«.

Diese wenigen Beispiele deuten darauf hin, daß in frühbürgerlichen Kreisen, durch intensivere religiöse und staatstragende Erziehung,[69] relativ schnell eine Internalisierung medikalisierter gesellschaftlicher Normen eingesetzt hatte, während Frauen der »unverbildeten« Unterschichten ihre sexuelle Wahrnehmung weiterhin direkt an ihren sexuellen Erfahrungen maßen, d.h. auch an den am eigenen Leib spürbaren Bedürfnissen. Ein weiterer Grund mag darin gelegen haben, daß Unterschichtsfrauen sich ihre oft bereits vorehelichen und wechselnden Sexualpartner selbst aussuchten und deshalb verschiedene Erfahrungen sammeln konnten – anders als die besser bewachten und oft zwangsverheirateten Töchter wohlhabender Bürger und Adeliger. Auf jeden Fall wird deutlich, daß es Frauen im 18. Jahrhundert durchaus als selbstverständlich ansehen konnten, derartige Wünsche zu äußern und sie auch mit drastischen Signalen versuchten, sexuelle Befriedigung und gleichzeitig ökonomische Sicherheit zu erlangen. Ob diese Einzelfälle tatsächlich als repräsentativ für derartige Tendenzen anzusehen sind, müßte in größerem Rahmen überprüft werden. Immerhin läßt sich eine Gleichzeitigkeit konträrer sexueller Selbstkonzepte zwischen Ober- und Unterschicht feststellen, die von der traditionellen, mit anatomischen und ersten neurologischen Methoden neu legitimierten ärztlichen Sicht noch nicht beziehungsweise bereits sehr stark beeinflußt waren. Das neue Tatsachenwissen über die weibliche Sexualpathologie engte den legitimen Spielraum sexuellen Verhaltens von Frauen, ja selbst das Reden darüber zunehmend durch negative Sanktio-

---

69 Der berühmte Königsberger Anatom Metzger zum Beispiel bezeichnete die »Jungfernschaft« als höchstes gesellschaftliches Gut, das Ausdruck der Moralität eines ganzes Staates sei, vgl. *Metzger*, System, 1793, 6. Ab. (»Gesetzwidriger Beyschlaf«), S. 437.

nen ein.⁷⁰ Einer selbstbewußten Frau, die autonome und vor allem mehr Sexualität einforderte, als es das Frauenbild der männlichen Geisteseliten verkraftete, mußte in ihrem eigenen gesundheitlichen Interesse wie im Interesse der öffentlichen Ordnung mit aller Macht Einhalt geboten werden.

Die Pathologisierung weiblichen Begehrens paßte perfekt in das medizinische Bild physisch gesunder Weiblichkeit.⁷¹ Schließlich gab es klare körperliche Kriterien für die Zerstörung gesunder Physis durch ein Übermaß an eigenmächtiger Sexualität. Die geweitete Vagina und die Größe und »Schlaffheit« der Schamlippen waren zum Beispiel exakte Zeichen, an denen der »Abnutzungsgrad« einer Frau abzulesen war.⁷² Gleiches galt für »die Derbheit und Festigkeit der Brüste«. Eine Frau, die noch nie gestillt hatte, mußte einen makellos runden und glatten Busen haben, der am Maßstab antiker Skulpturen gemessen wurde.⁷³ Die Farbe und Form der Brustwarzen (rosa und klein) hatte ebenfalls lange als Jungfräulichkeitshinweis gegolten, waren sie braun und hervorstehend, deutete dies auf Unkeuschheit hin.⁷⁴ Eine Jungfrau, die keinen makellosen Körper vorweisen konnte und in eine gerichtsmedizinische Untersuchung geriet, hatte deshalb kaum Chancen, ohne Ehrverlust aus der Sache herauszukommen. Spuren des zeitgleich stattfindenden Antihysteriediskurses, der regelmäßigen Beischlaf unabdingbar für die Gesundheit von Frauen hielt, lassen sich in den Gutachten nicht finden. Wenn der in der deutschen Medizintheorie stark rezipierte Pierre Roussel beobachtete, daß

> »wackere Wittwen und mannbare Jungfrauen, welche sich des ehelichen Werkes enthalten, mit Ohnmachten, Bleichsucht, Auffsteigen der Mutter geplaget werden. Hin-

---

70 Vgl. auch *Schmid/Weber*, Liebe, 1987, passim.
71 Dieser Befund steht in gewissem Widerspruch zu einem Befund *Vanjas*. Sie betont, Ärzte, die über Unterbringungen in hessische Hospitäler zu entscheiden hatten, hätten kaum Zusammenhänge zwischen der Diagnose des »furor uterinus« und dem sexuellen Verhalten einer untersuchten Frau hergestellt. Hier genügte offenbar allein die Diagnose der »melancholia uterina« zur Einweisung, vgl. *Vanja*, Leids, 1994, S. 218.
72 Siehe *Roose*, Beiträge, Bd. 1, 1798, S. 28 f.
73 Vgl. *Metzger*, System, 1793, 6. Ab., S. 437.
74 *Ebenda*. Zum Zeichencharakter des weiblichen Körpers und der Einschreibung des Gebrauchs in diesen siehe ausführlich *Meyer-Knees*, Verführung, 1992, S. 37–46 und S. 130–140. Zum gerichtsmedizinischen Topos der Jungfräulichkeit siehe auch *Fischer-Homberger*, Medizin, 1983, S. 210–222.

gegen so sind sie gleich nach dem Beyschlaf frölicher und je öffters solcher geschiehet, je munterer erweisen sie sich, wie denn betrübte Weibes-Personen nichts mehr als der Beyschlaf erfreuen kan ...«[75]

– so wurde der therapeutische Effekt gelebter Sexualität bei unverheirateten Frauen tunlichst nicht thematisiert. Im Gegenteil wurde deren Sexualität sogar pathologisiert, ohne daß der Widerspruch aufzufallen schien, der ledigen und verheirateten Frauen unterschiedliche Biologien zuwies. Diese Blindheit mag darauf zurückzuführen sein, daß weibliche Sexualität auf die Reproduktionsfunktion beschränkt blieb, das innere Begehren, die Triebe einer Frau nur um die Fortpflanzung kreisten, die ja auch nur innerhalb der Ehe gelebt werden durfte:

»In den Eyerstöcken reifen die Ovula ... ziehen die Fallopischen Röhren immer mehr an und erregen dadurch zugleich den Uterus mit, geben aber auch hierdurch den ersten Impuls zur Geschlechtslust, zu einem somatischen Begehren der Gebärmutter, das Ey in sich aufzunehmen und weiter fortzubilden.«[76]

Der größte Unterschied zwischen männlicher und weiblicher Sexualität blieb aber die in den Quellen durchscheinende Angst vor der weiblichen Ausdauer. Jedem aufmerksamen Beobachter war schließlich bekannt, daß eine Frau – anders als ein Mann – durch den Beischlaf nicht »schlaff« wurde, »ob es ihr gleich hundert mal an einem Tage gethan würde, so ermüdete es sie zwar, aber zu ersättigen vermöchte es sie nicht«.[77] Solange jedoch das sexuell schwächere männliche Geschlecht als anatomische und ethische Norm fungierte, an der sich das per se abweichende Weib messen lassen mußte, war jegliche nicht der Fortpflanzung gewidmete sexuelle Äußerung von Frauen zwangsläufig als Erkrankung zu lesen. Der »furor uterinus« war demnach nicht erst eine »neue psycho-physiologische Erklärung« des 19. Jahrhunderts.[78] Er unterschied sich außerdem durch

---

75 Er empfahl sogar die Beruhigung weiblicher Säuglinge durch Kitzeln an der »Schaam«. Zitiert nach *Meyer-Knees*, Verführung, 1992, S. 33.
76 So Hans Christian Jörg, Handbuch der Krankheiten des Weibes, Leipzig 1809, zitiert nach *Meyer-Knees*, Verführung, 1992, S. 30. Zur Akzeptanz der Gottgegebenheit sexueller Triebe siehe auch *Hull*, Sexuality, 1996, S. 236–245; zu deren »gender difference« ebenda, S. 247–256.
77 So *de Hellwig*, Heimlichkeiten, 1719, S. 197f. Sein Buch erlebte allein bis 1749 sechs Auflagen.
78 So *Kaufmann*, Aufklärung, 1995, S. 88f.

die eindeutige sexuelle Konnotation qualitativ von seinem männlichen Gegenstück, der durch Fehlfunktionen der Milz ausgelösten »Hypochondrie«.[79]

Notzucht oder: Weil eine Weibsperson immer so viel Gewalt hat als erforderlich

Bei keinem anderen gerichtsmedizinischen Problem klafften wissenschaftlicher Anspruch und gutachterliche Wirklichkeit so weit auseinander wie beim Thema der sexuellen Gewalt.

Die Peinliche Halsgerichtsordnung (Carolina) Kaiser Karls V. von 1532, die wiederum auf mittelalterliche Traditionen zurückgeht, stellte noch im 18. Jahrhundert die Ausgangslage für gerichtsmedizinische Untersuchungen dar.[80] Artikel 119 der Carolina definierte Notzucht als gegen den Willen einer ehrenhaften Jungfrau, Ehefrau oder Witwe vollzogenen außerehelichen Geschlechtsverkehr. Auf vollendete Notzucht stand die Todesstrafe, bei einem gescheiterten Versuch hatte das Gericht nach Schwere der physischen Verletzungen über das Strafmaß zu befinden.[81] Voraussetzung zur Erfüllung des Tatbestandes (Samenerguß und ggf. Zerstörung des Hymens) war, daß es sich bei dem Opfer um eine Frau tadellosen Rufes handeln mußte, also möglichst um eine Jungfrau oder Ehefrau. Prostituierte und ledige oder verwitwete Frauen mit vermutlich wechselnden Liebhabern hatten

---

79 Wenn *Fischer-Homberger*, Krankheit, 1979, S.39, im Gegenteil die These aufstellt, die Hysterie trete in diesem Jahrhundert in den Hintergrund und werde von der Hypochondriemode abgelöst, so erscheint das eher als Etikettenwechsel denn als qualitativer Unterschied – betrachtet man die gleichbleibende Einschätzung der körperlichen Vorgänge und ihrer ebenso gleichbleibend negativen Interpretation für die Frauen. Trotzdem scheinen nicht nur im deutschen Medizindiskurs die Worte Hysterie bei Frauen und Hypochondrie (im Englischen nach der Milz »spleen« genannt) bei Männern die gleichen Phänomene bezeichnet zu haben, weil Menstruation und Hämorrhoiden gleiche Funktionen erfüllten. Siehe dazu auch *Knibiehler*, Médicines, 1976, S.839.
80 Zur juristischen Definition frühneuzeitlicher Sexualgewalt siehe ausführlich *Meyer-Knees*, Verführung, 1992, S.73–86. Zur Rechtstradition siehe *Schnabel-Schüle*, Überwachen, 1997, S.289–293 und S.302.
81 Darauf bezog sich zum Beispiel explizit *Schurig*, Gynaecologia, 1730, S.296.

rechtlich keine Möglichkeit, eine Verurteilung des Täters zu erwirken. Nichtvaginale Formen sexueller Gewalt, zum Beispiel Anal- oder Oralverkehr, wurden nie als Vergewaltigung begriffen.[82] Hinter vielen Ehebruchs- oder Inzestverfahren verbargen sich in Wahrheit Vergewaltigungen, die jedoch selbst bei eindeutigen Aussagen von den Gerichten ignoriert wurden, da die Wiederherstellung der sittlichen Ordnung und nicht die Unverletzlichkeit der Persönlichkeit den Zweck eines Verfahrens darstellten.

Sexualgewalt gegen Kinder wurde in der Carolina nicht explizit angesprochen. Im 18. Jahrhundert gingen jedoch alle juristischen und medizinischen Autoren besonders auf diesen Aspekt ein, da er am ehesten nachzuweisen war. Eine medizinische oder juristische Differenzierung zwischen Notzucht an einer erwachsenen Person und »Kindesmißbrauch«[83] existierte im 18. Jahrhundert nicht. Hingegen wurde der Inzestbegriff bezüglich verschiedener Verwandtschaftsgrade sehr unterschiedlich verwendet. Bei Vater und Tochter beziehungsweise Stieftochter sowie Geschwistern wurde oft nicht von Notzucht ausgegangen, wie Urteile gegen Täter und Opfer beweisen, sondern von einvernehmlicher Unzucht.[84] Die Dinge lagen anders, wenn das Mädchen noch keine zehn Jahre alt war oder seine körperliche Entwicklung deutlich unter der Altersnorm lag, da für medizinische Gutachter wie Richter ein nicht durch »weibliche Reize« ausgelöstes sexuelles Interesse des Täters unvorstellbar war, für sie aber eine unabdingbare Voraussetzung für ein Sexualverbrechen darstellte.[85] Konsequenz solcher Rechtspraxis war das Paradoxon, daß eine Elfjährige als alt genug für Geschlechtsverkehr galt, aber zu jung war zum Heiraten und auch zu jung, ihre Aussage vor Gericht zu beeiden.[86] Theoretisch bot die Carolina Frauen größere Chancen sich mit einer Anzeige durchzusetzen als frühere Rechts-

---

82 Nachzulesen etwa bei *Metzger*, Handbuch, 1787, S. 453.
83 Ein von mir nur widerwillig gebrauchter Begriff, da er die Möglichkeit eines korrekten sexuellen »Gebrauchs« impliziert und somit das Kind Machtobjekt bleibt.
84 Zudem kam (jahrelange) innerfamiliäre sexuelle Gewalt oft nur zufällig durch eine Schwangerschaft ans Licht. Dazu ausführlich *Rublack*, Viehisch, 1995, passim und *Griesebner*, Gewalt, 1996, passim, vgl. auch *Ulbricht*, Kindsmord, 1990, S. 145, S. 150, S. 153 f., S. 174.
85 In England gab es seit 1576 sogar eine juristische Definition des »age of consent«. Ein Mädchen mußte mindestens zehn Jahre alt sein, sonst galt die Tat nur als »technical« und nicht als »forcible rape« und wurde milder bestraft. Siehe *McLynn*, Crime, 1991, S. 107.
86 Das gleiche bestätigt *Simpson*, Vulnerability, 1987, passim, auch für England.

satzungen und sogar als das heutige Strafgesetzbuch, da sie – und das ist der wichtigste Faktor – nicht nur den physischen Gewaltbegriff als konstitutiv bezeichnete, sondern schon der alleinige Widerwille einer Frau, die sich aus Angst vor Verletzung oder Tod nicht zu wehren wagte, zur Erfüllung des Tatbestandes genügte. Die Praxis sah allerdings anders aus. Klagen von Frauen, die sich nicht oder nach Meinung der Gutachter nicht überzeugend genug gewehrt hatten, wurden bereits in der Phase der Generalinquisition abgewiesen.[87] Das preußische allgemeine Gesetzbuch beschränkte das Delikt der Notzucht Anfang des 19. Jahrhunderts auf Fälle, bei denen Betäubung, »betrügliche Kunstgriffe« und Lebensbedrohung glaubhaft gemacht werden konnten. Nur in besonderen Ausnahmefällen galt auch »unwiderstehliche Gewalt« als Voraussetzung. Mit der Abschaffung der Todesstrafe für Notzucht wurden die Strafen im Gegensatz zu früher gestaffelt und fielen härter aus, wenn das Opfer noch »unreif« war oder »wenn dadurch überhaupt Schaden an der Gesundheit und dem Leben eines solchen Frauenzimmers entstand«.[88] Diese für die weitaus meisten Frauen fatale Rechtsentwicklung geht, wie noch zu zeigen sein wird, maßgeblich auf ärztliche Initiative zurück.

Von mannbaren Dirnen

Der berühmte Rechtsmediziner Michael Alberti legte in seinem 1739 erstmals erschienenen und vielzitierten lateinischen Kommentar zur Carolina einige Rahmenbedingungen für die medizinische Erfüllung des Tatbestandes der Notzucht und für dessen Untersuchung fest.[89] Er unterschied zwischen »immaturae puellae, virgines nubiles, uxores und viduae« als poten-

---

87 So scheiterte zum Beispiel die 17jährige Margarethe, die zur Tatzeit weder betrunken noch »ein zart Kind« war und deshalb den Angreifer leicht hätte abwehren können. Siehe *Ammann*, Medicina, 1670, C. – 1738 wurde eine Klägerin für vier Jahre des Landes verwiesen, weil sie, während sie am Straßenrand vergewaltigt wurde, nicht geschrien hatte. Der Mann wurde wegen Unzucht zu einer Geldstrafe verurteilt, siehe *Beck*, Tractatus, 1743, S. 368 f. – Eine andere, die 1739 im Garten eine Stunde lang vergewaltigt wurde und währenddessen wiederholt um Gnade gebettelt hatte, wie vier »Burschen« bestätigten, welche die Tat amüsiert hinter einem Zaun verfolgten, mußte zwei Drittel der Gerichtskosten tragen, während der Täter nur für sechs Tage ins Gefängnis kam, *ebenda*, S. 369 f.
88 Wiedergegeben nach *Mende*, Handbuch, 1819, S. 140.
89 *Alberti*, Commentatio, 1739, S. 247–257, besonders S. 247 ff.

tiellen Opfern. Prostituierte und Frauen mit zweifelhaftem moralischem Ruf schloß auch er von vornherein aus. Weiter differenzierte er zwischen vollendeter und unvollendeter Notzucht[90] und betonte lautes Schreien und aktive Gegenwehr als konstitutive Elemente des Tatbestands. Später verwiesen Mediziner stets auf die unterschiedliche Definition des Notzuchtbegriffs durch Juristen und Ärzte. Juristen unterschieden zwischen »stuprum violentum consummatum« und »attentatum«. Für Mediziner galt hingegen nur die vollendete Notzucht als solche.[91] Aus medizinischer Sicht machte Alberti die Beurteilung sowohl vom Alter der Frau als auch von ihrem sozialen Status (»condition«) abhängig, der ihren Körper maßgeblich prägte. Bei verheirateten Frauen oder Witwen sei kaum festzustellen, ob ein Gewaltdelikt vorliege, da die »Geschlechtstheile« durch häufigen Beischlaf und Geburten derartig »geweitet« seien, daß eine letztliche Einwilligung in den Geschlechtsakt nicht ausgeschlossen werden könne. Eine Untersuchung sollte so bald als möglich von einer Hebamme vorgenommen werden, da nach einiger Zeit die körperlichen Spuren verblaßten und dann kein eindeutiger Beweis mehr zu führen sei.

In den Sammlungen erschienen demzufolge nur Fälle, in denen das Opfer behauptete, noch Jungfrau gewesen zu sein, jedoch keine einzige Ehefrau oder Witwe, die eine Notzuchtklage zu führen versucht hätte. Ohne es auszusprechen, gingen die Autoren von einem unter Medizinern verbreiteten Axiom aus: Nur der gefürchtete Schmerz beim Eindringen des Gliedes halte unerfahrene Frauen von lustvollen Empfindungen ab, während einem Genuß des Überfalls bei bereits »geweiteten« Frauen nichts im Wege stünde. Gerade junge Mädchen und Jungfrauen hätten deshalb unter den Folgen des Schocks einer Notzucht, nicht nur im Augenblick der Tat, zu leiden. Alberti zählte eine Vielzahl von ganzheitlichen Spät- und Dauerschäden auf: Schmerzen beim Urinlassen, unnatürliches Fieber, Koliken, Gebärmutterkrämpfe, Brechreiz, Herzbedrückungen, Kopfschmerzen, Entzündungen, schmerzhafter Stuhlzwang, äußerst hartnäckige Bauchschmerzen, Asthma und »hectica«.[92] Die Dimension eines solchen Angriffs auf eine

---

90 Unter die letzte Rubrik fielen all jene Fälle, die von den Autoren als »stuprum violentum accusatum« oder »simmulatum« bezeichnet wurden.
91 Vgl. *Metzger*, System, 1793, 6. Ab., S. 449.
92 *Alberti*, Commentatio, 1739, S. 248 f.

Frau wurde allerdings auf den folgenden Seiten wieder relativiert, indem auf die Häufigkeit bösartiger Verleumdungen unschuldiger Männer hingewiesen wurde.[93] Im konkreten Fall wurden entsprechende Berichte von Opfern als Übertreibungen oder Lügen abgetan. Als besonders gravierendes Delikt galt dem Vordenker der Gerichtsmedizin immerhin die Notzucht an schlafkranken oder vom phlegmatisch-sanguinischen Temperament dominierten, auch an besonders erschöpften, betrunkenen oder betäubten Frauen. Doch generell sei die Vergewaltigung durch einen einzelnen Mann nicht glaubwürdig, weil er gegen den Willen der Frau seinen Penis nicht in die Vagina einführen, geschweige denn dort zum Samenerguß kommen könne. Durch nicht näher spezifizierte Gegenwehr (»multis aliis modis«) könne jede Frau dies verhindern. Daher sollte zunächst einmal der angebliche Täter untersucht werden, ob er von Alter oder Konstitution her dem Widerstand einer gesunden ausgewachsenen Frau überhaupt gewachsen gewesen wäre.[94]

Das Axiom der Unmöglichkeit der Vergewaltigung einer Frau ohne zusätzliche Hilfsmittel, das sich bei allen Medizinern bis weit ins 19. Jahrhundert hinein wiederfindet, widersprach völlig allen zeitgenössischen anatomischen Erkenntnissen über die Fragilität, die Nerven- und Muskelschwäche des weiblichen Geschlechts, ohne daß dies den Autoren jemals zu denken gegeben hätte. Als Ausgangspunkt diente immer wieder dasselbe Präzedenzgutachten der Leipziger medizinischen Fakultät vom Ende des 17. Jahrhunderts, die nach Prüfung der Akten einer 17jährigen Klägerin befand:

»Der Blutfluß durch die weibliche Schaam, so sich in oder bald nach dem Beyschlaf bey einigen, jedoch insonderheit bey ledigen Dirnen zuträgt, entstehe wohl von einer gewaltsamen Ursache, nemlich von der ungestümen Eindringung einer steiffen Manns-Ruthe in engere Örter. Es sey aber keineswegs für ein Zeichen einer gewaltthätigen Unzucht, sondern vielmehr für ein Merkmal der geschwächten Jungferschaft zu halten.«[95]

Der Frankfurter Arzt Johann Valentin Müller ging hier mehr ins Detail. Da er beim »stuprum violentum consummatum« nach wie vor die Todesstrafe

---

93 *Ebenda*, S. 251 f.
94 *Ebenda*, S. 253.
95 Zitiert u. a. von *Teichmeyer*, Anweisung, 1761 (lat. 1723), S. 28 f. Er schloß daraus, daß Notzucht generell nur bei kleinen Mädchen möglich sei. Er selbst habe zwei Fälle bei Fünfjährigen erlebt, die viele »Entzündungen und Schwären« aufwiesen, die eine trug durch den Schock »gar eine Lähmung der Füße, so fast unheilbar war« davon, *ebenda*, S. 29.

für angemessen hielt, sollten nicht nur die Körper, sondern auch die äußeren Umstände einer genauen Untersuchung unterzogen werden:

> »Ist es ein Frauenzimmer von hinlänglicher Größe und sie soviel Kräfte als eine Mannsperson besitzt, so wird es schwer, sie niederzuwerfen. Und wenn man die übrigen Bewegungen, die beim Beyschlaf sich ereignen, betrachtet, so wird es auch unmöglich fallen, so lange das Frauenzimmer sich nur regen kann, die That zu vollbringen: Und sind dergleichen angegebene Nothzüchtigungen zwischen Personen von gleicher Größe und Stärke mehrentheils verdächtig. Und man kann immer glauben, ob nicht endlich eine Einwilligung erfolgt seye, besonders wenn es in einem Hause geschehen seyn soll, da entweder mehrere Leute vorhanden oder aus der Nachbarschaft herbeygerufen werden konnten.«

Nur durch massivste Aggression und Kraft, Waffengewalt und andere Hilfsmittel könne es zur Notzucht kommen.

> »Von jungen Mädchens vor der Mannbarkeit ist gar kein Zweifel, daß sie nicht überwältigt werden können. Ist aber ein unmannbares Frauenzimmer von Gemüth furchtsam, von Leibesconstitution zart, schwach und keiner Arbeit gewohnt, oder gar kränklich ... Eine solche Person kann gar bald alle Kräfte verlieren, daß es der Mannsperson nachher nicht schwerfällt, ihren Willen zu vollbringen.«[96]

Metzger faßte diese schlichte Erkenntnis viel kürzer zusammen, ohne sich mit langwierigen Begründungen aufzuhalten: »Ohngeachtet der stärkeren Muskelkraft des Mannes kann er doch das minder starke Weib zu dieser Handlung nicht zwingen.«[97] Gerade dieser unlogisch erscheinende physische Sieg des schwachen Geschlechts über die starken Muskeln des Mannes hätte einen ehrgeizigen Anatomen und Gynäkologen doch zu näheren Untersuchungen motivieren müssen, wie es bei anderen »Merkwürdigkeiten« stets der Fall war. Doch hier waren bei allen Medizinern die Grenzen des Forschungsdranges und die Grenzen der Wahrnehmung logischer Widersprüche erreicht. Damit war eine weitere wissenschaftliche Konstruktion in den Grundlagenkanon der Medizin eingegangen. Es blieb eigentlich nur

---

96 *Müller*, Entwurf, Bd. 1, 1796, S. 86. Er war meines Erachtens der einzige, der Vergewaltigungen an Kindern generell ausschloß, eine Begründung für diesen logischen Widerspruch (körperliche Schwäche als Voraussetzung) allerdings schuldig blieb. Noch 1819 klagte *Mende*, Handbuch, 1819, S. 136 f., der einzige Unterschied zwischen den »älteren« und den »neuern gerichtlichen Ärzten« sei, daß letztere den wenigen Situationen, in welchen ein Mann überhaupt Notzucht verüben könne, selten Aufmerksamkeit schenkten und statt dessen die körperliche Untersuchung der Frau in den Vordergrund stellten, obwohl doch höchstens bei Jungfrauen eine einigermaßen sichere Aussage getan werden könne.

97 *Metzger*, System, 1793, 6. Ab., S. 447. Gleiches findet sich bei *Roose*, Grundriss, 1802, S. 66.

noch Aufgabe der Ärzte, kleine Kinder zu untersuchen.[98] Metzger definierte in seinem Handbuch schließlich die Nachweispflicht der Frau bezüglich ihrer Gegenwehr und der körperlichen Übermacht des Mannes. Verletzungen im Vaginalbereich galten bei einem vollentwickelten, als »mannbar« bezeichneten jungen Mädchen als eher unwahrscheinlich, da es über kurz oder lang ohnehin seiner natürlichen Bestimmung in Form der Ehe zugeführt worden wäre.[99] Gerade in einer so unsicheren Situation war der wichtigste Orientierungspunkt trotz gegenteiliger Beteuerungen auch und gerade für die ärztliche Beurteilung der Leumund des angeblichen Tatopfers. Die Argumentation wird nun philosophisch-narrativ statt physiologisch-explorativ:

»Auf das bürgerliche Verhältniß der genothzüchtigten Person kommt es jedoch nicht an. Und es ist ... ohne Einfluß, ob von Leuten vornehmen oder geringen Standes oder von einer Christin oder einer Jüdinn und endlich ob von Jungfrauen, Ehefrauen oder Witwen die Rede ist. Sollte der Stuprator die von ihm genothzüchtigte Person für eine Hure gehalten haben, so hat er entweder scheinbare Gründe für sich, um die bis dahin fortgedauerte unzüchtige Aufführung der genothzüchtigten Person zu vermuthen, oder er hat solche Gründe nicht. In dem letztern Falle ist der Stuprator mit seinem Vorgeben, das durch die Umstände unwahrscheinlich ist, nicht zu hören, wenn er sich auf vormalige Vorfälle, wodurch er die unzüchtige Aufführung der genothzüchtigten Person zu beweisen sucht, berufen sollte. In dem ersten Falle aber zeugt auch schon ein gegründeter Verdacht von dem geringen Grade des Vorsatzes und gereicht dem Stuprator zur Milderung der Strafe.«[100]

In nicht zufälliger – sonst unüblicher – sozialer Gleichheit wurde so *jede* Frau für vogelfrei erklärt, da es nur noch auf die rhetorischen Fähigkeiten des Täters ankam, die Rechtmäßigkeit seiner Tat überzeugend darzulegen. Die entsprechende Parallele wäre das Argument der »Mehrfacheinlassung« bei Vaterschaftsklagen.

Alle Autoren gaben detaillierte Anweisungen zur »Besichtigung« des vermutlichen Tatopfers: Erstens sei auf Gewaltspuren am ganzen Körper, besonders aber am Unterleib, zu achten, zweitens auf »Geblüth« an den »Ge-

---

98 *Müller*, Entwurf, Bd. 1, 1796, S. 88: »Die Besichtigung kann zwar bey den meisten Genothzüchtigten anbefohlen werden, allein sie ist nicht bey allen nöthig, und kann die Nothzucht auch nicht bey allen erwiesen werden. Denn bey Eheweibern, Witwen, auch wohl bey fetten Jungfern, können die Geburtstheile ohne Beschädigung bleiben; indessen hat man bey solchen auf andere Umstände zu sehen, welche von Schrecken, Gegenwehr und Beängstigung herrühren.«
99 Vgl. *Metzger*, Handbuch, 1787, S. 448–450.
100 *Müller*, Entwurf, Bd. 1, 1796, S. 82.

burthstheilen« zu sehen, »welches man aber nicht mit der monatlichen Reinigung verwechseln darf«. Dies könnte, wie alle folgenden Punkte bei vergewaltigten Jungfrauen – und das waren schließlich die meisten der überhaupt für untersuchenswert gehaltenen Fälle –, allerdings nicht beachtet werden, da die Entjungferung per se eine blutige und zwangsläufig gewalttätige Angelegenheit sei. Deshalb galt es, sorgfältig die Umstände zu prüfen, auch wenn drittens »die Geburtstheile sehr roth und endzündet« seien; viertens die Klägerin über »Schmerzen und Brennen« klage und ihre »Mutterscheide erweitert und dergestalt offen [sei], daß man mit zwey Fingern hineinkommen könne; fünftens die Geschwächte nicht wohl oder nicht anders als mit voneinander gestellten Beinen gehen könne und dabey Schmerzen an den Geburthstheilen klage«, sie sechstens Schmerz beim Beinespreizen habe und siebentens »beschwerlichen Stuhl- oder Harnzwang empfinde«.[101]

In der Theorie wurde auch die Untersuchung des Beschuldigten empfohlen. In den von mir erfaßten Fällen kamen allerdings höchstens jene Punkte zur Anwendung, die die Einschätzung der körperlichen Konstitution und das Alter betrafen. Die Größe des Gliedes im Verhältnis zur Vagina, die Suche nach möglichen Verletzungen an Glied, Eichel oder Vorhaut des Tatverdächtigen, nach Geschlechtskrankheiten oder sonstigen »Beschädigungen, Blutunterlaufungen, Striemen und dergleichen«, welche mit Angaben der Geschädigten übereinstimmen könnten, wurden in den Gutachten nur einmal erwähnt.[102]

Notzucht galt den Ärzten als natürlicher, wenn auch unter Umständen verwerflicher Impuls des Mannes, der im Zweifelsfall der gesundheitsschädlichen Onanie vorzuziehen sei.[103] Damit blieben die Ärzte völlig im Rahmen eines für sie plausiblen medizinisch-forensischen Phänomens. Moralphilosophische Gesellschaftsanalyse oder Ursachenforschung, wie etwa im Zusammenhang mit Kindsmordgutachten verbreitet, wurden nicht in Erwägung gezogen.

Obwohl weder aus juristischer noch aus medizinischer Sicht die Definition der Vergewaltigung an die Jungfräulichkeit gekoppelt war, fällt die

---

101 Hier zitiert nach *ebenda*, S. 89.
102 *Ebenda*, S. 90.
103 *Schurig*, Gynaecologia, 1730, S. 291, erwähnte einmal Impotenz als mögliches Motiv für Notzuchtversuche an kleinen Kindern. Zur kaum verschleierten Akzeptanz der Vergewaltigung als »vitales Bedürfnis« siehe auch *Fischer-Homberger*, Medizin, 1983, S. 220.

Konstruktion eines derartigen Zusammenhanges im ärztlichen Diskurs sofort auf. Von grundsätzlicher Bedeutung für die naturwissenschaftlichen Prinzipien verpflichteten Ärzte war die zunehmende Verdrängung der moralischen Jungfräulichkeit, wie sie weiterhin juristische Tradition war.[104] Dies bedeutete, daß eine Frau, die durch ein falsches Eheversprechen oder durch Zwang dazu gebracht worden war, den Beischlaf zu vollziehen, zwar ihr Hymen, aber keineswegs ihre Ehre eingebüßt hatte.[105] Roose begründete die Ablehnung dieser Differenzierung damit, daß sich ein Mediziner ausschließlich mit dem Körper und nicht mit dem »Gemüth« eines möglichen Opfers zu befassen habe.[106]

Doch auch das Hymen gab den Ärzten noch genug Rätsel auf. So konnte es vielleicht nur leicht geritzt werden oder sogar völlig intakt bleiben, wenn ein kleiner Penis in eine große Vagina eindrang, wenn ein Geschlechtsakt bei nicht vollständigem Eindringen vollzogen wurde oder wenn durch verschiedene Körperflüsse, zum Beispiel während der Menstruation, der gesamte weibliche Körper – einschließlich des Hymens – »erschlafft[e]« und das kleine Häutchen »beim Beischlafe sich an ihre [der Vagina] innere Wand anlegt[e], ohne zu zerreißen«. Außerdem konnten die Anwendung »adstringierende[r] Mittel« oder »lange Enthaltsamkeit« eine geweitete Scham so sehr zusammenziehen, daß sich eine stattgefundene »Unkeuschheit« nicht mehr feststellen ließ.[107] Es konnte demnach sogar medizinische Jungfrauen geben, die moralisch betrachtet keine mehr waren. Dennoch ließen sich einige eindeutige Merkmale »der noch gegenwärtigen oder bereits verlorenen Jungferschaft« festhalten: so der Zustand der Scheide, »die Gegenwart oder Abwesenheit mehrerer Runzeln in derselben, die derbe und festgeschlossene oder schlaffe und geöffnete Beschaffenheit der äußeren und inneren Schamlefzen, die Straffheit oder Schlaffheit des Schambändchens, die Kleinheit oder Größe der Eichel und Vorhaut der Klitoris«.[108]

---

104 Vgl. dazu *Meyer-Knees*, Verführung, 1992, S. 55 ff.
105 Siehe hierzu *Burghartz*, Jungfrauen, 1991 und *Meyer-Knees*, Verführung, 1992, S. 44 f.
106 *Roose*, Grundriss, 1802, S. 59.
107 *Ebenda*, S. 62. Siehe auch *Meyer-Knees*, Verführung, 1992, S. 141–144.
108 *Roose*, Grundriss, 1802, S. 64. Die Formulierungen verweisen auf das traditionelle Messen der exotischen weiblichen Anatomie am Maßstab des männlichen Körpers. Vgl. auch die Ausführungen im Kapitel »Mutterwuth oder furor uterinus« in dieser Arbeit.

Solche Äußerungen zeigen, wie sehr die moralische Komponente zwangsläufig in die gerichtsmedizinische Beurteilung einer Untersuchung hineinspielte. Die eigentliche Schwierigkeit, den Verlust der Jungfernschaft als Notzuchtbeweis anzuerkennen, lag für alle Mediziner darin, daß sich der konsequente Widerwille der Genotzüchtigten – von Anfang bis zum Ende des Überfalls durchgehalten – nicht anhand dieser Merkmale ablesen ließ. Somit hatte man auch dieses letzte Indiz neutralisiert und war wieder beim Leumund des Opfers als Urteilsgrundlage angekommen. Die Behauptung, der Topos der Jungfräulichkeit habe im 18. Jahrhundert stark an Bedeutung verloren, mit Abschaffung der Unzuchtstrafen habe sich das Gesetz aus Bereichen der Sexualität zurückgezogen, läßt sich nicht halten.[109] Gerade bei Vergewaltigungsfällen zeigt sich die immense Bedeutung der »Unberührtheit« für den Umgang der Ärzte mit den Opfern.

Äußerungen im Zusammenhang mit Schwangerschaft und sexueller Gewalt gehen auf die einhellige Lehrmeinung mittelalterlicher Kanoniker und medizinischer Schriften zurück, die den Frauen nicht nur besonders stark ausgeprägte sexuelle Gelüste zuschrieben, sondern auch die Ausstoßung des weiblichen Samens aus der Gebärmutter beim Geschlechtsakt – und damit die Befruchtung – von der vollen sexuellen Befriedigung der Frau abhängig machten. Derartige Auffassungen sind allerdings viel älter, sie lassen sich schon im 2. Jahrhundert bei Soranus finden und fanden durch Justinian endgültig Eingang in die Rechtsordnung. Mit der Aufklärung begann dann eine Zeit vielfältiger naturwissenschaftlicher Experimente. 1770 verlief eine künstliche Befruchtung bei einer Hündin erfolgreich, doch wollte man dieses Ergebnis nicht einfach auf den Menschen übertragen.[110] Noch Ende des 18. Jahrhunderts gab es keine anerkannten Stimmen, die neben dem Orgasmus andere Zeugungsmöglichkeiten gelten ließen. Der Anatom und »erste Lehrer der Entbindungskunst« Walter aus Berlin sah im Jahre 1776 als Voraussetzung für die Befruchtung allein ein vermehrtes Zuströmen von Blut in die Gebärmutter und die »Trompeten« [Eierstöcke], die sich versteifen und aufrichten würden. Dies könne allerdings in zwei Fällen geschehen, nämlich einmal durch

---

109 *Fischer-Homberger*, Medizin, 1983, S. 218–222.
110 Vgl. *Laqueur*, Sex, 1990, S. 160ff.

»äußere Reizungen, ... es sei entweder durch einen Beischlaf, oder durch allerhand wollüstige Reizung ... Der zweyte Fall ist dieser, wenn in der Seele eines verliebten Frauenzimmers wollüstige Gedanken entstehen; so sind diese vermögend einen starken Zutrieb des Blutes gegen den Sitz der Wollust, das heißt gegen die Geburths-Theile hinzuführen.«

Diese Erregung führe dazu, daß ein Ei reife, sich unbefruchtet auf Wanderschaft begebe und sich im Uterus einniste. Deshalb möge man sich vorstellen, welches Unheil sich bei wiederholtem Beischlaf im Körper einer Frau abspiele, wenn viel mehr Blut als sonst angelockt werde.[111] Auch Müller hatte noch 1796 keinerlei Zweifel am Vorgang der Zeugung: »Ein fruchtbarer Beyschlaf wird von der Mutter mit einem Gefühl von Wollust vollbracht, doch nicht ohne eine gewisse Empfindung einer inneren Bewegung in der Trompete und einer bevorstehenden Ohnmacht.« Deshalb konnte er sich – wie seine Kollegen – nur vorstellen,

>»daß bey einer wahren Nothzucht dies nicht wahrscheinlich, besonders wenn man den Haß und Widerwillen der Frauensperson gegen den Ehrenschänder mit in Anschlag bringt. – Wo aber nur eine gewaltsame Eroberung und damit verknüpfte wirkliche Einbringung des männlichen Gliedes vorgegangen, so kann ein Frauenzimmer allerdings in dem ersten, wohl schmerzhaften Beyschlaf geschwängert werden, da der anfängliche Schmerz in Liebeshitze übergehen kann, besonders wenn die Mannsperson feurigen Temperaments ist und gleich nach der Ejaculation des Saamens coitum fortsetzt und die Ejaculation repetirt, wodurch die schmerzhaften Empfindungen in wahre Wollust verwandelt werden.«[112]

Er berief sich dabei nicht nur auf Autoritäten wie Haller, Pyl und Metzger, sondern zitierte auch seinen Kollegen Berends mit den Worten:

»So ist es doch nicht im geringsten wahrscheinlich, daß, wenn ein Frauenzimmer im Beischlaf den Trieb der Seele nicht empfindet, sondern vielmehr, wie dies bey der wahren Nothzüchtigung der Fall seyn muß, Angst, Schaam, Ekel und Abscheu fühlt. Alsdann in der Gebärmutter und den dazu gehörigen Theilen diejenigen Veränderungen geschehen können, welche mit der Empfängnis schlechterdings und nothwendig verbunden sind.«[113]

---

111 *Walter*, Betrachtungen, 1776, S. 18.
112 *Müller*, Entwurf, Bd. 1, 1796, S. 325 f.
113 *Ebenda*, S. 129 f. Das Zitat stammt aus dem vom Frankfurter Professor Berends allein aufgrund der Aktenlage abschlägig beschiedenen Gutachten über eine 22jährige »starke Person«, die der Beklagte nie allein hätte bezwingen können, wenn sie noch Jungfrau gewesen wäre. In: *Pyl*, Aufsätze, 8. Slg., 2. Ab., 1793, Fall 8.

In diesem Zusammenhang stellte sich den Forschern der Aufklärung das in der Literatur, wie in der gerichtsmedizinischen Praxis ständig diskutierte Problem der »stupratione in somno«, der Notzucht im Schlaf. Hier war die Klärung der Wahrscheinlichkeit einer Schwängerung von entscheidender Bedeutung für den Ausgang der Untersuchung. So gestand zum Beispiel Roose die Möglichkeit zu, eine Frau könne

> »während eines entweder durch Krankheit oder durch Mittel, die durch Überreizung betäuben, bewirkten bewußtlosen Zustandes genothzüchtigt und möglicherweise selbst geschwängert werden, da die Empfindung von Wollust einestheils während der Schlafsucht dunkel vorhanden, anderntheils aber auch ... eine Empfängnis ohne dieselbe stattfinden kann. Hierdurch wird auch die Frage nach einer Empfängnis von dem ersten schmerzhaften Beischlafe, zumal wenn derselbe erzwungen ist, beantwortet, die allerdings nicht zu leugnen ist, obschon der Fall selten eintritt.«[114]

Angesichts solcher Thesen überraschen jene Fälle nicht, in denen Frauen, die auch für ihre Umgebung unerwartet ein uneheliches Kind zur Welt brachten, versuchten, sich diese Notzuchtdefinition zunutze zu machen. Dabei variierte die Geschichte kaum. Stets handelte es sich um 15- bis 17jährige Mädchen, die von einer Kupplerin unter Vorwänden in ihr Haus gelockt, dort mit einem Schlaftrunk betäubt und dann einem solventen Offizier zur Verfügung gestellt worden waren. Die Verfahren, die sich lange hinzogen, sollten nicht vorschnell als Lügengespinste abgetan werden. Oft sprachen Berichte anderer und Indizien mehrheitlich durchaus für die Version der ledigen Mutter.[115]

Ein berühmter Anatom wie Metzger versuchte die Quadratur des Kreises und erhob die unter Kollegen kursierende Faustregel kraft seiner Autorität zur wissenschaftlichen Norm. Er erklärte eine Befruchtung durch eine Vergewaltigung per se mit der Verwandlung des »anfängliche[n] Widerwille[n] oder Schmerz[es] ... durch die fortgesetzte Handlung in Liebeshitze und Wollust«. Ja eine Schwängerung sei sogar ohne Einlassung des Gliedes möglich, doch sei diese mindestens beim ersten Mal unabdingbar, da sonst keine Liebeshitze entstehen könne, die allein die Befruchtung bewirke.

> »Die Geburtsglieder müßten sehr disproportioniert seyn, wenn der Schmerz des ersten Beyschlafs nicht bald in Wollust übergehen sollte, wenn nur der Sieger die Überwundene mit etwas Schonung behandelt. Gesetzt nun, die Eroberung sey einer

---

114 *Roose*, Grundriss, 1802, S. 67.
115 Siehe ausführlich *Fritsch*, Geschichte, Bd. 4, 1734, I und *Hoffmann*, Medicina, 4. T., 1724, Dec. I, VI, auch *Zittmann*, Medicina, 1706, XXI und LXXVII.

Nothzüchtigung etwas ähnlich und sie habe mit Widerwillen eingewilligt, was sollte denn hindern, daß die Liebeshitze nicht nachfolgen und eine Schwängerung möglich machen sollte?«[116]

Bei Durchsicht der Fallgeschichten fällt auf, daß in der medizinischen Traktatliteratur die Varianten und Probleme des Notzuchtdelikts zwar ausführlich diskutiert werden, persönliche gutachterliche Erfahrungen mit Notzucht aber eher selten waren. Dies läßt sich zum einen mit der relativ niedrigen Zahl von angezeigten Taten erklären, was angesichts der geringen Chancen vor Gericht nicht überrascht. Zum anderen wurden von den Ärzten als simuliert abgewiesene Klagen nur in ihnen besonders heimtückisch erscheinenden Fällen erwähnt.[117]

Im folgenden werden einige typische Beispiele vorgestellt, die den Umgang der Ärzte mit verschiedenen Formen von Notzucht und die Reaktionen der betroffenen Frauen und Kinder darauf deutlich machen. Der Fall einer 20jährigen Berliner Dienstmagd, die 1784 ihren ehemaligen Dienstherrn wegen Vergewaltigung, Defloration und Ansteckung mit einer Geschlechtskrankheit verklagte, entpuppt sich zum Beispiel als Legitimation der Ausnutzung des sozialen Machtgefälles zwischen Herrn und Magd:

»Sie sey etwa vier Wochen vor Weihnachten vorigen Jahres, da sie an einem Sonntage ... allein mit dem H. im Hause gewesen, nachdem selbiger bereits verschiedentlich durch Überredung sie zum Beyschlaf zu verführen gesucht hätte, worin sie jedoch niemahls willigen wollen, von demselben in seine Stube gerufen und nachdem sie auf seinen wiederholten Antrag nicht freywillig in den Beyschlaf willigen wollen, von ihm nach vorher abgeschlossener Thüre auf die Erde niedergeworfen und so mit Gewalt genothzüchtiget worden. Der heftige Fall mit dem Kopf auf die Erde, der Schreck und Betäubung und besonders die fast kindliche Ehrerbietung, die sie gegen ihn als einen alten Mann und ihren Brotherrn gehabt, hätten sie außer Stande gesetzt, zu schreyen oder sich so zu wehren als sie wohl sonst würde gethan haben, wenn sie nicht so betäubt und erschrocken gewesen wäre. Sie ist indessen doch gleich nachdem der Beyschlaf vollzogen gewesen, in die Küche gelaufen und hat ihren Fall beweint. Sie hat viel Schmerzen während diesem Beyschlaf empfunden und nachher in ihrem

---

116 *Metzger*, System, 1793, 6. Ab., S. 451.
117 *Müller*, Entwurf, Bd. 1, 1796, S. 89, berichtete zum Beispiel von einem Fall Albertis, bei dem eine Mutter ihre kleine Tochter mißhandelt haben soll, um eine Notzucht vorzutäuschen und den wohlhabenden Nachbarn, der der Kleinen häufig Süßigkeiten geschenkt und sie in sein Haus eingeladen hatte, finanziell auszunehmen. Die Rötungen, Entzündungen und Wunden im Genitalbereich des Kindes führten beide Autoren auf Vernachlässigung und zielbewußte Mißhandlungen durch die schlampige Mutter zurück.

Hemde eine klebrige weiße Materie bemerkt ... Blut, sagte sie mir [Pyl], wäre nicht von ihr gegangen, auch habe sie einige Tage nachher keine Schmerzen, weder beym Urinlassen noch sonst an ihren Geschlechtstheilen empfunden. Ongeachtet es ihr gleich nach dem Beyschlaf geschringet hätte. Acht Tage nach Neujahr habe er sie abermahls und zwar im Keller, wo sie Holz gehauen, überfallen und wieder mit Gewalt den Beyschlaf mit ihr vollzogen. Sie habe sich diesmahl zwar sehr gewehrt, allein die Angst und Respekt für seine Person und Alter haben sie wieder verhindert, dies mit gehörigem Nachdruck zu thun. Geschrien habe sie nicht, obwohl Leute im Hause gewesen. Diesmahl habe sie nicht so viel Schmerzen empfunden als das erste Mahl. Ein ander Mahl sagt sie, dieses zweyte Mahl sey der Beyschlaf gar nicht zur gänzlichen Vollendung gelanget. Ohngefähr acht Tage nachher habe sie Kreuzschmerzen, eine allgemeine Mattigkeit und Ziehen in allen Gliedern, besonders in Lenden und Füssen, die heftigsten Schmerzen beym Urinlassen, dabey die hartnäkkigste Verstopfung und endlich einen Ausfluß einer unreinen übelriechenden Materie aus ihren Geburtstheilen verspüret. Und etwa vier Wochen darauf hätten sich schwarze Blattern daran gezeiget, welche sehr geschmerzet hätten, aber nach einigen Umschlägen mit einem Wasser, so ihr der Compagniefeldscheer K. gegeben, wieder mit Zeit vergangen wären.«[118]

Nach einem unvollständig verheilten Arbeitsunfall wurde der Magd gekündigt. Erst daraufhin stellte sie ihren ehemaligen Arbeitgeber zur Rede und unterrichtete auch dessen Frau über die Vorfälle. Während jener alles leugnete, beschimpfte seine Frau die Magd und warf sie aus dem Haus. Ein Freund des Beschuldigten gab zu, die Klägerin daraufhin heimlich aufgesucht und ihr Geld geboten zu haben, wenn sie vor der Ehefrau widerrufen würde. Dieser Mann hatte den Aussagen der jungen Frau sofort geglaubt und wollte dem Freund, ohne dessen Wissen, »einen Dienst« tun und eine ihn entehrende Klage abwenden. Die Klägerin war bereit zu beeiden, vorher noch nie mit einem Mann geschlafen zu haben. Auf Fragen gab sie an, an den Genitalien des H. keine Spuren einer Geschlechtskrankheit bemerkt zu haben. Sie gab zu, ihr Arbeitgeber habe nach seinen Übergriffen versprochen, »daß es ihr Schaden nicht seyn solle«, sie statt dessen aber hinausgeworfen. So habe sie sich schließlich doch zur Klage entschlossen. Das Stadtgericht sah sich gezwungen, ein medizinisches Gutachten einzuholen. Pyl

---

118 *Pyl*, Aufsätze, 3. Slg., 2. Ab., 1785, Fall 6. Ausgerechnet die Beschreibung des Koitus hielt der Mediziner für irrelevant: »Ich muß hierbey anmerken, daß sie in der Beschreibung, die sie mir von diesem ganzen actu gemacht hat, sehr weitläufig und genau die geringsten Umstände zu beschreiben wußte, daher doch wohl die Betäubung so außerordentlich nicht gewesen seyn muß.«

beschrieb die Klägerin als schlank, mit gesunden Gliedmaßen und durchschnittlichen weiblichen Körperkräften ausgestattet. Sie hatte einen »Ausschlag« am ganzen Körper, geschwollene Drüsen in der Leistengegend, »Feigwarzen« an den »Geburtstheilen, welche sehr erweitert«. Außerdem fand man am »Hintern« einen »bösartigen venerischen weißen Fluß«. Pyl kam zu dem Schluß, daß ihre Vagina durch mehr als einen Koitus ziemlich erweitert sei, zudem müsse die Klägerin schon länger krank sein. Der ehemalige Dienstherr, 58 Jahre alt, wurde vom Arzt ebenfalls besichtigt und als hager und von schwächlicher Konstitution bezeichnet. Seine Füße waren übersät mit Geschwüren, er hatte einen schweren Hodenbruch, aber keine Infektion an den Genitalien. Er schilderte die Sachlage völlig anders: »Er sey ein alter gebrechlicher Mann, der geschwollene Füße und Löcher darin, dabey auch einen Hodenbruch habe … und welcher ihm … die heftigsten Schmerzen machte. Wie denn auch der Herr Professor Knape und der Stadtchirurgus Schneider würden bezeugen können.« Deshalb sei die Magd ihm körperlich weit überlegen, ein derartiger Überfall schlichtweg unmöglich. Ein Attest der beiden Zeugen lag vor. Der Beklagte schlug mit dieser Argumentation einen erfolgversprechenden Weg ein, setzte aber noch auf eine zweite Karte, die Diskreditierung der Frau: »Klägerin sey Gegentheils eine verschmitzte leichtfertige Dirne, welche fast allen ihren Herrschaften nachgeredet hätte, daß sie sie zur Unzucht verleiten wollen.« Schließlich demontierte er Stück für Stück den Tathergang. Die Ehefrau bestätigte seine Aussagen und fügte hinzu, wegen des Hodenbruches schlafe man schon lange nicht mehr miteinander, die Magd müsse ihre Geschlechtskrankheit bereits in den Dienst mitgebracht haben, »weil sie von Anfang an immer in Röcken geschlafen und sich nie ganz ausgezogen ins Bette gelegt habe«. Der Arzt stützte diese Version durch die üblichen Axiome möglicher weiblicher Abwehrmaßnahmen und betonte die körperliche Ebenbürtigkeit der Geschlechter im Zweikampf. »Die gesunde Vernunft« beziehungsweise »die Natur der Sache« ergaben demnach, daß völlig ausgeschlossen sei, »daß dieser alte kümmerliche Mann eine so rasche, gesunde, mit dem völligen Gebrauche aller ihre Gliedmaßen bestmöglich versehene Dirne« entjungfert habe. Angst, Schreck und Ehrfurcht vor dem Dienstherrn wurden schlicht als »lächerlich« abgetan. Aus den eigenen Aussagen der Klägerin gehe hervor, daß die Übergriffe nicht überraschend gekommen seien, da der Hausherr schon früher Sex gefordert habe. Schließlich sei sie sogar in sein

Zimmer gekommen, obwohl sie »gewarnt war«. Sie habe den Beischlaf gar nicht verhindern wollen. Die Dehnung ihrer Vagina könne im übrigen nicht von dem alten, genital eher spärlich ausgestatteten Mann herrühren. Einen stattgefundenen Beischlaf wollte der Arzt nicht grundsätzlich ausschließen, für eine Defloration sei der Beschuldigte jedoch viel zu schwach. Der Ruf der Magd sei zudem zweifelhaft. Die Klage wurde aufgrund des ärztlichen Gutachtens abgewiesen.

Mit dieser Argumentation ging der Gutachter weit über seine Kompetenzen hinaus. Die körperliche Untersuchung wurde zur Nebensache, die Diskussion der sexuellen Ehre der Magd dominierte hingegen jeden Untersuchungsschritt. Schon vor der »Besichtigung« hatte man sich aufgrund der Akteneinsicht ein Urteil gebildet, in dessen Rahmen der körperliche Befund interpretiert wurde. Die Ansichten des Arztes über mehrmaligen Beischlaf und die bereits länger andauernde Infektion widersprachen den Aussagen der Frau schließlich nicht. Der negative Befund einer Geschlechtskrankheit allerdings, der das Hauptargument gegen die Tatbeschuldigungen hätte stellen müssen, wurde nur in einem Nebensatz erwähnt und spielte im Gutachten selbst keine Rolle. Allein die üble Nachrede durch den Verdächtigen und seine Ehefrau genügte, die moralische Integrität der Magd in Frage zu stellen, obwohl sie – sicher um die Bedeutung physischer Gegenwehr für die Beurteilung wissend – ihre Abwehrversuche und deren Scheitern wiederholt betont hatte. Die ständige sexuelle Belästigung hingegen, die von der Magd sehr wohl als Machtmißbrauch und Mißachtung ihres Willens empfunden worden war, stellte der Arzt als legitime Annäherungsversuche dar. Die Gegenwehr der Magd und die Eskalation der Ereignisse, auf deren Entwicklung sie so großen Wert gelegt hatte, daß der Gutachter sie nicht völlig ignorieren konnte, wurden vom Arzt als typisch weibliche Hinhaltetaktik und damit als Einverständniserklärung gedeutet. Ihre spätere Einschränkung, die zweite Vergewaltigung sei keine richtige gewesen, ist allein der ärztlichen Fragetechnik zuzuschreiben. Diese hatte ergeben, daß es aufgrund ihrer Abwehr nicht zum Samenerguß innerhalb ihrer Vagina gekommen war. Daß für die Frau die Penetration das konstituierende Element war und nicht eine körperfremde juristische Definition, begriff der Arzt nicht.

Die traditionelle Interpretation weiblichen Verhaltens entsprach exakt den gesellschaftlichen Erwartungen sexueller Kommunikation zwischen den Geschlechtern. Die Frau hatte passives Objekt männlicher Begierde zu sein, um den Reiz der Eroberung zu erhöhen und bestenfalls den Anschein keuschen Widerstands zu erwecken.[119] Das Delikt des Ehebruchs, das der Arzt dem Hausherrn aufgrund seiner Recherchen immerhin zutraute, wurde vom Gutachter nicht als Normverstoß thematisiert. Richter, Gutachter und Täter teilten die gleichen »(Geschlechts-)Rollenskripte«, weshalb die einen die anderen kaum kriminalisieren konnten. Schon zur Erhaltung der gesamtgesellschaftlichen Autoritäts- und Gehorsamsprinzipien war es notwendig, dem statushöheren Mann recht zu geben.[120] Dennoch wird deutlich, daß die Frau innerhalb des internalisierten Rollenmusters der devoten und respektvollen Magd eine klare Grenze zog. Selbst als Dienstbotin beharrte sie auf einem ihr selbstverständlichen Recht der sexuellen Selbstbestimmung und wagte sogar, dies durch eine öffentliche Klage einzufordern.

Physische Grenzen zu achten und Respekt vor ihren Willensäußerungen forderten alle Frauen ein, obwohl ihnen sonst kaum Rechte zugestanden wurden. Dieser Anspruch auf Würde und ein Minimum an Achtung der Persönlichkeit teilten Ehefrauen und Ledige, Hausmütter und Mägde, die trotz aller Status- und Standesunterschiede einem gleich- oder höhergestellten Mann gegenüber immer nur eines waren: untergeordnetes Weib.

Von unzeitigen Mädchen und einem Knaben
Mit Kindern gingen Ärzte unter bestimmten Voraussetzungen anders um. Am 24. August 1782 erschienen in der Wohnung des Gröbniger Stadtvoigtes zwei Mütter mit ihren Töchtern: Johanna, neun Jahre alt, Tochter eines Sattlermeisters, Elisabeth Caroline, elf Jahre alt, Tochter eines Torschreibers.[121] Die Mädchen sollten auf Spuren sexuellen Mißbrauchs hin untersucht und nach den näheren Umständen befragt werden. Die vor Ort vorgenommene »Besichtigung« durch den Kreisphysikus und einen vereidigten Chirurgen erfolgte vermutlich im Zuge einer Reihe von »Visitationen« aller Mädchen einer Schulklasse. Wir erfahren nicht, was das Verfahren gegen den »Schulhalter« der Kinder ausgelöst hatte, doch stand zum Zeitpunkt der Untersuchung der Mädchen dessen Schuld in anderen Fällen

---

119 Vgl. dazu auch *Meyer-Knees*, Verführung, 1992, S. 47 f.; *Göttsch*, Erfahrungen, 1986, besonders S. 46 ff. und *dies.*, Kleider, 1993, besonders S. 72–76.
120 Dies bestätigt *McLynn*, Crime, 1991, S. 107, für England, wo die Vergewaltigung der Dienstmagd als klassisches Kavaliersdelikt (»le droit de seigneur«) galt.
121 *Pyl*, Aufsätze, 6. Slg., 2. Ab., 1789, Fall 3.

bereits fest. Interessant ist zunächst, daß die Mädchen zwar vom Arzt vaginal untersucht, aber nicht von ihm selbst befragt wurden, sondern jedes Mädchen gemeinsam mit der Mutter hereingebeten wurde und jede Mutter in Gegenwart der beiden Männer vorbereitete Fragen an ihre Tochter stellte.[122] Ungefragt fügten die Mütter den Antworten der Töchter ihnen wichtig erscheinende Details hinzu. Doch über die üblichen körperlichen Untersuchungsergebnisse hinaus[123] hielt es der Kreisarzt für erwähnenswert, daß noch andere, nichtvaginale Spuren für die erlittene sexuelle Gewalt festzustellen waren, auf die die Mütter hingewiesen hatten. Johanna hatte oft über Schmerzen im Unterleib geklagt, wenn sie von der Schule nach Hause kam. Die Mutter, die einen bestimmten Verdacht gehabt und daraufhin ihre Tochter selbst in Augenschein genommen hatte, stellte damals keine Verletzungen fest. Auch hatte das Kind keinen Durchfall oder Schmerzen beim Urinlassen, so daß sie den Klagen der Tochter keine weitere Aufmerksamkeit geschenkt hatte. Im nachhinein wies sie den Arzt jedoch darauf hin, »sie als Mutter habe bemerkt, daß ihr Kind durch diese Zeit als sie so gemißhandelt worden immer so schlecht ausgesehen, vom Fleische gefallen und sich ganz abgezehrt hätte, ohne zu wissen, wo es herkäme«. Das andere Mädchen hatte eine »Geschwulst in der Gegend des Magens«, und die Mutter erzählte, »ihre Tochter empfände aber immerwährende Schmerzen in dieser Gegend, auch klage sie … über Stiche nach der linken Seite des Unterleibes. Sie fiele sehr ab und verzehrte sich ganz, da sie doch vorher … immer gesund und bey Leibe gewesen.« Was der Lehrer mit den Mädchen getan hatte, bezeichneten die Mütter als »Gottlosigkeiten«, als »Unglück«, über das die Töchter erst zu sprechen bereit gewesen waren, als »die Sache offenbar geworden« und sie nachfragten. Die

---

122 Man erfährt von der Aussage Johannas, daß der Lehrer ihr des öfteren einen Finger in die Vagina gesteckt und seinen Penis in die Hand gelegt habe. Ihr Hemd sei daraufhin naß gewesen. Der Arzt deutete dies als Beweis für einen Samenerguß und eine unschuldig glaubwürdige Aussage des Mädchens.

123 Die Vaginae beider Mädchen wiesen die normale »kindliche Enge« auf. Keine Spuren von Wundsein oder Verletzungen waren festzustellen. Bei keinem der Mädchen fand sich ein Hymen. Dies irritierte den Arzt nicht, weil noch umstritten war, ob schon bei der Geburt ein Hymen zu finden sei oder dies erst während der Geschlechtsreife wachse. Viele Anatomen hatten bei Säuglingssektionen kein »Jungfernhäutchen« sehen können, weil es für sie nur bei »mannbaren« Mädchen einen symbolischen Sinn machte.

ärztliche Untersuchung ergab eine Bestätigung der mütterlichen Beobachtung, daß Elisabeth »abgefallen und das Fleisch ganz welk und lappicht« war, sie außerdem ein Magengeschwür habe. Im großen und ganzen sei den beiden allerdings »nicht allzugroße Gewalt widerfahren«.

Eßstörungen werden im Zusammenhang mit Mädchen häufig erwähnt. In Fällen, in denen sexuelle Übergriffe auf Kinder bekannt waren, wurde derartigen Spätfolgen durchaus Aufmerksamkeit geschenkt. Sie flossen in die Gutachten vor allem dann als Indizien ein, wenn keine vaginalen Spuren feststellbar waren. In pädiatrischen Traktaten des 18. Jahrhunderts lassen sich viele Hinweise auf psychosomatische Störungen von Kindern finden, die damals nicht auf »Mißbrauchs«-Zusammenhänge hin untersucht wurden, heute aber neue Fragen nach ihren möglichen Ursachen aufwerfen und meines Erachtens Auskunft über Kontinuitäten (der Auswirkung) sexueller Gewalt gegen Kinder geben könnten. Es finden sich zum Beispiel Ratschläge und Therapien gegen »nächtliches Aufschreien« als angebliche Vorboten der Epilepsie. Kinder berichteten von nächtlichem Magendrücken – als ob sich jemand auf sie lege. Dies wurde von Ärzten mit Angst vor Hexen und Geistern erklärt. Auch Schlaflosigkeit, häufige Weinkrämpfe und »Bettbruntzen« wurden als rätselhaft, aber unbedeutend abgetan, wogegen man mit Training, bei Härtefällen auch mit Schlägen angehen müsse.[124]

Nichtvaginale Formen der Sexualgewalt existierten für Gerichtsmediziner bei Mädchen ohnehin nicht, der Analbereich wurde – im Gegensatz zur »Knabenschändung« – nie untersucht. Gemäß des neuen wissenschaftlichen Empirismus des »Sehens« wurden bei Fehlen sichtbarer Verletzungen schwerwiegende seelische Schäden (die bei Erwachsenen niemals Thema waren) auch bei psychosomatischen Störungen ausgeschlossen. Daß es sich um psychosomatische Leiden handelte, die mit den Geschehnissen in direktem Zusammenhang standen, stand jedoch für Gutachter wie Eltern außer Frage. Sie galten als kurzfristig medikamentös heilbar. In Fällen, in denen kleine Mädchen vaginale Verletzungen davontrugen, gingen die Gutachter auf Verhaltensauffälligkeiten der Kinder intensiver ein als bei jungen Mädchen, die bereits menstruierten, erste Schambehaarung und kleine Brüste aufwiesen. »Unreife« Mädchen hatten eher eine Chance, die Ärzte von der Wahrhaftigkeit ihres Erlebens zu überzeugen, wenn der Täter wenig-

---
124 Vgl. dazu Oehme, Pädiatrie, 1984, S. 106–109.

stens Teile seiner Schuld zugegeben hatte. Bei physischen Spuren am Körper des Opfers wurde Freiwilligkeit nicht unterstellt. Galt der Beschuldigte als unmoralisch, waren seine Argumente unglaubwürdig.[125] In einem solchen Fall war die Aussage eines Kindes glaubwürdig, weil sie ins moralische Gesamtbild paßte. Bei Kindern konnte ein Arzt auch darüber hinwegsehen, daß sich strenggenommen meistens keine vollendete Notzucht nachweisen ließ, zum Beispiel wenn eine Pollution außerhalb stattgefunden hatte oder eine Genitaluntersuchung kaum vaginale Spuren zeitigte.

Es scheint auch, daß im Gegensatz zu heute den Aussagen der Opfer eher geglaubt wurde, je jünger sie waren. Als ein fünfjähriges Mädchen von einem Wohnungsnachbarn vergewaltigt worden war, beschränkte sich der Gutachter in großen Teilen der Schilderung des Falles augenscheinlich darauf, die vom Untersuchungsrichter protokollierte Erzählung des Kindes in dessen Worten und dessen kindlicher Chronologie wiederzugeben:

>»Beklagter ... habe zu ihr gesagt, er wolle ihr eine dicke Nadel geben, sie solle mit ihm in die Kammer gehen. Er habe ihr aber doch keine Nadel gegeben. Vorhero aber habe er ihr einen Apffel gegeben in der Stube, woselbst ein großer Stuhl am Bette stehe, worauf er sie gestellet. Und habe er ihren Rock gehoben und aus seinen Hosen einen Finger gelanget und ins Loch gestochen, welches ihr wehe gethan, daß sie Aue geschrien, welche Eleonora [die Schwester] draussen wohl gehöret. Der Schuster aber habe ihr auf dem Maul mit denen Fingern gespielet, daß sie nicht schreyen sollen. Von dem Stuhl habe er sie in die Kammer gehoben, sie auf einen Stuhl gesetzet und wieder den Finger ins Loch gestochen. Auf den Tisch habe sie der Schuster auch niedergelegt, sich auch auf sie gelegt und den großen Finger in den Leib gestochen. In der Kammer habe er mit einem weichen Tuch sie an dem Bein wie Eyter abgewischet und das Tuch aus dem Kammer-Fenster geworffen. Das Kind habe gesagt, sie wolle es ihrer Mutter sagen. Der Schuster aber habe gesagt, wenn du nicht willst hierbleiben, so gehe hin nach deiner Mutter. Addit: Vorhero, ehe dieses alles geschehen, habe ihr der Schuster vor dem Schornstein, da er eingeheizet, aus den Hosen ein Ding gewiesen und gesagt, ob sie das Ding haben wolte.«[126]

Mag die Aussage auch in indirekter Rede wiedergegeben sein, wird dennoch deutlich daß sich das Mädchen fast unbeteiligt über den Tathergang äußerte, diesen aber detailliert zu schildern vermochte. Die kindlichen Umschreibungen der Geschlechtsorgane sowie die nachträgliche Drohung,

---

125 *Pyl*, Aufsätze, 4. Slg., 2. Ab., 1786, Fall 4. Ein stadtbekannter Trinker hatte seine Stieftochter vergewaltigt, war aber nach Meinung des Arztes zur Tatzeit durchaus zurechnungsfähig gewesen.
126 *Gohl*, Medicina, 1735, Sec. II, XI.

alles der Mutter zu erzählen, zeigen, daß das Mädchen sein Zutrauen erst durch wiederholte Schmerzzufügung verlor. Der Respekt vor einem befreundeten Erwachsenen, dem zu gehorchen und zu vertrauen das Kind gewohnt war, hatte es nicht zu Flucht oder Gegenwehr veranlaßt, sondern zunächst noch an die Rechtmäßigkeit der Vorgänge glauben lassen. Immerhin war sich dieses kleine Mädchen bereits seiner selbst so bewußt, daß es, obwohl es nicht genau begriff, was mit ihm geschehen war, tatsächlich seine Mutter informierte und diese den sexuellen Übergriff öffentlich machte. Für den Gutachter waren allein die erinnerten Details Beweis für den Realitätsgehalt der Angaben der erst Fünfjährigen. Die physische Untersuchung war für den Arzt wie immer zweitrangig.

Obwohl der Täter behauptete, er habe seinen Penis dem Kind nur »am Leib gehalten und eine manustupration gemacht, [sey] dem Kinde aber ... nicht in den Leib gekommen«, erhärteten die Angaben einer Hebamme über vaginale Verletzungen sowie die Aussage der siebenjährigen Schwester die Schilderungen der Kleinen. Spätere Untersuchungen durch weitere Hebammen, die von der medizinischen Fakultät wegen des hartnäckig leugnenden Täters eingefordert worden waren, konnten keine physischen Spuren mehr nachweisen. Der Arzt forderte, trotz des für Mediziner sonst ungenügenden juristischen Tatbestandes der versuchten Notzucht, statt der »poena ordinaria« immerhin die »poena arbitraria« zu verhängen, weil »des unschuldigen Kindes einfeltige Aussage grosse apparence der Wahrheit habe«. Auch dieser Arzt ging also weit über seine Kompetenzen hinaus, wenn er nicht allein die Untersuchungen der Hebammen beurteilte, sondern die Einschätzung der Persönlichkeit des Opfers als maßgeblich für sein Gutachten bezeichnete. Diese Vorgehensweise war üblich. Nur in den wenigsten Fällen und ausschließlich bei kleinen Kindern bedeutete dies allerdings einen Vorteil für das Tatopfer. In den meisten Fällen genügte der Hauch eines Zweifels an der moralischen Integrität einer Frau, um zugunsten des Mannes zu entscheiden. Hier war die Anpassung der Ergebnisse der gynäkologischen Untersuchungen an die Aktenlage für die Klägerin oft von Nachteil.

Ein gutinformierter Tatverdächtiger konnte so sein Wissen um die Bedeutung des Hymens für die Notzuchtdefinition zu seinen Gunsten nutzen. Schon 1683 verlangte zum Beispiel ein Stiefvater die gynäkologische Untersuchung einer 14jährigen, die er zwei Jahre zuvor vergewaltigt haben sollte. Er wollte durch diesen scheinbaren »Lügendetektortest« der Folter entgehen.[127] Das vorgetäuschte Vertrauen in die Diagnostik der Medizin entpuppt sich bei näherer Betrachtung als geringes Risiko, denn selbst ein zerstörtes Hymen konnte immer noch auf ein anderes »Opfer« der kleinen »Lolita« beziehungsweise diese selbst abgeschoben werden. Häufiger Mißbrauch konnte auf Dauer schließlich auch das unschuldigste Mädchen verderben. Die Entdeckung eines extrem vergrößerten »Schaamzüngleins« bei einer Achtjährigen ließ in bezug auf ihr späteres Verhalten Schlimmes befürchten, zumal eine schlecht verheilte vaginale Verletzung später jeden Beischlaf im Wortsinne fruchtlos machen mußte.[128]

Wichtigstes Merkmal für die Einordnung der weiblichen Rolle, der potentiellen Widerstandskräfte sowie der möglichen sexuellen Anziehungskraft auf den Täter war deshalb in erster Linie die Frage nach der »Mannbarkeit«. Eine Frage, die man im Zusammenhang mit kleinen Jungen nie stellte. Dort handelte es sich zweifelsfrei um körperliche Gewalt, ohne unterstellte erotische Avancen seitens des Kindes. Eine erregende Wirkung von Knabenkörpern auf Männer hatte in den Sexualitätsvorstellungen der Gutachter keinen Raum. Ausschlaggebend war bei Mädchen jedoch nicht nur der Menstruationsbeginn, sondern der gesamte äußere Eindruck, der sich an den üblichen Klischees weiblicher Körperformen orientierte. Dies wurde vom Arzt in einem Fall folgendermaßen wiedergegeben: »Dieses Mädchen ist übrigens für ihre Jahre [15] sehr behende, mager und gar nicht so stark ausgewachsen, wie es Mädchen von ihrem Alter zu seyn pflegen. Ihre Brüste sind noch sehr klein. Auch hat sie bishero noch die monatliche Reinigung nicht gehabt.«[129] Deshalb wurde körperlich reiferen Mädchen eine sexuelle Reizung bis hin zur Verführung des Täters unterstellt. Ihre Aussagen waren für Mediziner kaum glaubwürdig, selbst oder gerade wenn es Hinweise auf sexuelle Manipulationen gab. Physische und vor allem psychische Spätfolgen der Tat wurden in der Theorie zwar als solche akzeptiert, in der Praxis aber als unwesentlich oder sogar als Dramatisierungsversuche abgetan. So lautete etwa das abschließende Urteil über ein von seinem Dienstherrn mehrfach vergewaltigtes 12jähriges Kindermäd-

---

127 Vgl. *Zittmann*, Medicina, 1706, Cent. III, LXV (und LXXVII).
128 Vgl. *Schweickhard*, Beobachtungen, Bd. 1, 1789, XXXVIII.
129 *Pyl*, Aufsätze, 3. Slg., 2. Ab., 1785, Fall 7.

chen: »Klägerin klagt überdem, daß sie während dem coitu mit dem Beklagten viel Schmerzen erlitten ... Jetzt klagt sie noch über beschwerliches Urinlassen ... Auch habe sie seit diesem Vorfall Ekel für Essen und Trinken und beständige Neigung zum Brechen. Es scheint dieses aber übertrieben zu seyn, da sie übrigens munter und gesund aussieht.«[130] Das Verhalten gegenüber minderjährigen Dienstmägden unterschied sich deutlich von dem gegenüber anderen Kindern. Sie galten als alt genug, um zu arbeiten, also auch als alt genug, um »sexuelle Verantwortung« zu übernehmen.[131]

Sexuelle Gewalt gegen Kinder mußte sich nicht immer in rohen Übergriffen äußern. Der einzige überlieferte Fall von »Knabenschändung«[132] führt das von »Pädophilen« auch heute noch als legitimes Liebeswerben angepriesene Vorgehen eines Französischlehrers und die Ambivalenz seines emotional manipulierten Opfers drastisch vor Augen. Der 12jährige Kaufmannssohn Johann Andreas S. erregte die Besorgnis seiner Eltern, weil er seit einiger Zeit »seine blühende Gesichtsfarbe« verloren hatte, »träge« wurde, »trübe Augen« und »viel Hitzblattern ins Gesicht« bekam, extrem abmagerte und vor Schmerzen kaum noch gehen, geschweige denn sitzen konnte.[133] Zwar beteuerte der Junge, es fehle ihm nichts, doch als auch eine Wurmkur keine Besserung brachte, wurde ein Arzt eingeschaltet. Als dieser schwerste anale Verletzungen diagnostizierte, bedrängten die Eltern ihren Sohn so lange, bis dieser endlich erzählte, »der Sprachmeister B. sey vielleicht daran schuld, weil er ihm mit seinem pene oft im Mastdarm kitzle«. Trotz dieser präzisen Angaben konzentrierte sich die Untersuchung auf die Genitalien des Kindes. Etwaige Verformungen oder Verschleißerscheinungen könnten im Erwachsenenalter zu Problemen bei der Fortpflanzung führen. Die Befürchtungen bewahrheiteten sich, denn

»man fand sie, zum großen Erstaunen der Eltern, so geschwächt und mißbraucht, daß man nothwendig auf die Idee kommen mußte, daß der Knabe auch schon lange und viel Onanie getrieben haben müßte. Man fragte ihn darüber und erfuhr, daß auch

---

130 *Ebenda*, 4. Slg., 2. Ab., 1786, Fall 3.
131 Diese Rechtspraxis stellte *Simpson*, Vulnerability, 1987, passim auch für England fest.
132 Bei der Untersuchung einer Geschlechtskrankheit blitzt zwischen den Zeilen die mögliche Ansteckung des kleinen Sohnes durch den Vater auf, wird jedoch nicht weiterverfolgt.
133 *Fahner*, System, Bd. 3, 1800, 6. Kap., 1. Bsp., S. 186–192.

dazu ihn sein Lehrer schon seit 2 Jahren angeführet und daß er täglich mehrmalen solche getrieben habe. Dabey bat er aber auf das dringendste, daß man nur seinem geliebten Lehrer darüber keinen Verdruß machen möchte, der hätte das alles blos aus Liebe zu ihm gethan und es gewiß nicht böse gemeint.«

Weitere Informationen konnte der Physikus erst aus dem Jungen herausbringen, als er ihm hoch und heilig versprach, dem Lehrer nicht zu schaden. Der Junge berichtete dann von häufiger analer Penetration, die anfangs sehr schmerzte und blutete,

»aber durch Umschläge, die Hr. B. gemacht, sey es bald wieder gut geworden. Nachher aber weniger, aber seit er die Geschwüre am ano bekommen habe sehr viel, und da habe es B. auch nicht weiter gethan, sondern ihm eine Salbe zu gebrauchen empfohlen, welches er auch gethan und davon Besserung gespüret habe.« Ja, auch das »Spielen« am eigenen Penis habe er gelernt. »Erst habe er an des Hrn. B. pene spielen müssen bis was ausgesprützt sey. Dann habe Hr. B. auch seinen penem ihm aus der Hose geholt, ihm oft lange daran gespielt, solchen in den Mund genommen, geküßt und ihm dabey viel Zuckerwerk und Backwerk, andere schöne Näschereyen als gebrannte Mandeln, Feigen, Rosinen, Mackeronen, Torte, süßen Wein und dgl. gegeben und ihn über alle Maßen lieb gehabt, mehr als alle die andern Kinder.«

Dem Jungen war daran gelegen zu betonen, auch die anderen Kinder habe der Lehrer »recht lieb«, sei »sehr freundlich und zärtlich mit ihnen umgegangen ... ihn aber habe er am allermeisten geliebt«. Arzt und Chirurg erfuhren nach und nach, daß alle Jungen üblicherweise onanierten, sobald der Lehrer mit seinem Lieblingsschüler allein in einer Kammer verschwand. Einmal habe Herr B. bei der Rückkehr bemerkt, wie die anderen schnell ihre Hosen zumachten, hatte »aber darüber gelacht und nachher seine Stunde gehalten und blos auf Französisch gesagt: Kinder thut es nur nicht zu viel!« Nach solchen Geständnissen wurden dem Knaben Medikamente verordnet und er unter ständiger Aufsicht gehalten. Der Physikus hielt dem Jungen einen flammenden Vortrag über die grausamen Auswirkungen der Onanie und nahm ihm das Versprechen ab, solches nie wieder zu tun. Eine Untersuchung der gesamten Klasse wurde angeordnet. Der »Sprachmeister« sollte verhaftet und besichtigt werden, »theils um zu erfahren, ob sein penis sehr groß ist, theils auch um zu sehen, ob man Anzeichen von venerischen Ansteckungen an ihm findet, damit desto sicherer und zuverläßiger die Kur mit dem Sohne des Kaufmann S. eingerichtet werden könne«. Der Gutachter betrachtete den Analverkehr nicht als sodomitischen Akt zwischen männlichen Wesen, sondern als »Notzucht« an einem Knaben. Die

Anklage gegen den Lehrer lautete auf »Verführung zur Onanie und Schändung«. Dies sei ein »für den Staat so wichtiger Gegenstand«.[134] Die gesundheitlichen Schäden führte Fahner allerdings auf Onanie zurück, weil die Gefahr der »allgemeinen Abzehrung und Schwindsucht« bestand, und weniger auf die analen Übergriffe, die er als lokal beschränkte Verletzungen begriff.[135] Es ging nicht um seelische oder psychosomatische Folgen. Sexuelle Akte jenseits der sittlichen Grenzen zehrten grundsätzlich ganz besonders an jugendlichen, noch im Wachstum begriffenen Körpern. Die Folgen hatte im Erwachsenenalter der Staat zu tragen.

Die »Entsexualisierung« des Kindes, die sich bereits in der bürgerlichen Pädagogik der Aufklärung niederzuschlagen begann, war also nur für ganz junge Opfer von Vorteil.[136] Wenigstens kleinen Kindern blieb ein Schuldvorwurf erspart, weil man nicht Gefahr lief, Äußerungen kindlicher Körperlichkeit als Legitimation für Machtmißbrauch durch Erwachsene zu benutzen. Psychosomatische Folgen sexueller Gewalt wurden zwar gesehen, ihre Bedeutung für die Seele des Opfers konnte nicht erkannt werden, weil als weibliche oder kindliche Ehre schließlich nicht die Würde und unversehrte Persönlichkeit galten. Ein ehrbarer Ruf, die Jungfräulichkeit und gesunde Genitalien, die den Fortbestand einer Familie und des Staates garantieren sollten, waren vielmehr Teil des Kapitals der Familie, des Vaters, Bruders oder Ehemannes, ja des Landesherrn. Notzucht war demnach nicht die Verletzung eines Individuums, sondern »a challenge to male ownership and authority«.[137] Nicht umsonst wurde der Terminus der »Schändung« benutzt. Ein Teil der Schande blieb an jeder Familie haften, deren Kinder oder weibliche Mitglieder »beschädigt« worden waren.

Bei vergewaltigten Kindern und Jugendlichen waren die Täter entweder die Väter, Dienstherren, Lehrer oder Nachbarn. Diese Männer waren den Mädchen und Jungen oft bereits länger bekannt, von ihnen hatten sie derartige Angriffe nicht erwartet. Nicht nur der Versuch, die Erfahrung schmerzhaftester physischer Grenzüberschreitung als Liebesbeweis in das

---

134 Nach gerichtsmedizinischem Tenor sollte der Täter jedoch schärfer bestraft werden als bei der Sodomie mit Tieren, vgl. *Teichmeyer*, Anweisung, 1761, 6. Frage, S. 31 f. und *Mende*, Handbuch, 1819, S. 142.
135 Siehe *Roose*, Grundriss, 1802, S. 106.
136 Vgl. *Begemann*, Furcht, 1987, S. 208–228.
137 *McLynn*, Crime, 1991, S. 109.

Bild einer vertrauten Person zu integrieren, auch der Schock durch die Überfälle, die körperliche Unterlegenheit und nicht zuletzt die Angst vor der Autorität und der sozialen Macht des Täters waren Ursache für das häufig lange Zögern der Betroffenen, andere ins Vertrauen zu ziehen. Bis dahin kam es sehr oft zu wiederholten Vergewaltigungen, was die Glaubwürdigkeit der Opfer in den Augen der Ärzte nicht gerade erhöhte. Bei erwachsenen Frauen ignorierten sie, daß die Betreffenden nicht wagten – und es ihnen oft einfach nicht möglich war –, sich dem Einflußbereich des Täters zu entziehen. Eine ohne sozialen Rückhalt einer Familie in der Fremde arbeitende Dienstmagd oder Alleinstehende war – abgesehen von den Prozeßkosten – kaum in der Lage, ihre verlorene Ehre als überzeugenden Klagegrund in ein Verfahren einzubringen. Wenn durch eine Tat keine »Violierung der öffentlichen Sicherheit« gegeben war, gab es auch keinen Grund für das Opfer, deshalb öffentliche Unruhe zu verbreiten und der Gesellschaft zusätzliche Kosten zu verursachen.[138]

Die Aussagen der Opfer lassen, selbst wenn sie quasi wörtlich wiedergegeben zu sein scheinen, selten Emotionen erkennen. Der Überfall und die Ausweglosigkeit der Gegenwehr werden plastisch geschildert, auch das Eindringen des Mannes in den eigenen Körper wird beschrieben, von den Ärzten allerdings als irrelevant abgetan. Die Mediziner fragten nicht nach Empfindungen, sondern nach sichtbaren Spuren und sahen kaum Veranlassung, Details der Tat mitzuteilen. Einzig in Fällen, in denen sie mangels physischer Spuren die Glaubwürdigkeit der Aussagen prüfen wollten, nahmen Gutachter Einzelheiten der Penetrationen in ihre Publikation auf, um ihre Interpretationen nachvollziehbar zu machen.

Wie groß der Stellenwert der Definition sexueller Beziehungen für die Struktur einer Gesellschaft ist, daß sie »ein[en] wichtige[n] Teil von Herrschaftsbeziehungen überhaupt« darstellen, tatsächlich »soziale Gegensätze verschleiert werden, indem alle Männer an bestimmten Vorteilen qua Geschlecht partizipierten, alle Frauen ein Stück weit durch weibliche Ehre definiert wurden«, wird am krassen Ungleichgewicht in den Notzuchtverfahren überdeutlich.[139] Ebenso wird sichtbar, daß nicht die vorgebliche Naturhaftigkeit weiblicher Biologie die Rollenverteilung bestimmte, sondern

---
138 Vgl. *Beck*, Tractatus, 1743, S. 482.
139 *Burghartz*, Geschlecht, 1995, S. 233.

im Gegenteil die Geschlechterrollen die Herstellung einer Biologie erst ermöglichten, die schon früh als Konstruktion eines »Gattungssubjekts« entlarvt wurden.[140] Die Medizin verfuhr tatsächlich analog zur Biologie, indem sie die ihr zugänglichen oder von ihr als solche definierten Formen menschlichen Sexuallebens wie Insekten aufspießte und in pathologische und gesunde, fruchtbare und unfruchtbare Arten einteilte.[141] Ansichten, die von den jeweils daran Beteiligten nicht unbedingt geteilt wurden. Der von Foucault auch für den Bereich der Sexualität konstatierte Normierungsprozeß, der jegliche nichtreproduktive sexuelle Äußerung pathologisierte,[142] läßt sich aus medizinischer Perspektive nicht nur für Sodomie und Hysterie, sondern auch für sexuelle Gewalt nachweisen. War alleinige oder gegenseitige Onanie auf jeden Fall Zeichen für Krankheit oder krankmachend, so konnte eine fruchtbare Vergewaltigung im Gegenteil nichts Normwidriges an sich haben, da erstens der generative Zweck der Penetration erfüllt war und sich eine Notzucht zweitens nur unwesentlich von dem zu unterscheiden schien, was Ärzte und Juristen für »gesunden« heterosexuellen Geschlechtsverkehr hielten.

---

140 Vgl. *Honegger*, Hexenprozesse, 1987, besonders S. 95 und S. 107.
141 Diesen Vergleich zog *Fründ*, Konstruktion, 1997, S. 49.
142 Vgl. ausführlich, *Foucault*, Wille, 1977.

B Seelen vor Gericht

Zweifelhafte Gemütszustände in foro criminali – Verbrechen und andere Kleinigkeiten

Der Bereich der Gemütszustände galt Medizin wie Justiz als der heikelste. Hier stieß man schnell an die Grenzen des körperlich Sicht- und damit logisch Nachweisbaren. Obwohl schon länger praktiziert, befaßten sich Ärzte erst in der zweiten Hälfte des 18. Jahrhunderts mit Konstruktion und Systematisierung von Kriterien zur Erstellung von Gemütszustandsgutachten vor allem nach Gewaltverbrechen.[1] Zwar hatten gerade im Zusammenhang mit der Hexenverfolgung bereits im 16. Jahrhundert Autoren wie Weyer und Platter und im 17. Jahrhundert Zacchia Theorien über die Verbindung von zerstörerischem Verhalten und Wahnsinn aufgestellt, aber juristische Konsequenzen erwuchsen daraus nicht.[2] Es gab bis zum Ende des 19. Jahrhunderts keine gesetzlichen Regelungen über Zeitpunkt und Form der Einholung einer psychiatrischen Einschätzung. Nur in Preußen wurde bereits 1824 die Erstellung eines Gemütszustandsgutachtens nach Brandstiftung vom Justizministerium pauschal empfohlen.[3] Um der Gefahr von

---

1 Dies bestätigt zum Beispiel die 50seitige Schrift des Königlichen Leibarztes Johann Carl Wilhelm Möhsen (1722–1795), die dieser bereits 1763 beim Preußischen Obermedizinalkollegium eingereicht hatte, die aber erst 30 Jahre später rezipiert wurde. In: *Pyl*, Repertorium, Bd. 2, 1. St., 1790, II; auch *Uden*, Abhandlung, 1780, 4. Ab.: »Von der Prüfung des Gemütszustandes insbesondere«. Der Cannstätter Oberamtsphysikus *Elvert* stellte noch 1810 die Frage, ob ein Arzt überhaupt über das Gemüt befinden dürfe, *ders.*, Untersuchungen, 1810, S. 47–72.
2 Vgl. ausführlich *Fischer-Homberger*, Medizin, 1983, S. 152–199. Sie macht dafür vor allem das zunehmende Verschwinden der »irren« Untersuchungsobjekte in Anstalten und die protestantische Rationalität verantwortlich (S. 159). Dies überzeugt meines Erachtens nicht, da es Mediziner waren, die über Einweisungen entschieden (vgl. das folgende Hauptkapitel) und offenbar gerade Protestanten den größten Erklärungsbedarf für Bessenheit und ähnliche Phänomene sahen.
3 Vgl. *Schulte*, Dorf, 1989, S. 97.

Fehlbeurteilungen vorzubeugen, forderten zurückhaltendere Physici die freiwillige Selbstbeschränkung: »Es ist daher der Arzt in der medicinischen Rechtgelahrtheit nie verbunden über Erscheinungen (Phenomena) bei einem Menschen zu urtheilen, von welchen man keine physische Gründe anzugeben im Stand ist.« Gerade beim Thema »Narrheit« dürfe sich die Medizin nur äußern, wenn »physische im Körper liegende Ursachen« nachweisbar seien, denn »es kann so wol der Richter, wie ein anderer Mensch aus den Geberden, Handlungen und Worten urtheilen, ob dies oder jenes einen klugen Mann oder einen Narren verrathe. Um dieses zu bestimmen, braucht man wahrlich kein Arzt zu seyn ...« Dazu benötige man einzig »philosophische Menschen Kenntniß« und »Gründe der Beurtheilung aus der Moralphilosophie, ... welche den pracktischen Arzt in diesem Fache gar nicht angehet«.[4] Jemanden, der durch Schicksalsschläge verrückt geworden sei, könne der Arzt ohnehin nicht kurieren, dürfe ihn folglich auch nicht beurteilen. Ein Fall von Melancholie etwa, der sich nachweislich auf »hämorrhoidal Beschwerden« zurückführen lasse, dürfe allerdings schon in seinen Heilungschancen eingeschätzt werden.[5] Eine Wirkung solch selbstkritischer Stimmen ließ sich in der Praxis der im Laufe des 18. Jahrhunderts zunehmenden Gutachtung allerdings nicht nachweisen. Letztere stand noch ganz in der Tradition der Carolina, die für »leuth, ... die ihr sinn nicht haben« unter Zuziehung eines Physikus bereits Strafmilderung vorsah, die Beurteilung jedoch allein dem Richter überließ.[6] Ein wachsendes Interesse der Justiz an Tatmotiven und im Zusammenhang damit auch an der Zurechnungsfähigkeit gab es seit dem 17. Jahrhundert.[7] Tathergänge wurden von Ärzten im 18. Jahrhundert dann akribisch rekonstruiert. Sie begannen, biographische Hintergründe, Anamnese, auffällige Verhaltensweisen und das gesellschaftliche Um- und Vorfeld der Verbrechen bei der Suche nach Motiven mittels Zeugenbefragungen in ihre Evaluierung einzubeziehen.[8]

---

4 *Brinckmann*, Anweisung, 1781, S. 18f. Der Arzt stützte als »Nestbeschmutzer« die gegnerische Seite, nämlich die Philosophie, wie sie vor allem von Kant vertreten wurde. Siehe dazu und zum sogenannten Königsberger Gelehrtenstreit (Kant vs. Metzger) auch *Kaufmann*, Aufklärung, 1995, S. 316f.

5 *Brinckmann*, Anweisung, 1781, S. 19f.

6 Ausführlicher dazu *Fischer-Homberger*, Medizin, 1983, S. 135.

7 Siehe *Behringer*, Mörder, 1990, S. 120f.

8 *Kaufmann*, Aufklärung, 1995, S. 323, stellt diese Vorgehensweise fälsch als Neuerung des 19. Jahrhunderts dar.

Die solche Neuorientierung speisenden Medizintheorien über die Entstehung von Melancholie und Wahnsinn änderten sich – wie gezeigt werden wird – seit dem 17. bis ins 19. Jahrhundert hinein nicht wesentlich. Die Konzentration der Forschung auf den akademischen Diskurs läßt die davon erheblich abweichende konservative Handlungspraxis der mit konkreten Körpern konfrontierten Ärzte übersehen. Fachtermini und Argumentationsstrategie wurden nur den neuen anatomischen Kenntnissen und wissenschaftlichen Verfahren angeglichen. Die Erklärungen wurden ausführlicher, die Kategorien detaillierter, deren Muster gründeten jedoch noch immer auf der klassischen Säftelehre und ihrer Manifestation in den Organen.[9] Statt ausschließlich von spezifischen »Säften« war angesichts anatomischer Entdeckungen zusätzlich von »Reizbarkeit der Fasern und Nerven« und »Spannung der festen Teile« die Rede. Es wurde aufgrund der Unterschiede in der »verhältnißmäßige[n] Mischung der Säfte« allerdings weiterhin zwischen »dem sogenannten melancholischen Temperamente und der Melancholie« unterschieden. Begriffe wie »Schwermuth« und »Melancholie« wurden dabei synonym gebraucht, ebenso »Tollheit«, »Wahnsinn«, »Wuth«, »Raserey« und »Narrheit«.[10] »Schwermuth« und »Raserey« waren die beiden Hauptarten des Wahnsinns. Sie gliederten sich, an der Systematik der Botanik orientiert, in verschiedene Unterarten mit und ohne Fieber.[11] Schwermütige waren still und nach innen gekehrt, Wahnsinnige fielen durch Auto- oder Fremdaggression auf. Raserei konnte aus einem extremen Grad der Schwermut hervorgehen und sich mit dieser periodisch abwechseln. Beide Gruppen galten als stark suizidgefährdet.[12]

Die Ursachen für Gemütsschwächen waren rein individueller »Natur«,

---

9 Dieser Befund widerspricht einer von *Geyer-Kordesch*, Enlightenment, 1995, S. 122, aufgestellten These über den diesbezüglichen Einfluß des von Harvey entdeckten Blutkreislaufs. Auch *Kaufmann*, Aufklärung, 1995, S. 317–324, spricht unter Berufung auf Anatomie und Diversifizierung der Begrifflichkeiten von neuen Erkenntnisdimensionen. Allgemein wird der Franzose Pinel stets als Vater der modernen Psychiatrie gefeiert, etwa bei *Weiner*, Mind, 1990, S. 333–359, obwohl sie betont, daß er sich mit den deutschen Tendenzen nicht auseinandergesetzt hatte.
10 *Uden*, Abhandlung, 1780, 1. Ab.
11 Den langsamen Wandel der Klassifikationstechniken beschreibt *Foucault*, Wahnsinn, 1993, S. 184–192.
12 Die akademische Denktradition findet sich ausführlich bei *Foucault*, Wahnsinn, 1993, S. 255–307.

konnten auch auf Vererbung zurückgehen. Sie ließen sich durch Aktenstudium und Rekonstruktion der Kranken- wie der Familiengeschichte erschließen. Die Symptomatik konnte variieren, einige »Zeichen« waren jedoch fundamental. Fehlten diese, konnte nach medizinischer Lehrmeinung nur »Simulation« dahinterstecken.[13] Sogenannte Gelegenheitsursachen für Melancholie und ihre Folgen waren vielfältig:

> »Heftiges Anstrengen der Geisteskräfte, welche Tag und Nacht auf Einen und denselben Gegenstand gerichtet sind, anhaltendes Wachen, große Gemüthsbewegungen, Freude oder Traurigkeit, starke, mühsame oft wiederholte Leibesbewegungen, vorzüglich in einer trockenen und heissen Luft, ausschweiffende moralische und physikalische Liebe, herbe, harte, erdhafte Speisen, dergleichen und ungegorene Getränke, zusammenziehende, gerinnendmachende, anhaltende, erkältende Arzeneien, langsame Gifte, langdaurende, oft zurückkommende hitzige Fieber ...«[14]

Nur mit Hilfe der alten Säftelehre konnte die so häufig postulierte Disziplinierung des neuen bürgerlichen Körpers überhaupt etabliert werden.[15] Die Säfte wirkten auf die Organe und diese auf die Nerven, welche wieder das Gehirn beeinflußten.[16] Die Bedeutung der »Stockungen« im Säftehaushalt für Gemütsstörungen ist zentral und findet sich in vielfältigen Variationen, weshalb Brech- (Vomitive) und Abführmittel (Purganzen) sowie der Aderlaß bei der Behandlung fast jeder Krankheit weiterhin im Mittelpunkt standen. Nichtbehandlung konnte extreme Aggressionen bis hin zu Suizid oder Mord, aber auch »Stillschweigen«, »leidenschaftliche Liebe zur Einsamkeit«, Ängstlichkeit und Verfolgungswahn zur Folge haben.[17] Äußerlich erkannte man Melancholiker leicht:

---

13 Diese zu entlarven wurden sogar Besuche »ganz in der Stille« angeordnet, durch einen Arzt, der in der Region unbekannt war, und ohne daß Angehörige über seinen Auftrag informiert wurden, vgl. etwa *Schweickhard*, Beobachtungen, Bd. 2, 1789, XIX, S. 217.

14 *Uden*, Abhandlung, 1780, S. 73 f.

15 Vgl. (implizit unter Bezug auf Elias und Foucault) dazu *Stolberg*, Orakel, 1996 und *Eder*, Erfindung, 1994.

16 Dieser Zusammenhang läßt sich schon in der niederländischen Medizin des 16. Jahrhunderts finden, siehe dazu *Kutzer*, Tradition, 1993 und *Kutzer*, Magd, 1995, S. 261 f., wenn auch die »spiritus animales« noch im Zentrum des Denkmodells standen.

17 Der zentralen Bedeutung verschiedener Angstformen, die in den Äußerungen der Menschen des 18. Jahrhunderts oft als unspezifische »Herzensangst« oder in Form von Angstträumen im Mittelpunkt stand, widmete sich ausführlich *Luyendijk-Elshout*, Masks, 1990.

»Die Farbe des Angesichts ist grau, der Körper mager und abgefallen, der Puls ungleich, schleichend, klein und unverändert. Die Ausleerungen sind sparsam, die Eßlust geringe und wegen Furcht vor Vergiftung unterdrückt. Der Schlaf fehlt ... Tollheit ..., dem weiblichen Geschlechte vor dem männlichen besonders eigen, [verleiht den Augen] ein wildes Feuer und [den] Angesichtern einen fürchterlich verzerrten Anblick. Zorn, Geschrei, Drohungen, gewaltthätige Versuche sind in abwechselnden Graden ohne Fieber vorhanden.«[18]

Die Stimmungen wechseln ständig, »dabei besitzen die Elenden eine unermeßliche Stärke in den Muskeln und ertragen unglaublich lange anhaltendes Wachen, Fasten, Kälte«. Behandlungserfolge waren zweifelhaft, bei Erblichkeit so gut wie ausgeschlossen; doch »harte Drohungen und mit unter fühlbare Behandlung richten öfters bei ihnen aus, was ein liebreiches Zureden niemals bewirken wird«. Diese Definitionen repräsentieren den nur wenig variierenden »mainstream« des Psychiatriediskurses mindestens bis in die 1820er Jahre, als Galionsfiguren wie Metzger oder Pyl noch weithin rezipiert wurden.

Therapeutische Gespräche wurden ebenso wie »religiöse Unterweisung« in den realen Gutachten kaum in Erwägung gezogen. Statt dessen wurden Menschen mit starken Brechmitteln, verschiedenen Pulvern, Pillen und brennenden »Zugpflastern« behandelt, um »schlechte« Stoffe abzuführen, oder in kalte Bäder getaucht, in Ketten gelegt und isoliert, um ihre »wallenden Säfte« zu beruhigen. Die Behandlung wurde zusätzlich kompliziert durch die häufig phänotypisch gleiche, allerdings verschieden verursachte Erscheinungsform einer Gemütsschwäche. So kam es bei der sogenannten »nervigte[n] Melancholie«, auch »Hypochondrie« oder »melancholische Tollheit« genannt, bei der sich ungesunde »Schwingungen der Nervenfibern« im gesamten Körper ausbreiteten und dort eine »Revolution« auslösten, zu schrecklichen »Krämpfen«. Demgegenüber löste die sogenannte »krampfigte Melancholie«, ohne daß »ein mechanischer Fehler« feststellbar war, vor allem bei Frauen schon durch Erschrecken »hysterische Übel« aus. Der weibliche Körper wies nämlich »zarte und dünne Fibern, dünne Knochen, schwache Muskeln auf« und hatte den Auswirkungen zu großer Freude oder »tiefe[n] Nachdenken[s]« physiologisch nichts entgegenzusetzen. Durch »religiöse Schwärmerei« und »Aberglauben« konnte es ebenfalls zu »Nervenentzündungen« kommen, die ein »schleichendes Nerven-

---

18 *Uden*, Abhandlung 1780, S. 75 f.

fieber«, »Nervenschwindsucht«, Lähmungen und Wassersucht wegen Überdehnung der Fasern durch Krämpfe zur Folge haben konnten.[19] So entwickelte die Medizin eine Analogie von religiöser Seele und medizinischer Psyche, die eine Pathologisierung devianter Verhaltensweisen erst ermöglichte. Die im Entstehen begriffene forensische Psychiatrie konnte zwar von diesen Erkenntnissen ausgehen; doch noch konnte kein fester Kanon zementiert werden.[20]

Bei Leichensektionen stieß seit Mitte des 18. Jahrhunderts das Gehirn auf wachsendes Interesse. Bereits vor der Wende zum 19. Jahrhundert diagnostizierten Obduzenten bei als wahnsinnig verrufenen Personen häufig Hirnschäden (Erweichungen, Verfärbungen, Verknöcherungen, Blutgerinnsel), die »den Umlauf des Nervensaftes« störten.[21] Eine Handwerkerin war zum Beispiel für 18 Jahre im Armenhaus gelandet, weil sie unablässig ihren Mann des Mißbrauchs der gemeinsamen Tochter bezichtigt hatte. Die Frau hatte nicht nur eine Knochengeschwulst im Gehirn, sondern auch seltsame Kugeln, Blasen und einen rotbehaarten Ball im Uterus, was die krankhafte Hartnäckigkeit nach ihrem Tode endlich erklärte.[22] Solche Auffälligkeiten konnten sowohl Ursache als auch Folge von Wahnsinn sein.

Der gesellschaftliche Nutzen aus Erkenntnissen über Entstehung und Folgen von Geisteskrankheiten wurde zunehmend auch von den Regierenden erkannt. Das Interesse an Grundlagenforschung wurde bald von staatlicher Seite gefördert: Der Magistrat von Frankenhausen in Thüringen veranlaßte zum Beispiel 1785 die Öffnung eines stadtbekannten »Blödsinnigen«, des 19jährigen »sogenannten dummen Caspars«, der als Vollwaise im Armenhaus aufgewachsen und plötzlich beim Betteln auf der Straße tot umgefallen war. Ziel der Sektion sollte in erster Linie nicht die Ermittlung der Todesursache sein, sondern man wollte »Auskunft über die Ursa-

---

19 Den physiologischen Ablauf stellen *Uden/Pyl*, Magazin, Bd. 1, 1. St., 1782, S. 58–108, 2. St., 1782, S. 239–350, 3. St., 1783, S. 511–548, ausführlich vor.
20 *Kaufmann*, Aufklärung, 1995, S. 306 ff. und S. 320, stellt zu Recht fest, daß das Fehlen eines physiologisch-empirischen Konsenses die rechtliche Festschreibung der Entscheidungskompetenz der Medizin im Konkurrenzkampf mit den Juristen verhinderte.
21 Vgl. *Bucholz*, Beiträge, Bd. 3, 1790, S. 233–248. Dieser Adelige war allerdings fünf Jahre zuvor vom selben Gutachter auf Zurechnungfähigkeit untersucht und für »völlig blödsinnig« befunden worden. Zitat aus: *Pyl*, Aufsätze, 7. Slg., 1. Ab., 1791, Fall 10/12.
22 *Fahner*, System, Bd. 2, 1797, S. 95–101.

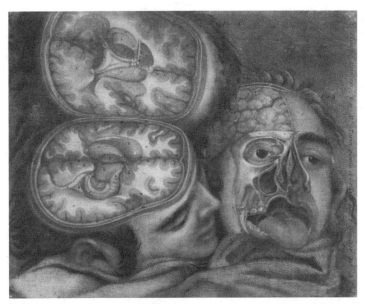

Abb. 15: Hirnsektionen, gemalt von Jacques-François-Marie Duverney; aus: *Jacques Gautier d'Agoty*: Anatomie de la tête, Paris 1748.

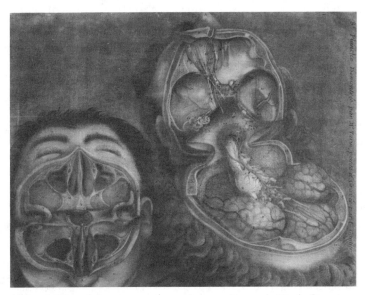

Abb. 16: Hirnsektionen, gemalt von Jacques-François-Marie Duverney; aus: *Jacques Gautier d'Agoty*: Anatomie de la tête, Paris 1748.

chen des traurigen Zustandes dieses Unglücklichen« erhalten.²³ Der Tote war

> »wegen seines dummen Benehmens von der muthwilligen Jugend oft bis zur Wuth geneckt und vexirt worden. Seine Lebensart war beinahe viehisch, denn er achtete nicht auf die natürlichen Excretionen und ließ fast immer Stuhlgang und Urin unter sich gehen, kannte keine Scham und hatte einen unersättlichen Hunger.«

Für sein Alter war der Junge extrem unterentwickelt und mit dem ungewöhnlich spitzen Kopf eines Sechsjährigen ein vielversprechendes Forschungsobjekt. Bei der Öffnung dieses »merkwürdige[n] Subjekt[es]« stellte sich unter anderem heraus, daß die Hirnhäute direkt auf der Schädeldecke verknöchert waren. Das Gehirn vergrößerte sich im Moment des Losmeißelns um ein Drittel, so daß sich die gesamte Physiognomie des Gesichtes veränderte. Die Erfahrung mit früheren Sektionen lehrte die Obduzenten, daß die weiche, schmierige Konsistenz und der ekelhafte Geruch der Hirnmasse gleichfalls als krankhafte Zeichen gedeutet werden mußten. Ebenfalls miteinander verwachsen waren die knotigen Lungen und der Herzbeutel mit den grätenartigen Rippen. Das Blut war schwarz und enthielt die den Wahnsinn »gewöhnlich« begleitenden »Polypen«. Die Gallenblase war voll »zäher dicker dunkelgrüner Galle«. Todesursache war zweifelsohne ein »Schlagfluß« (Schlaganfall) in dem gequetschten Gehirn.

Auch wenn in dieser Untersuchung die Suche nach dem ominösen »Seelenorgan« nicht thematisiert wurde, so wurde die schon von Descartes (1596–1650) vermutete und von Sömmering (1755–1830) wieder aufgegriffene Idee von seiner Existenz im Gehirn engagiert diskutiert.²⁴ Wahnsinn war selbst bei schwersten Mißbildungen auf jeden Fall krankhaftes »Bewußtsein« und in weniger krassen Fällen physisch nur schwer nachweisbar. Doch auch andere Methoden waren trügerisch, denn:

---

23 *Fahner*, Beyträge, 1799, Teil B, XV. Die Idee der »Irrensektionen« zu Forschungszwecken war in den zwanziger Jahren des 19. Jahrhunderts keineswegs neues Forschungsdenken, wie *Kaufmann*, Aufklärung, 1995, S. 293 ff., annimmt, sondern es boten sich in den vermehrt errichteten Irrenanstalten einfach bessere Möglichkeiten.

24 Die These vom Ort der Seele in den Flüssigkeiten der Hirnhäute spielt auch bei *Metzger*, Neue Beobachtungen, 1798, V, hier S. 97 eine Rolle. Zum Seelenorgan siehe auch *Schmid*, Magazin, Bd. 3, 1798, S. 102–111. Zum »Ende« des Seelenorgans, das sich bis ins 19. Jahrhundert hinzog, vgl. ausführlich *Hagner*, Homo, 1997.

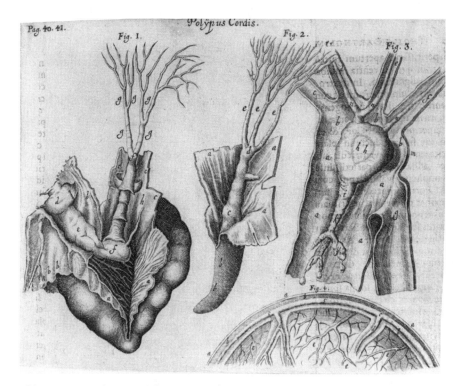

Abb. 17: Herzpolyp; aus: *Thomas Bartolin*: Historiarum anatomicarum rariorum Centuria III, Kopenhagen 1657.

»Das Bewußtsein ist Gefühl seiner selbst. In wie fern dieses Gefühl bey dem Wahnsinnigen verändert ist, dies ließe sich wohl auf keine andere Art bestimmen als durch den Wahnsinnigen selbst, der uns seine Gefühle offenbaren müßte. Dies kann er aber nicht; denn wenn er es könnte, so wäre er nicht wahnsinnig.«[25]

Ein »Irrer« hatte sich mental von seinem wahren Selbst entfremdet. Demnach mußte irgendwo im Gehirn eine gesunde menschliche Empfindung physisch lokalisierbar sein, der man sich auf der Spur glaubte. Eine Entschlüsselung des mentalen Rätsels konnte dem absolutistischen Staat viel Geld sparen helfen, da man bei hoffnungslosen Fällen nicht finanzielle wie institutionelle Ressourcen vergeudete, sondern diese zielgerichtet und effektiv zur Heilung und Erziehung noch potentiell nützlicher Gesellschaftsmitglieder einsetzen konnte. Solche Ambitionen erstreckten sich allerdings nicht auf Verbrecher. Hier bestimmten Fragen nach Strafmündigkeit und Prävention das Handeln der beteiligten Institutionen.

Mord und Totschlag

Die im Verhältnis zu anderen Delikten seltenen Morde, mit denen die Physici konfrontiert wurden, spiegeln das gesamte gesellschaftliche Konfliktpotential wider. Raubmorde stellten dabei wohl nur einen verschwindend geringen Teil dar. Die meisten Tötungsdelikte spielten sich wie heute im sozialen Nahraum, vor allem innerhalb der eigenen Familie ab. Eheleute, Geschwister, (Schwieger-)Eltern und Kinder vergifteten oder erschlugen einander. Morde waren nur die Spitze des Eisbergs gewohnter und bis zu einer bestimmten Grenze auch legitimer Gewaltstrukturen.[26] Es ging um Erbschaftsangelegenheiten, Eifersucht, zu vertuschende Schwangerschaften, durchkreuzte Heiratspläne, Existenzsorgen oder gerade unter Eheleuten einfach um unversöhnlichen Haß, der sich unter den besonderen Belastungen des mühseligen Broterwerbs über Jahre hinweg aufbauen konnte.[27] In vielen Fällen war nicht mit letzter Gewißheit zu klären, ob es sich um einen Unfall, den unglücklichen Ausgang eines Streits oder um eine gezielte Tat gehandelt hatte, da körperliche Gewalt in der frühen Neuzeit durchaus Teil der *Kommunikation* in verbalen Auseinandersetzungen sein konnte. Die »restringierten Codes« der meisten Menschen verhalfen der Gestik auch in ihren verschärften Formen (zum Beispiel An-den-Haaren-Ziehen, Maulschellen) zu großer Verbreitung und auch allgemeiner Akzeptanz.[28] Es geht hier nicht darum, transhistorische Kontinuitäten auf evolutionäre, d. h. anthropologische Konstanten zurückzuführen.[29] Gerade die Ähnlichkeit von Deliktstrukturen kann ebenso auf die Kontinuität sozio-ökonomischer und kultureller Determinanten für Taten (etwa Armut, Ehrvorstellungen, oder Männlichkeitsbilder) hinweisen. Ehrvorstellungen, vor allem von Männern, schrieben körperliche Gewalt in bestimmten Situationen (Hausvaterrechte, Ehren-

---

25 *Metzger*, Neue Beobachtungen, 1798, V, hier S. 97.
26 Die Verbreitung so lange als möglich intern abgehandelter innerfamiliärer Gewalt, die nicht selten in Morden gipfelte, betont auch *Frank*, Ehre, 1995, S. 336 ff.
27 Zur innerehelichen Gewalt siehe zum Beispiel *Sabean*, Property, 1990, vor allem S. 134–145; *Beck*, Frauen, 1992 und *Hohkamp*, Gewalt, 1995.
28 Siehe *Schnabel-Schüle*, Überwachen, 1997, S. 245–248.
29 Dies tat unlängst *Wegert*, Culture, 1994, S. 122 ff., unter Berufung auf »biogenetic dimensions«.

händel) sogar vor, was allerdings nicht bedeuten mußte, daß Ehe- und andere Frauen nicht tödlich zurückschlugen.[30]

Anders war es bei geplanten Taten. Wie groß das Mißtrauen untereinander sein konnte, verdeutlichen die vielen Giftmorduntersuchungen, bei denen eine Person oder auch deren Nachbarn und Nachbarinnen vermuteten, sie sei von anderen vergiftet worden. Krankheitssymptome wie Magen- und Kopfschmerzen, Schwindelgefühle, Fieber und Erbrechen führten unter bestimmten Bedingungen wie schwelenden Familien- oder Nachbarschaftskonflikten geradezu zu panischen Reaktionen. Obwohl der Verkauf arsen- oder quecksilberhaltiger Pulver den Apothekern nur mit Sondergenehmigungen und in Kleinstmengen gestattet war, scheinen sie anstandslos »Mausgift« oder »Fliegenpulver« in größeren Mengen abgegeben zu haben. Dies dokumentieren besonders die Verfahren gegen Apotheker und Hausierer. Es war durchaus üblich, in Backstuben, auf Speichern und in Speisekammern vergiftete Brotreste oder Mehlhäufchen auszulegen. Durch die Nähe zu Lebensmitteln kam es oft zu Unfällen, da Gift in die Nahrung geriet oder Kinder vom vermeintlichen Zucker naschten. Auch die von Ärzten wiederholt untersagte Zubereitung saurer Speisen in Kupfergeschirr (Grünspan) oder Getränken in bleiglasierten Gefäßen, führte zu Vergiftungen, bei denen ein Versehen aus Unwissenheit nicht ausgeschlossen werden konnte. Entsprechend war das Kochen vergifteter Speisen bei Ehefrauen beliebtes Mittel, sich bei Bedarf unauffällig des Gatten zu entledigen, da ihnen selbst bei eindeutiger Vergiftung eine Absicht nachgewiesen werden mußte.[31] Diese bestätigt zu bekommen war mit Hilfe der Folter für die Gerichte das geringste Problem. Auch der chemische Nachweis eines »veneficiums« konnte schon Anfang des 18. Jahrhunderts durch verschiedene Tests, vor allem der Verbrennung, geführt werden. Die Harmlosigkeit von gekochten Kröten oder Menstruationsblut galt allgemein als erwiesen, so daß auch Täter und Täterinnen sich nicht mehr allein auf traditionelle ma-

---

30 Vgl. zu Ehekonflikten auch *Rublack*, Magd, 1998, S. 273–324, besonders S. 289–300.
31 Die bisher einzige Studie zu Gattenmord, die auf die Ausweglosigkeit spezifischer Ehekonstellationen hinweist, lieferte die Volkskundlerin Silke *Göttsch*, Vielmahls, 1995. Auch *Rublack*, Magd, 1998, S. 315–323, kommt zu dem Ergebnis, daß nur solche Frauen töteten, die aufgrund der Scheidungsgesetze, mangelnden Schutzes vor dauerhaft gewalttätigen Ehemännern und einer zunehmend schlechteren Versorgungssituation keinen anderen Ausweg mehr sahen.

gische Mittel verlassen mochten.³² Tierversuche mit Proben des Mageninhalts der verstorbenen Person oder eines Essensrestes waren üblich. Manche Dorfbewohner fütterten selbst einen Hund oder ein Huhn mit verdächtigen Speisen, bevor sie die Obrigkeit einschalteten.

Seit Ende des 18. Jahrhunderts war es durch die Psychologisierung der Medizin unter Umständen eher möglich, bei Mord ohne Todesstrafe davonzukommen, auch wenn schon früher Pfarrer oder Dorfschulzen Verstandesurteile abgegeben hatten. Später ging dies soweit, daß juristische Fakultäten stärker psychologisierten, als vorsichtige Mediziner ihnen nahegelegt hatten.³³ Das Interesse der Ärzte an forensisch faszinierenden Einzelschicksalen war groß. Ihre Erklärungen und ihr Umgang mit Verdächtigen und Geständigen spielte nicht nur eine entscheidende Rolle bei der Urteilsfindung, sondern nahm auch Einfluß auf das Verhalten der Angeklagten im medizinischen Gespräch. Im folgenden können nicht die komplexen Hintergründe einzelner Fälle analysiert werden. Vielmehr sollen die geäußerten Motive von Mördern und Mörderinnen für die Tat und ihre Empfindungen sowie deren Beurteilung durch die Gutachter untersucht werden. Letztere entschieden oft bereits im Vorfeld, ob eine Person überhaupt des Mordes angeklagt wurde oder eine andere Erklärung für den Tod eines Menschen überzeugte. Dabei spielte die Psychologisierung körperlicher Beobachtungen bei Tatverdächtigen wie Opfern eine zentrale Rolle.

Verbreitet war noch gegen Ende des 18. Jahrhunderts das Verfahren, Verdächtige mit der Leiche zu konfrontieren und das Verhalten des/der Beschuldigten als Indiz zu werten. Dies Verfahren leitete sich von der mittelalterlichen und bis ins 18. Jahrhundert reichenden »Bahrprobe« ab, den »Corpus« in Gegenwart des Täters/der Täterin als Gottesurteil spontan bluten zu sehen. Die Angst der Verdächtigen mit schlechtem Gewissen vor diesem göttlichen Schuldbeweis, vor anderen dokumentiert, machten sich gerade die medizinischen Gutachter zunutze.³⁴

---

32 Schon 1686 fügte deshalb eine Bäuerin ihrer Spezialmischung zusätzlich arsenhaltiges »Fliegenwasser« und Quecksilber hinzu. Siehe *Gohl*, Medicina, 1735, Sec. II, XXXVIII.
33 Dies bestätigt auch *Schnabel-Schüle*, Überwachen, 1997, S. 254–268, hier S. 265.
34 Zur strategischen Nutzung der »cruentation« und anderer Strategien der Fiktionalisierung bei sonst kaum nachweisbaren Morden als Mittel zur Durchsetzung der »moralischen Wahrheit«, die zur Überführung des/der Schuldigen führen sollte, siehe ausführlich *Gaskill*, Murder, 1998, S. 9–16.

Noch 1791 als beim ostpreußischen Gumbinnen ein von Axthieben und Tierfraß stark verstümmelter Jäger gefunden wurde, mußten sich alle drei Tatverdächtigen zur Begutachtung entkleiden und anschließend der Sektion des halbverwesten Leichnams beiwohnen, »um dabey auf ihre Gebärden, Gesicht und dabey vorkommende Veränderungen attendiren zu können«. Der Physikus notierte später:

»1) Wurde dem Assecurant Michel T. die Berührung des ... Leichnams anbefohlen. Er that solches, nahm den Kopf in die Hände, wobey ihm starke Schweißtropfen von der Stirne rollten und an ihm die größte Verlegenheit sichtbar war. Er konnte Niemanden gerade ins Gesicht sehen, sondern warf seine Blicke schüchtern seitwärts und zur Erde. Sein Athem ist dabey kurz und schwer. Sein Gesicht ist oberhalb vom rechten Auge und an der rechten Backe zerkratzt. An seinem Rocke finden sich Blutflecke und scheinen ausgewaschen zu seyn ... Thomuszatis weiß deren Entstehung nicht anzugeben.« Sein älterer Bruder »ist ein alter lebhafter und sehr dreuster Mann, an dem auch nicht das mindeste zu bemerken ist. 3) Der verabschiedete Grenadier K. scheint bey der Sache am unschuldigsten zu seyn, und seine Gebärden und Stellung geben nicht den geringsten Verdacht wieder ihn.«[35]

Gerade wenn eine Person vorher nie auffällig geworden, der Mord besonders blutrünstig war, ein Motiv nicht auf der Hand lag oder sich jemand in der Haft merkwürdig verhielt, wurde ein medizinischer Gutachter zugezogen.[36] Die Selektivität der Notwendigkeitsentscheidungen wird besonders am Beispiel des Kindsmordes deutlich. Während die bei ledigen Frauen sehr wohl erkannte seelische Notlage und Verwirrung niemals zu mildernden Umständen führte, sondern ihnen als »malice«, also Bösartigkeit, ausgelegt wurde, waren verheiratete Kindsmörderinnen oder mordende Väter de facto bereits durch die Tat selbst entschuldigt.[37] Es konnte sogar geschehen,

---

35 *Pyl*, Aufsätze, 8. Slg., 1. Ab., 1793, Fall 4.
36 Die Existenz psychiatrischer Gutachtung wird in der historischen Forschung für das 18. Jahrhundert weitgehend übersehen. *Wegert*, Culture, 1994, S. 133 f., nimmt sogar falsche Zuschreibungen vor, wenn er die einen »wahnsinnigen« Mörder besuchenden Tübinger Professoren für eine juristische Delegation hält. Schon *Kaufmann*, Psychiatrie, 1991, wies auf die Bedeutung der Tübinger medizinischen Fakultät in Kriminalfällen hin.
37 Zwei Ausnahmen ließen sich für ledige Frauen festhalten: 1726 machte ein geschickter Defensor falsche Stoffe im Blut, nach einer lebensgefährlichen Vergiftung im zweiten Lebensjahr, für die Tat verantwortlich. Die so erzwungene Gemütsgutachtung bestätigte den Verdacht der Melancholie, wenn die Fakultät diese auch auf Menstruationsprobleme zurückführte, siehe *Hoffmann*, Medicina, 5. T., 1726, Dec. V, II. – Eine andere galt durch ihr extrem kindisches Verhalten, ihre Arbeitsunfähigkeit und wirr erscheinende Reden lange

daß eine unbescholtene Ehefrau nicht zu Festungshaft oder lebenslänglichem Arbeitshaus verurteilt, sondern nach einer längeren Hospitalkur auf freien Fuß gesetzt wurde, weil der Ehemann die Angestellten davon überzeugen konnte, sie ihm auszuliefern.[38] Bereits während des Verfahrens hatte die fromme Frau, die weniger fürchtete, hingerichtet als »für wahnsinnig erklärt« und »nach Spandow« in die Irrenanstalt geschickt zu werden, die Sympathien auf ihrer Seite, weil sie noch unmittelbar vor der Tat das Kind selbst gestillt hatte. Der Gutachter erkannte schon »auf ihrem Gesichte ... den Abdruck des guten Herzens und [der] frommen stillen Ergebung«. Daß sie aus physischen Gründen melancholisch beziehungsweise religiös wahnsinnig war, bewies die Wirkungslosigkeit selbst der dreifachen Dosis von Laxier- und Brechmitteln.

Frauen waren aufgrund ihres feucht-kalten Temperamentes viel anfälliger für Melancholie als Männer, da die schwarze Galle das Blut schwerer machte und sowohl auf das Gehirn als auch auf ihre empfindlichen Nerven drückte. Moralischer Lebenswandel war somit gerade für das weibliche Geschlecht konkrete Krankheitsprävention.[39] Frauen galten nach der Geburt und nach der Menopause ohnehin als besonders labil.[40] Gerichte wollten deshalb wissen, inwieweit eine Person für eine Tat zur Rechenschaft gezogen werden konnte, während Mediziner an einer Entmystifizierung

---

als harmlose, dem dörflichen wie familiären Spott ausgelieferte Dorfnärrin. Die 19jährige hatte nach einer Sturzgeburt das Kind am hellen Tag in den Dorfbrunnen geworfen »und also nicht mehr gefehlt, als daß sie es gar ans Rathaus gehängt hätte«. Sie wurde nach ärztlichem Gutachterstreit 1697 schließlich ins »Hospital« eingewiesen, *Zittmann*, Medicina, 1706, Cent. VI, XXX. – Der doppelbödige Umgang mit Kindsmörderinnen war bereits Gegenstand meiner Magisterarbeit, vgl. *Lorenz*, Delikt, 1992. Die erwähnte moralische Bewertung gleicher Tötungsmotive existiert noch heute, da sich § 217 StGB explizit nur auf ledige Frauen bezieht, während Ehefrauen umgehend psychiatrisiert werden.
38 Vgl. *Pyl*, Aufsätze, 7. Slg., 2. Ab., 1791, Fälle 1 und 2. *Müller*, Entwurf, Bd. 4, 1801, zitierte S. 421–443 eben gerade diesen Pylschen Fall, um »religiösen Wahnsinn« zu erläutern.
39 Zur typischen Verknüpfung von Körper und gesellschaftlicher Norm vgl. etwa *Foucault*, Wahnsinn, 1993, S. 268–275 und S. 345, der allerdings die Geschlechtsspezifik völlig außer acht läßt.
40 Pyl befand zum Beispiel bei einer ehrbaren 52jährigen, die das Kind ihrer Nachbarin erstochen hatte, »das Ausbleiben der Menstruation habe zu einer Schwächung des Körpers und dadurch auch der seelischen Kräfte geführt«. *Pyl*, Aufsätze, 4. Slg., 3. Ab., 1786, Fall 1, vgl. auch das Kapitel »Mutterwuth oder furor uterinus«.

des Wahnsinns durch die Logik der Physiologie interessiert waren. Sie suchten nach objektiven Kriterien zur Entlarvung einer Geisteskrankheit, um zukünftig Präventivmaßnahmen, d.h. frühzeitige Einweisungen, vornehmen zu können. Ihre Art der Befragung unterschied sich deshalb deutlich von der der Juristen.

Der 39jährige Johann Christoph Engmann, der 1789 seiner neunjährigen Tochter die Kehle durchschnitten hatte, wurde zum Beispiel sehr verständnisvoll, geradezu suggestiv, unter anderem nach seinem Befinden vor der Tat und nach früheren Krankheiten befragt:

»F: Habt ihr schon einige Tage im Willen gehabt, das Kind umzubringen? – A: Ja, ein paar Tage, und ich bin ihm auch bis zu dem letzten Augenblick gut gewesen. – F: Da ihr ihm gut gewesen seyd, so habt ihr doch gewiß nicht gewußt zu der Zeit, was ihr macht? – A: Es geschah, weil ich zu der Zeit verwirrt im Kopfe war, und wußte also nicht was ich that, da ich es aber ermordet hatte, reute es mich bald. – F: Habt ihr bisweilen Herzensangst verspürt? – A: Nein, niemals, ich habe nie betrübte Stunden gehabt. – F: Wie oft habt ihr zur Ader gelassen und wenn? – A: Einmal in meinem Leben vor drey Jahren, weil ich einen Zufall von dem Reissen in dem einen Beine hatte. – F: Habt ihr zuweilen Brandtwein getrunken, und habt ihr euch zuweilen betrunken? – A: Sehr wenig, und einigemal hat mich der Brandtwein hintergangen, daß ich berauscht wurde. – F: Habt ihr kurz vor der That Brandtwein getrunken, um euch ein Herz dadurch zu machen? – A: Nein, für Kummer habe ich auch den letzten Abend nicht so viel, als andremal gegessen. – F: Habt ihr in eurem Leben ruhig geschlafen? – A: Ja, ich wußte nicht, daß mich Unruhe aus dem Schlafe erweckt hatte. – F. Habt ihr nicht bisweilen schwere Träume gehabt? – A: Es hat mir zuweilen getraumet als wenn ich von einer großen Höhe herunterfiele, und bisweilen bin ich vom Alpe gedruckt worden, das einemal dreymal des Nachts und das anderemal zweymal und nachher mehrmal einmal des Nachts. – F: Habt ihr niemalen Hitze um den Kopf verspüret? – A: Außer der Arbeit niemals. – F: Habt ihr alle Tage offenen Leib gehabt? – A: Ich habe alle Tage offenen Leib gehabt. – F: Habt ihr niemalen ein Zusammenziehen über der Brust und in den Seiten verspüret? – A: Ja, über die Herzgrube habe ich oft ein Zusammenziehen verspüret, daß es mir den Atem fast verhalten und daß ich es Schuld gebe, daß ich mir einmal etwa Schaden [Suizidversuch?] gethan habe.«[41]

Aus diesem Verhör ging für den Gutachter klar hervor, »daß den Inquisiten ein dickes Blut, also ein affectus melancholicus zur Tat verursachet... Und freylich mögen irrige Religionbegriffe zu dieser schändlichen That mit gewirkt haben.«

---

41 *Kühn*, Sammlung, Bd. 1, 1791, Kap. III, Fall 3, S.71–74.

Auch der 44jährige Häusler Hans Christoph Henatschel, der 1762 seiner neun Wochen alten Tochter die Gurgel durchschnitten hatte und der als Motiv die unerträglich gewordene Angst vor wiederholten Plünderungen durch Soldaten des Siebenjährigen Krieges angab, konnte auf Milde hoffen:

> »Das Kind habe er wohl lieb gehabt. Bey der Ermordung hatte es ihn aber nicht erbarmet, weil sein Vorsatz gewesen von der Welt zu kommen, damit er sich nicht länger ängstigen und fürchten dürfen. Jetzt wäre es ihm sehr leid ... Sein liebes Kind reuete und erbarmete ihn herzlich, auch wäre ihm nicht mehr so angst und bange als vorher, ehe er es umgebracht, und ergebe er sich in den Willen Gottes zum Leben und zum Sterben.«[42]

Auch hier wurde befunden, der Täter habe »ex perturbatione melancholica rationis & phantasiae« gehandelt.

Verheiratete Mütter, die ihre Neugeborenen töteten, wurden ebenso behutsam behandelt. Die 32jährige Catharine W. hatte 1723 ihrem sechs Wochen alten Baby die Kehle durchschnitten.[43] Sie machte bei der Befragung auf den Gutachter einen ganz »confusen« Eindruck, da sie ihm »mit einem gantz verstöhreten Gesichte« gegenübersaß, kaum sprach, jedoch über »Hertzens-Angst«, Schlaflosigkeit seit der Geburt, Gedächtnisverlust und Brustschmerzen klagte. Der Landphysikus stellte einen eigroßen Knoten wegen Milchstaus in der rechten Brust fest. Die Inquisitin erhielt eine Brustbehandlung und Aderlässe, wodurch sich ihr Zustand ein wenig besserte, sie aber weiterhin über »confusion im Haupte« und allgemeine Schwäche klagte. Die gemeinsam mit dem Stadtphysikus vorgenommenen Verhöre erbrachten Details über den Schwangerschaftsverlauf, die nach der Geburt einsetzenden Beschwerden und die Stockung der Lochien. Weder an die Tat noch an ein Motiv konnte sie sich erinnern, außer »sie wäre nicht recht im Kopfe gewesen«. Alle Versuche, sie dazu zu bringen – wie noch unmittelbar nach der Tat –, den Teufel oder einen »schwarzen Mann« als Anstifter zu benennen, schlugen fehl. Sie wiederholte nur auf alle Fragen, »sie wäre sehr kranck gewesen und nicht recht im Kopfe«; an Schwermut konnte sie sich nicht erinnern.

> »Hattet ihr Hitze, sonderlich im Unterleibe? Ja, sie hätte immer Hitze gehabt. – ... Worinn bestund die Verwirrung und wie war euch zu Muthe? Sie hätte immer solche starcke Hitze gehabt, welche ihr auch in Kopf gestiegen. – Hattet ihr schwere Träume? Sie wüßte nicht, wie ihr dazumahl gewesen wäre. – Wie lange hielten die bei euch

---

42 *Pyl*, Repertorium, Bd. 1, 2. Ab., 1789, III.
43 *Hoffmann*, Medicina, 4. T., 1724, Dec. IV, V.

an? Sie hätte solche die gantze 6 Wochen gehabt, finden sich noch dann und wann bey ihr ein. – Wie befindet ihr euch denn vorietzo? Es schlüge ihr noch immer im Kopfe und hätte große Hertzens-Angst.«

Nein, ihr »Gemüthe« sei nicht »frey und aufgeräumt.« Sie bereue die Tat »und verlangte in der Welt nicht mehr zu leben«. Die ratlosen Ärzte waren über ihren gegenwärtigen Zustand der »Vollblütigkeit« nun genau im Bilde, kannten dessen Ursachen jedoch nicht. Zwar gab sie auf Fragen an, schon als Ledige Menstruationsstörungen gehabt zu haben, doch sie »wäre immer lustig und gutes Muthes gewesen«. Nun im Gefängnis habe ihr aber jemand »aus der Hand prophezeyhet, sie hätte ein Schwerd in der Hand und würde eines gewaltsamen Todes sterben«. Die Hallesche medizinische Fakultät war sich in ihrem Obergutachten mit den beiden Physici einig, daß die Verwirrung der besonders mageren und dadurch extrem anfälligen Frau mit einem sich über Jahre zuspitzenden gestörten »Umlauf des Blutes« zu tun haben mußte, der in Form von »Krämpfen« und »Blähungen« vom Unterleib auf den Kopf ausstrahlte und für sämtliche Symptome, zuletzt das Stocken der Lochien, verantwortlich war. Falsche Medikamentierung durch den Apotheker habe das ihre zu der Tragödie beigetragen.

Diese Argumentationsstruktur galt auch für andere Morde, bei denen die Täter und Täterinnen aus Lebensüberdruß gehandelt hatten. Die meisten der Verhörten betonten, gegen ihre Opfer persönlich nichts gehabt zu haben, ihnen diese noch im Moment der Tat leid getan hätten.[44] Sie alle hatten nur getötet, um selbst hingerichtet zu werden und so ihr Seelenheil nicht durch die Todsünde des Selbstmordes einzubüßen. Deshalb hatten sie sich meistens Kinder oder hilflose Personen ausgesucht, bei denen sie sich ihres Erfolges sicher waren. Ein junger Mann gab sogar an, »es wäre finster in der Kammer gewesen, denn wenn er das Kind sehen können, welches sonst friedlich von Minen gewesen, würde er es vielleicht nicht gethan haben. Hätte also in der furie zugestoßen, ohne daß er es gefühlet, auch sich dabey selbsten verwundet und nichts gefühlet.«[45] Die 20jährige Waise, die, wie Abgesandte der medizinischen Fakultät erfragten, weder »zum Bluten«

---

44 Dies wurde von Zeugen und Zeuginnen stets bestätigt. Die Mutter eines getöteten Kindes sagte sogar über eine Inquisitin, »daß sie derselben, wenn sie ihr auch zehn Kinder umgebracht hätte, dennoch das Zeugniß geben würde, daß sie sie nie anders als eine fromme und gottesfürchtige Frau gekannt hätte«. *Pyl*, Aufsätze, 4. Slg., 3. Ab., 1786, Fall 1.
45 *Hoffmann*, Medicina, 1. T., 1721, Dec. I, IV.

neigte noch zur Ader ließ und nicht trank, litt genau wie viele der angeblich aus postnatalen Depressionen heraus mordenden Frauen unter Schlafstörungen, Hitze im Kopf, trockenem Mund und Appetitlosigkeit. Darüber hinaus berichtete der junge Mann ebenso von Geistesabwesenheit, Unruhe und nächtlichen Beängstigungen.[46] Der fromme Kirchgänger, der nachts Lieder dichtete und sich selbst als eher »still als lustig« einschätzte, gab als Tatmotiv Nahrungssorgen an. Als man ihn aber fragte, warum er sterben wolle, antwortete er, »weil er niemanden nicht hätte«. Ihm ging es wie all jenen Melancholikern, die im Gegensatz zu offensichtlich »Blödsinnigen« vernünftig sprachen und reagierten, die allerdings »ausser Wille und Vorsatz durch die Kranckheit gezwungen« waren zu töten, um selbst sterben zu dürfen. Doch ausgerechnet sie wurden schon zu Beginn des Jahrhunderts nicht hingerichtet, sondern bis zur »völligen Genesung« oder für immer in »Zuchthausverwahrung« genommen.[47]

Gerade in den ersten Jahrzehnten der Gerichtspsychiatrie hatten die Gutachter noch mit massiven Kompetenzstreitigkeiten mit den juristischen Kollegen zu kämpfen, und es erforderte oft den Weg durch mehrere Instanzen, bis ein bereits ergangenes Todesurteil aufgehoben wurde.[48] Es gab zwar vor 1750 trotz ärztlicher Befunde Todesurteile, aber man sah sich schon genötigt, Mediziner zuzuziehen und ihrer Einschätzung gebührende Aufmerksam-

---

46 Die hormonale Theorie der postnatalen Depression führt auch *Signori*, Aggression, 1994, S. 141–148 an, deutet die Häufigkeit solcher Zustände allerdings eher als Norm denn als Devianz.

47 So zum Beispiel 1732 ein Mann, der seine Nachbarin mit einem Beil erschlagen hatte, siehe *Herzog*, Sammlung, 1745, V. – Ein schon lange als Melancholiker bekannter Schuster, der bereits drei Monate in Untersuchungshaft gesessen hatte, erhielt 1670 wegen der »erwiesenen Schwermut« sogar nur 14 Tage bei Wasser und Brot, sollte danach aber von seinen Angehörigen und der Obrigkeit »in fleissige Obacht« genommen werden, *ebenda*, XVII.

48 1718 zum Beispiel wurde ein Offizier wegen Ermordung seines Knechts zunächst zum Tode verurteilt, dann vom Militärgericht wegen »melancholiae raptum« zu zweijähriger Festungshaft und monatlicher Alimentation des Regimentes begnadigt. Er war an seinem »schwarzgelblich Gesicht und starren Augen« auf den ersten Blick als »Maniacus« zu erkennen. Er hatte in der Haft randaliert und Tiere gequält, war seinen Soldaten stets durch wirre Befehle und kindische Spielereien aufgefallen. Die Ärzte führten sein »delirium melancholicum« und die »grosse Herzensangst« auf Gewissensbisse wegen Schulden und sodomitischer Praktiken (mit einer Hündin) zurück, siehe *Gohl*, Medicina, 1735, Sec. II, XXXV.

keit zu widmen.⁴⁹ Wohl auch, weil einer ganzen Reihe von Morden (teilweise mehrere) Suizidversuche vorausgegangen waren,⁵⁰ sahen Ärzte wie Juristen nicht die logisch-konsequente Umgehung des tabuisierten Selbstmordes als hauptverantwortlich für einen Großteil der Bluttaten an, sondern allgemein fehlgeleitete religiöse Vorstellungen. Diese standen bei der Gutachtung jedoch erst gegen Ende des Jahrhunderts als »moralische Ursache« im Vordergrund. Bis ins 19. Jahrhundert hinein galt noch die auf sanguinisches oder cholerisches Temperament, ungesunde Lebensweise, Alkoholismus oder im Körper verborgene organische Defekte zurückgeführte »Vollblütigkeit«, die übergroßen Blutdruck im Gehirn zur Folge hatte, als physiologische Voraussetzung für das, was gegen Ende des 18. Jahrhunderts von den Gegnern des Pietismus als »Schwärmerei« bezeichnet wurde.⁵¹

Die körperliche Reinigungs- und Ventilfunktion erfüllte bei Männern – parallel zur weiblichen Menstruation – die »güldene Ader« oder das »Bluten«. Fand die hämorrhoidale Blutung gar nicht statt, mußte zur Ader gelassen werden. Floß sie jedoch ununterbrochen statt einmal monatlich, wie bei jenem 60jährigen Instrumentenmacher, der im Streit seinen Sohn erstochen hatte, war die körperliche Ursache für seinen krankhaften »psychologischen Zustand« klar.⁵² Der Fokus auf körperliche Ursachen auch bei moralischen Irrungen zeigt sich in den wiederholten Fragen der Ärzte nach

---

49 So zum Beispiel 1724 bei dem zuletzt doch als Simulant eingestuften Offizier, der eine Frau erstochen hatte. Noch nach seiner Exekution ging der Streit um die korrekte Diagnose weiter, siehe *Troppanneger*, Decisiones, 1733, Dec. II, II.

50 Typisch dafür wäre der als scheuer und gottesfürchtiger Waisenjunge beschriebene Schneidergeselle Johann Friedrich Seibel, der 1781 zweimal versucht hatte, sich zu erschießen beziehungsweise aus dem Fenster zu stürzen, bevor er schließlich die von ihm sehr geliebte dreijährige Nachbarstochter tötete, um anschließend um seine Hinrichtung zu bitten. Die Gutachtung besteht aus zwei Teilen, *Pyl*, Aufsätze, 2. Slg., 1. Ab., 1784, Fall 15 und *ebenda*, 2. Ab., Fall 1.

51 *Kaufmann*, Aufklärung, 1995, S. 55–78, widmet sich ausführlich diesem Phänomen und bezieht dabei auch die entsprechenden Gutachten Pyls mit ein. Sie nimmt das Mordmotiv der Erlangung des Seelenheils jedoch als propagandistisch-literarische Strategie der Autoren und bezweifelt die Authentizität der Angaben in Journalen wie dem »Moritzschen Magazin zur Erfahrungsseelenkunde«. Verhörprotokolle bestätigen jedoch die Übereinstimmung ärztlicher Erklärungen mit den Selbstbeschreibungen der Angeklagten, siehe auch *Schnabel-Schüle*, Überwachen, 1997, S. 259–262.

52 So Prof. Berends aus Frankfurt/Oder, in: *Pyl*, Aufsätze, 7. Slg., 2. Ab., 1791, Fall 10, besonders S. 243 und S. 247ff.

Hitze im Kopf, Hitzewallungen und der Konzentration auf Gesichtsfarbe und Augen der Befragten, die wiederum auf Vollblütigkeit zurückgeführt wurden. Auch die Befragten selbst gaben meistens körperliche Beschwerden wie Schlaflosigkeit, rasenden Kopfschmerz, Hitze, Schwindel oder Betäubung als Auslöser für ihre Taten an.

Eine Geistesgestörtheit war eindeutig, wenn jemand aus *physischen* Gründen auf eine Art höheren Auftrag fixiert war, wie jener 32jährige Musketier, der 1788 aus heiterem Himmel auf offener Straße einen kleinen Jungen ermordete.[53] Sein wahrer »Tiefsinn« – heute Schizophrenie genannt – offenbarte sich hauptsächlich in dem Beharren auf dem Befehl eines »Allmächtigen Geistes«. Für den Täter war der Auftraggeber jemand, der sich von außen in ihm eingenistet hatte und dadurch ein physisch lokalisierbarer Teil seines Körpers geworden war. Im Gespräch mit dem Gutachter deutete der Infanterist deshalb mit den Worten auf seinen »Unterleib«, »daß noch mehr Geister in ihm seyn und daß [bisher] nur einer aus ihm gegangen...«. Die Stimmen der Geister redeten mit ihm, und manchmal sah er sie als schwarze Gestalten neben sich stehen. Für die Gutachter war klar, daß ein durch körperliche Fehlfunktionen geschwächter und ungebildeter Verstand falschen Einflüsterungen durch eingebildete oder reale »Stimmen« – d. h. religiöse »Sektiererei« – viel stärker ausgeliefert war als ein Mensch von »gesunder Vernunft«.[54]

Ökonomische Sorgen durch Pauperisierung oder Krieg, soziale Isolation im Alter beziehungsweise das Leben als Waise ohne familiären Rückhalt oder Verlassenheitsgefühle der sich von ihnen Nahestehenden getäuscht Glaubenden, wurden höchstens als Verstärker einer körperlichen Disposition zur Kenntnis genommen. Ärzte waren primär bemüht, individuelle psychosomatische, »physikalisch« genannte Ursachen für ein Verbrechen

---

53 Dr. Glawnig aus Brieg, in: *Pyl*, Aufsätze, 8. Slg., 3. Ab., 1793, Fall 5. Der Täter war als 15- bis 17jähriger von seinen Eltern zu einem Arzt in privatstationäre Behandlung gegeben worden, weil er damals versucht hatte, einen für die anderen unsichtbaren Geist zu erschießen. Der damalige Physikus hatte durch blutreinigende Mittel eine scheinbare Heilung erreicht. Der »Irrenarzt« Glawnig empfahl bei dieser »eingewurzelt[en] und veraltet[en]« Krankheit nun dringend »sichere Aufbewahrung in einer Irrenanstalt«.

54 Zum Kampf gegen das Schwärmertum und der Konkurrenz um die »richtige« Beeinflussung des »gemeinen Volkes« siehe *Kaufmann*, Aufklärung, 1995, S. 57ff. – Auch dem Soldaten unterstellte der Gutachter zunächst »Lesen schwärmerischer Schriften oder ... Umgang mit Personen dieser Art oder ... fehlerhafte Erziehung, worzu sich körperliche Ursachen gesellen«. *Pyl*, Aufsätze, 8. Slg., 3. Ab., 1793, Fall 5, S. 265.

durch körperliche Untersuchungen, von der beklagten Person selbst vorgenommene Zustandsbeschreibungen sowie Intelligenztests freizulegen. Letztere bezogen sich auf die unmittelbare Lebenswelt und religiöse Erziehung. Bauern wurden nach Sterbedaten von Angehörigen und Ernteerträgen, Handwerker nach Arbeitstechniken, Jugendliche nach ihren Rechenkünsten und Zukunftsplänen, Frauen nach ihrer Hauswirtschaft befragt. Einige Selbstbezichtigungen erwiesen sich nach solchen Gesprächen als kaum mehr haltbar. Wirre Antworten und Widersprüche entwerteten die Aussagen einiger Täter und Täterinnen, wie 1725 im Falle der ledigen »liederlichen« Magd Catharine Margarethe L., die nicht einmal das Gift, mit dem sie angeblich ein Nachbarskind getötet hatte, beschreiben konnte.[55] Auch entpuppte sich so manche Kindsmörderin, die den Vorgang ihrer Selbstentbindung detailliert beschrieben hatte, später als Jungfrau.[56] Anderen hingegen, die aller Wahrscheinlichkeit nach tatsächlich den »perfekten Mord« begangen hatten, wurde aufgrund wiederholter Suizidversuche und anderer melancholischer Handlungen per se nicht geglaubt: Als die 25jährige Dienstmagd Charlotte Luise Müller 1788 wegen Diebstahls arretiert und verhört wurde, offenbarten sich in ihrem melancholischen Wesen ihr »äußerst freigeisterisches« Denken« und der größte Leichtsinn in Rücksicht auf Religion und Moralität«. Sie gestand, daß sie ihr nachweislich 1786 in der Charité geborenes und bald an Schwäche gestorbenes uneheliches Kind eines Nachts

> »aus Desparation, weil sie nicht gewußt, wovon sie sich und dasselbe in der Zukunft ernähren solle und weil es beständig geschrien, durch Zuhalten des Mundes unter dem Deckbette langsam erstickt hätte. Da keine äußerlichen Spuren davon an dem Kinde wahrzunehmen gewesen, so hätte dies niemand gemerkt und das Kind wäre ohne Untersuchung begraben worden.«

---

55 *Hoffmann*, Medicina, 5. T., 1726, Dec. V, X. Sie hatte wegen Armut und Krankheit sterben wollen, war wegen mehrerer gescheiterter Suizidversuche (Ertränken, Erstechen, Vergiften) inhaftiert worden und versuchte in der Haft auf diese Weise die Todesstrafe zu erwirken. Das »Opfer« war dem Obduktionsbericht zufolge vermutlich an einer Wurmkrankheit gestorben.

56 *Clauder*, Praxis, 1736, XII, siehe auch *Troppanneger*, Decisiones, 1733, Dec. II, I. Das Phänomen der fälschlichen Selbstbezichtigung war kein seltenes. Schon *Teichmeyer*, Anweisung, 1761, S. 218–226, widmete ihm ausgerechnet im Kindsmordkapitel einige Aufmerksamkeit.

Diese geradezu klassische Kindsmordbeschreibung, mit der sie ihr Gewissen zu erleichtern suchte und deshalb auf wiederholten Verhören bestand, war höchstwahrscheinlich korrekt. Sie war als eigentlich typische ledige Mutter nur deshalb nicht in Verdacht geraten, weil sie ihre Schwangerschaft selbst angezeigt und sich vorschriftsmäßig rechtzeitig freiwillig zur Entbindung eingefunden hatte.[57] Die Magd wurde nach zweijähriger Untersuchung aufgrund des Gemütszustandsgutachtens nur wegen Diebstahls zu einem Jahr Zuchthaus verurteilt. Dort wurde sie durch eine schwere Fieberkrankheit auf natürliche Weise von ihrer Melancholie befreit und ganz »vernünftig« und »sittsam«.[58]

Handelte es sich um Stiefkinder, stand primär die Echtheit mütterlicher Gefühle auf dem Prüfstand. Stiefmütter wurden mitleidslos auf »niedere Motive« hin überprüft, denn sowohl ihre »Vernunft«, als auch ihr »Wille« zur Tat war für die Definition dessen, was Juristen »dementia« nannten, von Bedeutung. Schon 1763 klagte einer der Hauptgutachter im Prozeß gegen die 51jährige Magdalena Stenners über die Schwammigkeit des inflationär gebrauchten Melancholiebegriffs.[59] Um mögliche Phasen einer Geisteskrankheit exakt von »luziden Intervallen« zu unterscheiden, verlangte das Gericht anhand der eingesandten Akten sogar drei verschiedene Gutachtungen: für ihren Zustand während der Taten, für ihre Verfassung im Moment der Selbstanzeige und für die Zeit nach ihrer Verhaftung.

Die Tötung eines Familienmitgliedes war Veranlassung für eine Geistesprüfung, da die Ermordung einer nahestehenden Person größere Irritation auslöste als der Mord an Fremden. Gattenmordende Frauen wurden hingegen selten medizinisch überprüft. Ihre Taten tauchen in den Sammlungen

---

57 Hoffnungslosigkeit nach der Entbindung äußerten mehrfach auch andere, die ihre Kinder erst nach der Entlassung aus der Gebäranstalt und einer Zeit des Umherirrens töteten, vgl. zum Beispiel *Pyl*, Aufsätze 7. Slg., 2. Ab., 1791, Fall 9. Diesen Fall zitiert auch *Baumann*, Suizid, 1997, S. 495. Die Geschichte war 1791 auch in »Kleins Annalen der Gesetzgebung« publiziert worden.
58 Nur wenige Monate nach ihrer Entlassung starb die gerade als Köchin Eingestellte unter mysteriösen Umständen mit »heiterste[r] und ruhigste[r] beynahe lächelnde[r] Miene« in ihrem Bett. Der Suizidverdacht ließ sich durch die Obduktion weder bestätigen noch widerlegen, siehe *Pyl*, Aufsätze, 8. Slg., 1. Ab., 1793, Fall 14.
59 Gutachtung des Leibarztes und Preußischen Rates Möhsen, in: *Pyl*, Repertorium, Bd. 2, 1. St., 1790, II, hier S. 35 ff.

nur im Zusammenhang mit Rekonstruktionen fragwürdiger Tathergänge auf, etwa um den Ausschluß eines Totschlags oder den Nachweis eines Giftmordes zu führen. Für sie galt automatisch das Diktum der kaltblütigen Mörderin. Gattinnenmordende Männer stießen bei ihren Geschlechtsgenossen in den Gerichten und Praxen eher auf Verständnis, wie die Häufigkeit der in Auftrag gegebenen Gutachten und die emphatischen Zwischentöne in den Berichten der Gutachter nahelegen.

Anhand der Geschichte eines Frankfurter Häfnermeisters, der 1794 seine Frau nachts angetrunken mit einem Hammer im Schlaf erschlagen und zunächst versucht hatte, die Tat als Raubmord durch Einbrecher hinzustellen, bemühte sich ein Autor vorzuführen, »was für schreckliche Folgen entstehen können, wenn durch körperliche Ursachen, durch physische Reize das Gleichgewicht der Funktionen des Sensoriums aufgehoben wird«.[60] Der Töpfer litt unter Existenzängsten und einer unglücklichen Ehe, die er tapfer ertrug, »um nicht der Welt das Maul aufzusperren«. Seine Leidenszeit unter einer zänkischen Ehefrau, die das »Übergewicht« über ihn hatte, die ihm den Kontakt zur eigenen Familie untersagte, die ihm weder Wirtshausbesuche noch die Verwaltung des erarbeiteten Geldes gönnte, ihn mit Versagensvorwürfen aller Art überschüttete, hatte das seit Kindertagen »zur Einsamkeit« gestimmte Gemüt des Handwerkers weiter »verdunkelt,« seine »Hirnfasern« schließlich derartig überdehnt, daß er die schreckliche Tat beging. Seine Mutter hatte sich nach Aussage der Geschwister während der Schwangerschaft einmal sehr erschreckt. Dadurch war laut medizinischem Gutachten

> »eine Veränderung in dem Gefäß-System der Leibesfrucht erregt, ein stärkerer Antrieb der Säfte gegen das Gehirn zuwege gebracht, wodurch dann leicht die Fasern dieses so zarten Organs in ihren innern Lagen Verschiebungen und Mißbildungen [erfuhren], welche auf die ganze Lebenszeit des Unglücklichen ihren Einfluß äußern, eine Asthenie des Sensoriums bewirken« mußten.

Kindheit, Erziehung, Lebenslauf und -wandel vor der Ehe, sogar der Beruf wurden von der Medizin ausführlich rekonstruiert und mildernd ins Feld geführt. Als Töpfer saß der Mann zuviel »steif« herum, bewegte sich an der

---

60 Anonymer Verfasser, in: *Merkwürdigkeiten*, 1805, S. 171–328. Da der Autor Zugang zu sämtlichen Gerichtsakten wie allen Gutachten der involvierten medizinischen Fakultäten (Halle, Jena und Gießen), inklusive der Privatgutachten des Verteidigers hatte, steht zu vermuten, daß er selbst der zuletzt gutachtenden Gießener Fakultät angehörte.

Scheibe zu monoton, war im Winter halbnackt der Nässe des Tons und gleichzeitig dem Feuer des Trockenofens ausgesetzt, hantierte mit Blei. Dazu kam das »lederharte Glasieren«, das Erdetreten mit bloßen Füßen, das »Glasurmahlen«, alles anstrengende Tätigkeiten mit viel »Ausdünstungen«, die zur typischen »Töpfer-Kolik« führten, welche »Nervenkrankheiten« und »hypochondrische Wallungen« auszulösen pflegte. Aussagen von ausschließlich männlichen Verwandten und Bekannten sowie des ihn schon länger wegen Melancholie behandelnden Hausarztes bestätigten dieses Bild. Eindringlich wurden seine Körperhaltung, sein »Stieren« , seine »düsteren« Blicke und Gesten beschrieben, wie er »mit vorwärts auf einem Tische gelegten Kopfe, in einer Lage, die ganz an Wahnsinn grenzte« »wild und starr umher« sah, »weinte, rang und [die Hände] wand«, »ganz schwach und sinnlos« im Bett lag und »ganz unverständliche Töne von sich« gab. Der Häfner aß kaum, sein »Puls war schwach, klein, schleichend und ungleich«. Mehrere Bürger von Stand, deren Urteil etwas galt, berichteten von einem »zerstreuten, stolzen, eitlen, tiefsinnigen, zur Melancholie geneigten Menschen«. Er habe eine »ziemlich finstere und melancholische Gemütsart, wie auch mancherley derselben angemessene Ideen«. Er galt »durch seinen Blick als ein am Verstande überspannter Mensch«. »Sein Gang auf den Strassen war immer mit gegen die Erde gerichtetem Blick, auch schien er sich immer mit trüben Gedanken zu beschäftigen.« Seine Frau hingegen hatte noch zu Lebzeiten die »Krankheit« ihres Mannes auf »Biertrinken und Tanzen« zurückgeführt. Auch er selbst betonte, erst während der Ehe habe sich sein Wesen völlig verändert. Der Vorwurf der Kinderlosigkeit durch seine Frau hätte aus einem vordem keuschen Menschen einen von »geilen Trieben« Gesteuerten gemacht, der seine Männlichkeit beweisen mußte. Der recht eloquente Inquisit beeindruckte die Gutachter mit Äußerungen wie diesen: »Ich muß sagen, daß mirs überall gefehlt hat. Alle meine Glieder waren wie zerschlagen, meine Brust wie in einer Presse, dann hatte ich Durchfall, dann Verstopfung, dann ausserordentliche Beängstigung, daß ich nicht wußte, was ich anfangen solle.« Obwohl er zugab, den Mord als Raubüberfall inszeniert und die Tat geplant zu haben, um sich mit dem als gestohlen angegebenen Betrag, den er am folgenden Tage hätte zurückzahlen sollen, zu sanieren, wurde er als hypochondrisch Schwermütiger, der in »Schlaftrunkenheit« und Trunkenheit gehandelt habe, dessen »Gehirnnerven« durch das ständige »Verbergen des

Ärgers« stark angegriffen waren, von allen Gutachtern als unzurechnungsfähig eingestuft.[61]

Mord in »Schlaftrunkenheit« wurde 1788 auch einem 32jährigen oberschlesischen Häusler zugebilligt. Dieser hatte von einer nächtlichen Erscheinung, von der er sich im Schlaf bedroht fühlte, erzählt. Zu deren Abwehr ergriff er spontan die Axt und erschlug damit seine neben ihm schlafende Frau.[62] Das Gericht recherchierte sorgfältig die ärmliche uneheliche Herkunft und den bisherigen Lebensweg des Inquisiten. Bernhard Schimaidzig galt als »rohe und ungebildete Natur« und hatte mehrfach wegen kleinerer Versorgungsdiebstähle in Haft gesessen. Nachbarn berichteten von einer »guten und friedlichen Ehe«, während die Schwiegermutter von körperlichen Züchtigungen ihrer Tochter wußte. Da kein Motiv bekannt war, Familien- und Ehekonflikte sich im üblichen Rahmen bewegten, wurde der Täter medizinisch begutachtet. Die »physische« Untersuchung ergab, die Tat sei eine bloße »mechanische Handlung« gewesen. Schlafwandeln des Täters schied aus, da die Kopfverletzungen des Opfers dafür zu stark waren. Aber »die Ärzte sehen die letzte Gränze zwischen Wachen und Schlafen als eine Art von Verrücktheit an«, der Vorgang des Erwachens ähnele dem Wahnsinn.[63] Weitschweifige Erklärungen der physischen Vorgänge und deren Einfluß auf die Seele, in der besonderen Situation eines tief schlafenden, schwer arbeitenden und sich falsch ernährenden Landmannes, führten fast zwangsläufig zur »Disposition« zu solcher Tat. Die karge Bettstatt, die bei seinem »cholerischen Temperamente« einen »widernatürlichen Zufluß des Blutes nach dem Kopf und ... Anhäufung des Blutes im Gehirn« auslösen mußte sowie die für Geistererscheinungen besonders empfängliche katholische Konfession ließen, den »physisch psychologischen Grundlehren« nach, letztlich keine Tatverantwortung zu. Seine für Häusler

---

61 Während alle medizinischen Gutachten »lebenslängliche sichere Verwahrung« vorschlugen, entschieden sich zwei von drei juristischen Fakultäten für die Todesstrafe. Nach einem gescheiterten Suizidversuch starb der durch geistlichen Beistand Getröstete schließlich ganz ruhig durch den Henker. Die Fallerzählung diente als abschreckendes Fehlurteil und sollte den Juristen »zur Lehre und Besserung« gereichen.
62 *Pyl*, Repertorium, 3. Bd., 1. St., 1792, IV. Der einzige Fall, in dem die Konfession als Begründung herhalten mußte.
63 Zur Diagnose des Somnambulismus als Ursache für Unglücksfälle vielfältiger Art siehe ausführlich *Goltz*, Nachtwanderei, 1993, besonders S. 331 ff.

typischen ökonomisch-schwierigen Lebensbedingungen wurden dem Familienvater als Hausherr im Gegensatz zu armen weiblichen Angeklagten mildernd ausgelegt.

Wie in anderen Zusammenhängen auch machte sich gerade bei der psychiatrischen Gutachtung regelmäßig ein naturwissenschaftlich legitimierter »gender bias« bemerkbar, der Konsequenzen für das weitere Schicksal eines/r Beklagten hatte. Äußere Faktoren (physische und ökonomisch bedingte Existenzangst, frustrierende Familienverhältnisse), die weder bei Ledigen noch Ehefrauen von Medizinern schuldmindernd berücksichtigt wurden, galten bei einem Mann, der als Hausvater nach außen die ökonomisch bedeutsamere Rolle repräsentierte, als überzeugende »moralische Ursachen« für Wahnsinn. Zu den gültigen Auslösern von »Verwirrung der Vernunft« gehörten Anfang des 18. Jahrhunderts nicht mehr nur die »physikalischen«, wie gestörte Säfte, Nerven und das Gehirn. Gerade der an sich stabilere männliche Körper wurde erst durch äußere Umstände in einen pathogenen Zustand versetzt, in welchem sich das weibliche Geschlecht von Natur aus befand, weshalb dies letzterem nicht zur Entschuldigung gereichen konnte. Das Spektrum solcher psycho-sozialen Faktoren erweiterte sich im Zuge der Aufklärung beträchtlich. »Sonderlich Geitz, Schreck, Betrübniß und Sorgen«, »Ehrgeiz, fehlgeschlagene Liebe und religiöse Schwärmerey« gehörten dazu.[64] Gerade Frauen wurde aus enttäuschter Liebe ein Rachemord eher zugetraut als Männern. Das einzige überhaupt in diese Richtung interpretierte Beispiel zeigt jedoch, daß auch die Anerkennung solcher Motive Frauen keine Gnade vor Ärzten wie Gericht einbrachte, zum Beispiel wenn der Liebhaber einer Witwe sein öffentlich gegebenes Heiratsversprechen nicht einhielt. Um ihrem Leben ein Ende zu bereiten, tötete sie ein 15 Monate altes Kind und wurde dafür hingerichtet. Ihr Suizidmotiv wurde vom Gericht als kaltblütiger Rachefeldzug interpretiert.[65] In den Genuß akademischen Verständnisses und einer Umwandlung der Mordanklage in Totschlag kamen in erster Linie Männer. Die Forderung, Totschlag statt Mord zuzuerkennen, findet sich unter Berufung auf Hippokrates schon 1717 zugunsten eines Kindermörders.[66]

---

64 *Pyl*, Repertorium, 2. Bd., 1. St., 1790, II, S. 36.
65 Vgl. *Herzog*, Sammlung, 1745, XXXIV.
66 Vgl. *Hoffmann*, Medicina, 1. T., 1721, Dec. I, IV.

Gegen Ende des 18. Jahrhunderts klingen solche psychologischen Entlastungen ob ihrer Schwammigkeit, weil sie bald ohne physiologischen Nachweis auskamen, nach Automatismus. So attestierte der Altonaer Stadt- und Pinneberger Kreisphysikus Hensler 1780 einem Joachim Müller sogar einen seit Kindertagen »hinterhältigen, widrigen und tückischen Charakter«, verlangte aber nur dessen sorgfältige Bewachung, da der Täter aus »Unwissenheit« und einem »Temperamentfehler« heraus »als ein durch Liebe und religiösen Unsinn wahrhaftig Verrückter anzusehen« sei.[67] Die aus christlich(-jüdischen) Wurzeln gespeiste Verachtung gegenüber Frauen, die Wut, die »widerspenstige« Ehefrauen in ehrverletzten Männern auslösten und die in verschiedenen Verhören recht unverhüllt zum Ausdruck kam, wurde nicht als geschlechtsspezifischer Tatfaktor betrachtet, sondern nur verständnisvoll referiert.

Einzig über Gebühr gewalttätige Ehemänner galten wenigstens temporär als pathologisch: Als ein als Randalierer und Trinker bekannter Knopfmacher 1785 zum dritten Mal versuchte, seine Frau zu ermorden, wurde er wie zuvor nur als »höchstschwachsinnig« in den Berliner Kalandshof eingeliefert. Der Stadtphysikus mußte zugeben, daß eine frühere »Kur« in der auch als Irrenanstalt dienenden Charité seinen Zustand sogar noch verschlimmert hatte. Er »hat die Frau mit Schelten und Schlägen so sehr gemißhandelt, und da er oft bald mit einem Messer, bald mit einem Strick sie umzubringen gedrohet, so ist sie oft ihres Lebens bey ihm nicht sicher«. Der Mann mußte zu seinem eigenen wie zu ihrem Schutz vorübergehend »in engere Verwahrsam genommen« und sollte »zu Arbeiten und einem ordentlichen Leben angehalten« werden.[68]

Kam es doch zum Äußersten, fanden sich schnell mildernde Umstände: Ein durchaus gebildeter 22jähriger Lohgerbergeselle, den nach ärztlichem Attest seine dominante Mutter und schikanöse Meisterinnen trotz guter Anlagen und Erziehung in medikamentös behandelte Melancholie getrieben hatten, wurde, nachdem er 1724 eine ihm unbekannte Frau ermordet

---

67 *Fahner*, System, Bd. 2, 1797, S. 74–94, publizierte das bereits im »Scherffischen Archiv« erschienene Gutachten erneut, weil es für das frühe Jahr 1780 besonders fortschrittlich gewesen sei, »wo es eben noch nicht Sitte war, dergleichen scharfsinnige und menschenfreundliche Gutachten« zu verfassen oder überhaupt »in Rücksicht der geringen Grade des Wahnsinns wenigstens Grade der Zurechnung stattfinden zu lassen«. S. 73 f.
68 *Pyl*, Aufsätze, 4. Slg., 3. Ab., 1786, Fall 2.

und im Blutrausch ausgeweidet hatte, 1726 erst nach mehreren Gutachtungen in dauerhafte Sicherheitsverwahrung genommen. Der fromme Protestant wurde ausdrücklich als Geisteskranker und nicht als »Sektierer« bezeichnet, obwohl ihm Kontakte zu »Valentinianern«, »Paracelisten« und »Weigelianern« nachgewiesen wurden. Er hatte in sämtlichen Verhören als einziges Motiv angegeben und mit vielerlei Bibelstellen und anderen »fanatischen Büchern« belegt, daß durch die Frauen, die »höllischen Schlangen«, »die Sünde in die Welt gebracht worden« sei, »er wünschte auch daß alle Weiber umkämen«.[69] Auch der 31jährige Carl Gottlob Gärtner, der 1731 eine Hochschwangere niedergestochen hatte, da er immer, »wenn er ein Weibsbild ansichtig wird, ganz erpicht und fast rasend auf selbige ist«, wurde ohne körperlichen Befund als Melancholiker zur medikamentösen Behandlung in das Waldheimer Armenhaus eingewiesen. Dies geschah, obwohl er aus enttäuschter Liebe gehandelt und dem Arzt gegenüber jegliche körperliche Symptomatik verneint hatte.[70]

Das uns von Freud her vertraute, hier schon konturierte Entlastungsmuster, das hauptsächlich den Müttern die Verantwortung für die tragischen Schicksale ihrer Sprößlinge anlastete, hatte sich seit dem 16. Jahrhundert in der Imaginationslehre als psycho-physiologisches Drama angedeutet. Mit der vorübergehenden Abkopplung der Psychiatrisierung des männlichen Körpers von Melancholie und Wahnsinn um 1800 vermischten sich alte Vorstellungen weiblicher Schuld mit dem neuen bürgerlichen Modell (vgl. Rousseau u. a.) von der moralischen und staatstragenden Erziehung der Kinder als ureigenste Aufgabe der Mutter.

Im Gegensatz zu den Männern, von denen mehr als die Hälfte nur in temporäre Sicherheitsverwahrung oder sogar in Freiheit kam, wurden nur zwei der in sämtlichen Fallsammlungen vorgestellten Mörderinnen, die überhaupt in den Genuß einer psychiatrischen Gutachtung kamen, anschließend nicht hingerichtet, sondern zu lebenslanger Haft verurteilt.[71] Dieses Mißverhältnis läßt sich einerseits darauf zurückführen, daß die Ge-

---

69 *Fritsch*, Geschichte, Bd. 2, 1731, Fall 6.
70 *Troppanneger*, Decisiones, 1733, Dec. VI, X.
71 *Metzger*, Neue Beobachtungen, 1798, I, widmete seiner von ihm als sehr raffiniert, gebildet und kultiviert bewunderten »Heldin«, einer 30jährigen Vagantin, immerhin 50 Seiten. Zur Delinquenz fahrender Frauen vgl. *Kienitz*, Frauen, 1991. – Die Bauernwitwe Anna Sch., die 1720 nach fürsorglicher Pflege ihre bettlägerige Mutter mit der Axt erschlagen hatte,

richte den Frauen weiterhin größere Kaltblütigkeit und Immunität gegenüber emotionalen Belastungen unterstellten. Die Ärzte erwogen andererseits zwar jedesmal Wahnsinn und zählten physiologische Indizien auf, sparten aber gleichzeitig nicht an persönlichen Polemiken gegen die »verschlagenen« Frauen, die letztlich doch nur aus »Bosheit« getötet hatten. Dies bekam auch eine für melancholisch befundene Magd zu spüren, die 1778 das Kind eines Flößners in den Schloßgraben geworfen und sich anschließend selbst angezeigt hatte. Schon vorher hatte sie sich Festkleidung für ihre Hinrichtung schneidern lassen.[72] Ihr Verlangen, gewaltsam zu sterben, stand für den Gutachter in krassem Widerspruch zu »ihrem Charakter, da sie jung, wild und stolz aber auch verständig war«. Solche Einschätzung führte zur Automatisierung der Tatverantwortung bei Frauen.[73]

Keine Chance auf mildernde Umstände hatten jene Frauen, die bereits wegen anderer Devianzen aktenkundig geworden waren: Auch die 23jährige Eva Margaretha K., die 1756 eine Mitgefangene überzeugt hatte, sich von ihr töten zu lassen, »um ihres Jammers miteinander loszuwerden« und dabei beider Seelenheil durch Suizidvermeidung zu retten, wurde hingerichtet.[74] Obwohl sie von einer unregelmäßigen und starken Menstruation berichten konnte, ihr durch eine mißlungene Auspeitschung eine Brust »abzuschwären« begann und sie »desparation« angesichts ständiger Schläge und achtjähriger Haft zeigte, machte sie sonst einen gesunden Eindruck auf den Arzt, der ihre Verzweiflung deshalb nicht akzeptierte. Schließlich antwortete die Inquisitin »bedächtig und bescheiden ... Sie siehet einen weder feurig noch starr auch nicht forchtsam, vielmehr ganz modest an ... Sie

---

sollte wegen ihrer offensichtlichen Anfälle von »Verwirrung«, in denen sie »brummte, ruckte und winselte«, zu ihrem eigenen und anderer Leute Schutz »unter guter Aufsicht verwahrlich« gehalten werden, *Gohl*, Medicina, 1735, Sec. II, XXII.

72 *Cappel*, Responsa, 1780, V. Sie hatte gedroht, würde man ihr die Hinrichtung verweigern, »so sollte kein Unglück so groß seyn, daß sie es nicht begehen wollte«.

73 Die Anfänge dieses naturalisierten Generalisierungsprozesses beschrieb *Honegger*, Hexenprozesse, bereits 1987, hier S. 101.

74 *Hasenest*, Richter, Bd. 3, 1757, XX. »Hätte sie gedacht, nehme ich mir mein Leben selbsten, so ist meine Seele verlohren, wenn ich aber das Mensch umbringe und sodenn auch um das Leben komme, so kan ich meine Sünde bereuen und Gott wird meine Seele zu Gnaden annehmen.«

zeiget eine bescheidene Munterkeit, sie siehet nicht besonders blaß und bleich vom Gesicht, noch auch hochroth, sondern ziemlich lebhaft aus.« Auch die wegen wiederholten »Diebstahls, liederlichen Lebens und mit einem Soldaten getriebener Hurerey« erst einen Tag im Zuchthaus sitzende 25jährige Dienstmagd, die »ex taedio vitae & perturbatio mentis & sensuum« einer Mitgefangenen die Kehle durchschnitten hatte, wurde 1739 hingerichtet und aufs Rad geflochten, weil sie nur »aus einem boshafften Gemüthe, weilen sie zur Arbeit angehalten werden sollen ihres Lebens überdrüßig geworden«, getötet hatte.[75]

Abgesehen von dem wiederholt auftauchenden Stereotyp des Mordes aus Arbeitsscheu widersprach diese Einschätzung eindeutig den physiologischen Kenntnissen und auch den an weiblichen Leichen diagnostizierten Todesursachen. So mancher Mörder wurde entlastet, weil Obduzenten bei weiblichen Opfern öfter als bei männlichen eine natürliche Todesursache (Erschrecken, innere Krankheiten) feststellten, die sich auf den besonders empfindsamen weiblichen Organismus zurückführen ließ.[76] Gerade in unglücklichen Ehen lebende Frauen starben an »grossem Zorn«, »hefftiger alteration« oder Verbitterung, hervorgerufen durch letale »Inflammation« der Eingeweide oder »Schlagfluß«. Hatte eine Frau »die Muttergichtern«, fand sich bei der Obduktion ein Tumor, galt sie als Trinkerin oder aß sie zu fett, war wahrscheinlich, daß schon leichteste Mißhandlungen seitens des

---

75 *Herzog*, Sammlung, 1745, II.

76 So war zum Beispiel 1725 eine Frau, die Würgemale von Fingernägeln am Hals, einen Strick um denselben sowie ein gebrochenes Genick aufwies, wegen ihrer Vollblütigkeit vorschnell an Atemnot gestorben, ohne daß der Obduzent es eine Erdrosselung hätte nennen wollen. Schließlich waren keine inneren Adern geplatzt, dafür ihr Herz für »welk« befunden worden, siehe *Clauder*, Praxis, 1736, XVIII. – Ein Ehemann wurde trotz vielfacher Indizien, inkl. des Sektionsberichtes, vom Giftmord freigesprochen, weil das Gutachten feststellte, daß die Tote »seit einem Jahr her viele Gemüths-Alterationes in specie Bekümmerung und Zorn, auch üble Tractamenten des Leibes [durch den Mann] ausgestanden« und seitdem unter chronischen Schmerzen gelitten hatte, siehe *Schweickhard*, Beobachtungen, Bd. 3, 1789, XV. – Eine 1744 vermutlich von einer Nachbarin mit vergifteten Semmeln getötete 68jährige Messerschmiedin war nach ärztlichem Befund an »Zorn« oder »falscher Diät« durch die zu heißen Semmeln gestorben und nicht am darin enthaltenen Arsen. Zwei Obergutachten des Collegium Medicum beharrten darauf, die Verstorbene »als ein beschrieben-gierig Weib« habe nur zu schnell gegessen, vgl. *Hasenest*, Richter, Bd. 1, 1755, XVII.

Gatten tödliche Folgen für das geschwächte »Nervensystem« nach sich ziehen konnten.[77]

Besonders schwierig wurde es, wenn eine Täterin sich selbst »grosse Verwirrung des Gemüths« zuschrieb und damit ärztliche Kompetenz unterlief. Solch Vorwitz forderte gutachterlichen Widerspruch geradezu heraus. Eine 33jährige, die ihren Mann verlassen hatte und mit einem andern zusammenlebte, mußte dies erfahren:[78] Sie saß seit einem Jahr im Spinnhaus ein, weil man ihr ein Verhältnis mit einem Dritten nachsagte. Als sie erfuhr, daß sie auf unbestimmte Zeit weiter inhaftiert bleiben würde, schnitt sie dem fünfjährigen Sohn einer Mitgefangenen die Kehle durch. Sie, die nach eigener Aussage »vorher nie tiefsinnig«, nie krank und »allezeit aufgeräumtes Gemüths gewesen«, mußte folgerichtig ein »mördliches Gemüthe« haben. Dafür sprachen auch ihr vernünftiges Betragen und ihre rationale Erzählweise im Gespräch mit dem Physikus, selbst wenn sie seit Wochen wegen einer rätselhaften Fieberkrankheit mit geschwollener »glandula subaxillaris« [Lymphdrüse] in ärztlicher Behandlung war – eine Diagnose, die nach medizinischer Logik auch auf Sinnesstörung hätte hinweisen können.

Viele Geschichten ähneln sich, weil sich die Handlungslogik der Täter und Täterinnen ähnelt. Die differenzierte Beurteilung gleicher Handlungen und Motive vor dem Raster der Geschlechterstereotypen, gesehen durch die Brille der männlichen Medizin und Justiz, machte seltsame Unterschiede zwischen Frauen und Männern. Paradox erscheint, daß die als das »animalische«, »emotionalere« und »labilere« Geschlecht geltenden Frauen stets kaltblütig mordeten, während der »zivilisierte«, »rationale« und »vernunftbegabte« Mann im Affekt tötete.[79]

Wie tief die »Genderisierung« medizinischen Denkens saß, zeigt die Beurteilung eines 1715 des einzigen eindeutigen Sexualmordes beschuldigten Jägers, der behauptete, die grausame Tat nicht begangen haben zu können,

---

77 Vgl. etwa *Daniel*, Sammlung, 1776, XL; *Elvert*, Fälle, 1792, III. Hier hatte der Bauer seine Frau vor Zeugen mit über 600 Schlägen und Tritten eine ganze Nacht lang zu Tode geprügelt. Ähnliches findet sich bei *Gohl*, Medicina, 1735, Sec. II, XXV und *Parmenion*, Sammlung, 1742, I.
78 *Herzog*, Sammlung, 1745, III.
79 Diesen von den Zeitgenossen nicht erkannten Widerspruch wies schon *Davis*, Kopf, 1988, S. 96 f., für das Frankreich des 16. Jahrhunderts nach.

weil er eine unüberwindliche Abscheu vor menschlichem Blut habe.[80] Der Landphysikus bestätigte die durch Imagination während der Schwangerschaft geprägte Angst, während der Täter seine Idiosynkrasie selbst nur mit Erschrecken beim Anblick des Schröpfens und einer Schnittverletzung begründete. Der Herausgeber verglich die Angst vor Blut mit anderen Formen der Verweiblichung, von der gerade Söhne durch Imagination – häufig sichtbar am fehlenden Bartwuchs, weil deren Mütter der Frucht zuviel »weibische Sitten, ihre Zärtlichkeit« eingeprägt hätten – bedroht seien. Die Natur an sich sei schließlich weiblich, wie man auch an Kastraten merke, die nach Wegfall dessen, »was sie zum Manne macht«, »ganz weibisch werden«. Deshalb dürfe man die ständig drohende Gefahr der Effeminisierung nicht unterschätzen, wie sie sich im Extremfall an laktierenden Männerbrüsten zeige.[81] Das dem Mord vorangegangene Sexualverbrechen spielte für die Ermittlung keine Rolle.

Die Entmystifizierung der aufgrund von Melancholie begangenen Bluttaten, wie sie im 18. Jahrhundert durch die Medizin psycho-physiologisch implementiert wurde, entlastete den frühmodernen, um Disziplinierung und Zentralisierung bemühten Staat ebenso wie die ähnlichen Zielen verpflichteten Kirchen. Die Repräsentanten einer sich gemäß der Prämisse der Eigenverantwortung neu formierenden Gesellschaft waren damit von der Zuständigkeit für individuelle Verzweiflung entbunden, die durch soziale und politische Rahmenbedingungen verursacht wurde. Der Königsberger Anatom Metzger polemisierte gar, daß man angesichts der offenbar endemischen Dimension der melancholischen Krankheiten in Preußen und der neuen Modeerklärung der Erblichkeit physiologischer Dispositionen alle Kinder melancholischer Eltern auf staatliches Geheiß hin sofort nach der Geburt »ersäufen« müsse. Da dieser zynische Vorschlag ihm selbst weder moralisch noch praktikabel erschien, forderte der Professor ein grundsätzliches Überdenken der zu zu vielen Freisprüchen führenden Unzurechnungsfähigkeits-

---

80 *Fritsch*, Geschichte, Bd. 1, 1730, S. 1. Die verschiedenen juristischen Fakultäten und Schöffen schlossen sich schließlich den Medizinern an und verzichteten auf die Tortur. Sie forderten nur den Reinigungseid.
81 Umgekehrt verwies er auf jene Frauen, die zwar »im höchsten Grade geil«, aber von solchem Männerhaß zerfressen seien, »in ihrer weiblichen Brust ein Männliches Herze tragen und welche nichts mehr wünschen als in Männer verwandelt zu werden«. Solche Seelen bildeten oft einen Bart aus, *ebenda*, S. 92–102.

diagnostik in Mordfällen.[82] Metzger echauffierte sich besonders, weil Angehörige von Angeklagten oder Beichtväter zunehmend selbst das Argument des »Erbfehlers« in ihre Entlastungsstrategien beziehungsweise Gutachten aufnahmen.[83] Die damals durch die Medizin eingeführte Zurückstellung – gar Negation – sehr wohl wahrgenommener gesellschaftlicher Faktoren hinter individuell körperliche Ursachen findet sich sogar noch in der heutigen historischen Forschung wieder.[84] Genau dieser naturwissenschaftlich saubere, weil der Göttin einer neuen biologischen Sachlichkeit verpflichtete Blickwinkel, bleibt doch nur eine Perspektive, deren vergessene Geburtsstunde die christlich-normative Gerichtspsychiatrie und Hirnforschung des 18. Jahrhunderts war. Die von Ängsten und Traditionen gespeiste Ideologielastigkeit hinter der scheinbar objektiven naturwissenschaftlichen Erkenntnis wird erst an der Geschlechterthematik deutlich. Nicht nur, daß Mörderinnen strenger bestraft wurden als psychiatrisch entschuldigte und durch Obduktionen pathologisch entlastete Mörder – ein unleugbar tatsächlich grausamer Mörder wurde nachträglich beinahe zur Frau stilisiert und paradoxerweise gerade dadurch zum eigentlichen Opfer. Schließlich hatte er im pränatalen beziehungsweise Kindesalter wegen mütterlicher Fahrlässigkeit keine ungestört männliche Entwicklung nehmen können.

---

82 Vgl. ausführlich *Metzger*, Beobachtungen, Bd. 2, 1781, 2. Ab., Fall 2, hier S. 78 f. und S. 155 f.
83 Im konkreten Fall führte ein Bauer die Tat seiner Tochter, die er aus Angst um das Leben seiner Familie bereits früher wegen »Raserei« ins Königsberger Königliche Hospital hatte einweisen lassen, auf einen melancholischen »Erbfehler« zurück, »indem er selbst in seiner Jugend damit behaftet gewesen«, *ebenda*, S. 78. – Ähnlich lauteten auch die medizinischen Erklärungen jenes Pfarrers, der »schlechte Erziehung im Christenthum«, »den heftigen Zorn in seiner verstorbnen Mutter Leib als eine Erbkrankheit« und »Veränderung des Mondes« als ebenbürtige Ursachen gewichtete, siehe *Schweickhard*, Beobachtungen, Bd. 1, 1789, XXVII. – Eine Mutter berief sich auf den vor 15 Jahren wegen »Gichter und Wahnsinn« ins Tollhaus eingewiesenen Bruder ihres Mannes, um ihren ebenfalls unter »gichterischen lang anhaltenden Convulsionen« leidenden Sohn vor einer Verurteilung wegen Totschlags zu retten, siehe *Schweickhard*, Beobachtungen, Bd. 2, 1789, XIX.
84 An dieser Stelle sei noch einmal auf *Wegerts* grundsätzlichen Ansatz einer evolutionstheoretischen und damit genetischen und hirnphysiologischen Erklärung verwiesen. Culture, 1994, hier S. 122 ff.

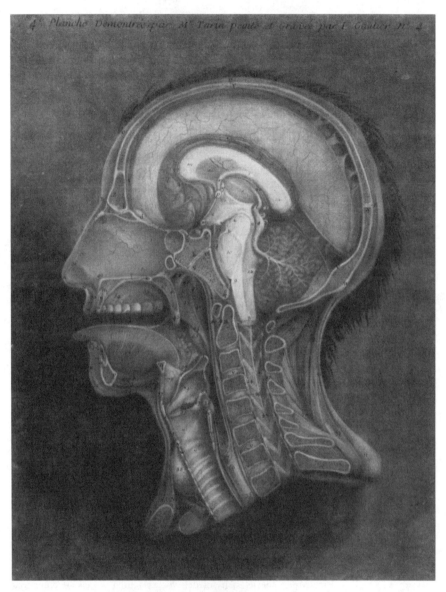

Abb. 18: Hirnsektion, gemalt von Jacques-François-Marie Duverney; aus: *Jacques Gautier d'Agoty*: Anatomie de la tête, Paris 1748.

Brandstiftung

Auch bei vordergründig weniger spektakulären Verbrechen wurden psychiatrische Beurteilungen eingeholt. Auf Brandstiftung, die ganze Dörfer und Städte gefährdete, stand ebenso die Todesstrafe wie auf wiederholten Diebstahl und Raub. Man differenzierte ob der allgegenwärtigen Brandgefahr traditionell genau zwischen fahrlässiger und absichtlicher Brandstiftung, obwohl die Carolina dies nicht vorschrieb. Als besonders ruchlos galt das nächtliche Feuerlegen, der sogenannte »Mordbrand«.[85] Die Allgegenwart der Bedrohung manifestierte sich ausgerechnet in Bittgesuchen von Familien von Gemüts- beziehungsweise Geistesgestörten, die um Einweisung einer Person in ein Hospital baten. In den Schreiben betonte man besonders häufig die Gefahr des Feuerlegens, sei es, weil diese tatsächlich bestand, sei es, daß man sich gerade durch das die Gemeinschaft betreffende Argument einen positiven Entscheid erhoffte.[86] Da die meisten Taten vor Gericht unter rein juristischen Gesichtspunkten abgehandelt wurden, interessiert hier vor allem, welche Rechtfertigungen von Tatverdächtigen, mit denen offenbar nicht einfach »kurzer Prozeß gemacht« werden konnte, zu medizinischen Untersuchungen führten und wie Gutachter darauf reagierten.

Die in einer Studie zum Ende des 19. Jahrhunderts herausgearbeiteten Motivlagen und relevanten Beziehungsmuster, die zu Brandstiftungen führten, galten grundsätzlich auch für das 18. Jahrhundert.[87] Auch hier verbargen sich hinter den Taten familiäre, emotionale und ökonomische Krisen sowie Auseinandersetzungen mit Dienstherrschaft und Obrigkeit. Der Leumund im Dorf spielte für die Einschätzung der Tat ebenso eine Rolle wie der soziale Status und das persönliche beziehungsweise kollektive Ehrgefühl einzelner oder betroffener Gruppen. Die in den medizinischen Sammlungen vorgestellten Männer und Frauen entsprachen sämtlich den für das 19. Jahrhundert identifizierten Täterprofilen. Es handelte sich um Mägde, Knechte, Stallburschen und Tagelöhner, die aus Rachegefühlen die Höfe und Ställe ihrer Arbeitgeber oder die Scheuern des sie gemeinschaftlich diskriminierenden Dorfes ansteckten. Es gab auch Jugendliche, die ohne klares

---

85 Vgl. *Justiz*, 1989, S. 299 f.
86 Vgl. *Vanja*, Leids, 1994, S. 213.
87 Vgl. ausführlich *Schulte*, Dorf, 1989, S. 41–86.

Motiv in Wäldern und an Feldrainen zündelten. Ihnen allen mußte etwas gemeinsam sein, das die besondere Aufmerksamkeit der Gerichte weckte: Entweder sie selbst oder ihre Verteidiger beriefen sich auf eine vorübergehende »Seelenstörung«, oder das Gericht zweifelte wegen abweichender Verhaltensweisen und seltsamer Reden an der »gesunden Vernunft« dieser Menschen. Dazu zählten Mitte des 17. Jahrhunderts auch angedeutete Verbindungen zu übernatürlichen Mächten: Als sich im Jahr 1663 eine Eva N. bei den Rothenburgischen Gerichten selbst der Brandstiftung und gleichzeitig einer »Vermischung mit dem bösen Geist« bezichtigte, wurde nicht sofort wegen Hexerei ermittelt.[88] Statt dessen ließ das Gericht sowohl theologische als auch medizinische Gutachten einholen. Der Gemeindepfarrer hielt die Frau für besessen, weil er von einer Schwester mit gleichen Symptomen zu berichten wußte, während der Stadtphysikus sie als krank bezeichnete. Nach der Tat hatte sie kurzfristig ihre »Vernunft« wiedererlangt, doch mußte der Arzt bei seinem Besuch feststellen, daß es nun

> »abermahl sehr schlimm mit ihr worden und hat wieder nicht reden können. Ja, es hat ihr auch der Kopff auf dem Rücken gehangen und ist ihr der Leib darinnen es ihr auch also, daß man es laut hören können, gemurret, gantz hoch aufgelauffen. Nach welchem Paroxysmo sich die Sprache nochmal wieder gefunden und sich der Leib, welchen sie sonst binden müssen, wieder gesetzt hat.«

Obwohl sie typische Zeichen der Besessenheit zeigte, schloß der Mediziner einen »concubitus daeamoniaci«, dessen Möglichkeit er grundsätzlich nicht im geringsten bezweifelte, eindeutig aus und führte die Anfälle auf natürliche Ursachen zurück.

Ende des 17. Jahrhunderts kam es zur medizinischen Gutachtung, wenn Jugendliche aus Rache Unbeteiligten schadeten. Im Zentrum der Diagnose stand die Körpersprache der Inquisiten:

> »Er sahe mit den Augen, die ihm tieff im Kopffe liegen starr aus, drehete sich bald auf die eine, bald auff die andere Seite, bald sahe er wieder auff die Erde. Desgleichen thut er auch mit dem gantzen Leibe und wendet sich bald zur rechten, bald zur lincken Hand, stunde wenig stille und drempterte immer mit den Füßen.«[89]

---

88 *Ammann*, Medicina, 1670, XCVI. Der Ausgang des Verfahrens ist zwar unbekannt, doch der frühe Zeitpunkt einer medizinischen Erklärung, die sich eben nicht auf Anti-Hexerei-Traktate beruft, ist bemerkenswert.

89 *Zittmann*, Medicina, 1706, Cent. V, LXVIII. Ein 16jähriger hatte 1692 bei einem ihm unbekannten Grundherrn gezündet, um damit seinen Vater zu treffen, der ihn von zu Hause verstoßen hatte. Der Junge ließ es an Respekt den Verhörenden gegenüber mangeln und

Gerade in Fällen unangemessenen Verhaltens, wie Respektlosigkeit gegenüber Verhörenden, Eltern und Pfarrern, konzentrierte sich die ärztliche Untersuchung auf physiologische Aspekte, weil man freie Willensäußerungen und kritische Reflexionen, die in Nichtachtung der Autoritäten mündeten, aus der Arroganz der Klassenperspektive heraus betrachtete. Die Vorgehensweise der Gutachter bei vermuteten Geistesstörungen war zunächst, unabhängig von dem untersuchten Delikt, stets die gleiche: Fragen kreisten primär um körperliche Symptome, die als absolut sichere Zeichen galten. Etwa:

»Ob er vorher niemals kranck gewesen? – 6 Jahr daher habe er Angst gehabt und sich nicht zu lassen gewußt... Ob er zur Ader gelassen? – Vor 4 Jahren, eben wegen dieser Angst, hätte ihm aber nichts geholffen ... Ob er Hertzens-Angst, Hertz-Klopffen oder Kopfschmertzen gehabt? – Ja, er habe alles immer gar offt ... Woher er zu starcken Adern komme? – Sie liefen ihm bißweilen auf und da bekäme er Hitze im Kopffe, daß der Angst-Schweiß ihm ausbreche...«–»... hat er allezeit unruhigen und dabey mit vielen Phantasien verknüpften Schlaf gehabt, auch ist ihm immer gewesen als wenn er Gespenster sähe, ... hat auch 3 Tage her vor großer Angst nicht schlaffen können ...«[90]

Träume von Geistern, Dämonen, Teufeln, schwarzen Männern oder Mönchen waren auch bei Brandstiftern gegenwärtig. Die Bedrohungen wurden als männliche Wesen wahrgenommen, die einen nächtens leibhaftig peitschten, festhielten, riefen, verfolgten oder sich mit ins Bett legten. Angesichts der relativen Seltenheit psychiatrischer Gutachtung im Alltagsleben frühneuzeitlicher Menschen können solche Äußerungen kaum als rein taktische gewertet werden. Die Bedeutung der Körpersäfte und des Lebenswandels für die eigene Gesundheit war allen Beteiligten klar. Die Bedeutung der Träume, die später wichtiger Bestandteil der Psychoanalyse werden sollten – was hier bereits in Ansätzen sichtbar wird –, dürfte im Gegenteil erst aufgrund der im Schlaf nachwirkenden magischen und satanischen Vorstellungen und Gewissensbisse in den Fragekatalog der Gerichtspsychiatrie Eingang gefunden haben.

Leichte Behinderungen wie Sprachfehler, Schwerhörigkeit oder Migräne führten dagegen gleich zur Diagnostik einer angeborenen Melancholie.

---

zeigte angesichts der drohenden Todesstrafe keine Regung. Sein unbotmäßiges Verhalten erklärte man sich mit »Blödsinnigkeit«. Darum wurde der Physikus bemüht, der nach mehreren Gesprächen und wegen einer Kopfverletzung »Dummheit« konstatierte.

90 *Troppanneger*, Decisiones, 1733, Dec. I, IV.

Wieder galt die Kindheit als Schlüssel zur Persönlichkeitsstruktur allein des männlichen Brandstifters. Hatte einer schon damals eine verlangsamte Auffassungsgabe, gesundheitliche Probleme, war verhaltensauffällig, hatte sich die schwangere Mutter falsch verhalten?[91] Erst im Zuge einer solchen Ermittlung verfiel mancher Angeklagte auf den Gedanken, sich dieser mildernden Umstände zu bedienen. So bezeichnete einer selbst seine Taten als »Ausflucht«, in die er sich durch seine angeborene Krankheit hineingesteigert hätte.[92]

Die stereotype Art der Befragungen änderte sich bis zum Ende des Jahrhunderts nicht, und trotzdem gaben die individuellen Antworten jedem ärztlichen Verhör jeweils eine neue Richtung. Der eine berichtete von satanischen Versuchungen und Erscheinungen,[93] ein anderer führte seine Tat auf Trunkenheit und Epilepsie zurück.[94]

Wie schwierig sich die Verständigung zwischen Arzt und Verhörten gestalten konnte, zeigen folgenreiche Mißverständnisse, die den Gutachtern als sinnlose Antworten erschienen und als Beweise für Geistesverwirrung genommen wurden: So glaubte etwa ein Mediziner, der Inquisit spräche von epileptischen Anfällen und begriff erst am Ende des Gesprächs, daß nur von Ohnmachten die Rede war[95] – oder als der halbwüchsige Michael Himmler, der 1775 ein Tannenwäldchen abgebrannt hatte »und sich dabey gesetzt, als ob dies eine unschuldige Handlung sey«, auf die Frage ob er lesen und schreiben könne, antwortete: »Vorm Jahre habe er oft Ähren gelesen.«[96] Ein anderer wich geschickt der Frage aus: »Ob er mit liederlichen Menschen umgegangen?« – und antwortete für den Arzt ausgesprochen »unverständig«, »sie wären unterschiedlich gewesen«. Das Motiv für einen tätlichen Angriff auf seinen Vater umschrieb er vage mit »Zorn und Hitze«.[97] Auch

---

[91] Die Mutter hatte kurz vor ihrer Niederkunft eine Kerze gestohlen und angezündet, »wodurch sie ihrem Kinde theils die Begierde zu stehlen, theils die Begierde anzuzünden beygebracht«. *Ebenda*, Dec. III, II.
[92] Vgl. *Zittmann*, Medicina, 1706, Cent. IV, LXIX.
[93] *Fritsch*, Geschichte, Bd. 2, 1731, Fall 5.
[94] *Troppanneger*, Decisiones, 1733, Dec. III, II.
[95] *Petermann*, Casuum, Dec. II, 1709, I.
[96] *Bucholz*, Beiträge, Bd. 1, 1782, S. 56–60. Dabei hatte er sich vorher noch weinend beim Arzt darüber beklagt, daß »sie« ihm »seine Bücher weggenommen«.
[97] *Troppanneger*, Decisiones, Dec. I, IV.

mit der Aussage eines Angeklagten, daß er seit einigen Wochen gespürt habe, »wie sich seine Natur gantz geändert« habe, konnte ein Gutachter wenig anfangen.[98]

Ende des 18. Jahrhunderts war allen Ärzten klar, daß sich die Möglichkeit der Geistesverwirrung als Rettung vor der Todesstrafe bei Delinquenten und Delinquentinnen herumgesprochen haben konnte. Noch vor 1750 verliehen die Ärzte mehrfach ihrer Überraschung darüber Ausdruck, daß Beschuldigte noch kein Irresein vortäuschten, obwohl ihnen von den Behörden mitgeteilt worden war, »zu was Ende solches Medicinal-Examen geschehen solte«.[99] Zunehmend standen die Mediziner den Gefangenen mißtrauisch gegenüber und witterten hinter jedem Fall raffinierte Simulation. Als Pyl 1791 den sich hauptsächlich durch Betteln ernährenden 32jährigen Tagelöhner Martin Lehnhard im Zusammenhang mit seiner Epilepsie auf Unzurechnungsfähigkeit überprüfen sollte, fand er nicht nur heraus, daß dessen Motiv für die Brandstiftung Rachsucht gegen eine Bauernfamilie war, deren Kinder ihn als »Bettelbuben« beschimpft und geärgert hatten.[100] Vielmehr machten sich Stadt- und Kreisphysikus gemeinsam ein umfassendes Bild von Statur und Knochenbau, Schlaf- und Ernährungsgewohnheiten wie der allgemeinen Befindlichkeit des Beklagten. Dabei beobachteten sie

> »in seinen Blicken ... etwas tückisches und eher trotziges als dasjenige scheue, unstäte und trübe Ansehen, welches sonst ein so ... charakteristisches Kennzeichen versteckter Melancholie ... zu seyn pflegt. Er spricht zwar gewöhnlich nicht viel und scheint sehr zurückhaltend und versteckt zu seyn, wenn man indessen nur einigermaßen es dahin zu bringen versteht sein Zutrauen zu gewinnen, ... so wird man leicht gewahr, daß dieses größtentheils Verstellung ist, und er im Grund manchmal gern und auch zuweilen ganz vernünftig und mit Überlegung spricht. Ich habe wenigstens in allen meinen Unterredungen mit ihm zwar den einfältigen Bauer, aber übrigens doch nichts Unvernünftiges und Unüberlegtes wahrgenommen. Gegentheils so weit man das von einem Menschen von seinem Stande und Erziehung verlangen kann, ... zuweilen gar Verschlagenheit ... gefunden. Er ist sogar oft so schlau, daß er, wenn er sich ins Gedränge gebracht ... sogleich abbricht und über Kopfschmerzen und Unbesinnlichkeit zu klagen anfängt ... Epilepsie oder vielmehr Starrsucht fingirte.«

Daß sich ein Täter durch seine detaillierten Aussagen weit mehr belastete, als es durch Zeugen möglich gewesen wäre, empfand Pyl nicht als Wider-

---

98 *Fritsch*, Geschichte, Bd. 2, 1731, Fall 5.
99 *Zittmann*, Medicina, 1706, Cent. VI, LXX.
100 *Pyl*, Aufsätze, 8. Slg., 3. Ab., 1793, Fall 2.

spruch zu seinem »sonnenklaren« Befund, der Mann sei »im höchsten Grade boshaft, jachzornig und rachsüchtig«, ein »listiger und ränkevoller« Charakter. Pyls Entlarvung gipfelte in dem Urteil, Lehnhards größte »Wollust« sei die Rachgier, die ihn wahrlich »zum Vieh herabwürdigen kann«.

Ärztliche Reflexionen über sozio-ökonomische Ursachen, die sich hinter scheinbar individuellen Kümmernissen verbargen, lassen sich nirgendwo finden. Angesichts des aufklärerischen Armutsdiskurses oder auch der öffentlich geführten Debatte über ledige Mütter als potentielle Kindsmörderinnen erstaunt die Beliebigkeit der theoretisch (und oft anonym) erheblich schärfere Positionen vertretenden Ärzte. In der gutachterlichen Praxis dominierten nach wie vor Standesdünkel, Angst vor landesherrlichen Sanktionen und der allgegenwärtige »gender bias«.

Frauen traf aufgrund der ihrem Geschlecht von vornherein unterstellten größeren Raffinesse noch stärkeres Mißtrauen. Bis auf eine Angeklagte bezogen sich sämtliche Gutachten auf bäuerliche Dienstmägde der 1770er Jahre. In allen Fällen war es zur Zuziehung eines Physikus gekommen, weil die Frauen selbst vorübergehende Geistesschwäche zu ihrer Verteidigung angeführt hatten. Da sämtliche Mägde bis zu den Taten sozial nicht auffällig geworden waren, obwohl alle ihre Brandlegungen angekündigt hatten, konzentrierte sich die medizinische Recherche ausgehend von der Hysterietheorie von vornherein auf die Menstruation und frühere Krankheiten. Als eine 18jährige Dienstmagd 1778 innerhalb einer Woche zweimal das Haus ihres Bauern angezündet hatte, wurden nach ihrer Verhaftung sämtliche Herrschaften, bei denen die Beschuldigte in den elf Jahren ihres Arbeitslebens in Dienst gewesen war, nach ihrem Charakter und Lebenswandel befragt.[101] Alle bestätigten, »daß sie von Natur träge, dumköpfig, ungelehrig, dabey boshaft und gegen alle Verweise sehr widerspenstig sey«. Zwischen den beiden Brandstiftungen war sie – den Zeugen und Zeuginnen nach – »ausserordentlich ausgelassen, sprang und sung Liederchens«. Damit schien eine Geistesstörung ausgeschlossen. Die Magd machte auf die Frage nach ihrem Motiv allerdings selbst ihren schlechten Gesundheitszustand verantwortlich und erzwang so eine Gutachtung. Schon früher sei »sie einige Wochen hindurch ihres Verstandes beraubt gewesen«. Sie behauptete sogar, daß sie seitdem nie wieder

---

101 *Metzger*, Beobachtungen, Bd. 1, 1781, Fall 2.

»zum rechten Gebrauch ihrer Gemüthskräfte gelanget [sei], daß noch jetzo ihr Kopf sehr schwach sey und daß sie öfters die heftigsten Kopfschmerzen empfinde ... daß sie ganz einfältig gewesen. Nachdem wäre es zwar beßer mit ihr worden, indem verspüre sie noch eine Schwäche des Verstandes, verlorene Geisteskräfte, welche ihr die Sinnen benebelten.«

Seit der Mitte des Jahrhunderts machten solche Erklärungen weitere gezielte Befragungen durch den Arzt unumgänglich. Verwandte berichteten nun von langwierigen Krankheiten, der Bruder wußte von einem zwei Jahre andauernden Fieber, wodurch sie »wahnsinnig« geworden sei. Daß Akademiker und Dörfler den Begriff des Wahnsinns jedoch nicht unbedingt synonym definieren mußten,[102] zeigt sich auch in diesem Fall. Das Aktenstudium genügte dem Gremium der medizinischen Fakultät in Königsberg nicht, Deputierte reisten an und ließen sich von der Inquisitin den Krankheitsverlauf und ihren gegenwärtigen Zustand schildern. Sie klagte über Kopfschmerzen, Koliken und zeitweiligen Gedächtnisverlust. Das beeindruckte die Besucher wenig, interessanter war vielmehr, daß sie mit ihren 18 Jahren noch nie menstruiert hatte. Man befand sie zudem für dumm und schlecht erzogen und nicht »von geschwächtem Gemüt«. Ihr früherer temporärer Wahnsinn habe sich durch die »Fieberhitze« selbst kuriert. Die jetzigen »Zufälle« ließen sich zweifelsfrei auf das Ausbleiben der Menstruation zurückführen, »zu deren Beförderung die Natur bisweilen heilsame Versuche macht, wobey Coliken und Kopfschmerzen sich sehr leicht einfinden können. Der Mangel des Gedächtnisses ... ist ein Gefährte ihrer natürlichen Dummheit.« Diese sei allerdings nicht so groß, wie sie glauben machen wolle, denn sie sei bei ihren Taten planvoll und geschickt vorgegangen, habe also nichts »von ihren natürlichen Gemüths- oder Seelenkräften verlohren«. Obwohl doch die Angst vor Strafe normalerweise »Unruhe, Abwesenheit des Geistes und der Sinnen ... bey ihr hätten verursachen sollen«, sei sie »in einer ganz gelassenen Gemüthsverfassung«. Die Königsberger Mediziner hielten die Angeklagte für voll zurechnungsfähig, weshalb sie zum Tode durch das Schwert verurteilt und hingerichtet wurde. Der die Untersuchung leitende Professor Metzger merkte dazu an, es gebe Grade der Sinnesstörung, die nicht strafmildernd wirken dürften. Er unterschied drei wahre Gründe für den »Verlust des Verstandes«: die »Raserey (mania)«, die »Narrheit (dementia)« und die »Melancholie, welche bey dem weibli-

---

102 So noch Ende des 19. Jahrhunderts, *Schulte*, Dorf, 1989, S. 94 ff.

chen Geschlecht Mutterkrankheit genannt wird«. Keine dieser Störungen habe in obigem Fall vorgelegen.

Die bemüht feinsinnige Begründung zeigt, daß eine Frau der Unterschicht zwar extrem dumm sein konnte, deshalb aber immer noch über eine Art zielgerichteter Bösartigkeit verfügte, die sie voll verantwortlich für ihr Tun, aber trotzdem nicht zu einem geistig vollwertigen Menschen machte. Um diese Logik in den Erkenntniskanon zu integrieren blieb wieder nur der Rückgriff auf das anthropologisch »besondere« Geschlecht, das mit anderen Maßen gemessen werden mußte als der normsetzende Mann. Die Regelblutung stand deshalb immer im Zentrum ärztlicher Diagnose, ob sie mit den neuen Normen der Physiologie kollidierte oder nicht. Entweder wurde die Betreffende als kranke Ausnahme betrachtet, der man mit besonderer Vorsicht begegnen mußte, oder sie war repräsentativ für ihr bedrohlich schwaches Geschlecht.

Die Konstruktion von (pathologischen) Normen, die sich erst nach Generationen in der Selbstwahrnehmung der Betroffenen verankerten, zeigt in diesem Zusammenhang das Beispiel der sogenannten Wechseljahre: Entsprechende Beschwerden kamen in weiblichen Rechtfertigungsstrategien des 18. Jahrhunderts nicht vor, obwohl sie in den Erklärungsansätzen der Ärzte bereits zu finden waren: Im Februar 1778 wurde eine 53jährige Magd nach einem Streit mit ihrem Bauern und entsprechenden Ankündigungen verdächtigt, im Schafstall ein verheerendes Feuer gelegt zu haben. Doch sie leugnete und mußte freigelassen werden. Die Frau blieb bei demselben Bauern in Dienst, bis sie ihm im September die Tat überraschend selbst gestand und ihn bat, vor Gericht auszusagen, »sie wäre bisweilen nicht recht klug«. Im Verhör berief sie sich ebenfalls auf temporären Wahnsinn, »in welchem sie ihrer Handlungen unbewußt wäre«. Die Magd gab in der daraufhin veranlaßten Befragung durch den Kreisphysikus an, »ihre Monathliche Reinigung schon seit einigen Jahren verlohren« zu haben. Beschwerden habe sie aber nie empfunden. Erkrankungen erinnerte sie keine. Auch andere Gelegenheiten, einen verwirrten Säftekreislauf zu unterstreichen, ließ sie ungenutzt. Sie äße ausreichend, habe immer gut geschlafen, »aber nun nicht, indem sie mit ängstlichen Gedanken umgienge«. Ihr Puls war normal. Allerdings berichtete sie von Zuständen,

> »wo [sie] gantz rein nichts von sich wüßte, solches geschähe aber nicht sehr oft und ohne andere Veranlaßung unvermuthet ... Wann es einträte, so wär es ihr schlimm

ums Hertz, im Kopf sehr heiß. Sie wüßte nichts von sich selbst. Sie vermeinte im Grünen zu seyn, auch müßte sie zuweilen brechen. Nach der Zeit wäre ihr wieder ganz gut. Dieser Zustand dauerte einen ganzen Tag, auch wohl die Nacht hindurch.« Wieder hob der Gutachter in seiner Begründung auf die fehlende Symptomatik ab. Die Frau sei weder aggressiv noch »blödsinnig«, organische Fehler lägen nicht vor. Es handele sich nicht einmal um Melancholie, die »von allzuvielem Blut oder verstopften Eingeweiden des Unterleibes oder bey dem weiblichen Geschlecht von einer Krankheit der Mutter, wobey sich mehrentheils die monatliche Reinigung sehr unordentlich verhält«, herrühre. Die Magd zeige keinerlei Symptome, welche »ein harter Unterleib, unrichtiger Stuhlgang, Mangel an Eßlust, Blähungen, Aufstossen, Beängstigung, große Traurigkeit usw.« wären. Die Brandstifterin litte an nichts anderem »als eine[m] zuweilen verdorbenen Magen, welcher sich durch Brechen entledigt …«. Er hielt sie deshalb für absolut zurechnungsfähig.[103] Alle Versuche der Inquisitin, auf ihre Vorstellung von Unzurechnungsfähigkeit abzuheben, indem sie selbstverständlich den Kopf als Auslöser und Ort der Verwirrung anbot, perlten an der Unterleibsfixierung des Gutachters ab.

Als emotionaleres und damit labileres Geschlecht war der uterusdominierte weibliche Säftehaushalt den Unbilden der Liebe schutzlos ausgeliefert und rechtfertigte die männliche Vormundschaft: Ein aufmerksamer Jurist entnahm zum Beispiel 1799 den Akten einer 20jährigen vierfachen Brandstifterin, daß sie »vor etwa vier Jahren einer mißlungenen Heyrath wegen tiefsinnig geworden, nach des georgenauschen Zinsbauern B. H. Aussage von Gänsen gesprochen, wo keine waren, auch öfters das Unglück, i. e. Anfälle der fallenden Sucht erlitten [hatte]«. Früher war sie nach der Äußerung, »die ganze Stadt einäschern zu wollen … als eine wahnsinnige Person … angezeigt, von dem damaligen … Regiments-Wundarzt untersucht, für gestört befunden und … in das Königl. Hospital gebracht [worden]«.[104] Die Magd selbst machte allein Trunkenheit und »Verblendung des

---

[103] Dieser Fall war insofern brisant, als an Metzgers Gutachten derart heftige Kritik von seiten der Kollegen geübt wurde, daß sich das Gericht genötigt sah, ein Obergutachten vom Oberkollegium Medicum in Berlin einzuholen, welches gegen Metzger entschied und die Frau als wahnsinnig einstufte und »behandeln« ließ.

[104] *Metzger*, Beobachtungen, Bd. 2, 1781, 2. Ab., 6. Fall.

Satans« für ihre Taten verantwortlich, bei denen sie sich sehr »wohl« gefühlt habe. Wieder interessierte den alarmierten Gutachter allein ihre nur vierteljährlich mit Fieberschüben auftretende schmerzhafte Menstruation. »Namentlich hat sie in ihrem 16ten Jahr als die monatliche Reinigung bei ihr eintreten wollte, ein ganzes Jahr Hüftschmerzen ausgestanden«. Damit stand fest, daß es sich keinesfalls um echten Wahnsinn handeln konnte. »Bey allzulangem Ausbleiben derselben [i.e. die Menstruation] hat sie Schmerzen im Kreutz, auch wohl bisweilen Kopfschmerzen. Schwindel oder Beklemmung der Brust. Beängstigung und andere Zufälle, die sonst melancholischen Personen eigen sind, läugnet sie jemalen gehabt zu haben ...« Liebeskummer könne zwar Brandstiftungen auslösen, sei aber kein melancholisches Krankheits*symptom*. Das frühere Gutachten eines Regimentswundarztes wollte der Königsberger Professor nicht gelten lassen, weil der andere zwar ein »approbierter Medicus«, aber kein »gerichtlicher Arzt« gewesen sei. »Vielmehr erhellet aus allen Umständen, daß die W... von Natur sowohl als durch ihre Erziehung theils sehr dumm, theils tückisch ist und daß dieser ihr Gemüthscharakter sie zu der begangenen Missethat verleitet haben müße.«

Spezifisch weibliche körperliche Dispositionen in Verbindung mit unangemessenem Lebenswandel bildeten *die* kriminalisierende Kombination. War emotionales Leiden für romantisch beeinflußte Juristen möglicherweise ein Milderungsgrund, so gelang es der medizinischen »Gebärpathologie« jedesmal, niedere Beweggründe aus der weiblichen Physiologie heraus zu konstruieren. Solche Gutachten waren für die Beurteilung von straffälligen Frauen gegen Ende des 18. Jahrhunderts typisch und zogen für die Betroffenen meistens die Todesstrafe nach sich. Die Dominanz sittlicher Normen war dabei nichts, was unbewußt eingeflossen wäre. Im Gegenteil betonte Metzger in einem Nachsatz, zu einer korrekten Gutachtung seien nicht nur medizinische Kenntnisse, sondern auch das Studium der »Moral, welche uns die Triebfedern der menschlichen Handlungen beurtheilen lehrt [erforderlich] ... Ohne diese Hilfsmittel wird ein gerichtlicher Arzt bey besonderen Fällen jederzeit an Allgemeinörtern hängen bleiben« und falsche Schlüsse ziehen. Hier bestehe noch ein erhebliches Forschungsdefizit, denn »noch sind ganz und gar nicht die Grenzen bestimmt, wo Vernunft, richtiges und wahres Bewußtseyn [der] Handlungen, folglich die Moralität [der] Handlungen aufhört und Wahnsinn, das heißt derjenige Zustand der Seele, wo sie allen Unterschied böser und guter Handlungen vergeßen hat, anfängt«. Damit gab er offen zu, daß moralische Axiome, die nicht naturwissenschaftlich begründet werden mußten und konnten, selbstverständlich den Rahmen für die physiologische und demzufolge auch für die psychologische Beurteilung bilden sollten.

Jene ledigen Mägde, denen Strafminderung bei Geistesschwäche bekannt gewesen sein dürfte, hatten deshalb mit ihrer Strategie keinen Erfolg. Gerade die »typisch weibliche« Eigenschaft des Eigensinns trug zu einer Verurteilung bei. Fehlende oder unregelmäßige Menstruation, selbstbewußtes Auftreten oder gar Gelassenheit angesichts der Todesstrafe, die nach zeitgenössischer Erkenntnis klar auf physiologisch begründete Geistesstörung hingewiesen hätten, wurden dem moralischen Urteil problemlos untergeordnet.

Die Rechtfertigung, »es wäre ihr dazumal als sie das Feuer angelegt, nicht recht in ihrem Kopffe gewesen, wann ihr recht gewesen, hätte sie solch Ding nimmermehr gethan«, brachte bereits 1690 erfolgreicher eine Ehefrau vor.[105] Anne Jacob wurde aufgrund ihres ehrbaren sozialen Status und verschiedener entlastender Zeuginnenaussagen eher geglaubt.[106] Diese bestätigten unisono, die arbeitsunfähige Nachbarin habe schon Tage vor der Tat »traurig, betrübt und voller Jammer« ausgesehen, habe schon lange unter einer seltsamen Hautkrankheit, Seitenstechen, Schlafstörungen, »Herzensangst«, »Trägheit aller Glieder« sowie Bauch- und Kopfschmerzen gelitten, »daß der Kopf ganz wüste und dumm gewesen, ... hätte immer auf die Erde gesehen, geweinet und über aus graß [grau?] gesehen«. Der beauftragte Gutachter stellte einen »luziden Intervall« fest, wußte bereits aus den Akten, daß die Beklagte 14 Jahre zuvor schon einmal »wegen einiger Maniae und furoris melancholici ... in Ketten geschlossen gewesen«, weil sie sich von einer Nachbarin verhext glaubte. Ein Bader hatte sie damals durch Aderlässe erfolgreich von dieser Einbildung kuriert. Die Gefangene unterstrich die Stärke ihrer Schmerzen, die von einer langwierigen »Haupt-Krankheit« in der Jugend herrührten.

---

105 *Zittmann*, Medicina, 1706, Cent. V, XV.
106 Entlastende Aussagen der Nachbarschaft, die Krankheit oder Schmerzen auch für Morde und Selbstmorde unbescholtener Personen verantwortlich machte, betont auch *Frank*, Geduld, 1994, S. 179 f.

»Dahero sie offte, wenn sie ihren Häußlichen Geschäften recht vorstehen wollen biß 2 oder 3 Uhr Nachmittage ungegessen bleiben müsen, weil sonst nach dem Essen ihr nicht allein der Kopff-Schmerz größer, sondern auch gar in ein Wüten verwandelt, daß sie nicht gewußt, was sie thäte.« Auch sei sie von »continuirlichen Träumen, so ihr aber bald vergeßlich, sehr beschweret, darinnen sie vom Fallen und andern dergleichen Schrecken fast alle Stunden auffgewecket würde. Item sie esse zwar wohl mit, aber gantz ohne Geschmack und Appetit. Über das wäre sie auch vom Neuen Jahre an biß an die Faste mit der sogenannten Soldaten-Kranckheit etliche Wochen beleget gewesen, so ihr Anfangs den Kopf hefftig eingenommen, aber durch ein starckes Nasen-Bluten (da sie gleichsam wie im Blute geschwommen) sich bald wieder verlohren, doch aber nach sich Schwermuth, Betrübnis und ander Beschwerniß hinterlassen.«

Die eindeutige Krankheit der verheirateten Frau, die auf Fehler im Blutkreislauf und nicht auf ihre durch regelmäßige ehrenhafte Samenzufuhr ruhiggestellte Gebärmutter zurückgeführt wurde, verhinderte die Hinrichtung.

Damit läßt sich eine über 100jährige medizinische Tradition der psychophysiologischen Disposition von Frauen nachweisen, die nicht erst um die Wende zum 19. Jahrhundert im erfahrungsseelenkundlichen Diskurs größere Verbreitung fand.[107]

Blasphemie, Aufruhr und Betrug

Angesichts der Tatsache, daß die Gemütszustandsgutachtung Anfang des 18. Jahrhunderts als Teil eines Kriminalverfahrens erst entstand, erstaunt, daß schon früher unspektakuläre Delikte wie ketzerisches Reden, Betrug oder Aufbegehren gegen die Obrigkeit gelegentlich eine medizinische Beurteilung erfuhren. Täter wie Täterinnen wurden zwar bei Bedarf auf ihre Haftfähigkeit hin überprüft, doch wurde ihr Geisteszustand nie zu ihrer Tat in Beziehung gesetzt.[108] Umstürzlerische Rhetorik oder verdächtige Aktivitäten wurden hingegen schon im 17. Jahrhundert nicht mehr ausschließlich als krimineller Akt abgehandelt. Implizit das politische System in Frage stel-

---

107 Dies behauptet *Kaufmann*, Aufklärung, 1995, S. 74–77, ausgerechnet unter Bezug auf Pyl.
108 Nur ein Dieb wurde 1731 wegen fehlender Indizien – und gerade weil er sich selbst angezeigt hatte – medizinisch untersucht. Die Frage war dabei, ob finanzielle Schwierigkeiten oder Hitzewellen, Atembeklemmungen und Alpträume hinter seinen Suizidgedanken standen, *Clauder*, Praxis, 1736, XIII.

lendes gotteslästerliches und die christlichen Hierarchien kritisierendes Verhalten ließ – angesichts der von Gott gegebenen Weltordnung, der sich jedermann an seinem Platz zu unterwerfen hatte – im Zeitalter zunehmender Rationalisierung für die gebildeten Eliten eher Rückschlüsse auf einen verwirrten Verstand als auf persönliche Verbindungen zum Antichrist schließen – war deshalb allerdings nicht weniger bedrohlich.[109]

Die Publikation von Offenbarungen, die Störung von Gottesdiensten und die Beschimpfung des Dorfpfarrers als »Baals-Pfaffen« brachten einen Goldschmied 1692 zwar ins Gefängnis und vor das Kirchenkonsistorium, aber wegen Äußerungen, in denen er seine über 20jährige Ehe als »ganz sündlich« und »blosse Hurerey« bezeichnete, weil er als nunmehr »Rechtgläubiger und Geheiligter« mit seiner »ungläubigen« Frau nicht mehr leben dürfe, vermutete man jedoch Melancholie und Liebeswahnsinn hinter seinen Reden und Schriften – nicht einen Teufelspakt.[110] Der Handwerker überraschte Kirchenmänner wie Mediziner mit seinen fundierten Bibelkenntnissen, seiner stringenten und differenzierten Argumentation. Er weigerte sich zum Beispiel, über Exzerpte seiner selbstverfaßten Schriften zu diskutieren, verlangte seine handgeschriebenen Originale und wußte sich selbstbewußt in Gemeinschaft mit anderen »Confratres«, die mit ihm das »Tausendjährige Reich« erleben würden. Sonst wirkte er geistig klar. Angesichts seiner wachen Intelligenz diagnostizierten die Ärzte durch Liebe und Religion »verwirrte spiritus animales«, aber keinen Wahnsinn. Seine Ansichten seien zwar »absurd«, aber in sich schlüssig.

Nicht immer konnten solche Verfahren zu einem schnellen Abschluß gebracht werde. Ein anderer »Blasphemant« wurde 1656 bis 1660 auf seinen Geisteszustand hin überprüft.[111] Er war nicht nur »verstockt« und »halßstarrig«, weil er auf gerichtliche Appelle an seinen Glauben bloß »die Mützen vors Gesicht gerückt, sich damit gerieben und ungeberdig ausgesehen«, sondern weil er seine Beleidigungen den behördlichen Repräsentanten gegenüber auch noch damit rechtfertigte, »die Ungedult thäte es und solche zu üben bestünde in der Menschen Freyheit«. Er behauptete sogar dem

---

109 Zur Bedeutung der Gotteslästerung und ihrer engen Verbindung zur Majestätsbeleidigung im Rechtsdiskurs siehe *Schnabel-Schüle*, Überwachen, 1997, S. 227–241.
110 *Zittmann*, Medicina, 1706, Cent. V, LXII. Viele seiner Mitmenschen hielten den Mann für einen »grossen Propheten« oder »Märtyrer«.
111 *Fritsch*, Geschichte, Bd. 1, 1730, Fall 3.

Diakon gegenüber, Beten »sey vergeblich und der dort oben, der da gesaget, was ihr bitten werdet, sey ein Lügner und Vater derselben. Es wäre kein Teuffel, man bildete es den Leuten nur so ein. Jener selbsten sey es. Er wolte, daß er den Halß gebrochen, ehe er das erste mahl in die Kirchen gegangen. Er gestünde, daß Gott straffen könnte, fühlte es auch wohl, er begehrte aber von ihm keine Gnade. Er danckte es einem mit dem Teuffel, der ein Vater Unser vor ihn beten würde.« Der Gefangene bestritt die Existenz eines Gottes nicht, verweigerte sich aber dem christlichen Dogma vom Jüngsten Gericht. Er, Joachim, »hielte ... dafür, es würde auch in den nechsten acht Tagen nichts draus werden«. Weil der Spötter in sämtlichen Instanzen solche Ketzereien wiederholte, die Bibel dabei so geschickt »verdrehte«, daß man ihm argumentativ nicht beikommen konnte, veranlaßte die Justiz immer neue Gutachtungen durch Ärzte und Pfarrer, die ihn auf Geisteskrankheit oder Besessenheit hin untersuchten. Als man ihm Intervalle von Wahnsinn bescheinigte, wurde er für zwei Jahre bei Verwandten angekettet. Weil er in dieser Zeit nicht schwermütig wurde, schloß ein weiteres Gutachten schließlich auf extreme »Bösartigkeit«, und der Bauer wurde doch wegen Gotteslästerung hingerichtet.

Schonender wurde hingegen, sicherlich aufgrund seines Standes, 1689 mit einem adeligen Witwer umgegangen, der nicht nur Gott lästerte und verfluchte, sondern auch betrunken in der Gegend herumschoß.[112] Der Gutsherr berief sich selbst auf von beiden Eltern ererbte melancholische Anfälle und zählte bereitwillig Symptome wie Kopfschmerzen, Herzensangst und Einsamkeitsgefühle auf, die ihm von seinen diversen Hausärzten schriftlich bestätigt wurden. Das Verfahren wurde aus Mitleid eingestellt.

Prozesse gegen Blasphemikerinnen gibt es in den Sammlungen nicht. Das Delikt scheint wegen seines oft mit Führungsansprüchen gegenüber Mitgläubigen einhergehenden Charakters eher ein die Männerrolle ansprechendes gewesen zu sein. Aus den Hoffmannschen Fallsammlungen ist für das Ende des 17. Jahrhunderts statt dessen die theologische wie medizinische Auseinandersetzung mit spezifisch weiblicher religiöser Innigkeit überliefert. Jene »begeisterten Mägde« aus dem pietistischen Halberstadt erinnern in ihrer Ekstase an mittelalterliche Mystikerinnen. Hoffmann zog mangels nachweisbarer körperlicher Ursachen tatsächlich übernatürliche

---

112 *Zittmann*, Medicina, 1706, Cent. IV, LXXVII.

Gründe in Erwägung, die sowohl auf göttliche als auch dämonische Kräfte zurückzuführen seien.[113]

Der Einfluß protestantischer Erweckungsbewegungen auf Frauen war Ende des 18. Jahrhunderts erneut Thema. Noch im Jahr 1786 mußte der Berliner Stadtphysikus die 60jährige Maria Helena Kluthen begutachten, die mit ihren eigenwilligen Ansichten zu religiösen Themen unangenehm aufgefallen war.[114] Gegen die Ehefrau war kein Verfahren eingeleitet worden, statt dessen wies man sie »auf Allerhöchste Cabinetsordre« gleich ins Arbeitshaus ein. In dem längeren Gespräch offenbarte sich dem Gutachter ihr völliger »Wahnwitz oder Verrücktheit des Verstandes«. Weil sie sich im Arbeitshaus bisher fleißig arbeitend »stille und friedfertig« verhalten hatte, mußte es sich um eine Form ohne »Wildheit oder Begierde sich und andern Leuten zu schaden« handeln. Die Rachsucht und ihr »besonderer Groll wider die Geistlichkeit« sowie der »fanatische Trieb dem Unfug und bösen Wesen, das allenthalben besonders im Vaterlande herrsche und der schreyenden Ungerechtigkeit der Prediger und Obrigkeit zu steuren« machten sie zu einer gefährlichen politischen Aufwieglerin. Widerwillen gegen gesellschaftliche Ungerechtigkeiten gab sie sogar als Grund dafür an, daß sie vor 13 Jahren Mann und Kinder verlassen und sich ganz ihren politischen Aktivitäten (regelmäßige Sozialsupliken an den König) verschrieben habe. Zur Begründung führte sie verschiedene Bibel- und Kirchenliedstellen an. Obwohl sie wegen solcher Aktionen schon mehrmals verhaftet und in Ketten gelegt worden war, hatte sie gedroht, nach ihrer Entlassung weiterzumachen. Weiblicher Starrsinn war gefährlich. Damit sie keinen »andern Unfug und Unordnung anrichtete, empfahl Pyl Sicherheitsverwahrung. Die Kluthen stellte keine direkte Bedrohung der christlich-absolutistischen Weltordnung dar, aber eine Störung der zunehmend enger definierten öffentlichen Ordnung.

Daß eine Einweisung ohne politische Dimension nicht automatisch dauerhafte Unfreiheit bedeuten mußte, zeigt der Fall eines Gendarmen, der seit geraumer Zeit im Berliner Arbeitshaus saß, weil er eine Frau fälschlich der Hexerei bezichtigt hatte und glaubte, Gott würde durch ihn Wunder tun.[115]

---

113 Siehe hierzu ausführlich: *Stitziel*, God, 1996, passim.
114 *Pyl*, Aufsätze, 5. Slg., 3. Ab., 1787, Fall 13.
115 *Ebenda*, 2. Slg., 2. Ab., 1784, Fall 4.

Obwohl er noch immer davon überzeugt war, stellten seine Phantasien keine gesellschaftliche Gefahr dar. Pyl erklärte sich die temporäre Verwirrung mit ökonomischen Problemen und Angst vor dem Soldatenleben, da der »sehr einfältige und leichtgläubige« Mann ständig »wegen besonderer Steifigkeit des Körpers und Ungelehrigkeit« beim Exerzieren hart gestraft worden sei, »welches ihm sehr nahe gegangen«. Seine gute und vernünftige Führung im Arbeitshaus erlaube, ihn »ohne Gefahr« nach Hause zu schicken.

Es ist unklar, ob und wieviel »einfache« Menschen von politischen Umwälzungen anderer Länder (etwa England, Spanische Niederlande) wußten. Selbst wenn die Unruhestifter die eigenen Erfahrungen mit Machtmißbrauch und sozialer Ungerechtigkeit als Ursache für rhetorische Attacken und konkrete Änderungsvorschläge angaben, wurden diese Normverstöße bereits im 17. Jahrhundert als individuelle Ansichten ohne diabolischen Hintergrund verstanden. Ihre politische Sprengkraft wurde erkannt, konnte in deutschen Territorien, die erst durch die Französische Revolution in größerem Ausmaß aufgerüttelt wurden, von der Obrigkeit als vereinzelte Ver(w)irrung verstanden werden. Ein gesunder Verstand würde die noch als unumstößlich betrachteten Herrschaftsstrukturen niemals in Frage stellen. Traditionelle Metiers des Teufels waren Religion und Sexualität, nicht die Staatspolitik.

Gerade ohne religiösen Hintergrund gehaltene politische »unverantwortliche Reden« gegen Stadt, Rat, Kirchenrepräsentanten oder gar den König wurden deshalb schon im 17. Jahrhundert von der Verteidigung auf gesundheitliche Ursachen reduziert: Der Defensor eines Goldarbeiters versuchte 1688, den wegen ausgestoßener Morddrohungen gegen den Landesfürsten Angeklagten durch einen Tollwutbiß in der Kindheit zu entschuldigen.[116] Das erste medizinische Gutachten wollte diesem Argument nicht folgen und beschied,

> »daß Inquisit von Natur eines feurigen temperamenti, animi malitiosi, ad iram proni & inquieti sey, welches alles das von Jugend an geführte liederliche Leben, begangene Excesse in Geniessung starcken Getränckes und anderer Dinge nicht wenig vermehret«.

---

116 *Fritsch*, Geschichte, Bd. 2, 1731, Fall 3. Der gleiche Fall findet sich in ähnlicher Form, aber mit teilweise anderen Aktenauszügen bereits bei *Zittmann*, Medicina, 1706, Cent. IV, LXIII. Hier erfährt man zusätzlich von einer schlechten Ehe, Gotteslästerungen und der Selbstbezichtigung eines Teufelspaktes, die wegen seiner dorfbekannten Narrheit im Gegensatz zur Morddrohung nicht ernst genommen wurde.

Ein Kollege, der vor allem im Dorf recherchiert hatte, bezeichnete den Mittdreißiger jedoch als aggressiven Schwachsinnigen. Der Mann wurde schließlich zur Sicherheit der Allgemeinheit ins Arbeitshaus eingewiesen.

Um das Risiko einer Verstellung möglichst gering zu halten, täuschte man in späteren Jahren gewöhnlich einen Routinebesuch im Spital, Armenhaus oder Gefängnis vor. Solche Untersuchungen waren, wenn auch in monate- bis jahrelangen Abständen, üblich. Wiederholte Visitationen ließen sich mit dem in der Haft schlechter werdenden Gesundheitszustand begründen.

Ein zirka 35jähriger Handwerker kannte 1726 zum Verdruß des Gutachters den Grund der Visitation und begrüßte den Physikus verdächtig freundlich und »bescheiden«.[117] Seine Aussagen durften deshalb nicht berücksichtigt werden. »Daß er offt im Kopfe so tumm und alber würde, daß er nicht wüßte, was er thäte«, ignorierte der Arzt ebenso wie Äußerungen zu Armut und Einsamkeit. Als Beurteilungsgrundlage blieb nur der äußere Eindruck. Der Stadtphysikus diagnostizierte an Gesichtsfarbe, Puls und Hauttemperatur, an »Augen, … Reden und besonders [dem] Lachen, [welches] frecher und wilder als wohl ordentlich seyn sollte« und anhand der Aussagen von Ehefrau und Nachbarn, die über Schlafstörungen und Aderlaß, Seufzen und Beten, Fluchen und Lästern, Mord und Suiziddrohungen berichteten, daß dieser Bürger aus

> »Ungedult über sein Armuth und eingebildete besser verdiente Belohnung seines frommen Lebens ad maniam incliniret. Jedoch … sein delirium nur ad unum certum obiectum … Armuth und eingebildete Lieblosigkeit … ad certa intervalla fingiret.«

Obwohl der Mann künftige Besserung gelobte, glaubte der Mediziner dessen Beteuerungen nicht und prognostizierte noch eine Verschlimmerung seines Zustandes.

Die frühen Gemütszustandsgutachten widmeten sich angesichts noch unsystematischer Empirie besonders Mimik und Gebärden wie Händeringen oder Haareraufen, Stöhnen und Seufzen und ließen anhand deren Intensität Fort- oder Rückschritte einer medizinischen Behandlung ab.[118] Selbst

---
117 *Clauder*, Praxis, 1736, XI.
118 Erst um die Wende zum 19. Jahrhundert konzentrierten sich holländische Mediziner wie Camper oder Jelgerhuis auf die systematische Beschreibung der schon 100 Jahre zuvor in der Kunst (le Brun) publizierten Abbildungen des je spezifischen Ausdrucks der verschiedenen »passiones« in Mimik und Gestik. Siehe dazu ausführlich *Luyendijk-Elshout*, Masks, 1990, S. 193 ff.

schwarze Haare tauchen in einigen Personenbeschreibungen als Indiz für cholerisch-melancholisches Temperament auf.[119] Und noch Ende des 18. Jahrhunderts galten im Gegensatz dazu blonde Haare als Merkmal besonders lebensfroher und »wollüstiger« Sanguiniker.[120] Erst in den achtziger Jahren des 18. Jahrhunderts entdeckten manche Autoren jenseits körperlicher Merkmale ihr primär psychologisches Interesse an den Motiven äußerlich unauffälliger »Kleinkrimineller«, wie Betrüger, »falscher Propheten« und »Schatzgräber«. Dabei machte es einen erheblichen Unterschied, ob jemand andere bewußt hintergangen oder aufgrund einer Krankheit derartige »Windbeuteleyen« im Kopf hatte. Forensisch relevant war, wie »ein Mensch, dessen pöbelhafte Gesichtszüge, Ausdrücke und Mundart seine ganze Unwissenheit verrathen, Leute von Stand soweit getäuscht haben sollte«,[121] oder ob zum Beispiel die Selbstzuschreibung eines Handwerkers, vor einigen Jahren dem Wahnsinn nahe gewesen zu sein, zutraf, weil er medizinisch falsch behandelt worden sei.[122]

Das weitgehende Fehlen derartiger Untersuchungen bis 1780 legt die Vermutung nahe, daß Gerichte und juristische Fakultäten noch weitgehend auf das Einholen von psychiatrischen Beurteilungen in solchen Bereichen verzichteten. Um 1780 wurde es zuerst in Preußen regelrecht Mode, als aufgeklärter Ermittler zunächst ein Gemütszustandsgutachten anzufordern, statt ein Kriminalverfahren gegen Siegelfälscher,[123] Schatzgräber,[124] Meineidige[125] und wegen Subordination aufgefallene Soldaten[126] einzuleiten. So beklagte Metzger – und führte explizit nur deshalb solche seiner Meinung nach überflüssigen Gutachten überhaupt auf –, neuerdings seien auffallend viele Handwerker aus wirtschaftlicher Not oder Faulheit zu »Schwärmern« geworden und glaubten an »Traumgesichter«, »Geister, Gespenster und an unterirdische Schätze«. Sie stellten Verbotenes an, ohne

---

119 Kölpin erwähnt dies zum Beispiel bei einem adeligen Gutsherrn, in: *Pyl*, Aufsätze, 2. Slg., 2. Ab., 1784, Fall 9, hier S. 190.
120 Vgl. *Weikard*, Arzt, Bd. 1, 1798, S. 161.
121 *Pyl*, Aufsätze, 4. Slg., 3. Ab., 1786, Fall 5.
122 *Ebenda*, Fall 6.
123 *Metzger*, Beobachtungen, Bd. 2, 1781, 2. Ab., Fall 3.
124 *Pyl*, Aufsätze, 4. Slg., 3. Ab., 1786, Fall 5 und *ebenda*, Fall 6.
125 *Ebenda*, 8. Slg., 3. Ab., 1793, Fall 1.
126 *Ebenda*, 6. Slg., 3. Ab., 1789, Fall 15.

Abb. 19: *Johann Hieronymus Herrmann*, Sammlung allerhand auserlesener Responsorum, welche von berühmten theologischen, juristischen und medizinischen Fakultäten, wie auch Schöppen-Stühlen und gelehrten Männern über besondere im allgemeinen Leben vorfallenden merckwürdige und dubiöse Casus cum rationibus dubitandi, decidendi et respondendi sind ausgestellet worden..., Bd. 1, Jena 1733.

deshalb verrückt zu sein, auch wenn sie selbst sich gerne mit gesundheitlichen Problemen rechtfertigten.[127] Das sich um die Jahrhundertwende verstärkende Interesse an diesen Delikten geht – so legen es moralisierende ärztliche Zwischentöne nahe – auf die bereits von Max Weber analysierten Zusammenhänge zwischen »protestantischer Ethik« und neuem Wirtschaftlichkeitsdenken zurück. Wachsende bürgerlich-ordnungsliebende Empfindlichkeiten vor dem Hintergrund eines neuen Leistungsdenkens wiesen selbststrukturierte, an anderen Werten orientierte Lebensweisen scharf zurück. Widerwillig als kreativ anerkanntes Denken und Überleben abseits der von Bürgertum und Adel vorgegebenen Bahnen galt in zunehmend bürokratisierten und kontrollierenden frühmodernen Staaten als

---

127 Metzger, in: *ebenda*, 4. Slg., 3. Ab., 1786, Fall 5, S. 198.

ebenso bedrohlich wie Blasphemiker und andere die gottgegebene absolutistische Obrigkeit in Frage stellende Unruhestifter noch in den chaotischen Jahrzehnten nach dem 30jährigen Krieg.

Nur aus dem Vorreiterstaat Preußen sind psychiatrische Befunde der letzten zwei Dekaden überliefert, die auf verstärkte Kontrollversuche der Behörden hindeuten. Vor allem Männer gerieten aus Angst vor unkontrollierbaren Aktionen allein aufgrund harmlos angeberischer Reden, zum Beispiel über nicht vorhandene Reichtümer, ihrer sozialen Rolle unangemessene Pläne,[128] erfundene Beziehungen zum Königshaus und anderes, in die Mühlen der Justiz.

Hatte man wie der 51jährige Bunzlauer Bauer Gottfried Kriebel mit derartigen Sprüchen die Aufmerksamkeit der Obrigkeit auf sich gezogen, durfte man keinesfalls noch Widerworte geben.[129] Der Stadtphysikus konnte, abgesehen von dem »sinnlosen Zeug«, welches der Mann »schwatzte«, keinen Irrsinn, sondern nur Hochmut erkennen. Kühn monierte sogar – und entlarvte damit die suggestive Form des Gesprächs –, daß der Bauer

> »statt sich über gehabte Empfindungen zu beklagen, auf die ich ihn durch Fragen aufmerksam machte und woraus man die Entstehung seines jetzigen Zustandes folgern könnte, sagte ... er wäre niemalen krank gewesen. Wäre auch jetzt nicht krank und wüßte auch nicht, wofür er [einen Arzt] brauchen sollte.«

Angesichts fehlender Gesundheitsbeschwerden, normaler Gesichtsfarbe und Puls verrieten allein der Blick und sein Beharren, gesund zu sein, die verborgene Gefährlichkeit des Patienten. Der abschließende Befund ließ dennoch keine Zweifel erkennen:

> »Bey seiner mania blickt viel Stolz hervor. Daß er maniacus sey, zeigten seine Handlungen sowohl als sein Geschwätz. Die Tücke, die sich oft aus seinen Gesichtszügen offenbaret, lässet nichts gutes befürchten. Und wenn man obige Worte einen soll ich aussen lassen in Erwägung zieht, so lassen sie sehr wohl auf einen bösen Vorsatz deuten. Es wäre daher besser, da dieser Mann der menschlichen Gesellschaft nichts nützt, sondern Stöhrungen macht und manches befürchten läßt, daß er in einem

---

128 Ein Berliner Kaufmann behauptete zum Beispiel, er habe von Gott den Auftrag erhalten, alle baufälligen Häuser der Stadt zu sanieren und müsse dafür vom König Geld und Material erhalten. Da der Mann sich zu Hause in selbstgebastelte Kostüme hüllte und von Kastrationsängsten geplagt seinen Penis »in einer cupfernen Kapsel« zu schützen versuchte, wurde er nach einem längeren Hausbesuch von Pyl »um der allgemeinen Ruhe halber« »in Verwahrsam« genommen, *Pyl*, Aufsätze, 3. Slg., 3. Ab., 1785, Fall 1.

129 *Kühn*, Sammlung, Bd. 2, 1796, Kap. VII, Fall 1.

Irrhaus, zu dem er sich sehr wohl qualificirt, zur menschlichen Sicherheit aufbewahret würde. Denn an eine Kur läßt sich nicht denken, weil er den Gebrauch der Arzney, da er sich gesund glaubt, versaget.«

Der Mann wurde für wahnsinnig erklärt, weil der Arzt nicht verstand, wovon geredet wurde. Wieder sorgte die verschiedene Sprache der Stände für Verwirrung. Aber es waren nicht nur »einfache« Menschen wie Bauern oder Handwerker, die wegen »ungebührlichen Betragens« oder verwirrender Reden ins Visier der neuen »Seelenärzte« gerieten. Auch angesehene Kaufleute und andere Honoratioren wie Bürgermeister oder Apotheker konnten zur Kur in Spitäler oder zur »Arbeitstherapie« ins Arbeitshaus eingewiesen werden, um weiteren »Unfug« zu verhindern, den sie aus Liebeskummer, Trauer, verletztem Stolz oder Existenzangst angedroht hatten.[130] Deutliche Zeichen des bürgerlichen Mißtrauens vor der Konkurrenz weiterer Aufsteiger einer in Bewegung geratenen, bislang starr hierarchischen Gesellschaft, wie es selbst »harmlosen Spinnern«, die nur von einem besseren Leben träumten, entgegenschlug, zeigten sich etwa 1781 in der moralischen Beurteilung eines spanischen Wollwebers. Der behauptete, mit einer Wünschelrute Gold, Schmuck und Diamanten im Wert von 200 Millionen Talern gefunden zu haben.[131] Der Berliner Stadtphysikus Pyl hielt den Mann für offensichtlich »wahnwitzig« und schloß sich der Meinung des als Zeugen befragten Predigers an, »daß Neigung zum Müßiggang und Unlust zu arbeiten zuerst ihn auf den Gedanken gebracht Schätze zu graben«. Der schlechte Gesundheitszustand des Mannes, der einen Hirntumor, Stockung der »Goldenen Ader« und aufgrund seiner sitzenden Tätigkeit sämtliche Melancholiezeichen aufwies, wurde durch »einen etwas wilden Blick« und eine bekanntlich »närrische« Schwester erhärtet. Angesichts des notorisch arbeitsscheuen Charakters des Handwerkers war der Gesundheitszustand für das Abschlußgutachten unbedeutend.

Der aus den diversen gesundheitlichen Problemen entstandene »Hang zum Projectmachen« wurde bei Arbeitsscheuen zur Bedrohung der gesamten Gesellschaft. Menschen der Unterschichten galten den bürgerlichen

---

130 Siehe zum Beispiel *Pyl*, Aufsätze, 2. Slg., 2. Ab., 1784, Fall 3; *ebenda*, 3. Slg., 3. Ab., 1785, Fälle 1 und 2; *Metzger*, Beobachtungen, Bd. 2, 1781, 2. Ab., Fall 4.
131 *Pyl*, Aufsätze, 2. Slg., 2. Ab., 1784, Fall 2.

Aufsteigern mit ihrer neuen Arbeitsethik tendenziell als »Müßiggänger«. Ende des 18. Jahrhunderts hatte die Lesefähigkeit nicht nur in den Städten erheblich zugenommen, so daß falsche Lektüre als Gefährdung hinzukam.

Der Berliner Stadtphysikus Pyl, dessen spezielles Interesse allen Formen »religiöser Melancholie« galt, wandte deshalb im selben Jahr großes Engagement auf, um den Lebensweg des die gesellschaftliche Ordnung bedrohenden 50jährigen »Irrlehrers und Religionsschwärmers Johann Paul Philipp Rosefeld« zu rekonstruieren.[132] Der Arzt konnte nicht umhin, dem Sektenführer, dem es immer wieder gelungen war, nicht nur große Gefolgschaft unter Handwerkern und deren Geld an sich zu ziehen, sondern auch die jungen Töchter seiner Anhängerschaft »zu beschlafen«, grimmigen Respekt zu zollen. Rosenfeld hielt die Frauen, die für seinen Lebensunterhalt sorgen mußten, wie Sklavinnen und begründete dies damit, er bräuchte sieben Jungfern, um zum Wohl aller die ihm offenbarten »sieben Siegel des Geheimnisses des Lebens« zu lösen. Schon mehrfach war er verhaftet und zu langjährigen Strafen verurteilt worden. Jedesmal wurde er wegen besonders vorbildlichen Betragens bald entlassen und begann an anderem Ort sein Spiel von neuem. Seine im medizinischen Gespräch nur widerstrebend eingestandene »Wollust« und die ihm nachgewiesene strafbare Praxis des Koitus interruptus rechtfertigte er mit der Aufrechterhaltung der Weltordnung durch die Domestizierung der Frauen:

> »... auch die Ordnung in der menschlichen Gesellschaft umgekehrt werden solle, nach welcher der Mann über das Weib, nicht aber dieses über den Mann herrschen solle. Dieses Männerrecht aber aufrecht zu erhalten und das Vaterrecht wieder herzustellen, sei seine Absicht von je her gewesen.«

Diese Logik faszinierte den Gutachter am meisten, war sie doch subjektiv durchaus nachvollziehbar. Pyl hielt den Mann entgegen gerichtlicher Vermutungen nicht für wahnsinnig, sondern im Gegenteil für äußerst »klug« und verschlagen, nur durch schlechte Erfahrungen in der Jugend arbeitsscheu und haltlos geworden und vom »Menschenhaß« zerfressen.

---

132 Anonymisierter Autor, aber dennoch als zuständiger Stadtarzt eindeutig, in: *Uden/Pyl (Hg.)*, Magazin, Bd. 1, 1782, 1. St., IV. Zu Pyl, Platner, Moritz oder Pockels und ihrer Beziehung zu »Schwärmertum« und »religiöser Melancholie« siehe auch *Kaufmann*, Aufklärung, 1995, S. 55–75. Leider unterscheidet die Autorin nicht zwischen Ärzten und anderen Berufsgruppen der Aufklärer. Deshalb unterschätzt sie die Bedeutung der Psychophysiologie.

Während es für kluge, aber verschlagene Männer wenigstens noch theoretisch Hoffnung auf Besserung gab, stellten ebensolche Frauen immer eine gesellschaftliche Bedrohung dar. Die Bedeutung der Einhaltung von Sittlichkeit und Geschlechterhierarchien für die öffentliche Ordnung und die Angst vor individueller Lebensplanung und unkontrollierter Sexualität zeigt sich im erheblich strengeren Umgang mit Frauen. Die Frau eines Kaufmannes wurde zum Beispiel nicht nur beschuldigt, mit diversen Offizieren Ehebruch begangen zu haben, sondern galt als besonders »leichtsinnigen Gemüthes«, weil sie eines »Abends ihres Mannes braunen Rock angezogen, dessen Peruque und Huth aufgesetzt [hatte] und solchergestalt in Begleitung ihrer Magd ausgegangen« war.[133] Die trotz der ungewöhnlichen Travestie »nur« kriminalisierte, aber nicht pathologisierte Inquisitin wurde zur Folter verurteilt, um ein Geständnis des Ehebruchs zu erzwingen. In diesem Fall, der vermutlich noch aus dem 17. Jahrhundert stammt, war nur ein unrühmlich ausgefallenes Leumundszeugnis des Pfarrers eingeholt worden und nicht wie in zeitgleichen Fällen auch ein medizinisches Gutachten. Ein solches hätte ihr sicherlich »furor uterinus« bescheinigt, ohne ihr deshalb die Bestrafung zu ersparen. Nur wenige Frauen – und vielleicht nicht zufällig alles zornige Witwen – wurden 100 Jahre später in den Sammlungen für erwähnenswert gehalten und als ebenso gefährlich eingestuft. Hatten sie Drohungen ausgestoßen oder waren bereits wegen Unruhestiftung gerichtsauffällig geworden, mußten keine konkreten Vergehen vorliegen, um sie aus der Gesellschaft zu entfernen. Der Augenschein genügte.[134] Die dem weiblichen Geschlecht in Nebensätzen und Anekdoten als naturgegeben attestierte Geschwätzigkeit, Geltungs-, Tratsch- und Streitsucht durfte ein gewisses Maß nicht überschreiten, und dessen Beurteilung war allein situationsabhängig.

Die Dimension des argumentativen Wandels, der sich am psychiatrisch-medizinischen Horizont abzuzeichnen begann und gerade für Frauen im

---

133 *Herzog*, Sammlung, 1745, CXIII (o. J.).
134 Siehe *Pyl*, Aufsätze, 3. Slg., 3. Ab., 1785, Fall 6, die 36jährige Witwe eines Seidenwirkers betreffend und *ebenda*, 4. Slg., 3. Ab., 1786, den vom Stettiner Physikus Kölpin eingesandten Fall 12, der eine Frau als potentielle Gefahr einstufte, weil »ihr Ansehen ... hager und trokken, das Gesicht roth, die Augen feurig, die Blutadern im Gesicht, wie auch an den Armen und Händen aufgetrieben und blau durchscheinend [waren]. Die Hände waren im Anfühlen heiß und brennend, der Puls geschwinde und etwas voll.«

Verlauf des 19. Jahrhunderts weitreichende Konsequenzen haben sollte, kehrt sich in einem Fall um, in dem es der Betreffenden gelang, die Pathologisierung der »weiblichen Natur« zu ihren Gunsten einzusetzen. In einem Injurienprozeß hatte die Beklagte 1791 einen Reinigungseid geschworen, die ihr zur Last gelegten Beschimpfungen nie ausgestoßen zu haben. Als ein neuer Zeuge die Vorwürfe jedoch bestätigte, wurde ein Meineidverfahren gegen die Beklagte eingeleitet, die nun behauptete, daß sie zum Zeitpunkt der Beleidigungen aufgrund ihrer Menstruation verwirrt gewesen sei und sich deshalb nicht an den Vorfall habe erinnern können.[135] Für den Frankfurter Professor bot der Auftrag des Gerichts *die* Gelegenheit, auf die sträfliche Vernachlässigung der »geringere[n] Grade« der Gemütskrankheiten in Gerichtsverfahren aufmerksam zu machen, und er berief sich dabei auf den Fall des Gattinnenmörders Schimaidzig (vgl. das Kapitel »Mord und Totschlag«), der beinahe selbst unschuldig einem »traurigen Justizmord« zum Opfer gefallen wäre, hätten Ärzte den Juristen nicht minutiös die komplizierten Wachheits- und Schlafverhältnisse erklärt. Mit der Geschichte der Frau K. verhielte es sich ähnlich. Sie litte »jedesmal zur Zeit ihrer monatlichen Reinigung« unter »Eklipsen des Verstandes«, die Beleidigungen habe sie in einem solchen »Delirium« ausgestoßen und deshalb »mit gutem Gewissen« falsch geschworen. Für Berends offenbarte sich allein

> »an ihrem äußeren Ansehen und dem Bau ihres Körpers ... eine große widernatürliche Empfindlichkeit und Schwäche des Nervensystems, verbunden mit einer großen Reizbarkeit des Körpers ... Ihr Augenstern ist widernatürlich erweitert und in ihrem Blicke und ihrer ganzen Physiognomie ist der Karakter sehr deutlich gezeichnet, welcher den beschriebenen Zustand des Nervensystems zu erkennen giebt.« »Das Geschäft der monatlichen Reinigung«, welches per se mit »Unordnungen der thierischen Ökonomie verbunden ist«, »auch die Verrichtungen des Gehirns in Unordnung setze[n] und Irrereden, Wahnsinn und Schwermuth hervorbringen könne«, sei eine Art »vorübergehenden Wahnsinnes«, also ein »widernatürliche[r], d. i. krankhafte[r] Zustand«.

Diese Verbindung von individueller Disposition und »monatlichem Ausnahmezustand« befreie die Inquisitin »aus hinreichenden medizinischen Gründen« völlig vom Vorwurf des Meineides. Der Ausgang des Verfahrens ist nicht überliefert. Selbst wenn die Frau dennoch verurteilt wurde, ist weniger das ärztliche Argumentationsschema bemerkenswert, das auf die

---

135 Prof. Berends aus Frankfurt/Oder, in: *ebenda*, 8. Slg., 3. Ab., 1793, Fall 1.

alte Säfte- und »furor-uterinus«-Tradition zurückgeht, ohne die überholten Termini noch zu verwenden. Besonders erscheint vielmehr, daß die aus dem Handwerkermilieu stammende Frau am Ende des 18. Jahrhunderts geschickt selbst auf die spezifisch weibliche Pathologisierung zurückgriff, um einerseits aus dem Verfahren herauszukommen, andererseits nicht Gefahr zu laufen, als dauerhaft Gestörte in einer Anstalt zu verschwinden. Daß sie selbst glaubte, ihre Menstruationsbeschwerden gingen mit temporärer Geistesverwirrung einher, darf bezweifelt werden. Jene bekannte Strategie, die anthropologisierte Entmündigung durch eine initiativ genutzte allgemeinphysiologische Entschuldigung zu unterlaufen, war bereits geboren.

Die Gutachten offenbaren, daß Ärzte durch Suggestivfragen häufig selbst den Grundstein für umstrittene Gutachten legten. Ihre naturwissenschaftliche Objektivität ruhte im Bereich des Seelischen auf tönernen Füßen und bot zeitgenössischen Kritikern – Gerichten wie Kollegen – reichlich Angriffsfläche. Die Entscheidungen widersprachen den eigentlichen Befunden in der Regel dann, wenn die Gutachter sich statt von medizinischen Beobachtungen von sekundären Faktoren leiten ließen. Dazu gehörte das übliche Verfahren, sich vor der Begegnung mit der Person aus den Akten heraus ein Vor-Urteil zu bilden. Der Leumund der beklagten Person war in jedem Fall das ausschlaggebende Moment. Diesen Widerspruch erkannte man in Preußen zuerst, denn dort gab es seit den 1790er Jahren einen Erlaß, der die Lektüre der Akten vor der Befragung ausdrücklich untersagte.[136] Dies erschwerte zum Kummer der Gutachter das Gespräch erheblich, denn nun war der Arzt auf reine Beobachtung angewiesen, konnte keine gezielten Fragen stellen. Die Erzählungen der Betroffenen waren ohnehin ein zweischneidiges Schwert, da die Aussagen eindeutig geistig verwirrter Personen nach den Gesetzen der Logik gerade nicht glaubwürdig sein konnten. Sie lieferten allerdings ihrerseits die Grundlage nicht nur für die Feststellung der Demenz an sich, sondern auch und gerade für moralisierende psychosomatische Kausalschlüsse. Naturwissenschaftliche Grenzen komplizierten das Beurteilungsverfahren zusätzlich. Die Seele war »ihrer wahren Beschaffenheit nach ... ein fast noch völlig unbekanntes Land«.[137] Es stand

---

136 Solche neuen »Vorschriften« beklagte Metzger in einem 1794 abgefaßten Kindsmordgutachten, vgl. *Metzger*, Materialien, Bd. 2, 1795, Fall 6, S. 159.
137 *Metzger*, Neue Beobachtungen, 1798, V, S. 94f.

keine allgemeingültige Definition des Wahnsinns zur Verfügung, weil »selbst die Physiologie der Seele ... und [die Physiologie] von dem körperlichen Organ der Seele noch nicht im reinen ist. Wie sollte die Pathologie der Seele sobald ins reine können?«[138] Simulation als Rettungsstrategie war allerdings, davon waren die scharfsichtigen Fachmänner überzeugt, bei penibler Untersuchung leicht zu durchschauen und spielte auch bei der Untersuchung der tabuisiertesten aller Sünden eines Christenmenschen eine wichtige Rolle.

---

138 *Ebenda*, S. 96.

Dem Publiko eine unnütze Last – Gesellschaftsfähigkeit in foro civili

Unschuldiger Selbstmord

Die Einschätzung des Selbstmordes als ein die gesamte Familie entehrendes Verbrechen hat in christlichen Gemeinschaften eine lange Tradition.[1] In der zweiten Hälfte des 18. Jahrhunderts gewannen die im christlichen Dogma des Spätmittelalters und der Renaissance noch kaum akzeptierten somatisierenden Erklärungen verstärkt medizinischen Rückhalt und stießen gleichzeitig auf großes Interesse beim seelenkundlich orientierten Publikum, das ganzen Sammlungen von Suizidgeschichten hohe Auflagen verschaffte.[2] Suizid war kaum noch widerspenstige Todsünde gegen Gottes Lebensgebot, sondern galt vermehrt als Ausdruck der Unfähigkeit, als selbstverantwortliches Mitglied der Gesellschaft seinen angestammten Platz auszufüllen. Eine Pflicht ersetzte die andere, so daß der Rechtfertigungsbedarf grundsätzlich bestehenblieb. Als von moralischer Verantwortung und damit fortdauernder Kriminalisierung befreiende Ursache wurde von gescheiterten Suizidalen, ihren Familien, den Pfarrern und gutachtenden Medizinern gleichermaßen zunehmend die Krankheit »Melancholie« angegeben. Diese entstand aus verschiedenen Gründen und konnte durch Recherche des Lebenswandels, der Krankengeschichte und des Temperamentes verifiziert werden.[3] Schon für die vorreformatorische Zeit wurde

---

1 Vgl. dazu ausführlich *Zeddies*, Verwirrte, 1994, passim, *Signori*, Rechtskonstruktionen, 1994, passim sowie *Lind*, Selbstmord, 1997, Kap. A. I. 2. und A. II. 3.
2 Siehe dazu *Lind*, Selbstmord, 1997, S. 73 ff. Ansätze zu psychiatrischen Erklärungen, wie sie vereinzelt bereits im 16. Jahrhundert anklangen, konnten sich damals noch nicht durchsetzen, vgl. *Kutzer*, Magd, 1995, S. 255 ff.
3 Diese Tendenz stellten bereits *Schär*, Seelennöte, 1985, in Form der »religiösen Melancholie« und *Lind*, Selbstmord, 1997, besonders Kap. B. IV. 3. fest, vgl. auch diskursorientierter

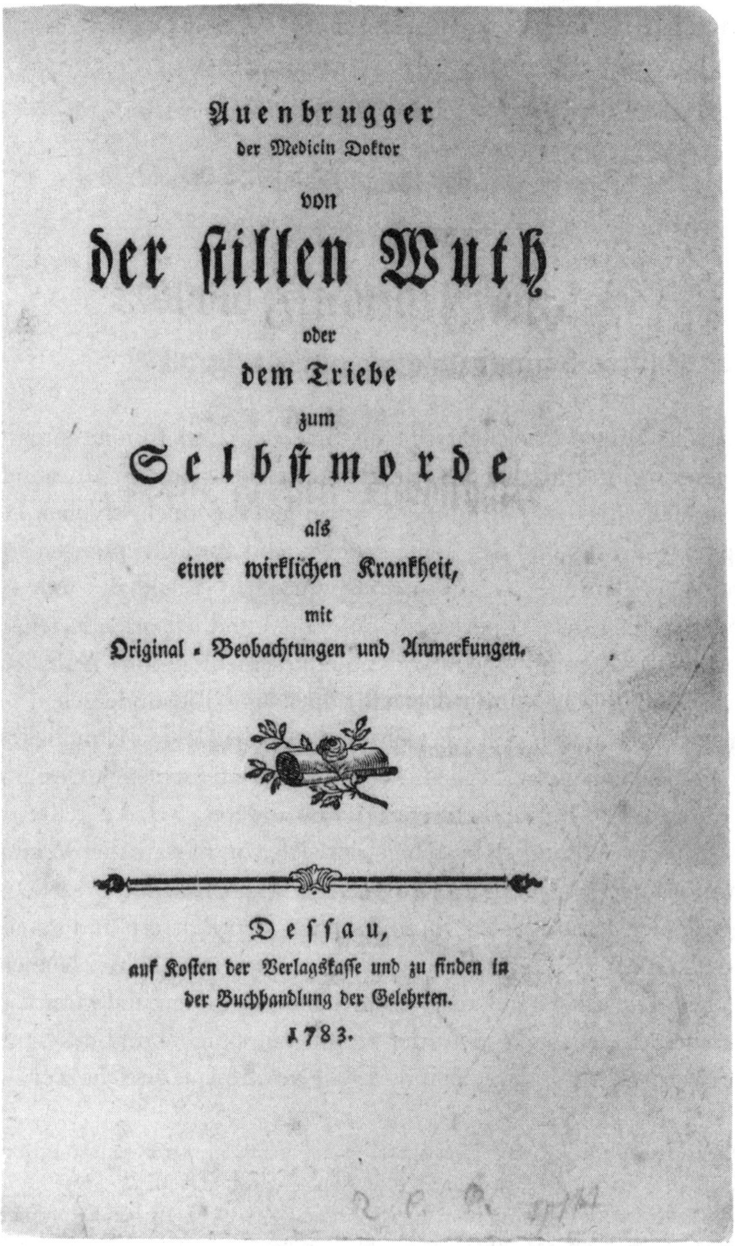

Auenbrugger
der Medicin Doktor

von

der stillen Wuth

oder

dem Triebe

zum

Selbstmorde

als

einer wirklichen Krankheit,

mit

Original - Beobachtungen und Anmerkungen.

Dessau,
auf Kosten der Verlagskasse und zu finden in
der Buchhandlung der Gelehrten.
1783.

Abb. 20: Titelblatt; *Leopold Auenbrugger Edler von Auenbrugg:* Von der stillen Wuth oder dem Triebe zum Selbstmorde als einer wirklichen Krankheit, Dessau 1783.

festgestellt, daß nur einem Teil der suizidgefährdeten Personen, darunter mehrheitlich den Frauen, Besessenheit attribuiert wurde. Angehörige wie Geistliche führten vielmehr überwiegend physische oder psychosomatische Ursachen wie Hirndefekte, unerträgliche Schmerzen oder verstörende »Gemütsaffekte« zur Erklärung an.[4] Nur in einem einzigen sehr frühen Fall machten die Wächter einer Gefangenen 1709 explizit den Satan für ihren Freitod verantwortlich und entlasteten sich damit vom Vorwurf der verletzten Aufsichtspflicht.[5] Diese Frau war als Hexe denunziert worden, und da die Art ihrer Erhängung, ebenso wie das rasche Eintreten des Todes, mehr als rätselhaft war, schien ein Eingreifen »böser Mächte« nicht ausgeschlossen. Zusätzlich hatte die bereits seit einem Jahr in Ketten und ungeduldig auf ein Ende ihres Leidens Wartende ihren Bewachern gegenüber geäußert, »daß sie keine Ruhe hätte. Der Teufel stecke in ihr. Hätte auch etliche Tage vorher aufs Hertze geschlagen und gesaget, daß der Teuffel darinnen stecke, ... doch hätte sie allezeit darbey vorgegeben, daß sie keine Hexe seye.« Die feine Differenzierung zwischen der Umschreibung des Todeswunsches auf der einen und der Zurückweisung der Hexereibeschuldigung auf der anderen Seite war den Wächtern unverständlich. Der Frau stand noch kein melancholisches Deutungsmuster zur Verfügung. Nur der Teufel konnte ihren Sinn in Richtung Selbstmord gelenkt haben. Erst der Herausgeber ordnete die Frau 25 Jahre später nachträglich als Melancholikerin ein.

Wenn gelegentlich sogar Pfarrer zur Behandlung selbstzerstörerischer Impulse medikamentöse Behandlung anstelle christlichen Zuspruchs empfahlen und auf physische Ursachen schlossen,[6] mußte im Laufe der Jahrzehnte ein eher marginales Erklärungsmuster Dominanz erlangt ha-

---

Minois, Geschichte, 1996, Kap. VIII und IX. Den medizinischen Diskurs faßt kompakt *Ruef*, Unterricht, 1777, 6. Abt., S. 141–144, zusammen.

4 Vgl. ausführlich *Signori*, Aggression, 1994, besonders S. 126–139 und für das Bayern des 17. Jahrhunderts *Lederer*, Aufruhr, 1994, S. 191 und S. 198 f. Auch *Lind*, Selbstmord, 1997, S. 404, bestätigt diese Tendenz für deutsche Territorien. Im Gegensatz dazu stellte *MacDonald* für die einfache Bevölkerung Englands ein Überdauern satanischer oder geisterhafter Erklärungen über das 18. Jahrhundert hinaus fest, vgl. ders., Secularisation, 1986 und ders./*Murphy*, Souls, 1990.

5 *Fritsch*, Geschichte, Bd. 4, 1734, Fall II, hier S. 552 ff.

6 Zur Rolle der Pfarrer siehe ausführlich *Lind*, Selbstmord, 1997, S. 406–419. – Schon 1676 wies ein Pfarrer bei einem von Teufeln und Dämonen geplagten Suizidalen den Physikus auf eine mögliche »Haupt-Kranckheit« hin, siehe *Zittmann*, Medicina, Cent. II, LXVII.

ben. An der Entkriminalisierungstendenz in der Praxis, die sich noch lange im Widerspruch zu theologischen wie juristischen Theorien und Gesetzen befand, läßt sich der schleichende Rollentausch bei der Zuständigkeit für seelische Gesundheit ablesen, den Kirche und Medizin in Deutschland seit etwa 1760 erlebten.[7] Aufgeklärte Ärzte appellierten gegen Ende des 18. Jahrhunderts sogar an Standeskollegen, die noch weithin praktizierte entehrende Bestattung von Selbstmördern durch entsprechende Gutachtung zu unterlaufen.[8] Viele der in der zweiten Hälfte des 18. Jahrhunderts bei verdächtigen Todesfällen in vielen Territorien routinemäßig erstellten Sektionsberichte gingen über die schlichte Feststellung der selbstverschuldeten Tötung hinaus und erwähnten eine dem Umfeld seit einiger Zeit bekannte »Melancholie« oder »Schwermut«, vor allem wenn man Rücksicht auf ständische Interessen nehmen wollte.[9] Es war nicht so sehr vom behördlichen Auftrag, sondern von den Überzeugungen des einzelnen Gutachters abhängig, ob er sich bei der Obduktion auf die Suche nach physischen Ursachen für die Tat begab oder sich mit entsprechenden Hinweisen aus dem Lebensbereich der Toten begnügte und ganz auf eine innere Untersuchung verzichtete.[10] Nur wenige Ärzte beschränkten sich nach 1750 auf die schlichte Feststellung der Todesursache

---

Auch *Vanja*, Leids, 1994, S. 210f., berichtet davon. Für den Sonderfall Bayern bestätigt dies *Lederer*, Aufruhr, 1994, S. 196ff. Dort waren im 17. Jahrhundert ausschließlich Pfarrer mit der Gutachtung gegenüber dem Hofrat befaßt.

7 Siehe *Lind*, Selbstmord, 1997, S. 401 f. *Merrick*, Patterns, 1989, S. 32 ff., stellte ebenso für Paris zwischen 1766 und 1789 fest, daß »mental disorders« einen zunehmenden Prozentsatz bei juristischen Einschätzungen einnahmen. Die meisten Toten wurden im Gegensatz zu Deutschland ohnehin auf ihren Gemeindefriedhöfen beigesetzt, *ebenda*, S. 26.

8 Dazu ausführlich *Lind*, Selbstmord, 1997, Kap. A. II. 4., vor allem S. 70f.

9 Immerhin wurde in zwei der drei Fälle, in denen sich Adelige erschossen, auf Sektionen verzichtet. Der Arzt gab sich mit Melancholieberichten der Angehörigen zufrieden. Nur bei einer Arsenvergiftung wurde die bereits bestattete Leiche wegen Mordverdachtes exhumiert, siehe *Pyl*, Aufsätze, 6. Slg., 1. Ab., 1789, Fall 17.

10 Die Ansprüche an Sektionen und das Problem des Nachweises der »Tödlichkeit der Wunden« war seit der Erstauflage von *Teichmeyers* »Anweisung« 1723 enorm gestiegen. Die Fallsammlungen zeigen, daß Physici und Chirurgen auf gerichtliche Anweisung hin Autopsien bereits früh mit größter Sorgfalt auszuführen suchten und auch die Fundsituation der Leiche dokumentierten, wobei Klagen der Kreisärzte über unzureichende Ausstattung mit Sezierbesteck, besonders zur Schädelöffnung, oder mangelnde Amtshilfe durch lokale Behörden nicht selten waren.

oder gar eine moralische Verurteilung einer Selbsttötung aus »Bösartigkeit« und »Überdruß«.

Während sich für den einen Physikus die seelische Krankheit eines 22jährigen Steinhauergesellen bereits aus den Todesumständen »von selbst erklärt[e]«[11] und ein anderer nach der ergebnislosen Obduktion eines erhängten Spielmannes trotzdem einen unsichtbaren »Fehler des Gehirns« diagnostizierte,[12] differenzierten dritte noch physisch exakt zwischen Eigenverantwortung und Unzurechnungsfähigkeit. So hatte etwa 1774 ein Amtsschulze, »weil man keine Spuren einer gehabten Melancholie weder in dem Gehirne noch ansonsten angetroffen hat, ... Defunctus keine pauperiam erleiden müssen«, keinen akzeptablen Grund gehabt, sich zu erschießen.[13] Ein Löbstädter Bauer, der sich mit einem Schermesser die Kehle durchschnitten hatte, wies ebenfalls »keinen solchen Fehler« auf, »woraus sich eine Schwermuth oder eine Verstandes-Verrückung hätte herleiten lassen«.[14] Ein 19jähriger Handlungsgeselle hatte sich »wie man sagt durch Werthers Geschichte« mit Arsen vergiftet und starb darüber hinaus – wie manch anderer auch – ohne Reue in Gegenwart eines Geistlichen, doch auch seine Sektion ergab keinerlei Hinweise auf Schwermut.[15] Der 30jährigen Ehefrau eines Güstower Kaufmannes, die sich in der Oder ertränkt hatte, bescheinigte der Physikus explizit, »daß sie lebendig, gesund, unverletzt und bey vollen Kräften sich ersäuft habe«.[16] Selbst dem Bunzlauer Physikus Kühn, der in seinem Kreis mehr als 30 Suizide innerhalb von neun Jahren dokumentierte und fast allen Toten aufgrund der Sektion oder eindeutigen Aktenhinweisen Melancholie attestierte, genügten »Nahrungskummer« oder bloße »Desparation« wegen extremer Schmerzen allein nicht als Melancholiebeweis.[17] Dennoch war unbegründetes Lamen-

---

11 Dr. F., in: *Schweickhard*, Beobachtungen, Bd. 1, 1789, XXXIV.
12 Dr. W., in: *ebenda*, Bd. 3, 1789, XVII.
13 *Weiz*, Beyträge, 1776, III.
14 Dr. Loder 1787, in: *Bucholz*, Beiträge, Bd. 4, 1793, S. 80–88.
15 *Metzger*, Beobachtungen, Bd. 1, 1781, Fall 5. *Lind*, Selbstmord, 1997, S. 408, betont, daß ein christliches Begräbnis auch ohne Melancholiediagnose möglich war, wenn der/die Sterbende Reue bezeugte.
16 Dr. Kölpin 1788, in: *Pyl*, Aufsätze, 6. Slg., 1. Ab., 1789, Fall 15.
17 *Kühn*, Sammlung, Bd. 2, 1796, Kap. IV, Fall 1 und *ebenda*, Kap. V, Fall 1. Es ist unwahrscheinlich, daß der Arzt alle in dem Zeitraum vorkommenden Fälle erwähnte, da in Band

tieren über eine schlechte Ernte ebenso ein Zeichen für Verstandesverwirrung wie das Hinterlassen eines Abschiedsbriefes mit der Begründung, »daß er es wegen seiner drey unerzogenen Kinder getan hätte«.[18] Üblicherweise bestand der leidenschaftliche Anatom aber auf körperlichen Nachweisen, bei denen die physischen Folgen von lange beklagten Kopf-, Kolik- oder Zahnschmerzen offenbar werden konnten.[19] Bei einem 60jährigen Nachtwächter diagnostizierte er zum Beispiel Wasser zwischen den Hirnhäuten, welches Druck auf das Gehirn ausgeübt und so Melancholie und spontane Geistesverwirrung ausgelöst habe.[20] Der 65jährige Bauer Gottlob Hauptmann hatte eine Verwachsung im Unterleib, die die »wurmförmige Bewegung der Därme verhindert und de[n] Creislauf des Blutes erschweret« hatte.[21] Der 26jährige Sohn eines Inwohners, Johann Christoph Zingel, hatte »grindige Materie« auf der Kopfhaut, die seine Säfte zum Stocken gebracht hatte.[22] Ein als Epileptiker bekannter Inlieger hatte sich nach Kühns Erkenntnis zwar aus »Schwermut«, nicht aber in suizidaler Absicht, sondern nur aus »Gedankenlosigkeit« ertränkt.[23] Die »Verhärtung« von Leber, Milz und Galle sowie »angespannte Gefäße« im Gehirn bewiesen dies.

Gerade Kühns Physikat war noch in den 1780er und 1790er Jahren von den Folgen der Schlesischen Kriege geprägt. Ein Großteil der Selbstmörder waren arme, um die 60jährige Handwerker und andere landlose Gruppen, die Kriegsverletzungen erlitten hatten oder deren Familien und Habe an physischen wie ökonomischen Kriegsfolgen und den Auswirkungen der

---

2 und 3 viel größere Zeiträume zwischen den einzelnen Todesfällen liegen als im ersten. Außerdem wurde eine große Zahl von Leichenfunden als zweifelhafte Unfälle verbucht. Von 15 eindeutigen Selbstmorden im ersten Band waren 13 aus Melancholie begangen worden, einer wegen Schmerzen und einer aus Angst vor Strafe wegen Diebstahls.

18 *Kühn*, Sammlung, Bd. 1, 1791, Kap. VII, Fall 3 und *ebenda*, Kap. VIII, Fall 1.

19 Im Vorwort zum zweiten Band betonte Kühn dennoch, Sektionen seien nur noch selten nötig, da die physischen Todesursachen oft auf der Hand lägen. Dabei war für Preußen noch 1791 das Königliche Reskript zur Sektionspflicht bei Leichenfunden erneuert worden, siehe *ebenda*, Bd. 2, 1796, Kap. IV, Fall 6, hier S. 68.

20 *Ebenda*, Bd. 1, 1791, Kap. VI, Fall 2.

21 *Ebenda*, Bd. 2, 1796, Kap. V, Fall 2.

22 *Ebenda*, Fall 4.

23 *Ebenda*, Bd. 1, 1791, Kap. VI, Fall 10.

Protoindustrialisierung langsam zugrunde gingen.[24] An Bezeichnungen wie »altes Weib«, »alter Bauer« etc. und auch in den Aussagen vieler Menschen jenseits der 55 wird eine frühe Definition von Alter deutlich. Spätestens dann galt man als alt und arbeitsunfähig. Frauen waren nicht mehr gebärfähig, körperliche Kräfte waren in einem sehr früh einsetzenden harten Arbeits- und Lebenskampf verbraucht, Verschleißerscheinungen und chronische Erkrankungen wurden jetzt schmerzhaft spürbar. Solche sozio-ökonomischen und generativen Zusammenhänge dürften Ärzten aus dem zeitgenössischen Armutsdiskurs durchaus präsent gewesen sein, dennoch taucht in ihren Kommentaren Armut nur als zwar mitleiderregendes, aber individuell zu meisterndes Schicksal auf. Vielleicht erwähnten sie gesellschaftliche Mißstände aus taktischen Erwägungen heraus nicht, denn sie hätten einen Freitod vor Kirche und Gesetz nicht gerechtfertigt. Andererseits hatte sie als Gutachter nur deren somatischer Bereich zu interessieren, d.h. wenn extreme Armut und Hunger zu psychosomatischen Fehlfunktionen führten.[25] Ein wegen Diebstahls schon vorher ehrloser gefangener Selbstmörder löste hingegen keine Zweifel aus, er habe sich nur aus »Leichtsinn und nicht Furcht für Strafe oder Melancholie« an seinem Schnupftuch erhängt. Eine Obduktion war überflüssig.[26]

Komplizierter, dabei aber die häufigste Variante, war eine Kombination aus »physisch-moralischen Ursachen«: Ein friesischer Warfsmann beging Selbstmord, weil er mit dem schlechten Gewissen, seinen neunjährigen Sohn noch kurz vor Ausbruch dessen tödlich verlaufender Krankheit geschlagen zu haben, nicht leben konnte.[27] Noch an seinem Todestag hatte der

---

24 Dies macht *Baumann*, Suizid, 1997, S. 500, auch für die hohen (und aufgrund einer extremen Dunkelziffer vermutlich immer noch unterschätzten) Suizidraten in Großstädten wie Berlin verantwortlich, siehe auch S. 487ff.
25 Politische Bewertungen wie in den Abhandlungen der bekannten Medizinaufklärer Johann Peter Frank und Johann Carl Wilhelm Möhsen, die sich mit Arbeitsbedingungen, Erziehung, Mißständen im Militärwesen und anderen Bereichen der Volksgesundheit, »medicinische Polizey« genannt, beschäftigten, hatten in einem Gutachten nichts zu suchen, tauchten allerdings in Kindsmordgutachten verstärkt auf. – Zu Franks »medicinischer Polizey« siehe *Pieper*, Körper, 1998, zu Möhsen und seiner 1788 aus Angst vor persönlichen Konsequenzen nur anonym publizierten Berliner Suiziduntersuchung als Sozialkritik (vor allem am Militärwesen) siehe *Baumann*, Suizid, 1997.
26 *Kühn*, Sammlung, Bd. 1, 1791, Kap. VII, Fall 6.
27 So der Auricher Physikus Dr. Siemerling, in: *Pyl*, Aufsätze, 3. Slg., 1. Ab., 1785, Fall 27.

Mann seinem Bruder, der ihn mit der Kraft des Glaubens und dem mit vielen Eltern geteilten Schicksal nicht zu trösten vermochte, gegenüber geäußert, »daß er so beängstigt und traurig wäre, als läge die ganze Welt auf ihm ... daß er dies zwar alles selber wüßte, daß es ihn aber gar nicht beruhigen könnte«. Bei der Sektion zeigten sich Leber, Milz und Gedärme als erkrankt, was zu Verstopfung geführt hatte, die wiederum auf die Brusthöhle gedrückt und dabei den »Umlauf des Blutes« gestört hatte. So waren Vollblütigkeit im Gehirn und in ihrer Folge Herzensangst und Schwermut ausgelöst worden, die sich der Willenskraft des Mannes entzogen.

Zentral für solche postmortalen Gemütszustandsdiagnosen, die auch den Arzt vor dem Verdacht eines Gefälligkeitsgutachtens schützten, blieb die immer wieder angemahnte »Öffnung der drei Höhlen des Körpers« (Schädel, Brust und Bauch). Mangels klarer Normen konnte jeglicher Befund den lokalen Medizinlaien der Untersuchungsbehörden als Krankenbild angeboten werden, der halbwegs plausibel klang. Die tragischen Folgen der »ungeheuren Quantität Fett«, die man im »Schmeerbauch« eines 50jährigen fand und die ein anderer Selbstmörder auf den Lungenflügeln aufwies, scheinen eher bizarre Auswüchse der sonst auf Hirn, Milz, Galle und Uterus konzentrierten Diagnostik gewesen zu sein.[28] Manchmal paßten Sektionsbefund und Erzählungen der Hinterbliebenen gar nicht zusammen. Zwar hatte der Obduzent bei einem 31jährigen Bauern, der sich in der Scheune erhängt hatte, eine riesige Leber und Milz entdeckt, doch das Gehirn war entgegen den Erwartungen ohne Befund.[29] Witwe und Bruder hatten einen neuerdings aufgetretenen unerträglichen Kopfschmerz betont, der mit vom Physikat besorgten Medikamenten nicht hatte besiegt werden können, welche aber heftige Leibschmerzen ausgelöst hatten. Statt der erhofften Besserung verschlechterte sich der Zustand täglich: Der Bauer hatte

> »zu Gott geseufzt« und »lamentirt, wie es ihm ergehen werde, wann es herauskomme, ... so daß sie daraus freylich geschlossen, daß er ganz melancholisch seyn müßte ... Seye immer ganz betrübt und zerstört herumgegangen und hätte sich alles Zuspruchs ungeachtet nicht mehr zu Bette legen wollen, weil er immer befürchtet, er werde gestraft, wann er sich zu Bett lege.«

Im sonntäglichen Gottesdienst war er nicht mehr in der Lage, das Lied im Gesangbuch zu finden, »und seye also schon ganz verwirrt gewesen«. Sol-

---

28 *Ziegler*, Beobachtungen, 1787, XIX, S. 172f.
29 *Schweickhard*, Beobachtungen, Bd. 2, 1789, XXXIII.

che mysteriösen Fälle waren nicht selten, physiologische Schwermut durfte gemutmaßt, konnte aber letztlich nicht bewiesen werden.

Frauen werden erheblich seltener erwähnt als Männer. Daß dies durchaus der tatsächlichen Verteilung der Suizide entsprochen haben mag, zeigen nicht nur die wenigen quantitativen Untersuchungen.[30] Schon zeitgenössische Dissertationen betonten, daß hauptsächlich Männer – weil sie neben Armut, religiösen Ängsten und ökonomischen Problemen vor allem den »Reitzungen der Wollüste« zum Opfer fielen – aus enttäuschter Liebe »das elendige qualvolle Erdenleben nicht länger ertragen wollen«.[31] Welche dramatischen Folgen Liebeskummer im Körper eines Mannes nach sich ziehen konnte, verdeutlicht der Fall eines »immer treu und redlich« gewesenen Pfarrknechtes, der sich nach der Zurückweisung durch eine Magd ertränkt und dessen Arbeitgeber in letzter Zeit »deutlich einen Schwachsinn und zu Zeiten Verrückung bemerkt« hatte.[32] Bronchien, Leber und Milz waren krank, der Darm verstopft, und in der Zirbeldrüse fanden sich »verhärtete Körperchen«.

Hatte ein Mitglied des starken Geschlechtes durch Suizid seine Schwäche bewiesen, mußten mangels körperlicher Ursachen befriedigende Erklärungen gefunden werden, die solches »Scheitern« als Ausnahme von der Regel unterstrichen. Solche Männer wurden durch Effeminisierung ihrer Emotionen (Liebeswahn als eigentliches Monopol der Frauen) aus den Reihen der »gesunden Vernunft« ausgeschlossen. Die Definition des Selbstmordes als Krankheit machte es grundsätzlich leichter, mit dem Problem umzugehen.

Um den physiologischen Selbstmordursachen generell auf die Spur zu kommen, wurden in einer frühen Form der Grundlagenforschung auch die

---

30 *Merrick*, Patterns, 1989, S. 44, stieß auf beinahe 80% männliche Selbstmörder. Auch *Baumann*, Suizid, 1997, S. 490 und *Watt*, Family, 1996, S. 64 f., bestätigen diese Tendenz. Letzterer stellte für Genf ein in der zweiten Hälfte des 18. Jahrhunderts zunehmendes Ungleichgewicht fest.

31 So Dr. Johann Eberhard Sagel, Abhandlung, daß der Selbstmord vor dem medicinischen Richterstuhl nicht allemal verschuldet sey, in: Weiz, Sammlung, Bd. 1, 3. St., 1794, S. 62 f. Sagel betonte ebenfalls die Bedeutung körperlicher Ursachen, denn nur in einem gesunden Körper wohne bekanntlich ein gesunder Geist. In Weiz' Sammlung finden sich noch weitere Dissertationen zum Thema. – Liebeskummer und Einsamkeit als dominantes Motiv fand auch *Watt*, Family, 1996, S. 72–76, mit Ausbreitung neuer romantischer Liebesvorstellungen in Genf vor.

32 *Schweickhard*, Beobachtungen, Bd. 1, 1789, XXXVI.

Leibeshöhlen weiblicher Leichen einer detaillierten Untersuchung unterzogen: So fand Kühn bei einer 18jährigen Ledigen eine melancholische Galle, die durch eine kranke Leber verursacht worden war.[33] Die so produzierte »Vollblütigkeit« drückte auf die »Knochenfortsätze« des Gehirns und löste epileptischen Wahnsinn aus, der durch die bekannte Neigung der Toten zum Branntwein noch verstärkt worden sei. – Eine Bäckersfrau, die sich 1787 die Kehle durchschnitten hatte, konnte die Schmerzen des Wundbrandes nicht mehr ertragen.[34] Ihre Verzweiflung ließ sich an entzündetem Uterus und Ovarien sowie an der mit »schwarzer Galle« gefüllten Gallenblase ablesen. Den kümmerlichen Zustand ihres Körpers hatte dem ärztlichen Befund nach nicht nur die schlechte Behandlung durch ihren Mann und ihre Kinder verschuldet, sondern auch sie selbst. War sie doch »von Natur hart, etwas grausam, unempfindlich und bey ihrer grossen Neigung zum Zorn oft desparat und wütend«.[35]

Die stets immanente Bedeutung der Synonymität von weiblicher Physis, Charakter und Ehre in der Gerichtsmedizin läßt sich auch daran erkennen, daß bei der Sektion von Frauenleichen vielfach zunächst das Hymen und die Gebärmutter untersucht wurden, um Selbstmord aus Scham über den Ehrverlust nach einer Vergewaltigung oder wegen einer unehelichen Schwangerschaft ausschließen zu können.[36] Wurde bei weiblichen Leichen überraschend ein Fötus entdeckt, versuchte man erst recht Erkundigungen über ihren Gemütszustand in den letzten Wochen oder Monaten einzuholen.[37] Anfang des Jahrhunderts wurden zu solchen Sektionen mancherorts

---

33 *Kühn*, Sammlung, Bd. 1, 1791, Kap. VI, Fall 18.
34 *Fahner*, Beyträge, 1799, Teil A, IX.
35 Ob derartige Gutachtungen letztlich tatsächlich zu einem ehrbaren Begräbnis führten, hing vom sozialen Status und Ruf der Person im Dorf ab. Dies bestätigen auch *Lederer*, Aufruhr, 1994, besonders S. 195 und *Frank*, Geduld, 1994, S. 180ff. und S. 186. Daß es sich in beiden Arbeiten bei allen Fällen von Begräbnisrevolten ausschließlich um weibliche Leichen handelte, mag am geringeren Sozialstatus der Frauen liegen, die in keiner dörflichen Korporation vertreten waren, von deren ausschließlich männlichen Mitgliedern der Widerstand gegen ehrbare Beisetzungen stets ausging.
36 Z. B. *Kühn*, Sammlung, Bd. 1, 1791, Kap. VIII, Fall 2.
37 1789 wurde eine Köchin morgens tot im Bett gefunden. Trotz des bei der Sektion entdeckten viermonatigen Fötus entschied man gegen Suizid, da sie in letzter Zeit zwar trauriger als sonst, aber nicht wirklich lebensüberdrüssig gewirkt hatte. Vermutlich war sie nachts an Dämpfen aus dem Kohlenbecken erstickt, *Pyl*, Aufsätze, 7. Slg., 1. Ab., 1791, Fall 11/13.

noch Hebammen zugezogen.[38] Außerdem war bei Frauen gemäß der Theorie des »furor uterinus« eine »physikalische Ursache« für letale Geistesverwirrung primär in Uterus und Ovarien zu suchen. Ein Kammermädchen hatte sich 1728 wegen der von verschiedenen Mitmenschen bemerkten und »Stockungen« im Gehirn verursachenden »mensium suppressione« die Kehle durchschnitten.[39] Auch ein Dr. Bach diagnostizierte 1785 bei einer 44jährigen Gastwirtin Wucherungen an den Eierstöcken, die dazu geführt hatten, daß Nervensäfte und das Gehirn »übel genähret« worden waren, »sie immer an der Brust gearbeitet, um der Herzensangst und Beklemmung Luft zu machen«.[40] Dem Obduzenten war bekannt, daß ihre Gedanken »wegen der von ihrem Manne erlittenen Grausamkeiten … in eine traurige Unordnung und Furchtsamkeit gerathen« waren und sie wegen eines verkrüppelten Armes Sorge hatte, sich nicht allein ernähren zu können. Schon länger hatte sie über »Ängstlichkeit« geklagt, war nachts schweißgebadet erwacht und ruhelos umhergelaufen, wie die bei ihr schlafende Magd berichtete. Dennoch, so war der Gutachter überzeugt, wäre es ohne die »scirrhösen Verhärtungen [i. e. Wucherungen] in den Eyerstökken« nicht zu einer solchen Verzweiflungstat gekommen. In der Konsequenz führte dies ohne konkreten Befund zur Unehre, wie zum Beispiel bei jener 31jährigen, deren Mutter zwar betonte, ihre Tochter sei »seit einiger Zeit wegen mißvergnügter Ehe sehr betrübt und melancholisch gewesen«. Doch die Sterbende selbst hatte dem herbeigerufenen Chirurgen nur das medizinisch nicht ausreichende Motiv der »Verzweiflung« genannt.[41]

Der Tod einer Häuslerin, die »sich nie als melancholica sive maniaca gezeigt« hatte, konnte hingegen natürlich erklärt werden.[42] Sie war Tage zuvor an einer »Blasenrose« erkrankt und mit »Bleyweis und Mehl« eindeutig falsch behandelt worden.

»Hierdurch hat man das Zurücktreten der scharfen Blasenrosenmaterie nach den inneren Theilen bewirkt und sie der Blutmasse beigemischt, wodurch Fieberhitze hat

---

38 Vgl. *Troppanneger*, Decisiones, 1733, Dec. III, VI.
39 *Ebenda,* Dec. IV, X.
40 In: *Pyl,* Aufsätze, 4. Slg., 1. Ab., 1786, Fall 2. Der Arzt hatte als zuständiger Physikus bereits im November des Vorjahres das Amt von seiner Melancholie- und Suizidbesorgnis informiert, das aber offenbar nicht reagiert hatte.
41 *Ebenda,* 2. Slg., 1. Ab., 1784, Fall 20.
42 *Kühn,* Sammlung, Bd. 2, 1796, Kap. IV, Fall 3.

entstehen müssen. Hierzu kommt noch die dreytägige Verstopfung und der hier unvermeidliche Nervenreiz. Es hat also ihr Fieber desto heftiger werden und in ein consensuelles Rasen ausarten müssen, wo sie dann in paroxysmo delirii sich ihr Leben selbst im Wasser verkürzt hat.«

Wie »Schwachsinn« war auch »Melancholie« eine erbliche Disposition und konnte durch ein entsprechendes familiäres Umfeld ehrenrettend wirken. Die 62jährige Witwe Rosina Teichlerin aus Hartliebsdorf stammte aus einer bekanntlich melancholischen Familie.[43] Ihr »angeerbtes Blut« hatte wegen der »sonderbaren Beschaffenheit« von Milz und Galle seine »Cirkulation« gefährlich verändert.

Waren weder Motive noch auslösende Reize ersichtlich, konnten unbescholtene Personen damit rechnen, daß ein Suizidverdacht revidiert wurde. So verfuhr man bei der 65jährigen verarmten Schuhmacherswitwe Monsky aus Crumöls und machte einen durch Altersschwäche bedingten Schwindelanfall für den »Sturz« von einer Brücke verantwortlich.[44]

Die Befunde über »hypochondrische Mannspersonen und hysterische Weiber« in der Praxis der Physikate fanden durchaus ihre Entsprechung im medizinischen Forschungsstand der Zeit. Die zumindest subjektiv beobachtete Zunahme von Selbsttötungen gegen Ende des 18. Jahrhunderts zwang gerade die aufklärungsorientierten Mediziner zur Suche nach Ursachen, die – bewußt oder unbewußt – gesellschaftliche Mißstände ausklammerten. Melancholie und Selbstmord wurden gerne als literarisch forcierte Modewelle abgetan (Beispiel Werther). Wen diese oberflächliche Erklärung nicht befriedigte, konnte sich letztlich nur an hypothetische Konstrukte klammern. Der »mainstream« hatte sich deshalb bald auf einen unkontrollierbaren Drang zum »Selbstmord wider Willen (suicidium involuntarium)« geeinigt, der sich als jahrelanger Krankheitsprozeß relativ unauffällig aufbaute.

> »Ob diese Kraft der Natur blos in den Muskeln oder in den Nerven und selbst in dem Zellengewebe oder in jeder Art der Fibern liege, ist mir jetzt einerlei. Soviel ist aber ganz gewiß, daß in uns eine gewisse Gemeinschaft des Gefühls sey, daß daher jede einzelne Theile in einen verborgenen oder offenbaren consensum gezogen werden, je nachdem irgend eine unangenehme Sache oder ein Schmerz die Fibern angreift und drängt. Aus dieser Quelle fließen unzählige Arten von Krankheiten, die ohne diesem physischen consensus erklärbar zu seyn scheinen … Wenn dem Magen nicht wohl ist, so schwächt die langsame Verdauung den Verstand, die Blähungen erregen eine un-

---

43 Siehe *ebenda*, Bd. 1, 1791, Kap. VII, Fall 8.
44 *Ebenda*, Fall 4.

erträgliche Beängstigung und eine Furcht für die Zukunft. Die Galle verursacht eine Unleidlichkeit, ein mürrisches Wesen und eine Traurigkeit. Die leidenden Präcordien bringen Hypochondrie, Melancholie, Manie, Hirnentzündung. Die Geschlechtstheile machen bei Männern Geilheit, Steiffheit des männlichen Gliedes, Dummheit, Irreden, Narrheit, Verlust des Gedächtnisses und die übrigen Fehler der Seele; bei Weibspersonen unersättlichen Trieb zum Beischlaf, heimliche Liebe, Nymphomanie, Furor aus der Gebärmutter, Fallsucht Catalepsis, fließt aber die Geburtsreinigung nicht gehörig oder wird sie unterdrückt, Wahnsinn u. d. gl.«[45]

Leichensektionen nach Suiziden boten willkommene Gelegenheiten, die Lücke zwischen Körper und Gemüt zu schließen. Endlich konnte unter die Haut und hinter die Stirn gesehen, nach »physikalischen Grundsätzen« für Handlungsmotive gesucht und eine logische Brücke zwischen Stimmungen und körperlichen Befunden geschlagen werden. Dieser zwischen Existenzangst, Schmerzen oder emotionalem Streß und Erkrankung des Gemüts gezogene Kausaldeterminismus hatte in den 1790er Jahren bereits den popularmedizinischen Diskurs erreicht.[46] Wenn sich ein Doktor W. angesichts eines erhängten 60jährigen, der unter »Engbrüstigkeit« gelitten und mehrmals Todeswünsche geäußert hatte, weigerte, Rückschlüsse vom Körper auf die Seele zu ziehen und den Erkenntnissen der »benachbarten Gefilde[n] der Physiologie und Psychologie« mißtraute, stellte er im Chor der Gutachter die große Ausnahme dar.[47]

Angesichts der häufig beklagten Zunahme und Zuspitzung seelischer Krisen stellte sich gerade für den praktischen Arzt primär die Frage nach Prävention.[48] Voraussetzung dafür waren geschärfte medizinische Sinne. Um die Früherkennung suizidaler Melancholiestadien zu erleichtern, versuchte man, die Symptombeschreibungen zu verfeinern. Die bekannte Dissertation von 1792 schilderte die Signale eines unmittelbar bevorstehenden Selbstmordversuches eindringlich:

»... der Blick ist ängstlich, die Stirn naß von zähem Schweiß, die Augen sind matt, schmutzig, trübe oder glänzend, verwendet, verdächtig. Der Mund steht offen, das Othemholen ist ängstlich und frequent, der Puls verändert sich verschieden nach dem verschiedenen Affect. Es mangelt an Verlangen nach Speisen und Getränken, die

---

45 »Sagels Abhandlung« 1792, in: *Weiz*, Sammlung, Bd. 1, 3. St., 1794, S. 71 f.
46 Vgl. etwa *Weikard*, Arzt, Bd. 1, 1798, S. 253 ff.
47 In: *Schweickhard*, Beobachtungen, Bd. 3, 1789, XVIII. Allerdings betonte der Autor angesichts der Häufigkeit des Suizids die Dringlichkeit gesicherten Wissens.
48 Siehe dazu auch *Frank*, Geduld, 1994, S. 161 f. und S. 181 f.

Präcordien schmerzen und sind heiß, der Leib ist verschlossen, die Hände werden abwechselnd heiß und kalt, sie schwitzen gelinde, und bewegen sich wider willen. Im Schlafe erschrickt der Kranke und springt aus dem Bette. Es erfolgt öfteres Seufzen, Narrheit oder Unempfindlichkeit, ein argwöhnisches Stillschweigen und Verzweiflung, die sich aus dem Mißtrauen, der Verängstigung, dem Eckel, dem unbändigen Zorn und der ausgelaßnen Kühnheit fast muthmaßen läßt. Daß es bis aufs äußerste gekommen ist, lehren die gelbblasse Farbe, die vom kalten Schweiß nasse und zusammengezogne Stirn, herauswärtsgetriebne, starre, wilde, grause Augen, eine trockne, schwarze und zitternde Zunge, ein schäumender oder hartnäckig verschloßner Mund, Eckel für Nahrungsmittel und Medikament, ein zusammengeschnürter Schlund, ein sehr öfteres und keuchendes Othemholen, ein unordentlicher Puls, ein einwärtsgezogener Unterleib, kein oder einem ruhig Schlafenden und Betrügenden ähnlicher Schlaf, endlich ein heimliches oder wüthendes Bestreben, sich davon zu machen, zu entfliehen, zu tödten.«[49]

Diese Aufzählung beinhaltete größtenteils vertraute Zeichen und wies auf die Verwandtschaft von Mord und Selbsttötung hin. Die Verantwortung, die Verschärfung einer Situation rechtzeitig zu erkennen, mußte somit weiterhin der Umgebung überlassen bleiben. Suizidprophylaxe durch Einweisung, medikamentöse Behandlung oder Überwachung wurde angesichts solcher Unsicherheiten sehr unterschiedlich gehandhabt und war nicht nur von der territorialen Gesetzgebung, sondern auch von subjektiven Faktoren wie Mitleid oder Einschätzung der Wiederholungsgefahr abhängig.[50]

Viele Berichte verraten, daß manch tödlichem Ausgang bis zu vier Suizidversuche vorausgingen. Eine Kunzendorfer Schmiedin hatte sich zum Beispiel 1787 wegen unerträglicher Schmerzen erhängt.[51] Ein halbes Jahr war sie nach Aussage des Physikus »mit hysterischen Zufällen behaftet gewesen«, die sich bei der Sektion anhand eines verhärteten Magens und Darms bestätigten. Sieben beziehungsweise zwei Wochen bevor ihr der Freitod gelang, war sie bereits zweimal bei Versuchen gestört worden,

---

49 »Sagels Abhandlung« 1792, in: *Weiz*, Sammlung, Bd. 1, 3. St., 1794, S. 92f.
50 Zur Unterbringung Verhaltensauffälliger in Armenhäusern und kirchlichen Spitälern vor der Einrichtung von Irrenhäusern vgl. ausführlich das Kapitel »Einweisungen« in dieser Arbeit und *Vanja*, Leids, 1994, passim. Zu Medizintherapie und Überwachung siehe auch *Lind*, Selbstmord, 1997, S. 81–84, S. 87f., S. 404f. und S. 419–423 sowie *Wegert*, Culture, 1994, S. 179–182, der Suizidwünsche ähnlich den Physici im 18. Jahrhundert pauschal als physiologisch bedingte Schizophrenien bewertet.
51 *Kühn*, Sammlung, Bd. 1, 1791, Kap. VII, Fall 4.

ohne daß eine Einweisung oder Überwachung erfolgt wäre. Auch die 30jährige Bauernwitwe Anna Elisabeth Wendrich hatte mehrere Selbstmordversuche hinter sich, bevor sie sich 1790 erhängte.[52] Eine Sektion fand nur statt, weil ihre Verwandten die »den Chirurgen, bey dem sie in Kur gegeben worden und in dessen Hause sie sich auch gehangen hatte, in Verdacht einiger Mißhandlungen hatten«, darauf bestanden. Die 26jährige ledige Stieftochter eines Gerichtsschulzen hatte sich – wie so viele – die Kehle durchschnitten und war trotz aller Versuche, die Blutung zu stillen, nach einigen Stunden gestorben.[53] Sie hatte vier Jahre zuvor schon »starke Anfälle von Melancholie« gezeigt und war eine Weile erfolgreich medikamentös behandelt worden. Wiederauftretende schwächere Symptome waren nicht ernst genommen worden. Medikamentöse Therapie seitens der Angehörigen war im Rahmen der finanziellen Mittel auch in nichtbürgerlichen Kreisen üblich. Daß solche Präventivmaßnahmen oft versagten, mußte auch die Familie einer selbst stillenden Handwerkerin erleben, bei der der Gutachter postum »Milchversetzung« als Ursache diagnostizierte. Man hatte ihr bei den ersten Anzeichen von Melancholie den Säugling weggenommen.[54]

Selbst wenn Gewalt in der Ehe, finanzieller Ruin, Erwerbsunfähigkeit oder soziale Diskriminierung von den Ärzten als »äußere« Ursache für Niedergeschlagenheit erkannt wurden, waren sie überzeugt, mit Medikamenten jede Depression in den Griff zu bekommen. Schlug ein solcher Rettungsversuch fehl, hatte man sie einfach zu spät benachrichtigt. Auch Johann Christoph Zingels Leben hätte nach Meinung des Kreisphysikus gerettet werden können, wenn man – anstatt ihn zwei Monate lang »anzuschließen« und zu bewachen, bis er wieder »ordentlich geschienen« – rechtzeitig seinen Ausschlag am Kopf behandelt hätte.[55]

Prävention in einem sehr frühen Stadium wird hin und wieder erwähnt.

---

52 *Ebenda*, Fall 12.
53 *Ebenda*, Kap. VIII, Fall 2. Die Sektion ergab, daß die Schnittverletzungen nur leicht waren, dafür aber Verwachsungen und Knochenwucherungen (»apophysibus cranii«) im ungewöhnlich trockenen Gehirn, schwarze Galle und Milz, eine verhärtete Leber sowie Blut im Darm zur Tat und auch zum Tode hatten führen müssen.
54 *Pyl*, Aufsätze, 3. Slg., 1. Ab., 1785, Fall 23. Ähnliches findet sich bei *Büttner*, Unterricht, 1769, XXXVII und *Kühn*, Sammlung, Bd. 2, 1796, Kap. VII, Fall 6.
55 *Kühn*, Sammlung, Bd. 2, 1796, Kap. V, Fall 4.

Solche Aktivitäten gingen stets allein von den Angehörigen aus, denen die Kontrolle einer Situation zu entgleiten drohte. Den logischen Schluß zwischen Suizidgefahr und Melancholie zog explizit schon 1731 eine Bäuerin aus einem Dorf bei Dresden, deren 46jähriger Mann seit Jahren Abendmahl und Kirchgang verweigerte, weil »er an seiner Seelen Seeligkeit zweifelt[e]«. Alle Bemühungen seitens der Familie und des Pfarrers, ihn zum Umdenken zu bewegen, waren vergeblich. Die Frau bat aber erst um (vermutlich temporäre) Einweisung ihres Mannes, obwohl sie damit die zweite Säule der Familienökonomie demontierte, als der zunehmend »kläglich und ängstlich, ja fast continuirlich« weinte. Ihr war der Suizid des Schwagers noch in mahnender Erinnerung.[56]

Hatte ein Mensch allen medizinischen und seelsorgerischen Maßnahmen zum Trotz seinem Leben erfolgreich ein Ende gesetzt, war es Sache des ihn behandelnden Arztes, gerade wenn er gleichzeitig der Obduzent war, jeglichen Verdacht einer falschen Behandlung weit von sich zu weisen. Nicht nur für Fahner war die Sektion eines ehemaligen Patienten deshalb eine heikle Angelegenheit.[57] Neben gesunden Nieren, Milz und Leber entdeckte er grünen Schleim in der Gallenblase und merkwürdig schwarzverklumptes Blut in den Schlagadern. Als er noch Wasser, eine vergrößerte Zirbeldrüse und einen Knochenauswuchs im entzündeten Gehirn fand, stellte er erleichtert fest, »daß dieser Unglückliche wahnsinnig gewesen ist« und man dies nicht hätte ahnen können. Schuld am Suizid waren zweifelsohne die harte Arbeit, die Neigung des Verstorbenen zu Branntwein, die seinen Verdauungstrakt »verdorben« und alles in »Unordnung« gebracht hatten. Außerdem hatte sich der Mann über Jahre hinweg als äußerst widerspenstiger Patient erwiesen, der den Anweisungen des Arztes nur selten gefolgt war, obwohl er ständig über Beängstigungen, Schlafmangel, Reizbarkeit, Rückenschmerzen, Heißhunger und kalte Extremitäten geklagt hatte. In seinem Bericht schilderte der unter Rechtfertigungsdruck stehende Physikus ausführlich, welche Diätvorschriften und Lebensregeln er seinem Patienten immer wieder vergebens ans Herz gelegt habe. »Aber da standhafte Entschließung und Festigkeit im Charakter

---

56 *Troppanneger*, Decisiones, 1733, Dec. VI, IV. Dem Gesuch wurde stattgegeben, weil der Gutachter sowohl Suizid als auch Mord an den Angehörigen befürchtete.
57 *Fahner*, Beyträge, 1799, Teil B, II.

überhaupt seine Sache nicht war«, mußte es ein böses Ende nehmen, denn der Mann verrannte sich in die Idee einer unheilbaren Krankheit, deren Qual er durch den Freitod zu entgehen suchte. Der letzte Versuch, durch einen Aderlaß an den Hämorrhoiden, von dem sich der »Hypochonder« Rettung versprach, wurde von Fahner zugunsten warmer Fußbäder und Klistiere verworfen. Niemand hatte die Suizidankündigungen ernst genommen. Fahner mußte zugeben, daß auch er dem Mann die Tat nicht zugetraut hatte, »weil ich seinen muthlosen und unentschlossenen Charakter recht gut kannte«.

Die Feinheit der Differenzierung zwischen nach wie vor selbstverantwortlich zu ertragender »normaler« Niedergeschlagenheit, Traurigkeit, Verzweiflung und gotteslästerlichem Lebensüberdruß im Gegensatz zur krankhaften echten Melancholie ist aus heutiger Sicht nicht mehr nachvollziehbar, war aber auch im 18. Jahrhundert eher rhetorischer Balanceakt auf schwankendem Boden.[58]

Von Selbstmordwünschen Gepeinigte hatten derartige Definitionsprobleme nicht. Während die einen sich völlig zurückzogen und auf jegliche Hilfestellung aggressiv reagierten, versuchten andere, von sich aus Gegenmaßnahmen zu ergreifen, da sie sich selbst für krank hielten. Dabei wurde meistens aus eigenem Antrieb eine Kombination aus religiösen und medizinischen Hilfsmitteln angewandt. Im Zentrum standen das laute Gebet und religiöser Gesang oder besonders häufige Kirchenbesuche und Lektüre geistlicher Schriften. Zusätzlich wurden medizinisch erfahrene Personen aufgesucht, die Purganzen oder Aderlässe verabreichten. Diese Kombination von medizinischer und ritueller Behandlung entsprach dem traditionellen Verhalten, nach dem ganzheitliche Heilung in christlich sanktionierter wie auch als Aberglauben diskriminierter magischer Medikamentation gesucht wurde. Rein magische oder christlich-magische Heilpraktiken, wie sie Eva Labouvie für den Saarraum nachgewiesen hat, werden im Zusammenhang mit melancholischen Krankheiten nie und auch bei anderen

---

58 *Lederer*, Aufruhr, 1994, S. 192, beschreibt die zeitgenössische Definition des Suizids aus Verzweiflung als »Seelenzustand, der die Betroffenen ihre Hoffnung auf Wiederauferstehung und ewiges Leben verlieren ließ«, weshalb ihnen ein kirchliches Begräbnis hätte versagt werden müssen, da sie nicht aus Flucht vor einer schmerzhaften Krankheit gehandelt hätten. Der Unterschied zur klinischen Schwermut wird jedoch auch hier nicht deutlich.

Krankheiten nur selten erwähnt.[59] Da Ärzte gegen Aberglauben, auch den von Pfarrern praktizierten, wetterten, steht zu vermuten, daß im 18. Jahrhundert die Anwendung solcher Heilmethoden auch bei der Bevölkerung zurückging, selbst wenn man unterstellt, daß die Abneigung der Aufklärer gegen traditionelle Methoden bekannt war und die Menschen ihnen deshalb einiges verschwiegen haben mögen.

Verschlimmerte sich der Zustand trotz verschiedener Maßnahmen weiter, bereiteten die Menschen ihren Selbstmord planvoll vor, indem sie Messer schärften, Gift besorgten, sich von ihnen Nahestehenden verabschiedeten, Briefe schrieben oder mögliche Zeugen trickreich vom anvisierten Sterbeort fernhielten. Ein 40jähriger »robuster, darbey aber auch etwas harter cholerischer Mann«, der Schulden und Familienkonflikte nicht mehr ertragen konnte, bestellte vor seiner Vergiftung beim Pfarrer sogar noch den vielsagenden Leichentext: »Ach Herr! Erzeige mir Gnade, und nimm meinen Geist weg in Friede, denn ich will lieber todt seyn, denn leben« (Tob. 3, V. 6), ohne daß daraufhin jemand reagiert hätte.[60] Ein anderer hatte im Gegensatz zu den meisten, die sich zum Sterben zurückzogen oder die Nacht abwarteten, seinen Suizid als öffentlichen Protest inszeniert und sich 1776 auf der Hauptstraße des Ortes die Kehle durchschnitten, nachdem ihm vier Jahre zuvor bereits ein ähnlicher Versuch im Rathaus mißlungen war.[61] Damals hatte die Obrigkeit »aus Mitleiden« den Mann nicht nur nicht verhaftet, sondern ihn sogar entgegen der Ehrenkodizes der ständischen Berufswelt weiter arbeiten lassen, um ihn nicht zusätzlich zu destabilisieren. Fremden gegenüber war man nicht so verständnisvoll.[62]

Üblicherweise zog der Versuch einer Selbsttötung rechtliche Konsequenzen nach sich. Sobald die Überlebenden einigermaßen genesen waren, wurden sie verhaftet, in gnädigeren Ämtern auch zu Hause bewacht und außer vom Gericht auch vom Amtsphysikus verhört und auf ihren Geistes-

---

59 *Labouvie*, Künste, 1992, S. 95–111.
60 *Hasenest*, Richter, Bd. 1, 1755, XVIII.
61 *Ziegler*, Beobachtungen, 1787, XIX.
62 Dies zeigt zum Beispiel der Umgang mit einem heimatlos gewordenen Mann, den eine Wirtin wegen Suizidverdachts aus ihrem Gasthaus wies. Auch der Physikus, der später bei der Leiche Pulver gegen »Brustbeklemmungen« fand, weigerte sich, Melancholie zu diagnostizieren, vgl. *Pyl*, Aufsätze, 7. Slg., 1. Ab., 1791, Fall 20/22.

zustand hin untersucht.[63] Andere wurden nach einiger Zeit der Sicherheitsverwahrung dahingehend beurteilt, ob man sie ohne Wiederholungsgefahr freilassen dürfe. Außer dem Fühlen des Pulses und einer Beschreibung von Physiognomie und Körpersprache konzentrierte sich die Untersuchung wie bei anderen psychiatrischen Gutachten auch auf die Selbstwahrnehmung der Betroffenen, vor allem auf die Gedanken und Tatmotive. Angesichts der – im Gegensatz zu den vielfach bereitwillig erzählenden Mördern – kaum bis gar nicht kooperationsbereiten Lebensmüden, blieb es meistens nicht bei einer Visitation, um jemanden zum Reden zu bringen. Bucholz zum Beispiel besuchte 1776 einen Mann über vier Wochen hinweg fast täglich und bemühte sich vergeblich, ihn zur Arbeit und zur Einnahme von Medikamenten zu bewegen.[64]

Ein über 60jähriger Bauer wurde 1755 nach zwei Suizidversuchen zu Hause begutachtet, wo er sich unter der Aufsicht seiner völlig überforderten Familie befand.[65] Auch er verweigerte dem Arzt jegliche Antwort auf Fragen nach möglichen Tatmotiven, berichtete erst nach langem Zureden über beängstigende Blähungen und einen schweren schmerzenden Kopf. Damit konnte der Arzt wenigstens »melancholia hypochondriaca« diagnostizieren – was die Familienehre rettete –, empfahl aber dringend Sicherheitsverwahrung. Weniger Glück hatte 1690 ein »bettelarmer« Tagelöhner, der im Rausch versucht hatte, sich zu erhängen, weil er seine Familie nicht mehr ernähren konnte, und von Frau und Nachbarn gerettet wurde.[66] Als er weiterhin drohte, sich umzubringen, und christlichen Zuspruch nur mit »gotteslästerlichen Reden« beantwortete, indem er den Teufel um Hilfe anrief und sogar auf dessen Gesundheit trank, wurde er verhaftet. Nun sollte der Arzt herausfinden, ob dieses Verhalten auf Melancholie, Alkoholismus oder reine »Bosheit« zurückzuführen sei. Der Kreisphysikus traf einen Kranken an, der unter Skorbut, offenen Beinen und Wasser litt, was ihn für seine Haupteinnahmequelle, nämlich Botengänge, untauglich machte. Der Gefangene berichtete dem mitleidigen Arzt ausführlich über seine Ängste

---

63 *Baumann*, Suizid, 1997, S. 496, stellte ebenfalls fest, daß auch in Preußen trotz eines gegenteiligen königlichen Ediktes noch nach 1747 gescheiterte Selbstmörder und Selbstmörderinnen ins Gefängnis kamen.
64 *Bucholz*, Beiträge, Bd. 1, 1782, S. 106–109.
65 *Daniel*, Sammlung, 1776, LIV.
66 *Zittmann*, Medicina, 1706, Cent. V, III, »Melancholia simulata«.

vor der Not im Alter und über seine Beschwerden in Kopf, Herz und Unterleib, die er mit Bier zu betäuben suchte. Das Gutachten bescheinigte dem Kranken eine echte »Manie«. Der Suizidversuch sei dem Mann vom »bösen Feind per occultam suggestionem ... selbst in das Hertze gegeben«. Dieses von physiologischer Grundlage abgeleitete religiöse Erklärungsmuster, das auch jene eingangs erwähnte »Hexe« 1709 verwendet hatte, wurde von der medizinischen Fakultät zurückgewiesen, die gerade einen Suizidversuch im Rausch für strafbar hielt. Die aus Krankheit und ökonomischer Verzweiflung entstandenen körperlichen Beschwerden, die um 1780 als »physisch-moralische Ursachen« Medizinstandard werden sollten, waren Ende des 17. Jahrhunderts noch nicht kanonisiert.

Eine 54jährige Soldatenwitwe profitierte hingegen 95 Jahre später von der neuen Selbstverständlichkeit dieses wissenschaftlichen Konstruktes.[67] Sie hatte ebenfalls wegen akuter Existenz- und Alterssorgen eine Selbsttötung versucht. Der sie zunächst behandelnde Regimentsfeldscher attestierte ihr, vor Melancholie »fast völlig von Sinnen« gewesen zu sein. Der Vertreter des Stadtphysikus traf die seit Wochen Bettlägerige bei seiner Visitation aus Angst vor »zeitliche[r] als auch geistliche[r] Bestrafung« verzweifelt weinend an. Sie klagte über Ohnmachten, rasende Glieder- und Kopfschmerzen, »als ob sich die Hirnschale zertheile«, und Alpträume. Angesichts ihres schwachen »gespannten« Pulses, der Verstopfung, Appetitlosigkeit und ihres »angebohrnen traurigen Temperament[es]« konnte nichts anderes als »Schwachheit der Seelenkräfte« diagnostiziert werden, so daß die befürchtete Bestrafung ausgeblieben sein dürfte.

Ein ernsthafter, vom Berufsethos erfüllter Arzt machte sich solche für das gerichtliche Urteil ausschlaggebenden Entscheidungen nicht leicht, verfügte aber über entsprechende analytische Kenntnisse, die für Laien Unsichtbares erst sichtbar machten. Nur professionelle Beobachtung enthüllte, daß hinter einem zunächst »gute[n] offene[n] Gesicht« ein »etwas starrendes nachher ans wilde gränzendes in seinem Blick« erkennbar wurde, daß einer Gegenstände fixierte, »dabey ungewöhnlich roth wird und die Augen voll Wasser werden«.[68] Die daraus abgeleitete »unchristliche Verzweiflung und unterdrückte Bosheit und Rachsucht« machten nur

---

67 Dr. Böhr in: *Pyl*, Aufsätze, 4. Slg., 3. Ab., 1786, Fall 10.
68 *Pyl*, Aufsätze, 4. Slg., 3. Ab., 1786, Fall 4.

einen geringen Teil krankheitsbedingter Melancholie aus. Ohne Umschweife wurde noch 1750 einem Bauern ein christliches Begräbnis durch den Arzt verweigert, der sogar forderte, den Körper »zu vertilgen«, weil ihn dessen »sehr liederlicher Lebenswandel ... mit Spielen und Saufen« gestört hatte.[69] Die rigide protestantische Ethik, die »Verzweiflung« als »unchristlich« oder »gotteslästerlich« bezeichnete, die Existenz- und Verlustängste ohne physiologisch manifeste Folgen je nach Ruf der Person als unmoralisch und selbstverschuldet geißelte, rührte aus jener vor- und frühreformatorischen Zeit, als noch der Teufel für Suizidgedanken verantwortlich gemacht wurde.

Die Hartnäckigkeit solch akademischen Aberglaubens findet ihre populäre Parallele im Umgang mit den Toten. Sämtliche Gutachter erregten sich über den manchmal tödlichen Aberglauben der »ungebildeten« Menschen. Zwar gab es in vielen Territorien nach preußischem Vorbild klare Vorschriften zur Reanimation nach gescheiterten Suizidversuchen,[70] doch hatten die unter Friedrich Wilhelm I. zunächst noch einmal verschärften Begräbnisdiskriminierungen und die Bestrafung des Suizidversuchs sicher nicht nur zu größeren Vertuschungsbemühungen seitens Angehöriger geführt, sondern auch die traditionelle Meidung des Umgangs mit den Leichen bestärkt.[71] Auch nach den beiden Edikten Friedrichs II. von 1747 und 1751, die die frühere Rechtslage aufhoben, war es noch üblich, Wasserleichen und Erschossene liegenzulassen, wo man sie fand.[72] Strangulierte hingen manchmal mehr als 24 Stunden, bis sie auf gerichtliche Anweisung von Abdeckern, Henkern oder nur unter Zwang delegierten Amtshelfern abgenommen wurden, falls nicht Familienmitglieder, deren Ehre ohnehin mitbeschädigt war, die Bergung der Leiche vorgenommen hatten.[73] In einigen

---

69 *Ruef*, Unterricht, 1777, S. 150f.

70 Im Königreich Hannover aber Jahre später noch nicht, wie *Schweickhard*, Beobachtungen, Bd. 1, 1789, XXXV, hier S. 281, bemängelte.

71 Dies bestätigt auch *Baumann*, Suizid, 1997, S. 494ff., vgl. auch *Baumann*, Diskriminierung, 1996.

72 Das Edikt vom 6. 12. 1751 findet sich zum Beispiel in *Uden/Pyl (Hg.)*, Magazin, Bd. 2, 1785, 4. St., S. 813 ff.

73 Dies bestätigen auch *Lind*, Selbstmord, 1997, S. 405 und S. 426f.; *Frank*, Ehre, 1995, S. 329ff.; *ders.*, Geduld, 1994, S. 163–166 und S. 169–175; sowie *Lederer*, Aufruhr, 1994, S. 200–208.

Fällen wäre nach Meinung der Gutachter noch Rettung möglich gewesen, hätte man zum Beispiel jenen 50jährigen ledigen Bauern sofort vom Strick geschnitten, statt ihn 18 Stunden hängen zu lassen.[74] Wie die meisten Erhängten hatte der Mann mit den Füßen den Boden berührend die Kehle nur in eine Schlinge gesteckt und sich durch sein Körpergewicht qualvoll selbst erstickt.[75] Auch ertrinkende Personen wurden nicht geborgen, wenn ihre Tötungsabsicht eindeutig war, während bei Unfällen sämtliche Rettungsmaßnahmen eingeleitet wurden.[76] Der »gemeine Mann« zog niemals eine Leiche ganz aus dem Wasser, was jede ernsthafte Reanimation unmöglich machte. Die Füße des Gefundenen mußten im Wasser bleiben, um »die Handlung einigermaßen wieder ehrlich zu machen«.[77] Selbst jene, die mit durchschnittener Kehle gefunden worden waren, lagen manchmal Stunden und verbluteten, weil man auf den alarmierten Chirurgen wartete, anstatt einen Notverband anzulegen, wie man es bei Unfällen durchaus zu tun pflegte.

Andererseits zeigen viele der gescheiterten Suizidversuche, daß gerade Familienmitglieder sehr wohl einschritten. In den wenigen Fällen, wo Verwandte oder dazu von Amts wegen verpflichtete Chirurgen oder Ärzte Wiederbelebungsversuche unternommen hatten, erschwerten diese häufig die gerichtliche Untersuchung. Aderlässe, die auch hier zum Standardrepertoire gehörten, verwischten andere Blutspuren, Frottieren und Bürsten der Haut täuschten Wärme und damit einen falschen Todeszeitpunkt vor und hinterließen irreführende Abschürfungen. Das Einflößen von Spiritus und anderen Flüssigkeiten verfälschte die Befunde von Mageninhaltsuntersuchungen, Tabak- und andere Klistiere die der Darmuntersuchungen.

Die Tabuisierung des Selbstmordes war im Denken breiter Bevölke-

---

74 Trotz Nachtfrostes war die Leiche noch warm, was auf einen erst kurz zuvor eingetretenen Tod schließen ließ, *Schweickhard*, Beobachtungen, Bd. 1, 1789, XXXV.

75 Solche Selbstmörder schienen noch um ein Minimum an Würde bemüht und versuchten, sich von der Schandstrafe des Erhängens zu unterscheiden. Gebrochene Genicke fanden sich bei Erhängten so gut wie nie.

76 Die verzweifelten Wiederbelebungsversuche an einem beim Baden ertrunkenen 16jährigen Bauernburschen, bis hin zum Einblasen von Tabakrauch (mit Hilfe einer dazu konstruierten Maschine) in den Mastdarm, schildert beispielsweise *Bucholz*, Beiträge, Bd. 2, 1783, S. 177–186.

77 So *Schweickhard*, Beobachtungen, Bd. 1, 1789, XXXV, hier S. 284.

rungsschichten längst nicht aufgehoben, auch wenn man Mitleid mit den Toten und ihren Familien äußerte. Ebenso mündete das aufklärerische Verständnis an physischen Vorgängen orientierter Ärzte nicht automatisch in pauschales Verständnis und Entschuldigung einer Selbsttötung. Auch in den Kommentaren der Mediziner wird das Entsetzen über das unverzeihlich Sündige an dieser Usurpation göttlicher Entscheidungsmacht deutlich, vor allem wenn keine körperlichen Ursachen gefunden wurden.

Im Zentrum eines Selbstmordes stand in vielerlei Hinsicht die *Angst*.[78] Alle Lebensüberdrüssigen äußerten Furcht vor Armut, Krankheit und Schmerz, die sich in Formen von Herzensangst, Beklemmungen oder verschiedenen Kopfbeschwerden manifestierte. Angehörige wußten von Seufzen, Weinen, Zittern, Lamentieren, Alpträumen, Verfolgungs- wie Bestrafungsphantasien zu berichten Auch die Furcht vor Ehrverlust und Strafe wurde in den Erklärungsversuchen der Familien und Überlebenden deutlich, und das Unbehagen vor symbolischer Verunreinigung und Entehrung im Umgang mit den Toten machte sich bemerkbar. Angst vor »Wiedergängern« und göttlicher Strafe in Form von Naturkatastrophen wie Mißernten, die die ganze Gemeinde treffen würden, ließ sich in den vorliegenden Quellen nicht nachweisen.[79] Außerdem drückt sich auch die Angst der Gutachter aus, die als behandelnde Ärzte gescheitert waren oder als Obduzenten schwer an ihrer Verantwortung für das weitere Procedere mit dem/der Entseelten und deren Angehörigen trugen.

Allen Erzählungen über Niedergeschlagenheit, Geistes- oder Gemütsstörungen bis hin zur Selbsttötung waren ausführliche Schilderungen von *Schmerzen* gemeinsam. Diese waren entweder Ursache, Folge oder Ausdruck einer Verkettung von unglücklichen Umständen und führten erst zur Konfrontation mit den Gerichtsmedizinern als behördlicher Repräsentanz. Schmerz war und ist das zentrale und polyphone Signal des Körpers, das »Unordnung« und Gefahr ins Bewußtsein ruft. Seelischer Schmerz wird zu physischem Schmerz, und körperliche Qualen zerrütten den Geist. Ohne erkennbare Ursache sinnlose oder endlose Pein behinderte demnach die Körperfunktionen und belastete das Denken bis hin zur völligen Zerstö-

---

78 Zur emotionalen Komponente besonders bei Männern siehe *Lind*, Rolle, 1997.
79 Solche Ängste beschreibt *Lederer* für Bayern im 17. Jahrhundert, in: Aufruhr, 1994, S. 201–208.

rung des Menschen, so daß Ärzte wie Laien darin den Schlüssel zum Verständnis ganzheitlicher Gesundheit sahen.[80] Selbsttötung war die letzte Antwort auf überwältigende Angst und Schmerz. Die gerichtsmedizinische Toleranz beschränkte sich allerdings allein auf physiologische Schmerzen. Das Dogma der Anatomie verlangte sichtbare Zeichen für dadurch ausgelöste letale Melancholie. Verzweiflung galt nur als entschuldbares Suizidmotiv, wenn sie sich somatisch äußerte und organisch nachweisen ließ. Bei Abwesenheit solcher Zeichen bedeutete dies für Männer, unehrenhafte Schwäche gezeigt und sich dadurch aus dem Kreis der Männlichkeit verabschiedet zu haben.

Einweisungen

Abgesehen von Gutachten in Kriminalverfahren und bei gescheiterten Suizidversuchen wurden Kreis- und Stadtphysici seit den 1780er Jahren von Armendirektoren, Pupillenkollegien (zuständig für Waisen- und Vormundschaftsangelegenheiten) und anderen lokalen Behörden vermehrt mit der Gutachtung von Personen beauftragt, deren besorgniserregender Gemütszustand den Ämtern auf verschiedenen Wegen bekannt geworden war. Wie im Zusammenhang mit Suizid erwähnt, wurden derartige Aufträge schon früher erteilt, aber nur selten gelangte die Frage des Geisteszustandes einer Person bis zu einer medizinischen Fakultät. Die zeitweise verwirrte Frau eines Dorfschullehrers galt nicht als gefährlich. Da sie durch den Ehemann versorgt war, empfahl die Fakultät keine obrigkeitlichen Maßnahmen.[81] In einem anderen Fall empfahl der Physikus, einen wegen extremer Aggression aufgefallenen Mann einfach in Frieden zu lassen. Angemessene medizinische Behandlung und ein »gutes regimen« beruhigten sein Gemüt am besten.[82]

Die pragmatische Milde in diesen beiden frühen Beispielen ist nicht zufällig ein Indiz für die selbstverordnete Zurückhaltung im geistig-seelischen

---

80 Zur Schmerztradition und -deutung siehe ausführlicher *Fischer-Homberger*, Hunger, 1997, S. 99–136.
81 *Zittmann*, Medicina, 1706, Cent. V, XXIX. Vermutlich hatte der Mann selbst zwecks angemessener Behandlung seiner Frau um eine Diagnose gebeten.
82 *Hasenest*, Richter, Bd. 3, 1757, IX.

Bereich. Zu dünn war die Empirie in psychologischen Fragen, als daß man mit schnellen Erklärungen bei der Hand sein wollte, wenn eine Person sich nicht durch ein Kapitalverbrechen selbst als devianter Charakter entlarvt hatte. Zudem stellte der Verbleib einer als (selbst)bedrohlich eingeschätzten Person in der frühen Neuzeit ein praktisches und finanzielles, allerdings weniger ein ethisches Problem dar. Noch am Ende des 18. Jahrhunderts gab es für als unheilbar Eingestufte entweder nicht genug Irrenhäuser, um jemanden für Jahrzehnte dort zu verwahren, und/oder die Finanzierung der Unterbringung geriet zum Gezerre zwischen allen beteiligten Instanzen und der Familie.[83] Um so wichtiger war für die Behörden eine möglichst präzise Einschätzung des Grades der Gefährlichkeit oder Unzurechnungsfähigkeit sowie eine möglichst genaue Kalkulation etwaiger Heilungschancen und -methoden, deren Kosten bei bedürftigen Familien von der Armenkasse getragen werden mußten.

Wie sehr sich das medizinische Selbstbewußtsein in den letzten Dekaden des 18. Jahrhunderts gewandelt hatte, ist anhand der vorliegenden Quellen nur in Preußen und Sachsen nachweisbar. Nur Ärzte dieser beiden Staaten hielten es seit Ende der 1770er Jahre für nötig, in ihren Publikationen das neue Gebiet der psychologischen Beurteilung durch eine Vielzahl psychiatrischer, aber auch allgemein psychosomatischer Gesundheitsgutachten vorzustellen. Nicht nur Stadträte, Pflegegerichte und andere Behörden wandten sich an die Physici – ein dienstbeflissener Amtsarzt wie Pyl erstattete auch selbst Meldung an das Berliner Polizeidirektorium oder an den Magistrat, wenn ihm eine Person als untragbar für die öffentliche Ordnung oder schlicht als behandlungsbedürftig erschien.[84] Die auffälligen Personen waren in der Regel verarmte Tagelöhner oder stammten aus Handwerkerfamilien, darunter viele Ältere und Verwitwete. Sie waren rhetorisch kaum in der Lage, einer medizinischen Einschätzung etwas Adäquates entgegenzusetzen, geschweige denn gesellschaftliches Potential in

---

[83] Siehe dazu ausführlich *Kaufmann*, Aufklärung, 1995, Kap. III, besonders S. 133–143. Die aus Kostengründen oder Mangel an geeigneten Institutionen übliche Unterbringung bei den Angehörigen betonen auch *Vanja*, Madhouses, 1996, S. 121 und *Kutzer*, Magd, 1995, S. 251 f. Zur lokalen Belegungs- und Behandlungspraxis vgl. das Lübecker Beispiel bei *Lutz*, Dirns, 1997.

[84] Siehe etwa *Pyl*, Aufsätze, 3. Slg., 3. Ab., 1785, Fall 4. Zum Sicherheitsaspekt siehe auch *Kaufmann*, Aufklärung, 1995, S. 140 f.

die Waagschale zu werfen. Doch machten auch einige adelige Offiziere und Gutsbesitzer einen so gefährlichen Eindruck, daß ihr Stand auch sie nicht immer vor den Untersuchungsbehörden schützte. Hypochondrische und melancholische Beschwerden waren im bürgerlichen Lager wie beim Adel ziemlich verbreitet, wie die Vielzahl von selbstverfaßten Hilfsgesuchen verrät, ohne gleich als pathologische Symptome gedeutet zu werden.[85]

Ein pensionierter russischer Oberst war zum Beispiel festgesetzt worden, weil er ohne ersichtlichen Grund andere angegriffen und lebensgefährlich bedroht hatte.[86] Als er auch vor Gericht allen schuldigen Respekt vermissen ließ, sich »wie ein Rasender« aufführte, tobte, schimpfte und schrie, kam er in den Verdacht, »von einer unheilbaren und gefährlichen Art Wahnsinn« befallen zu sein. Der Anblick des Gefangenen überraschte Metzger, dem ein grauhaariger Greis »von ehrwürdigem Ansehen« gegenübersaß, dessen Augen nach einer Frage zum Haftgrund jedoch gefährlich »zu funkeln« begannen. Für den psychiatrischen Gutachter offenbarten sich in den Gesprächen mit dem Gefangenen nur schwer zu differenzierende kurze Intervalle von Wahnsinn und Vernunft, die auf äußerlicher Verstärkung natürlicher Anlagen beruhen mußten, zumal der gebildete Patient selbstsicher betonte: »überdies würde ich [Metzger] doch wohl aus seiner Unterhaltung schließen, daß er nicht wahnsinnig wäre«. Er werde gegen diese Unterstellung eine Injurienklage einbringen. Der Neid des bürgerlichen Aufsteigers angesichts des wiederholt betonten »Stolz[es]« des Adeligen, der als einer der wenigen Betroffenen von Stand selbstbewußt mit einer Gegenklage drohte, wich kaum verhohlener Genugtuung, als Metzger dem Repräsentanten des alten, in Preußen durch die enge Verbindung von Mili-

---

85 *Hoffmann*, Medicina, 1721–1739, druckte eine Reihe solcher Briefe ab, die ihn täglich erreichten. Vermutlich alle entsprechenden Anfragen an die Leipziger medizinische Fakultät sind in chronologischer Reihenfolge auch von *Zittmann*, Medicina, 1706, in allen sechs Centurien überliefert. *Kühn* publizierte 1796 einen »Medizinischen[n] Briefwechsel eines Arztes mit einigen Frauenzimmern«, Breslau u. a. – Zu Patientengesuchen siehe auch *Stolberg*, Orakel, 1996.
86 Prof. Metzger, in: *Pyl*, Aufsätze, 6. Slg., 3. Ab., 1789, Fall 11. Schon länger war die Unberechenbarkeit des Offiziers berüchtigt. Damit zum Beispiel der Schornsteinfeger reinigen konnte, mußte ihn ein Militärkommando begleiten. Als der Hauswirt die schuldige Miete anmahnte, griff der Mann ihn mit einer Heugabel an.

tär und Staat jedoch erneut stabilisierten Systems schließlich bescheinigte, daß er »für die bürgerliche Gesellschaft gefährlich und seine sichere Verwahrung an einem sichern Orte nothwendig« sei.

Während sonst nur von der »menschlichen Gesellschaft« oder dem »Publico« die Rede war, fällt hier die Betonung des bürgerlichen, d.h., euphemistisch medizinisch gesprochen, des gesünderen Charakters einer bürgerlichen Gesellschaft im Verhältnis zum degenerierten Adel auf. In einem Nachtrag sah sich der Professor zu rechtfertigen genötigt, daß er zwar einen echten Wahnsinn nicht beweisen könne, um »psychologisch zu reden«, sei es der Mann vielleicht gar nicht, dennoch »war er der bürgerlichen Gesellschaft so gefährlich als ein Wahnsinniger«. Aufgrund dieses Gutachtens wurde der Oberst an einem nicht näher beschriebenen Ort »dergestalt in Ruhe gesetzt ..., daß er jetzt ganz still und ohne Geräusch lebt«.

Ein anderer 40jähriger adeliger Gutsbesitzer, ebenfalls ehemaliger Offizier, der sich mit seinen Verwandten überworfen hatte und von diesen als verschlossen, jähzornig und menschenfeindlich beschrieben wurde, hatte schon als junger Mensch aus seinem Frauenhaß keinen Hehl gemacht und sich jeglichen Heiratsplänen verweigert.[87] Seine Eigenbrötelei war ohne Konsequenzen geblieben, solange er nur seltsame Aufsätze verfaßte. Erst als Mägde und anderes Personal Klagen wegen gewalttätiger Übergriffe einreichten und dadurch Details über beunruhigende Zustände auf dem Gut durchsickerten, sah sich die Regierung genötigt, eine offizielle Untersuchung einzuleiten. Der Adelige behauptete nämlich, nächtens von seinen Mägden »genotzüchtigt« zu werden, die »ihm den Saamen abtreiben«. Obwohl er selbst zugab, daß dieses nur im Geiste geschähe, sah er sich berechtigt, die Schuldigen am Tage durch Auspeitschen dafür zu strafen. Eine Kommission, bestehend aus einem Regierungsmitglied, einem Rechtsreferendar, einem von der Familie vorgeschlagenen Kurator, dem zuständigen Kreisphysikus Metzger und einem Regimentschirurgen, sollte einen Bericht über die Situation abliefern. Man befand, seine Geisteskrankheit offenbare sich

> »in Rücksicht des Geschlechtstriebs, den er zwar von Jugend auf wahrscheinlich aus Furcht vor schlimmen Folgen, vielleicht aus Eigensinn, vielleicht auch aus religiösen Grundsätzen unterdrückt hat, der aber mit mehrerer Heftigkeit bey ihm jetzt zu

---

87 *Metzger*, Neue Beobachtungen, 1798, V.

wirken scheint. Bey Tage und wachend beruhigt er diesen Trieb, indem er, wie man bemerkt hat, seinem männlichen Glied, wenn es unruhig wird, Schnippchen schlägt.«

Die Intensität seiner nächtlichen Phantasien gab Anlaß zur Sorge, denn der Gutsherr berichtete,

»er habe die Person, die ihn nothzüchtige, sowohl im Geruch als im Geschmack, und es schmecke abscheulich. Hiernächst könne er, wann ihm der Saame abgegangen, vor Schmerz nicht im Bette bleiben. Er sey genöthigt aufzustehen und sich von einem Stuhl auf den andern zu setzen, bis die Schmerzen übergehen.«

Weiteres Indiz für Wahnsinn war die einem Mann von Adel unangemessene Sprache, denn er schilderte seine Erfahrungen, die er in ähnlichen Worten auch in einem schriftlichen Bericht an die Regierung niedergelegt hatte, in derartig »schmutzigen Ideen und Ausdrücken«, wie sie nur »der niedrigste Pöbel zu brauchen pflegt«. Die Strafaktionen rechtfertigte er damit, »er sey Herr über den Leib, nicht über den Geist. Die Policey über die Leute auf seinem Gute müsse ihm die Regierung nicht nehmen, da sie ihm von Rechts wegen und als einem Vasall Sr. Majestät zukäme.«[88] Der Grundherr hatte sogar eine Tafel über der Haustür des Verwalters anbringen lassen, die auf ebenso obszöne Weise jeglichen Geschlechtsverkehr auf dem gesamten Gut verbot. Er benutzte unflätige Begriffe, auch wo sie für andere keinen Sinn ergaben: So erzählte er über ein Rindersterben, die Tiere seien »zu Tode genotzüchtigt worden«, seinen Stallknecht beschuldigte er, der »notzüchtige dergestalt die Hengste, daß das Haus davon erzittere«. Eine genitale Untersuchung sowie das Studium der Physiognomie des 40jährigen brachten keine Hinweise auf natürliche Erklärungen für die Pollutionen und sein Verhalten. Für den ehemaligen Offizier sprach hingegen – und dies erklärt auch das lange Stillhalten der Behörden –, daß das Gut prosperierte und sein Besitzer allgemein einen guten Ruf als »kluger Landwirth« genoß. Die Untersuchung war trotz der Gewaltexzesse aufgrund des Adelsstandes des Patienten von Anbeginn nicht auf eine Einweisung ausgerichtet, sondern nur an der Frage orientiert, ob der Mann einen Vormund und Bewacher

---

88 Die enge Anlehnung junkerlicher Gutsführung an die militärischen Prinzipien von totaler Unterwerfung und Gehorsam zeigt sich hier in der Berufung auf das gesetzlich verbriefte Recht auf Auspeitschung der Untertanen. Zur Integration des Adels in das militärische System auch über die aktive Dienstzeit hinaus vgl. immer noch *Büsch*, Militärsystem, 1962, besonders Teil 2.

bekommen sollte, wie dies bei Unberechenbaren, auch honoriger bürgerlicher Abkunft, üblich war.[89] Obwohl beide medizinischen Gutachter Wahnsinn bescheinigten, empfahlen sie nur Ablenkung durch Gesellschaft und Lesen. Metzger vertrat sogar die Ansicht, eine Ehe wäre »seiner Leibeskonstitution heilsam gewesen«, weil er dann seine »körperlichen Bedürfnisse der sinnlichen Lust« nicht hätte unterdrücken müssen. Deshalb sollte man ihm eine »Gesellschafterin« zur Seite stellen.

Diese sicher nicht zuletzt am eigenen körperlichen Erleben empirisch bestätigte Bedeutung des Auslebens heterosexueller Bedürfnisse für die männliche Geistesgesundheit steht im krassen Widerspruch zur Pathologisierung weiblicher sexueller Bedürfnisse. Metzger war ohne zu zögern bereit, indirekt eine Mätresse zu empfehlen und diese dem unberechenbaren Frauenhasser als willfähriges Therapeutikum auszuliefern. Dieser Heilungsansatz, der weiblicher Einfühlung so große psychologische Bedeutung für die Heilung wunder Männerseelen zuschrieb, war nicht immer so subtil an sexuelle »Entladung« gekoppelt. Während adelige Lebensweise traditionell größeren Spielraum bot, mußten bei einfachen Menschen härtere Methoden angewendet werden. Das größte Problem war dabei die Frage der Sittlichkeit, weshalb sich »Liberale«, die in besonderen Situationen Prostitution oder Ehebruch dulden wollten, gegen »Konservative« nicht durchsetzen konnten. Eine Mätresse kam für einen Handwerker nicht in Frage. Im Extremfall durfte man sogar Zwang gegenüber einer unwilligen Heiratskandidatin anwenden: So stieß ein Bäkker und Branntweinbrenner, der aus reiner Berechnung als 24jähriger eine 63jährige wohlhabende kränkliche Witwe geheiratet hatte, auf vollstes gutachterliches Verständnis und Unterstützung.[90] Die »ungleiche Ehe«, die aus religiösen und staatspolitischen Gründen eigentlich verpönt war, weil kein Nachwuchs zu erwarten war, stieß seitens des Berichterstatters nicht auf Kritik. Die Art der Beschreibung der Leiden des jungen Mannes, dessen eifersüchtige, zänkische und überraschend zählebige Frau ihm einen Strich durch die Rechnung machte, zeigt launige Männersolidari-

---

89 Vgl. dazu zum Beispiel den anonym zugesandten, ausführlich geschilderten Fall eines als Hauslehrer auf einem Rittergut lebenden Theologiestudenten, der 1778 aus heiterem Himmel in Raserei geraten war. *Bucholz*, Beiträge, Bd. 3, 1790, S. 40–61.
90 *Fahner*, Beyträge, 1799, Teil A, X.

tät.[91] Die Beziehung zu einer Magd ließ ihn zehn Jahre durchhalten, bis seine Frau endlich starb. Die Freude über das große Erbe und seine nun gewonnene sexuelle Freiheit trieben den Mann nach Meinung des Gutachters in den Größenwahn. Seine Allmachtsphantasien führten zu mehrfacher Vergewaltigung der Geliebten, was der Gutachter mit »unersättlicher Wollust« umschrieb. Als die Magd ihren Dienstherrn daraufhin verließ, kam es zu Tobsuchtsanfällen und Verwüstungen der Wohnung. Erst jetzt setzte das Amt den Bäcker fest und schaltete den Physikus ein, der der Ansicht war, man müsse nur die Geliebte zur Rückkehr bewegen. Die um ihr Leben fürchtende Magd weigerte sich jedoch hartnäckig, was zu solcher Raserei des Verlassenen führte, daß er gebunden werden mußte. Weder Aderlässe noch Brechmittel, noch Opium halfen. Selbst der Arzt konnte einer Erdrosselung nur knapp entgehen, weil ihn die Wache rettete. Trotz dieser lebensbedrohlichen Aggression versuchte der Physikus weiterhin, die Frau umzustimmen. Sie versicherte jedoch, »lieber sterben zu wollen, als sich den so wilden Begierden eines wütenden Menschen öffentlich Preis zu geben, denn sie fürchte sich, mit ihm allein in einer Kammer zu seyn«. Weil der Physikus noch einen Behandlungsversuch unternehmen wollte, versprach er dem Tobenden, er würde beim Amt binnen 14 Tagen die Hochzeit mit der Magd erwirken, wenn der Patient folgsam das Mittel einnähme. Tatsächlich setzte sich Fahner beim Konsistorium in diesem Sinne ein, und auch der Zustand des Patienten, der sich nun sogar Klistiere verabreichen ließ, besserte sich zusehends. Angesichts der bisher vorgestellten Theorien und auch Entscheidungen über Wahnsinn und die Gefährlichkeit von Melancholikern ist das ärztliche Verhalten unverständlich. Tatsächlich entsprach das Konsistorium dem Antrag und beauftragte den Pfarrer mit der Trauung, über deren angemessenen Zeitpunkt der Physikus befinden sollte, obwohl sich die Frau weiterhin weigerte. Nach Absetzen der Kampfertherapie stellten sich beim Patienten die zwischenzeitlich ausgebliebenen Erektionen wieder ein, so daß aus medizinischer Sicht einer Heirat nichts mehr im Wege stand. So wurde das Paar gegen den Willen der Braut, die sich solch kon-

---

91 Etwa: »Da seine liebe Ehehälfte aber gar nicht ans Sterben zu denken schien und mit zunehmendem Alter nicht bloss häßlich sondern auch ekelhaft wurde, dachte er darauf, eine hübsche Magd ins Haus zu kriegen ...«

zertiertem Vorgehen nicht zu widersetzen wußte, »in der Stille« getraut, und der Mann nahm sein Geschäft wieder auf, anfangs noch medikamentös begleitet. Die allen Gesetzen widersprechende Zwangsehe bezeichnete der Gutachter in seinem Bericht als »sehr glücklich«, wunderte sich ob des so potenten Ehemannes aber über die Kinderlosigkeit des Paares. Er betonte die Bedeutung der Heirat und das damit verbundene legale Ausleben des männlichen Sexualtriebes. Aufgrund des bei vielen wahnsinnigen Männern festgestellten Zusammenhanges zwischen Wollust und Irrsinn[92] schlug der Stadtphysikus Versuche in den Irrenhäusern mit Kampfer, Belladonna[93] und Bilsenkraut vor, bei denen sicher der Trieb gedämpft und damit das Gewaltpotential herabgesetzt werden würde.

Derselbe Arzt führte 1795 im »psychologisch-medicinischen Gutachten« über einen 35jährigen Sprachlehrer aus, daß der cholerisch-sanguinische Mensch, »immer äußerst empfindliche Nerven und eine sehr lebhafte feurige Einbildungskraft gehabt, ... deshalb sehr zu heftigen Leidenschaften, besonders zum Zorn und zur Liebe disponirt gewesen [sei] ...«[94] Durch zuviel Sitzen, Hänseleien der Schüler und wegen des unerfüllten Sexualtriebs, da ihm zu seinem großen Leidwesen das Geld zum Heiraten fehlte, »wurden aber seine Nerven immer empfindlicher, seine Verdauung litte, er klagte oft über Beängstigungen und Splen [spleen/engl. Milz = männliche Hypochondrie]. Ja ich sahe deutlich, daß die Verwirrung seines Verstandes zunahm«. Wieder wurden die Behörden erst aktiv, als der Mann andere mit einem geladenen Gewehr bedrohte. Zunächst unter Bewachung isoliert, wurde er mit Kampferklistieren behandelt. Anfangs hatte Fahner den Mann noch täglich behandelt und sich erfolgreich um dessen Vertrauen bemüht, bis der Patient zugab, »er fühl[e] es selbst, daß seine Seele krank [sei]«. Er klagte »über Versuchungen des Fleisches«, Schwäche im Kopf und Haarausfall. Nach Ansicht des Arztes führten falsche Diät und heimliche Selbst-

---

92 Dies betonte 1773 auch *Bucholz*, Beiträge, Bd. 1, 1782, S. 7–10, angesichts eines nach einer Schlägerei zum »Maniacus« gewordenen Bäckermeisters, der ständig seine »Schaam« entblößte und erst mit Brechmitteln und vier großen »Spanischen Fliegenpflastern« an Waden und Oberarmen, deren Wunden »mit vereiternden Mitteln acht Tage offen gehalten« wurden, beruhigt werden konnte.
93 (Atropa) Belladonna: Schwarze Tollkirsche, durch ihren hohen Alkaloidgehalt sehr giftig, wurde als krampflösendes und gefäßerweiterndes Medikament eingesetzt.
94 *Fahner*, Beyträge, 1799, Teil A, VIII.

medikation zu Verfolgungswahn. Die Ehelosigkeit und die dadurch ausgelösten Stockungen im Säftehaushalt, die Blut und Sinne verdarben, konnten als Hauptursachen nicht beseitigt werden, denn Onanie wurde selbstverständlich nicht als Lösung offeriert. So mußte dieser nur »nervicht und temporell« wahnsinnige Mann unter dauerhafter Aufsicht bleiben. Eine Kur, kontrollierte Diät, Nervenmittel und kalte Bäder konnten nur lindern; »strenge Maaßregeln« schadeten sogar. Der Franzose erhielt auf medizinischen Rat hin in Göttingen »Pension« und einen Bewacher zugeteilt, verschwand dort aber nach einer Weile spurlos.

Dieser – durch das Forschungsinteresse eines engagierten Seelenarztes privilegierte – Junggeselle, der das Schicksal so vieler aus ökonomischen Gründen am ehelichen Liebesglück gehinderter junger mittelständischer Männer und kleiner Beamter teilte, erhielt im Gegensatz zu anderen eine verständnisvolle Beurteilung, die ihm in der Praxis jedoch nichts nützte.[95] Eine einmalige Zahlung, die ihm eine Heirat ermöglicht, sicherlich aber weniger gekostet hätte als jahrelange Versorgung, Medikamentation und Bewachung, stand niemals zur Debatte. Ohnehin galt ein derartiges Verständnis nicht für die große Zahl der nichtbürgerlichen Tagelöhner, Gesellen und Knechte, die sich häufig vor Gericht wiederfanden, weil sie – von religiöser Selbstkasteiung ungerührt – lieber ein Unzuchtsverfahren riskierten, als ihre Gesundheit und ihr körperliches Wohlgefühl aufs Spiel zu setzen. All jene hätten konsequenterweise nicht verurteilt werden dürfen, weil sie sich – eigentlich normenkonform –, statt dem Laster der Onanie zu verfallen, für die »gesündere Lösung« entschieden hatten. Erneut wird nicht nur ein »gender«, sondern auch ein »class bias« sichtbar. Mann war nicht gleich Mann.

Aus Unzuchtsverfahren liegen vereinzelt Fälle aus dem 17. Jahrhundert vor, bei denen Beschuldigte teilweise erfolgreich selbst versuchten, sich auf medizinische Gründe für ihre Unsittlichkeit zu berufen. Diese Strategie scheint später aus dem Erklärungsrepertoire verschwunden zu sein. Medizinische Gutachter unterstellten sogar einen Zusammenhang zwischen der

---

95 *Baumann*, Suizid, 1997, S. 497 ff., beschreibt die spezifische Situation dieser aufstiegswilligen, aber ökonomisch ausgebremsten, gebildeten sozialen Gruppe, die sich auch in einer hohen Suizidrate niederzuschlagen schien, und zitiert einen entprechenden Fall aus: *Pyl*, Aufsätze, 1. Slg., 1783, Fall 8.

Fähigkeit zum Koitus und geistiger Potenz.[96] Im Gegensatz zu den Frauen, die aufgrund ihres öffentlichen unzüchtigen Benehmens psychiatrisch begutachtet wurden, war sexuelle Auffälligkeit bei Männern stets nur eine Begleiterscheinung, nie der Anlaß für die Untersuchung. Erst unerwartetes und übermäßig aggressives Verhalten bewog betroffene Mitmenschen dazu, sich an die Behörden zu wenden.[97]

Abgesehen von sexuell bedingten Problemen gab es andere Gründe, die Verwandte und Obrigkeit über Sicherheitsverwahrung nachdenken ließen. Was die Umgebung zuerst aufhorchen ließ, waren plötzlich auftretende Wesensveränderungen, die nicht immer mit Gewalttaten einhergehen mußten. Ein bis dahin sehr stiller Mensch redete plötzlich viel und »verworren«. Ein vorher fleißiger, verständiger Mensch brauchte lange, um vertraute Arbeiten fertigzustellen oder tat gar nichts mehr. Menschen, deren Leben fast nur aus Arbeit bestand, mußte es befremdlich erscheinen, wenn einer der ihren ständig geistig abwesend war und Löcher in die Luft starrte oder lange Spaziergänge unternahm, um irgendwelche, in den Augen der anderen unsinnige »Projekte« auszudenken oder durchzuführen. Unüberhörbar war auf jeden Fall das »Irrereden«. Nur selten werden konkrete Inhalte dieser Reden erwähnt, immer wird jedoch klar, daß eine Kommunikation nicht mehr möglich schien und man sich aus ökonomischen Gründen gezwungen sah, den Gesellen, die Tochter, den Nachbarn oder Ehemann in professionellere Hände zu geben und auf Besserung oder wenigstens eine Atempause zu hoffen. Unübersehbar waren melodramatische Gesten wie Seufzen und Händeringen, die Augen zum Himmel zu verdrehen, unangemessen gekleidet oder ziellos herumzulaufen. Passanten genossen solche Schauspiele und liefen gern zusammen, wenn sie eines als Narren Bekannten ansichtig wurden, ohne sich von diesem bedroht zu fühlen.

Gerade Ehepaare gerieten wegen der gefährdeten Familienökonomie in eine Zwangslage. So manche Frau sah sich genötigt, selbst mehrfache Suizidversuche des Mannes geheimzuhalten und extremste Mißhandlungen zu

---

96 So *Clauder*, Praxis, 1736, X.
97 Der »Höchstwahnsinnige« wurde schließlich ins Irrenhaus eingewiesen. *Pyl*, Aufsätze, 6. Slg., 3. Ab., 1789, Fall 9 – noch einmal abgedruckt *ebenda*, 7. Slg., 2. Ab., 1791, Fall 4.

ertragen. Gerade wenn einer nach einem Unfall, einer Krankheit oder einer Kopfverletzung offensichtlich »nicht immer seiner Vernunft mächtig« war, hoffte man, die Wesensveränderung würde mit der Zeit verschwinden. Stellte sich nach Monaten oder gar Jahren heraus, daß sogar das Gegenteil der Fall war, »er auch so böse und wunderlich geworden, daß kein Mensch bey ihm sicher sey«, und ging das Geld für bisher bezahlte Behandlungsversuche zur Neige, wurde zögernd die Solidarität aufgegeben. So wandte sich zum Beispiel die Frau eines trunksüchtigen Malers 1781 erst nach Jahren an das Berliner Armendirektorium, »obgleich es allgemein bekannt ist, daß sie und die Tochter ihn ernähren, da er seines kränklichen Körpers halber, denn nach seiner eigenen Aussage hat er beständiges Reissen in den Gliedern, wenig oder gar nicht arbeiten kann«.[98]

Die Frau eines Stettiner Handschuhmachermeisters bat ebenfalls um eine Beurteilung ihres Mannes, da sich sein emotionaler Zustand trotz der von der Armenkasse bezahlten Behandlung seiner Hämorrhoidalbeschwerden und eines schmerzhaften Leistenbruches stetig verschlimmerte.[99] Seine Sprachstörung nach einem Schlaganfall mache ihn derartig aggressiv, daß er »um sich schlägt, von zwey bis drey Personen kaum gehalten werden kann und schon zu verschiedenen Mahlen das Gewehr seines Sohnes, der Soldat ist, ergriffen hat«. Der Physikus, der Zeuge eines solchen Wutanfalls wurde, empfahl dringend Sicherheitsverwahrung.

Auch die Frau eines Viehmästers wandte sich verzweifelt an den Berliner Magistrat:[100] Sie überzeugte den Arzt von ihrer Sicht der Situation des 61jährigen kriegsversehrten ehemaligen Grenadiers. Zwar sei ihr Mann immer schon »einfältig, aber seiner Art nach doch immer bey Verstande gewesen«. Seit zirka zehn Jahren habe sich durch eine schwere Krankheit

> »sein ganzes Wesen geändert. Er sey anfangs still vor sich und schwermüthig, nachher ganz Leutescheu, träge und gleichgültig gegen alles was um ihn her vorgegangen gewesen. Habe sich gar nicht um seine Wirthschaft gekümmert sondern beständig in der Bibel gelesen, allerley wunderliche Reden geführet... Er lasse sich zwar noch von

---

98 Alle Zitate aus: *ebenda*, 3. Slg., 3. Ab., 1785, Fall 3.
99 Dr. Kölpin, in: *Pyl*, Aufsätze, 2. Slg., 2. Ab., 1784, Fall 11.
100 *Pyl*, Aufsätze, 7. Slg., 2. Ab., 1791, Fall 3. Dem Mann, der nicht ganz zu Unrecht argwöhnte, »daß man einen Anschlag auf sein Leben und seine Freiheit vorhabe«, und sich deshalb nicht von Pyl »sistiren« lassen wollte, diagnostizierte der Physikus Verfolgungswahn und Geistesverwirrung.

ihr manchmahl zurechtweisen, aber sie könnte sich doch im mindesten nicht auf ihn verlassen, und wenn sie nicht beständig auf ihn Acht gäbe, so negligirte er alles. Es hülfe auch kein Zureden, sondern er werde vielmehr mit jedem Tag verwirrter ...«
In diesem Fall hielt es der auf Kostenersparnis bedachte Pyl nicht für nötig, die Frau zu entlasten, sondern empfahl, den Gehorsamen unter ihrer »Aufsicht« zu belassen. Medikamentöse Hilfe zog er nicht in Erwägung.

Ebenso erfolglos war jene Berlinerin, der es 1790 zwar vorübergehend gelungen war, ihrer Aussage nach auf Anraten des dortigen Direktors Professor Selle, ihren seit einigen Jahren gewalttätigen und trinkenden Mann in die Charité bringen zu lassen, von wo er aber bald als geheilt entlassen wurde und zu ihr zurückkehrte.[101] Weil er weiterhin trinke und noch brutaler geworden sei, so daß sie nicht nur um »den gänzlichen Verfall ihrer Handthierung«, sondern gar um ihr Leben fürchten müsse, ersuchte sie erneut um seine Aufnahme ins Spital. Der mit der Gutachtung beauftragte Pyl fand das von dem Mann gezeichnete Bild zwar in sämtlichen Aussagen – auch seiner eigenen Geschwister – bestätigt. Professor Selle bestritt jedoch jegliche Einmischung. Er habe auch während des Aufenthaltes an dem Patienten keine Symptome einer Geistesgestörtheit feststellen können und ihn deshalb wieder entlassen. Auch Pyl konnte in verschiedenen Gesprächen nur »zwar sehr überspannte und von vielen Dingen nicht ganz richtige ... Begriffe bey einem sehr cholerischen Temperamente und zu erhitzter Einbildungskraft« erkennen, »aber was eigentlich wahnsinniges oder gestörtes habe ich an ihm nicht wahrgenommen.« »Trunk«, »gereitzte Eifersucht« und eine gescheiterte Ehe (»gänzliche Disharmonie der Gemüther«) schienen ihm die wahren Gründe für das übertrieben eheherrliche Gehabe zu sein, woran die Frau nicht unschuldig sei.

Anders als in allen Fällen, in denen es um unsittliches oder ihrer sanften Rolle unangemessen aggressives Verhalten von Frauen ging, wurde ein seine zur ehelichen Züchtigung berechtigende Rolle übertreibender Ehemann nicht pathologisiert. »Moralische Fehler gehören nicht für das Forum des Arztes«, war hier Pyls Kommentar, obwohl er selbst massiv die Differenzierung zwischen physischen und moralischen Ursachen von Wahnsinn in den medizinischen Diskurs eingebracht hatte. Daß Gewaltexzesse im Gegenteil gerade bei Frauen durch Beeinträchtigung der Menstruation Epilep-

---

101 *Ebenda*, Fall 5.

sie und Melancholie auslösen konnten, wie schon Anfang des Jahrhunderts empirisch nachgewiesen, war nicht Thema seiner Reflexionen. Die oben erwähnte Berlinerin hatte keinen anderen gesellschaftlich akzeptierten und vor allem sie vor dem Schläger schützenden Weg gesehen. Eine offizielle Trennung hätte nicht nur ein langes kostspieliges Verfahren bedeutet, sondern auch einen ungewissen Ausgang nehmen, der Mann hätte sie weiterhin bedrohen können. Zudem konnten ihr das »höchstunordentliche Leben« und die Brutalität, die zu Anfang der Ehe nicht erkennbar waren und ihrer Meinung nach jeder Berechtigung entbehrten, durchaus als Verstandesstörung erscheinen, die sich durch eine professionelle Kur eventuell hätte beheben lassen. Ende des 18. Jahrhunderts sah die besser informierte Städterin hier eine Chance, die ihr mindestens in Ansätzen bekannten medizinischen Ansichten über die Behandlung von Geistesstörungen in den neuen Anstalten für sich zu nutzen.

Für Ehemänner war primär die Vernachlässigung der ehelichen Arbeitsteilung Grund für das späte Einschalten der Obrigkeit in das als »privaten« Freiraum betrachtete Eheleben, während physische Übergriffe oder Trunkenheit seitens der Frauen kein Thema waren.[102] Ein Stettiner Schneidermeister wünschte zum Beispiel eine beaufsichtigte Kur für seine 47jährige Frau, weil sie seit einiger Zeit wirre Geschichten erzählte und nicht mehr im Stande war, »ihrem Hauswesen als eine ordentliche Hausfrau vorzustehen«.[103] Ein längeres Gespräch mit ihr, bei dem der Arzt neben seinem Interesse an ihrer ausgebliebenen Menstruation und einem jahrzehntelang vergeblich behandelten Ausschlag auf dem Kopf auch auf die von ihr selbst gewählten Themen einging, bestätigte, »daß außer moralischen Ursachen der Kopfgrind, von dessen Schärfe sich ein Theil aufs Gehirn geworfen haben kann«, verantwortlich für ihre Verwirrung war. Die bislang erfolglose Behandlung lasse an einer geistigen Genesung zweifeln.

Auffällig ist – auch wenn die wenigen Daten keine Verallgemeinerung zulassen –, daß weit mehr Ehemänner als Ehefrauen ihre vielfältigen Lebenskrisen durch Aggression, Arbeitsverweigerung und Alkoholkonsum

---

102 Ausnahmen stellten einige Fälle von »furor uterinus« unmittelbar nach der Entbindung dar, vgl. dazu das entsprechende Kapitel in dieser Arbeit. Auch hier gingen Frauen nicht auf ihre Männer, sondern auf die sie beaufsichtigenden anderen Frauen los, vgl. etwa *Gohl*, Medicina, 1735, Sec. II, I.

103 Dr. Kölpin, in: *Pyl*, Aufsätze, 4. Slg., 3. Ab., 1786, Fall 13.

zu bewältigen suchten. Frauen hielten eher durch, flüchteten wie durchaus auch ein Teil der Männer in (religiöse) Traumwelten und vernachlässigten dadurch ebenfalls ihre familiären Aufgaben. Das stillere Leiden der Frauen hatte eine geringere Meldequote zur Folge.

Private Hilferufe angesichts solcher Notsituationen bedeuteten nicht automatisch die Abschiebung lästiger Mitmenschen.[104] Vielmehr boten sie gerade den Armen Hoffnung auf unter Umständen kostenlose medizinische Behandlung, die bei temporären Einweisungen in Zuchthäusern, Spitälern, Armen- oder Irrenhäusern vorgenommen wurde. Aus heutiger Sicht mögen die Bedingungen grotesk anmuten, denn es gab nicht einmal einen eigens abgestellten Anstaltsarzt. Statt dessen war der aus Existenzsicherungsgründen zur Ämterkumulation gezwungene, überlastete Stadt- und Kreisphysikus zuständig, der viel an ihm zugeordnete Chirurgen delegierte. Trotzdem bedeutete das regelmäßige, oft nur gegen harten physischen Widerstand durchzusetzende Verabreichen von Medikamenten, Klistieren, Purganzen und Aderlässen einen Hoffnungsschimmer für die Angehörigen.[105] Nicht selten schlugen diese Methoden nach einiger Zeit des Ankettens oder Bindens und ersten Versuchen des In-der Stube- oder Auf-dem-Hof-Herumgehens an, so daß nicht wenige bald wieder als relativ oder völlig geheilt entlassen wurden.[106] Eine einmal als verwirrt bekannte Person blieb häufig noch einige Zeit unter Kontrolle, wie jener Weimarer Strumpfwirker, dessen »Haußgenossen« den obrigkeitlichen Befehl bekamen, »auf das Betragen des Mannes ein wachsames Auge zu haben, und daß sie, sobald sie ein zweydeutiges factum von demselben wahrnähmen, sogleich ... Anzeige zu machen hätten«.[107] Selbst in Extremfällen konnten Ärzte auf Erfolge ihrer am englischen Vorbild orientierten und ständig ausgefeilterten Heilmethoden verweisen. Als ein 40jähriger Goldarbeiter 1792 »als vollkommen rasender Mensch« mit eisernen Ketten an den Füßen und Stricken an den Händen in das Weimarer Irrenhaus gebracht wurde, sah man dessen »schwarzgelblicher Gesichtsfarbe« an,

---

104 Die Bemühungen und Grenzen familiären Zusammenlebens schildert auch *Vanja*, Leids, 1994, S. 223–228.
105 Siehe dazu auch *Vanja*, Madhouses, 1996, S. 129 f.
106 Zur Behandlungspraxis in Hospitälern des 18. Jahrhunderts siehe auch *Vanja*, Leids, 1994, S. 228–231 und *Kaufmann*, Aufklärung, 1995, S. 143 f.
107 *Bucholz*, Beiträge, Bd. 4, 1793, S. 75–79.

daß er gegen »schwarzgallichte Stockungen im Unterleibe« behandelt werden mußte.[108] Zunächst legte man ihm, um seine Gelenke zu schonen, lederne Schellen und eine der neuen, vom Londoner Bedlam Hospital abgeschauten Zwangsjacken aus Zwillich an. So konnte der »unschuldige Kranke« im Unterschied zu Verbrechern wenigstens im Zimmer und »auf der Gallerie« frei herumgehen. Die verabreichten »Dekote« führten zu extremem Durchfall, mit dem der Mann sich und auch sein Essen beschmierte. Zuerst geriet der Gefesselte immer mehr in »Wuth«, biß eine mit der Reinigung befaßte Wärterin, bespuckte Umstehende und redete wirr. Daraufhin verschrieb der Physikus alle drei Stunden 20 Tropfen einer Arznei aus Belladonna. Auch dies blieb ohne Wirkung. Der Kranke zerriß sogar die Ledermanschetten, so daß er doch in Ketten gelegt werden mußte, bis eine Verdoppelung der Dosis ihn beruhigte. Nach einer zusätzlich verabreichten Purganz zeigten sich am 18. und 19. Tag erste Fortschritte. Der Mann forderte einen Nachtstuhl, klagte über Herzensangst, Schluckbeschwerden, einen trockenen Mund und »daß er das Gedruckte in seinem Gesangbuche, wenn er den Abendsegen lesen wolle, nicht deutlich sehe«. Er konnte sich an nichts erinnern. Bucholz ließ ihn nun frei im Gebäude herumlaufen und ersetzte, um die Dauerhaftigkeit der Beruhigung zu testen, die Belladonna durch ein Placebo, »weil er diese Tropfen mit unbegrenztem Zutrauen nahm«. In den nächsten Wochen erhielt der Mann Magenbeschwerden verursachende Brechmittel, um ihn endgültig von seinen »galligen Stockungen« zu reinigen. Nach drei Monaten wurde der Goldarbeiter schließlich »als gesund ... den Seinigen wiedergegeben«. Der Autor betonte stolz, in Weimar seien in den drei Jahren seit der Errichtung der Irrenanstalt auf diese – sicher sehr aufwendige und kostspielige – Weise bereits zehn Wahnsinnige geheilt worden.

Ältere Alleinstehende waren einer Mischung aus christlicher Fürsorge und ordnungsmotivierter Überwachung ausgeliefert. Ein älterer Hauptmann, der nach Aussage seines Hauswirtes nach wie vor »sehr häuslich und ordentlich ... still und gutmütig« war, fiel auf, weil er nicht mehr redete, oft nur in Jacke und Mantel gekleidet auf die Straße ging und sich dort merk-

---

108 *Ebenda*, S. 245–254. Der Autor zitierte wiederholt aus Werken der als Vorreiter neuer Behandlungsmethoden der verschiedenen Formen des Wahnsinns gepriesenen englischen Kollegen.

würdig bewegte und gestikulierte.[109] Dem Generalchirurgen hatte der melancholisch wirkende Mann seine Selbstdiagnose auf einen Zettel geschrieben, nämlich »daß ihn der Schlag gerührt und ihm die Zunge gelähmt habe«. Obwohl er seinen Haushalt nach wie vor ordentlich und selbständig versah, wurde der Physikus zu ihm geschickt. Dieser diagnostizierte sofort eine vermutlich ererbte und durch »verunglückte Liebe« verschlimmerte »stille Melancholie« und empfahl dringend eine sanfte »Cur und Aufsicht« in der Charité, da »Zwangsmittel sein Übel nur ärger machen und schleunig in Tollheit verändern möchten«. Nach drei weiteren Monaten, in denen trotz der Pylschen Empfehlung nichts unternommen wurde, sprach der Mann zwar wieder, wurde nach einem Tobsuchtsanfall auf Anzeige des Physikus hin schließlich doch in die Charité gebracht, wo er nach wenigen Monaten »am Schlagfluß« starb.

Ein ehemaliger Diener und späterer Bierschenker wirkte trotz seiner »verworrenen Reden und Handlungen« noch so verständig, daß er allein zur Wohnung des Stadtphysikus geschickt wurde, um sich dort vorzustellen.[110] Weil er durch eine schwere Kopfverletzung und unverschuldete Armut »ganz närrisch geworden« war, hatte man ihn bereits einmal ohne Behandlung ins Armenhaus eingeliefert. Obwohl der Physikus den Mann als mehr »furchtsam als boshaft« und für völlig ungefährlich ansah, beantragte er die Entmündigung und dauerhafte Einweisung in die Charité oder ein anderes Hospital, wo er seine Unterbringung wenigstens mit »leichten Arbeiten« mitfinanzieren könne. Eine Therapie war auch diesmal nicht vorgesehen.

Auch alte Witwen, die sich und ihren Haushalt auffällig vernachlässigten, wurden gelegentlich von Nachbarn oder ihren Kindern angezeigt. Eine Witwe, die ständig alkoholisiert in ihren eigenen Fäkalien vegetierte, wurde zum Beispiel erst von ihren Kindern gemeldet, als sie das Erbe zu vertrinken drohte.[111] Eine 70jährige, die ebenfalls in einem verwahrlosten Zimmer hauste, sprach unverständlich, war nicht in der Lage, Auskunft über so simple Dinge wie Alter, Konfession, den Beruf ihres Vaters oder den Namen ihres Beichtvaters zu geben und klagte über verschiedene Schmerzen.[112] »Sie äu-

---

109 *Pyl*, Aufsätze, 3. Slg., 3. Ab., 1785, Fall 4.
110 *Ebenda*, 5. Slg., 3. Ab., 1787, Fall 14.
111 Dr. Kölpin, Stettin, in: *Pyl*, Aufsätze, 5. Slg., 3. Ab., 1787, Fall 9.
112 *Pyl*, Aufsätze, 4. Slg., 3. Ab., 1786, Fall 7.

ßerte dabey viel Eigensinn und Rachsucht«, ihre schleppende Sprache ließ den Gutachter mehrere Schlagflüsse vermuten. Trotz ihres augenscheinlichen Schwachsinns bestätigte die Nachbarschaft ihr »viel Klugheit, besonders aber viel Eigensinn und Bosheit ..., wie sie sie denn öfters mit den größten Scheltworten belegete«. Offensichtlich unzurechnungsfähig, aber nicht ganz ungefährlich, da sie »allerley Unordnung anrichten und auf die Art dem Publiko eine unnütze und beschwerliche Last werden« könne, sollte die alte Frau »in ein gutes Spital aufgenommen werden, wo sie für ein billiges Wohnung, Kost und einige Pflege und Aufsicht hätte«.

Priesen Ärzte auch sonst die Leistungsfähigkeit ihrer diversen Therapien aus Aderlässen, Tabletten, Kräutertees, Umschlägen und Bewegung an frischer Luft, für arme und ganz besonders für alte Leute waren diese kostspieligen Methoden nicht gedacht. Nur der arbeitsfähige Mensch in der Blüte seiner Jahre sollte im Interesse wirtschaftlicher Effizienz in ihren Genuß kommen. Für den Rest gab es bestenfalls Verwahrung. Seit in den achtziger Jahren zunehmend »stille Melancholie« beobachtet wurde, leitete die Synonymisierung von »Melancholie« und »Wahnsinn« ein neues Zeitalter der Diagnostik ein, das eine Kostenexplosion der »öffentlichen Hand« und den Bau verschiedener Verwahranstalten zur Folge hatte. Bis dato zurückhaltende Personen konnten jederzeit in »gefährliche Raserei« verfallen, was eine präventive Einweisung rechtfertigte. Diese Bedrohung zeitig zu erkennen war allein den professionellen Blicken eines psychopathologisch erfahrenen Arztes möglich, der sich durch sein Wissen unentbehrlich machte. Die Beurteilung erfolgte in der Regel nach Hausbesuchen, bei denen sich der zuständige Physikus ein Bild des körperlichen und geistigen Zustands und nicht zuletzt von den in den Gutachten detailliert beschriebenen (hygienischen) Lebensumständen verschaffte.[113]

Wie sehr die Einordnung auf dem Spektrum von Schwäche und Arbeitsfähigkeit maßgeblich den Ort einer Person in der Gesellschaft, selbst noch nach ihrer Einweisung dominierte,[114] zeigt das Hickhack um einen

---

113 Auf ähnliche Weise besuchten Stadtphysici im Auftrag der Armenverwaltung auch chronisch Kranke oder alleinstehende Sterbende. Zum Beispiel bestätigte *Pyl*, Aufsätze, 6. Slg., 2. Ab., 1789, Fall 12, nach Meldung des behandelnden Arztes das finale Stadium der Lungenschwindsucht einer 49jährigen.
114 Dies bestätigt auch *Kaufmann*, Aufklärung, 1995, S. 81, S. 134 f. und S. 139 ff.

Seidenwirkergesellen. Er sollte 1785, weil er nach Meinung seiner Angehörigen und Lehrherren zu dumm zum Arbeiten war, mit seinem »bischen Geld, was er noch hat, in ein Spital oder eine ähnliche Anstalt« eingekauft werden, »damit er doch für die Zukunft gesichert und verhindert werde, daß er nicht dereinst, über kurz oder lang, dem Publiko als ein unnützes Mitglied lästig und schädlich werde«.[115] »Leutescheues blödes Wesen«, beständig niedergeschlagene Augen, sein hängender Kopf, zu langsames Arbeiten und langes Starren auf einen Fleck hatten schon zwei Ausbilder zu seiner Entlassung bewogen. Der Vormund jenes Seidenwirkers, ein Potsdamer Bäckermeister, suchte 1788 wegen entsprechender Klagen des neuen Meisters seines Stiefsohnes erneut den Kreisphysikus auf, um den Gesellen auf Gemüts- und »Geistesfähigkeiten« untersuchen zu lassen.[116] Der nun 26jährige war trotz des Antrags seines Vormundes nicht dauerhaft hospitalisiert worden. Mehrere Gespräche mit dem jungen Mann in Gegenwart seines Stiefvaters beziehungsweise seines neuen Ausbilders bestätigten Pyl noch drei Jahre später die Richtigkeit seines ersten Befundes. Gutwilligkeit und Bemühen wollte ihm sein neuer Meister aber nicht absprechen und erbot sich, den Gesellen noch sechs Monate »gegen freye Kost bey sich zu behalten, um zu sehen, ob er sich vielleicht ... ändern und mehr appliciren ... möchte«. Diesem jungen Mann wurde nur eine weitere Schonfrist gewährt, weil die Obrigkeit ihm immerhin minimale Arbeitsleistungen zutraute, selbst wenn er nur als billiger Handlanger dienen konnte. Wiederholt versuchte man, ihn ins normale Arbeitsleben zu integrieren, damit er nicht zur finanziellen Belastung würde.

Im Vordergrund der Diagnose und aller Entscheidungen bezüglich der Behandlung stand also nicht die Heilung Kranker, sondern die Schonung des Staatsetats, mit dem einzigen Ziel, daß einer so bald als möglich »wieder an die Arbeit gehen konnte«.[117]

---

115 *Pyl*, Aufsätze, 4. Slg., 3. Ab., 1786, Fall 9.
116 *Ebenda*, 6. Slg., 3. Ab., 1789, Fall 8. Der Physikus weigerte sich zunächst, dies ohne Magistratsauftrag zu tun. Dem Gesuch wurde stattgegeben. Hier machen sich sowohl Schlampereien bei der Datierung der Vorgänge wie bei der Berufsbezeichnung des Vormundes bemerkbar. Mal ist der Mann Bäcker-, mal Töpfermeister, mal war die Erstgutachtung 1786, laut früherem Gutachten aber bereits 1785.
117 *Bucholz*, Beiträge, Bd. 2, 1783, S. 39–43.

Wer sagen konnte, was ihm fehlte,[118] konnte bei finanziellen Garantien eine Aufnahme sogar dann durchsetzen, wenn die Diagnose nach medizinischen Maßstäben eigentlich nicht ausgereicht hätte. So konnten die Häuser ihre Budgets entlasten, weil einer nicht nur seine Kosten selbst trug, sondern noch etwas dazuverdiente: Als einem Amtsphysikus 1737 bei einer Routineinspektion im Zuchthaus von Onolzbach alle Gefangenen vorgeführt wurden, fiel ihm ein 30jähriger als verwirrt eingewiesener Bauernsohn auf. Nach zweistündiger Unterredung stand für den Arzt fest, der Mann, der sogar addieren, subtrahieren und die physikalischen Vorgänge beim Branntweinbrennen erklären konnte, sei geistig völlig gesund. Dennoch bat jener darum, bleiben zu dürfen, ihm gefiele die Arbeit hier besser als auf dem Hof seines Bruders, der ihn ständig schlage und es nur auf sein Erbteil abgesehen habe. Die Versorgung im Zuchthaus sei besser als daheim. »Er wolle lieber um sein Vermögen sich im Zuchthaus verpflegen lassen und arbeiten, als sich dem harten Tractament seines Bruders weiter übergeben.«[119] Gegen Ende des 18. Jahrhunderts wurden nur gefährlich erscheinende Menschen entweder wegen Geistesgestörtheit oder Straffälligkeit in Arbeitshäuser oder andere Anstalten eingewiesen. Pflegefälle wurden, unabhängig vom Grad der Bedürftigkeit, soweit finanziell möglich den Familien überlassen. Nur wer eine Gefährdung der Öffentlichkeit glaubhaft machte, hatte eine Chance auf einen bezahlten Platz in einer Anstalt. Für Alleinstehende trat die Armenkasse ein. Behandlungen wurden aus Kostengründen nur bei Kapitaldelikten oder zu Forschungszwecken in den »Versuchslabors« der neugegründeten speziellen Irrenanstalten angeordnet. Zwar wurden vor einer Entlassung neue Gutachten eingeholt, doch scheint eine Betreuung beziehungsweise Behandlung während des »Wegschlusses« höchstens zu Beginn des Freiheitsentzuges stattgefunden zu haben, dann wurden die Menschen oft über Jahrzehnte hinweg einfach vergessen, gehörten zum »Inventar«.

---

118 Einer, der sonst nur für andere Unverständliches von sich gab, wies auf die Frage, was ihm weh täte, »auf die Herzgrube und an die Stirne, mit den Worten: da steckt's«. *Ebenda.*
119 *Hasenest*, Richter, Bd. 2, 1756, X.

Vormundschaften und Privatgesuche

Die Gründe für die Einmischung der Obrigkeit waren vielschichtig und lassen sich nicht immer aus dem vorliegenden Material rekonstruieren. Es konnten Gemeindeinteressen finanzieller oder sicherheitspolitischer Art dahinterstecken oder christlich-paternalistische Fürsorgemotive des gerade entstehenden modernen Wohlfahrtsstaates. Meistens waren es jedoch Angehörige, die angesichts augenscheinlicher Verwahrlosung überlegten, ob eine Person – häufig alte Menschen – noch für sich selber sorgen, d. h. ihr Vermögen umsichtig verwalten und einen kleinen Haushalt führen konnte. Nicht nur in adeligen oder vermögenderen Bürger- und Handwerkerkreisen fürchteten erbberechtigte Verwandte, jemand könne das von ihnen beanspruchte Gut verschleudern oder »aus einer Grille heraus« jemand anderen damit bedenken. Auch Menschen der Unterschichten ergriffen Präventivmaßnahmen, indem sie sich aktiv der neu entstehenden Gesundheitspolitik bedienten und von sich aus einen Antrag auf Gutachtung stellten. Sie glaubten vermutlich, damit ihre Chancen zu verbessern, weil das Gesuch an sich, in dem sich schmeichelhaftes Vertrauen auf den medizinischen Sachverstand ausdrückte, bereits Klarsichtigkeit und Geistesgegenwärtigkeit verriet und ein positives Gutachten als objektiver Schlußpunkt unter jede Zurechnungsfähigkeitsdebatte erwartet wurde.

Bereits 1687 wandte sich ein Notar an die medizinische Fakultät Leipzig und konnte sich so gegen die Beschuldigung, er wäre »tobend und nicht mehr bey völligem Verstande«, erfolgreich zur Wehr setzen. Auch ließ er Augen und Ohren zum Zwecke des Nachweises überprüfen, daß er »zu Verrichtung seines Notariat-Amtes ... habilis sey.«[120] Private Anfragen noch ohne konkrete äußerliche Bedrohung waren zu dieser Zeit selten. Zittmann betonte in einem ähnlichen Fall von 1690, daß er nach 24 Jahren Mitgliedschaft an der Fakultät zum ersten Mal mit einer solchen Anfrage konfrontiert worden sei.[121] Als 80 Jahre später ein nicht näher bezeichneter »Direktor« den Stadtphysikus als Hausarzt um ein Gutachten bat, weil er seit zwei Jahren »eine besondere Schwäche des Nervensystems und der Verdauungswerkzeuge« an sich wahrgenommen hatte, die er seiner Überarbeitung »und

---

120 *Zittmann*, Medicina, 1706, Cent. IV, LI.
121 *Ebenda*, Cent. V, X.

der damit verbundenen übermäßigen Anstrengung des Geistes« zuschrieb, erhielt dieser die routinierte Antwort für solch hypochondrische Fälle, die weniger Arbeit, Bettruhe, Aderlässe und strenge Diät verordnete, ohne daß die berufliche Kompetenz in Frage gestellt wurde.[122]

In der zweiten Hälfte des 18. Jahrhunderts fällt auf, daß sich in den Großstädten Preußens untere Schichten, darunter auch Frauen, selbständig an das zuständige Physikat wandten. Von größter Bedeutung für die Geschäftsfähigkeit war die Kommunikationsfähigkeit und dabei vor allem das Sprachvermögen. Eine 27jährige Schwerhörige ließ 1773 ihren Verstand überprüfen, um aufgrund ihrer Behinderung nicht in den Verdacht einer ihre Heiratschancen mindernden Geistesschwäche zu kommen.[123] Der Berliner Stadtphysikus entschied 1789 nach einem Inkognitobesuch bei einer 50jährigen Witwe, die nach zwei Schlaganfällen fast stumm war, sie brauche zwar »besondere Aufsicht und Assistence« in Geschäftsdingen, sei aber keineswegs geistesgestört, da sie sich durch Schreiben und »klug gewählte Zeichen« als denkender Mensch beweise. Ihren Haushalt könne sie weiterhin allein versorgen.[124] Auch ein 27jähriger Adeliger war wegen seines schwankenden Ganges aufgrund eines Hüftfehlers und seines starken Stotterns als »blödsinnig« unter Kuratel gestellt worden und ging 1790 mit Hilfe seines Vormundes erfolgreich dagegen an.[125] Metzger zeigte sich angesichts der tragischen früheren Fehleinschätzung seitens der Kollegen empört:

> »Blödsinnige Menschen sind gewöhnlich schüchtern, zurückhaltend und furchtsam in Gegenwart fremder … Personen. Herr v. A. hingegen kam mir mit der Freimüthigkeit eines wohlerzogenen Mannes entgegen, redete mich aus freien Stücken an und legte hiermit sogleich einen Beweis der besten Geistesgegenwart an den Tag.«

»An Eides Statt« forderte der Professor vehement die »Staatsbürgerrechte« für den Adeligen ein.

Eine 25jährige aus einfachen Verhältnissen kam 1788 ebenfalls wegen Stotterns in den Verdacht, nicht zurechnungsfähig zu sein.[126] Der Arzt konnte an ihr zwar weder körperliche Gebrechen noch eigentlichen »Blöd-

---

122 Anonymus, in: *Pyl*, Aufsätze, 3. Slg., 2. Ab., 1785, Fall 13.
123 Dr. Kölpin, in: *Pyl*, Aufsätze, 5. Slg., 3. Ab., 1787, Fall 10.
124 *Pyl*, Aufsätze, 8. Slg., 3. Ab., 1793, Fall 3.
125 *Metzger*, Annalen, Bd. 1, 3. St., 1791, III. A., Fall 2.
126 *Pyl*, Aufsätze, 6. Slg., 3. Ab., 1789, Fall 6.

sinn« feststellen, fand sie vielmehr »munter und zufrieden«. Trotzdem empfahl er eine Vormundschaft. Ihre Verwandten hatten ihm nämlich von einer »übertriebenen Gutherzigkeit« berichtet, »bey der zu befürchten stehet, daß sie, wenn sie ganz freye Hände hätte, an Leute welche ihr nachgingen und schmeichelten, leicht mehr weggeben möchte als sie übrig hätte«.

Die 54jährige Anna Christina P. erreichte 1782 mit ihrem Gesuch an den Stettiner Stadtphysikus ebenfalls nur das Gegenteil ihres eigentlichen Zieles, auch ihr wurde mit schon stereotypen Formulierungen die Verwaltung ihres Vermögens entzogen.[127] Mehrere Unterredungen ergaben zwar, daß sie

> »weder melancholica, noch maniaca, noch fatua [blödsinnig], noch stupida in sensu medico-legali zu nennen ist«, aber »ihre Verstandeskräfte in soweit schwach genannt werden müssen, als es ihr an einer guten Erziehung und Ausbildung des Verstandes gefehlt haben mag. Dabey scheint ihr eine Art von übertriebener Engherzigkeit beyzuwohnen, nach welcher ihr wohl schwerlich eine vernünftige Disposition über das Ihrige zugetraut werden könnte, indem zu befürchten stehet, daß sie an Personen, die ihr nachgehen, schmeicheln oder sich nach ihren Wünschen und Neigungen bequemen, mehr als sie übrig hat weggeben möchte.«

Im Vergleich dieser drei Beispiele macht sich eine Klassenpsychologie bemerkbar, die Intelligenz primär an bürgerlichen Standards wie Bildung und Geschäftssinn maß. Selbstlosigkeit, Großherzigkeit ohne eigenen Vorteil, alles christliche Werte, waren am Vorabend des Frühkapitalismus psychologisch bereits zu »Schwach-Sinn« in Form geschäftlicher Schwäche geronnen. Wie Pyl angesichts eines Branntweinbrenners feststellte, der aus besonderer Gottgefälligkeit, »erhitzter Einbildungskraft« und »religiöser Schwärmerei« fremden Menschen auf der Straße spontane Geschenke zu machen pflegte, waren Leute »von niederer Abkunft« ohnehin oft von »Furcht und Blödigkeit, als auch üble[n] Gewohnheiten und Sitten« gekennzeichnet.[128] Statt nun gerade bei den »niederen Klassen« besondere Toleranz walten zu lassen, mußten jene – so auch in diesem Fall – sogar mit Hospitalisierung rechnen, damit sie nicht mit Sektierern »in Bekanntschaft gerathen« konnten und Schlimmeres anstellten.

Währenddessen drückte man sich bei Bürgersöhnen erheblich respektvoller und optimistischer aus. Selbst ein 16jähriger, der erst mit sechs Jahren

---

127 Dr. Kölpin, in: *Pyl*, Aufsätze, 2. Slg., 2. Ab., 1784, Fall 8.
128 *Pyl*, Aufsätze, 2. Slg., 2. Ab., 1784, Fall 5.

sprechen und laufen gelernt hatte und auf Pyl den Eindruck machte, als seien trotz des von der Familie ermöglichten Musik- und Tanzunterrichtes »seine Sinnenwerkzeuge ... ungewöhnlich stumpf«, konnte durch weitere Anreize, kalte Bäder und viel Bewegung »auf die Erweckung mehrerer Sinnlichkeit« hoffen.[129] Mit ähnlich taktvollen Formulierungen reagierte Kölpin auf zwei adelige Jungen, deren Fettleibigkeit auf zuwenig Bewegung schließen ließ und deren »Sinnenwerkzeuge ... stumpfer als gewöhnlich« waren.[130] »Ihr Nervensystem empfindet die Eindrükke von außen mit minderer Lebhaftigkeit und ihre Muskelfasern besitzen einen solchen Grad von Trägheit und inactivité, die sonst Jünglingen von ihrem Alter nicht natürlich ist«, deshalb seien auch ihre »Seelenkräfte« schwach. Mit Training ihres Körpers nähme auch der Verstand zu, weshalb der Arzt das Blut verdünnende Mineralwässer und eine Bäderkur empfahl, die durch Reiten, Spaziergänge und anregende Gespräche mit anderen Gästen optimiert werden sollte. Derartige Gefälligkeitsgutachten für solvente Angehörige lassen die harten Urteile gegenüber den Unterschichten besonders makaber erscheinen.

Doch nicht in jedem Fall konnte man so optimistisch sein. Als Pyl 1788 im Auftrag des Kurmärkischen Pupillenkollegiums eine junge pommersche Adelige untersuchte, nützte der ihr sittsames und höfliches Auftreten nichts.[131] Schon »ihr Ansehen [war] etwas schüchtern und blöde«, ihre Augen zu unruhig, auch gab sie selbst eine Gedächtnisschwäche zu und konnte nicht einmal ihr Alter errechnen. Sie selbst führte diese Mängel auf die vernächlässigte Erziehung durch ihre Stiefmutter zurück. Ihr ausführlicher Bericht von einem Abort im ersten und Kindbettblattern im zweiten Ehejahr interessierten den Physikus nicht, da ihm bereits klar war, daß sie keine »reife Beurtheilungskraft« besaß und ihr Vermögen deshalb nicht selbst verwalten könne. Hier neutralisierte das geringere Geschlecht den hohen Stand. Eine Entmündigung spielte für eine Ehefrau kaum eine Rolle, da sie

---

129 *Ebenda*, 6. Slg., 3. Ab., 1789, Fall 5. Vom geplanten Reitunterricht riet Pyl jedoch ab, da es angesichts seiner mangelnden intellektuellen Fähigkeiten zu gefährlich und »es auch nicht rathsam ist, zu viel Sachen mit einmal mit ihm anzufangen, da man befürchten muß, daß es ihm zu viel wird, er sich confundirt und am Ende von Allem nichts lernt«. Schuld am Zustand des Jungen war die Mutter, die sich während ihrer Schwangerschaft melancholischen Gefühlen hingegeben hatte.
130 Dr. Kölpin, in: *Pyl*, Aufsätze, 5. Slg., 3. Ab., 1787, Fall 12.
131 *Pyl*, Aufsätze, 5. Slg., 3. Ab., 1787, Fall 2.

ohnedies rechtlich von ihrem Ehemann abhängig war. Wirtschaftlich eigenständig war eine Frau frühestens als Witwe.

Sobald Patienten und Patientinnen von sich aus psychische Probleme zugaben, die sie als »Störung« oder »Schwäche der Seelenkräfte« bezeichneten und auf konkrete Erlebnisse zurückführten, gereichte ihnen diese Reflexion zum Nachteil, denn sie wurde ihnen als Schwäche ausgelegt. Kamen noch starke körperliche Defizite besonders durch Schlaganfälle hinzu, bestand kaum noch eine Chance, selbständig bleiben zu dürfen. Auch Personen, die bis zum Zeitpunkt der Untersuchung mit Hilfe von Pflegekräften und einem ausreichenden Vermögen ihre Versorgung selbst geregelt hatten, wurden »zu ihrem eigenen Besten« entmündigt. Exemplarisch dafür ist die Geschichte einer 70jährigen ledigen Adeligen, die nach schweren Verwundungen und ihrer Meinung nach durch den Schreck ausgelösten Schlaganfällen im Siebenjährigen Krieg über Jahre »weder den Gebrauch ihrer Gliedmaßen noch ihrer Seelenkräfte gehabt« hatte.[132] Sie lebte seit Jahren bei einer Predigerwitwe zur Untermiete und kam trotz eines erneuten Schlaganfalles mit einer Pflegerin zurecht. Zunächst verweigerte sie dem Arzt, dessen Anwesenheit sie für überflüssig hielt, jegliche Zusammenarbeit. Erst als Pyl mit Konsequenzen drohte, erklärte sie sich bereit, über ihren Gesundheitszustand zu reden. Ihre sachliche, chronologische Erzählung, auf der sogar später die ärztliche Argumentation aufbaute, überzeugte ihn allerdings nicht von ihren geistigen Kräften. Ihr Alter, das schwerfällige Sprechen, Lähmungen und »Zuckungen« im Gesicht bestätigten dem Gutachter nach einem zweiten Besuch vielmehr ihren hoffnungslosen Zustand, den er als »blosses Pflanzenleben« bezeichnete. Als »ein schwaches weichliches Frauenzimmer ... welche zu dergleichen Auftritten [1758 das Bombardement von Küstrin, bei dem sie angeschossen worden war] nicht gewöhnt und empfindlicher sind als Männer, die im Ganzen genommen von Natur schon mehr Festigkeit des Körpers und Entschlossenheit besitzen«, sprach er der Frau jegliche Lebensqualität und damit auch die Selbständigkeit ab.[133]

---

132 *Ebenda*, 2. Slg., 3. Ab., 1784, Fall 1.
133 »Nur noch ein Pflanzenleben« führte nach Meinung des Gutachters auch ein 89jähriger Gärtner, der kaum noch sehen und hören konnte und dessen »Verstandes- und Seelenkräfte ... beinahe an den Stand der Kindheit gränzt[en]«. *Ebenda*, 6. Slg., 3. Ab., 1789, Fall 4.

Wenn sich der Zustand zum Beispiel einer Kaufmannsfrau nach dem Tode ihres Mannes grundlegend zum Besseren wendete, war dies erst recht Anlaß zum Mißtrauen.[134] Sie war bei Ankunft der Gutachter sauber und anständig bekleidet, benahm sich »ganz ordentlich und bescheiden« und redete vernünftig. Weil aber ein Freund des Verstorbenen von ihrem früher zänkischen und einzelgängerischen Wesen erzählte, womit sie Ehemann wie Hausgemeinschaft gegen sich aufgebracht habe und welches ihn vermuten ließ, »daß ihr Verstand gar sehr zerrüttet sey«, traute Pyl seinen eigenen Wahrnehmungen bei der Visitation nicht. Auch wenn die Frau seit einiger Zeit engen Kontakt zu ihrer Familie hielt, »still und ruhig, ... gegen Jedermann höflich und bescheiden« war, so deutete wenigstens die gelegentliche Verwendung falscher Ausdrücke im Gespräch auf ein langes luzides Intervall hin, das durch den Schock des Todesfalles ausgelöst worden sein konnte. Im Grunde leide die Witwe durch ein »sehr lebhaftes Temperament und Einbildungskraft« doch an einer Schwäche der nicht näher bezeichneten »höhern Seelenkräfte«, weshalb ihr zunächst für ein halbes Jahr zur Beobachtung ein Interimskurator beigegeben werden sollte.

Besondere Bewunderung nötigte hingegen die über 80jährige Witwe und weiterhin vorbildliche Hausfrau eines Salzfaktors dem Physikus ab, die er auf Weisung des Pupillenkollegiums auf ihre Geschäftsfähigkeit hin überprüfen sollte.[135] Obwohl sie über die üblichen Altersbeschwerden klagte, ließ sich keinerlei Verwirrung feststellen. »Sie beantwortete alle ... Fragen zusammenhängend und vernünftig, zeigte in ihren Reden einen ... guten gesunden natürlichen Verstand und richtige Beurtheilungskraft.« Eine altersbedingte Gedächtnisschwäche bei komplizierteren Rechenvorgängen fiel nicht ins Gewicht, da ihr Vermieter bezeugte, »daß sie sehr genau mit ihren Einkünften wirthschaftete und sich im Essen und Trinken kümmerlich behelfe, um nur auszukommen und keine Schulden zu machen, sich auch übrigens sehr vernünftig und ordentlich betrage«. Trotz dieses eindeutigen Befundes konnte sich Pyl nicht dazu durchringen, die klare Empfehlung auszusprechen, ihr »die Verwaltung ihres Vermögens« weiterhin zu überlassen. Er verwies die Entscheidung zurück an seine Auftraggeber.

Bei Frauen wurden eindeutig strengere Maßstäbe angelegt als bei Män-

---

134 *Ebenda*, Fall 3.
135 *Ebenda*, Fall 7.

nern. Das »andere Geschlecht« verlor sein ohnehin eingeschränktes Recht auf Eigenständigkeit schon aus geringeren Gründen, weil es nach medizinischer Überzeugung den wahren Härten des Lebens psychosomatisch nicht gewachsen war. Dabei lebten gerade Frauen länger allein oder mit einer Verwandten zur Untermiete. Auch nicht verwandte Witwen wohnten häufiger zusammen und pflegten sich im Alter gegenseitig, so daß es obrigkeitlicher Einmischung eigentlich nicht bedurft hätte.[136] Demgegenüber lebten alte Männer mehrheitlich auf sich allein gestellt und verwahrlosten gelegentlich, so daß einem Gutachter schon bei der Ankunft ob des Drecks und Gestanks der Atem verging.[137]

Weil Männer in der mittleren Lebensphase häufiger in der Öffentlichkeit standen, d.h. als adelige Erben die Zukunft einer Hausmacht zu repräsentieren hatten, als Bürgerliche berufsständisch organisiert oder mit gemeinschaftlichen Aufgaben betraut waren, gerieten sie bei auffälligen Schwächen schon früh ins Visier der Obrigkeit. Dabei war nicht nur der persönliche Eindruck, den sich der Arzt bei den Visitationen machte, von Bedeutung. Vielmehr waren die einzigen auf Langzeitbeobachtung beruhenden Ansichten der Mitmenschen ebenso relevant für die Einschätzung: Ein Bauer, der in seinem Amt als Landschöppe und Anspänner tätig war, wurde 1760 der Melancholie beschuldigt und sollte nach einer Untersuchung bezüglich seiner Fähigkeit zur »Amtsverrichtung« gegebenenfalls medizinisch betreut werden.[138] Die angereisten Gutachter schlugen den ungewöhnlichen Weg der Beobachtung im Alltag, d.h. während eines Arbeitstages ein. Die dabei festgestellte Unruhe, das Starren, die Abwesenheit und Ängstlichkeit in seinen Augen, das blasse aufgedunsene Gesicht des Landwirtes ließen nichts Gutes ahnen. Die Befragung der Kollegen hatte ergeben, daß sein Alkoholkonsum und das Rauchen sowie seine sonstige Lebensweise das ihrige getan hatten, die »Schwachheit des Nervensystems« noch zu verstärken. Auf die Frage, »ob er sich etwa was zu Gemüthe zöge«, äußerte der Bauer nicht nur Kriegsangst und klagte über »die leidigen Zeitläufe«, sondern auch »über die Taubheit seines Sohnes, über die Kuratel seines blödsinnigen Bruders und über die ihm aufgetragene Vormundschaft ...«. Der

---

136 Vgl. etwa *ebenda*, Fall 1.
137 Vgl. etwa *ebenda*, 2. Slg., 2. Ab., 1784, Fall 10.
138 *Daniel*, Sammlung, 1776, LIII.

körperliche Zustand mit den haltlosen Klagen (»ohne Noth«) zusammengenommen deutete auf schwer heilbare Melancholie hin, die in Intervallen wiederkehren könnte.

Begriffe von Überarbeitung oder Überforderung existieren in der psychiatrischen Vorstellungswelt der Aufklärung nicht. Ein jeder mußte an seinem Platz seine Aufgaben erfüllen. Seelische Krisen, über die sensible Literaten unermüdlich publizierten, waren im wirklichen Leben, wie schon an den Suizidverfahren beobachtet, nicht vorgesehen. Traten körperliche Beschwerden gemeinsam mit Verhaltensauffälligkeiten auf, deutete alles auf physiologische Ursachen hin, die als einziger Grund auch für psychische Veränderungen zählten. Meistens bot sich »Schlagfluß« als natürliche Erklärung an. Viele Menschen redeten nach einem Schlaganfall anders, lachten oder weinten grundlos oder verhielten sich in den Augen der anderen unsinnig. Relevant war nur, ob sie ihre frühere Tätigkeit wieder aufnehmen konnten, gerade wenn diese mit größerer Verantwortung verbunden war.[139] Schied »Schlagfluß« aus, war eine Diagnose extrem schwierig. Nicht nur die typischen, das Erwerbsleben erschwerenden Symptome wie Lähmungen, Sprachstörungen, Sehfeldverengungen und Schwindel waren Gegenstand der Untersuchung, sondern gerade die häufig damit einhergehenden Veränderungen der Persönlichkeit, wie »besondere Kleinmüthigkeit und Schwermuth, womit ein Leutescheues und schüchternes Wesen verbunden ist«. Dies befiel solche Menschen immer dann, wenn sie »unbekannte Leute zu Gesichte« bekamen, so daß ihnen in Zukunft weder die Führung von »Geschäften« und noch weniger ihre »Gerechtsame vor Gericht allein« wahrzunehmen möglich war.[140]

Offensichtliche Gebrechlichkeit konnte in Ausnahmefällen allerdings auch von Nutzen sein: Als ein »alter« 57jähriger Bäckermeister 1789 selbst wegen Pflegebedürftigkeit um Gutachtung seines allgemeinen Gesundheitszustandes bat, bescheinigte Pyl dem »äußerst schwach und hinfällig«, »abgezehrt« wirkenden und von Unterleibsschmerzen, Schwindelanfällen und vie-

---

139 Ein Fabrikantenkommissar wurde nach einem Schlaganfall im Auftrag der Kurmärkischen Kriegs- und Domänenkammer dahingehend untersucht. *Pyl*, Aufsätze, 5. Slg, 3. Ab., 1787, Fall 1. Da der noch in der Charité liegende Mann unter Lähmungen und Irrereden litt, wurde er als unheilbar eingestuft.

140 Zitate bezüglich eines 56jährigen Kornhändlers, aus: *ebenda*, Fall 6.

len anderen Malessen geplagten Mann »eine [dadurch entstandene] große Schwäche des Verstandes besonders des Gedächtnisses« und legte eine Vormundschaft und Pflege nahe.[141] Der Arzt bestätigte dem armen Mann, der eine Einweisung in einen Massensaal des Hospitals verhindern wollte, eine Entsagung »seiner jetzigen ruhigen und bequemen Lebensart«, ein Aufenthalt in schlechter Luft und trauriger Umgebung wäre in seinem Zustand lebensgefährlich. Auch ein verarmtes und durch einen Schlaganfall linksseitig gelähmtes adeliges »Fräulein«, das 1789 durch verschiedene Suppliken versuchte, in Berlin »Versorgung« zu erlangen, indem es sich auf Schwäche »an Seele und Leib« berief, war letztlich erfolgreich.[142] Die Frau erreichte durch die Berliner Gesellschaft in »unangenehme Sensationen und Auftritte« versetzende öffentliche Äußerungen, daß Pyl »einen lebenslänglichen Aufenthalt im Arbeitshause und zwar unter den Einwohnern der ersten Klasse« für die sonst »guthmütige Person« dringend empfahl, um sie aus dem Verkehr zu ziehen. Hilfsbedürftige Alte waren nicht unbedingt völlig auf sich gestellt. Tatsächlich waren es häufig Schwerstpflegebedürftige, die Gutachter bei ihren Hausbesuchen zu sehen bekamen. Die Ursache für den »blöde[n] Verstand[e]« einer »separirte[n] Ehefrau«, die sich bei Ankunft der Inquirenten einschloß und deren ungepflegter Anblick bereits genug sagte, um ihr die Verfügung über ihre »Gerechtsame« zu entziehen, zeigte sich in dem »die besondere Schwäche ihrer Nerven und gewisser massen ihres ganzen Körpers« entlarvenden Zittern ihrer Extremitäten und dem unsteten Blick.[143] Meistens waren es Töchter, Schwiegertöchter und Schwestern, die mit der Pflege solcher Verwandten irgendwann überfordert waren. Nicht nur, daß die über 70jährige Witwe Regina R. »unter sich machte«, sie schlug auch »in einer Art Wuth« um sich und griff ihre Tochter an.[144] Eine andere über 50jährige verwirrte Witwe weigerte sich zum Beispiel monatelang, das Hemd zu wechseln und wehrte sich aus Leibeskräften, wenn ihr eine ihrer Töchter zu nahe kam.[145] In solchen Momenten wandten sich Angehörige an die Behörden um Hilfe. Das Problem der Alten- und Krankenpflege ist nicht eines, das erst mit der aushäusigen Erwerbstätigkeit der Ehefrauen oder dem angeb-

---

141 *Ebenda*, 6. Slg., 2. Ab., 1789, Fall 15.
142 *Ebenda*, 7. Slg., 2. Ab., 1791, Fall 6.
143 *Ebenda*, 5. Slg., 3. Ab., 1787, Fall 5.
144 Vgl. Dr. Kölpin, in: *ebenda*, Fall 7.
145 Vgl. Dr. Kölpin, in: *ebenda*, 3. Slg., 3. Ab., 1785, Fall 7.

lichen Zerfall der »glücklichen Großfamilie« aufkam. Pflegebedürftigkeit stellte die Gutachter grundsätzlich vor gewaltige Entscheidungsprobleme. Gerade Kinder, Jugendliche und andere kränkelnde oder hilflose Personen ohne familiären Rückhalt, aber mit Heimatrecht, unterstanden der Aufsicht der Behörden. Wer nicht im Waisen- oder Arbeitshaus lebte, war wie in vielen Territorien üblich gegen Kostgeld in Pflegefamilien untergebracht. In beiden Fällen wurden gelegentliche Kontrollbesuche vorgenommen.[146]

Der auch aus Einweisungsverfahren schwieriger Personen bekannte, selbstbewußte Umgang mit der eigenen (Gemüts-)Krankheit beziehungsweise Gesundheit in der verbalen Auseinandersetzung mit den akademischen Autoritäten – von den Ärzten als »Eigensinn« oder »Dreistigkeit« bezeichnet – wird auch in Verfahren um die juristische Zurechnungsfähigkeit deutlich: Eine Witwe aus der besseren Stettiner Gesellschaft wußte, daß sie vor dem Arzt nicht verbergen konnte, was alle »Bekannten« längst wußten, und gab deshalb selbst zu,

> »daß sie schon in ihrer frühen Jugend und nachher zu verschiedenen Mahlen starke Anfälle von Melancholie und Wahnwitz unterworfen gewesen, welche zwar ganz geheilet worden, aber doch bey manchen Gelegenheiten [vor allem im Wochenbett] Rückfälle verursacht haben«.[147]

Vergeblich bestand sie darauf, daß sie durch eine Bäderkur während eines Hospitalaufenthaltes endgültig geheilt sei. »Ihre Stellungen, Geberden, Art sich zu kleiden, Gespräche und ganzes Betragen« verrieten dem Arzt nämlich »wenn nicht einen würklichen Wahnwitz, doch eine starke Disposition dazu«.

Als Metzger 1789 eine durch den Tod ihres Mannes melancholisch gewordene Witwe beurteilen sollte, wunderte sie sich,

> »wie ich [Metzger] an einer Person, welche von Gott verflucht und ohne Rettung verdammt wäre, Antheil nehmen könnte. Helfen würde ich ihr nicht, denn sie wäre nicht am Körper, sondern an der Seele krank. Dies sei aber einmal der Wille und die Bestimmung der Götter, den niemand abändern könne. Im übrigen aber sey sie bei guter Vernunft und kenne sowohl ihren körperlichen als Seelenzustand sehr wohl.«[148]

---

146 Siehe etwa die Untersuchung eines rachitischen Dreijährigen durch *Pyl*, Aufsätze, 6. Slg., 2. Ab., 1789, Fall 14, oder die eines epileptischen Zehnjährigen durch Kölpin, *ebenda*, Fall 18.
147 Dr. Kölpin, in: *ebenda*, 5. Slg., 3. Ab., 1787, Fall 8.
148 *Metzger*, Annalen, Bd. 1, 2. St., 1790, III. 2., Fall 2.

Als der Besucher ihr riet, mittels der Vernunft gegen ihre »glühende Einbildungskraft« vorzugehen, rief sie aus: »Glühende Einbildungskraft! ... Ja wohl, dies ist der passende Ausdruck: Ich glühe, ich brenne, ja ich bin schon verbrannt. Aber meine Vernunft vermag gegen meinen Verstand nicht, denn das verhindern die Götter ...«

An den Schlüssen, die Mediziner in ihren »Responsae« aus solch selbstgewissen wie gleichermaßen kryptischen Äußerungen zogen, läßt sich ihre Hilflosigkeit ablesen. Sie pflegten solche Aussagen dem körperlichen Befund, d. h. der Beobachtung der Körpersprache und Physiognomie unterzuordnen. Im Zweifelsfall scheint mehr als weniger entmündigt worden zu sein, damit man dem Gutachter, falls er sich verschätzt hatte und die Person doch einen Schaden verursachte, keine Vorwürfe machen konnte. Seinem maßgeblichen Bericht, von dessen Existenz die meisten Betroffenen der Unterschichten nicht einmal ahnten, hatten höchstens die im Umgang mit Behörden geübteren Gebildeten etwas entgegenzusetzen. Standes- und rollenkonformes Benehmen war neben dem körperlichen Befund die zweite Säule des medizinischen Urteils. Für Frauen waren Bescheidenheit, Zurückhaltung und sittsame Kleidung relevant. Frauen von Stand durften ein wenig mehr Selbstbewußtsein an den Tag legen als die der Unterschichten. Von einfachen Männern wurde zwar ebenfalls Bescheidenheit gegenüber dem bürgerlichen Gutachter erwartet, gehobene Bürger und Adelige sollten aber durchaus soziale und wirtschaftliche Kompetenz unter Beweis stellen. Dazu gehörten vor allem eine gewählte Ausdrucksweise und Allgemeinbildung, ein kultivierter Schreibstil, Rechen- und Grundkenntnisse in den Naturwissenschaften sowie die Fähigkeit, die vielen verschiedenen Geldsorten einzuordnen und zu bewerten. Solche »Examina« konzentrierten sich auf die Geschwindigkeit bei der Entwicklung »allgemeine[r] und abstracte[r] Begriffe, ... wobei das specielle aus dem allgemeinen herzuleiten und eines dem andern unterzuordnen ist«.[149]

Je gebildeter und gesellschaftlich bedeutender, also wohlhabender, eine Person war, desto umfassender waren die Tests, um etwaigen kriminellen Machenschaften auf die Spur kommen zu können: Als 1784 der Antrag

---

149 So Kölpin bei der Begutachtung eines 23jährigen Adeligen. In: *Pyl*, Aufsätze, 5. Slg., 3. Ab., 1787, Fall 5.

eines 60jährigen Adeligen, der schon seit 30 Jahren unter Vormundschaft stand, beim Königlichen Pupillenkollegium einging, setzte man eine Untersuchungskommission unter der Leitung Metzgers ein. Diese fand heraus, daß das »kleine gebückte Männchen«, dessen äußere Erscheinung bereits größte Einfalt, nur »animalische« Sinne und »eine verstandeslose Seele« verriet, den Antrag gar nicht selbst verfaßt haben konnte, sondern sein Kurator dahinterzustecken schien. Der hatte sein Mündel zur Abfassung eines ihn begünstigenden Testamentes bewogen. Der 60jährige Patient war zweifelsfrei »ganz kindisch, aller Beurtheilungskraft entblöst und unfähig seinen eignen Willen zu haben«.[150]

Ungesunde Physiognomie wie Magerkeit, Blässe, gelbliche Augen und eine belegte Zunge galten als allgemeine, Unruhe, Angst und Schüchternheit bei Männern von Stand als spezielle Symptome für Geistesschwäche. Wem jedoch die angemessene Zurückhaltung fehlte, die auf gute Erziehung und Wissen um die gesellschaftlichen Spielregeln schließen ließ, war des Wahnsinns schon überführt. Jener pommersche Gutsherr, der ständig auf seinem Sitz herumrutschte, »sich verschiedene mahl ganz nahe an mich [Kölpin] heran[drängte] und ... mit mir in die Acten, worin ich las«, sah, hatte sich bereits als »melancholico-maniaco« entlarvt, da er nicht nur die für die höheren Stände gültige Etikette, sondern auch die kulturell geltende Körperdistanz ignorierte.[151]

Bei Einweisungen kamen Geschlechterrollen kaum offen zum Tragen. Dies unterscheidet sie maßgeblich von Kriminalverfahren, die an deutlicher geschlechtsspezifisch ausgelegten anatomischen und psychopathologischen Theorien über Wahnsinn angelehnt waren. Gefährlichkeit oder Berufsunfähigkeit machte sich für akademische Ärzte und auch die Umgebung der betreffenden Personen geschlechterübergreifend an Aggressionen beziehungsweise Versagen in Alltagssituationen fest. Geschlechtsspe-

---

150 *Metzger*, Annalen, Bd. 1, 3. St., 1791, III. A., Fall 1. Dieser Betrugsversuch hatte so viel Staub aufgewirbelt, daß der Herausgeber erst nach dem Tode der Hauptbeteiligten die Aktenauszüge und seine »auf psychologisch-medizinischen Gründen beruhende und durch beygedrucktes Königl. Physikat-Insiegel bekräftigte Meinung« zu publizieren wagte.
151 Dr. Kölpin, in: *Pyl*, Aufsätze, 2. Slg., 2. Ab., 1784, Fall 9. Die Entscheidung fiel hier nicht schwer, da der »Familienfehler, der sich erst in den dreissigern äußerte«, sich schon bei Vater, Großvater und Brüdern gezeigt hatte.

zifisch aus heutiger Sicht war allerdings die Art devianten Verhaltens: Männer waren definitiv häufiger gewalttätig als Frauen und richteten ihre Attacken gegen ihnen nahestehende Personen und zugängliche Dinge wie Mobiliar und Arbeitsgeräte. Mediziner orientierten sich bis auf wenige Ausnahmen viel eher an allgemeinen Krankheitsbildern und geistigen Entwicklungsstadien wie Alterssenilität oder vernachlässigter »Seelenbildung« in der Kindheit, als an primären und sekundären Geschlechtsmerkmalen.

Was die Verstandesgutachtung grundlegend von einer normalmedizinischen Untersuchung unterschied, war allerdings die scheinbar empathische Untersuchungsmethode. Gutachter gingen vordergründig interessiert auf ihnen abwegig erscheinende Themen ein. Um die Tragweite einer Verwirrung zu erfassen, stellten sie Scheinfragen oder provozierten mit vorher recherchierten Themen oder Personen, die emotionale Reaktionen auslösen sollten. Die Arglosigkeit – von Ärzten »Treuherzigkeit« genannt – bei solch scheinbarem »small talk« mit der die Beforschten in einem Kriminalverhör sicher nicht geantwortet hätten, rückte sie in den Augen der Mediziner bereits in die Nähe von kleinen Kindern, die der Allmacht, aber auch dem Schutz der geistig weit überlegenen väterlichen Akademiker unterstellt waren.

Männliches Reden über Sexualität, Ehe- und Finanzprobleme oder gekränkten Stolz konnte ein Arzt als Geschlechtsgenosse in einem solchen Gespräch eher nachvollziehen als Klagen von Frauen über lieblose Ehemänner, Ärger mit der Schwiegerfamilie und Nachbarschaft oder Überforderung durch viele Geburten und Haushaltsführung, die einer für etablierte Bürger fremden Lebenswelt entstammten und vor einem anderen Rollenschema hätten reflektiert werden müssen. Bei Vormundschaftsangelegenheiten und in den eigeninitiativ angeforderten Gutachten zeigt sich an der Vielzahl der Entmündigungen von Frauen, daß schon »geringe Grade« von Exzentrik, Eigensinn oder Großzügigkeit in geschäftlichen Dingen genügten, ihnen die Verfügungsgewalt über ihr Leben zu entziehen. Dafür mußten kaum spezifisch weibliche anatomische Tatsachen bemüht, sondern nur das Verhalten unausgesprochen auf der Matrize der weiblichen Geschlechterrolle abgebildet werden. Offensichtliche Geistesschwäche, die relativ problemlos von Verwirrung unterschieden wurde, wurde dagegen geschlechtsneutral betrachtet, sie war entweder angeboren, altersbedingt oder auf eine Gehirnerkrankung zurückzuführen. Gerade bei Vormundschaftsangelegenheiten zeichnet sich hingegen in den komplizierteren Fällen eine Klassengutachtung ab, die einen Gemütszustand am Bildungsstand und Grad der »Zivilisiertheit« festmachte, ohne daß deshalb mit ungebildeteren Menschen großzügiger umgegangen worden wäre.

Im Verhältnis zu offiziellen Aufträgen sind nur sehr wenige von Betroffenen selbst eingebrachte Gutachtenanträge von den Ärzten publiziert worden. Trotzdem läßt sich vermuten, daß deren Anzahl gerade in größeren Städten Ende des Jahrhunderts nicht so gering war, wie es den Anschein hat. Möglicherweise waren diese auffällig kurzen Gutachten im Vergleich zu Suiziden, Tobenden, religiösen Phantasten oder Mord nur nicht spektakulär genug für eine Publikation, da man an ihnen keine aufregenden besonders devianten Persönlichkeitsstrukturen vorführen konnte. Wäre eine Gemütszustandsbeurteilung selten und nur etwas für die bürgerliche Introspektion gewesen, wären Personen aus niederen Ständen nicht in so verhältnismäßig großer Zahl aktiv geworden. Man mußte sicher eine gewisse Hemmschwelle überwinden, um zuzugeben, daß die eigene Zurechnungsfähigkeit in Frage gestellt werden konnte – und nicht zuletzt kostete die Gutachtung Geld. Auch bestand das Risiko, daß der selbst eingeleitete Prozeß sich anders entwickelte als erhofft, die Beurteilung durch einen Arzt das Gegenteil von dem ergab, was man damit bezweckt hatte. Wenn trotzdem auch ärmere Menschen von sich aus zu dieser Argumentationshilfe griffen, könnte das bedeuten, daß sich der Erfolg dieser Methode herumzusprechen begann und dadurch zu ihrer weiteren Verbreitung beitrug. Der hier nicht näher auszuführende transhistorische und transkulturelle Zusammenhang von Armut und Krankheit bei von Einweisung und Entmündigung Betroffenen gewann nicht zuletzt aufgrund der so häufig erwähnten Arbeitsunfähigkeit zwangsläufig an polit-ökonomischer Brisanz.[152] Dies zeigt sich sowohl anhand der Auftraggeber (Armenverwaltungen), als auch an den aus eigenem Antrieb eingebrachten Begründungen häufig erwähnten sozialen Umständen. Angesichts solch selbständiger Nutzung obrigkeitlicher Kontrollmechanismen wie der psychiatrischen Gutachtung, wie sie sowohl in Kriminal- als auch Privatverfahren zum Ausdruck kommt,

---

152 Vgl. *Jütte*, Construction, 1992, S. 27

zeigt sich, daß, sobald man nicht mehr nur den Elitendiskurs und seine unmittelbaren disziplinierenden Effekte vor Augen hat, sich aus der überzeugenden Foucaultsche These vom krassen Mißverhältnis gesellschaftlicher Definitionsmacht innerhalb des medizinischen Diskurses nicht automatisch die völlige Ohnmacht der Kontrollobjekte ableiten läßt.[153]

---

153 Dies betont auch eine neue englische Studie, die besonders auf die Eigeninitiative kriminalisierter Individuen hinweist. Anhand erhaltener »session papers« Hunderter von Routinefällen des Londoner Zentralgerichts Old Bailey demonstriert *Eigen*, Insanity, 1995, wie im Zeitraum von 1760 bis 1843 die Zahl der selbstinitiierten Unzurechnungsfähigkeitsattestate kontinuierlich stieg.

Aus lauter Bosheit simuliertes Wesen – Wenn Krankheit Ruhe und Ordnung bedroht

In Gefängnis und Militär

In Auseinandersetzung mit der Foucaultschen These der Ausbildung der Disziplinargesellschaft mit eindeutig vertikaler Machtverteilung zwischen »oben« und »unten« ist in den letzten Jahren häufig der Begriff der »Instrumentalisierung« gebraucht worden. Widerstand von unten äußerte sich häufig nicht in Aufständen, sondern zuerst in hartnäckigem Beharren auf Traditionen und dem Beschreiten des Instanzenweges unter Ausnutzung überkommener oder neu gewährter Rechte. Die These von der Instrumentalisierung quer durch alle Gesellschaftsschichten läßt sich auch an der ärztlichen Gutachtertätigkeit und anhand der von Rechtsbeiständen oder selbst eingebrachten Anträge im Zuge des Strafverfahrens und vor allem seines Vollzuges erhärten.

Gebrechliche Gefangene
Hilfreich bei solchen Rettungsversuchen waren die, im Zusammenhang mit der nach klaren Regeln anzuwendenden Folter, traditionell gültigen medizinischen Einschränkungen.[1] Nicht gefoltert (oder hingerichtet) und körperlich gestraft werden durften Schwangere, die auch Hafterleichterungen genossen, Kindbetterinnen und stillende Frauen, um nicht durch Verstörung des Säftehaushaltes, die durch Angst und Schmerz zwangsläufig gegeben war, die Frucht und deren Nahrung zu »verderben«.[2] Die

---
1 Zu Tradition und Anwendungspraxis der Folter siehe etwa *van Dülmen*, Theater, 1995, S. 27–36, zu ihrer Einschränkung im Zusammenhang mit der Lehre von den Lebensaltern siehe *Fischer-Homberger*, Medizin, 1983, S. 123.
2 Zwei entsprechende Untersuchungen inkl. Erfühlen der Kindsregung in Gegenwart einer Hebamme finden sich in den 1690er Jahren bei *Petermann*, Casuum, Dec. II, 1709, VIII

Klage eines Gutachters verdeutlicht, was sonst geschehen konnte. Man hätte

»die kräncklige Sechswöchnerin, quae semper pro graviter & periculose vulnerata habenda [die stets als gefährlich Verwundete zu betrachten seien] nicht so frühzeitig aus ihrem Kranckenbett wider alle Rechte in custodiam bringen, sondern vielmehr durch einen verständigen Medicum sich ihres kränckelnden Zustandes genauer erkundigen sollen«.

Die Kindsmörderin hatte in der Haft Selbstmord begangen.[3]

Auch Kinder, Kranke, Alte und Behinderte waren entweder gar nicht oder nur in bestimmten Grenzen der peinlichen Befragung zu unterziehen. Gerichtsmediziner widmeten in ihren Handbüchern der Frage der Folterbarkeit sowie der Anwendung der Leibesstrafen (poena ordinaria) ganze Kapitel. Einerseits mußte der Gefahr der Rechtsbeugung durch Simulation Einhalt geboten, andererseits konnte die Effektivität der dosierten Tortur nur bei Gesunden gewährleistet werden, denn schon die erste Stufe der Folter, die »Territion« oder »Schröckung«, bei der die Instrumente nur vorgezeigt wurden, konnte für besonders labile Gemüter lebensgefährdend sein. Sogar die Suizidgefahr, die generell in »gräßlichen und unsauberen Gefängnissen« lauerte, wurde dabei schon in den 1720er Jahren nicht vergessen.[4] Einige Jahrzehnte später wurde noch feiner differenziert:[5] Nur besonders kräftige Kinder unter 14 Jahren durften in Ausnahmefällen mit ausgewählten Instrumenten gemartert, Jüngeren durfte nur gedroht werden. Gesunde über 60jährige sollten nur bei schweren Vergehen wie Diebstahl oder Totschlag der Tortur unterzogen werden, sonst waren alte Menschen aufgrund

---

und IX. *Fahner*, Beyträge, 1799, Teil B, VII, stellte hundert Jahre später in Gegenwart einer Hebamme zwar noch die gleichen Fragen, legte der Inquisitin allerdings nicht nur seine extra in Wasser gekühlte Hand auf den Bauch, sondern führte zusätzlich eine manuelle Vaginaluntersuchung durch, die sich Petermann noch nicht hätte erlauben dürfen. Zu dieser langsamen Entwicklung siehe auch *Seidel*, Kultur, 1998, S. 405 ff. Dr. Kölpin, in: *Pyl*, Aufsätze, 2. Slg., 3. Ab., 1784, Fall 7, sah sich 1777 genötigt, die rechtswidrige Abwesenheit einer Hebamme damit zu rechtfertigen, die Gefahr eines Abortes im 7. Monat hätte sich durch diese offizielle Dramatisierung der Situation nur erhöht. Er empfahl deshalb auch, den Antritt der dreitägigen Haft zu verschieben.

3 *Gohl*, Medicina, 1735, Sec. II, X.
4 Zuerst widmete sich *Teichmeyer*, Anweisung, 1761 (1723), Kap. 25, S. 227–240, anhand der Besprechung der verschiedenen Foltermethoden und Instrumente systematisch diesen Fragen, hier S. 240.
5 Vgl. *Ruef*, Unterricht, 1777, 7. Abt., S. 152–176.

der typischen Alterskrankheiten generell zu verschonen. All diese Normen bezogen sich implizit nur auf Männer, denn weiter unten heißt es: »Das weibliche Geschlecht ist wegen seiner zärtlichen und schwächlichen Leibesfügung verschiedenen Gebrechlichkeiten mehr ausgesetzt und unterworfen, denn das männliche«, vor allem zur Zeit der »monathlichen Reinigung«, während und kurz nach der nicht gefoltert werden dürfe, weil die Tortur »den Umlauf des Geblüts verwirre«. Dicke Menschen, Herzkranke und Kränkliche liefen aufgrund ihrer Nervenschwäche besonders Gefahr, an Wundbrand zu sterben. War jemand nur leicht erkrankt, sollte ein Arzt das Ausmaß der Marter von vornherein beschränken, dieser beiwohnen und gegebenenfalls mäßigend eingreifen. Geisteskranke dürften aus physischen Gründen nicht gequält werden, da sie per se gesundheitlich angeschlagen seien. Auch gehe ihnen jegliches Schuldbewußtsein ab, so daß eine peinliche Befragung ohnehin sinnlos sei. »Naive und Einfältige« seien mit Kindern auf eine Stufe zu stellen; es sei deshalb ebenso »gemäßigt mit ihnen zu verfahren«. Melancholiker wären schmerzunempfindlich und anschließend unberechenbar (Suizidgefahr), bei leichteren Graden der Schwermut könne man es immerhin mit »angenehmer Tortur« versuchen.

In der Praxis konnte dies zum Beispiel bedeuten, daß ein Mann mit einem krummen Fuß zwar grundsätzlich gefoltert, aber nicht auf diesen geschlagen werden durfte.[6] Ein anderer mit einem offenen Leistenbruch mußte vorher verarztet und durfte dann nur an den Extremitäten »torquieret« werden. Nach einer Entbindung mit einem Uterusprolaps waren einer jungen Mutter nur die üblichen 40 Tage zur Erholung und zum Stillen zu gewähren, bevor das Kind einer Amme und die Mutter dem Scharfrichter übergeben wurde.[7] Ein Autor forderte im Namen einer angemessenen Ermittlung sogar den Bruch mit einem der ältesten Tabus, nämlich die Einführung vorheriger totaler Entkleidung und Abtastung – allerdings nur bei angeblich Schwangeren: »... der Gegenstand der Besichtigung selbst ist verpflichtet, seinen Leib zu entblößen und ihn den Händen und Augen der Untersuchenden völlig Preiß zu geben.« Eine Weigerung käme einem Eingeständnis der Simulation gleich.[8] Sinn einer solchen Untersuchung war,

---

6 So entschied auch *Troppanneger*, Decisiones, 1733, Dec. II, V.
7 Soweit Beispiele *Ruefs*, in: Unterricht, 1777, S. 177–180.
8 *Müller*, Entwurf, Bd. 1, 1796, S. 340 f.

festzustellen, ob sich der zu folternde Körper in einem Zustand größtmöglicher Belastbarkeit befand, um weder das Leben der »Patientin« zu gefährden noch den Wahrheitsgehalt ihres Geständnisses.[9]

Die Überprüfung der Foltertauglichkeit wird in etwa einem Viertel aller Kapitaldelikte – wenn auch vielfach nur beiläufig – erwähnt. Ein kleiner Teil der Fallbeispiele befaßt sich explizit mit dieser Art der Gutachtung, ohne daß der Arzt weiter mit den Ermittlungen befaßt gewesen wäre. Ohne genauere Quantifizierungen vornehmen zu können, läßt sich jedoch festhalten, daß fast immer, wenn die Tortur erwogen wurde, die eine oder andere Seite die Frage ihrer Verantwortbarkeit thematisierte, d.h. das Gericht oder die beklagte Person, oder ihr Verteidiger. Die Marter als legales – wenn auch inhumanes – Rechtsmittel ihrer Zeit sollte deshalb nicht vorschnell als willkürlich und maßlos gegeißelt werden, auch wenn man ihren Gebrauch in vielen Hexenprozessen vor Augen hat. Bei diesem »crimen exceptum« waren die hier thematisierten Beschränkungen schließlich offiziell aufgehoben.[10]

Mit der Abschaffung der Folter in Preußen 1754 und in Sachsen 1770 fehlen entsprechende Gutachten von dort tätigen Autoren nach dieser Zeit. Weiterhin wurden auch in diesen Territorien Beurteilungen über die Straffähigkeit von Verurteilten eingeholt. Die rechtsmedizinischen Ansprüche waren dabei durchaus nicht nur theoretischer Natur. Im Juni 1725 beantwortete zum Beispiel die medizinische Fakultät von Wittenberg die Anfrage des Gerichts, ob ein etwa 13jähriger Sodomit »sana mentis« sei und ob er »ohne Verlust seiner Gesundheit« an Schnüren aufgezogen werden könne, erst nach ausgiebigem Aktenstudium und Analyse des Gutachtens des lokalen Physikus. Das Gremium befand entsprechend der gerichtsmedizinischen Vorgaben, wegen seiner Jugend und des ererbten schwachen Kopfes sei keine Tortur möglich. Der Gefangene sei »ratione aetatis, morbi antegressi & pravae educationis [aufgrund seines Alters, früherer Krankheiten und mangelnder Erziehung], annoch gar kindisch, albern, stupidus und unvollkommenen Verstandes«. Gerade Geständnisse zum nicht kindgemäßen Thema des Samenergusses wären deshalb juristisch nicht verwertbar.[11]

---

9 Gefolterte wurden im französischen Sprachgebrauch explizit als »Patienten« bezeichnet. Siehe *Foucault*, Überwachen, 1994, S. 55.
10 Zu einer differenzierten Beurteilung kam *Trusen*, Grundlagen, 1995, S. 213–225.
11 *Troppanneger*, Decisiones, 1733, Dec. II, VIII, vgl. ähnliches *ebenda*, Dec. I, V.

Ein triftiger und wohl deshalb auch der am häufigsten genannte Grund, der die Tortur absolut ausschloß und auch die Zurechnungsfähigkeit in Frage stellen konnte, war die Epilepsie. Ihr Nachweis war nicht einfach, da ein Gutachter mehrmals Zeuge von Anfällen sein mußte, um Simulation ausschließen zu können. Wichtigste Kriterien waren Schaum vor dem Mund, eine zerbissene Zunge, starre Augen, unkontrollierte Stürze und eingeschlagene Daumen, weshalb auch viele vorgetäuschte oder andersgeartete Krämpfe nicht als »böse Noth« anerkannt wurden. »In dubio« wurde daher eher »contra reum« verfahren.[12] Ein 17jähriger Brandstifter schilderte 1725 auf entsprechende Fragen seinen Gemütszustand vor und nach einem solchen Anfall, den er auf Alkohol und Blutreichtum zurückführte:

> »... wann aber der Paroxysmus gekommen, so habe der Kopf allezeit vorhero angefangen wehe zu thun ... Ja, er mercke es allezeit ordentlich wenn es kommen wolle, denn Hände und Füße fiengen an ihn zu frieren und darauf bekäme er grosse Kopff-Schmertzen ... Er habe jederzeit seinen vollkommenen Verstand gehabt, ausser wenn es ihn umgeworffen, da habe er nichts empfunden.« Anschließend »habe er allezeit seinen Verstand wieder bekommen. Das Hertze habe ihn aber geschlagen und wäre nicht anders gewesen als wenn er an Händen und Füssen geprügelt, deswegen auch wegen Schwachheit etliche Tage habe müssen liegen. Hernachmahls habe er seine Dienste wie vor und nach thun können.«[13]

Im Zuge von Kindsmordverfahren, die meistens kurz nach der Geburt eingeleitet wurden, verlangte die Verteidigung regelmäßig Schonung für die Beklagten, weil durch den Streß der Entbindung und die Einkerkerung lebensgefährliche Krämpfe ausgelöst würden. Im Falle einer 22jährigen schloß sich ein gerührter Physikus ausnahmsweise der Erklärung der Inquisitin an, ohne je einen Anfall gesehen zu haben. Sie jedoch hatte ihm berichtet, als »sie in Thurm vor ein paar Tagen noch gesessen, der auch inhafftiert gewesene und im Gefängniß verstorbene Schuster durch die Thür in ihr Gefängniß gucket, worüber sie sich so sehr entsetzet, daß sie von Stund an damit [Epilepsie] befallen worden ...«.[14] Die Gefangene hatte

---

12 Als sich ein Schafdieb 1698 bei der Beschreibung seiner Anfälle in Widersprüche verwickelte und nach dem Besuch des Arztes auch keine Krämpfe mehr auftraten, wurde er trotz gewisser Restzweifel der normalen Folter unterzogen, vgl. *Fritsch*, Geschichte, Bd. 2, 1731, Fall 7.
13 Das Fakultätsgutachten bestätigte zwar die Epilepsie, bezweifelte aber einen Zusammenhang mit der Tat, weshalb der Junge doch (wegen seiner Jugend »nur« zur Schwertstrafe und nicht zum Feuer) verurteilt wurde. *Troppanneger*, Decisiones, 1733, Dec. III, II.
14 *Richter*, Digestia, 1731, Dec. VII, II.

auch dem Arzt gegenüber geklagt, »wie ihr wieder so wehe im Leibe und darbey grosse Hertzens-Angst spürete«, es habe »im Leibe gequacket, als ob Frösche darinnen wären«. Ihre Mutter ergänzte das Bild von der Anfälligkeit, indem sie dem Physikus von epileptischen Anfällen in der Kindheit berichtete, die jedesmal bei großer Angst auftraten. Angesichts der drohenden Folter befürchtete der Mediziner, die Krankheit »könte aber gestalten Sachen nach mit der Zeit bey ihr wohl einwurtzeln und so habituel werden, daß sie wohl schwerlich davon gäntzlich würde liberirt werden können, zumahlen da sie sehr sensibler constitution«. Das Gericht glaubte dem selbst nach zeitgenössischen Kriterien nur oberflächlich argumentierenden Gutachten nicht und ließ in Gegenwart zweier Ärzte zunächst die Daumenschrauben anlegen. Weil die Inquisitin schon dabei mehrmals in beunruhigend lange Ohnmachten fiel, verzichtete man schließlich auf das geplante Aufziehen an Schnüren, das Spannen auf die Leiter und das Anlegen der Spanischen Stiefel und ließ die Angeklagte nur den Reinigungseid ablegen. Folterentscheidungen wurden prinzipiell während eines Verfahrens auch auf Beschwerden der Angeklagten hin mehrfach überprüft und gegebenenfalls revidiert.

Als 1716 die Dienstherrin einer Kindsmörderin wegen Beihilfe gefoltert werden sollte, mußte dies wegen einer Fieberkrankheit zunächst verschoben werden.[15] Auch ihre typischen psychosomatischen Beschwerden (Herzensangst u.a.) wurden vom Erstgutachter auf Furcht vor der peinlichen Befragung zurückgeführt. Diese Frau litt nach Aussage ihrer Verwandten ebenfalls seit Jahren an Ohnmachten – »davon sie gantz starr und im Bette gelegen« – und epileptischen Anfällen. Auch hier konnte der Gutachter selbst nie Zeuge eines solchen Anfalles werden, da sie immer nur nachts auftraten, weshalb er Simulation vermutete: »Sind also ihrem Vorgeben nach nur Nacht-Ohnmachten, welches eine neue Krankheit, davon kein neuer Medicus noch alter Practicus was weiß ...« Wegen weiterer Proteste der Familie wurde noch der Stadtphysikus eingeschaltet, der nach mehrfachen Besuchen tatsächlich einen »defectum uterinum« bei der Gefangenen diagnostizierte, denn sie hatte

> »14 Tage lang starck gegessen, allwo in der diaet leicht etwas Ursach gegeben zu folgenden Zufällen oder defectus motus corporis. Ingleichen motus animi, als Furcht,

---

15 *Ebenda*, Dec. VI, II.

Schrecken, Bangigkeit, tieffes Nachsinnen oder dispositio ipsa, welche data occasione gar leicht dergleichen molimina [Anstrengungen] hysterica erwegen können. Daß aber dieser Status morbi ein affectus uterinus gewesen sey beweis ich daher, daß theils [Akten] und unter Gespräch und ... mitten unterm Singen bey Inquisitin eine suffocatio talis qualis [irgendwie geartete Erstickung], Schaur, Zähneklappern, fliegende Hitze, kalter Schweiß an Händen und Füssen, Ohnmacht, Erblassung, Stösse am Hertzen, Schnarchen, gar motus spasmodici in Einschließung derer Daumen, starr, hart, kalt und ohne Empfindung gelegen, Mattigkeit, Hertzens-Angst und dergleichen sich geäussert, theils solche Zufälle auf Vorhalten und Anstreichen mit Eßig und Brandtewein ... nachgegeben, theils dergleichen causus in unterschiedlichen Weibes-Personen Zeithero ich selbst in meiner Curen gehabt, die bey eben dieser ausserordentlichen der bißherigen Jahres-Zeit ungleichen und sehr schaurigten Witterung auf gleiche Art befallen worden, mit öfftern Exempeln bezeugen kan. Und in specie, die je zuweilen, sonderlich des Nachts, bey etwan von ferne streiffenden Gewitter ängstlich und bange es zu seyn schiene, sich solche Subjecta aus der Wärme aufgelüfftet, mit Kleidern oder Betten nicht sattsam verdecket, die sehr penetrante heimliche Kälte alsbald offensive verspüret, daß dergleichen affectus uterinus entstanden.«

Diese gegensätzliche Beurteilung bezog sich sicherheitshalber gleich auf alle drei zentralen Ursachen für Erkrankungen: nämlich Ernährung, Emotionen und Klima. Weil dagegen keine Einwände möglich waren, sah sich das Gericht, das zu einer Entscheidung kommen mußte, zu einer gemeinsamen Begutachtung durch beide Ärzte genötigt. Die von ihnen vorgenommene katalogartige Suggestivbefragung ergab einen salomonischen Kompromiß, bei dem beide Mediziner ihr Gesicht wahren konnten: Zwar habe die Gefangene früher unter »affectus hystericus symptomaticus« gelitten, sei von diesen inzwischen aber gänzlich genesen.

Der Defensor einer der Abtreibung überführten jungen Adeligen versuchte 1691 vergeblich, das unter den Daumenschrauben erpreßte und später widerrufene Geständnis mit außergewöhnlicher Argumentation zu entkräften: Die Beklagte sei »mentis impotentia«. Ein Chirurg hatte unter Berufung auf ihren Pfarrer die dauerhafte Melancholie der Frau bereits in einem früheren Attest bestätigt, ihre angebliche »Klugheit« sei also »nur äußerer Schein«.[16] Außerdem sei, so argumentierte der Verteidiger weiter, ihr Körper als der einer Adeligen empfindlicher als der von Frauen niederer Stände, weshalb sie schon auf an sich geringen Schmerz hin Unwahres zugegeben habe. Damit sprach der Jurist nur aus, was in der Klassengutachtung tägliche Praxis war, ohne daß anatomische Begründungen, die in

---

16 *Ebenda*, Dec. IX, V.

der Theorie so auch nicht existierten, hätten bemüht werden müssen. Der Verteidiger setzte darüber hinaus Melancholie und Geistesschwäche gleich, was der medizinische Gutachter so nicht hinnehmen konnte. Dieser brandmarkte die sogar strafwürdige Kompetenzüberschreitung des gutachtenden »Baders«, als urteile ein »Blinder von der Farbe«, und ignorierte geschickt den zweiten Einwand des Verteidigers. Die geständige Adelige wurde unter Berufung auf dieses schwammige Obergutachten hingerichtet.

Trotz der von Engagement und Qualifikation eines Arztes abhängigen und unterschiedlich aufwendig gestalteten Attestate läßt sich feststellen, daß sich Gerichte schon früh gezwungen sahen, auf einmal aufgeworfene Einwände einzugehen und ihr Vorgehen durch medizinische (und nicht nur geistliche) Autoritäten noch nachträglich absichern zu lassen. Auch hier kam es – wie so häufig – maßgeblich auf den Leumund der untersuchten Person an. Ein Dieb, dem weitere Eigentumsdelikte nachgewiesen werden sollten, damit der Schadensbetrag zur Hinrichtung genügte, sollte 1731 nach jahrelanger Haft, in der er kurzatmig und fieberkrank geworden war, erneut gefoltert werden. Obwohl der Physikus jenem Johann Georg Roßbach nicht mehr lange zu leben gab, befürwortete er immerhin den ersten Grad der Tortur.[17]

Eine Kindsmörderin, die ebenfalls wegen Epilepsie und »passione hysterica« nicht gefoltert werden sollte, wurde nach der Untersuchung nicht nur körperlich für gesund befunden, sondern hatte sich überdies durch ihre plumpe Simulation »darbey eines verwegenen, gottlosen und leichtfertigen Gemüths« überführen lassen.[18] Auf die Leiter gespannt, schützte sie gleich zu Beginn die »Noth« vor, »darüber jedermann, auch der Scharfrichter selbst erstaunte«. Der wegen ihrer umstrittenen Gesundheit auf richterlichen Befehl anwesende Arzt enttarnte sie sofort, indem er ihr »einen stinckenden flüchtigen Spiritum von die Nase« hielt, »davon sie von Stund an ganz frisch und redend wurde, endlich auch nach langen und vielen unnützen reden und geplauder, auch scharffes Zureden des Herrn Amtmanns, ... gutwillig und ohne allen weitern Zwang ...« bekannte. Das unsanfte Vorgehen des Arztes korrespondiert mit den üblichen Verfahren, die

---

17 *Troppanneger*, Decisiones, Dec. VI, VIII.
18 *Richter*, Digestia, 1731, Dec. III, X.

sowohl zur Aufdeckung von »verstellten Krankheiten« als auch der Therapie von psychotischen Krampfanfällen eingesetzt wurden.[19]

Im Bereich der im Rahmen dieser Arbeit nicht untersuchten Fälle von Schadensersatzklagen nach Verletzungen und Todesfällen im Streit oder medizinischen »Kunstfehlern«, die von Opfern oder Hinterbliebenen angestrengt wurden, zeigt sich, daß Ärzte auch bei der klagenden Partei zu drakonischen Maßnahmen griffen, um »Betrügereien« zu enttarnen. Daß mit Personen niederer Stände aus pädagogischen Gründen generell so verfahren werden durfte, soll ein Beispiel ärztlicher Eigeninitiative demonstrieren. 1764 litt die als faul gescholtene Magd eines Quedlinburger Gärtners nach eigenen Angaben unter Epilepsie.[20] Als ihr Dienstherr einmal im Garten Zeuge eines Anfalles wurde, schämte er sich seines Mißtrauens und rief den zufällig vorbeikommenden Stadtphysikus um Hilfe. Dem kamen die geschlossenen Augen der Frau verdächtig vor,

> »so kniff ich sie herzhaft an der kleinen Zähe, da sie barfuß auf der Erde lag, um zu sehen, ob sie Gefühl habe. Sie zuckte so stark sie konnte, fuhr aber fort mit dem Kopf mäßig, mit den Armen aber desto stärker um sich zu schlagen, mit eingebogenen Daumen, doch ohne Schaum vor dem Munde. Darauf gab ich ihr ein paar gute Hiebe mit meinem Stocke über die Lenden, welche sogleich den ganzen epileptischen Anfall vertrieben. Sie richtete sich wieder auf und blieb sitzen als ob sie dumm wäre, ließ sich schelten so viel wir wollten. Endlich stand sie auf und wollte an ihre Arbeit gehen, der Gärtner aber lohnte sie ab und ließ sie laufen.«

Angeblich schwangeren Gefangenen, denen trotz Schaumes vor dem Mund Simulation unterstellt wurde, sollten während eines Anfalles Strohhalme in oder brennender Schwefel unter die Nase gehalten werden, um zu prüfen, ob sie nur ihre durch die herannahende Menstruation bedingte »Sensibilität« und Neigung zu Konvulsionen für ihre Inszenierung nutzten.[21]

Ein berüchtigter jüdischer Hehler und Betrüger spielte den kränkelnden Stummen, Wahnsinnigen und Epileptiker so ausdauernd, daß man sich trotz seiner Unglaubwürdigkeit schließlich gezwungen sah, den für Ausschweifungen zu schwach gehaltenen »Industrie-Ritter« von weiblichen Mitgefangenen pflegen zu lassen und einen Arzt einzuschalten. Metzger

---

19 Schocktherapien wurden besonders zur Behandlung beziehungsweise Entlarvung vorgetäuschter Angstkonvulsionen empfohlen und erfolgreich angewendet, vgl. *Luyendijk-Elshout*, Masks, 1990, S. 222–225.
20 Dr. Schobelt, in: *Pyl*, Repertorium, Bd. 2, 2. St., 1791, Kap. 6, I.
21 Siehe *Troppanneger*, Decisiones, 1733, Dec. IV, IX.

zeigte sich angesichts derartiger Dreistigkeit so empört, daß er dem Mann sämtliche Haare scheren und ein stark brennendes »Spanisches Fliegenpflaster« auf den gesamten Schädel kleben ließ. Außerdem ordnete der Professor Einzelhaft, Essensentzug und das Legen eines »Haarseiles« im Nacken an.[22] Der Gefangene weinte zwar vor Schmerz und wurde bei einer der Maßnahmen im Gesicht verletzt, hielt aber weiter durch. Nach 48 Stunden zeigte jemand dem Gericht diese nach dem »Codex Fridericianus« verbotene Vorgehensweise an, und der Gefangene wurde ins Irrenhaus überführt. Der auch dort zuständige Metzger ließ den Betrüger nun angekettet im Hof herumgehen und sah seine gesetzwidrige »Therapie« bald durch die Flucht des schnell Genesenen gerechtfertigt. Weil der Flüchtende die Stadt nicht verlassen hatte, wurde er schon nach wenigen Tagen gefaßt und gestand die dreimonatige Täuschung. Der prominente Königsberger Mediziner zeigte sich in einem Nachsatz sichtlich erleichtert darüber, daß man ihn wegen dieses aus moralischen Gründen legitimen, obwohl die Gesundheit des verschlagenen Inquisiten gefährdenden, Rechtsbruches nicht belangt hatte. So ermutigt, forderte er in der Konsequenz eine entsprechende Erweiterung der gerichtsmedizinischen Kompetenzen.

Die häufige Vortäuschung von Epilepsie und Wahnsinn hatte damit zu tun, daß es zwar genug sichtbare Zeichen der Schwächung gab, die aber nichts nützten. Hauterkrankungen, Wunden, Geschwüre, Verkrüppelungen, Muskelschwächen und andere körperliche Folgen langer Haftzeiten in Ketten und feuchten Kellern wurden oft erst nach der – bei Frauen noch seltener üblichen – Entkleidung in einem hellen Raum sichtbar und galten im Gegensatz zu sofort zu behandelndem Wurm- oder Läusebefall in der ersten Jahrhunderthälfte nicht als Entlastungsfaktoren.[23] Selbst als sich 1784 ein Mordverdächtiger darüber beklagte, das »Hartschließen« greife

---

22 *Metzger*, Materialien, Bd. 2, 1795, Fall 5. Ein »Haarseil« bedeutete ein unter der Kopfhaut durchgezogenes Haar und wurde normalerweise als Drainage zum Ableiten von Entzündungen verwendet. Diese Qual war hier medizinisch nicht zu rechtfertigen. Die jüdische Religionszugehörigkeit des Delinquenten wurde nur einmal beiläufig erwähnt, wie sonst Beruf oder Personenstand, hatte aber sicherlich die Hemmschwelle bei der Rechtsverletzung gesenkt.

23 Vgl. etwa den Fall des David Müller aus Eulenburg, der nach der ihn erwiesenermaßen gesundheitlich völlig ruinierenden sechsjährigen Untersuchungshaft seiner Eingabe zum Trotz doch gemartert wurde. *Troppanneger*, Decisiones, 1733, Dec. I, V.

seine Gesundheit an, er litte unter einer »Beule«, »Beklemmung und Schmerzen in der Herzgrube« sowie »Spannen im Unterleibe«, weil er mit »Springern« an Händen und Füßen an einer kurzen Kette an die Wand gefesselt war, schätzte der Gutachter die körperlichen Spuren nicht dramatisch ein. Viel gravierender als das krumme Sitzen sei die Atmosphäre, das unterirdische feuchte Verlies, die Enge, die durch den darin befindlichen Nachteimer verpestete Luft. Die Lehre von den Miasmen – Gerüchen und Gasen, die krank machten – stand hier Pate.[24] Die Bedeutung des Leumunds auch in der medizinischen Untersuchung geht auf juristische Traditionen zurück, wie sie sich gerade in der Legitimation der Folter erkennen lassen, die allein wegen übler Beleumundung angewendet werden durfte.[25] Wieder zeigt sich, wie weit die Medizin von ihrem eigenen Anspruch entfernt war, allein auf die »natürlichen«, d.h. anatomisch-physikalischen Indizien zu achten.

Neben der Frage der Tortur beziehungsweise nach ihrer Abschaffung war zu klären, ob jemand haft- oder verhandlungsfähig war oder ob eine Leibesstrafe vollzogen werden durfte. Festungs-, d.h. Schanz- und Steinbrucharbeiten konnten gemäß der humaneren preußischen Kriminalprozeßordnung nach krankmachender Untersuchungshaft unzumutbar sein. Innerhalb nur weniger Monate mußte der Berliner Stadtphysikus mehrfach darüber entscheiden, ob Gefangene die mit Antritt und Ende einer Strafe im Arbeits- oder Zuchthaus oder auf dem Festungsbau verbundene »Willkomm- und Abschied« genannte Auspeitschung ohne chronische Folgeerkrankung überstehen würden. Ein 25jähriger, der sehr mager und schwächlich aussah, über »Mattigkeit, Mangel an Schlaf und Eßlust, Reissen in den Gliedern, besonders den Knien, Kopfweh, Anhäufung des Schleims auf der Brust, daher rührenden Engbrüstigkeit und [Blut-]Husten« klagte, blieb tatsächlich wegen seiner sich in der Haftzeit zugezogenen Krankheiten davon verschont.[26] Ausschlaggebend waren seine äußere Erscheinung, sein schwacher Puls und die feuchte unterirdische Zelle.

Körperlich eindeutige Merkmale und die immer wieder von aufkläreri-

---

24 *Pyl*, Aufsätze, 3. Slg., 2. Ab., 1785, Fall 11. Dennoch empfahl er, den Mann tagsüber leichter zu schließen. Zu Miasmen siehe ausführlich *Corbin*, Pesthauch, 1984.
25 Vgl. *Trusen*, Grundlagen, 1995, S. 206f.
26 *Pyl*, Aufsätze, 2. Slg., 3. Ab., 1784, Fall 8.

schen Ärzten aufs schärfste als inhuman gegeißelten unhygienischen (feuchten, dunklen und schlecht belüfteten) Haftbedingungen galten zunehmend als tragfähige Milderungsgründe bei der Frage nach Züchtigung.[27] Ein 35jähriger Jude, der 1789 wegen Schmuggels zum »Tragen des spanischen Mantels« verurteilt wurde, war mager, blaß und machte einen schwächlichen Eindruck auf den Physikus.[28] Seine Bewacher bestätigten seine Kränklichkeit und häufiges Erbrechen. Der Schmuggler selbst klagte über blutigen Auswurf, »öftere Schmerzen und Stiche in der Brust, auch manchmal im Unterleibe, beständigen Mangel an Appetit. Und wenn er was esse, so mache ihm solches die heftigsten Passiones und er müsse es mehreste Zeit wieder wegbrechen.« Pyl bat – wie immer in solchen Fällen – einen der für alle jüdischen Patienten und Patientinnen in erster Instanz zuständigen jüdischen Kollegen um ein Attest. Dieser bescheinigte dem Häftling eine bis in die Brust ausstrahlende Hämorrhoidalkrankheit. Selbst bei Unterstellung einer gewissen Übertreibung seitens des Gefangenen mußte Pyl der Diagnose zustimmen und konnte daher das Tragen der »an die siebenzig Pfund« schweren Schandstrafe nicht befürworten. Durch den stundenlangen Druck auf Hals- und Rückenmuskulatur würde das Blut in den Kopf und die ohnehin schwache Brust getrieben, was schwerwiegende Gefäßzerstörungen und Blutspeien zur Folge hätte.

Sogar die Haftstrafe selbst mußte bei extremer gesundheitlicher Gefährdung nicht angetreten werden. Derartig weitgehende Rücksichtnahme auf möglicherweise lebensbedrohliche und damit weit über das Strafmaß hinausgehende Folgen der Sanktion sind aus früheren Zeiten nicht überliefert. Auch jetzt kam es nur nach Eigeninitiative der Betroffenen zu einer Auseinandersetzung mit diesem Thema, etwa wenn ein 60jähriger jüdischer Gefangener unter Berufung auf starke »Steinschmerzen« Haftverschonung beantragte. Durch zweifache Gutachtung erreichte er tatsächlich, daß sein Einsitzen in der naßkalten Hausvogtei für lebensbedrohend erachtet wurde und die »gänzliche Trennung von den Seinigen sein Übel nothwendig außerordentlich verschlimmern« müßte.[29] Ebenso wurde mit einem 75jähri-

---

27 Aus diesem Grund stießen besonders jene, die aus besseren Verhältnissen stammten, auf Verständnis. Siehe *ebenda*, 6. Slg., 2. Ab., 1789, Fall 11 und 16.
28 *Ebenda*, Fall 21.
29 *Ebenda*, Fall 8.

gen Juden verfahren, dem beide Ärzte einen drohenden Schlaganfall prophezeiten, da seine Gesundheit durch »viel Gram« in den letzten Jahren stark angegriffen sei, so daß er »beständig traurig, weil oft für sich« sei und »nicht die geringste Begierde zur Freiheit und zum Leben« äußerte. Er selbst hingegen klagte rein physiologisch, »daß es ihm im Kopf beständig wüste sey und in den Ohren sause, dabey er oft so schwindlicht und düselich werde, daß er ganz ohnmächtig sich kaum auf den Füßen erhalten könne«.[30] Um im Notfall Erste Hilfe leisten zu können, riet auch hier der Stadtphysikus, den Mann zu entlassen, damit er »bey den seinigen ein ordentliches, sorgenfreyes und ruhiges Leben führe, mehr Pflege und Wartung genießen kann, die seinem hohen Alter äußerst unentbehrlich« seien. Ein weiterer 48jähriger »Schutzjude« konnte aufgrund seines geschwächten »Nervensystems«, bei dem sich »Blähungen endlich mit Gewalt einen Ausgang nach oben bahnen, welches gewöhnlich mit einem heftigen, starken Geschrey geschieht«, zwar ebenfalls mit Verständnis rechnen. Weil aber dieser Zustand der »Hypochondrie« in »Muthlosigkeit, düstre Schwermuth und beständiges Nachdenken über seine Krankheit und Unglücksfälle« gipfelte, war es zu derartigen Verstandesschwächen gekommen, daß der Arzt gleich die Entmündigung mit beantragte.[31] Bei Juden genügte das Gutachten des zunächst zuständigen Arztes der jüdischen Gemeinde nicht. Jüdische Gefangene zogen jedoch zuerst immer die ihnen vertrauten Autoritäten zu, deren Urteil die Physici immer beipflichteten. Es steht zu vermuten, daß es sich ein jüdischer Arzt angesichts seines besonderen Status nicht leisten konnte, ein Gefälligkeitsgutachten abzugeben und deshalb nur in wirklich überzeugenden Fällen einen Antrag überhaupt weiterleitete. Die Sprache solcher Gutachten unterschied sich nicht im geringsten von der anderer »Responsae«. Weder bei Pyl noch im Zusammenhang mit den wenigen Fällen, in denen andere Gerichtsmediziner mit jüdischen Kriminellen oder jüdischen Opfern von Gewalttaten konfrontiert wurden, ließ sich auch nur ansatzweise die Konstruktion eines jüdischen »Fremdkörpers« feststellen, wie sie im Venedig der Frührenaissance, in einigen aufklärerischen Schriften und erst im späteren 19. Jahrhundert wieder in der Medizin

---

30 *Ebenda*, 2. Slg., 3. Ab., 1784, Fall 6. Daß der Mann einige Jahre zuvor bereits einmal wegen Haftunfähigkeit entlassen worden war, bewies, daß keine Simulation vorlag.
31 *Ebenda*, 6. Slg., 2. Ab., 1789, Fall 7.

auftaucht und der in die Debatte der drohenden Effeminisierung der bürgerlichen Gesellschaft doch perfekt hineingepaßt hätte.[32]

Welche Bedeutung die Standeszugehörigkeit hatte, läßt sich nur ahnen. Ohnehin waren kaum Angehörige des Adels oder der höheren Kaufmannschaft in den Gefängnissen zu finden. Vielleicht war es aber doch die Position eines ehemaligen Hofkommissars, die einem über Hämorrhoiden, Polypen, eitrigen Husten, Fieber, Schwindel und diverse Schmerzen klagenden 63jährigen half, Pyl nach dem immerhin vierten Besuch endlich davon zu überzeugen, daß seine Überstellung in die Hausvogtei lebensgefährlich sei. Da die Häftlinge dort nachts allein waren, konnte im Notfall keine Erste Hilfe geleistet werden. Es sei denn, man wies dem Mann dort das trockenste Zimmer zu und erlaubte ihm, »des Nachts Jemanden bey sich zu haben«.[33] Ein französischer Offizier erhielt sogar Ausblick auf ein hübsches »Gärtchen« mit einer »Fontäne« und durfte sich die Zeit mit dem Kopieren von Gedichten vertreiben.[34]

Schon im Vorfeld eines Verfahrens konnte ein Gutachten von Nutzen sein, sogar als Schutz der Verfahrensbeteiligten verkauft werden. Ein Kaufmann ließ sich 1788 vom Stadtphysikus bestätigen, daß er

»wegen eines bösartigen fistulösen Geschwürs am hintern Theil der Harnröhre ... nicht ausgehen, noch weniger aber zu Rathause vor Gericht erscheinen kann, weil der

---

32 Die Angst vor jüdischen, mit Sittenlosigkeit und Krankheit assoziierten, Körpern führte in Venedig zum (nicht konsequent durchgehaltenen) Versuch der totalen Segregation durch den Ghettobau, vgl. ausführlich *Sennett*, Fleisch, 1995, Kap. 7, besonders S. 281–288. – Im 18. Jahrhundert entdeckten Zeitgenossen wie Tissot, Ackermann oder Herz bei der theoretischen Analyse weiblicher und männlicher Anthropologie durchaus Parallelen zwischen Frauenkrankheiten und jüdischen Krankheiten. Die ähnelten wiederum denen christlicher Gelehrter, weil Akademiker wie Frauen (Handarbeiten) und Juden (Talmudstudium) zuviel herumsäßen und ihre natürlichen Körperbedürfnisse vernachlässigten. Doch selbst hier galten christliche wie jüdische Männerkörper nur durch Fehlverhalten auf Frauenniveau »degeneriert« und nicht »von Natur aus« als anders strukturiert als der weibliche Körper. Dies führte die amerikanische Literaturwissenschaftlerin *Susan Kassouf* überzeugend in The Shared Pain of the Golden Vein: The Discursive Proximity of Jewish and Scholarly Diseases in the Late Eighteenth Century, in: Eighteenth Century Studies, Bd. 32 (1998), H. 1, S. 101–110, vor. Zur späteren Entwicklung im Zusammenhang mit ansteckenden Krankheiten wie Syphilis siehe *Hödl*, Körper, 1997. Zur Effeminisierung des Staates, wie sie Johann Peter Frank in seiner Moralphysiologie diagnostizierte, siehe *Pieper*, Körper, 1998, S. 111f.
33 Pyl, Aufsätze, 6. Slg., 2. Ab., 1789, Fall 10.
34 Metzger, in: *ebenda*, 6. Slg., 3. Ab., 1789, Fall 11.

beständige unwillkürliche Ausfluß des Urins, der vorzüglich im Stehen oder Gehen häufiger als im Liegen fließt und schmerzhafter öfterer Drang zum Urinlassen ihn verhindert, sich ordentlich anzuziehen, auch andern der üble Geruch höchst ekelhaft seyn würde«.[35]

Schien die mentale Gesundheit unzureichend, mußte die Person statt mit Haft mit Einweisung rechnen, ein Unterschied, der sich in den Unterbringungsbedingungen kaum bemerkbar machte.[36]

Nicht nur die Verhandlungsfähigkeit, selbst die Arbeitsfähigkeit in der Haft konnte durch den geistigen Zustand eingeschränkt werden. Einen »würklich rasenden Menschen« fand Hasenest 1740 in der Fronfeste vor. Daß dieser Mann nicht simulierte, zeigte

»1. daß er keinen Schlaff hat, 2. nichts zu essen noch zu trinken – noch 3. sich ordentlich zu exonerieren [entleeren] begehret, 4. immer, ob schon geschlossen, mit hefftigen äußerlichen exagitationibus [erregten Zuckungen] sich occupirt findet, 5. die Augen, ob schon tiefliegend, doch fulgidi et ignei [glänzend und feurig] seyn, 6. er bald dies, bald jenes confuse vorbringt, 7. der Puls-Schlag hefftig.«[37]

Nicht allen Anträgen war Erfolg beschieden. Manchmal galten Beschwerden zwar nicht als erfunden oder übertrieben, doch aus medizinischer Sicht als zu unbedeutend. Eine nachweislich »schwache Brust«[38] oder unregelmäßige Menstruation und damit verbundene gelegentliche Blutstürze aus dem Mund,[39] die bei ehrbaren Menschen als gesundheitliche Beeinträchtigungen akzeptiert worden wären, genügten bei einem gesunden Allgemeinbild nicht.

Die Bedeutung des Rufs einer Person – oder wie zum Beispiel beim Dienstpersonal, welchem Adel, wohlhabende Bauern wie Bürger prinzipiell mißtrauisch gegenüberstanden, einer ganzen Gruppe[40] – zeigt sich auch im Umgang mit bestimmten gesellschaftlichen Minderheiten. Im Ge-

---

35 *Pyl*, Aufsätze, 6. Slg., 2. Ab., 1789, Fall 13.
36 Eine Inquisitin hatte, trotz ihres gesunden Pulses, allein aufgrund ihrer »abgebrochene[n] und dumpfe[n] Sprache« im Verhör einen so debilen Eindruck hinterlassen, daß sie vom Physikus schon zu Beginn des Verfahrens zur Kostenersparnis für nicht verhandlungsfähig eingestuft wurde, deshalb vom Gericht »wegen ihrer außerordentlichen und fast unbegreiflichen stupiditate congenita einer melancholicae oder maniacae gleich zu achten« sei. Dr. Kölpin, in: *ebenda*, 3. Slg., 3. Ab., 1785, Fall 8.
37 *Hasenest*, Bd. 3, 1757, XI.
38 *Pyl*, Aufsätze, 3. Slg., 2. Ab., 1785, Fall 12.
39 *Ebenda*, 2. Slg., 3. Ab., 1784, Fall 10.
40 Dies schlug sich zum Beispiel in den vielen Dienstbotenverordnungen nieder, vgl. *Hartinger*, Dienstbotenleben, 1975 und *Breit*, Leichtfertigkeit, 1991.

gensatz zu den in Preußen königlich geschützten und damit halbwegs rechtsfähig gewordenen Juden hatten Zigeuner keine Chance, mit ihren Klagen Gehör zu finden oder angesichts der sonst angeprangerten qualvollen Haftbedingungen gar auf Mitleid zu hoffen. Im 18. Jahrhundert zunehmend systematisch verfolgt und auch ohne nachweisbare Straffälligkeit als Angehörige eines per se kriminalisierten Volkes präventiv über Jahre hinweg in Sippenhaft gehalten, versuchten sie alles, um der Folter zu entgehen und aus dem Gefängnis entlassen zu werden.[41] Die Häufung von entsprechenden Gutachten im protestantischen Ansbach zwischen 1736 und 1738 bestätigt diesen Verdacht.[42] Die Simulation von Krankheiten war bei Nichtseßhaften, die Anpassung und Verstellung gewohnt waren, *die* Methode, um an bessere Haftbedingungen oder gar Fluchtmöglichkeiten heranzukommen – so lautete jedenfalls das Vorurteil, das Amtsärzte in ihrer Praxis bestätigt fanden. Bei Fahrenden und Zigeunern waren Ärzte erheblich mißtrauischer als bei Ansässigen, deren Verstellung nach ihrer Entlassung ja bald hätte auffallen müssen. Ortsfremde wurden dagegen umfassend und heimlich beobachtet, ihr Verhalten mit Befragungen der Wärter verglichen. »Bösewicht[er]« »von sehr verschmitztem Kopf«[43] hätten kaum eine Chance, schließlich saßen nach ordnungsbürgerlichen Vorstellungen kaum Unschuldige in Untersuchungshaft. Die Publikation der verbreitetsten Vorwände und Tricks sollte die jungen Kollegen vor Übertölpelung schützen.[44]

Daß Dummheit ebenso simuliert werden konnte wie andere Krankheiten, bewies 1738 die Zigeunerin Landauer, die »Unsinnigkeit« vortäuschte. Der Physikus, der die Großfamilie seit ihrer zwei Jahre zurückliegenden Inhaftierung kannte, stellte ungerührt fest:

---

41 Dies bestätigt auch *Fricke*, Zigeuner, 1996, S. 280f. und S. 288–296.
42 Vgl. die entsprechenden Fälle bei *Hasenest*, Richter, Bd. 3, 1757, X, XII, XIII (Untersuchung von 11 Frauen und drei Kindern) und XVII. – *Lucassen*, Zigeuner, 1996, Kap. 2, weist darauf hin, daß gerade im süddeutschen Raum, darunter auch dem protestantischen Bayreuth, männliche Zigeuner für vogelfrei erklärt und ohne Prozeß hingerichtet wurden, während Frauen und Kinder zur »Umerziehung« inhaftiert blieben. *Fricke*, Zigeuner, 1996, widmet der zunehmend aggressiven Verfolgung einen großen Teil (Teil B, Kap. I-IV) seiner Studie. – Zur ethnischen Verfolgung der Zigeuner im Norddeutschland des 18. Jahrhunderts siehe auch *Rheinheimer*, Erde, 1996 und *ders.*, Zigeunerkind, 1997.
43 So *Pyl*, Aufsätze, 2. Slg., 2. Ab., 1784, Fälle 6 und 7.
44 Zur Simulation als wesentliches gerichtsmedizinisches Problem siehe ausführlich *Fischer-Homberger*, Medizin, 1983, S. 167–174.

»Sie ißt und trinkt wie vorher, sie hat ihren Abscheu vor eckelhaften Speisen, sie schläffet wohl, sie exoneriret sich auch ordentlich und verlangt die requisita darzu ... Sie merket alles, was man saget. Sie spricht öfters vernünfftig mit ihren Mitinhafftirten, sobald aber jemand anderes kommt, so simulirt sie eine Dummheit, will nicht reden und stellet sich ganz taub. Jedoch unter dieser Vorstellung, als man ihr die schwarze Hauben aufsetzen wollte, welche sie vor die arme Sünderhauben hält, weiß sie sich meisterlich zu wehren.«[45]

Die Beobachtung bestätigte sich im nachhinein, denn als man der Gefangenen mit dem Tode drohte, gab sie auf. Zwei Jahre zuvor hatte derselbe Gutachter bereits ihren Mann Theodor Landauer der angeblich durch Angst und Zorn ausgelösten vorgetäuschten Epilepsie überführt. Der Gefangene hatte sich mit seinem Blut beschmiert, um überzeugender zu wirken allerdings seine Zunge nicht zerbissen und seine Augen nicht hervorgepreßt. Der Schaum entpuppte sich als durch Luft aufgeblasener Speichel. Der Überführte gestand ebenfalls, nie krank gewesen zu sein, und wurde, weil er ein Mann war, hingerichtet.[46] Weil zur selben Zeit sämtliche weibliche Familienmitglieder Epilepsie simulierten, um von der Zwangsarbeit freigestellt zu werden, erkundigte sich der empörte Zuchthausverwalter beim Physikus, ob er die Frauen »doch endlich mit Schlägen oder Hunger zur Arbeit anhalten« dürfe, damit die Zigeunerinnen dem Fürsten in der Haft nicht nur Kosten verursachten.[47] Bei seiner Inspektion der elf Frauen, eines 16jährigen Sohnes, eines wenige Wochen alten Babys und eines weiteren dreijährigen Kindes stellte der Stadtarzt nicht nur bei allen tumulthafte Krampfinszenierungen, sondern verschiedene Erkrankungen wie Quetschungen, Geschwüre, Uterusvorfälle, den schwarzen Star, Fieber, Wurmkrankheiten und chronischen Husten fest. Darüber hinaus klagten alle Frauen über Schmerzen in den verschiedenen Körperteilen und über Ohnmachten. Eine beschwerte sich gar über eine andere, »daß sie so frech seye und entblösse sich muthwillig, gehe so vor das Fenster, daß sie sich selber vor ihr schäme«. Ob solcher chaotischen Verhältnisse in der überbelegten Zelle ordnete der Physikus zunächst die Aufteilung der Gruppe sowie Entfernung der Kinder an und ließ aus rein wissenschaftlichem Interesse die an »Geilheit« Erkrankte von einer Hebamme auf genitale Auf-

---

45 *Hasenest*, Richter, Bd. 3, 1757, X.
46 *Ebenda*, XII.
47 *Ebenda*, XIII.

fälligkeiten untersuchen. Schließlich entschloß er sich zu drakonischeren Maßnahmen und hielt den Simulantinnen bei ihren Anfällen entweder Ammoniak unter die Nase oder gaukelte ihnen vor, sie mit einer angeblichen Wundermedizin (aus Zuckerwasser) binnen 24 Stunden zu heilen, woraufhin sie freigelassen würden. Die Anfälle hörten daraufhin schlagartig auf, die echten Krankheiten blieben selbstverständlich unbehandelt. Hauptursache für die »liederliche[n] Zustände«, so seine Klage, sei das Fehlen eines eigenen Gefängnisarztes, der regelmäßige Inspektionen vornähme. Dem Arzt ging es einerseits zwar um eine zusätzliche Einnahme, zum andern wirklich um Ordnung und Hygiene als bürgerliche Werte, nicht um den Gesundheitszustand der Gefangenen. Haftunfähigkeit für Zigeuner kam nicht in Frage. Zigeuner logen immer. Im Gegensatz zu den seit 1700 vielerorts aushängenden »Zigeunersteckbriefen«, die oft auf physiologische Stereotype wie schwarze Haare, dunkle Gesichtsfarbe und Nasenformen rekurrierten, nahm der Stadtphysikus von Ansbach allerdings nie Bezug auf physiognomische Klischees, um seiner spürbaren Aversion gegen diese Gruppe Ausdruck zu verleihen.[48]

Nachgewiesene Simulation hatte für normale Gefangene zwar keine Haftverlängerung, aber Strafverschärfungen zur Folge. Außerdem war es möglich, sie mit den Untersuchungskosten zu belasten.[49]

Die gelegentliche Absurdität ärztlicher wie juristischer Bemühungen, auch eindeutig überführte Täter angemessen zu behandeln und den Landesvater nicht als maßlosen Rächer an Schwachen, sondern als gerechte Ordnungsmacht darzustellen, zeigt anschaulich der frühe Fall des Mitgliedes einer Räuberbande, die Anfang 1687 im Amt Delitsch gefaßt und bis auf den anfangs als taubstumm eingestuften Joachim Bischoff schnell hingerichtet worden war.[50] Bischoff war in den Verhören wegen ununterbrochenen Weinens und Verdachtes auf Epilepsie aufgefallen und durfte wegen des

---

48 Zur Konstruktion solcher ethnischen Klischees und ihrer Zweifelhaftigkeit angesichts der Strategie einiger Räuberbanden, die sich bewußt Haare und Gesichter dunkel färbten, während viele »weiße« Zigeuner bekannt waren, siehe ausführlich *Lucassen*, Zigeuner, 1996, Kap. 3.
49 So erging es dem 1788 in der Berliner Hausvogtei einsitzenden Caspar J., der über Kopf- und Gliederschmerzen, Gicht und Zittern sowie Verstopfung klagte und »ein auszehrendes Fieber befürchtete«. *Pyl*, Aufsätze, 6. Slg., 2. Ab., 1789, Fall 9.
50 *Petermann*, Casuum, Dec. II, 1709, I.

daraus abgeleiteten Verdachtes auf Gemüts- und Verstandesschwäche nicht geköpft werden. Es kam deshalb zwischen Februar und April zu sieben medizinischen Gutachtungen in drei Instanzen, die allein mehr als 50 Druckseiten umfaßten. Das Verfahren nahm nicht nur größere Dimensionen an, weil sich der Verurteilte zunächst allen gewaltsamen Aderlaß- und Medikamentierungsversuchen erfolgreich widersetzte, sondern vor allem weil Amtsphysikus Westphal bei seinem dritten von fünf Besuchen bei dem Inquisiten tatsächlich Melancholie diagnostiziert hatte. Dies machte eine Obergutachtung durch die Leipziger Stadtphysici Petermann und Bohn nötig. In ihrer 28seitigen Schrift beschrieben sie ausführlich Aussehen und Verhalten des Todgeweihten während ihrer dreimaligen Besuche, räumten einen möglichen Befund ein, kamen letztlich aber doch zu dem Schluß, der Gefangene simuliere. Daraufhin wurde Westphal vom Amt mit der weiteren Beobachtung und Therapie des Räubers beauftragt, worüber er abschließend der medizinischen Fakultät Bericht zu erstatten habe. Der Arzt verhörte nun selbst alle, die mit dem Inhaftierten zu tun hatten, und gewann durch wiederholte Besuche dessen Vertrauen so weit, daß der tatsächlich Schwerhörige ihm »mit schwacher und etwas zitternder Rede« endlich berichtete, »er wüßte nicht wie ihm geschehen wäre, es wäre ihm der Kopf dumm und dustrig, vor beyden Augen finster und so bange umbs Hertze geworden, das lincke Ohr hätte ihm auch geklungen und darauf ohnmächtig geworden«. Erst jetzt war es möglich, dem zugänglicher gewordenen Patienten Aderlässe, Klistiere und diverse Medikamente zu verabreichen. Daß diese klassische Standardtherapie, von Empirikern wie Akademikern allenthalben angewendet, dem Heilungsverständnis des Kranken zuwiderlief, wurde vom Fachmann sehr wohl registriert: »Gleichwohl Joachim Bischoffen, da ihm ein Clystier appliciret werden sollen, allezeit mit der Hand an der Herz-Grube und Kopffe angezeiget, daß daselbst er seine anxietates und nicht in podice (sit venia verb.) als mit welchem er hingegen gewackelt habe« sitze. Auch dieser Physikus ergriff die seltene Gelegenheit zur Grundlagenforschung und stellte diverse Experimente mit dem Gefangenen an.[51] Sein differenzierter Bericht bescheinigte dem Inquisiten schließ-

---

[51] So machte er während der Ohnmachtsanfälle akustische und haptische Empfindlichkeitstests oder ließ den durch das Anketten inzwischen Gehbehinderten »einer Älster oder Krähen gleich hüpffen«.

lich Geistes-, Gemüts- sowie körperliche Schwächen. Die Jenaer medizinische Fakultät entschied daraufhin, Bischoff sei zwar krank, übertreibe aber und könne bald gesunden. Nach einem halben Jahr war der Verurteilte schließlich so weit genesen, daß ihm »der Kopff glücklich abgeschlagen werden konte«.

Geschundene Soldaten

Ein gesellschaftlicher Bereich, dem gewisse Parallelen zum Strafvollzug nachgesagt wurden, war das Militär. Auch hier kam es vor, daß man um den Gesundheitszustand von Menschen nur besorgt war, damit man ihn anschließend durch Exerzieren, Körperstrafen oder Kriegseinsatz verletzen konnte. Die Modernisierung in Form stehender Heere und ihrer damit einhergehenden unverhältnismäßigen Vergrößerung nahm zuerst in Preußen mit der Einführung der flächendeckenden Rekrutierung durch das Kantonreglement von 1733 eine den Staat in seinem sozialen Gefüge maßgeblich prägende Dimension an. Die Erfassung der gesamten männlichen Landbevölkerung, die in Listen zur später besseren Aushebung »enrolliert« wurde, bedeutete einen erheblichen Eingriff in die Lebensführung der Bauernsöhne und Landarbeiterfamilien.[52] Die Einführung grober Gesundheitsstandards und Körpernormen war Ausdruck eines Teils der umfassenden Kontrolle und Optimierung des modernen militärischen Systems und bot Reibungspunkte für Widerstand gegen die totale Unterordnung agrarwirtschaftlich geprägter Lebensweisen unter nicht nachvollziehbare militärische Bedürfnisse eines expandierenden autoritären Staates.[53] In einer Zeit der verschiedenen Kriege, die Preußen in den Jahrzehnten seit der Einführung der Kantonsrollen geführt hatte, mußten die von der Musterung betroffenen jungen Männer nicht nur mit der vorgeschriebenen dreimonatigen Dienstzeit pro Jahr rechnen, sondern angesichts der nach 1789 dro-

---

52 Adel (1. Stand) und Bürger (2. Stand), Studenten, Beamte (meistens 2. Stand) und Hoferben waren davon ausgenommen. Zur Dimension dieses militärischen Eingriffs in die Lebensführung der unteren Schichten vgl. ausführlich *Büsch*, Militärsystem, 1962, Teil 1 und *Kloosterhuis*, Bauern, 1992, Bd. 1, Regesten.
53 Soldaten, die kleiner als 5 Fuß, 6 Zoll (zirka 1,73 m) waren, wurden unter Friedrich Wilhelm I. sofort aus den Rollen gestrichen, während »lange Kerls« zwischen 1719 und 1740 zwangsrekrutiert wurden, siehe *Kloosterhuis*, Bauern, 1992, Bd. 1, S. 30 f., S. 269 beziehungsweise S. 54–60.

henden Revolutionskriege erneut mit tatsächlichem Kriegsdienst und Gefahr für Leib und Leben. Darüber hinaus waren den Zeitgenossen die schlechte Besoldung und Versorgung sowie die verbreitete Willkür durch Vorgesetzte durchaus bekannt – eine Situation, die in Garnisonen eine extrem hohe und deshalb politisch tabuisierte Suizidrate und Selbstverstümmelungsversuche zur Folge hatte.[54] Der Soldatenkörper war zum Gegenstand der Machtausübung geworden. Exerzieren über das zur Einübung einheitlicher Bewegungsmuster nötige Maß hinaus war verbreitet, die dafür zuständigen Unteroffiziere als »Schinder« verschrien. Dieses »Schleifen« als Körpertraining für an Landarbeit gewöhnte junge Männer zu verkaufen, erscheint kaum überzeugend. Vielmehr wurde es um seiner selbst willen, zur Disziplinierung und zur Auslese besonders reibungslos funktionierender Körpermaschinen eingesetzt.[55] Bei solcher Reibung entstanden Reibungsverluste. Wer den physischen Anforderungen in Körpermaßen oder Leidensfähigkeit nicht genügte, wurde nach der Nutzung »ausrangiert«. Daß dieses keine bloßen Stereotype sind, vermitteln die Tauglichkeitsgutachten der preußischen Sammelbände, in denen sich Widerstand gegen die als ungerecht empfundene Zwangsrekrutierung und Angst vor der selbst in Relation zum nicht eben bequemen Landleben brutalen Militärdisziplin widerspiegeln.[56] Auch manch langjähriger Berufssoldat, im harten Dienst nicht nur untauglich, sondern generell arbeitsunfähig geworden, sorgte sich um seine Alterssicherung und die seiner Familie.[57] Zu dieser Zeit verfügten die Armeen noch nicht über eigene festangestellte akademische Ärzte, sondern nur über Regimentschirurgen, die der medizinischen Autorität der Stadt- und Kreisphysici unterstellt waren. Die normale militärärztliche Un-

---

54 Siehe dazu *Baumann*, Suizid, 1997, S. 490f. und *Kloosterhuis*, Bauern, 1992, Bd. 1, S. 437f. – 1790 wurde ein westfälischer Pastor auf persönliche Intervention des Königs für das Zitieren des von Baumann untersuchten Berliner Suizidartikels bestraft, vgl. *ebenda*, S. 436f.

55 Zur Bedeutung des Maschinenkonzeptes für die militärische Disziplinierung vgl. *Foucault*, Überwachen, 1994, S. 173–177.

56 Diesen Unwillen und die Widerstandsversuche der Bevölkerung gegen den Militärdienst und vor allem die häufigen Zwangsrekrutierungen und Aushebungen im Siebenjährigen Krieg zeigen auch die preußisch-westfälischen Quellen, vgl. *Kloosterhuis*, Bauern, 1992, Bd. 1, Regesten, S. 91–104.

57 In dem von *Kloosterhuis*, Bauern, 1992, Bd. 1, hier Kap. 33, zusammengestellten Regest fällt die große Zahl an Soldatentestamenten auf, wobei ein Großteil von Frauen und Ehepaaren aufgesetzt wurde.

tersuchung, die eigentlich von Regimentschirurgen hätte vorgenommen werden müssen, und die Privatgutachten, um die Physici von Betroffenen oder Angehörigen gebeten wurden, waren zwei Seiten derselben medizinisch-polizeilichen Medaille. Hier verband sich Volksgesundheit mit Staatswohl, weil man gezwungen war, die Folgen des unübersehbar ungesunden Soldatenlebens im Interesse der Staatsräson abzufedern. Es scheint, als ob die sowohl in der Ausbildungs- als auch in der Diensthierarchie höher rangierenden akademischen Physici von den Betroffenen erst dann eingeschaltet wurden, wenn die Interventionsversuche innerhalb der Armee oder eine Stellungnahme des Pfarrers nicht genügt hatten.[58] Tauglichkeitsuntersuchungen scheinen nie auf militärischen oder auf Befehl der Verwaltung, sondern stets auf Privatinitiative zurückgegangen zu sein. Inwieweit die ärztlichen Atteste tatsächlich zur Befreiung vom Militärdienst beitrugen, läßt sich den Gutachten, die zwar die Krankengeschichte wiedergeben, denen jedoch kein weiterer Schriftverkehr beigefügt ist, da Aktenvorgänge wie in Gerichtsverfahren nicht existierten, nicht entnehmen. Da Ärzte wie Militärführung die Bedeutung eines besonders kräftigen Körperbaus für den Soldatenberuf betonten, war ein glaubwürdiges Gesundheitsargument sicher ebenso erfolgversprechend wie ökonomische Argumente.[59] Das abschreckende Bild, das man sich aufgrund eigener Erfahrungen oder nach den Erzählungen anderer vom Soldatenleben machte, klingt in den Anträgen und Begründungen der Männer beziehungsweise Väter ebenso durch wie die Besorgnis um die eigene Gesundheit.

Wenn der »Altermann« (Zunftvorsteher) der Stettiner Metzger 1784 ein Gesundheitsattest über seinen 24jährigen Zweitgeborenen erbat, dieser aber äußerlich »von blühender Gesichtsfarbe und vollkommener Gesundheit« schien, mußte er schon Außergewöhnliches aufbieten, um den Sohn dem Kantonsreglement zu entziehen.[60] Hier war es ein acht Jahre zurückliegender Einbruch ins Eis mit erfolgreicher Wiederbelebung, der allerdings

---

58 In *ebenda*, S. 272, genügte in einem Fall noch 1745 die Bestätigung einer angeborenen Epilepsie durch den Beichtvater.
59 In den Regesten fällt auf, daß die meisten Anträge von Angehörigen allerdings auf ökonomische Argumente abhoben. Verwitwete Bäuerinnen baten um ihre Söhne, Handwerker fürchteten um den Bestand ihres Betriebes. Offensichtlich war eine medizinische Argumentation nur in eindeutigen Fällen erfolgversprechend.
60 Dr. Kölpin, in: *Pyl*, Aufsätze, 6. Slg., 2. Ab., 1789, Fall 20.

eine chronische Epilepsie nach sich gezogen hatte. Diese Entschuldigung war glaubwürdig, denn soweit nicht angeboren, galten schockierende Erlebnisse durchaus als Auslöser. Weil die Krankheit meistens »nach vorhergegangener Erhitzung und ebenso nach starkem Erkälten« aufzutreten pflegte, kamen die »bekannten Fatiguen des Militärdienstes, da oftmalige Erhitzung und eben so wieder Erkältung unvermeidlich sind« auch nach ärztlichem Ermessen für den chronisch Kranken keinesfalls in Frage. Auch ein Gastwirt ließ seinen ältesten 22jährigen Sohn, der ebenfalls auf den ersten Blick gesund und kräftig genug erschien, vom langjährigen Hausarzt untersuchen.[61] Hier wußte der Physikus selbst von einem sechs Jahre zurückliegenden »gallicht entzündlichen Brustfieber«, von der »schadhaften Lunge« und »Blutspeyen«. Ein Kollege hatte bei dem jungen Mann schon früher eine dauerhafte »Fontanelle« am Arm gelegt, um die ob dieser Strapazen fließende »güldene Ader« zu entlasten und so »den vollen Ausbruch der Lungensucht« zu verhindern. Da der Junge kurzatmig und schmächtig war, dürfe man ihm den »Abschied von Regimente und die Ausstreichung aus der Kantonsliste« nicht verwehren.

Der Eindruck, jedermann hätte mit entsprechender Kreativität der Einberufung entgehen können, ist falsch. 1790 wurde der zweite Sohn einer Witwe arretiert, weil er versucht hatte, sich der Musterung zu entziehen. Er wollte wegen schwerwiegender väterlicher Mißhandlungen in der Kindheit für untauglich erklärt werden und führte chronische »Kreuzschmerzen und einen steifen Rücken, gerade bei Wetterwechsel« an.[62] Damit kam er jedoch nicht durch. Der Arzt konnte äußerlich keine Gebrechen feststellen. Ausschlaggebend war für sein Urteil jedoch, daß er erfahren hatte, daß sich der junge Mann in der Landwirtschaft, beim Pflügen und Dreschen sehr wohl als voll einsatzfähig erwiesen hatte. Außerdem hatte er einmal einen Antrag auf Unabkömmlichkeit (vermutlich als Sohn einer Bauernwitwe) gestellt und beim damaligen Verhör angegeben, »daß wenn alle Bürgersöhne genommen würden, sie losen müßten« und er gehen würde, wenn das Los ihn träfe. Diese Aussage beinhaltete deutliche Kritik an der Privilegierung des zweiten Standes und entlarvte die »boshafte Einfalt« des Verweigerers.

---

61 *Fahner*, System, Bd. 3, 1800, 4. Ab. 1. Kap., S. 232 ff.
62 Dr. Schobelt, in: *Pyl*, Repertorium, 2. Bd., 2. St., 1791, Kap. 6, V.

Welche Blüten die Angst vor der Armee treiben konnte, zeigt auch das folgende Beispiel: Im Zusammenhang mit der Aufklärung eines Postraubes und Mordes beauftragte die Generalpostamtskommission 1789 den Berliner Stadtphysikus mit der Einschätzung eines 21jährigen Tuchbereiters, der sich – als er auf einer Reise von dem Überfall erfuhr – selbst als Tatbeteiligten angezeigt hatte, später aber widerrief.[63] Wie sich schon im Verhör herausgestellt und im Verlauf des Gesprächs mit dem Gutachter bestätigt hatte, war das Ziel des jungen Mannes tatsächlich, sich auf diese Weise dem Militärdienst zu entziehen. Die Vielzahl diesbezüglicher »wunderlicher Vorstellungen« und »Vorurteile«, die er Pyl gegenüber zu Protokoll gab, hielt dieser für zu abstrus, um sie wiederzugeben. Hauptgrund war »die Furcht, die man ihm im Elternhaus eingeimpft habe, wegen seiner Größe mit Gewalt zum Militärdienste angeworben zu werden.«[64] Seine Panik war nach Aussage seiner Reisegefährten so groß, daß er eines Nachts »die Bäume für Männer und Werber angesehen und um diesen zu entlaufen in einen Sumpf gerennt war, wo er beynahe ertrunken wäre«. Er habe schließlich keinen anderen Ausweg als die Selbstanzeige mehr gesehen und war davon überzeugt, »daß wenn er nur nach Berlin zurückkäme, der Ungrund dieser Behauptung von selbst sehr bald würde dargethan werden können«. Dies war inzwischen zwar geschehen, aber dafür hielt man »den jungen unerfahrenen, schwachköpfigen und von eingebildeter Furcht bis auf den äußersten Grad der Verzweifelung, der alle vernünftige Überlegung und richtigen Gebrauch des Verstandes gänzlich ausschloß, gebrachten Menschen« nach »richtigen psychologischen Grundsätzen« für leicht schwachsinnig. Eine nicht unbedeutende Rolle bei der Beurteilung, deren Konsequenzen nicht bekannt sind, spielte auch hier der sich in der Ablehnung des als besonders ehrenvoll propagierten Militärdienstes ausdrückende »übelverstandene Stolz«. Immerhin attestierte der Arzt dem jungen Mann, daß er für einen Raubmord nicht »die mindeste Anlage« habe.

Wer bei den Soldaten gelandet war und Krieg oder das Leben in Massenunterkünften und Feldlagern überlebt hatte, bestätigte die Ängste der jun-

---

63 *Pyl*, Aufsätze, 7. Slg., 3. Ab., 1791, Fall 8.
64 Die Erinnerung an die 1707 von Friedrich Wilhelm I. gegründete und 1740 von seinem Sohn Friedrich II. aufgelöste Garde der »Langen Kerls« und das Wissen um deren teilweise brutale Zwangsrekrutierung hatten im kollektiven Gedächtnis ihre Spuren hinterlassen.

gen Verweigerer. Manch altgedienter Soldat suchte von sich aus medizinische Hilfe, um seine Entlassung aus der Armee zu erreichen und als Gegenleistung für seine für den König ruinierte Gesundheit wenigstens eine geringe Entschädigung zu erhalten. Eigeninitiative war nötig, da nur ein auf individuell gewährter Gnade beruhendes Pensionssystem existierte und so mancher nach einigen Jahren beim Militär noch im besten Mannesalter vollständig arbeitsunfähig geworden war. Der Dragoner Gottfried Arnold bat zum Beispiel um seinen Abschied von der Kavallerie, weil er nach sechsmonatiger selbstbezahlter Behandlung keine Hoffnung mehr auf Genesung sah.[65] Dem Arzt war dieser Soldat als Patient bekannt. Diese Tatsache erhärtete die Glaubwürdigkeit dieses »wahrhaft elenden Manne[s]«, der seit 18 Monaten »an einer ganz besonderen Nervenkrankheit, die er sich durch starke Erhitzung und darauf gethanen kalten Trunk zugezogen hat«, sehr litt. Da die Kur des Arztes nicht angeschlagen hatte, mußte dieser aus eigenem Interesse die Unheilbarkeit der Leiden bestätigen, wollte er sich nicht selbst als Dilettanten disqualifizieren, und führte eine früher von Dorfbarbieren und »alten Weibern« verpfuschte Therapie als Begründung für sein Scheitern an. Der gerade 30jährige konnte nur noch am Stock gehen, weshalb Fahner die »hohen Obern« bat, dem Versehrten »eine kleine Pension zu seiner Unterstützung zu schenken« und auch die Kosten für die Heilbehandlung und Gutachtung zu übernehmen.

Ein Anspruch auf Berufsunfähigkeitsrente für den Dienst kam weder dem Arzt noch dem Patient in den Sinn. Wer sich in seiner Militärzeit ein chronisches Leiden zuzog, hatte dies durch göttliche Fügung zu erdulden oder durch Leichtsinn selbst verschuldet. Andere erkrankten schließlich nicht. Wurde ein Antrag gestellt, widmete man sich diesem allerdings mit dem gebotenen Respekt vor einem alten Krieger. Das Entlassungsgesuch des 37jährigen Artilleristen Friedrich Müller, der nach 18 Jahren Dienst den ihn zuletzt vergeblich behandelnden Arzt wegen eines »Augenfehlers« um ein Attest gebeten hatte, war bis zum Hofrat vorgedrungen, der den Physikus einschaltete.[66] Dieser bestätigte, daß der »schwarze Star« durch ein 18 Monate zurückliegendes »höchst bösartiges faulichtes Nervenfieber« ausgelöst worden und unheilbar war. Aus Mitleid legte er einen »Abschied mit

---

65 *Fahner*, System, Bd. 3, 1800, 4. Ab., 2. Kap., S. 248 ff.
66 *Ebenda*, S. 251 f.

Pension« nahe, um den Mann in den »Schoß seiner Familie zurückkehren zu lassen«.

Es mußten erst ein hoffnungsloser Zustand und eine langjährige Dienstzeit zusammenkommen, damit ein Soldat für den Verlust seiner Gesundheit – in welchem Umfang auch immer – entschädigt wurde. Die geringe Zahl der überlieferten Anträge läßt keine Rückschlüsse über die Häufigkeit und die Erfolgsquote dieser Form der aktiven Altersvorsorge zu. Wie unsicher die Zukunft nach einem Ausscheiden aus der Armee auch für untere, nichtadelige Offiziersränge sein konnte, zeigt ein Fall, der einen zweiten Bereich der Tauglichkeitsgutachten kennzeichnet. Der Sohn eines Berliner Viktualienhändlers hatte zuerst als kurfürstlich-sächsischer, dann als hessen-kasselscher Offizier gedient und saß 1789 wegen tätlichen Angriffs auf seinen Vater im Arrest.[67] In diesem Strafverfahren war es die Polizeidirektion, die ein Gemütszustandsgutachten anforderte, um seine weitere Eignung als Soldat überprüfen zu lassen. Schließlich war der Mann nicht nur wiederholt unkontrolliert gewalttätig geworden, sondern attackierte die patriarchale Ordnung, auf der die Armee mit ihrem absoluten Gehorsam beruhte. Dies war bereits das zweite Mal, daß Pyl den Offizier in einer solchen Angelegenheit zu »visitieren« hatte. Vielleicht hatte die erste Expertise keine beruflichen Konsequenzen für den Inhaftierten nach sich gezogen, möglicherweise war er jedoch entlassen worden und hatte daraufhin den Dienstherrn gewechselt, um seinen Ehrverlust zu vertuschen. Rein äußerlich qualifizierte sich auch dieser Mann sehr gut »zum Militärstande«, im Gespräch zeigte sich jedoch eine unsoldatisch »große Redseeligkeit und Weitschweifigkeit« »ohne allen Zusammenhang und Präcision«. Seine Reuebezeugungen waren unglaubwürdig, da sich die ebenfalls unsoldatischen »Seufzer und Wehklagen über sein widriges Geschick« allein auf Zukunftsängste nach einer unehrenhaften Entlassung beschränkten und der Mann fürchtete, die dann nötige finanzielle Unterstützung seiner Familie zu verlieren. Pyl machte die »Verstandesverwirrung« des Offiziers daran fest, daß dieser nachträglich bereute, was er allein seinen bewußt begangenen »Ausschweifungen und sein[em] unordentliche[n] Leben« zuzuschreiben hatte. Deshalb sei es auch mit einer Degradierung zum gemeinen Soldaten nicht getan. Der zwangsläufige Spott von Kameraden und Schikanen seitens der Unteroffiziere

---

67 *Pyl*, Aufsätze, 7. Slg., 3. Ab., 1791, Fall 7.

könnten aus verletztem Stolz dieses Selbstgerechten in regelrechten »Wahnsinn« münden und unberechenbare Handlungen auslösen. So sei es besser, ihn »unter mehrerer Aufsicht und Verpflegung« zu behalten und den Mann zu diesem Zweck »in irgendeiner öffentlichen milden Anstalt – nur nicht im Irrenhause« unterzubringen. Das Irrenhaus galt ob seiner Zustände als ungeeignet für einen Bürgersohn. Die Armee war nach seiner Entlassung nicht mehr für ihn zuständig, so daß ein anderes Staatsbudget gefunden werden mußte.

Die normalen Zustände in Militärgefängnissen waren auch für damalige Verhältnisse erschreckend. Bei der Armee gab es Körperstrafen, die sehr oft Siechtum oder gar den Tod zur Folge hatten. Um Verantwortungsbewußtsein für die ihr anvertrauten Soldaten zu demonstrieren, fragte deshalb die Militärgerichtsbarkeit gelegentlich von sich aus den Amtsarzt um Rat. So wollte zum Beispiel der zuständige Regimentschirurg wissen, ob sich ein Delinquent, der »öftere Anfälle vom Stein habe«, überhaupt zum »Gassenlaufen« eigne. Der Physikus schlug alternativ die Entlassung aus der Armee und Festungshaft oder die Karrenstrafe vor.[68] Ein anderer Arzt riet bei einem 37jährigen ehemaligen Soldaten, der psychosomatische Symptome, zusätzlich eine Schußverletzung und einen Leistenbruch aufwies, höchstens zu »gemäßigte[n] Schläge[n]«, damit der Gefangene nicht Blut speie.[69]

Die verschiedenen Beispiele aus Strafvollzug und Militär haben gezeigt, daß die in der Aufklärung propagierte Humanität in Strafverfahren auf älteren Rechtstraditionen aufbauen konnte, die gerade auf *dem* Symbol für menschenverachtende Behandlung fußten. Die Anwendung der Folter und der Körperstrafen war theoretisch an bestimmte Bedingungen geknüpft, auf deren Einhaltung durchaus geachtet wurde, wenn sich Widerstand gegen unverhältnismäßige Grausamkeit oder ungerechtfertigte Härte regte. Viele Menschen versuchten, ihr Wissen um gesundheitliche Grenzen zu ihrem Schutz zu nutzen, wobei sich bei weniger offenbaren Krankheiten traditionell Epilepsie als Vehikel anbot, da ihr sowohl physische als auch psychische Ursachen zugrunde liegen konnten. Auch im militärischen Bereich findet sich dieses Argument. Melancholie als Strategie war hingegen noch kaum verbreitet.

---

68 *Fahner*, System, Bd. 3, 1800, 4. Ab., 3. Kap., S. 261 ff.
69 *Pyl*, Aufsätze, 2. Slg., 3. Ab., 1784, Fall 9.

Bei den extrem harten Bedingungen, die in Gefängnis wie Armee vorherrschten, galt Gesundheit als *die* Vorbedingung für angemessene Ermittlung eines Deliktes einerseits und effektiven Staatsdienst andererseits, der sich später in gesundheitlichen Eignungsprüfungen für Beamteneinstellungen niederschlagen sollte. Häftlinge wie Soldaten konnten in ihrer besonders harten Lebenswelt nur bestehen, wenn die körperlichen Voraussetzungen dafür gegeben waren. Auch möglichen Straffälligen gegenüber war die Obrigkeit verpflichtet. Menschen sollten nicht schon vor einem Urteil geschädigt werden, obwohl so mancher Freispruch Langzeitgefangene schließlich als Krüppel zurückließ. Wie viele Betroffene weder den Mut noch die rechtliche Unterstützung für Eigeninitiativen gegen die übermächtige Gerichts- und Militärverwaltungsstruktur aufbrachten, läßt sich anhand der vielen bekanntgewordenen Todesfälle in Gefangenschaft wie Armee nur erahnen. Hier soll keineswegs das verklärte Bild eines von der Wahrung postulierter Menschenrechte geprägten Verfahrenswesens der Aufklärung geschaffen werden. Dennoch sollte auf die Akzeptanz und Internalisierung gesundheitlicher Mindeststandards auf beiden Seiten sowie auf den Aufwand, der vielfach zu ihrer Ermittlung getrieben wurde, deutlich hingewiesen werden. In der Armee waren diese Ansätze noch weniger ausgeprägt, da sie im Gegesatz zum Rechtssystem nicht auf eine legislative und institutionell gefestigte Tradition zurückblicken konnte. Deshalb wurde in der Zeit des Übergangs vom Söldner- zum Berufsheer in Einzelfällen die zivilen Physici bemüht. Für eine Zeit, in der ein Menschenleben oder die Gesundheit des einzelnen nicht viel gegolten haben sollen und in der es noch keine detaillierten Verfahrensweisen, Zuständigkeiten und Institutionen gab, ist diese Erscheinung immerhin bemerkenswert.

Abergläubische Zaubergeschichten

Die Hexenforschung hat in den letzten 20 Jahren einen regelrechten Boom erlebt. Viele Klischeevorstellungen, wie die angeblich systematische Jagd auf Hebammen oder die übertriebene Zahl von Opfern, wurden inzwischen korrigiert. Mehr Licht wurde in das Prozeßverfahren, regionale Auslöser der Verfolgung und die magische Vorstellungswelt frühneuzeitlicher Menschen gebracht. Erklärungen für das Ende der Hexenprozesse und den langen Zeitraum des Übergangs von ihrem letzten Höhepunkt um 1630 bis zum endgültigen »Versickern« im späten 18. Jahrhundert blieben hingegen lange weitgehend vage.[70] Der meist linear gesehene Prozeß der Rationalisierung, der angeblich 1631 mit der »Cautio Criminalis« von Friedrich von Spee begann und spätestens mit der Verbrennung der letzten Hexe 1775 in Kempten endete, war keineswegs so stringent, wie er anhand des aufklärerischen und magiekritischen Diskurses von Theologen, Juristen und Medizinern erscheinen mag. Der schrittweise Übergang von der Dämonologie zur Psychiatrie wird immer noch eher im intellektuellen Diskurs als in der medizinischen Praxis oder gar in populären Vorstellungen angesiedelt.[71] Die Rolle der Medizin in einem Teil der Hexenprozesse, auch schon im Rahmen der Vorinquisition, bleibt weitgehend unbeachtet und wird höchstens mit Allgemeinplätzen über den Fortschritt naturwissenschaftlichen Denkens und der Vernunft gestreift.[72] Wie sehr theologische, philosophische und juristische Debatten jedoch auf physiologischen Prinzipien fußten, wird erst in der Auseinandersetzung mit Ärzten deutlich.[73] Es bleibt die Frage,

---

70 Der Tagungsband von *Lorenz/Bauer (Hg.)*, Ende, 1995, stellt bisher den einzigen systematischen Zugang zu dieser Frage dar und offeriert verschiedene Antworten, vom autokratischen Eingriff des Landesherrn (Pohl und Rummel) über verschiedene Grade der behördlichen Aufklärung und Säkularisierung bis hin zur nachlassenden Reizempfindlichkeit der Menschen/»Desensibilisierung« (Roeck).

71 Die Arbeit von *Simon*, Heilige, 1993, die sich besonders auf die Funktion der Medizin (unter anderem Weyer) bei der Dekonstruktion des Hexenbildes konzentriert (S. 15–36 und S. 50–57), fand bisher leider kaum Beachtung.

72 Die wohl bekannteste neue Quellensammlung zum Thema, nämlich *Behringer*, Hexen, 1988, enthält keinen einzigen Hinweis auf medizinische Gutachtung. Auch in den meisten Lokalstudien über das 17. Jahrhundert finden Ärzte keine Erwähnung. *Walz*, Hexenglaube, 1993, S. 217, widmet zum Beispiel der Medizin nur neun allgemeine Zeilen. *Labouvie*, Zauberei, 1991, S. 253 f., betont zwar gerichtliche »Bagatellisierungsbestrebungen« durch Melancholie um 1700, nennt aber ebenfalls nur juristische und theologische Gutachter, ebenso *Lambrecht*, Hexenverfolgung, 1995 und *Oestmann*, Hexenprozesse, 1997. Einzig *Lorenz*, Hexenprozesse, 1995, S. 234 ff., dessen Aufmerksamkeit der juristischen Spruchpraxis gilt, erwähnt einen Fall von 1700, in dem es zu mehrinstanzlicher medizinischer Gutachtung kam, auf der dann später das juristische Urteil beruhte.

73 Einen ersten Ansatz dazu macht *Pott*, Aufklärung, 1995, S. 199 ff., indem er auf die medizinisch-physikalischen Bemühungen Friedrich Hoffmanns hinweist, der mit einer 1703 publizierten Dissertation noch in der Tradition derer (zum Beispiel Weyers) stand, die dem real existierenden Teufel psychische Macht über labile Menschen zugestanden. – In

warum ein namhafter Physikus wie Johann Weyer bereits 1563 mit seiner auf aktuellen medizinischen Erkenntnissen beruhenden Melancholietheorie scheiterte, die im Verlauf des 17. Jahrhunderts geradezu zur Modeerklärung für vielfältige geistig-seelische Verfassungen geriet, während noch um 1750 das aufgeklärte Zedlersche Universal-Lexikon die Möglichkeit von Hexerei und Zauberei im Bereich des Möglichen sah und den »goldenen Mittelweg« bei der Verfolgung empfahl.[74] Die folgenden Ausführungen sollen zeigen, daß im Gegensatz zur Tendenz der Forschung einerseits die Medizin schon in der ersten Hälfte des 17. Jahrhunderts durchaus mäßigend in Hexenprozessen involviert war, andererseits gerade angeblich aufgeklärte Universitätsgutachter jene als »abergläubisch« diffamierten Denkstrukturen, wie sie in Teilen noch bis weit ins 20. Jahrhundert hinein wirkten (etwa Besessenheit), noch Mitte des 18. Jahrhunderts vertraten und dies modern physiologisch begründen konnten. Zu Recht wies Esther Fischer-Homberger darauf hin, die

> »Medizin der frühen Neuzeit hat nicht so sehr einen naturwissenschaftlichen Kreuzzug gegen die Dämonen geführt, wie man das später oft hätte wahrhaben wollen. Sie hat vielmehr ... medizinische Alternativen geboten, zu den seinerzeit geläufigen dämonologischen Erklärungen bestimmter Zustände und die kirchlich-theologische Dämonologie medizinisch kommentiert«,[75]

um diese im Laufe der Zeit durch medizinisch-psychiatrische Systematisierung in den Hintergrund rücken zu lassen.

Schadenszauber, Satansbräute, Liebeskranke
Der erste vorliegende derartige Prozeß, bei dem im Auftrag der Schöffen und des ermittelnden Kriminalkommissars ein Gutachten des Stadtphysi-

---

einer beigefügten Grafik erwähnt bspw. Rainer Decker, daß im katholischen Inquisitionsverfahren Anfang des 17. Jahrhunderts sogar die doppelte medizinische Gutachtung vorgeschrieben war, um natürliche von übernatürlichen Ursachen zu unterscheiden, ohne jedoch auf die Umsetzung dieser Vorschrift in der Praxis einzugehen. *Decker*, Haltung, 1995, S. 103.

74 *Fischer-Homberger*, Medizin, 1983, beschreibt den akademisch-medizinischen Prozeß, der die Macht des Satans und physiologische Dispositionen kranker Individuen geschickt zu integrieren wußte, ausführlich (S. 134–167). Weyer befreite zum Beispiel eine Patientin durch Aderlässe und Abführmittel von einem sie bedrängenden Dämonen. *Ebenda*, S. 153. – Zu Zedlers Lexikon siehe *Behringer*, Hexen, 1988, S. 449 f.

75 *Fischer-Homberger*, Medizin, 1983, S. 143.

kus eingeholt wurde, war ausgerechnet ein großer Kinderhexenprozeß im Coburg des Jahres 1632. Zwei neun- und 14jährige Brüder sowie ein Elfjähriger hatten sich selbst des »Mantelfahrens« und anderer Delikte bezichtigt und einen weiteren Elfjährigen beschuldigt.[76] Die freiwilligen und das Gericht ob ihrer Detailliertheit verblüffenden Erzählungen beinhalteten all jene Versatzstücke von Walpurgisnachtfeiern, Flügen nach Venedig, Schadenszaubern und Teufelsanbetungen, wie man sie aus anderen, im gleichen Zeitraum gehäuft auftretenden Kinderprozessen kennt, die fast immer auf Selbstanzeigen zurückgingen und Verwandte als Anstifter mit hineinzogen. Der Coburger Stadtarzt berichtete, nachdem er den ausschließlich gütlichen Verhören beigewohnt hatte, daß er

> »aus der verhaffteten jungen Knaben physiognomia [Körperbau], constitution, temperament, reden, Alter, Gesicht und andern notwendigen Umständen und Zeichen nichts vermercken, noch schließen können, daß ein defectus oder laesio mentis vorhanden. Sondern daß sie zu ihrem Alter nur zu verständig, klug oder arglistig genug seyn, daß auch keine μελανχολια [Melancholia], sondern vielmehr eine πουηξια [?] augenscheinlich vornehmlich bey dem älteren zu spüren und zu vermercken.«[77]

Das medizinische Gutachten, das zur Verurteilung der Jungen wesentlich beitrug, weil es das sehr vorsichtige Gericht legitimierte, die Aussagen der Angeklagten ernst zu nehmen, stellte nicht die Möglichkeit des Zauberns

---

76 *Weber*, Kinderhexenprozesse, 1991, passim, besonders S. 24 ff. und S. 204–222, schildert und erklärt die Verbreitung dieses stereotypen Phänomens der Selbst- und Familienbezichtigung ebenso ausführlich wie die den Kindern wohlbekannten Muster verschiedener Hexenerzählungen, erwähnt allerdings medizinische Gutachtungen oder auch nur zeitgenössische Reflexionen darüber nicht.

77 *Fritsch*, Geschichte, Bd. 1, 1730, Fall 9. Weil sich weder die Schadenszauber noch andere Episoden bestätigen ließen, forderte das Urteil mildernde Umstände. Der Älteste, Paul Grünwald, sollte nach einem letzten Verhör bezüglich seiner Lehrer und weiterer Verschwörer geköpft und dann zusammen mit den bei ihm gefundenen Zauberbüchern, Salben und Pulvern verbrannt werden, da er die anderen verführt und angelernt hatte. Der elfjährige Paul Dippert hatte Reue bekannt und Besserung gelobt und sollte ebenso wie der kleine Hans Grünwald und der leugnende Nicolaus Schwend zum läuternden Schock scheinbar hingerichtet, nach der Verbrennung des Haupttäters aber zurück ins Gefängnis geführt, dort gezüchtigt und bis zur sichtbaren Besserung inhaftiert werden. Dieses Urteil war typisch für Kinderhexenprozesse: Mündige Rädelsführer galten als Hilfsgesellen des Teufels, auch wenn nachweislich niemandem ein Schaden zugefügt worden war. Bei Jüngeren konnte durch religiöse Unterweisung ein künftig besserer Schutz gegen »teuflische Anfechtungen« erwartet werden.

Abb. 21: Melancholikerin; aus: *Thomas Bartolin*: Historiarum anatomicarum rariorum Centuria I, Den Haag 1655.

in Frage, sondern klärte Zweifel bezüglich des Geisteszustandes der jungen Inquisiten, ohne daß diese dem Gericht durch offenkundig »blödsinniges« Aussehen oder Auftreten Anlaß gegeben hätten. Der Herausgeber stellte hundert Jahre später die These von möglicherweise drogenhaltigen Salben aus Nachtschattengewächsen oder anderen »Narcotica« auf, welche derartige Visionen und Räusche bei geistig Gesunden hervorrufen könnten. Dieser auch heute noch geäußerte Verdacht scheint zum Zeitpunkt des Verfahrens weder Justiz noch Medizin gekommen zu sein. Die mitten in einer großen Verfolgungswelle in Deutschland versuchte Mäßigung der lokalen Behörden ist zwar aus heutiger Sicht gescheitert, war jedoch ein Zeichen dafür, daß in diesen Hochzeiten der Verfolgung gerade bei Selbstanzeigen genau hingesehen wurde.

Als sich 1627 ein promovierter Jurist und Sohn eines Superintendenten an die medizinische Fakultät Leipzig wandte und um Rat bat, weil er seine nun zehn Jahre andauernden körperlichen Leiden auf Hexerei zurückführte, bescheinigten ihm die Gutachter, es habe ihn Melancholie zu dieser Einbildung veranlaßt. Hier kam es gar nicht zu einer Vorinquisition gegen die beschuldigte Person.[78] Die Klagen,

> »als ob ihm 1. die Augen geschwollen wehren und 2. kleine Feuer-Flämmelein Tag und Nacht für denselben schwebeten, er auch 3. nicht schlaffen könnte, sondern 4. in steter Angst und Schrecken lebete, oftermahls 5. einen gehligen Dunst ins Haupt steigend vermerckte, 6. auch mit grossen und fast immer wehrenden Wehtagen des Haupts, 7. auch Klingen und Sausen der Ohren, 8. müßte sich offter utzdauen [aufstoßen?] und vermerckete bißweilen 9. eine Cordalgiam oder hefftiges Magendrükken …«

wurden von den erfahrenen Gutachtern als typische Melancholiesymptome bewertet. Die schon lange währende Krankheit hatte ihrer Erkenntnis nach die geistigen Fähigkeiten, d. h. die Vernunft des hochgebildeten Mannes, so angegriffen, daß er auf die absurde Idee kam, verzaubert worden zu sein.

Wenn auch solche Gutachten nur vereinzelt überliefert sind, weisen sie doch darauf hin, daß der Verdacht einer Gemütskrankheit auch in den Hochzeiten der Hexenhysterie weder Justiz noch Medizin fremd war. Bemerkenswert und ebenfalls üblich war, daß der Betroffene – vermutlich nach vielen gescheiterten Heilungsversuchen – nun überzeugt war, die ma-

---

78 *Ammann*, Medicina, 1670, XXI.

gische Krankheit mit nicht magischer, sondern mit natürlicher Medizin bekämpfen zu können. Gerade im Zusammenhang mit Liebeszaubern hofften auch andere »vornehme Männer«, durch chemische Gegenmittel kuriert zu werden. So wandte sich 1697 ein Ehemann an die gleiche Fakultät, weil er sich von seiner Schwiegermutter erst zur Hochzeit mit der ungeliebten Tochter hatte zwingen lassen, um sich dann in jene selbst zu verlieben.[79] Anlaß für seine Forderung je eines kostspieligen juristischen, theologischen und medizinischen Gutachtens waren ihm unerklärliche und auch gesetzlich tabuisierte Gefühlsschwankungen. Mal hatte der von der Gefahr des Inzests Bedrohte seiner Schwiegermutter »mit affection zugethan eine Geneigtheit gehabt, bald eine extreme aversion von und wider sie und eine grosse Angst ... [gespürt] worauf ich endlich in eine schwere Krankheit gefallen«. Belastende Indizien wurden von der Fakultät in natürliche und magische Mittel unterteilt. Beide konnten »amor illicitus auch endlich mentis emotio« verursachen, »indem beyde Dinge spiritum animalium motum enormiter turbiren und depraviren«.

In einem anderen Fall war es 1694 die Entdeckung eines »welken Herzens« bei der Leichensektion eines 42jährigen angeblich glücklich verheirateten Mannes von Stand, die den Stein ins Rollen brachte. Weil kurz vor dessen Tod seine Affäre mit einer jungen Frau bekanntgeworden war, vermuteten hier sogar die obduzierenden Ärzte nach einer rätselhaften neuntägigen Krankheit »sonst was Übernatürliches und von verbotenen Künsten«, vielleicht ein falsch dosiertes Aphrodisiakum (»philtrum«).[80] Der Fakultät war die Geschichte zu vage, sie mochte sich nicht in leichtfertigen Verdächtigungen über einen Satanspakt ergehen. Noch 1718 wandte sich ein 22jähriger Adeliger privat an den berühmten Professor Hoffmann und behauptete ähnliches. Er sei als 13jähriger von einer »liederlichen und gemeinen Weibes-Person an sich gezogen« worden, der er mit seinem Blut die Ehe habe »verschreiben« müssen.[81] Auf Druck von Mutter und Beichtvater habe er sich losgesagt und leide seitdem unter verschiedenen Leiden wie Hitzewellen, Angst und Appetitlosigkeit. Für Hoffmann war dies ein kla-

---

79 *Zittmann*, Medicina, 1706, Cent. VI, XXXVI.
80 *Ebenda*, Cent. V, LXXXVIII. Von Exhumierungen zur Überprüfung eines Hexereiverdachtes Anfang des 18. Jahrhunderts berichtet auch *Wegert*, Culture, 1994, S. 58 f.
81 *Hoffmann*, Medicina, T. 1, 1721, Dec. IV, I. In dieser Sammlung finden sich noch verschiedene wegen Liebeszaubers ratsuchende Männer.

rer Fall von Melancholie, da er sich über die schwächliche Leibeskonstitution und den ungesunden Lebenswandel des jungen Mannes hatte informieren lassen, die für die »Schwachheit des Gehirns und der Nerven« verantwortlich waren. Ausführlich beschrieb der Arzt ererbte Dispositionen, die gestörten Vorgänge im Körper und wie dem zunehmenden Verfall mittels angemessener Behandlung Einhalt geboten werden sollte. Der geäußerte Hexereiverdacht war hier ebenfalls nur Indiz für ein gestörtes Denkvermögen.

Auch ein angeblich für die Verfolgung prädestiniertes Opfer mußte zu dieser Zeit nicht mehr unbedingt auf dem Scheiterhaufen landen. Einer bekannten Delitscher Hebamme sollte 1699 der Prozeß gemacht werden, weil eine Zeugin einer Entbindung behauptet hatte, die siamesischen Zwillinge – ein »gedoppelt geborenes Kind« – der Kindsmutter seien nur auf den Trank zurückzuführen, den die Wehemutter der Gebärenden vorher eingeflößt habe. Daraufhin wurden diese und die anderen sieben gefährlichen oder tragisch verlaufenen Geburten der letzten Jahre medizinisch überprüft.[82] Weil alle Zeugen und Zeuginnen, darunter auch angesehene Bürger, Geistliche und Adelige, nur Gutes über die Arbeit der Frau und ihren Lebenswandel zu berichten wußten und selbst der Physikus ihre Kompetenz bei rund 700 Entbindungen in 12 Jahren in den höchsten Tönen lobte, wurde auf den »alt Weiber-Trantsch« und das »unverständige Weiber-Geklätsche« nichts weiter gegeben und die 60jährige Gefangene aufgrund des engagierten medizinischen Gutachtens aus der Haft entlassen.

Das Gewicht, das nicht nur medizinischen Fakultäten, sondern schon der unteren Instanz der Stadt- und Kreisärzte bei der Entscheidungsfindung der Gerichte auch in magischen Angelegenheiten zukam, läßt sich in der zweiten Hälfte des 17. und den ersten Jahrzehnten des 18. Jahrhunderts an einer immer größeren für überlieferungswürdig gehaltenen Zahl von Fallgeschichten ablesen. Wie in dem zuletzt genannten Beispiel war vielfach nach einer Denunziation bereits ein Verfahren gegen eine Person eingeleitet worden.[83] Dies zeigt, daß noch in vielen Gegenden Hexenprozesse üblich waren. Den mei-

---

82 *Petermann*, Casuum, Dec. I, 1708, II–IX, hier Fall VII.
83 Labouvie unterteilt die verschiedenen Funktionen einer Hexereiverdächtigung in drei Hauptmomente: das Unerklärliche (psychisch-mental), das Konfliktlösende (sozial-emotional) und die Kontrolle marginaler Gruppen (politische Machtausübung), vgl. *dies.*, Zauberei, 1991, S. 204–218.

Abb. 22: Siamesischer Zwilling; aus: *Thomas Bartolin*: Historiarum anatomicarum rariorum Centuria I, Den Haag 1655.

sten Anzeigen lagen, ähnlich den Liebeszaubern, plötzlich auftretende Schmerzen oder Körperwahrnehmungen zugrunde, für die man keine rationale Erklärung wie Ernährung, Lebenswandel oder Wetter finden konnte. 1686 beschuldigte eine Frau eine Nachbarin, diese habe ihr »durch Zauberey was in den Leib gebannet, wovon ihr nicht allein in der lincken Brust ein continuirliches bicken eines Frosches, sondern [sie] auch in untern Leibe und Rückrad offters groß Reissen und Schmertzen verspühre«.[84] Der Arzt wollte nicht nach einmaliger Besichtigung entscheiden, sondern befand erst »nach examinierung ihres Thuns und Temperaments« und einiger Zeit der Beobachtung und versuchsweisen begleitenden Medikamentierung, »daß ihre Kranckheit eine blosse Melancholia und solchergestalt angezeigte Symptomata mehr ex obstructionibus & flatibus [Verstopfung und Blähungen] als von Hexerey herrühren«. Anschuldigungen wurden von Ärzten zunächst als Tatsachenbeschreibungen ernst genommen und systematisch verfolgt. Dahinter verborgene soziale Konflikte waren für die Medizin nicht uninteressant, war doch die Möglichkeit der Hexerei nicht grundsätzlich auszuschließen und mußten mögliche Schuldige überprüft werden.

Beschrieben Zeugen Anfälle als »Dunst oder Dampf« aus dem Hals, sinnloses Lachen, Äußerung von Herzensangst,

> »der Hals aufgeblasen, dick und starck, auch das Gesichte roth geworden, aber alsobalden wieder verblasset ... Verstand verschwunden, auch mit den Zähnen geknirschet, grausam ausgesehen und sich im Gesichte verstellet, da die Augen roth und feurig, dick und aufgelauffen gewesen. Durch Anfüllung der Adern, wobey er die Hände und Nägel zusammengeklämmert, mit Gewalt was ihme vorkommen anfallen, fassen, zureissen und in die Höhe springen wollen ...«,

waren dies schon Ende des 17. Jahrhunderts typische Symptome eines natürlich bedingten »paroxysmus furor«, der durch die Säfte verstörende klimatische Bedingungen und krankhafte Eifersucht gleichermaßen ausgelöst worden sein konnte.[85] Ließ sich wie hier eine Fieber- oder »Kopfkrankheit« verifizieren, hatten Laien wie Ärzte mit der Phrenitis eine plausible natürliche Erklärung für angebliche Besessenheit oder Raserei. Menschen berichteten in vielen Zusammenhängen von »Kopfkrankheiten«, die an die heutige Enzephalitis erinnern, und führten spätere Leiden auf diese »natürliche Ursache« zurück.

---

84 *Richter*, Digestia, 1731, Dec. I, III.
85 *Zittmann*, Medicina, 1706, Cent. II, LXVII.

Die Hexereidiagnose eines akademischen Arztes war zu dieser Zeit noch nicht ungewöhnlich, blieb aber seit Anfang des 18. Jahrhunderts kaum noch unwidersprochen. Als ein Physikus zum Beispiel 1724 als Ursache für einen Mord die Besessenheit des Täters durch Incubi oder Sucubi behauptete, wurde sofort ein zweites Gutachten eingeholt. Dieses diagnostizierte Melancholie, während das noch nach der Exekution des Täters angeforderte Obergutachten sich in diesem Punkt nicht festlegen mochte. Auch die Metamorphose vom Incubus zur Melancholie durch »Mercurialia«, d. h. die Verabreichung quecksilberhaltiger Medikamente, sah es noch nicht für wissenschaftlich erwiesen an.[86]

Nach 1700 wurden, wie sich an langwierigen Beobachtungen, Gesprächen und chemischen Analysen ablesen läßt, bei einer medizinischen Überprüfung zauberischer Phänomene professionelle Umsicht und Ausdauer erwartet, die sich zu Zweifeln bekennen sollten. In Extremfällen wurden dafür jahrzehntealte Akten ausgegraben, von medizinischen Gutachtern ausgewertet und mit den neuen Verdachtsmomenten verglichen.[87]

Auch undramatische Auffälligkeiten führten zu Hexereibeschuldigungen. Körperliche Beschwerden wurden häufig auf Racheakte zurückgeführt, die man aus Gewissensbissen oft jenen zuschrieb, denen man zuvor selbst übel mitgespielt hatte. In solchen Geschichten drehte es sich meist um Diebstahlsbezichtigungen, zu deren Aufklärung man sich noch um die Wende zum 19. Jahrhundert vielfach der »weißen Magie« bediente. Die Dynamik gegenseitiger Schuldzuweisungen von Zauber und Gegenzauber eskalierte besonders dann, wenn einer der Beteiligten plötzlich erkrankte[88] oder verstarb.[89] Kam es zur Anzeige, ließen die Ämter erst Physici zuziehen, statt umgehend einen Hexenprozeß einzuleiten. Die bei solchen Untersuchungen geschilderten Symptome wiesen meistens nicht auf eine be-

---

86 Vgl. *Troppanneger*, Decisiones, 1733, Dec. II, II.
87 *Parmenio*, Sammlung, 1742, XX und XXI.
88 *Richter*, Digestia, 1731, Dec. VII, III; *Fritsch*, Geschichte, Bd. 2, Fall 9 und *Uden*, Magazin, Bd. 2, 1. St., 1784, 1.
89 Eine Obduktion erhellte um 1775 die Äußerungen einer durch ihre Kopfschmerzen »wahnsinnig« gewordenen Insassin eines Armenhauses. Sie hatte behauptet, »man hätte ihr das Gehirn durch Zauberey herausgerissen«. Der Arzt entdeckte eine »Knochengeschwulst« im Gehirn, die auf beide Schläfen drückte. Siehe *Fahner*, System, Bd. 2, 1797, 12, S. 95–101.

kannte Krankheit hin, sondern waren eher unspezifischer und deshalb um so bedrohlicherer Art, etwa:

> »Mattigkeit in Gliedern und Starren in denen Dickbeinen biß in die Füße hinunter, ... auch daß ihm von Tage zu Tage das Fleisch vom Leibe abnehme und verschwinde, darbey er auch keinen Appetit habe, er möchte essen und trincken, was er wollte. Esse er ja was, so hätte er gleich darauf Magen-Drücken. Zudem käme ihm öffters, er möchte in der warmen Stuben oder haussen in der Lufft seyn, ein solcher Schauer und Frost an, daß er recht Zittern und Zähneklappern bekäme, als wenn ihme das kalte Fieber schüttelte, darauf folgete grosse Hitze, Schmertzen im Haupte. Sonderlich überfiel ihme zu der Zeit ein solcher Schmertz mit Reissen und Ziehen im Unterleibe, meist aber in denen weichen (hypochondriis) und um den Nabel herum, daß er sich müßte ins Bette legen und vor Angst und Schmertzen nicht wüßte zu bleiben.«[90]

Solch unklare Symptomatik wies tatsächlich auf Zauberei hin, zumal in diesem Fall in der Gegend die Beschwerden als »Krankheit des weisen Mannes« (eines Schnallenschmiedes) bekannt waren. Nach Überzeugung von Laien wie Akademikern hatte der Teufel »durch Gottes Erlaubnis« – so die Standardformel – die Macht, die Abläufe im Körperinneren durcheinanderzubringen und natürliche Heilung zu verhindern.[91] Beschuldigte mußten deshalb schwören, daß sie keinen Rachezauber gekauft hatten, um sich offiziell vom Hexereiverdacht zu reinigen. Daß auch angebliche Feinde des Aberglaubens ihrer Sache nicht wirklich sicher waren, zeigte sich in dem zitierten Fall nur wenige Monate später. Nach dem unerwarteten Tod des Klägers ließ das Amt die Leiche doch lieber obduzieren.[92]

Mancherorts kam es noch Ende des 18. Jahrhunderts zu Hexenprozessen, auch wenn diese aufgrund medizinischen Einspruchs nicht mehr zu Hinrichtungen führten. Noch 1786 sandte das zuständige Oberamt eine 23jährige Frau zur Untersuchung zum Canstatter Physikus. Dieser war regelrecht erbost, sich wegen der Anzeige eines protestantischen Pfarrers

---

90 *Richter*, Digestia, 1731, Dec. VII, III.

91 »... cum morbi hujuscemodi magici rarissime perfecte & radicibus curari solent, quia Diabolus es singulari Dei permissione constitutionem & habitum corporis humani, sic pervertete & corrumpere valet, ut ad statum priorem naturalem impossibiliter reducti queat, ipsique natura veneni illius soli cognita est.« *Richter*, Digestia, 1731, Dec. VII, III, hier S. 331.

92 *Ebenda*, IV. Dabei stellte sich heraus, daß die Beschwerden des Mannes auf gebrochene Wirbel und Rippen zurückgeführt werden konnten, die er sich bei einem geheimgehaltenen Sturz vom Birnbaum zugezogen hatte, als er jemandem (möglicherweise sogar dem Beklagten) hatte Obst stehlen wollen.

noch mit Hexerei befassen zu müssen. Imaginierte Hexerei mache »den Pöbel« regelrecht »krank«, wie auch diese Frau psychosomatische Beschwerden bekommen hatte, weil sie sich von einer Nachbarin mittels eines Tranks krankgehext glaubte.[93] Damit meinte Elvert eine durch Ängste ausgelöste »kranke Phantasie« und verwies darauf, daß die »einfachen Leute« mit ihren »eingeschränkten Begriffen« »Behexung« und »Vergiftung« synonym gebrauchten und deshalb leicht in Panik gerieten und durch »Nachgrübeln und Abängsten« in »schädliche Grillen« und »Delirien« verfielen.[94] Ein Medizinkollege hatte noch nach mehrwöchigen Behandlungsversuchen Magie vermutet, weil die Klägerin während ihrer »Wallungen« oft habe »Juchheien (einen Freudenschrei thun) müssen, wie es ihr sonst gar nicht zu Muth gewesen«. Eine einfache chemische Analyse, um mögliche Kupfer- oder Bleirückstände durch ein falsches Trinkgefäß nachweisen zu können, war mangels Corpus delicti nicht möglich.

Die Vorurteile gegenüber den ungebildeteren Schichten waren noch in der zweiten Jahrhunderthälfte nichts als arrogante Propaganda. Nicht nur Ämter und Obergutachter, verliebte Adelige und hysterische Damen als Mitglieder höherer Stände witterten überall Teufel und Hexen. Wie sich immer wieder an Gegengutachten und Oberinstanzentscheidungen zeigt, war auch manch studierter Arzt von der Existenz dunkler Mächte überzeugt. Neue wissenschaftliche Erkenntnis und alter Aberglauben schlossen einander nicht aus, konnten vielmehr interessante Verbindungen eingehen. Als 1768 ein »vornehmer Herr« Hexen für seine Gicht verantwortlich machte, leitete der Magistrat von Halle kein Verfahren mehr ein, sondern schickte gleich den Arzt, um die »Leibes- und Gemütsumstände« zu erkunden.[95] Der Bürger beeindruckte den Gutachter mit seinen Latein- und Bi-

---

93 *Elvert*, Fälle, 1792, V: »Der Pfarrer der durch zwekmäßige Belehrung das Mädchen hätte beruhigen und zum Schweigen bringen, und somit die ganze Sache undrdrüken können und sollen, führte ein weitläufiges Protokoll über diese angebliche Behexung, redete in seinem Bericht an das Oberamt von Werken der Finsterniß und suspendirte sein Judicium hierüber mit einem bedeutenden non liquet! – Nun, sanft ruhen seine Gebeine, ... [er] wird nun jenseits des Grabes den Grad der Aufklärung erlangen, der ihm hienieden noch mangelte.«
94 Daß derartige Verdächtigungen nicht nur häufig waren, sondern sogar kollektive Dimensionen annehmen konnten, wird an einigen Fallgeschichten deutlich, vgl. zum Beispiel *Hasenest*, Richter, Bd. 4, 1759, II und *Gohl*, Medicina, 1735, Sec. II, XXI. Siehe dazu auch *Fischer-Homberger*, Medizin, 1983, S. 367–375.
95 *Daniel*, Sammlung, 1776, LII.

belkenntnissen, ließ sich aber auch durch logische Erklärungsansätze seitens des Arztes nicht irritieren:

»... hätten zwar viele Ärzte dieselbe und viele andere Krankheiten von Magie oder Hexerey und zwar mit Recht hergeleitet. Allein jetzo sähen sie es nicht mehr ein, könnten sie auch nicht heilen. Das könnte und müßte blos die Obrigkeit thun. Wenn sich aber ein ehrlicher Mann deshalb bey ihr meldete, fände er kein Gehör, sondern man glaubte, er brächte wunderliche Grillen oder Phantasien vor, weil ehedem Thomasius wider die Hexen so sehr gestritten hätte, auch Befehle gekommen wären, daß man von der Hexerey nichts mehr halten sollte ... Als ich [Daniel] hierauf fragte, wie denn die Hexen die Gicht machen könnten? antwortete er, es wären hier auf allen Dörfern Hexen in großer Anzahl und pflegten sie den, auf wen sie ihr Absehen hätten, anzublasen. Oft thäte es nur eine, oft aber träten ihrer mehrere zusammen. Sie hätten tubos acusticos, die setzten sie an das Ohr und bliesen dabey mit dem Munde – welches er auch selbst that – wodurch denn so große Wirkungen hervorgebracht würden. Und zwar könnte dieses sogar in einer Entfernung von etlichen Meilen geschehen, wo nämlich der Strahl vermittelst des bewegten Äthers einmal hingienge. Er gedachte zugleich, die Hexen fänden sich sogar bisweilen bey ihm in der Stube ein, wären auch wohl – wobey er lächelte – poßierlich. Nun zweifelte er fast, ob sie ganz würden können vertilgt werden, es wären ihrer schon zu viele und es wäre, als wenn man einen großen Wald umhauen wollte. Als ich ihm zu verstehen gab, man könne ja die Erzeugung der Gicht von ganz natürlichen Ursachen herleiten, meynte er, weder die mechanischen noch Stahlianischen Lehrsätze thäten hier ein Genüge, aber aus dem Anblasen der Hexen könne man alle dabey vorkommende Phänomene erklären. Ich fragte ihn, ob etwa der Teufel den Hexen die Gewalt gäbe? Worauf er sagte: das Gute in der Welt würde gemeiniglich Gott und das Böse dem Teufel zugeschrieben ...«

Der Hexenglaube an sich war für den Arzt Beweis für die kranke Phantasie des Klägers, den ein wahrhaft Aufgeklärter nicht ernst nehmen konnte, obwohl der Mann doch gleichzeitig eine umfassende und zeitgemäße Bildung sogar auf wissenschaftlichem Gebiet vorweisen konnte. Hier zeigt sich, daß noch in der zweiten Hälfte des 18. Jahrhunderts zwei im Fluß befindliche und sich in konträre Richtungen bewegende Zeichensysteme – moderne naturwissenschaftliche Aufklärung einerseits und überkommenes magisches Denken andererseits – sogar innerhalb ein und derselben Person eine in sich logische Verbindung eingingen.[96] Sogar eine Ikone der medizinischen Aufklärung wie der Berliner Stadtphysikus Pyl mußte noch 1790 öffentlich zugeben, daß die wiederholten Vorwürfe einer schmerzgeplagten 33jährigen Berliner Handwerkersgattin gegen einen ehemals befreundeten

---

96 Vgl. auch *Pyl*, Aufsätze, 5. Slg., 3. Ab., 1787, Fall 4.

Lohgerber, die sie »Anfangs mit gehöriger Bescheidenheit und so viel Treuherzigkeit erzählte«, so überzeugend vorgetragen wurden, »daß ich ihr beynahe geglaubt hätte«.[97] Erst als sie wegen Untätigkeit der Behörden und der Einwände gegen ihren Behexungsverdacht begann, sich dem Arzt gegenüber »grob und unbescheiden« aufzuführen, war der sich sicher, bloß eine »Querulantin« vor sich zu haben und erteilte der Kranken sogar Hausverbot. Pyl empfahl, diese »Nervenkranke« zu beobachten und zur Kur zu schicken. Auch wenn er am Schluß seine Selbstsicherheit wiedergewonnen hatte, zeigt die anfängliche Unsicherheit des Stadtphysikus, daß auch in den Reihen jener, die am lautesten gegen den Aberglauben wetterten und natürliche Erklärungen für alle Phänomene zur Hand hatten, noch Relikte des alten Hexenglaubens schlummerten.

Die unterschiedliche Handhabung verschiedenster Hexereidenunziationen hing demnach in einem Zeitraum von über 150 Jahren weniger von der Art der Vorwürfe als dem kritischen Bewußtsein der jeweiligen lokalen Behörden ab, die zwar weiterhin Hexenverfolgung betrieben, im Zweifelsfall aber mancherorts lieber mindestens einen Fachmann für Physiologie und Psychosomatik zuzogen, als vorschnell ein Fehlurteil zu fällen.[98] Fritsch zum Beispiel wählte für seine mehrbändige Sammlung deshalb demonstrativ auch Hexenprozesse aus, in denen kein medizinischer Rat eingeholt worden und die zu Unrecht beschuldigten Personen nach mehrfacher und anhand der Frageprotokolle detailliert wiedergegebener exzessiver Folter verbrannt worden waren.[99]

Die Anwendung der Tortur war bei den überraschend häufigen Selbstbe-

---

97 Der Gevatter einiger ihrer Kinder sei eindeutig ein »Schwarzkünstler«, »weil er aus einem Scharfrichtergeschlecht« stamme und Umgang mit verdächtigen Personen habe, außerdem habe sie »sonderbare magische Zeichen« in seinem Zimmer bemerkt, siehe *ebenda*, 8. Slg., 3. Ab., 1793, Fall 4: »Über eine besondere Schwärmerin«. Dabei war bereits 1778 mit der Abhandlung über den »physikalischen Aberglauben und die Magie« des Hoffmannschen Epigonen Johann Peter Eberhard der medizinische »mainstream« zu einer Art Handbuch geronnen, vgl. auch *Pott*, Aufklärung, 1995, S. 202.
98 Dies bestätigt *Fischer-Homberger*, Medizin, 1983, S. 140ff., auch für die älteren lateinischen Sammlungen, zum Beispiel Valentinis, die ausschließlich Fälle vom Anfang des 17. Jahrhunderts enthalten.
99 *Fritsch*, Geschichte, Bd. 3, 1733, Fälle 1 und 2. *Ebenda*, Bd. 2, 1731, ging Fall 2 glimpflich aus und endete mit langen Haftstrafen: Dieser Hexereiprozeß entwickelte sich 1697/98 zu einem Betrugsverfahren wegen vorgetäuschter »weißer Magie« gegen Diebstahl.

zichtigungen überflüssig. Bei auffälligen Personen, wie jener Frau eines Anspänners, die 1693 behauptete, sie habe die Weinberge erfrieren lassen, war die Einholung eines Gemütszustandsgutachtens deshalb nötig, weil man sie seit einer Kopfverletzung allgemein für geistesgestört hielt.[100] Schwieriger lag 1678 die Selbstanzeige der über 60jährigen Margarete R.[101] Ihr Beischlaf mit dem Teufel entpuppte sich angesichts der sachlich antwortenden alten Frau als juristisch eindeutig aber medizinisch komplizierter als erwartet. Wegen ihres kalten und feuchten Temperamentes wirkte sie äußerlich auf den in erster Instanz gutachtenden Amtsphysikus für ihr Alter erstaunlich rüstig und verhielt sich im Gegensatz zu anderen Geistes- oder Gemütskranken weder menschenscheu noch tiefsinnig oder aggressiv, sondern selbstbewußt.

> »... daß ob sie schon jetzo ein graues weisses Haar und also veraltet anzusehen, so hätte sie doch in ihrer Jugend schön gelb Haar gehabt, wäre roth von Gesicht und ziemlich starck von Leib und Blutreich gewesen, auch in stäter Gesundheit bißhero gelebet, also gar, daß man sie in ihrer noch blühenden Jugend ... vor das schönste Mägdlein gehalten«.

Deshalb habe der Teufel auch sie verführt.

Ihre Selbstbeschreibung gibt einen lebendigen Eindruck von den damaligen Schönheitsidealen. Magerkeit und »vornehme Blässe«, wie für die höheren Stände als Abgrenzung nach unten opportun, galten keinesfalls als attraktiv. Kräftiger Körperbau und rote Gesichtsfarbe waren gleichzeitig Zeichen von Gesundheit. Dieser Meinung war auch die Medizintheorie, denn Blässe und Dürre waren immer Zeichen eines kranken Körpers und meistens eines ebensolchen Gemütes. Für den Arzt ergab sich aus dem beeindruckend kräftigen Anblick dieser »Greisin«, »daß bey ihr mens sana in corpore sano« sein müsse. Die medizinische Fakultät ignorierte den physiognomischen Befund des Kollegen jedoch vollständig, weil es ein typisches Zeichen von Melancholie sei, wenn jemand in allen Bereichen – außer in dem seiner einen fixen Idee – bei klarem Verstand sei. Dieses letzte Argument war akademisch-medizinisch relativ neu und kam, wie im Umgang mit Kriminalisierten und Entmündigten gezeigt, erst im Laufe des 18. Jahrhunderts zu größerer praktischer Anwendung. Durch diese Feinheit konnten auch geistig klar erscheinende Personen als punktuell geistig verwirrte

---

100 *Zittmann*, Medicina, 1706, Cent. V., LXVI. Der Arzt diagnostizierte Bösartigkeit, ererbte Melancholie und Demenz in Intervallen.
101 *Ebenda*, Cent. III, II.

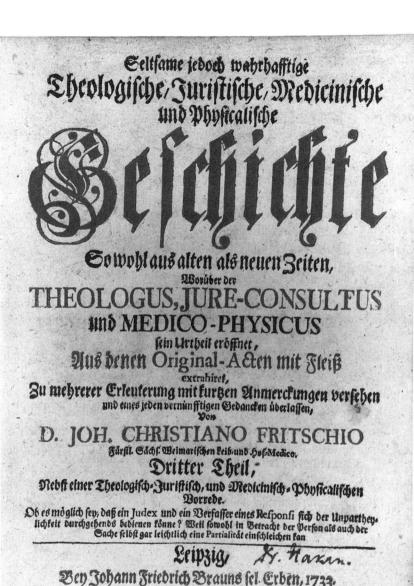

Abb. 23: *Johann Christian Fritsch*, Seltsame jedoch wahrhafftige Theologische, Juristische, Medicinische und Physicalische Geschichte, Sowohl aus alten als neuen Zeiten, Worüber der Theologus, Jure-Consultus und Medico-Physicus sein Urtheil eröffnet, Aus denen Original-Acten mit Fleiß extrahiret, Zu mehrerer Erleuterung mit kurtzen Anmerckungen versehen, ..., 3. Theil, Leipzig 1733.

und ausschließlich von Fachleuten zu erkennende wandelnde Gefahren für die Allgemeinheit eingestuft werden, was die Fachkompetenz der Ärzte in Geistesfragen nur erhöhte.

Wenn eine äußerlich unverdächtig erscheinende 70jährige 1690 Herzensangst, Furcht und Zittern, Kopf- und Ohrensausen beklagte,

>»daß ihr zuweilen wäre als wenn ihr Fliegen und Sommer-Vogel [Schmetterlinge] aus den Ohren ein- und auskröchen und meistentheils wenn sie auf der Seiten liege, daß es ihr bald vor den Augen finckele, bald wäre es wie eine schwarze Wolke und Nebel vor solchen, könte nicht wohl schlafen, indem es ihr immer in dem einen Ermel wie eine Mauß was vorkähme, welches Ungezieffer sie doch nicht sehen, noch mit der Hand greifen könte, dahero sie sich einbildete, daß solches was Böses seyn müßte und der Satan solchergestalt bey ihr wäre«, [102]

konnte nur ein Fachmann die dahinter verborgene Melancholie erkennen. Diese war entstanden aus

>»calidis & ficcis evaporationibus [heißen und ? Dämpfen], welche aus den Magen und hypochondriis in das Haupt steigen, dadurch die Spiritus animales turbiret und das Gehirn verdrucknet wird, dahero dann solche Phantasien und Einbildungen, welche ein patient ex imaginationis de pravatione Daemoni zuschreibt, kommen«.

Ein zweites Gutachten bestätigte die deshalb vermutete Selbstmordgefahr, so daß das Gericht beschloß, die Bedauernswerte »in einem leidlichen Arrest« zu behalten und bis zu ihrem Tode zu versorgen, anstatt ihr den Hexenprozeß zu machen.

Bei vielen Selbstbezichtigungen gingen Verwandte wie Obrigkeit mit Teufelspakten erstaunlich pragmatisch um. Sie nahmen Äußerungen ihrer Mitmenschen in Hinblick auf ihr früheres Verhalten und vor allem im Zusammenhang mit Suizidwünschen als eindeutige Wahnvorstellungen, die weniger einen Exorzismus als vielmehr Sicherheitsverwahrung und medizinische Betreuung notwendig machten.[103]

Dämonische Gotteskinder
Umstritten waren seit der zweiten Hälfte des 17. Jahrhunderts besonders Fälle von Besessenheit oder Behexung, in die Kinder und Jugendliche verwickelt waren, die durch Erbrechen oder Verdauen ungewöhnlicher Gegenstände auf sich aufmerksam machten und ihre gesamte Umgebung da-

---

102 *Richter*, Digestia, 1731, Dec. II, VIII.
103 Dies bestätigt auch die Untersuchung von *Vanja*, Leids, 1994, S. 213 f.

mit monate- oder gar jahrelang in Atem halten konnten, ohne daß eine Teufelsbuhlschaft Teil der Inszenierung gewesen wäre.[104] Diese spezielle Form der Selbstbezichtigung als Opfer eines Dämons erhielt ihre Glaubwürdigkeit zuerst dadurch, daß Pfarrer, Dorfschulzen und andere schaulustige Honoratioren Zeugen solcher Vorgänge wurden. Der Ablauf der Geschehnisse war in etwa identisch. Es begann mit Insekten, die aus den Ohren krochen, oder Knöchelchen, Schweinsborsten, toten Mäusen, Wachs oder Tuchstücken, die aus Mund und After quollen, und mündete in immer unglaublichere Phänomene wie das Erbrechen von spitzen Nägeln, Nadeln oder Glasstücken. In manchen Fällen sahen ganze Gruppen von Menschen Teufel und Dämonen durch Zimmer schweben, an Fenster klopfen oder unsichtbare Hände das arme Opfer durch die Gegend und aus dem Bett stoßen, hörten Prügel, sahen Prellungen und Wunden entstehen und beobachteten, wie Haare herausgerissen wurden.[105] Zunächst waren es Volksheiler wie Scharfrichter, die Räucherpulver, Wadenwickel und magische Mittel verschrieben, um die bösen Dinge »auszutreiben«. Dann waren es Pfarrer oder Priester, die über Konfessionsgrenzen hinweg mit exorzistischen Praktiken versuchten, die auf religiöse Zuwendung hin Tobenden und Krampfenden von den in ihnen verborgenen Dämonen zu befreien, bis ein Fall so großes Aufsehen erregte, daß sich das Amt einschaltete und einen Arzt mit der Überprüfung des Simulationsverdachtes beauftragte.[106] Alle Geschichten, in denen Gegenstände eine Rolle spielten, wurden letztlich als Betrugsversuche entlarvt, da die Materialien von den Gutachtern stets einer genauen Überprüfung unterzogen wurden. Schwieriger und auch häufiger waren jene Fälle von dämonischer Besessenheit, in denen »nur« Krämpfe auftraten, die nach physiologischem Ermessen schwere Gelenkverletzun-

---

104 Vgl. dazu auch *Wegert*, Culture, 1994, S. 57–69. Bei den meisten in der Forschung bekannten Fällen handelt es sich um Frauen, Mädchen und kleine Jungen. Männer scheinen seltener von Dämonen heimgesucht worden zu sein, verhielten sich dann aber ungleich brutaler, begingen häufig sogar Morde, oft an Frauen, siehe dazu kurz *Decker*, Haltung, 1995, S. 111. Zu diesem Phänomen gibt es meines Wissens noch keine Untersuchung.
105 Besonders extreme Aussagen finden sich zum Beispiel bei *Fritsch*, Geschichte, Bd. 1, 1730, Fall 2 (1707/08).
106 Zum Exorzismus siehe auch *Wegert*, Culture, 1994, S. 72. Zur Simulation von Besessenheit und ihrer Entlarvung vgl. *Fischer-Homberger*, Medizin, 1983, S. 148–151. Zum verbreiteten Speien von Gegenständen siehe auch *Weber*, Kinderhexenprozesse, 1991, S. 96 f.

gen hätten zur Folge haben müssen und bei denen die Betroffenen stinkende Dämpfe und Rauch aus Mündern und Nasen ausstießen, was auf übernatürliche Kräfte hindeutete.[107] Manche wußten und redeten über Dinge, die sie nicht wissen konnten,[108] bei anderen sahen sogar die Ärzte Bewegungen von lebendigen Wesen, die in ihrem Innern ihr Unwesen trieben, oder hörten Pfiffe aus einem eindeutig geschlossenen Mund.[109]

In allen Fällen, in denen sich hauptsächlich Kinder als Besessene gerierten, spielten Visionen und dramatische Konvulsionen eine zentrale Rolle, die weit über die körperlichen Kräfte der Kleinen hinausgingen. So bekam eine Zehnjährige nach Genuß eines von einer Nachbarin geschenkten Butterbrotes wochenlang furchtbare Anfälle:

> »... die Brust wie ein Blasebalg entsetzlich auf und niedergegangen und den Kopf heftig geschüttelt. Wie der Herr Pastor den Segen über dasselbe gesprochen, sich von ihm nicht hat wollen den Kopf niederdrücken lassen, so daß er mit allen Kräften nicht vermögend gewesen, ihm den Kopf aus der Stelle zu bewegen. Da es aber in die Kirche gebracht worden, gebissen, gekratzt, gezittert, geflogen und dergestalt gewüthet, daß vier starke Männer es kaum halten können, ja zuletzt sich vor dem Altar platt zur Erde niedergeworfen, bei Erwähnung des jüngsten Gerichts geschüttelt, auch niemalen zu bewegen gewesen ...«

sich ehrerbietig in der Kirche zu benehmen und zu knien.[110]

Es hat den Anschein, als wäre in den spezifischen Streß- und Frustrationssituationen, die sich später als Anlaß für die Inszenierungen herausstellten – ähnlich den Häftlingen, die Epilepsie oder Ohnmachten simulierten –, das selbstgefährdende Krampfen *der* kulturspezifische Hilferuf, um Aufmerksamkeit zu erregen oder konkreten Zielpersonen angst und ein schlechtes Gewissen zu machen, um auf diese Weise Interaktion zu erzwingen. Der

---

107 So etwa bei *Gohl*, Medicina, 1735, Sec. I, XXXII.
108 Wie zum Beispiel der 12jährige Sohn eines Leinewebers 1698 bei *Zittmann*, Medicina, 1706, Cent. VI, XLVI, oder der Elfjährige, der 1746 mit geschlossenen Augen Lieder lesen konnte und erriet, wieviel Geld der Herr Kaplan in der Hand hielt, vgl. *Hasenest*, Richter, Bd. 4, 1759, I.
109 So 1736 bei einem zehnjährigen Dorfmädchen, dessen Fall drei medizinische Fakultäten beschäftigte und dessen Lösung Pyl als frühes Beispiel aufgeklärten Geistes in einer Zeit der »noch so dicken Finsterniß« galt, weil man schließlich doch einen »morbus spasmodicus complicatus« verantwortlich machte. Dies rettete der von der Mutter des Kindes beschuldigten Nachbarin das Leben, siehe *Pyl*, Neues Magazin, Bd. 1, 2. St., 1785, Kap. III, Fall 3.
110 *Ebenda*, S. 348 f.

wegen »Zänckerey« im Berliner Kalandshof einsitzenden 25jährigen ledigen Maria Dorothea Staffin gelang es so, 1728 sämtliche Honoratioren, Adelige und Geistliche der Stadt in Atem zu halten. Sogar einen »Suizidversuch« durch Erhängen hatte der Satan in der Zelle an ihr unternommen. Auch beobachtete und hörte man, wie er sie mißhandelte, fand sie mit unvorstellbaren Verrenkungen in der Zelle liegen und war mittels Beten und Chorgesanges tatkräftig bemüht, ihr bei der Befreiung vom Teufel zu helfen. Nach einer unnatürlich langen Zeit der Bewußtlosigkeit im Anschluß an einen extrem heftigen Anfall zeigte sie sich eines Tages von ihrem Peiniger befreit. Diesmal war, angesichts der nicht vortäuschbaren Heftigkeit der Krämpfe und der vielen Zeugen im Gefängnis, zu keinem Zeitpunkt ein medizinischer Gutachter wegen Simulationsverdachtes zugezogen worden.[111] Der Herausgeber, sonst ein scharfer Kritiker jeglichen populären Aberglaubens, druckte diese Geschichte als eine der wenigen wahren Ausnahmen ab.

Die Glaubwürdigkeit der Anfälle hing wie bei Epilepsie entscheidend vom Grad der physiologischen Plausibilität ab, zum Beispiel wenn trotz augenscheinlicher Überdehnung keine Gelenkluxationen erfolgten. Weniger heftige Konvulsionen führten hingegen zur Kontrollüberwachung. Ein 12jähriger war 1698 nach zweijähriger Leidenszeit zur Beobachtung ins örtliche Waisenhaus gebracht worden. Dort krampfte er furchterregend,

> »... wars als wenn er einschlieffe und fieng an den Kopff hin und herzuschütteln, erwachte aber bald wieder und schlieff auch kurtz hernach wieder ein, bohrete mit dem Kopfe rückwärts ins Bette, boge dem Leib vorwerts als eine Sprenckel, zoge den Leib wider ein und bliesse das gesicht und halß auff. Als dieses nachliesse und wir ihn fragten, wie ihm gewesen wäre und ob er etwas gesehen hätte, sagte er, es hätte ihn ersticken wollen ...«

Seine Behauptung, er wäre gebissen worden, wurde durch den Physikus bestätigt, der an einer Stelle, die der Junge selbst unmöglich erreichen konnte, einen solchen Biß »von Zähnen etwas tieff in die Haut hinein und auf dem Hembde wodurch der Biß geschehen, etwas feuchtes als Speichel angemercket«. Auch wurde er von unsichtbaren Händen in die Höhe gehoben, so daß der Stadtphysikus ebenso wie die obergutachtende medizinische Instanz sicher waren, es stecke »vermuthlich etwas supernaturalis« dahinter, was »vom bösen Feinde herkome«.[112]

---

111 Vgl. *Gohl*, Medicina, 1735, Sec. I, XXXII.
112 *Zittmann*, Medicina, 1706, Cent. VI, XLVI.

Auch die elf- und achtjährigen Kinder eines Hintersassen aus Großschwarzenlohe bei Nürnberg hatten 1752 seit Monaten »fraischhafte Zufälle«, die immer nur dann auftraten, wenn sie sich ihrem Elternhaus nähern mußten. Auf Anweisung des Stadtrichters sollten die protestantischen Kinder mit antimagischen Medikamenten, nämlich durch mit katholischen und »kabbalistischen« Sprüchen gefüllte Amulettbeutelchen behandelt werden. Um zuerst den Verdacht der Simulation auszuschließen, verhörte der Schwabacher Stadtphysikus Hertel die Kinder einzeln und ohne erwachsene Zeugen, ließ sie mit verbundenen Augen auf Umwegen nach Hause tragen und beobachtete die Krämpfe genau. Die zuständige medizinische Fakultät bestätigte später seine Simulationsdiagnose.[113]

Wenige Jahre zuvor hatten schon zwei weitere Fälle die Region bewegt und ebenfalls zur vorübergehenden Kontrollüberwachung und Trennung der Besessenen von ihren Angehörigen durch Inhaftierung im Heimatort des zuständigen Kreisarztes geführt. 1744 behauptete die 17jährige Tochter eines nach Zirndorf zugewanderten Lumpensammlers, von einer Nachbarin – die sie als »Trude« bezeichnete – und deren Dämonen wegen Verweigerung der Hexerei nächtens in vielfältiger Form heimgesucht und gequält zu werden. Die Erzählungen der Maria Rosina Rühlin, die von ihren Eltern bestätigt wurden und eine Generalinquisition auslösten, handelten von weißen Fräuleins, Katzen, Engeln des Lichtes, feurigen Drachen, vergrabenen Schätzen, dem Teufel persönlich und Folterungen durch die Nachbarin, die sie fessele, würge und auspeitsche. Die variierenden Geschichten enthielten auch sexuelle Komponenten. Solche Erzählungen von Kindern unterschieden sich prinzipiell nicht von denen der Erwachsenen, abgesehen davon, daß sexuelle Episoden von den Kindern freiwillig und sehr detailliert, von den Erwachsenen nur sehr vage und erst unter der Folter gestanden wurden.[114] Daß Erzählungen der Erwachsenen ebenso eine Rolle spielten wie eine entsprechend aufgeheizte Stimmung in

---

113 *Hasenest*, Richter, Bd. 1, 1755, XXI. Motivtheorien und Konsequenzen sind nicht überliefert. Die Hohenloher Ebene ebenso wie die in verschiedene Territorien und freie Städte zersplitterte Nürnbergisch-Ansbacher Gegend, in der der Herausgeber ebenfalls tätig war, waren typisch fränkisch gemischt-konfessionell.
114 Siehe auch *Weber*, Kinderhexenprozesse, 1991, S. 22f. und S. 96ff., der auf die Funktionalisierung des Hexenwesens in der religiösen Erziehung hinweist, die ebenfalls massiv zur Verbreitung reichhaltigen Detailwissens beitrug.

der Bevölkerung, stellten schon 1736 medizinische Gutachter fest.[115] So nimmt es nicht wunder, wenn die Engel der Rühlin goldene Flügel, lange Hemden und Kronen trugen und die Hexen Ofengabeln, während der Teufel mit Bocksbein und Hörnern daherkam, mit dem, ob der hartnäckigen Befragung durch den Physikus leicht gereizten Zusatz als Hinweis auf den unterstellten Common sense, »wie halt ein Satan ist.« An einer anderen Stelle nach Erlebnissen gefragt, antwortete das Mädchen, »wie halt die Hexen machen«.[116]

Im Zusammenhang mit Mädchen und Hexerei werden gern psychoanalytische Erklärungen bezüglich unterdrückter sexueller Bedürfnisse in sexualfeindlicher Umwelt bemüht.[117] Im Gegenteil dazu scheint die These des sexuellen Mißbrauchs plausibler. Weder läßt sich in der ruralen frühneuzeitlichen Gesellschaft eine körperfeindliche Erziehung feststellen, wie sie axiomatisch der Psychoanalyse des bürgerlichen 19. Jahrhunderts zugrunde liegt, noch läßt sich eine spezielle sexuelle Fixiertheit bei Mädchen feststellen, nach der bei Jungen nie gefragt wird.[118] Den Verdacht des sexuellen Traumas erhärten hingegen sowohl die Aussagen von Mädchen als auch Jungen, die sich im Rahmen des dafür perfekt zugeschnittenen zeitgenössischen Zeichensystems bewegten. Man konnte sich so Schuld-, aber auch Haßgefühle von der Seele reden und dabei gleichzeitig Rache an Tätern wie untätigen Mitwisserinnen nehmen, ohne als unschuldiges Opfer einer Dämonenplage selbst auf den Scheiterhaufen zu müssen. Das wohl eher von

---

115 Siehe *Pyl*, Neues Magazin, Bd. 1, 2. St., 1785, Kap. III, Fall 3, S. 347.
116 *Hasenest*, Richter, Bd. 2, 1756, XI, hier S. 148 und S. 153. Der Arzt betonte, das Gespräch mit der Rauhin wortwörtlich (im Dialekt) protokolliert, »ihre eigene Redensart beibehalten lassen« zu haben, damit man sich vom Ausmaß ihrer geistigen Verwirrung ein plastisches Bild machen könne.
117 Maßgeblich für diesen Ansatz wäre *Roper*, Oedipus, 1994.
118 *Weber*, Kinderhexenprozesse, 1991, vertritt diese Theorie, wundert sich allerdings über die Wut, aber auch Ambivalenz, mit der Kinder gerade ihre Eltern auf den Scheiterhaufen zu bringen versuchten. Ausgerechnet im einzigen Fall, in dem ein Junge berichtete, von seiner Mutter zur Unzucht und Hexerei verführt worden zu sein, läßt Weber dies als Mißbrauch gelten, da auch die Mutter ein eheähnliches Verhältnis zu ihrem Sohn gestand. All jene vielen Fälle, in denen Mädchen Väter, Stiefväter, Onkel und Nachbarn der Verführung und des Lehrens vielfältiger Sexualpraktiken bezichtigten, werden vom Autor unhinterfragt als Wunschdenken kleiner »Lolitas« abgetan, vgl. *ebenda*, S. 50, S. 102 f., S. 248–258.

männlichen erotischen Ängsten und Wünschen und einer lang tradierten Geschlechterstereotypie gesteuerte Freudsche Interpretationsmuster zeichnete sich schon um die Mitte des 17. Jahrhunderts ab und legt damit seine eigenen Wurzeln frei.[119] Halbwüchsige Mädchen wurden im Gegensatz zu Jungen gemäß der Furor-uterinus-Theorie nicht nur nach Aderlaß und Eßverhalten, sondern auch nach sexuellen Wünschen befragt, etwa: »Sehet Ihr die Buben gern?«, und nach ihrer Menstruation.[120] Grundlegend blieb zu dieser Zeit jedoch noch die Kombination aus individuell physischen und geophysischen Komponenten, die psychosomatische Auswirkungen zeitigten. Bei der Rühlin war das ihr phlegmatisches Temperament, dazu kamen die »harten und besonders schweren Meelspeisen«, der »defectu fluxus menstrui« sowie ihre Faulheit,

> »da sie nicht einmal … spinnen kann noch mag. Daher wird die Massa humorum immer schwerer und ungeschickter zur Circulation besonders durch die vasa menyngum und Gehirn, welches bey denen stupidioris ingenii ohnehin schon quoad organicam structuram nicht just ist und je langsamer und träger der Lauf der Feuchtigkeit durch das Gehirn sich ereignet, jemehr werden die Phantasien in demselben gestärket, und um dieser trägen circulation halben wird auch das Geblüt immer dicker, versammlet sich auf die Brust, verursacht eine Steckung (die unverständigen Leute heissen diese ein Drücken von Druten oder Alp) und darvon stellet sich ein einfältiger Mensch, wann er sonderlich viel von Druten, Gespenstern, Geistern, Teuffel, etc. erzählen höret oder dergleichen Gemälde gesehen, alles als in der That und Wahrheit geschehen und empfunden zu haben vor.«[121]

Aderlässe, bessere Ernährung und vor allem Erziehung zur Arbeit, zum Beispiel im Zuchthaus, galten als effektive Therapieformen. Zwei Jahre später erinnerte man sich dieses Falles und ließ einen durch einen tollwütigen Hund gebissenen und anfänglich tatsächlich kranken Jungen, der eine Nachbarin der Verhexung mittels eines vergifteten Apfels bezichtigte, so-

---

119 Die Freudsche Variante von Geschichtsproduktion führte Michel de Certeau eindrucksvoll bereits 1970 vor. Sein Aufsatz über Freuds Analyse eines Teufelspaktes wurde wiederabgedruckt in *de Certeau*, Schreiben, 1991, S. 217–239. – Auf die zentrale Bedeutung sexueller Ängste in Verbindung mit Misogynie bei einflußreichen Hexenjägern, die als Individuen auch gegen starken rationalen Widerstand Dutzende auf den Scheiterhaufen brachten, weist unter Berufung auf die psychoanalytisch dominierte Psychohistorie noch einmal *Jerouschek*, Hexenprozeß, 1995, S. 126 ff. hin.
120 *Hasenest*, Richter, Bd. 2, 1756, XI, hier S. 154. Für den Gutachter stand fest: »Die Tummheit und Stupiditas leuchtet der Rühlin aus den Augen.«
121 *Ebenda*, S. 157 f.

fort wochenlang überwachen.[122] Auf Bitten des protestantischen Vaters fanden auch in diesem Fall nicht nur traditionelle magische Heilungsversuche, sondern auch katholische Exorzismen statt. Alle medizinischen und geistlichen Versuche, den Jungen zu heilen, scheiterten. Erst als der Stadtknecht mit Folter drohte, gab der von Heimweh und Angst verunsicherte Elfjährige seine Inszenierungen auf und versprach, wieder brav zur Schule und Kirche zu gehen.

Die Semiotik des Hexenthemas war in gemischt-konfessionellen Gebieten, wie hier im Hohenlohisch-Fränkischen, auch noch um die Wende zum 19. Jahrhundert aktuell genug, um über die persönliche Umgebung hinaus eine Auseinandersetzung über die Frage der Existenz dämonischer Kräfte loszutreten. Gerade der katholische Wunderglaube legte die Frage nahe, warum zwar göttliche Macht weiterhin tätig sein sollte, teuflische hingegen nicht. Katholische Geistliche taten sich zum Beispiel auch in der Gegend um Offenbach noch in den 1780er Jahren als Exorzisten hervor und lösten damit in vielen Menschen alte Ängste aus, deren Berechtigung protestantische Behörden und Ärzte weit von sich wiesen und mittels ärztlicher Gutachtung zu widerlegen trachteten. Als 1781 in Dieburg elf- und neunjährige Geschwister nach einem Felddiebstahl von einer Nachbarin geschlagen und verflucht wurden (»Ich schlage dir zwanzig Teufel in den Leib, und du sollst nicht wieder in Kirch und Schule kommen bis du zwanzig Jahr alt bist«), verschwiegen die Kinder den Vorfall aus Angst, litten aber an so starken Krämpfen, später auch Lähmungen, daß man die Letzte Ölung vornehmen ließ.[123] Weder Eltern noch Kinder hatten von sich aus einen Hexereiverdacht geäußert. Erst ein vom Dorfpfarrer alarmierter Kapuzinermönch ließ die Kinder mit im Kloster hergestellten antimagischen Pulvern behandeln und löste damit bei ihnen wilde Hexen- und Teufelserzählungen aus, die nicht nur die Eltern glaubten. Viele Menschen der Region reisten an, für ihre Heilung zu beten und Geld zu spenden. Weil die Familie lautstark obrigkeitliches Eingreifen gegen die Hexe forderte und mittels drei verschiedener ärztlicher Atteste, die den Geschwistern körperliche Gesundheit bescheinigten,

---

122 *Ebenda*, Bd. 4, 1759, I. Kurz vor der Publikation des Bandes erkundigte sich der Herausgeber extra beim Pfarrer nach dem Werdegang des Knaben und erfuhr, daß dieser inzwischen als Schuhmacher arbeitete und vorbildlich seine verwitwete kranke Mutter ernährte.

123 *Pyl*, Neues Magazin, Bd. 1, 2. St., 1785, Kap. III, Fall 4.

ihrem Ansinnen Nachdruck verlieh, sah man sich gezwungen, die Kinder zur Beobachtung ins Offenbacher Armenhaus einzuweisen. Pfarrer und Stadtphysikus wetteiferten nun darum, mittels verschiedener Experimente, die Exorzismen glichen, ihre jeweiligen Theorien zu beweisen. Nachdem man auf Anweisung des Arztes dem unter Schmerzen aufschreienden Elfjährigen bei jedem Anfall geschmolzenen Siegellack auf die Stirn und auf die gelähmten Beine tropfte, ließ die Hexe durch den Mund des Verzauberten ausrichten, man »könne sie ruhig am Hintern brennen«, auch das würde sie unbeeindruckt lassen. Die Kombination von Zuckerbrot und Peitsche, d. h. finanzielle Verlockungen und Drohung mit weiteren körperlichen Proben, ließ den Jungen, der sich angstschwitzend im verbalen Zweikampf mit der unsichtbaren Hexe befand, nach einigen Tagen gesunden. Um ein Wiederaufflammen zu verhindern, wurde dem Vater jeglicher Kontakt zu den Kapuzinern untersagt, und der inzwischen geläuterte Dorfpfarrer sollte die Familie genau im Auge behalten. Rechtliche Folgen gab es nicht.

Viele Kinderprozesse, denen keine sexuellen Übergriffe zugrunde lagen, lassen ein weiteres Motiv erkennen. Krankheit und vor allem spektakuläre Leiden wie Besessenheit garantierten Aufmerksamkeit und Zuwendung, bis hin zu Geld- und Sachspenden seitens mitleidiger Schaulustiger. Derartige Fürsorge und Privilegien erfuhren gerade arme Kinder sonst nie, mußten sie doch wie kleine Erwachsene ihren Teil zum Familieneinkommen beitragen. Auch gaben die Kinder in ihrer Umgebung den Ton an, solange ein Dämon aus ihnen sprach. Selbst den unverschämtesten Forderungen versuchte man nachzukommen. Die übermächtige Form der Krankheit verlieh den Schwächsten immerhin vorübergehend eine außergewöhnliche Macht.

In einem ähnlichen Fall hielt eine Gruppe von acht Frauen 1787 das Amt Bütow in Hinterpommern in Atem, weil sich die Dörfer Groß-Massowitz und Parchow noch zu Zeiten, in denen die Hexerei längst gesetzlich abgeschafft war, fest in den Klauen des Teufels befanden.[124] Frauen, die sonst unauffällig ihren Hausfrauenpflichten nachkamen, »geriethen in Verzuk-

---

124 Eingesandt von Prof. Kölpin, in: *Pyl*, Repertorium, Bd. 3, 2. St., 1793, III. Der Fall wurde als beispielhaft für mehrere andere vorgestellt, in denen »die Leichtgläubigkeit unwissender Provinz-Einwohner gemißbraucht« wurde. Versuche des Kreisphysikus Gottel, die Geschichte durch Pyl publizieren zu lassen, waren gescheitert, da Pyl dessen Beurteilung für falsch hielt. Nun entschloß er sich, das mißlungene Gutachten dem Kölpins zur

kungen, blöckten wie die Thiere«. Auch hier war es ein Pastor, der die Obrigkeit anhand einer Namensliste über die Besessenen informierte und forderte, das beste Mittel zum Nachweis sei »das Schwimmen-Lassen«, weil man so »die Zauberer, als welche wie die Enten schwimmen« erkennen würde.[125] Die vom Landrat alarmierte zuständige Kriegs- und Domänenkammer beauftragte daraufhin den Kreisphysikus Gottel mit einer Gemützustandsgutachtung. Dem Arzt gelang es nicht, die Rasenden durch Drohungen und Schläge aus ihren vier- bis sechsminütigen Anfällen aufzuschrecken, und vermutete ein »malum hystericum«, ausgelöst durch die »plica polonica«, den sogenannten »Weichsel- oder Judenzopf« – eine nach heutiger Erkenntnis durch Läusebefall ausgelöste Verfilzung und Lockung der Haare –, also weder Zauberei noch Verstellung. Für den Kreisarzt waren »ein Besessener und ein Nervenkranker Synonime«. In seinem seitenlangen Gutachten führte er umständlich aus, wie viele Krankheiten noch für Teufelsbesitzungen gehalten würden: Epilepsie, »Melancholie, hysterische Übel, Hypochondrie, Raserey, Veitstanz, Starrsucht, Alp, Mutterwuth, Kriebelkrankheit [?], Nachtwandeln, Würmer und periodische Krankheiten überhaupt«, die in Wahrheit durch »tollmachende Gifte« wie zum Beispiel Schierling oder giftige Beeren ausgelöst würden. Der umsichtige Beobachter hatte durch seine Erfahrung mit Hexereigläubigen eine geschlechterübergreifende Femininität des Phänomens festgestellt. Entweder waren Frauen oder »allemahl immer solche Mannspersonen, deren [Nerven-]Fasernton dem weiblichen nahe kommt« – also tendenziell hysterische Männer – davon betroffen.

Warum die Frauen sich gegenseitig der Teufelsbesitzung ziehen, sich wiederholt verprügeln ließen, in kollektive Krämpfe verfielen, ohne sich vor einer Verfolgung zu fürchten, bleibt im dunkeln. Die Soldatenfrauen, Mäg-

---

Belehrung des Lesers gegenüberzustellen. – Schon seit 1714 gab es in Preußen Edikte, die die Hexenverfolgung einschränkten, und 1728 wurde schließlich die letzte Hexe verbrannt, während zum Beispiel in Bayern noch 1751 die Strafe der Verbrennung erneut festgeschrieben wurde und es sogar in den 1760er Jahren in München zu einem Aufflammen der Debatte kam, vgl. dazu *Pott*, Aufklärung, 1995, S.189 und *Behringer*, Hexenkrieg, 1995, passim.

125 Der entrüstete Amtsphysikus unterstellte dem Pfarrer sittenwidrige Motive, da es sich teilweise um junge Frauen handele und die Schwimmprobe für gewöhnlich nackt durchgeführt würde, vgl. *Pyl*, Repertorium, Bd. 3, 2. St., 1793, III, hier S.293.

de und Bäuerinnen blieben bis zum Schluß bei ihrer magischen Vergiftung. Die Ärzte hatten mit dem Weichselzopf einen gemeinsamen Nenner und damit eine irdische Kausalerklärung konstruieren können. Doch auch der im Vergleich zu den »hysterischen Weibern« gebildete Pfarrer gehörte noch zu jener dunklen Welt der »abergläubischen blödsinnigen Menschen« auf dem Lande, von der sich ein akademischer Arzt gegen Ende des 18. Jahrhunderts so nachdrücklich distanzierte.

Der Stolz auf die Rationalität des aufgeklärten Zeitgenossen zeigte sich gerade bei in den Augen der Ärzte besonders absurden Aufträgen. Beispielsweise hatte sich 1733 ein Mann mit der Bitte an Hasenest gewandt, ein bewußtloses Kind im Falle seines Todes obduzieren lassen zu dürfen, um das von diesem verschluckte »Regenbogenschüsselein« wiederzuerhalten, dessen Wert er mit 200 Talern bezifferte. Die Einwilligung der Mutter, die jenes heilende Näpflein gemietet hatte, um ihrem schwerkranken Kind daraus zu trinken zu geben, hatte bereits aus Angst vor einer Schadenersatzklage zugestimmt.[126] Der Kreisphysikus erteilte die Erlaubnis mit dem Kommentar, wirke das Ding wirklich Wunder, würde das Kind nun »wohl ganz unsterblich davon werden«, stürbe das Kind, tauge der Zauber ohnehin nichts.

Der Stahlianer und Eisenacher Hofmedikus Fritsch sah sich noch 1730 genötigt, mit der sogenannten »Blutlegende der Juden« aufzuräumen, deren Unsinnigkeit er in einem längeren Exposé ausführte.[127] Zwei Jüdinnen hatten 1694 ihr Amt benachrichtigt, bei ihnen zu Hause säße jemand, der ihnen für 100 Taler einen Jungen zu Kauf und Schlachtung anbiete. Der in Zivil – d. h. ohne Degen – abgesandte Gerichtsknecht fand in simulierten Kaufverhandlungen schnell heraus, daß der 31jährige verarmte Hutmann Hans Bertzel aus Werwick den 12jährigen vor ein paar Tagen auf dem heimischen Markt für drei Taler und ein Paar Schuhe per annum als Hirtenjungen angeworben und ohne Erlaubnis der Eltern gleich mitgenommen hatte. Er habe gehört, die Juden kauften Kinder für ihre Riten, und er brauche eben Geld, so die Rechtfertigung des Ertappten. Wegen versuchten Menschenhandels wurde der Mann des Landes verwiesen. Der Herausgeber nutzte diesen Aufhänger, um auf elf Seiten weitere antisemitische Vorurteile unter

---

126 *Hasenest*, Richter, Bd. 4, 1759, XVIII.
127 *Fritsch*, Geschichte, Bd. 1, 1730, Fall 4.

Zitierung theologischer wie medizinischer Autoritäten physikalisch und logisch zu widerlegen. Und noch 1780 gelang es einer Jüdin in Landsberg an der Warte, die Monate nach einer Fehlgeburt über einen »dicker werdenden Leib und Engbrüstigkeit« klagte, über Wochen hinweg, von nah und fern angereiste Ärzte mit der Frage zu beschäftigen, welches natürliche oder übernatürliche Phänomen für die von ihr unter den schrecklichsten Wehen in tageweisen Abständen entbundenen Entenknochen und -fleisch samt Daunen und Hautfetzen verantwortlich sein mochte.[128] Erst als man auch noch gebratenes Entenfleisch aus ihrer Vagina zutage förderte und die Frau durch wiederholte Kreuzverhöre und totale Überwachung nach Wochen in die Enge treiben konnte, triumphierten die vorher doch sehr kleinlauten Rationalisten, allen voran der Berliner Stadtphysikus Pyl. Sie hätten ja schon immer gewußt, daß es sich um eine unerhörte »Betrügerey« handele.

Die körperlichen Schmerzen und physischen Grenzüberschreitungen, die Menschen auf sich nahmen, um uns vielfach unbekannt bleibende Ziele zu erreichen, ließen sich damals nicht und lassen sich aus heutiger Distanz schon gar nicht mehr nachvollziehen. Selbst wenn man wandelnde Schmerzempfindlichkeit als kulturell geprägte Größe mitdenkt und sich die physischen Grenzüberschreitungen in transzendentalen Riten anderer Kulturkreise vor Augen hält, bleiben uns angesichts Glas- und Knochensplitter gebärender und erbrechender, ihre Köpfe um 180 Grad verdrehender Menschen nur Erstaunen und Befremden.

Im Kampf gegen Aberglauben und Magie vergaßen schon die engagierten Früh- und Spätaufklärer oft, daß der medizinische Fortschritt im eigenen Denken doch nicht so fest verankert war, wie man einander gern versicherte. Auch um 1800 war man bei jedem rätselhaften Phänomen neu vor die Frage gestellt: Nervenkrankheit (Hysterie), Simulation oder Zauberei? 150 Jahre zuvor hatte man schon die gleiche Frage gestellt, nur die Reihenfolge lautete damals noch entsprechend ihrer Gewichtung umgekehrt: Zauberei, Simulation oder Hysterie? An anderer Stelle hatte einer der Verfechter der Objektivität einst selbstbewußt konstatiert:

---

128 *Pyl*, Repertorium, Bd. 1, 1789, 2. Ab., II. Pyl bezeichnete die Angelegenheit, in die auch das Oberkollegium Medicum verwickelt war, als peinlich für die gesamte Ärzteschaft, weshalb er entgegen seiner sonstigen Gewohnheit die Namen sämtlicher beteiligter Mediziner anonymisierte.

»Wo ich aus Mangel an gehörigen Beweisen keine richtigen Schlüsse ziehen konnte, oder wo einige Zweifel obwalteten, habe ich in einem Falle entweder ganz mein Urtheil suspendirt oder in andern lieber den gelindesten Weg gewählt. Auf die Art habe ich mein Gewissen frey behalten.«[129]

Doch auch Pyl konnte, wie die meisten seiner Kollegen, dem Berufsethos oft nicht gerecht werden, da sich moralische und ständische Filter vor die »Grundsätze der Naturlehre ... ins besondere [die] Reguln der Physiologie, Anatomie, Pathologie, Chirurgie und Chimi« schoben.[130] Gerade bei Verstandes- und Gemütsgutachten neigten sie dazu, zu vergessen, daß ihre Wissenschaft »nur eine scientia probabilium« war, die »in Absicht des Anatomischen ... unwiderlegliche Beweise zur Erhärtung einer Sache [forderte], wobey es hauptsächlich auf facta und also auf in der menschlichen Maschine gefundene oder nicht gefundene Erscheinungen ank[am]«[131] – eine verlockende Methode, die bei lebendigen Menschen leider nicht angewandt werden konnte.

Das körperliche Geschehen war für die Obrigkeiten jedoch nur die äußere Hülle eines Ereignisses. Die Unruhe, die rätselhafte Phänomene in Städte und Gemeinden brachten, war das eigentliche Thema von Ämtern, Gerichte und Gutachtern. Repräsentierten sie doch gemeinsam die neuen bürgerlichen Tugenden von Ruhe, Ordnung und Effektivität, die im Interesse des Landeswohls die Energien der Bevölkerung in stillen Fleiß kanalisieren helfen sollten. Nicht zuletzt deshalb muten viele Therapiemethoden eher an wie medizinisch getarnte Folter, Haft- und Leibesstrafen. Für die Zeit nach den großen Hexenverfolgungen zeichnet sich ab, daß soziale Außenseiter und Randgruppen zwar immer noch schnell zur Zielscheibe magischer Diskriminierung wurden, auch in Nachbarschaftskonflikten die alten satanischen Kleinkriege tobten, nur daß sie seit der Wende zum 18. Jahrhundert kaum noch tödliche Konsequenzen zur Folge hatten. Die Intensität des alten Hexenglaubens war in weiten Kreisen der Bevölkerung wie bei den Eliten noch ungebrochen. Nur deshalb konnte das mittelalterliche Phänomen der Besessenheit so weite Verbreitung finden. Gesellschaftlich besonders ohnmächtige Gruppen wie Kinder und arme Frauen machten auf diese Weise auf soziale Konflikte aufmerksam, die sie auf »natürliche Weise«

---

129 *Pyl*, Aufsätze, 1. Slg., 1783, S. 14.
130 *Teichmeyer*, Anweisung, 1761, S. 2 f.
131 *Schweickhard*, Beobachtungen, Bd. 2, 1789, S. 86.

nicht lösen konnten. Seelische Konflikte drückten sich auf diese Weise doppelt körperlich aus. Zum einen mußten dramatisch inszenierte psychosomatische oder aufgrund der Lebensbedingungen entstandene physische Leiden von der Umwelt endlich zur Kenntnis genommen werden, zum anderen war die Körpersprache die sichtbare Kommunikation einer Zeit, in der vielen Menschen die verbale Kompetenz und auch die Selbstreflexion fehlte, die ein politisches oder soziales Aufbegehren voraussetzt.

Versuch einer Annäherung

> »Ich muß das Unangemessene der Annäherungen, Darstellungsformen und Diskurse akzeptieren; mir ist unwohl vor den Ansprüchen von Interpretationen. Dennoch kann ich weder das Menschsein mit jenem Menschen von damals teilen noch die Hoffnung, sich gegen Macht-Systeme ... zu behaupten – es sei denn, ich versuche, die Versionen über die Welt zu verstehen, die in seinen ... Handlungen erkennbar werden.«
>
> Rhys Isaac, 1994

Das Befremden und die bleibende Ungewißheit, die der australische Historiker Rhys Isaac formulierte, kennt jede(r), der/die sich gezwungen sieht, angesichts der schier unüberschaubaren Menge an Material und der Fülle an potentiell herstellbaren Bezügen eine fruchtbare Auswahl vorzunehmen.

Wenn im folgenden versucht wird, eine Form von Ordnung in die Polyphonie der Quellen zu bringen, dann kann dies nur vor diesem Hintergrund geschehen.

Es ist unsinnig zu behaupten, diese Form der Geschichtsschreibung führe zur totalen Relativierung aller Aussagen. Sie ist nur weniger selbstgefällig, weil sie nicht mehr an die Existenz des linearen Fortschritts und die alleinige Repräsentation der Realität in Zahlen glauben kann. Wandel fand und findet offensichtlich ebenso statt wie konkrete Ereignisse. Das zuvor auf vielen geduldigen Seiten beschriebene Denken, Fühlen und Handeln frühneuzeitlicher Frauen, Männer, Mädchen und Jungen unterscheidet sich in einer ganzen Reihe von Punkten deutlich von dem, was wir heute kennen, und verdient darum besondere Aufmerksamkeit. Veränderungen können gleichzeitig verschiedene Richtungen nehmen, dabei alte Muster anders verknüpfen oder auf völlig neue Wege führen. Die Prozesse solch kultureller Verhandlungen, die sich in endlosen Machtkämpfen von Diskursen äußern, stellten den Gegenstand der Untersuchung dar.

Das Thema des Körpers und der Seele ist dabei ein viele Diskursebenen durchdringender Ton verschiedener »Höhen«, der in einer Zeit neuer

Denkstile, wie sie mit den Wandlungen durch die »Erfindung« der Naturwissenschaften Einzug hielten, neue Klangkraft bekam. Anhand eines Ausschnitts wurde versucht das Konzert der Stimmen, die an diesem Opus mitwirkten, zu zerlegen, um die verschiedenen Komponenten und ihre Verzahnungen sichtbar zu machen.

Die erhaltenen Äußerungen vieler Verhörten zeigen, daß das ungleiche Bildungsniveau für Verfahrensbeteiligte – ob auf der Anklagebank oder im Zeugenstand – im 18. Jahrhundert noch nicht bedeuten mußte, neue akademisch-medizinische Verfahrensweisen und Interpretationsmuster unhinterfragt in eigenes Denken und Handeln zu übernehmen. Körperliche Wahrnehmung und Selbstdiagnose wandelten sich in der Zeit zwischen 1650 und 1800 nur sehr langsam. Dies mag auch darauf zurückzuführen sein, daß sich der akademisch-medizinische Diskurs über Körperlichkeit, Krankheit und Reinigungs- beziehungsweise Heilungsvorstellungen in seinem Herkommen kaum von populären Vorstellungen unterschied. Beschreibungen körperlicher Erfahrungen, auch der rhetorisch Schwächsten, wurden von Medizinern grundsätzlich verstanden, wenn auch die »laienhaften« Erklärungen oft lächerlich gemacht wurden. Umgekehrt stießen akademische Fragen nach Beschwerden und früheren Therapieversuchen nur dann auf Unverständnis bei den Betroffenen, wenn sich unausgesprochen psychopathologische Verknüpfungen dahinter verbargen, die auf »subkutanen« Vorstellungen beruhten, die von Anatomen anhand von Leichensektionen gewonnen worden waren. Emotional konnotierte Schmerz- und Gewalterfahrungen hatten in der Wahrnehmung der Ärzte jedoch nicht den gleichen Stellenwert wie für die betroffenen Personen selbst, galten als rein physische Symptome oder sogar Abschweifungen innerhalb des Redens über gerichtsmedizinisch Relevantes. Metaphern für Schmerzen und andere Empfindungen, die die Erzählenden verwendeten, rekurrierten auf deren alltägliche Umwelt. Sie wurden von den Ärzten zwar oft bagatellisiert, aber als der Empirie angemessen akzeptiert, schlugen doch diese Beschreibungen allein die kommunikative Brücke zwischen fremder Leiberfahrung und fachsprachlicher Diagnose, die sich der Beobachtung und bestenfalls noch Abtastung entzog.

Die Grenzen der Verständigung und der Dissens zwischen obrigkeitlich-bürgerlich vorgeschriebener Körperlichkeit und der alltäglichen populären Praxis zeigten sich ganz deutlich im moralischen Bereich. Die verschiedenen Auffassungen von Moral, nämlich die Flexibilisierung ihrer Grenzen seitens der Bevölkerungsmehrheit, die alltagspragmatisch und bedürfnisorientiert mit religiösen Normen umging, im Vergleich zu der moralphysiologisch starren und dezidiert auf einer anatomischen Geschlechterdichotomie fußenden Naturgesetzlichkeit der akademischen Ärzte, lassen sich besonders im schier allumfassenden Geltungsbereich sittlicher Normen erkennen. Der Medizin war zunächst alles unmoralisch, was körperlich unkontrolliert schien. Nur die Ratio konnte den physiologischen Sündenfall verhindern. Damit war die Anatomie doch wieder bei der Bibel als ultimativer Referenz angelangt – und wie früher die Kirchen durfte nun die Medizin fast jeden Lebensbereich, jeden Aspekt menschlichen Handelns mit ihren Definitionen von Nützlichkeit und Rechtmäßigkeit auf Abweichler durchforsten.

Die größte Affinität zum Moralischen wies traditionell der sexuelle Bereich auf, der aus religiösen wie staatspolitischen Gründen besonders häufig Anlaß für obrigkeitliches Eingreifen und damit im zweiten Schritt Grund für eine offizielle Gutachtung bot. Wenn Menschen in sexuell konnotierten Scheidungsverfahren überraschend freimütig konträre Positionen in sittlichen Fragen vertraten, die vielfach sogar von den von ihnen erwarteten Geschlechterrollen abwichen, reagierten Gutachter deshalb nicht nur mit Unverständnis, sondern mit Besorgnis und mit über den konkreten Anlaß weit hinausgreifendem (rhetorischem) Aktionismus. Sie warnten vor den Folgen allzu autonomer Ausgestaltung ehelicher Sexualität, die weniger an religiösen Normen als vielmehr an ihrer Nützlichkeit für die absolutistische Peuplierungspolitik gemessen wurde. Nur deshalb empfahl man selbst in Fällen eindeutiger physiologischer Zeugungs*fähigkeit* aus psychologischen Gründen die Scheidung und gestand damit mindestens dem einen Teil die Wiederheirat zu Fortpflanzungszwecken zu. In einer Synthese aus dem Wunsch nach Bevölkerungswachstum und nach Vertuschung der eigenen Machtlosigkeit angesichts selbstbewußter Äußerungen und der Schaffung von Realitäten seitens der Untertanen wurde in rechtlich eindeutigen Fällen, etwa bei einer schweren körperlichen und möglicherweise erblichen Behinderung, eine De-facto-Eheschließung sogar offiziell legalisiert.

Daß Frauen – anders als Männer – im Zweifelsfall jedoch generell, unabhängig von ihren Aussagen und auch relativ unabhängig von ihrer gesellschaftlichen Stellung, allein aufgrund dominanter Sittlichkeitsnormen beurteilt wurden, zeigt sich am stärksten in all jenen Bereichen, die ihre potentielle Gebärfähigkeit berührten. Der angeblich alles entscheidende physiologische Befund bot gleichzeitig Gelegenheit für eine Psychopathologisierung des individuellen Verhaltens sowie angeblicher Verhaltensdispositionen des weiblichen Geschlechtes an sich. Es dominierten allein moralische Prinzipien. Und dafür wurden sogar wissenschaftlich umstrittene und sozial vieldeutige Phänomene als Schwangerschafts- oder Jungfräulichkeitszeichen zu medizinischen Tatsachen erhoben. Die Psychopathologisierung des weiblichen Geschlechts bewegte sich folgerichtig entlang dieses rein akademischen Fortpflanzungsdiskurses. Man starrte hypnotisiert nur auf das – bei Sektionen am liebsten untersuchte – elementare Organ, den Uterus. Hatten die Anatomen doch unlängst eine nervliche Verbindung zwischen inneren Organen und Gehirn mit der das »Weib« definierenden Gebärmutter als Zentrum konstatiert. Damit war der existentielle Unterschied zwischen den Geschlechtern festgeschrieben: Während der Mann mit dem Kopf denkt, wird die willenlose (und dabei paradoxerweise doch so starrsinnige) Frau durch den Uterus gelenkt. Neue Theorien über Blutkreislauf, Nervenreize und Hirnphysiologie garantierten in der gutachterlichen Praxis für jeden Einzelfall die passende Antwort. Furchtsamkeit und Schüchternheit als weibliche Tugenden oder im Gegenteil starkes Selbstbewußtsein, Melancholie oder »übertriebene« Fröhlichkeit konnten ebenso auf die spezifisch weibliche Psychosomatik zurückgeführt werden wie Fehlgeburten, Scheinschwangerschaften oder Tumore. Unter diesen Umständen mußten gesellschaftliche Ursachen wie persönliche Lebensbedingungen, die in Form von Armut, Eheproblemen oder tabuisierten Wünschen und Bedürfnissen von den Ärzten durchaus dokumentiert wurden, nicht in die Entscheidung miteinbezogen werden. Nur bei eindeutig kriminellen Handlungen wie Abtreibungen, Kindsmord oder außerehelichem Beischlaf wurden äußere Umstände als handlungsverstärkende, aber nicht mildernde Umstände in die ärztliche Analyse integriert.

Durch die sich mit der Anatomie und den neuen Klassifizierungsmethoden wandelnden Denk- und Wissensstrukturen war eine neue Legitimierung alter Denkstile notwendig geworden. Die bürgerliche Obrigkeit in Gestalt von Juristen und Medizinern mußte einige Kraft aufwenden, um diese Normen in der Praxis wiederzufinden beziehungsweise sich passend zu konstruieren. In diesem Zusammenhang muß besonders auf die enge

Verknüpfung von sexueller Abweichung mit anderen Formen der Devianz (zum Beispiel Faulheit oder Verschwendungssucht) hingewiesen werden, wie sie sich etwa beim »furor uterinus« oder dem gesamten Bereich der Abort- und Kindsmorddelikte abzeichnet. Daß ehrbare Ehefrauen von dieser Sicht nicht ausgenommen, sondern als »Gattungswesen« standesübergreifend mitgemeint waren, zeigt der klassenübergreifende männliche Konsens in bezug auf den Rahmen von Ablauf und Frequenz ehelicher Beiwohnung, den notorisch psychischen Ausnahmezustand nach der Entbindung und das den – unter professionell-medizinischer Anleitung – jeweiligen Gefährdungen anzupassende weibliche Verhalten.

Bei der Einschätzung weiblicher Handlungsmotive und -ursachen spielte der axiomatisch unterstellte Grad der sexuellen Lust eine nicht unerhebliche Rolle. Dies belastete bei übertriebener »Lüsternheit« (Mutterwut) ebenso wie bei erzwungener – aber physiologisch trotzdem unvermeidlicher – Erregung (Notzucht) andererseits allein den weiblichen Part einer sexuellen »Begegnung«. Bei gleichgeschlechtlichem Kontakt, der nur in Form sexueller Belästigung von Mitgefangenen überliefert ist, lag die Schuld beim dominanten, also vermännlichten Teil. Die durch den schwachen Willen einer Frau unkontrollierbare weibliche Lust entband deshalb Männer im Falle sexueller Gewalt von jeglicher Verantwortung, konnte sogar aufgrund organischer Erkrankung zu kriminellen und sittenwidrigen Exzessen führen und legitimierte so die männliche Kontrolle weiblichen Begehrens auf unwiderlegliche Weise. Ausgenommen aus diesem Erklärungsansatz waren allein noch nicht geschlechtsreife Kinder.

Die vielfältige psychophysiologische Dichotomisierung von Mann und Frau galt wohl weniger der Legitimation weiblicher Inferiorität, war eher unverzichtbares Gegenbild zu männlicher Superiorität und diente der Konstruktion von Männlichkeitsidealen, auf deren Prinzipien die bürgerliche Gesellschaft primär beruhte.

Dies läßt sich auch an den wenigen Fällen mann-männlicher Sexualkontakte zeigen. Im Gegensatz zu sexuell devianten Frauen ließ sich nämlich bei auffällig gewordenen Männern keine Psychopathologisierung oder Physiologisierung ihres Sexualverhaltens feststellen, wie sie erst rund hundert Jahre später mit der Erfindung des Typus des effeminisierten Homosexuellen populär werden sollte.

Auch männliche Sexualität war ein naturgegebener Trieb, der, wenn nur irgend möglich, innerhalb sittlicher Grenzen ausgelebt werden durfte und sollte. Im Zusammenhang mit homosexuellen Akten und Sodomie zeigte sich jedoch, daß diese Themen nicht nur seltener vor offizielle Augen und Ohren drangen und deshalb auch in der Theorie weniger präsent waren, sondern ausschließlich als kriminelle Akte beziehungsweise bürgerliche Normbrüche verfolgt wurden, ohne das männliche Geschlecht per se als seiner Physiologie unterworfenes Triebwesen abzuqualifizieren, wie man dies bei Frauen tat. Bot sich die Gelegenheit, sexuelle Devianz von Männern, wie im Bereich der »sodomia bestialis« auffallend häufig praktiziert, mit Verstandesschwäche zu kombinieren und zu erklären, war dies ausschließlich auf das beklagte Individuum bezogen und entlastete damit das »starke Geschlecht« allgemein und seine akademischen Repräsentanten im besonderen von der Reflexion über die Grenzen der eigenen Willens- und Verstandeskräfte. Ein penis- oder hodenzentriertes »Gattungswesen« Mann in dem Sinne, wie es standesübergreifend die Uterusfixierung bei Frauen verkörperte, existierte nicht. Der Widerspruch, der sich daraus für das Bild von Virilität ergab, wurde schlicht ignoriert. Männern wurden deshalb nicht nur aus medizinischer Sicht Vergewaltigung und außereheliche Unzucht eher nachgesehen, mußte doch gleichzeitig allenthalben die Stärke onanitischer Bedürfnisse unterdrückt werden. Pollutionen jeglicher Art bargen ein gefährliches Dilemma und Paradoxon. Durften einerseits der Fluß der Säfte wie die Reinigungsmechanismen nicht gehemmt werden, so durfte andererseits die Verschwendung lebensnotwendiger Energieressourcen (Samenflüssigkeit), von denen Geist und Körper abhängig waren, nicht forciert werden.

Parallel zu diesen physiologischen Geschlechterkonstrukten und durch die psychosomatische Brücke unmittelbar mit dem Körper verbunden, war der gesamte Bereich der noch im Entstehen begriffenen Psychiatrie. Die Verstandes- und Gemütszustandsgutachtung war ideales Spielfeld für diverse Neukombinationen ideologischer Versatzstücke medizinischer Theorien, weil sie trotz vereinzelter physiognomischer Ansätze eigentlich *jenseits* der sicht- und nachweisbaren Körperlichkeit angesiedelt war.

Schon Ende des 17. Jahrhunderts gab es physiologische Modelle für die Einordnung psychischer Phänomene, die sich ebenfalls noch weitgehend an der antiken Säftelehre und ihrer Manifestation in den Organen orientierten. Das Gehirn rückte in der Theorie erst gegen Ende des Jahrhunderts ins

Zentrum des Interesses, konnte ohnehin nur bei Leichensektionen einer Prüfung unterzogen werden. Offenkundige Verhaltensauffälligkeiten wurden medizinisch als somatisch therapierbare Krankheiten verstanden. Das zentrale Krankheitsmodell der Verbindung von Organen und Gehirn durch die Nerven, deren sensible und fragile faserartige Struktur nur zu leicht irritiert werden konnte, wurde exakt auf die Psyche übertragen.

In der Praxis wurde Wahnsinn deshalb von Ärzten genau wie andere Erkrankungen anhand von körperlichen Beobachtungen wie Puls, Verdauung oder Hautfarbe diagnostiziert und damit nur noch für den speziell ausgebildeten Fachmann erkennbar. Männer- und Frauenkörper konnten scheinbar gleiche Symptome zeigen, doch unterschieden sie sich auch hier ursächlich in einem wesentlichen Punkt: Die Gefühls- und Gedankenwelt von Frauen wurde von ihrer »hystera« dominiert, weshalb wieder Unterleibsbeschwerden und Menstruation im Zentrum der ärztlichen Ermittlungen standen.

Aufgrund ihrer »pathologischen« Anatomie besaßen Frauen eine natürliche Tendenz zum Wahnsinn, die sie zwar von Bürgerrechten ausschloß, sie aber paradoxerweise gerade beim extremsten Bruch mit ihrer lebensspendenden Scheinidentität (dem Töten oder Tötungsversuch) nicht gleichzeitig von juristischer Verantwortung entband. Die Dominanz unterstellter »ewig weiblicher Grausamkeit« wurde bei der Untersuchung von Gewaltverbrechen und anderen Kapitaldelikten offenkundig, ihre Paradoxie zur angeblichen natürlichen Sanftheit allerdings nicht wahrgenommen. Mörderinnen und Brandstifterinnen wurden im Gegensatz zu ihren männlichen Gegenparts auch in der zweiten Hälfte des 18. Jahrhunderts, einer Zeit der zurückgehenden absoluten Hinrichtungszahlen, nicht nur seltener gerichtspsychiatrisch untersucht, sondern selbst dann häufiger für zurechnungsfähig, kaltblütig und demnach für voll schuldfähig erklärt und zum Tode verurteilt. Anders sah es bei öffentlichen Vergehen und Ordnungswidrigkeiten aus. Allein der gesellschaftspolitische Charakter von artikuliertem sozialem oder religiös motiviertem Protest galt ab Mitte des 18. Jahrhunderts bei Frauen als Zeichen geistiger Verwirrung, überschritten sie doch den ihrer Rolle zugestandenen Spielraum. Hier zeigt sich eine Parallele zur sexuellen Devianz, die ebenfalls an den naturalisierten Normen von Zurückhaltung und Unauffälligkeit auf einem von Männern beanspruchten Terrain gemessen wurde.

Männer mußten schon extremere Verhaltensweisen, etwa Attentatsdrohungen oder ihrem Stand und Bildung extrem unangemessene Aktivitäten an den Tag legen, um als geistig verwirrt eingestuft zu werden. Hier hielten sich die Gutachter mit den bei Frauen üblichen weitschweifigen Erklärungen zurück, konnten sie doch nicht auf physiologische Stereotype zurückgreifen.

Das gleiche Muster zeigt sich in zivilen Klagen. Hier kamen jedoch noch verschiedene Faktoren hinzu. In jenen Gutachten, die aufgrund von Eigeninitiative der Untersuchten erstellt wurden, tauchen zwar schon im 17. Jahrhundert eigene laienhafte Erklärungsmuster auf, sie weisen aber erst ab der zweiten Hälfte des 18. Jahrhunderts stark akademisch geprägte Anteile auf. Um das erwünschte Gutachten zu erhalten, wurden akademische Argumente, zum Beispiel die Uterusfixierung, zu eigenen Zwecken eingesetzt. (Inwieweit solche Strategien auf den Rat medizinisch informierter Juristen zurückzuführen waren, läßt sich aufgrund der Quellenlage nicht überprüfen.) Gingen Gemütszustandsuntersuchungen von offiziellen Stellen aus, machte sich zunehmend ein anderer Faktor bemerkbar: Stand im 17. Jahrhundert eher die konkrete Lebensführung der Person im Zentrum der Analyse, schoben sich im Verlauf des 18. Jahrhunderts ganz unverhüllt Nützlichkeitserwägungen in den Vordergrund. Einweisungen und Entmündigungen wurden nicht mehr nur nach individuellen und familiären Gesichtspunkten vorgenommen, sondern es wurde nach ökonomischen und »volksgesundheitlichen« Kriterien »selektiert«. Diese Auswahl erstreckte sich nicht nur auf einkommensschwache Unterschichten, sondern wurde von den bürgerlichen Aufsteigern mit kaum verhohlener Freude auch gegenüber machtlos gewordenen Repräsentanten des alten Systems, nämlich verarmten und sozial isolierten Adeligen, getätigt. Dazu bediente man sich klassenübergreifender, aber durchaus bildungsspezifisch ausgerichteter Intelligenztests, die sehr individuelle Interpretationen erlaubten, aber eine intellektuelle Gleichstellung von Kindern und Unterschichten implizierten.

Ein heikles Terrain war im Zusammenhang mit der Einschätzung der Geisteskräfte die Ursachenforschung bei (versuchter) Selbsttötung. Hier trafen alte Vorstellungen von Todsünde und Verdammnis auf neue Ideen von gesellschaftlichem Scheitern aus Unzulänglichkeit, ob nun körperlicher, geistiger oder psychosozialer Art. Von rechtsmedizinischer Relevanz war wieder die Frage nach der Selbstverantwortung. Die teilweise Entkopplung medizinischer Normen von christlichen Axiomen traf hier auf den neuen Trend der Pathologisierung vielfältiger menschlicher Verhaltensweisen und führte in der Konsequenz im allgemeinen zu moralischer Entlastung der am Leben Verzweifelten, wenn sich auch eine körperlich unterschiedliche Annäherung an die Geschlechter abzeichnete. Männliche Leichen wurden primär einer Hirnsektion unterzogen, während bei Frauenleichen wieder der Uterus in Augenschein genommen wurde. Die traditionell melancholisch gefährdeten Organe wie Leber und Galle wurden dabei geschlechterübergreifend in die Gutachtung miteinbezogen.

Da die Ursachen für Verhaltensauffälligkeiten aller Art entweder dem gestörten Säftehaushalt oder einer angeborenen Disposition zugeschrieben wurden, kam nur medikamentöse Behandlung und/oder Hospitalisierung in Frage. Erste psychologische Therapieformen, wie sie als Unterweisung in Moral und Religion der Pädagogik der Aufklärung zugeschrieben werden, lassen sich in der medizinischen Praxis nur äußerst selten und nur in Ansätzen bei bürgerlichen Patienten und Patientinnen erkennen. Erklären läßt sich dieser scheinbare Widerspruch der Therapie der Seele durch Behandlung des Körpers dadurch, daß weder die Medizin noch die Laienkultur zwischen rein psychischen und rein somatischen Krankheiten unterschied. Diese akademische Trennung war erst eine Erfindung des späten 19. Jahrhunderts. Krankhafte körperliche Veränderungen konnten nach medizinischer Lesart demnach jederzeit in Verbrechen münden.

Nichtbürgerliche Frauen wie Männer führten ihre eigene oder die Verwirrung ihrer Mitmenschen weniger abstrakt auf den Kreislauf unsichtbarer Säfte, als auf in Form von Hitzewellen und Druckgefühlen konkret erfahrene »Vollblütigkeit« und andere körperlich spürbare Vorgänge vor allem im Kopf zurück. Sie lokalisierten Schmerzen und Schwindelgefühle, berichteten von Wahrnehmungstrübungen, Träumen, Halluzinationen und Gedächtnisverlusten, die meist mit Fieberkrankheiten oder familiärer Disposition erklärt wurden. Von Dritten erfuhren Betroffene und später die Gerichte und Gutachter zudem von auffälligem Verhalten während solcher »Zustände« und von dauerhaften Wesensveränderungen. Frauen berichteten auf Anfrage arglos über ihre Menstruation, mögliche Unregelmäßigkeiten und Beschwerden, stellten selbst jedoch nie derartige Zusammenhänge zu ihren Delikten her. Für die Laien ließ sich Wahnsinn so stets auf konkrete Kopfkrankheiten oder Vererbung zurückführen, galt aber als schicksalhafter Zustand, mit dem gelebt werden mußte und der durch Hausmedikation bestenfalls gelindert werden konnte. Eine durch Vererbung, Krankheit oder Unfall erworbene Schwäche machte einen Zusammenbruch in oder nach Krisensituationen für die Umgebung nicht unbedingt entschuldbar, aber wenigstens nachvollziehbar und mußte dann auch nicht mehr magisch erklärt werden – eine Funktion, die bei unerklärlichen Ereignissen noch lange die Vorstellung des Schadenzaubers oder der Besessenheit erfüllte. Gerade in vielen magischen Anzeigen und dämonischen Inszenierungen, Selbstbezichtigungen von Verbrechen, jenen vielen Morden aus »religiöser Verwirrung« und vielen Suizidversuchen drückt sich eine Angst aus, die ich mit Jean Delumeau als typisch »abendländische« bezeichnen möchte, obwohl sicher Menschen aller Zeiten und Kulturen ähnliches spüren. Spezifisch abendländisch scheinen jedenfalls die Wege der Betroffenen aus der erfahrenen Ausweglosigkeit gewesen zu sein. Vielen stand nach eigener Wahrnehmung und verzweifelten Versuchen, die Aufmerksamkeit der Umwelt zu erregen, keine andere »coping«-Strategie mehr zur Krisenbewältigung zur Verfügung als die Zerstörung des Selbst oder einer anderen Person. (Auch eigene wie fremde Behexung und Besessenheit konnten auf den Scheiterhaufen führen.) In einer Gesellschaft, die kein »soziales Netz« jenseits der näheren Familie oder engumrissener ständischer Verbände kannte, mußte ein Mensch, dem diese Unterstützung versagt blieb, durch die Maschen fallen. Eine Kultur, die den Wert eines Individuums nur in Pflicht- (Gehorsam, Dienst und Abgaben) und Schuldrelationen (Moral versus Sünde) sowie sozialen Hierarchien zu definieren imstande war und dies sogar noch für den postmortalen Bereich festschrieb, bot einer Person, die dem Druck nicht länger standhielt, keinen Halt mehr.

Die Bedeutung von Verzweiflung, die sich in Atembeschwerden, Beklemmungen und verschiedenen Formen der Brust-, Magen- und Herzschmerzen äußerte, die heute als Panikattacken oder Depressionsschübe gehandelt würden, war immens. »Herzensangst« und »Herzbeklemmungen« waren die quer durch alle Schichten und Regionen am häufigsten benutzten Termini. Koliken, Appetitlosigkeit und Verstopfung galten Laien wie Fachleuten als Symptome für Trauer und Niedergeschlagenheit und wurden in fast jeder ökonomischen, emotionalen oder gesundheitlichen Krisensituation frühzeitig auch gegenüber Angehörigen und Nachbarschaft geäußert.

Also wurde nicht, wie die Spezifik der Quellen erwarten ließe, erst durch ärztliche Nachfrage eine Reflexion über die eigene Psychosomatik aktiviert. Trafen mehrere Symptome zusammen, konstituierte dies die verschiedenen Facetten und Intensitäten der »Melancholie« – ein Name, der in der zweiten Hälfte des 18. Jahrhunderts auch von nichtbürgerlichen Kranken und Beklagten zunehmend anstelle von »Nicht-bei-sich-Sein« oder »Nicht-man-selbst-Sein« verwendet wurde und vielen zeitgenössischen Beobachtern geradezu als eine die Aufklärung begleitende Epidemie galt.

In dieser Zeit versuchten auch Angehörige oder Beschuldigte in Gerichts- und Ermittlungsverfahren zunehmend, ihnen aus ihrem Alltag vertraute und als solche akzeptierte Melancholiesymptome zur Rettung ihres Lebens oder ihrer Freiheit einzusetzen.

Gerade bei der Berufung auf Vererbung, zum Beispiel von Epilepsie, zeigt sich, daß populäre physische Definitionen von Verstandesverwirrung nicht von psychischen Störungen unterschieden wurden. Solches Wissen konnte auf eigene Erfahrungen mit Unfall, Krankheit und vielfältigen emotionalen Belastungen zurückgehen, die vor allem in Zusammenhang mit Suizid(versuchen) vielfach als Ursachen angeführt wurden.

Die Sammlungen verzeichnen seit dieser Zeit vermehrt auch Fälle, in denen Gefangene oder Soldaten gestanden, Epilepsie und andere durch Fiebererkrankungen vertraute Symptome wie Koliken, Toben, Irrereden, Nahrungsverweigerung etc. simuliert zu haben, um als haftunfähig beziehungsweise untauglich entlassen zu werden. Dies hängt zum einen mit der Professionalisierung der stehenden Heere und des Gefängnissystems zusammen, anderererseits deutet die teilweise auffällige Instrumentalisierung psychosomatischer Erklärungsansätze durch Betroffene darauf hin, daß die wachsende Zahl von gerichtlich angewiesenen Gemütszustandsuntersuchungen in der Bevölkerung nicht unbemerkt geblieben war und hier häufiger die Chance gewittert wurde, bei Normbrüchen physischer wie psychosomatischer Art der Strafverfolgung beziehungsweise Einberufung zu entgehen. Derartige Aktionen schlugen jedoch meistens fehl. Entweder wurden sie als Simulationen entlarvt, oder sie erschienen glaubwürdig, und die Betreffenden verschwanden – nun für unbestimmte Zeit – in Hospitälern und anderen Anstalten, wo sie teilweise qualvolle Therapien über sich ergehen lassen mußten. Die ersehnte Freiheit erlangte auf diesem Wege jedoch niemand, denn alle Symptome konnten von den Gutachtern sowohl als Wahnsinn als auch als einfache somatische Erkrankungen gelesen werden, die in der Zukunft noch eskalieren konnten. Soldaten- und Gefangenenkörper hatten nämlich eines gemeinsam: Es wurden Normkörper unterstellt, Mindeststandards dessen, was ein menschlicher Körper ertragen kann, postuliert, für die Armee zusätzlich noch körperliche, einheitlich meßbare Mindestmaße entworfen. Grundsätzliche Unzulänglichkeit sollte im Schnellverfahren erkannt und aussortiert werden.

Genau hier findet sich ein zentraler Unterschied zwischen Ärzten und Laien: Während die Mediziner latente Gefahr und Bedrohung für die öffentliche Ordnung und »Volksgesundheit« in Form von mangelhaften physischen Grundvoraussetzungen der erblichen Art und ebensolchen trügerischen »luziden Intervallen« in jeder moralischen Abweichung witterten, erlebte die Bevölkerung eher vorübergehende Phasen von Wahnsinn, die bei Vermeidung bestimmter auslösender Situationen einmalig bleiben konnten und auf konkrete Ereignisse und Krankheiten zurückgeführt wurden, die im Einzelfall auch Langzeitschäden nach sich ziehen konnten. Die Integration dauerhaft verwirrter oder körperlich weniger leistungsfähiger Personen in Familie und Dorfgemeinschaft war nicht zuletzt angesichts fehlender Unterbringungsmöglichkeiten noch üblich, solange diejenigen nicht für gefährlich erachtet wurden und sich als minimal arbeitsfähig erwiesen. Gegen Ende des Jahrhunderts weist jedoch gerade die in größeren Städten wachsende Zahl von Anträgen auf Einweisung in die verschiedenen Anstalten, die sowohl von Behörden als auch auf Wunsch der Angehörigen und einiger Betroffener selbst eingebracht wurden, auf einen Einstellungswandel hin, der sich sicher nicht allein mit ökonomischen Motiven erklären läßt.

An der Vielfalt der dokumentierten Aussagen ließ sich zeigen, daß Körper und Seele als wandelbare historische Konstrukte gegen Ende des 18. Jahrhunderts – hier in wissenschaftlicher Terminologie, dort in Alltagssprache – nur langsam unterschiedlich axiomatisch und dennoch interdependent fixiert wurden. Die in den Erklärungen der Laien aufscheinenden Denkmuster bildeten dabei gleichzeitig den kulturellen Hintergrund der Gutachter. Populäre Vorstellungen wiederum wurden durch vergangenes Expertenwissen geprägt, wie sich seit dem Ende des 18. Jahrhunderts an den Selbstverteidigungsstrategien ablesen läßt, die auf den vom medizinischen Elitendiskurs angebotenen psychosomatischen Erklärungen fußten.

Weder bei körperlichen noch psychischen Äußerungen ließen sich dabei größere konfessionelle Unterschiede oder Differenzen zwischen Stadt- und Landbevölkerung feststellen, da jene Erfahrungswelten, die an Natur- und Körperbeobachtung sowie an allgemein christliche oder magische Erklärungsmuster gebunden waren, durch derartige Differenzierungen nicht wesentlich verschieden geprägt wurden.

Solch traditionellen Modelle von Körperlichkeit wurden von den Gutachtern dann jedoch auf dem Umweg über die moderne Anatomie in neue psychopathologische Kategorien übersetzt. In seiner Rückwirkung auf Inquisitinnen und Inquisiten gewann das medizinische Urteil auf diese Weise im foucaultschen Sinne eine ganz neue Form von Definitionsmacht: Weitreichende Bedeutungen wurden neu produziert oder wenigstens unter naturwissenschaftlichem Legitimationsdruck neu verpackt. Die Bandbreite persönlichen Spielraums für »vernunftmäßiges Verhalten« wurde damit schmaler. Jegliches Tun, jede unbedachte Äußerung, konnte nun vor dem Hintergrund christlich-normativer Axiome staatlich, d.h. »medizinisch-polizeilich«, diagnostiziert und mit Hilfe naturalisierter Geschlechterstereotypen anatomisch verifiziert werden. Vordergründig rein physiologische Manifestationen zeitigten jetzt dramatische Auswirkungen auf die Plazierung der psychischen Verfassung des Individuums auf der von Ärzten entwickelten und ihrem bürgerlichen Hintergrund je neu angepaßten Skala von Normalität. Die nunmehr strukturierbare und differenzierbare Natur bestimmte dabei selbst, was ihr angemessen war. Geltendes Recht hatte sich künftig an seiner neu entdeckten und medizinisch beschriebenen Naturgesetzlichkeit zu messen.

In den Texten entstand somit ein spezifischer Entwurf menschlicher Wirklichkeit, der allerdings seinerseits wieder menschliches Handeln beeinflußte, weil er durch die Rezeption seitens der Standeskollegen und Juristen deren Vorstellungen von Körper und Seele maßgeblich prägte. Einerseits übten Mediziner durch die Produktion und Lektüre von Fallerzählungen selbst Normen ein, andererseits konfrontierten sie weitere diskursmächtige Personenkreise mit ihrem empirisch legitimierten Verständnis menschlichen Wesens. Dies hatte besondere Konsequenzen für die Reichweite des anatomisch und empirisch erarbeiteten Frauenbildes, konnten doch so die unterschiedlichen gesellschaftlichen Rollen der Geschlechter, gerade im Zeitalter der politischen Gleichheitsdebatte, modern erklärt und legitimiert werden. Ausbruchsversuche aus dem Korsett der Normen wurden künftig jedoch nicht mehr als Regelverstöße geahndet, sondern pathologisiert.

Die Medizin trug dadurch ihren Teil dazu bei, sich vom rein ethisch-moralischen Druck von Staat und Kirchen zu entfernen. Statt dessen wurden die wegen Fehlverhaltens ins Visier der Obrigkeit geratenen Menschen mit konkreter gesundheitlicher Gefährdung konfrontiert, schließlich drohten unausweichlich psychosomatische Konsequenzen. Besorgte Anfragen aus bürgerlichen Gewissensnöten heraus weisen auf Ängste aus dieser Richtung hin. Aussagen aus den unteren Bevölkerungsschichten und die teilweise auffällig suggestiven Untersuchungsverfahren der Gutachter lassen vermuten, daß die Internalisierung der moralischen Gesundheitsnormen dort noch auf größeren Widerstand stieß, obwohl viele Gutachter versuchten, sich mittels psychologisch sensibler Fragetechniken als Vertrauensperson und moralische Autorität zu etablieren. Frauen und Männer der Unterschichten, die jene angemahnte – man denke an die Zivilisationstheorie von Elias –, angeblich längst internalisierte Selbstbeherrschung vermissen ließen, eigneten sich demnach nicht zum freien Bürgertum, bedurften gar der Überwachung. Bürgerliche Freiheit und Zivilisation setzte die Beherrschung der Triebe und Instinkte voraus, die durch die Macht der Vernunft in geordnete und dem gesamten Staatswesen nützliche Bahnen gelenkt werden sollten. Daß dieses zähe Ringen mit der Aufklärung erst richtig in Gang kam, zeigt der regulative und publizistische Überschwang des 18. und 19. Jahrhunderts besonders deutlich.

An der Publikationslust nicht unwesentlich beteiligt, schaffte es die noch relativ neue Berufsgruppe der akademischen Ärzte durch Implementation ihres spezifischen Erkenntnisansatzes bezüglich abweichenden Verhaltens zwar früh, traditionell dominante bürgerliche Meinungsbildner wie Juristen und Theologen – die selbst psychosomatisch zu argumentieren begannen und medizinische Gutachten selbstverständlich als zentralen Teil eines Gerichtsverfahrens akzeptierten – zu beeinflussen. Doch bis zum Ende des 18. Jahrhunderts deckte sich die Selbstwahrnehmung der meistens weniger gebildeten Untersuchungsobjekte nur sehr vereinzelt mit der medizinischen Moral. Praktizierenden Amtsärzten und Medizinprofessoren gelang es trotz paralleler Anstrengungen anderer Gruppen wie Anthropologen und Philosophen schon seit der Mitte des 17. Jahrhunderts, erst im letzten Drittel des 18. Jahrhunderts den biologischen Rahmen von Recht und Unrecht, Norm und Abnorm gemäß monotheistischer Tradition festzuschreiben. Die in den Gutachten oft erst auf Anfrage der Gerichte getroffene Unterscheidung von Diagnose (Verlauf gegenwärtiger Krankheit) und Prognose (mögliche Zukunftsentwicklung) ermöglichte der etablierungswilligen Ärzteschaft entscheidenden Machtzuwachs über die Behandlung konkreter Krankheiten hinaus. Der Beruf bekam eine »politische« Bedeutung, und sein Einfluß auf die gerichtliche Urteilsfindung wuchs beträchtlich.

Den Weg zur Etablierung solcher Normen wies die nur in neue empirische Formen gegossene flexible Kasuistik. Die Publikation der zahlreichen Fallbeispiele half bestimmte wissenschaftliche Tatsachen erst zu konstruieren, gleichzeitig vergewisserten sie den akademischen Arzt der Angemessenheit seiner Erkenntnisse, die sich an der einzelnen Geschichte wie auch immer bestätigen ließen. Auch abweichende Ergebnisse wurden nahtlos in dieses reziprok funktionierende Regel- und Normgebäude eingepaßt, Erklärungen für das Unerwartete gesucht und stets gefunden. Die schnöde Praxis kam in realiter doch immer vor der hehren Theorie.

Der Subtext der medizinischen Ethik war hier wie dort die Kontrolle der Leidenschaften und Triebe. Konflikte und Mißverständnisse zwischen Untersuchenden und Untersuchten entstanden somit oft aus konfligierenden *Werte*systemen und nicht aus konträren anatomisch-physiologischen *Denk*modellen. Die Interdependenz von Seele und Körper sahen »Gebildete« und »Ungebildete« gleich, doch aus verschiedenen Perspektiven. Der Zusammenhang zwischen Gesundheit und Ernährung, Gesundheit und Arbeitsbedingungen, war Common sense zwischen den Geschlechtern, zwischen Handwerkern, Bauern, Tagelöhnern und Dienstboten, und ließ sich auch bei den wenigen Adeligen und Bürgern, die ins Visier der Gerichtsmedizin gerieten, erkennen. Die neue Verbindung von Gesundheit und Moral ließ sich hingegen weniger gut nach unten vermitteln. Moral war ein christlich-rigider Begriff, den man nicht unmittelbar physisch mit Gesundheit in Verbindung brachte, es sei denn, Gottes Hand strafte durch Krankheit. Sittlichkeit war durch Gesetze und Religion vorgeschrieben, ihre Internalisierung im nichtbürgerlichen Bereich war jedoch nicht so umfassend, wie die »Oberen« es gewünscht hätten. Die Moral der »kleinen Leute« richtete sich nach ihrer individuellen Lebenssituation. Gesundheitliche Drohungen, die zu neuen Formen der Selbstkontrolle hätten führen sollen, verfingen weitgehend nicht.

Moral stellte für die bürgerliche Medizin hingegen quasi ein Naturrecht dar, denn die schädlichen Folgen der Unmoral ließen sich mittels der medizinischen Wissenschaft an Körper und Geist der Menschen ablesen. Wenn die Moral gemäß Kantscher Maxime das erste Staatsziel war, so folgte die praktizierte Medizinpolitik nur den Naturgesetzen. Der menschliche Körper als Organismus, der mit seinen Ressourcen haushalten und diese genau aufeinander abstimmen mußte, wurde in den Staatskörper eingebunden, der ebenfalls keine Kräfte verschwenden durfte, um seine quantitative und qualitative Stärke nicht zu gefährden, vielmehr seine Macht in Form gesunder Produktivkräfte auszubauen hatte. In diesem Zusammenhang gellt das traditionelle, an wohlklingenden Traktaten und philosophischen Modellen gemessene geisteswissenschaftliche Hohelied der Errungenschaften der Aufklärung eher schrill in den Ohren der an konkreten Lebenswelten interessierten Kulturhistorikerin. Von den Idealen der Menschenrechte und neuen Freiheiten, der Mobilisierung der Ständegesellschaft, der Entschärfung religiöser Zwänge, der Humanisierung des Strafsystems und der »Erfindung des Sozialstaates« profitierten nur jene Untertanen, die sich qua Geschlecht und körperlich, moralisch und geistig dafür qualifiziert hatten. Die Leitlinien gab die akademische Medizin vor. Wer im medizinisch installierten Filter hängenblieb, hatte teilweise sogar weniger Spiel- und Schonraum als in der – nicht zu romantisierenden, aber immerhin an der christlichen Barmherzigkeit als eigenständigem nichtutilitaristischem Wert orientierten – katholischen Welt des Mittelalters. Die Bedeutung des protestantischen Leistungsdenkens nach Weberscher Maxime scheint sich hier wieder einmal zu bewahrheiten.

Die Gerichtsmedizin des 18. Jahrhunderts stellt in dem umfassenden Prozeß der Verrechtlichung, Bürokratisierung und zunehmenden (Effizienz-)Kontrolle, durch die neue und alte neu legitimierte Normen langsam in die Köpfe der oberen wie unteren Gesellschaftsschichten sickern sollten, sicher nur einen Teilbereich dar. Durch die Synthese der objektivierbaren Naturwissenschaften (hauptsächlich Chemie, Physik und Anatomie) mit moralischen Prinzipien, in ihrer Umsetzung und Bestätigung im konkreten (Rechts-)Alltag, bei Krankheit, Kriminalität und Verhaltensauffälligkeit, verdient die Stimme der Forensik jedoch besondere Aufmerksamkeit. Die einflußreiche Position des ärztlichen Gutachters zwang Menschen aller Stände dazu, sich vor ihrem jeweiligen kulturellen Hintergrund mit ihrer Körperlichkeit und ihren Geisteskräften auseinanderzusetzen und eigene Spielräume im Diskursgeschehen auszufüllen, auch wenn sich der Chor der Gerichtsmedizin des 18. Jahrhunderts selbst noch deutlich im Stimmbruch befand. Dabei stellte sich heraus, daß sich Körperwahrnehmungen und dabei individuell erfahrene seelische Vorgänge im 18. Jahrhundert nur begrenzt durch massive Interpretationsleistungen – bei denen gerade die sie konstituierende zeitspezifische Gebundenheit verlorenginge – in heutige Kategorien übersetzen lassen.

Abschließend soll noch einmal betont werden, daß körperliche Erfahrungen zwar keineswegs transhistorische Entitäten darstellen, Körperwahrnehmung allerdings weder diskursiv entstofflicht werden kann noch sich eine voraufklärerische biologische Essenz herausfiltern läßt. Körpergefühl, Definitionen von Sexualität, Geschlecht und körperlicher wie seelischer Gesundheit waren auch in diesen Quellen nur über Sprache faßbar. Das nebulöse rein Materielle versteckt sich irgendwo zwischen und hinter den Worten. Es ist stets präsent – doch niemals jenseits kultureller Repräsentanz zu greifen.

Anhang

Kurzbiographien der Autoren

Zentrale Fallsammlungen

Johann Jacob Baier
* 1677 in Jena – † 1735 in Altdorf
Berufsweg/Familie: Sohn des Theologen Johann Wilhelm Baier in Jena. Als er 16 Jahre alt war, wurde der Vater nach Halle versetzt. B. studierte dort und in Jena Philosophie und Medizin. Anschließend reiste er durch Norddeutschland, gelangte bis Riga. Seit 1699 bemühte er sich vergeblich um einen Lehrstuhl für Philosophie oder Medizin. Er war unter anderem Stadtphysikus von Regensburg, schließlich seit 1703 Inhaber eines Lehrstuhls für Medizin an der Universität Altdorf (zwischen Böblingen und Tübingen), seit 1731 Vorsitzender der Akademie der Naturfreunde mit dem Status eines kaiserlichen Leibarztes und Direktor des Altenburger Botanischen Gartens. Er publizierte zu fast allen medizinischen Themen.
Herausgeber/Jahr: ? / 1748
Umfang der Quelle: 30 Fälle
Herkunft der Fälle: Kreisphysikat Altdorf, zirka 1705 bis 1730.
Thematische Schwerpunkte: Keine

Wilhelm Heinrich Sebastian Bucholz
* 1735 in Bernburg – † 1798 in Weimar
Berufsweg/Familie: B. war ursprünglich Apotheker in Magdeburg und hatte in Weimar und Jena Medizin studiert. Er wurde Leibarzt am sächsischen Hof in Weimar, war dort gleichzeitig Praktikus und Stadtphysikus sowie Kreisphysikus der Ämter Weimar und Berka, darüber hinaus Mitglied der Kaiserlichen Akademie der Naturforscher sowie der Mainzer und der Bayrischen Akademie der Wissenschaften. Der Großteil seiner Publikationen befaßte sich mit Arbeiten zur Chemie und zu Fieberkrankheiten. Sein Sohn Christian Friederich (1770–1818) wurde Apotheker und Chemiker.

Herausgeber/Jahr: Selbst / 1782, 1783, 1790, 1793 / Widmete Bände den Kollegen Metzger (siehe unten) und Pyl (siehe unten), arbeitete häufig mit Weiz (siehe unten) zusammen.
Umfang der Quelle: 4 Bde., 101 Fälle
Herkunft der Fälle: Hauptsächlich eigenes Physikat, zirka 1770 bis 1790.
Thematische Schwerpunkte: Wahnsinn, Suizid und Kindsmord

Christian Gottlieb (Christoph Theophil) Büttner
* 1708 in Brandenburg bei Königsberg – † 1776 in Königsberg
Berufsweg/Familie: B. studierte von 1723 bis 1730 in Königsberg, wechselte dann zu Hoffmann (siehe unten) und Alberti nach Halle. Nach dem Studium reiste er zunächst durch Sachsen, ging dann zum Anatomiestudium an das Chirurgische Kollegium in Berlin und wurde dort approbiert. Seit 1734 außerordentlicher und seit 1737 ordentlicher Professor der Anatomie in Königsberg. Die Gründung des Theatrum Anatomicum finanzierte er aus eigener Tasche und eröffnete es 1738 feierlich mit einer »Zergliederung«. Leichen von Delinquenten erhielt er als Kreisphysikus des Samlandes aus ganz Ostpreußen und dem Königsberger Spital. Er wurde mit gerichtsmedizinischen Publikationen berühmt, war anerkannter Spezialist für Kindsmord und publizierte auch zu Epilepsie sowie anderen Krankheiten.
Herausgeber/Jahr: »Aufrichtiger Unterricht«: Selbst / 1769 // »Vollständige Anweisung«: Selbst / 1771, 1804 reediert und umfassend ergänzt von Metzger
Umfang der Quelle: 61 Fälle // 88 Fälle
Herkunft der Fälle: »Aufrichtiger Unterricht«: Unklar, mehrheitlich von untergebenen Physici, möglicherweise auch alte Fakultätsakten. 1720er, hauptsächlich 1760er Jahre. // »Vollständige Anweisung«: Medizinische Fakultät Königsberg, 1733 bis 1770.
Thematische Schwerpunkte: Tödlichkeit der Wunden, Kindsmord

Wilhelm Friedrich Cappel
* 1734 in Aachen – † 1800 in Helmstedt
Berufsweg/Familie: Der Vater war Praktikus in Aachen, zuvor Feldarzt in holländischen Diensten. Die Mutter war Tochter eines wohlhabenden Tuch- und Stecknadelfabrikanten. C. erhielt zunächst Privatunterricht, besuchte dann ein Jahr lang ein Gymnasium in Essen und studierte seit 1752 in Göttingen, in Helmstedt bei Fabricius (siehe unten) und Straßburg. In Berlin studierte er am Chirurgischen Kollegium Anatomie. Mit 24 wurde C. außerordentlicher Professor und bald darauf ordentlicher Professor für Anatomie in Helmstedt. Sein Sohn Johann Friedrich (1759–1799) wurde ebenfalls Mediziner, starb bei einem Rußlandaufenthalt.
Herausgeber/Jahr: Selbst / 1780. Wegen des Erfolgs der Sammlungen seines Mentors

Fabricius nun Publikation eigener Fälle, die er seinem Herrn, dem Herzog von Braunschweig-Lüneburg widmete.
Umfang der Quelle: 6 Fälle
Herkunft der Fälle: Medizinische Fakultät Helmstedt, 1770er Jahre.
Thematische Schwerpunkte: Keine

Christian Ernst Clauder
* Unbekannt: um 1650 – † nach 1736
Berufsweg/Familie: Clauder stammte aus einer bekannten sächsischen Arztfamilie. Er wurde 1674 in Jena promoviert und später Stadt- und Landphysikus von Zwickau. Sein großes Vorbild war Hoffmann (siehe unten). Möglicherweise Sohn oder Neffe des Leibarztes und Alchimisten der sächsischen Fürsten, Gabriel Clauder (1633–1691), der in Jena und Leipzig studiert hatte.
Herausgeber/Jahr: Selbst / 1736, seinem Herrn, dem Superintendenten in Colditz gewidmet.
Umfang der Quelle: 25 Fälle
Herkunft der Fälle: Bis auf letzteren eigenes Physikat, oft gemeinsam mit dem Chirurgen verfaßte Gutachten. 1720er und 1730er Jahre, ein Fall von 1655.
Thematische Schwerpunkte: Tödlichkeit der Wunden, Gemütszustände

Christian Friedrich Daniel
* 1714 in Sondershausen – † 1771 in Halle
Berufsweg/Familie: Der Vater war Oberbürgermeister und Landschaftsrat. D. studierte bei Teichmeyer (siehe unten) in Jena und bei Hoffmann (siehe unten) in Halle, wurde 1742 promoviert. Er wurde Schwarzenburg-Sondershäuser (Churfürstlicher) Leibarzt, dann Stadtphysikus und fürstlicher Leibarzt in Halle und Kreisphysikus des Saalkreises, war auch Physikus der Deutschreformierten und der »französischen Kolonie«. Er publizierte in den Jahren 1749 bis 1755 die dreibändigen »Beiträge zur medizinischen Gelehrsamkeit«, die bereits einige »merkwürdige Casus« enthielten. Er betonte stets, stolz darauf zu sein, in deutscher Sprache zu schreiben.
Herausgeber/Jahr: Sohn (1753–1798) gleichen Namens, ebenfalls Mediziner / 1776
Umfang der Quelle: 80 Fälle, vom Sohn durch Anmerkungen ergänzt.
Herkunft der Fälle: Aus 18 Jahren Stadtphysikat des Vaters, hauptsächlich 1750er und 1760er Jahre.
Thematische Schwerpunkte: Gemütszustände

Emanuel Gottlieb Elvert
* und †: Unbekannt
Berufsweg/Familie: War zunächst Stadt- und (Ober-)Amtsphysikus in (Bad) Cannstatt,

später dann auch Königlich-Württembergischer Hofmedikus und Bücherfiskal. Publizierte Theoretisches zu Impotenz, Suizid, Vergiftung, gewaltsamen Todesarten, Kindsmord und Gemütszuständen.
Herausgeber/Jahr: Selbst / 1792
Umfang der Quelle: 6 Fälle
Herkunft der Fälle: Eigenes Physikat, 1780er bis 1790er Jahre.
Thematische Schwerpunkte: Keine

Philipp Conrad Fabricius
* 1714 in Butzbach (Wetterau) – † 1774 in Helmstedt
Berufsweg/Familie: Sohn des (40 Jahre als solcher bestallten) Butzbacher Stadtphysikus und Leibarztes der Landgräfin von Hessen-Darmstadt, Jacob Fabricius. Er studierte 1731 in Gießen, kehrte 1732 nach Butzbach zurück, studierte dann ab 1733 in Straßburg. Assistierte von 1735 bis 1738 seinem Vater, bis er 1748 selbst Stadtphysikus in Butzbach wurde. Seit 1748 Professor für Anatomie, Physiologie und Pharmazie in Helmstedt, seit 1761 Dekan der dortigen medizinischen Fakultät.
Herausgeber/Jahr: Selbst / 1772, vermutlich 3. Auflage und Ergänzung der bereits 1754 bis 1760 erschienenen Sammlung (»neue und vermehrte Auflage«). Die alten Ausgaben waren nicht zu ermitteln.
Umfang der Quelle: 26 Fälle
Herkunft der Fälle: Medizinische Fakultät der Universität Helmstedt, 1740er Jahre bis 1771.
Thematische Schwerpunkte: Kindsmord

Johann Christoph Fahner
* 1758 in Buttstädt (Herzogtum Weimar) – † 1802 in Ilfeld
Berufsweg/Familie: Der Vater war Kantor und Schullehrer, der den Sohn zunächst selbst unterrichtete. Seit 1774 studierte F. in Jena, nach dem Willen des Vaters zunächst Theologie, wechselte dann aus Neigung zur Medizin. Er wurde 1780 Amtsarzt in Buttstädt, 1782 in Frankenhausen, 1785 Stadtphysikus zu Northeim und Waisenhausarzt in Moringen, war schließlich mindestens 18 Jahre Landphysikus der Grafschaft Hohnstein und seit 1788 Stiftsphysikus zu Ilfeld. Publizierte zu gewaltsamen Todesarten und Hausmedikation; nebenbei arbeitete er an lokalen Intelligenzblättern und einem »Magazin für den Landmann« mit. Eine große Universitätskarriere scheiterte (laut Biographie) an Intrigen, obwohl er von Hufeland (siehe unten) gefördert wurde.
Herausgeber/Jahr: »System«: Selbst / 3 Bde., 1795, 1797, 1800 // »Beyträge«: Selbst / 1799
Umfang der Quelle: 38 Fälle // 30 Fälle
Herkunft der Fälle: »System«: ⅔ der Fälle von Pyl (siehe unten), Metzger (siehe unten), Schweickhard (siehe unten) und Uden (siehe unten). ⅓ eigenes Physikat // »Beyträge«:

Eigenes Physikat, auch von Hufeland. Selten datiert, vermutlich 1780er und 1790er Jahre.
Thematische Schwerpunkte: Keine

Johann Christian Fritsch
* unbekannt – † 1735 in Eisenach
Berufsweg/Familie: F. studierte in Jena und Halle, war ein Anhänger Stahls und wurde zunächst Hof- und Leibmedikus in Weimar, dann in Eisenach.
Herausgeber/Jahr: Selbst / 5 Bde., 1730, 1731, 1733, 1734
Umfang der Quelle: 42 Fälle
Herkunft der Fälle: Nicht immer klar, auch von den Universitäten Halle und Jena, zirka 1650 bis zirka 1730. Fritsch betont, auch Fälle aus dem 17. Jahrhundert ausgewählt zu haben, um an ihnen den medizinischen Fortschritt zu demonstrieren (Vorrede).
Thematische Schwerpunkte: Keine

Johannes Daniel Gohl
* 1675 in Berlin – † 1731 in Wrietzen/Oder
Berufsweg/Familie: Studierte in Halle bei Stahl und war Anhänger von dessen Animismus. Er praktizierte zunächst in Berlin. 1711 übernahm er als Badearzt die Inspektion des Bades Freienwalde in der Mark, wurde 1721 Physikus des Oberbarnimer Kreises in Wrietzen/Oder. Darüber hinaus war er Mitglied der Berliner Akademie der Naturwissenschaften. Gilt als Mitbegründer der Gesundheitsstatistik.
Herausgeber/Jahr: Selbst / 1735
Umfang der Quelle: 150 Fälle
Herkunft der Fälle: Aus der Praxis seiner verschiedenen Stationen, wobei er teilweise bis ins 17. Jahrhundert auf Physikatsakten seiner Vorgänger zurückgriff. Es finden sich auch nichtanonymisierte Krankheiten Hochadeliger.
Thematische Schwerpunkte: Tödliche Verletzungen, Gynäkologisches, Gemütszustände

Johann Georg Hasenest
* 1688 in Windsheim – † 1771 in Ansbach
Berufsweg/Familie: H. studierte in Altdorf, wurde Leibarzt des Fürsten Hohenlohe-Schillingsstadt (Wilhelmsdorf) und Stadtphysikus in seiner Geburtsstadt Windsheim. Seit 1723 Stadt- und Kreisphysikus von Bayreuth und Neustadt a. d. Aisch. Ab 1736 war er Leibarzt des brandenburgischen Fürstenhauses in Ansbach, dort auch Stadtphysikus und in Kulmbach Hofrat sowie Ordinarius einer naturwissenschaftlichen Akademie. Sein Sohn Christoph Balthasar (1719–1787) wird später ebenfalls Hohenloher Leibarzt.
Herausgeber/Jahr: Selbst / 4 Bde., 1755, 1756, 1757, 1759
Umfang der Quelle: 89 Fälle

Herkunft der Fälle: Eigene Physikate, außerdem 18 Jahre Mitgliedschaft im Onolzbacher Medizinalkollegium, welches für die Erstellung von Gutachten zuständig war, 1735 bis 1750er Jahre.
Thematische Schwerpunkte: Gynäkologisches, tödliche Verletzungen

Johann Gottlieb Kühn
* und †: Unbekannt
Berufsweg/Familie: K. stammte aus Bunzlau in Schlesien und wurde dort als »Medicus und Chirurgus« Kreisphysikus des Löwenbergschen und Bunzlauer Kreises. Außerdem war er Adjunkt des Königlichen Medizinalkollegiums. Er publizierte und übersetzte viel zu Themen der Wundmedizin.
Herausgeber/Jahr: Selbst / 2 Bde., 1791, 1796
Umfang der Quelle: 124 Fälle
Herkunft der Fälle: Eigenes Physikat, 1780er und 1790er Jahre.
Thematische Schwerpunkte: Tödliche Verletzungen, Gynäkologisches, Suizid

Johann Daniel Metzger
* 1739 in Straßburg – † 1805 in Königsberg
Berufsweg/Familie: Studierte in Straßburg. Später Leibarzt, Stadt- und Landphysikus der Grafschaft Bentheim-Steinfurt. Seit 1777 Professor für Anatomie (Spezialgebiet Gerichtsmedizin) in Königsberg, dort auch Stadtphysikus, Leibarzt des preußischen Königs und Hebammenlehrer für Ostpreußen. Publizierte viel und fast ausschließlich zu Gerichtsmedizin und Staatsarzneikunde. Noch 15 Jahre nach seinem Tod wurden postum Schriften veröffentlicht, andere immer wieder aufgelegt. M. lieferte sich mit seinem Universitätskollegen Kant einen dauerhaften Disput über die Bedeutung psychologischer Phänomene, die er eindeutig dem medizinischen Bereich eingliederte, während Kant Geistesstörungen ohne körperliche Anzeichen als rein philosophische Probleme begriff.
Herausgeber/Jahr: Selbst / »Bibliothek«: 2 Bde., 1784, 1787 // »Materialien«: 2 Bde., 1792, 1795 // »Beobachtungen«: 2 Bde., 1778, 1780 // »Neue Beobachtungen«: 1798.
Umfang der Quelle: 7 // 12 // 24 // 6 Fälle
Herkunft der Fälle: Medizinische Fakultät der Universität Königsberg und eigenes Physikat, 1770er bis 1790er Jahre.
Thematische Schwerpunkte: Mord, Gemütszustände, Gynäkologisches

Ludwig Parmenion (Pseudonym)
* und †: Unbekannt
Berufsweg/Familie: Arzt
Herausgeber/Jahr: Unbekannt / 1742

Umfang der Quelle: 25 Fälle
Herkunft der Fälle: Aus eigener Praxis. Zunächst für den Sohn, der ebenfalls Mediziner wird, gesammelt. 1720er und 1730er Jahre.
Thematische Schwerpunkte: Giftmord

Andreas Petermann
* 1649 in Werblin bei Danzig – † 1703 in Leipzig
Berufsweg/Familie: Studierte in Halle und Leipzig Medizin, Theologie und Philosophie, promovierte 1673 in Altdorf. Wurde Stadtarzt in Torgau, Delitzsch und Nachbarorten. Als er 1680 selbst an der Pest erkrankte und dennoch während der Epidemie Vorbildliches leistete, berief ihn der Stadtrat als Stadtphysikus nach Leipzig. Seit 1691 dort Professor der Anatomie, Chirurgie und Geburtshilfe.
Herausgeber/Jahr: Sohn Benjamin Benedict / 2 Bde., 1708, 1709. (Der Sohn, ab 1719 Stadtphysikus in Leipzig, gab auch andere Arbeiten des Vaters heraus, u. a. ein Buch zur Geburtshilfe.)
Umfang der Quelle: 20 Fälle
Herkunft der Fälle: Stadtphysikat Leipzig und Landphysikat Delitzsch (Petermanns Vorgänger Dr. Johann Caspar Westphal), 1670er Jahre bis 1700.
Thematische Schwerpunkte: Kindsmorde, Gynäkologisches

Matthias Georg Pfann
* 1719 Bruck bei Erlangen – † 1762 in Erlangen
Berufsweg/Familie: Sohn eines Arztes. Wurde mit neun Jahren zu einem Hauslehrer nach Fürth gegeben, kam 1731 auf das Gymnasium in Nürnberg, wo er bereits bei Leichensektionen zusah. Studierte in Nürnberg, drei Jahre in Jena bei Teichmeyer, in Altdorf – wo er der Sektion einer weiblichen Leiche beiwohnte, wie eine zeitgenössische Biographie betont – und Straßburg. Reiste viel, kehrte dann zurück nach Bruck. Seit 1743 Professor und später Dekan der neugegründeten medizinischen Fakultät in Erlangen. Leibarzt des Hochadels und des Bischofs von Bamberg, dem er die gerade erschienene Sammlung bei einem Festakt schenkte.
Herausgeber/Jahr: Selbst / 1750
Umfang der Quelle: 8 Fälle
Herkunft der Fälle: Medizinische Fakultät Erlangen, 1740er Jahre.
Thematische Schwerpunkte: Keine

Johann Theodor Pyl
* 1749 in Barth in Vorpommern – † 1794 in Berlin
Berufsweg/Familie: Mündel des Theologen Spalding, studierte seit 1768 in Greifswald. Ging dann zur anatomischen Ausbildung nach Berlin. Seit 1777 arbeitete er dort als

Praktikus, nahm 1778 als preußischer Feldarzt am Bayerischen Erbfolgekrieg teil und wurde wegen seiner erfolgreichen Behandlung des Königs anschließend Stadtphysikus von Berlin. Mitglied des Königlich-Preußischen Ober-Medizinalkollegiums und der Naturforscher-Gesellschaft in Halle. Publizierte viel zu Hygiene und Staatsarzneikunde. Sein Interesse an der Gerichtsmedizin war so groß, daß er sich häufig bei Sitzungen des Oberkollegiums entschuldigen ließ, weil das Gericht ihn zu dringenden Fällen gerufen habe.

Herausgeber/Jahr: Selbst / alle drei Reihen zwischen 1783 und 1793
Umfang der Quelle: 342 Fälle // 25 Fälle // 13 Fälle
Herkunft der Fälle: »Aufsätze«: Eigenes Stadtphysikat Berlin sowie Stadt- und Kreisphysikate der Kollegen Kölpin in Stettin, Berends in Frankfurt/Oder und des Arztes des Irrenhauses von Brieg/Oder, Glawnig (Neuabdruck 1803 und 1805) // »Repertorium«: Stadtphysikat Berlin. Auch aus anderen preußischen Landesteilen, die Pyl aus dem Oberkollegium, der obergutachterlichen Instanz, zugänglich waren. Unaufgeforderte Zusendungen von Kollegen (siehe oben). // »Neues Magazin«: Viele Fälle aus Vorpommern, Oberschlesien und dem Sudetenland. (Pyl und Metzger waren befreundet.) Fast ausschließlich aus den 1770er bis 1790er Jahren, Ausnahmen aus den 1730er Jahren.
Thematische Schwerpunkte: Gemütszustände, Gynäkologisches

Ernst Eusebius Richter
* und †: Unbekannt
Berufsweg/Familie: Fürstlich-Schwarzenburgischer Leib- und Landphysikus. Schon der Großvater Dr. Balthasar Glassen war Leibmedikus der Schwarzenburgs. Er selbst ist zum Zeitpunkt der Publikation bereits 25 Jahre in Diensten des Fürsten.
Herausgeber/Jahr: Selbst / 1731
Umfang der Quelle: 90 Fälle
Herkunft der Fälle: Unklar, vermutlich verschiedene medizinische Fakultäten in Thüringen und Sachsen, da komplette Akten vorliegen. 1670er Jahre bis ungefähr 1725.
Thematische Schwerpunkte: Tödliche Verletzungen, Gynäkologisches

Theodor Georg August Roose
* 1771 in Braunschweig – † 1803 in Braunschweig
Berufsweg/Familie: Studierte in Göttingen, wurde Professor der Anatomie in Braunschweig und Schriftführer des Fürstlichen Obersanitätskollegiums. Lehnte eine einträglichere Berufung nach Kiel ab. Als er 32jährig starb, war er bereits einer der angesehensten Physiologen und Gerichtsmediziner seiner Zeit. Publizierte zu Leichenöffnungen, Kindsmord und gerichtlicher Arzneikunde.
Herausgeber/Jahr: Selbst / 2 Bde., 1798, 1802

Umfang der Quelle: 14 Fälle
Herkunft der Fälle: Obersanitätskollegium, 1790er Jahre
Thematische Schwerpunkte: Kindsmord und Schwangerschaft

Johann Caspar Ruef
* und †: Unbekannt
Berufsweg/Familie: Zum Zeitpunkt der Publikation im 13. Jahr Leibarzt des bayerischen Kurfürsten. Vorher Garnisons- und Stadtphysikus der kurbayerischen Grenzstädte Schärding und Ried, danach 20 Jahre Leibmedikus der Bischofsstadt Passau. Mitglied der Kaiserlichen Akademie der Naturforscher.
Herausgeber/Jahr: Selbst / 1777
Umfang der Quelle: 29 Fälle
Herkunft der Fälle: Vermutlich Medizinalkollegium, in dem er Mitglied war, 1730er bis 1750er Jahre, eventuell aus seiner Zeit als Kreisphysikus der Gegend um Friedberg und Aichach.
Thematische Schwerpunkte: Tödliche Verletzungen, Gynäkologisches

Christian Ludwig Schweickhard
* 1746 in Karlsruhe – † 1826 in Karlsruhe
Berufsweg/Familie: Sch. studierte in Straßburg, wurde dort 1769 promoviert. Stadtphysikus von Karlsruhe, bekannter Chirurg und Geburtshelfer, Direktor der Generalsanitätskommission. Ehemaliger Studienkollege und erbitterter Gegner von Metzger.
Herausgeber/Jahr: Selbst / 1787 und 1789
Umfang der Quelle: 90 Fälle
Herkunft der Fälle: Unklar, da Ort und Jahr stets anonymisiert. Alle 41 Fälle der »Beiträge« werden in den »Beobachtungen« – teilweise unter anderen Titeln – wieder abgedruckt.
Thematische Schwerpunkte: Mord, Kindsmord, Suizid

Christian Gottlieb Troppanneger
* und †: Unbekannt
Berufsweg/Familie: Schüler Hoffmanns in Halle, der schon mit Troppannegers Vater (ebenfalls Arzt) bekannt war. Sächsischer Hofmedikus und Lands- und Amtsphysikus. Zu seinem Physikat gehörten Dresden, Radeberg, Moritzburg, Gülleburg (?), Dippoldiswalde.
Herausgeber/Jahr: Selbst / 1733
Umfang der Quelle: 70 Fälle
Herkunft der Fälle: Sein Physikat, 1720er Jahre bis 1732
Thematische Schwerpunkte: Tödliche Verletzungen, Gynäkologisches

Conrad Friedrich Uden
* und †: Unbekannt: Geboren in Stendal, gestorben zwischen 1812 und 1830.
Berufsweg/Familie: U. studierte am Collegium medico-chirurgicum in Berlin, wurde 1776 in Halle promoviert. Zunächst Arzt in Stendal, Physikus in Berlin, Spandau und Altona. Trat 1786 in russische Dienste in der Ukraine. War bis 1800 Professor für Chirurgie in St. Petersburg, dann wurde er nach Tiflis versetzt, um den Zaren von Grusinien zu heilen.
Herausgeber/Jahr: »Abhandlung«: Selbst / 1780. // »Magazin«: 2 Bde., zus. mit Pyl 1782 und 1783, 1784 und 1785 allein.
Umfang der Quelle: 2 Fälle // 15 Fälle
Herkunft der Fälle: »Abhandlung«: unklar, da Ort und Jahr anonymisiert. // »Magazin«: Vorgänger des und parallel zum »Neuen Magazin« erschienen. Manche Fälle eventuell von Metzger überlassen bekommen, 1750er und 1780er Jahre.
Thematische Schwerpunkte: Gemütszustände

Friedrich August Weiz
* 1739 in Hamburg – † 1813 in Eckartsberga
Berufsweg/Familie: Sohn des ersten Garnisons- und Stadtwundarztes. Er studierte in Kopenhagen, wurde 1761 in Halle promoviert, hielt sich danach lange in Straßburg, Paris, Edinburgh und Berlin auf. Später wurde er Physikus der sächsischen Ämter Tautenburg und Eckartsberga, der Kleinstadt Freiburg an der Unstrut sowie Arzt und Stadtphysikus zu Naumburg/Saale. Er publizierte und übersetzte viel aus dem Lateinischen, außerdem war er bekannt als Sammler gerichtsmedizinischer Fälle. Er ließ es sich oft nicht nehmen, bei Obduktionen anwesend zu sein, die eigentlich untergebene Kollegen hätten erledigen können. Doch er mißtraute ihrer Kompetenz und stritt mit ihnen jahrelang vor Gericht um einzelne Gutachten.
Herausgeber/Jahr: Selbst / 1776
Umfang der Quelle: 11 Fälle
Herkunft der Fälle: Eigene Physikate, aber auch von Kollegen, 1750er bis 1770er Jahre.
Thematische Schwerpunkte: Keine

Christian Johann (Christoph Jakob?) August Ziegler
* 1735 in Quedlinburg – † ? (nach 1799)
Berufsweg/Familie: Der Vater stammte aus einem Dorf in Sachsen, war Organist. Die Mutter stammte aus Halle. Z. war das vierte von sechs Kindern. Schon als Kind ließ er sich vom örtlichen Praktikus zu Behandlungen mitnehmen. Die Familie war arm, zwei ältere Brüder studierten bereits. Doch weil er so ehrgeizig schien, fanden sich Gönner. Mit 16 Jahren ging er 1754 zum Studium nach Halle, wo er bei Alberti Anatomie und Metaphysik hörte. Er besuchte Freitische bei Professoren und hatte mit 20 Jahren be-

reits sein Studium abgeschlossen. Man befand ihn jedoch für zu jung für einen Praktikus und empfahl ihm, zunächst als Feldchirurg in den Krieg zu ziehen. Er blieb bis 1762 in Halle und war vier Jahre Gehilfe des Stadtphysikus Daniel (siehe oben). Obwohl die Kleinstadt Quedlinburg bereits neun praktische Ärzte aufwies, wo drei genügt hätten, gelang es ihm, dort nach 1762 sein Auskommen zu finden. 1764 wurde er vom Magistrat zum Stadtphysikus gewählt und heiratete die Tochter eines Kollegen. Die Frau und beide Töchter starben binnen vier Jahren. 1772 heiratete er erneut, wurde Vater von zwei Söhnen. Nach erfolgreicher Behandlung des Anhaltisch-Schaumburgischen Fürsten folgte die Ernennung zum Hofrat. Später wurde Z. Leibarzt der verschiedenen Äbtissinnen von Quedlinburg, zum Beispiel der Prinzessin Friederike von Preußen, und war seit 1774 Garnisonsarzt von Quedlinburg sowie Hüttenarzt der Bergwerksregion um Thale. Er führte die Blatternimpfung bei Kindern ein, die ihn überregional bekannt machte.

Herausgeber/Jahr: Selbst / 1787
Umfang der Quelle: 10 Fälle
Herkunft der Fälle: Eigenes Physikat, 1760er Jahre bis 1786.
Thematische Schwerpunkte: Keine

Ergänzende Fallsammlungen

Paul Amman
* 1634 in Breslau – † 1691
Berufsweg/Familie: A. studierte in Leipzig. Reiste nach Holland und England. Professor der Botanik und Physiologie in Leipzig.
Herausgeber/Jahr: Selbst / 1670 (Publikationen von 1677 und 1691 konnten nicht verifiziert werden.)
Umfang der Quelle: 100 Fälle (lateinisch und deutsch)
Herkunft der Fälle: Medizinische Fakultät in Leipzig, 1517 bis 1660er Jahre.
Thematische Schwerpunkte: Keine

Johannes Hieronymus Herrmann
* 1684 in Dinkelsbühl – † ?
Berufsweg/Familie: Jurist, Professor in Jena
Herausgeber/Jahr: Selbst / 4 Bde., 1733, 1734, 1736
Umfang der Quelle: 185 Fälle
Herkunft der Fälle: Theologische, juristische und medizinische Fakultäten
Thematische Schwerpunkte, medizinische: Inzest, Schwangerschaft (Erb- und Eherecht, Unzucht), Kindsmord, Mord

Friedrich August Herzog
* und †: Unbekannt
Berufsweg/Familie: Jurist, Aktuarius des Hofes in Magdeburg
Herausgeber/Jahr: Selbst / 1745
Umfang der Quelle: 140 Fälle
Herkunft der Fälle: Magdeburger Schöppenstuhl, juristische und medizinische Fakultäten in Halle, 1670 bis 1740.
Thematische Schwerpunkte, medizinische: Mord, Kindsmord, Notzucht, Unfälle, Ehebruch, Sodomie, Gemütszustände

Friedrich Hoffmann
*: 1660 in Halle – † 1742 in Halle
Berufsweg/Familie: H. stammte aus dem Haller Patriziat. Der Vater war praktizierender Arzt und Leibarzt des Erzstiftes Magdeburg. Mit 12 Jahren besuchte H. die ersten Chemievorlesungen seines Vaters. Als er 15 war, starben seine Eltern an einer Seuche. So wuchs er bei seinen Großeltern auf. H. studierte in Jena und Erfurt, reiste nach Holland und England, wurde danach praktischer Arzt, Garnisonsarzt, Hofarzt und Landphysikus in Minden. Über pietistische Familienbeziehungen bekam er das Landphysikat von Halberstadt. Wurde wegen seiner engen Beziehung zum Pietismus (war mit Francke bekannt) zum Gründer der medizinischen Fakultät Halle, dem Zentrum des Pietismus, bestellt, sorgte dadurch 1694 für die Berufung Stahls. Seit 1709 Hofrat und Leibarzt von König Friedrich I. in Berlin, kehrte allerdings 1712 unter Aberkennung seiner Ehrentitel nach Halle zurück. H. gilt neben Boerhave und Stahl als einer der drei großen Systematiker der Medizin. Befaßte sich intensiv mit Chemie, entwickelte Betäubungs- und Schmerzmittel.
Herausgeber/Jahr: Selbst / 12 Bde. zu je 5 Decurien, 1721 bis 1739
Umfang der Quelle: 600 Fälle
Herkunft der Fälle: Medizinische Fakultät der Universität Halle und eigene Praxis.
Thematische Schwerpunkte: Keine

Christoph Wilhelm Hufeland
* 1762 in Bad Langensalza (Thüringen) – † 1836 in Berlin
Berufsweg/Familie: Schon Vater und Großvater waren bekannte Ärzte am Hofe Sachsen-Weimar. Hatte seit 1780 in Weimar, ab 1781 in Göttingen studiert. Er unternahm anschließend keine Bildungsreisen, sondern arbeitete in der Praxis des Vaters in Weimar mit. Dann zehn Jahre Landarzt, später Hofmedikus und herzoglicher Leibarzt. Professor in Jena. Ab 1800 Direktor der Berliner Charité und des 1723 für die Ausbildung der Militärärzte gegründeten Kollegium Medico-Chirurgicum in Berlin, dort auch Stadtphysikus. Leibarzt des preußischen Königs und Arzt von Goethe, Schiller, Herder und

Wieland. Experte für Krankheitsvorbeugung (Makrobiotik) und Seuchenbekämpfung. Galt als Volksaufklärer, der gegen die hohen Sterblichkeitsraten kämpfte, und als Philanthrop, der in seiner Berliner Praxis viele Arme behandelte. 1787 Heirat mit der Weimarer Pastorentochter Juliane Amelung.
Herausgeber/Jahr: Selbst / Journal, verschiedene Jahrgänge, um 1800.
Umfang der Quelle: Immer wieder einzelne Fälle.
Herkunft der Fälle: Eigene Fälle aus der Charité, zugesandte Fälle von Kollegen.
Thematische Schwerpunkte: Weibliche Pathologie

Friedrich Benjamin Osiander
* 1759 – † 1822
Berufsweg/Familie: 1792 bis 1822 Professor der Medizin, vor allem der Geburtshilfe, an der Universität Göttingen, Spezialist für Entbindungskunst, Direktor der Göttinger Klinik und der Entbindungsanstalt.
Herausgeber/Jahr: Selbst / 2 Bde., 1797, 1799
Umfang der Quelle: 7 Fälle
Herkunft der Fälle: Göttinger Gebäranstalt
Thematische Schwerpunkte: Gynäkologisches, Krankheiten

Johann Friedrich Zittmann
* 1671 – † 1757 (Johann Gottfried * 1674 – † 1757?)
Berufsweg/Familie: Generalstabsarzt und Leibarzt des polnischen Königs. Bekannt durch seine Syphilistherapie (Decotum Zittmanni), die aber nicht von ihm stammen soll.
Herausgeber/Jahr: Z. gibt (alle ?) Fälle aus dem Nachlaß des Leipziger Professors Christoph Johann Lange heraus (medizinische Fakultät) / 2 Bde., 1706
Umfang der Quelle: 578 Fälle (lateinisch und deutsch)
Herkunft der Fälle: Medizinische Fakultät Leipzig, 1650 bis 1700.
Thematische Schwerpunkte: Keine

Überblick über die Fallverteilung

	Männer	Frauen	Kinder (bis 15 Jahren)	gesamt	%
Gynäkologie Kindsmord Totgeburt verheimlichte Schwangersch. Abort Jungfernschaft		466		466	26,6
Notzucht	1 Täter	8	5 x Mädchen 2 x Jungen	16	0,9
Scheidung Impotenz Unfruchtbarkeit Krankheit etc.	54	16		70	4,0
Suizid(versuch)	59	27	1	87	5,0
Gemüt Mord Kindsmord	37	18		55	3,1
Gemüt Sonstige	71	49		120	6,9
Sodomia bestialis	6	1	1	8	0,5
Sodomie Homosexualität	1			1	0,0 (0,057)
Hexerei Besessenheit	13	9	6	28	1,6
Tauglichkeit	12			12	0,7
Folter-/ Haftfähigkeit	33	6		39	2,2

	Männer	Frauen	Kinder (bis 15 Jahren)	gesamt	%
tödliche /verdächtige Krankheiten und Wunden	455	154	87	696	39,8
Sonstiges Lebensmittel Veterinärisches Kurpfuscherei				152	8,7
Summe der systematisch ausgewerteten Fälle				1750	100 **(Rundungsfehler)**

Zusätzlich wurden noch etwa 100 Fälle zu Notzucht, Sodomie, Gemütszuständen, Brandstiftung und Hexerei aus insgesamt 1640 Fällen des 17. Jahrhunderts ergänzend zugezogen (vgl. die ergänzenden Fallsammlungen)

Quellen

Alberti, Michael, Systema jurisprudentiae medicae, quo casus forenses a juridicis et medicis decidendi explicatur ... in partem dogmaticam et practicam partitum ..., 6 Bde., Halle 1725–1747 (auch Schneeberg 1725–1729, Fulda 1729–1733, Leipzig 1737–1740).

Alberti, Michael, Commentatio in Constitutionem Criminalem Carolinam Medica variis titulis et articulis ratione et experientia explicatis ac confirmatis comprehensa, observationibus selectis illustrata multisque testimonis juridicis et medicis probata ac indice pleniori instructa, Halle 1739.

Ammann, Paul, Medicina critica, sive decisoria centuria casuum medicalium in concilio Facultate Med. Lips. antehac resolutarum comprehensa nunc vero in Physicorum, Practicorum, Studiosum, Chirurgorum aliorumque usum notabilem collecta, correcta & variis Discursibus ..., Erfurt 1670.

Baier, Johann Jacob, Introductio in Medicinam Forensem et responsa eiusdem argumenti tam ordinis sui nomine quam propria autoritate data, Frankfurt/Leipzig 1748.

Baldinger, Ernst Gottfried, Medizinisches Journal, 8 Bde., Göttingen 1784–1793.

Baumer, Johann Wilhelm, Medicina forensis, praeter partes consuetas, primas lineas Jurisprudentes Medico-Militaris et Veterinario-Civilis continens, 2. Aufl., Frankfurt/Leipzig 1778.

Beck, Johannes Jodocus, Tractatus de eo, quod iustum est circa stuprum. Von Schwächen und Schwängerung der Jungfrauen und ehrlichen Wittwen, Nürnberg 1743.

Brinckmann, Johann Peter, Anweisung für Ärzte und Wundärzte, um bei gerichtlichen Untersuchungen vollständige visa reperta zu liefern: und wie die Rechtsgelehrten wissen können, ob von Seiten der ersteren das gehörige beobachtet worden, Düsseldorf 1781.

Bucholz, Wilhelm Heinrich Sebastian, Beiträge zur gerichtlichen Arzneygelehrtheit und zur medicinischen Polizey, 4 Bde., Weimar 1782–1793.

Christoph Gottlieb Büttner's in vielen Jahren gesammelte anatomische Wahrnehmungen, Königsberg 1769.

Büttner, Christoph Gottlieb, Aufrichtiger Unterricht vor neuangehende Aerzte und Wundaerzte, wie sie sich vor, in und nach den legalen Besichtigungen todter Körper zu verhalten und die Besichtigungsscheine nach beygefertigter Betrachtung in der Tödtlichkeit der Wunden einzurichten haben, nebst zwey und sechzig ... Bescheinigungen und Zeugnissen, Königsberg/Leipzig 1769.

Büttner, Christoph Gottlieb, Vollständige Anweisung wie durch anzustellende Besichtigung ein verübter Kindermord auszumitteln sey, nebst Acht und Achtzig beygefügten eigenen Obductions-Zeugnissen, zum Nutzen derer angehenden Ärzte und Wundärzte, Königsberg/Leipzig 1771.

Cappel, Wilhelm Friedrich, Medicinische Responsa, Altenburg 1780.

Clauder, Christian Ernst, Praxis-medico-legalis oder XXV. ausgelesene Casus Medico-Forenses mit nöthigen Cautelen und Anmerckungen ausgefertiget, Altenburg 1736.

Daniel, Christian Friedrich, Beiträge zur medicinischen Gelehrsamkeit, in welche theils allerhand auserlesene und nützliche Materien aus der Arzney-Wissenschaft abgehandelt, theils auch viele merckwürdige Casus vorgetragen und mit nöthigen Anmerckungen erleutert werden, 3 Bde., Halle 1749–1755.

Daniel, Christian Friedrich, Sammlung medicinischer Gutachten und Zeugnisse welche über Besichtigungen und Eröffnungen todter Körper und bey andern rechtlichen Untersuchungen an verschiedene Gerichte ertheilt worden, mit einigen Anmerkungen und einer Abhandlung über eine siebenmonatliche besondere Misgeburt ohne Herz, Lungen etc., Leipzig 1776 (postum vom Sohn hgg).

Elvert, Emanuel Gottlieb, Einige Fälle aus der gerichtlichen Arzneikunde, Tübingen 1792.

Elvert, Emanuel Gottlieb, Über ärztliche Untersuchungen des Gemüthszustandes, Tübingen 1810.

Fabricius, Philipp Conrad, Sammlung verschiedener Medicinischer Responsorum und Sectionßberichte, Helmstedt 1772 (neue und vermehrte Ausgabe).

Fahner, Johann Christoph, Vollständiges System der gerichtlichen Arzneikunde. Ein Handbuch für Richter und gerichtliche Aerzte, 3 Bde., Stendal 1795–1800.

Fahner, Johann Christoph, Beyträge zur praktischen und gerichtlichen Arzneykunde, Stendal 1799.

Fritsch, Johann Christian, Seltsame jedoch wahrhafftige Theologische, Juristische, Medicinische und Physicalische Geschichte, Sowohl aus alten als neuen Zeiten, Worüber Theologus, Jure-Consultus und Medico-Physikus sein Urtheil eröffnet, Aus denen Original-Acten mit Fleiß extrahiret, ... mit kurtzen Anmerckungen versehen und eines jeden vernünfftigen Gedancken überlassen, 5 Bde., Leipzig 1730–1734.

Gagel, Johann Eberhard, De Suicidio in foro medico non semper culposo, Jena 1792.

Gohl, Johannes Daniel, Medicina Practica clinica et forensis sive collectio casum rarorum ac notabiliorum medico-clinicorum, chirurgicorum ac forensium ... quam praemisso beati auctoris vitae curriculo in lucem eddit Samuel Schaarschmidius, medicinae licietatus, Leipzig 1735.

Hasenest, Johann Georg, Der medicinische Richter oder Acta Physico-Medico forensia collegii Medici Onoldini. Von Anno 1735 biß auf dermalige Zeiten zusammen getragen hier und mit Anmerckungen ... und vollständigem Register ... versehen, 4 Bde., Onolzbach 1755–1759.

Hellwig, Christoph de, Neu-entdeckte Heimlichkeiten des Frauenzimmers, 3. Aufl., Frankfurt 1719.

Herrmann, Johann Hieronymus, Sammlung allerhand auserlesener Responsorum, welche von berühmten theologischen, juristischen und medicinischen Fakultäten, wie auch Schöppen-Stühlen und gelehrten Männern über besondere im allgemeinen Leben vorfallenden merckwürdige und dubiöse Casus cum rationibus dubitandi, decidendi et respondendi sind ausgestellet worden ..., 4 Bde., Jena 1733–1736.

Herzog, Friedrich August, Sammlung auserlesener Responsorum juris criminalis, welche von den berühmtesten juristischen und medicinischen Fakultäten über besondere merkwürdige und dubiöse Casus cum rationibus dubitandi & decidendi sind ausgestellt worden ..., Hamburg 1745.

Hoffmann, Friedrich, Medicina consultatoria, worinnen unterschiedliche über einige schwehre Casus ausgearbeitete Consilia, auch Responsa Facultatis Medicae enthalten und in fünf Decurien sind eingetheilet, 12 Bde., Halle 1721–1739.

Hoffmann, Friedrich, Sammlung auserlesener Casum von denen vornehmsten Kranckheiten in gehöriger Ordnung zusammengetragen und mit nöthigen Anmerckungen versehen, Halle 1735 (Übersetzung aus dem Lateinischen).

John, Iohannis Dionysius, Die medicinische Polizei und gerichtliche Arzneiwissenschaft in den K.K. Erbländern. Ein unentbehrliches Handbuch für Kreis Magistratual Polizei- und Wirtschaftsbeamte, wie auch für Advokaten, Phisiker, Ärzte, Wundärzte, Hebärzte und Hebammen, Apotheker und alle, die das allgemeine Gesundheitswohl der Menschen und des Viehes, eine gesetzmäßige Volksarzneikunde und die Pflichten und Rechte des Arzneipersonals interessiert, Prag 1796.

Kühn, Johann Gottlieb, Sammlung medicinischer Gutachten, 2 Bde., Breslau/Hirschberg 1791 und 1796.

Langhans, Daniel, Von den Lastern, die sich an der Gesundheit der Menschen selbst rächen usw., Bern 1773.

Medizinische Merkwürdigkeiten für Criminalrichter, Ärzte und Prediger, Cassel 1805.

Mende, Ludwig Julius Caspar, Ausführliches Handbuch der gerichtlichen Medizin für Gesetzgeber, Rechtsgelehrte, Ärzte und Wundärzte, Leipzig 1819.

Metzger, Johann Daniel, Gerichtlich-medizinische Beobachtungen, 2 Bde., 2. Aufl., Königsberg 1781 (zuerst 1778 und 1780).

Metzger, Johann Daniel, Vermischte medizinische Schriften, 3 Bde., verb. Aufl., Königsberg 1784.

Metzger, Johann Daniel, Handbuch der Staatsarzneykunde, Züllichau 1787.

Metzger, Johann Daniel, Annalen der Staats-Arzneykunde, 3 Bde., Züllichau 1790–1791.
Metzger, Johann Daniel, Materialien für die Staatsarzneykunde und Jurisprudenz, 2 Bde., Königsberg 1792 und 1795.
Metzger, Johann Daniel, Kurzgefaßtes System der gerichtlichen Arzneiwissenschaft, Königsberg/Leipzig 1793.
Metzger, Johann Daniel, Neue gerichtlich-medizinische Beobachtungen, Königsberg 1798.
Metzgers (Johann Daniel) und Elsners (Christoph Friedrich) Medicinisch gerichtliche Bibliothek, 2 Bde., Königsberg 1784–1787.
Müller, Johann Valentin, Entwurf der gerichtlichen Arzneywissenschaft nach juristischen und medicinischen Grundsätzen für Geistliche, Rechtsgelehrte und Ärzte, 4 Bde., Frankfurt am Main 1796–1801.
Osiander, Friedrich Benjamin, Neue Denkwürdigkeiten für Ärzte und Geburtshelfer, 2 Bände, Göttingen 1797–1799
Parmenion, Ludwig (Pseudonym), Sammlung verschiedener casuum medico-chirurgico-forensium mit nützlichen Anmerkungen an das Licht gegeben …, Ulm 1742.
Petermann, Andreas, Casuum medico-legalium, 2 Bde., Leipzig 1708 und 1709.
Pfann, Matthias Georg, Sammlung verschiedener merkwürdiger Fälle, welche theils in die Gerichtliche theils in die Practische Medicin einschlagen, nebst einigen aus Physicalischen und anderen Medicinischen Materien bestehenden Zugaben und einer Vorrede, wie sich angehende Physici, Practici und Wundärzte bey Abfassung der Wund-, Sections- und Krankheitsberichte zu verhalten, Nürnberg 1750.
Pyl, Johann Theodor, Aufsätze und Beobachtungen aus der gerichtlichen Arzneywissenschaft, 8 Sammlungen, Berlin 1783–1793.
Pyl, Johann Theodor (Hg.), Neues Magazin für die gerichtliche Arzneikunde und medicinische Polizei, 2 Bde., Stendal 1785–1787.
Pyl, Johann Theodor, Repertorium für die öffentliche und gerichtliche Arzeneywissenschaft, 3 Bde., Berlin 1789–1793.
Richter, Ernst Eusebius, Digestia medica, seu decisiones medico-forenses. Das ist Juristische und Medicinische Aussprüche und Responsa über allerhand schwere zweifelhafte und seltene in Praxi vorgefallene, in die Medicin und Chirurgie lauffende und causam vulnerationum betreffende Fragen und Fälle. Dem bono publico zum Besten, sonderlich aber alles sowohl der edlen Medicin und Wund-Arzney befliessenen als auch den Rechts-Gelehrten und Practicis zu Nutz und Dienst ans Licht gestellet …, Leipzig/Budißin (Bautzen) 1731.
Roose, Theodor Georg August, Beiträge zur öffentlichen und gerichtlichen Arzneikunde, 2 Bde., Braunschweig 1798 und Frankfurt am Main 1802.
Roose, Theodor Georg August, Grundriss medizinisch-gerichtlicher Vorlesungen, Frankfurt am Main 1802.

Ruef, Johann Caspar, Unterricht von Criminalfällen und wie sich ein Arzt in Abgebung seines Gutachten hierüber zu verhalten habe, Nürnberg 1777.

Schmid, Carl Christian Erhard, Psychologisches Magazin, 3 Bde., Jena 1796–1798.

Schurig, Martin, Gynaecologia historico-medica hoc est congressus muliebris consideratio physico-medico-forensis qua utriusque sexussalacitas et castitas deinde coitus ipse eiusque voluptas et varia circa hunc actum occurentia ..., Dresden/Leipzig 1730.

Schwaben, Ernst, Anweisung zu den Pflichten und Geschichten eines Stadt- oder Landphysikus. Mit einer Vorr. von Christian Gottfried Gruner, 2 Bde., Erfurt 1786 und 1787.

Schweickhard, Christian Ludwig, Beyträge zur gerichtlichen Arzneigelahrtheit, Frankfurt/Leipzig 1787.

Schweickhard, Christian Ludwig, Medicinisch-gerichtliche Beobachtungen nebst ihrer Beurtheilung, 3 Bde., Straßburg 1789.

Teichmeyer, Hermann Friedrich, Anweisung zur gerichtlichen Arzneygelehrtheit, worinnen die vornehmsten Materien so theils in bürgerlichem Leben vorfallen, theils bey Gerichten und Schoppenstühlen nach den Grundlehren der Arzneygelehrten zu untersuchen und auszumachen sind, an den neuesten und bewährtesten Sätzen und Reguln abgehandelt werden, 2. Aufl., Nürnberg 1761 (dt. erstmals 1752, lat: Institutiones medicinae legales vel forenses ..., Jena 1723).

Troppanneger, Christian Gottlieb, Decisiones medico-forenses. Worinnen sowohl dessen eigenen und zwar die meisten Iudicia, als auch anderer unterschiedlicher Juristisch und Medizinischen Facultäten, Urthel und Response über siebentzig rare und zum Theil schwere Casus, sonderlich de lethalitate vulnerum ... in VII Decurien nebst einer Vorrede D. Friedrich Hoffmanns, Dresden/Neustadt 1733.

Uden, Konrad Friedrich, Abhandlung über die Glaubwürdigkeit der Medizinalberichte in peinlichen Rechtshändeln, Berlin 1780.

Uden, Konrad Friedrich/Pyl, Johann Theodor (Hg.), Magazin für die gerichtliche Arzneykunde und medicinische Polizei, 2 Bde., Stendal 1782–1785.

Walter, Johann Gottlieb, Betrachtungen über die Geburths-Theile des weiblichen Geschlechts, vorgelesen in der Königlichen Akademie der Wissenschaften zu Berlin, Berlin 1776.

Weikard, M.A., Der philosophische Arzt. Philosophische Arzneykunst oder von Gebrechen der Sensationen, des Verstandes und des Willens, Frankfurt/M., 2 Bde., 1798 und 1799.

Weiz, Friedrich August, Vermischte Beyträge zur gerichtlichen Arzneygelahrtheit in verschiedenen vorgekommenen Fällen für Ärzte und Rechtsgelehrte, Leipzig 1776.

Weiz, Friedrich August, Sammlung kleiner akademischer Schriften über Gegenstände der gerichtlichen Arzneygelehrtheit und medicinischen Rechtsgelehrsamkeit, ... mehrere Bde., Altenburg, 1792–1797.

Ziegler, Christian Johann August, Beobachtungen aus der Arzneywissenschaft, Chirurgie und gerichtlichen Arzneykunde. Nebst einer Untersuchung des Quedlinburgischen Gesundbrunnens, Leipzig 1787.

Zittmann, Johann Friederich, Medicina forensis, d. i. die geöffnete Pforte der Medizin und Chirurgie anweisende der Facultät zu Leipzig hochvernünfftig ertheilte Aussprüche und responsa über allerhand schwere, zweifelhaffte und seltene von 1650–1700 vorgekommene Fragen und Fälle, Frankfurt am Main 1706.

Literatur

Adler, Kathleen/Pointon, Marcia (Hg.), The Body Imaged. The Human Form and Visual Culture since the Renaissance, Cambridge 1993.
Angerer, Marie-Luise, Zwischen Ekstase und Melancholie: Der Körper in der neueren feministischen Diskussion, in: L'homme 1/1994, 28–44.
Armstrong, David, Sagen und Hören: Das Problem der Sicht des Patienten, in: Alois Hahn/Volker Kapp (Hg.), Selbstthematisierung und Selbstzeugnis. Bekenntnis und Geständnis, Frankfurt/M. 1987, 193–207.
Azouvi, François, Woman as a Model of Pathology in the 18th Century, in: Diogenes 115/1981, 22–36.
Bachmann-Medick, Doris, Kulturen: ein Sprengstoff für die Kulturwissenschaften, in: HA 1/1994, 158–164.
Bake, Rita (Hg.), Trotz Fleiß keinen Preis. Ein historischer Stadtrundgang zu Hamburgs armen Frauen im 18. Jahrhundert, Hamburg 1992.
Barker-Benfield, G. J., The Horrors of the Half-Known Live, New York 1976.
Baßler, Moritz (Hg.), New Historicism. Literaturgeschichte als Poetik der Kultur, Frankfurt/M. 1995.
Baumann, Ursula, Die Diskriminierung des Suizids im Spiegel von Begräbnispraktiken, in: Jan C. Joerden (Hg.), Diskriminierung – Antidiskriminierung, Berlin 1996, 87–102.
Baumann, Ursula, Suizid als soziale Pathologie. Gesellschaftskritik und Reformdiskussion im späten 18. Jahrhundert, in: Zeitschrift für Geschichtswissenschaft 6/1997, 485–502.
Beck, Hamilton, Of Two Minds about the Death Penalty: Hippel's Account of a Case of Infanticide, in: Studies in Eighteenth Century Culture 18/1988, 123–140.
Beck, Rainer, Frauen in Krise. Eheleben und Ehescheidung in der ländlichen Gesellschaft Bayerns während des Ancien Régime, in: Richard van Dülmen (Hg.), Dynamik der Tradition. Studien zur historischen Kulturforschung IV, Frankfurt/M. 1992, 137–212.
Begemann, Christian, Furcht und Angst im Prozeß der Aufklärung. Zu Literatur und Bewußtsein des 18. Jahrhunderts, Frankfurt/M. 1987.
Behringer, Wolfgang (Hg.), Hexen und Hexenprozesse, München 1988.

Behringer, Wolfgang, Mörder, Diebe, Ehebrecher. Verbrechen und Strafen in Kurbayern vom 16. bis 18. Jahrhundert, in: Richard van Dülmen (Hg.), Verbrechen, Strafen und soziale Kontrolle. Studien zur historischen Kulturforschung III, Frankfurt/M. 1990, 85–132.

Behringer, Wolfgang, Der »Bayerische Hexenkrieg«. Die Debatte am Ende der Hexenprozesse in Deutschland, in: Sönke Lorenz/Dieter R. Bauer (Hg.), Das Ende der Hexenverfolgung, Stuttgart 1995, 287–313.

Behringer, Wolfgang, Hexen. Glaube. Verfolgung. Vermarktung, München 1998.

Bennholdt-Thomsen, Anke/Guzzoni, Alfredo, Zur Theorie des Versehens im 18. Jahrhundert. Ansätze einer pränatalen Psychologie, in: Thomas Kornbichler (Hg.), Klio und Psyche (Geschichte und Psychologie Bd. 1), Pfaffenweiler 1990, 112–125.

Benrekassa, G., Hystérie, »Crises« et Convulsions au 18e Siècle. Age des Lumièrs, Éclipses du Sujet, in: Revue des Sciences Humaines 4/1987, 113–140.

Berg, Alexander, Der Krankheitskomplex der Kolik- und Gebärmutterleiden in der Volksmedizin und Medizingeschichte unter besonderer Berücksichtigung der Volksmedizin in Ostpreussen. Ein Beitrag zur Erforschung volkstümlicher Krankheitsvorstellungen, Berlin 1935.

Bergmann, Anna, Die Verlebendigung des Todes und die Tötung des Lebendigen durch den medizinischen Blick, in: Elisabeth Mixa et al. (Hg.), Körper – Geschlecht – Geschichte. Historische und aktuelle Debatten in der Medizin, Innsbruck u. a. 1996, 77–95.

Berriot-Salvadore, Évelyne, Der medizinische und andere wissenschaftliche Diskurse, in: Geschichte der Frauen, Bd. 3, Frühe Neuzeit, Frankfurt/M. 1994, 367–407.

Bevir, Mark, Objectivity in History, in: History and Theory 3/1994, 328–344.

Blacking, John (Hg.), The Anthropology of the Body, New York u. a. 1977.

Blasius, Dirk, Ehescheidung in Deutschland im 19. und 20. Jahrhundert, Frankfurt/M. 1992.

Böning, Holger, Medizinische Volksaufklärung und Öffentlichkeit. Ein Beitrag zur Popularisierung aufklärerischen Gedankengutes und zur Entstehung einer Öffentlichkeit über Gesundheitsfragen. Mit einer Bibliographie medizinischer Schriften, in: Internationales Archiv für Sozialgeschichte der deutschen Literatur 15/1990, 1–92.

Borkowsky, Maja, Krankheit Schwangerschaft? Schwangerschaft, Geburt und Wochenbett aus ärztlicher Sicht seit 1800, Zürich 1988.

Bostl, Beatrix, Eheliche Sexualität in der frühen Neuzeit zwischen Lust und Last. Die Instruktionen des Fürsten Karl Eusebius von Liechtenstein, in: Archiv für Kulturgeschichte 2/1996, 277–301.

Boswell, John, Christianity, Social Tolerance, and Homosexuality. Gay People in Western Europe from the Beginning of the Christian Era to the Twentieth Century, Chicago 1980.

Boucé, Paul-Gabriel, Imagination, Pregnant Women, and Monsters in Eighteenth Century England and France, in: George S. Rousseau/Roy Porter (Hg.), Sexual Underworlds of the Enlightenment, Manchester 1987, 86–100.

Braun, Karl, Die Krankheit Onania. Körperängste und die Anfänge moderner Sexualität im 18. Jahrhundert. Historische Studien 16, Frankfurt/M. u. a. 1995.

Breit, Stefan, Leichtfertigkeit und ländliche Gesellschaft. Voreheliche Sexualität in der frühen Neuzeit, München 1991.

Büsch, Otto, Militärsystem und Sozialleben im Alten Preußen 1713–1807. Die Anfänge der preußisch-deutschen Gesellschaft, Berlin 1962.

Büttner, Johannes, Die physikalische und chemische Untersuchung von Blut im 17. und 18. Jahrhundert. Zur Bedeutung von Robert Boyles »Memoirs for the Natural History of Human Blood« (1684), in: Medizinhistorisches Journal 22/1897, 185–196.

Burghartz, Susanna, Rechte Jungfrauen oder unverschämte Töchter? Zur weiblichen Ehre im 16. Jahrhundert, in: Journal für Geschichte 1/1991, 39–45.

Burghartz, Susanna, Geschlecht – Körper – Ehre. Überlegungen zur weiblichen Ehre in der Frühen Neuzeit am Beispiel der Basler Ehegerichtsprotokolle, in: Klaus Schreiner/Gerd Schwerhoff (Hg.), Verletzte Ehre. Ehrkonflikte in Gesellschaften des Mittelalters und der Frühen Neuzeit, Köln u. a. 1995, 214–234.

Burke, Peter, Küchenlatein. Sprache und Umgangssprache in der frühen Neuzeit, Berlin 1989.

Butler, Judith, Das Unbehagen der Geschlechter, Frankfurt/M. 1991 (Gender Trouble, New York 1990).

Butler, Judith, Bodies that Matter. On the Discursive Limits of Sex, London u. a. 1993.

Bynum, Caroline, Warum das ganze Theater mit dem Körper? Die Sicht einer Mediävistin, in: Historische Anthropologie 1/1996, 1–33.

Bynum, William F./Porter, Roy/Shepherd, Michael (Hg.), The Asylum and its Psychiatry. The Anatomy of Madness Vol. 3, London 1988.

Certeau, Michel de, Das Schreiben der Geschichte, Frankfurt/M. u. a. 1991.

Cook, Harold J., Trials of an Ordinary Doctor. Johannes Groenevelt in 17th Century London, Baltimore u. a. 1994.

Corbin, Alain, Pesthauch und Blütenduft. Die Geschichte des Geruchs, Berlin 1984.

Darmon, Pierre, Le tribunal de l'impuissance. Virilité et défaillances conjugales dans l'Ancienne France, Paris 1979.

Davis, Natalie Zemon, Die Möglichkeit der Vergangenheit. Geschichte und Ethnologie: neue Blicke auf vertraute Landschaften, in: Ulrich Raulff (Hg.), Vom Umschreiben der Geschichte. Neue historische Perspektiven, Berlin 1986, 45–53.

Davis, Natalie Zemon, Der Kopf in der Schlinge. Gnadengesuche und ihre Erzähler, Berlin 1988.

Dean, Carolyn J., The Productive Hypothesis: Foucault, Gender and the History of Sexuality, in: History and Theory 2/1994, 271–296.

Decker, Rainer, Die Haltung der römischen Inquisition gegenüber Hexenglauben und Exorzismus am Beispiel der Teufelsaustreibungen in Paderborn 1657, in: Sönke Lorenz/Dieter R. Bauer (Hg.), Das Ende der Hexenverfolgung, Stuttgart 1995, 97–115.

Dekker, Rudolf/van de Pol, Lotte, Frauen in Männerkleidern. Weibliche Transvestiten und ihre Geschichte, Berlin 1990.

Digby, Anne, Making a Medical Living. Doctors and Patients in the Market for Medicine, 1720–1911, New York 1994.

Dinges, Martin, Soldatenkörper in der frühen Neuzeit. Erfahrungen mit einem unzureichend geschützten, formierten und verletzten Körper in Selbstzeugnissen, in: Richard van Dülmen (Hg.), Körper-Geschichten. Studien zur historischen Kulturforschung V, Frankfurt/M. 1996, 71–98.

Dinges, Martin, The Reception of Michel Foucault's Ideas on Social Discipline, Mental Asylums, Hospitals and The Medical Profession in German Historiography, in: Colin Jones/Roy Porter (Hg.), Reassessing Foucault. Power, Medicine and the Body, London u.a. 1994, 181–212.

Dinges, Martin, »Historische Anthropologie« und »Gesellschaftsgeschichte«, Mit dem Lebensstilkonzept zu einer »Alltagskulturgeschichte« der frühen Neuzeit, in: Zeitschrift für historische Forschung 2/1997, 178–214.

Dornheim, Jutta/Alber, W., Ärztliche Fallberichte des 18. Jahrhunderts als volkskundliche Quelle, in: Zeitschrift für Volkskunde 78/1982, 28–43.

Dressel, Gerd, Historische Anthropologie. Eine Einführung, Wien 1996.

Duden, Barbara, Keine Nachsicht gegen das schöne Geschlecht. Wie sich Ärzte die Kontrolle über die Gebärmutter aneigneten, in: Silvia von Paczensky (Hg.), Wir sind keine Mörderinnen! Streitschrift gegen eine Einschüchterungskampagne, Reinbek 1980, 109–126.

Duden, Barbara, Geschichte unter der Haut. Ein Eisenacher Arzt und seine Patientinnen um 1730, Stuttgart 1987.

Duden, Barbara, Die »Geheimnisse« der Schwangeren und das Öffentlichkeitsinteresse der Medizin. Zur sozialen Bedeutung der Kindsregung, in: Journal für Geschichte 1/89, 48–55.

Duden, Barbara (Hg.), Body History/Körpergeschichte. A Repertory/Ein Repertorium, Wolfenbüttel 1990.

Duden, Barbara, Der Frauenleib als öffentlicher Ort. Vom Mißbrauch des Begriffs Leben, Hamburg u.a. 1991.

Duden, Barbara, Die Frau ohne Unterleib: Zu Judith Butlers Entkörperung. Ein Zeitdokument, in: Feministische Studien 2/1993, 24–33.

Duden, Barbara, Die groben Netze der Historiker, Interview mit B. D., in: ÖZG 3/1992, 355–366.

Dülmen, Richard van, Frauen vor Gericht. Kindsmord in der frühen Neuzeit, Frankfurt/M. 1991.

Dülmen Richard van, Theater des Schreckens. Gerichtspraxis und Strafrituale in der frühen Neuzeit, München 1995⁴.

Dülmen, Richard van, Historische Anthropologie in der deutschen Sozialgeschichtsschreibung. Ein Bericht, in: H. C. Ehalt/H. Konrad (Hg.), Gesellschaft der frühen Neuzeit: Kulturelles Handeln und sozialer Prozeß. Beiträge zur historischen Kulturforschung (Kulturstudien. Bibl. der Kulturgesch. Bd. 28), Wien 1993, 372–402.

Dülmen, Richard van, Historische Kulturforschung zur Frühen Neuzeit. Entwicklung – Probleme – Aufgaben, in: GG 3/1995, 403–429.

Dülmen, Richard van (Hg.), Körper-Geschichten. Studien zur historischen Kulturforschung V, Frankfurt/M. 1996.

Dürr, Renate, Die Nöte der Hagar und die Ordnung des Hauses in der frühen Neuzeit, in: Erhard Chvojka/Richard van Dülmen/Vera Jung (Hg.), Neue Blicke. Historische Anthropologie in der Praxis, Wien u. a. 1997, 131–154.

Easlea, Brian, Science and Sexual Oppression. Patriarchy's Confrontation with Women and Nature, London 1981.

Ebrecht, Angelika, Die Krankheit der schönen Seele. Psychologischer Diskurs und idealisierte Weiblichkeit im 18. und frühen 19. Jahrhundert, in: Psychologie und Geschichte 3/4 1991, 1–16.

Eder, Franz, X., Die Erfindung der »Onanie« im späten 18. Jahrhundert, in: Beiträge zur historischen Sozialkunde, 2/94, 57–62.

Eibach, Joachim, Kriminalitätsgeschichte zwischen Sozialgeschichte und Historischer Kulturforschung, in: HZ 263/1996, 681–715.

Eigen, Joel Peter, Witnessing Insanity: Madness and Mad-Doctors in the English Court, New Haven 1995.

Elkeles, Barbara, Medicus und Medikaster. Zum Konflikt zwischen akademischer und »empirischer« Medizin im 17. und frühen 18. Jahrhundert, in: Medizinhistorisches Journal 22/1987, 197–211.

Epstein, Julia, Altered Conditions. Disease, Medicine, and Storytelling, New York u. a. 1995.

Erlach, Daniela et al. (Hg.), Privatisierung der Triebe? Sexualität in der Frühen Neuzeit, Frankfurt/M. 1994.

Evans, Richard J., Rituals of Retribution: Capital Punishment in Germany 1600–1987, Oxford 1996.

Evans, Richard J., Fakten und Fiktionen. Über die Grundlagen historischer Erkenntnis, Frankfurt/M. 1998.

Fischer-Homberger, Esther, Krankheit Frau und andere Arbeiten zur Medizingeschichte der Frau, Bern 1979.

Fischer-Homberger, Esther, Medizin vor Gericht. Gerichtsmedizin von der Renaissance bis zur Aufklärung, Bern 1983.

Fischer-Homberger, Esther, Hunger – Herz – Schmerz – Geschlecht. Brüche und Fugen im Bild von Leib und Seele, Bern 1997.

Flaig, Christiane, Gerichtsmedizinische Betrachtungen zur Kindstötung im Wandel der Gesellschaftsstruktur, Tübingen 1976.

Flandrin, Jean-Louis, Das Geschlechtsleben der Eheleute in der alten Gesellschaft: Von der kirchlichen Lehre zum realen Leben, in: Philippe Ariès/André Béjin/Michel Foucault et al. (Hg.), Die Masken des Begehrens und die Metamorphosen der Sinnlichkeit. Zur Geschichte der Sexualität im Abendland, Frankfurt/M. 1995 (1984).

Fleck, Ludwik, Entstehung und Entwicklung einer wissenschaftlichen Tatsache. Einführung in die Lehre vom Denkstil und vom Denkkollektiv, Frankfurt/M. 1993 (Basel 1935).

Fletcher, Anthony, Gender, Sex and Subordination in England 1500–1800, New Haven u.a. 1995.

Fluck, Winfried, Die »Amerikanisierung« der Geschichte im »New Historicism«, in: Moritz Baßler (Hg.), New Historicism. Literaturgeschichte als Poetik der Kultur, Frankfurt/M. 1995, 229–250.

Foucault, Michel, Mikrophysik der Macht. Über Strafjustiz, Psychiatrie und Medizin, Berlin 1976.

Foucault, Michel, Der Wille zum Wissen. Sexualität und Wahrheit, Bd. 1, Frankfurt/M. 1977.

Foucault, Michel, Archäologie des Wissens, Frankfurt/M. 1981 (Paris 1969).

Foucault, Michel, Wahnsinn und Gesellschaft. Eine Geschichte des Wahns im Zeitalter der Vernunft, Frankfurt/M. 1993 (Histoire de la Folie, Paris 1961).

Foucault, Michel, Die Geburt der Klinik. Eine Archäologie des ärztlichen Blickes, Frankfurt/M. 1993 (Naissance de la Clinique, Paris 1963).

Foucault, Michel, Überwachen und Strafen. Die Geburt des Gefängnisses, Frankfurt/M. 1994 (Surveiler et Punir. La Naissance de la Prison, Paris 1975).

Fradenburg, Louise/Freccero, Carla (Hg.), Premodern Sexualities, New York u.a. 1996.

Frank, Michael, Die fehlende Geduld Hiobs. Suizid und Gesellschaft in der Grafschaft Lippe (1600–1800), in: Gabriela Signori (Hg.), Trauer, Verzweiflung und Anfechtung. Selbstmord und Selbstmordversuche in mittelalterlichen und frühneuzeitlichen Gesellschaften, Tübingen 1994, 152–188.

Frank, Michael, Ehre und Gewalt im Dorf der frühen Neuzeit. Das Beispiel Heiden (Grafschaft Lippe) im 17. und 18. Jahrhundert, in: Klaus Schreiner/Gerd Schwerhoff

(Hg.), Verletzte Ehre. Ehrkonflikte in Gesellschaften des Mittelalters und der Frühen Neuzeit, Köln u.a. 1995, 320–338.

French, Roger, Ethics in the Eighteenth Century: Hoffmann in Halle, in: Andrew Wear/Johanna Geyer-Kordesch/ders. (Hg.), Doctors and Ethics. The Earlier Historical Setting of Professional Ethics (Clio Medica Vol. 24), Amsterdam 1993, 153–180.

Frevert, Ute, Frauen und Ärzte im späten 18. und frühen 19. Jahrhundert. Zur Sozialgeschichte eines Gewaltverhältnisses, in: Annette Kuhn/Jörn Rüsen (Hg.), Frauen in der Geschichte, Düsseldorf 1982, 177–210.

Frevert, Ute, Krankheit als politisches Problem 1770–1880. Soziale Unterschichten in Preußen zwischen medizinischer Polizei und staatlicher Sozialversicherung, Göttingen 1984.

Fricke, Thomas, Zigeuner im Zeitalter des Absolutismus. Bilanz einer einseitigen Überlieferung, Pfaffenweiler 1996.

Fründ, Annegret, Zur Konstruktion der Kategorien »Geschlecht« und »Sexualität« und deren Auswirkungen auf Frauenbeziehungen, in: beiträge zur feministischen theorie und praxis 45/1997, 43–52.

Gaskill, Malcolm, Reporting Murder: Fiction in the Archives in Early Modern England, in: Social History 1/1998, 1–30.

Geertz, Clifford, Dichte Beschreibung. Beiträge zum Verstehen kultureller Systeme, Frankfurt/M. 1983 (1966).

Gélis, Jacques et. al. (Hg.), Der Weg ins Leben. Geburt und Kindheit in früherer Zeit, München 1980.

Gélis, Jacques, History of Childbirth: Fertility, Pregnancy and Birth in Early Modern Europe, Boston 1991.

Geyer-Kordesch, Johanna, German Medical Education in the Eighteenth Century: The Prussian Context and its Influence, in: W. F. Bynum/Roy Porter (Hg.), William Hunter and the 18th-Century Medical World, Cambridge 1985, 177–205.

Geyer-Kordesch, Johanna, Medizinische Fallbeschreibungen und ihre Bedeutung in der Wissensreform des 17. und 18. Jahrhunderts, in: MedGG 9/1990, 7–19.

Geyer-Kordesch, Johanna, Infanticide and Medico-legal Ethics in Eighteenth Century Prussia, in: Andrew Wear/dies./Roger French (Hg.), Doctors and Ethics. The Earlier Historical Setting of Professional Ethics (Clio Medica Vol. 24), Amsterdam 1993, 181–202.

Geyer-Kordesch, Johanna, Whose Enlightenment? Medicine, Witchcraft, Melancholia, and Pathology, in: Roy Porter (Hg.), Medicine in the Enlightenment (Clio Medica Vol. 29), Amsterdam 1995, 113–127.

Gilbert, Arthur, Buggery and the British Navy, 1700–1861, in: Journal of Social History 10/1976–77, 72–98.

Gilman, Sander, Sexuality, an Illustrated History, New York 1989.

Gleixner, Ulrike, »Das Mensch« und »der Kerl«. Die Konstruktion von Geschlecht in Unzuchtsverfahren der frühen Neuzeit (1700–1760), Frankfurt/M. 1994.

Göttsch, Silke, Weibliche Erfahrungen um Körperlichkeit und Sexualität nach archivalischen Quellen aus Schleswig-Holstein 1700–1850, in: Kieler Blätter zur Volkskunde 18/1986, 29–59.

Göttsch, Silke, »... sie trügen ihre Kleider mit Ehren ...« Frauen und traditionelle Ordnung im 18. Jahrhundert, in: Ursula Pasero/Friederike Braun (Hg.), Frauenforschung in universitären Disziplinen. »Man räume ihnen Kanzeln und Lehrstühle ein«, Opladen 1993, 67–88.

Göttsch, Silke, »Vielmahls aber hätte sie gewünscht einen andern Mann zu haben.« Gattenmord im 18. Jahrhundert, in: Otto Ulbricht (Hg.), Von Huren und Rabenmüttern. Weibliche Kriminalität in der Frühen Neuzeit, Köln u.a. 1995, 313–334.

Goltz, Dietlinde, Nachtwanderei, Mondsucht und Somnambulismus – Eine Nachtseite der Medizingeschichte, in: Medizinhistorisches Journal 4/1993, 321–343.

Greenblatt, Stephen, Selbstbildung in der Renaissance. Von More bis Shakespeare (Einleitung), in: Moritz Baßler (Hg.), New Historicism. Literaturgeschichte als Poetik der Kultur, Frankfurt/M. 1995, 35–47.

Greenblatt, Stephen, Kultur, in: Moritz Baßler (Hg.), New Historicism. Literaturgeschichte als Poetik der Kultur, Frankfurt/M. 1995, 48–59.

Griesebner, Andrea, »Er hat mir halt gute Wörter gegeben, dass ich es Thun solle.« Sexuelle Gewalt im 18. Jahrhundert am Beispiel des Prozesses gegen Katharina Riedlerin und Franz Riedler, in: Michael Weinzierl (Hg.), Individualisierung, Rationalisierung, Säkularisierung. Neue Wege der Religionsgeschichte (Wiener Beiträge zur Geschichte der Neuzeit, Bd. 22), Wien 1997, 130–155.

Hagner, Michael, Homo cerebralis. Der Wandel vom Seelenorgan zum Gehirn, Berlin 1997.

Hahn, Alois/Kapp, Volker (Hg.), Selbstthematisierung und Selbstzeugnis: Bekenntnis und Geständnis, Frankfurt/M. 1987.

Hartinger, Walter, Bayerisches Dienstbotenleben auf dem Land vom 16. bis 18. Jahrhundert, in: Zeitschrift für Bayerische Landesgeschichte, 38/1975, 598–638.

Heinemann, Evelyn, Hexen und Hexenangst. Eine psychoanalytische Studie des Hexenwahns in der frühen Neuzeit, Göttingen ²1998.

Hess, Volker, Von der semiotischen zur diagnostischen Medizin, Husum 1993.

Hödl, Klaus, Der jüdische Körper als Stigma, in: ÖZG 2/1997, 212–230.

Hohkamp, Michaela, Häusliche Gewalt. Beispiele aus einer ländlichen Region des mittleren Schwarzwaldes im 18. Jahrhundert, in: Thomas Lindenberger, Alf Lüdtke (Hg.), Physische Gewalt. Studien zur Geschichte der Neuzeit, Frankfurt/M. 1995, 276–302.

Holzberg, Helmut et al. (Hg.), Gesundheit und Krankheit im 18. Jahrhundert. Referate der Tagung der Schweizerischen Gesellschaft zur Erforschung des 18. Jahrhunderts, 1.–2. 10. 1993 in Bern, Amsterdam u. a. 1995.

Honegger, Claudia, Hexenprozesse und ›Heimlichkeiten der Frauenzimmer‹: Geschlechtsspezifische Aspekte von Fremd- und Selbsthematisierung, in: Alois Hahn/Volker Kapp (Hg.), Selbstthematisierung und Selbstzeugnis. Bekenntnis und Geständnis, Frankfurt/M. 1987, 95–109.

Honegger, Claudia, Die Ordnung der Geschlechter. Die Wissenschaften vom Menschen und das Weib, Frankfurt/M. u. a. 1991.

Huet, Marie-Hélène, Monstrous Imagination, Cambridge/Mass. u. a. 1993.

Hull, Isabel V., Sexuality, State, and Civil Society in Germany 1700–1815, Ithaca u. a. 1996.

Hurteau, Pierre, Catholic Moral Discourse on Male Sodomy and Masturbation in the Seventeenth and Eighteenth Centuries, in: JHS 1/1993, 1–26.

Huussen, Arend H. Jr., Sodomy in the Dutch Republic during the Eighteenth Century, in: Robert Purks Maccubin (Hg.), ›Tis Nature's Fault‹. Unauthorized Sexuality During the Enlightenment, Cambridge 1987, 169–178.

Imhof, Arthur E. (Hg.), Leib und Leben in der Geschichte der Neuzeit, Berlin 1983.

Imhof, Arthur E., Unterschiedliche Einstellungen zu Leib und Leben in der Neuzeit, in: ders., Der Mensch und sein Körper. Von der Antike bis heute, München 1983, 65–81.

Ingram, Alan, The Madhouse of Language. Writing and Reading Madness in the Eighteenth Century, London 1991.

Isaac, Rhys, Geschichte und Anthropologie – oder Macht und (Be-)Deutung, in: HA 1/1994, 107–130.

Jackson, Mark, Developing Medical Expertise: Medical Practitioners and the Suspected Murders of New-Born Children, in: Roy Porter (Hg.), Medicine in the Enlightenment (Clio Medica Vol. 29), Amsterdam 1995, 145–165.

Jackson, Mark, New-born Child Murder: Women, Illegitimacy and the Courts in Eighteenth-Century England, Manchester 1996.

Jeggle, Utz, Im Schatten des Körpers. Überlegungen zu einer Volkskunde der Körperlichkeit, in: Zeitschrift für Volkskunde 2/1980, 169–188.

Jerouschek, Günter, Lebensschutz und Lebensbeginn. Kulturgeschichte des Abtreibungsverbots, Stuttgart 1988.

Jerouschek, Günter, Der Hexenprozeß als politisches Machtinstrument. Der mysteriöse Tod des Hexeninquisitors Daniel Hauff und das Ende der Verfolgung in Esslingen nebst Überlegungen zur Psychohistorie der Hexenverfolgungen, in: Sönke Lorenz/Dieter R. Bauer (Hg.), Das Ende der Hexenverfolgung, Stuttgart 1995, 117–127.

Jones, Vivian, Women in the Eighteenth Century. Constructions of Femininity, London 1990.

Jordanova, Ludmilla, Sexual Visions. Images of Gender in Science and Medicine between the Eighteenth and Twentieth Centuries, Hertfordshire 1989.

Jütte, Robert, Ärzte, Heiler und Patienten. Medizinischer Alltag in der frühen Neuzeit, München 1991.

Jütte, Robert, The Social Construction of Illness in the Early Modern Period, in: Jens Lachmund/Gunnar Stollberg (Hg.), The Social Construction of Illness, MedGG Beiheft 1, Stuttgart 1992, 23–38.

Justiz in alter Zeit, Schriftenreihe des Mittelalterlichen Kriminalmuseums Rothenburg ob der Tauber, Bd. VI c, Rothenburg o. d. T. 1989.

Kaes, Anton, New Historicism: Literaturgeschichte im Zeichen der Postmoderne?, in: Moritz Baßler (Hg.), New Historicism. Literaturgeschichte als Poetik der Kultur, Frankfurt/M. 1995, 251–267.

Kapp, Volker (Hg.), Die Sprache der Zeichen und Bilder. Rhetorik und nonverbale Kommunikation in der frühen Neuzeit, Marburg 1990.

Kaufmann, Doris, Psychiatrie und Strafjustiz im 19. Jahrhundert. Die gerichtsmedizinischen Gutachten der Medizinischen Fakultät der Universität Tübingen 1770–1860, in: MedGG 10/1991, 23–39.

Kaufmann, Doris, Aufklärung, bürgerliche Selbsterfahrung und die »Erfindung« der Psychiatrie in Deutschland, 1770–1850, Göttingen 1995.

Kienitz, Sabine, Frauen zwischen Not und Normen. Zur Lebensweise vagierender Frauen um 1800 in Württemberg, ÖZG 2/1991, 34–58.

Kienitz, Sabine, Sexualität, Macht und Moral. Prostitution und Geschlechterbeziehungen Anfang des 19. Jahrhunderts in Württemberg. Ein Beitrag zur Mentalitätsgeschichte, Berlin 1995.

Kinder- und Hausmärchen, gesammelt durch die Brüder Grimm, Berlin u.a. 1990.

Kleinspehn, Thomas, Der flüchtige Blick. Sehen und Identität in der Kultur der Neuzeit, Reinbek 1989.

Klimpel, Volker, Das Dresdner Collegium Medico-Chirurgicum (1748–1813), Frankfurt/M. u.a. 1995.

Kloosterhuis, Jürgen (Bearb.), Bauern, Bürger und Soldaten. Quellen zur Sozialisation des Militärsystems im preußischen Westfalen 1713–1803, Bd. 1 Regesten, Bd. 2 Listen, Münster 1992.

Knibiehler, Yvonne, Les Médicines et la Nature Féminine au Temps du Code Civil, in: Annales E.S.C. 31/1976, 824–845.

Knibiehler, Yvonne/Fouquet, Catharine (Hg.), La Femme et les Médicins, Paris 1983.

Koselleck, Reinhart et al. (Hg.), Formen der Geschichtsschreibung, München 1982.

Kutzer, Michael, Tradition, Anatomie und Psychiatrie. Die mentalen Vermögen und ihre Gehirnlokalisation in der frühen Neuzeit, in: Medizinhistorisches Journal 2/1993, 199–228.

Kutzer, Michael, Liebeskranke Magd, tobsüchtiger Mönch, schwermütiger Handelsherr. »Psychiatrie« in den Observationes und Curationes des niederländischen »Hippokrates« Pieter van Foreest (1522–1592), in: Medizinhistorisches Journal 3/1995, 245–273.

Labisch, Alfons, The Social Construction of Health: From Early Modern Times to the Beginning of the Industrialization, in: Jens Lachmund/Gunnar Stollberg (Hg.), The Social Construction of Illness, MedGG Beiheft 1, Stuttgart 1992, 85–101.

Labouvie, Eva, Zauberei und Hexenwerk. Ländlicher Hexenglaube in der frühen Neuzeit, Frankfurt/M. 1991.

Labouvie, Eva, Verbotene Künste. Volksmagie und ländlicher Aberglaube in den Dorfgemeinden des Saarraumes (16. bis 19. Jahrhundert), St. Ingbert 1992.

Labouvie, Eva, Andere Umstände. Eine Kulturgeschichte der Geburt, Köln u. a. 1998.

LaCapra, Dominick, Geschichte und Kritik, Frankfurt/M. 1987.

Lachmund, Jens/Stollberg, Gunnar (Hg.), The Social Construction of Illness, MedGG Beiheft 1, Stuttgart 1992.

Lachmund, Jens/Stollberg, Gunnar, Patientenwelten. Krankheit und Medizin vom späten 18. bis zum frühen 20. Jahrhundert im Spiegel von Autobiographien, Opladen 1995.

Lambrecht, Karen, Hexenverfolgung und Zaubereiprozesse in den schlesischen Territorien, Köln u. a. 1995.

Laqueur, Thomas, Making Sex. Body and Gender from the Greeks to Freud, Cambridge/ Mass. u. a. 1990.

Lederer, David, Aufruhr auf dem Friedhof. Pfarrer, Gemeinde und Selbstmord im frühneuzeitlichen Bayern, in: Gabriela Signori (Hg.), Trauer, Verzweiflung und Anfechtung. Selbstmord und Selbstmordversuche in mittelalterlichen und frühneuzeitlichen Gesellschaften, Tübingen 1994, 189–209.

Lenzen, Dieter, Melancholie, Fiktion und Historizität. Historiographische Optionen im Rahmen einer Historischen Anthropologie, in: Gunter Gebauer/Dietmar Kamper/Dieter Lenzen et al. (Hg.), Historische Anthropologie. Zum Problem der Humanwissenschaften heute oder Versuche einer Neubegründung, Reinbek 1989, 13–48.

Liliequist, Jonas, Peasants against Nature. Crossing the Boundaries between Man and Animal in Seventeenth and Eighteenth-Century Sweden, in: John C. Fout (Hg.), Forbidden History. The State, Society, and the Regulation of Sexuality in Modern Europe, Chicago u. a. 1992, 57–87.

Lind, Vera, Selbstmord in der frühen Neuzeit. Diskurs – Lebenswelt – kultureller Wandel (Diss. Kiel 1997), Göttingen, im Druck.

Lind, Vera, Aus der Rolle gefallen. Männliche Emotionen mit (fast) tödlichem Ausgang, in: Erhard Chvojka/Richard van Dülmen/Vera Jung (Hg.), Neue Blicke. Historische Anthropologie in der Praxis, Wien u. a. 1997, 183–198.

Lindemann, Mary, The Enlightenment Encountered: The German Physikus and His World, 1750–1820, in: Roy Porter (Hg.), Medicine in the Enlightenment (Clio Medica Vol. 29), Amsterdam 1995, 181–197.

Lindemann, Mary, Die Jungfer Heinrich. Transvestitin, Bigamistin, Lesbierin, Diebin, Mörderin, in: Otto Ulbricht (Hg.), Von Huren und Rabenmüttern. Weibliche Kriminalität in der frühen Neuzeit, Köln u.a. 1995, 259–279.

Lindemann, Mary, Health and Healing in Eighteenth-Century Germany, Baltimore u.a. 1996.

Lipping, Margita, Bürgerliche Konzepte zur weiblichen Sexualität in der zweiten Hälfte des 18. Jahrhunderts. Rekonstruktionsversuche am Material medizinischer und pädagogischer Texte, in: Johanna Geyer-Kordesch/Annette Kuhn (Hg.), Frauenkörper. Medizin. Sexualität. Auf dem Wege zu einer neuen Sexualmoral, Düsseldorf 1986, 28–42.

List, Elisabeth, Der Körper (in) der Geschichte. Theoretische Fragen an einen Paradigmenwechsel., in: ÖZG 2/1997, 167–185.

Loetz, Francisca, Vom Kranken zum Patienten. Medikalisierung und medizinische Vergesellschaftung am Beispiel Badens 1750–1850, Stuttgart 1993.

Lorenz, Chris, Konstruktion der Vergangenheit. Eine Einführung in die Geschichtstheorie, Köln u.a. 1997.

Lorenz, Maren, Das Delikt des Kindsmords im medizinisch-aufklärerischen Diskurs des 18. Jahrhunderts, unveröffentlichte Magisterarbeit, Hamburg 1992.

Lorenz, Maren, »… als ob ihr ein Stein aus dem Leibe kollerte …« Schwangerschaftswahrnehmungen und Geburtserfahrungen von Frauen im 18. Jahrhundert, in: Richard van Dülmen (Hg.), Körper-Geschichten. Studien zur historischen Kulturforschung V, Frankfurt/M. 1996, 99–121.

Lorenz, Sönke/Bauer, Dieter R. (Hg.), Das Ende der Hexenverfolgung, Stuttgart 1995.

Lorenz, Sönke, Die letzten Hexenprozesse in den Spruchakten der Juristenfakultäten. Versuch einer Beschreibung, in: ders./Dieter R. Bauer (Hg.), Das Ende der Hexenverfolgung, Stuttgart 1995, 227–247.

Lucassen, Leo, Zigeuner. Die Geschichte eines polizeilichen Ordnungsbegriffes in Deutschland 1700–1945, Köln u.a. 1996.

Lützeler, Paul Michael, Klio oder Kalliope? Literatur und Geschichte: Sondierung, Analyse, Interpretation, Berlin 1997.

Lumme, Christoph, Höllenfleisch und Heiligtum. Der menschliche Körper im Spiegel autobiographischer Texte des 16. Jahrhunderts, Frankfurt/M. u.a. 1996.

Lutz, Alexandra, Von rasenden Dirnen und tiefsinnigen Schiffern. Ein Lübecker Irrenhaus und seine Insassen 1693–1828, in: Erhard Chvojka/Richard van Dülmen/Vera Jung (Hg.), Neue Blicke. Historische Anthropologie in der Praxis, Wien u.a. 1997, 249–274.

Luyendijk-Elshout, Antonie, Of Masks and Mills. The Enlightened Doctor and His Frightened Patient, in: George S. Rousseau (Hg.), Languages of Psyche. Mind and Body in Enlightenment Thought, Berkeley u.a. 1990, 186–230.

MacDonald, Michael, The Secularisation of Suicide in England 1660–1800, in: Past and Present 111/1986, 50–100.

MacDonald, Michael/Murphy,Terence R., Sleepless Souls: Suicide in early modern England, Oxford 1990.

McCray Beier, Lucinda, Sufferer and Healers, London 1987.

Martschukat, Jürgen, Von Seelenkrankheiten und Gewaltverbrechen im frühen 19. Jahrhundert, in: Erhard Chvojka/Richard van Dülmen/Vera Jung (Hg.), Neue Blicke. Historische Anthropologie in der Praxis, Wien u. a. 1997, 223–248.

McGowen, Randall, Power and Humanity, of Foucault among the Historians, in: Colin Jones/Roy Porter (Hg.), Reassessing Foucault. Power, Medicine and the Body, London u. a. 1994, 91–112.

McLynn, Frank, Crime and Punishment in Eighteenth Century England, Oxford u. a. 1991.

Medick, Hans, Entlegene Geschichte? Sozialgeschichte und Mikro-Historie im Blickfeld der Kulturanthropologie, in: Joachim Matthes (Hg.), Soziale Welt, Sonderband 8: Zwischen den Kulturen? Die Sozialwissenschaften vor dem Problem des Kulturvergleichs, 1992, 167–178.

Merrick, Jeffrey, Patterns of Prosecution of Suicide in Eighteenth Century Paris, in: Historical Reflexions/Réflexions Historiques 1/1989, 1–53.

Metz-Becker, Marita, Der verwaltete Körper. Die Medikalisierung schwangerer Frauen in den Gebärhäusern des frühen 19. Jahrhunderts, Frankfurt/M. 1997.

Meyer-Knees, Anke, Verführung und sexuelle Gewalt. Untersuchung zum medizinischen und juristischen Diskurs im 18. Jahrhundert, Tübingen 1992.

Micale, Mark, Approaching Hysteria. Disease and its Interpretations, Princeton 1995.

Micale, Mark/Porter, Roy (Hg.), Discovery of the History of Psychiatry, New York 1994.

Michalik, Kerstin, Kindsmord. Sozial- und Rechtsgeschichte der Kindstötung im 18. und beginnenden 19. Jahrhundert am Beispiel Preußen, Pfaffenweiler 1997.

Minois, Georges, Geschichte des Selbstmords, Düsseldorf u. a. 1996.

Mixa, Elisabeth, »Tolle, tobende Weiber«. Die ersten Wiener Irren-Anstalten und das andere Geschlecht, in: dies. et al. (Hg.), Körper – Geschlecht – Geschichte. Historische und aktuelle Debatten in der Medizin, Innsbruck u. a. 1996, 96–115.

Möhle, Sylvia, Ehekonflikte und sozialer Wandel. Göttingen 1740–1840, Frankfurt/M. 1997.

Montgomery Hunter, Kathryn, Doctor's Stories. The Narrative Structure of Medical Knowledge, Princeton 1991.

Montrose, Louis, Die Renaissance behaupten. Poetik und Politik der Kultur, in: Moritz Baßler (Hg.), New Historicism. Literaturgeschichte als Poetik der Kultur, Frankfurt/M. 1995, 60–94.

Jütte, Robert, Ärzte, Heiler und Patienten. Medizinischer Alltag in der frühen Neuzeit, München 1991.

Jütte, Robert, The Social Construction of Illness in the Early Modern Period, in: Jens Lachmund/Gunnar Stollberg (Hg.), The Social Construction of Illness, MedGG Beiheft 1, Stuttgart 1992, 23–38.

Justiz in alter Zeit, Schriftenreihe des Mittelalterlichen Kriminalmuseums Rothenburg ob der Tauber, Bd. VI c, Rothenburg o. d. T. 1989.

Kaes, Anton, New Historicism: Literaturgeschichte im Zeichen der Postmoderne?, in: Moritz Baßler (Hg.), New Historicism. Literaturgeschichte als Poetik der Kultur, Frankfurt/M. 1995, 251–267.

Kapp, Volker (Hg.), Die Sprache der Zeichen und Bilder. Rhetorik und nonverbale Kommunikation in der frühen Neuzeit, Marburg 1990.

Kaufmann, Doris, Psychiatrie und Strafjustiz im 19. Jahrhundert. Die gerichtsmedizinischen Gutachten der Medizinischen Fakultät der Universität Tübingen 1770–1860, in: MedGG 10/1991, 23–39.

Kaufmann, Doris, Aufklärung, bürgerliche Selbsterfahrung und die »Erfindung« der Psychiatrie in Deutschland, 1770–1850, Göttingen 1995.

Kienitz, Sabine, Frauen zwischen Not und Normen. Zur Lebensweise vagierender Frauen um 1800 in Württemberg, ÖZG 2/1991, 34–58.

Kienitz, Sabine, Sexualität, Macht und Moral. Prostitution und Geschlechterbeziehungen Anfang des 19. Jahrhunderts in Württemberg. Ein Beitrag zur Mentalitätsgeschichte, Berlin 1995.

Kinder- und Hausmärchen, gesammelt durch die Brüder Grimm, Berlin u. a. 1990.

Kleinspehn, Thomas, Der flüchtige Blick. Sehen und Identität in der Kultur der Neuzeit, Reinbek 1989.

Klimpel, Volker, Das Dresdner Collegium Medico-Chirurgicum (1748–1813), Frankfurt/M. u. a. 1995.

Kloosterhuis, Jürgen (Bearb.), Bauern, Bürger und Soldaten. Quellen zur Sozialisation des Militärsystems im preußischen Westfalen 1713–1803, Bd. 1 Regesten, Bd. 2 Listen, Münster 1992.

Knibiehler, Yvonne, Les Médicines et la Nature Féminine au Temps du Code Civil, in: Annales E.S.C. 31/1976, 824–845.

Knibiehler, Yvonne/Fouquet, Catharine (Hg.), La Femme et les Médicins, Paris 1983.

Koselleck, Reinhart et al. (Hg.), Formen der Geschichtsschreibung, München 1982.

Kutzer, Michael, Tradition, Anatomie und Psychiatrie. Die mentalen Vermögen und ihre Gehirnlokalisation in der frühen Neuzeit, in: Medizinhistorisches Journal 2/1993, 199–228.

Kutzer, Michael, Liebeskranke Magd, tobsüchtiger Mönch, schwermütiger Handelsherr. »Psychiatrie« in den Observationes und Curationes des niederländischen »Hippokrates« Pieter van Foreest (1522–1592), in: Medizinhistorisches Journal 3/1995, 245–273.

Labisch, Alfons, The Social Construction of Health: From Early Modern Times to the Beginning of the Industrialization, in: Jens Lachmund/Gunnar Stollberg (Hg.), The Social Construction of Illness, MedGG Beiheft 1, Stuttgart 1992, 85–101.

Labouvie, Eva, Zauberei und Hexenwerk. Ländlicher Hexenglaube in der frühen Neuzeit, Frankfurt/M. 1991.

Labouvie, Eva, Verbotene Künste. Volksmagie und ländlicher Aberglaube in den Dorfgemeinden des Saarraumes (16. bis 19. Jahrhundert), St. Ingbert 1992.

Labouvie, Eva, Andere Umstände. Eine Kulturgeschichte der Geburt, Köln u. a. 1998.

LaCapra, Dominick, Geschichte und Kritik, Frankfurt/M. 1987.

Lachmund, Jens/Stollberg, Gunnar (Hg.), The Social Construction of Illness, MedGG Beiheft 1, Stuttgart 1992.

Lachmund, Jens/Stollberg, Gunnar, Patientenwelten. Krankheit und Medizin vom späten 18. bis zum frühen 20. Jahrhundert im Spiegel von Autobiographien, Opladen 1995.

Lambrecht, Karen, Hexenverfolgung und Zaubereiprozesse in den schlesischen Territorien, Köln u. a. 1995.

Laqueur, Thomas, Making Sex. Body and Gender from the Greeks to Freud, Cambridge/ Mass. u. a. 1990.

Lederer, David, Aufruhr auf dem Friedhof. Pfarrer, Gemeinde und Selbstmord im frühneuzeitlichen Bayern, in: Gabriela Signori (Hg.), Trauer, Verzweiflung und Anfechtung. Selbstmord und Selbstmordversuche in mittelalterlichen und frühneuzeitlichen Gesellschaften, Tübingen 1994, 189–209.

Lenzen, Dieter, Melancholie, Fiktion und Historizität. Historiographische Optionen im Rahmen einer Historischen Anthropologie, in: Gunter Gebauer/Dietmar Kamper/Dieter Lenzen et al. (Hg.), Historische Anthropologie. Zum Problem der Humanwissenschaften heute oder Versuche einer Neubegründung, Reinbek 1989, 13–48.

Liliequist, Jonas, Peasants against Nature. Crossing the Boundaries between Man and Animal in Seventeenth and Eighteenth-Century Sweden, in: John C. Fout (Hg.), Forbidden History. The State, Society, and the Regulation of Sexuality in Modern Europe, Chicago u. a. 1992, 57–87.

Lind, Vera, Selbstmord in der frühen Neuzeit. Diskurs – Lebenswelt – kultureller Wandel (Diss. Kiel 1997), Göttingen, im Druck.

Lind, Vera, Aus der Rolle gefallen. Männliche Emotionen mit (fast) tödlichem Ausgang, in: Erhard Chvojka/Richard van Dülmen/Vera Jung (Hg.), Neue Blicke. Historische Anthropologie in der Praxis, Wien u. a. 1997, 183–198.

Lindemann, Mary, The Enlightenment Encountered: The German Physikus and His World, 1750–1820, in: Roy Porter (Hg.), Medicine in the Enlightenment (Clio Medica Vol. 29), Amsterdam 1995, 181–197.

Frühsorge, Gotthardt/Gruenter, Rainer (Hg.), Gesinde im 18. Jahrhundert, Hamburg 1995.

Munslow, Alun, Deconstructing History, London u.a. 1997.

Nagl-Docekal, Herta, Rezension von Judith Butlers »Unbehagen der Geschlechter«, in: L'homme 1/1994, 141–148.

Nolde, Dorothea, Freund oder Feind? Zur Ehe im Frankreich des ausgehenden 16. Jahrhunderts, in: Erhard Chvojka/Richard van Dülmen/Vera Jung (Hg.), Neue Blikke. Historische Anthropologie in der Praxis, Wien u.a. 1997, 115–130.

Nolte, Rüdiger, Pietas und Pauperes. Klösterliche Armen-, Kranken-, und Irrenpflege im 18. und frühen 19. Jahrhundert, Köln u.a. 1996.

O'Dowd, Michael J./Philipp, Elliot E. (Hg.), The History of Obstetrics and Gynaecology, New York u.a. 1994.

Oehme, Johannes, Pädiatrie im 18. Jahrhundert, Lübeck 1984.

Oestmann, Peter, Hexenprozesse am Reichskammergericht, Köln 1997.

Pallaver, Günther, Das Ende der schamlosen Zeit. Die Verdrängung der Sexualität in der frühen Neuzeit am Beispiel Tirols, Wien 1987.

Peter, Jean-Pierre, Entre Femmes et Médicins: Violence et Singularités dans les Discours du Corps et sur le Corps d'après les Manuscrits Medicaux de la Fin du XVIIIe Siècle, in: Ethnologie française 6 3–4/1976, 341–348.

Pieper, Markus, Der Körper des Volkes und der gesunde Volkskörper. Johann Peter Franks »System einer vollständigen medicinischen Polizey«, in: ZfG 2/1998, 101–119.

Pomata, Gianna, Eine Frage der Grenzziehung. Die Geschichte der Frauen zwischen Anthropologie und Biologie, in: Feministische Studien 2/1983, 113–127.

Pomata, Gianna, Wieso menstruieren Männer? Ein Gespräch zwischen Gianna Pomata und Thomas Burg, in: ÖZG 7/1996, 269–281.

Porter, Dorothy/Porter, Roy, Patient's Progress. Doctors and Doctoring in Eighteenth Century England, Cambridge 1989.

Porter, Roy, Anatomy of Madness, London 1985.

Porter, Roy, A Social History of Madness. Stories of the Insane, London 1987.

Porter, Roy, Mind-forg'd Menacles. A History of Madness in England from the Restauration to the Regency, London 1987.

Porter, Roy /Teich, Mikulas (Hg.), Sexual Knowledge, Sexual Science. The History of Attitudes to Sexuality, Cambridge 1994.

Porter, Roy (Hg.), Medicine in the Enlightenment (Clio Medica Vol. 29), Amsterdam 1995.

Porter Roy/Hall, Lesley (Hg.), The Facts of Life. The Creation of Sexual Knowledge in Britain 1650–1950, New Haven 1995.

Porter, Roy (Ed.), The Cambridge Illustrated History of Medicine, Cambridge 1996.

Pott, Martin, Aufklärung und Hexenaberglaube. Philosophische Ansätze zur Überwindung der Teufelspakttheorie in der deutschen Frühaufklärung, in: Sönke Lorenz/Dieter R. Bauer (Hg.), Das Ende der Hexenverfolgung, Stuttgart 1995, 183–201.

Radley, Alan (Hg.), Worlds of Illness. Biographical and Cultural Perspectives on Health and Disease, London 1993.

Raulff, Ulrich (Hg.), Vom Umschreiben der Geschichte. Neue historische Perspektiven, Berlin 1986.

Rheinheimer, Martin, »In die Erde könnten sie nicht kriechen«. Zigeunerverfolgung im frühneuzeitlichen Schleswig-Holstein, in: HA 3/1996, 330–358.

Rheinheimer, Martin, Das getötete Zigeunerkind. Zigeuner, Einheimische und Obrigkeit um 1700, in: Erhard Chvojka/Richard van Dülmen/Vera Jung (Hg.), Neue Blikke. Historische Anthropologie in der Praxis, Wien u. a. 1997, 275–290.

Richter, Simon, Wet-Nursing, Onanism, and the Breast in Eighteenth-Century Germany, in: JHS 1/1996, 1–22.

Ricœur, Paul, Geschichte und Rhetorik, in: Herta Nagl-Docekal (Hg.), Der Sinn des Historischen. Geschichtsphilosophische Debatten, Frankfurt/M. 1996, 107–125.

Roecken, Sully/Brauckmann, Carolina, Margaretha Jedefrau, Freiburg 1989.

Roper, Lyndal, »Wille« und »Ehre«: Sexualität, Sprache und Macht in Augsburger Kriminalprozessen, in: Heide Wunder/Christina Vanja (Hg.), Wandel der Geschlechterbeziehungen zu Beginn der Neuzeit, Frankfurt/M. 1991, 180–228.

Roper, Lyndal, Oedipus and the Devil. Witchcraft, Sexuality and Religion in Early Modern Europe, London 1994.

Rublack, Ulinka, »Viehisch, frech vnd onverschämpt«. Inzest in Süddeutschland, ungefähr 1530–1700, in: Otto Ulbricht (Hg.), Von Huren und Rabenmüttern. Weibliche Kriminalität in der Frühen Neuzeit, Köln u. a. 1995, 171–213.

Rublack, Ulinka, The Public Body: Policing Abortion in Early Modern Germany, in: Lynn Abrams/Elizabeth Harvey (Hg.), Gender Relations in German History. Power, Agency, and Experience from the Sixteenth to the Twentieth Century, Durham 1996, 57–79.

Rublack, Ulinka, Geordnete Verhältnisse? Ehealltag und Ehepolitik im frühneuzeitlichen Konstanz, Konstanz 1997.

Rublack, Ulinka, Magd, Metz' oder Mörderin. Frauen vor frühneuzeitlichen Gerichten, Frankfurt/M. 1998.

Rudolf, Gerd, Aufbau und Funktion von Fallgeschichten im Wandel der Zeit, in: Ulrich Stuhr/Friedrich Wilhelm Deneke (Hg.), Die Fallgeschichte. Beiträge zu ihrer Bedeutung als Forschungsinstrument, Heidelberg 1993, 17–31.

Sabean, David Warren, Das zweischneidige Schwert. Herrschaft und Widerspruch im Würtemberg der Frühen Neuzeit, Frankfurt/M. 1990 (Power in the Blood, Cambridge 1984).

Sabean, David Warren, Property, Production, and Family in Neckarhausen, 1700–1870, Cambridge 1990.

Schär, Markus, Seelennöte der Untertanen. Selbstmord, Melancholie u. Religion im Alten Zürich 1500–1800, Zürich 1985.

Schiebinger, Londa, Schöne Geister. Frauen in den Anfängen der modernen Wissenschaften, Stuttgart 1993.

Schiebinger, Londa, Nature's Body. Gender in the Making of Modern Science, Boston 1993.

Schindler, Norbert, Die Prinzipien des Hörensagens. Predigt und Publikum in der frühen Neuzeit, in: HA 1/1993, 359–393.

Schlumbohm, Jürgen, Als ledige Magd in der akademischen Entbindungsanstalt. Eine Geschichte aus der frühen Neuzeit ärztlich-männlicher Geburtshilfe, in: Journal für Geschichte 6/1988, 34–43.

Schlumbohm, Jürgen (Hg.), Rituale der Geburt: eine Kulturgeschichte, München 1998.

Schmid, Pia/Weber, Christina, Von der »wohlgeordneten Liebe« und der »so eigenen Wollust des Geschlechtes«. Zur Diskussion weiblichen Begehrens zwischen 1730 und 1830, in: Journal für Geschichte 1/1987, 23–30.

Schmidt, Heinrich R., Dorf und Religion. Reformierte Sittenzucht in Berner Landgemeinden der Frühen Neuzeit, Stuttgart 1995.

Schnabel-Schüle, Helga, Überwachen und Strafen im Territorialstaat. Bedingungen und Auswirkungen des Systems strafrechtlicher Sanktionen im frühneuzeitlichen Württemberg, Köln u. a. 1997.

Schnalke, Thomas/Wiesemann, Claudia (Hg.), Die Grenzen des Anderen. Medizingeschichte aus postmoderner Perspektive, Köln u. a. 1998.

Schreiner, Klaus/Schnitzler, Norbert (Hg.), Gepeinigt, begehrt, vergessen. Symbolik und Sozialbeziehung des Körpers im späten Mittelalter und in der frühen Neuzeit, München 1992.

Schulte, Regina, Kindsmörderinnen auf dem Lande, in: Hans Medick/David W. Sabean (Hg.), Emotionen und materielle Interessen. Sozialanthropologische und historische Beiträge zur Familienforschung, Göttingen 1984, 113–142.

Schulte, Regina, Das Dorf im Verhör. Brandstifter, Kindsmörderinnen und Wilderer vor den Schranken des bürgerlichen Gerichts. Oberbayern 1848–1910, Reinbek 1989.

Schulze, Winfried (Hg.), Ego-Dokumente: Annäherung an den Menschen in der Geschichte, Berlin 1996.

Schwerhoff, Gerd, Zivilisationsprozeß und Geschichtswissenschaft. Norbert Elias' Forschungsparadigma in historischer Sicht, in: HZ 266/1998, 561–605.

Scull, Andrew/MacKenzie, Charlotte/Hervey, Nicholas, Masters of Bedlam. The Transformation of the Mad-Doctoring Trade, Princeton 1996.

Seidel, Hans Christoph, Eine neue »Kultur des Gebärens«. Die Medikalisierung von Geburt im 18. und 19. Jahrhundert in Deutschland, Stuttgart 1998.

Sennett, Richard, Fleisch und Stein. Der Körper und die Stadt in der westlichen Zivilisation, Berlin 1995.

Shorter, Edward, Der weibliche Körper als Schicksal. Zur Sozialgeschichte der Frau, München u. a. 1984.

Shorter, Edward, From Paralysis to Fatigue. A History of Psychosomatic Illnesses in the Modern Era, New York 1992.

Shorter, Edward, From the Mind into the Body. The Cultural Origins of Psychosomatic Symptoms, New York u. a. 1994.

Shorter, Edward, A History of Pychiatry. From the Era of the Asylum to the Age of Prozac, New York u. a. 1997.

Sieber, Dominik, Calvinistische Passionen, konfessionalisierte Körper. Zur Autobiographie des Zinngießers Augustin Güntzer (1596–1657?), in: SOWI 1/1995, 5–11.

Signori, Gabriela (Hg.), Rechtskonstruktionen und religiöse Fiktionen. Bemerkungen zur Selbstmordfrage im Mittelalter, in: dies. (Hg.), Trauer, Verzweiflung und Anfechtung. Selbstmord und Selbstmordversuche in mittelalterlichen und frühneuzeitlichen Gesellschaften, Tübingen 1994, 9–54.

Signori, Gabriela, Aggression und Selbstzerstörung. »Geistesstörungen« und Selbstmordversuche im Spannungsfeld spätmittelalterlicher Geschlechterstereotypen (15. und 16. Jahrhundert), in: dies. (Hg.), Trauer, Verzweiflung und Anfechtung. Selbstmord und Selbstmordversuche in mittelalterlichen und frühneuzeitlichen Gesellschaften, Tübingen 1994, 113–151.

Simon, Josef (Hg.), Zeichen und Interpretation, Frankfurt/ M. 1995.

Simon, Manuel, Heilige, Hexe, Mutter. Der Wandel des Frauenbildes durch die Medizin im 16. Jahrhundert, Berlin 1993.

Simpson, Antony E., Vulnerability and the Age of Female Consent: Legal Innovation and its Effect on Prosecutions for Rape in Eighteenth-Century London, in: George S. Rousseau/Roy Porter (Hg.), Sexual Underworlds of the Enlightenment, Manchester 1987, 181–205.

Small, Helen, Love's Madness. Medicine, the Novel, and Female Insanity, 1800–1865, Oxford 1996.

Sonntag, Michael/Jüttemann, Gerd (Hg.), Individuum und Geschichte. Beiträge zur Diskussion um eine »Historische Psychologie«, Heidelberg 1993.

Steakley, James D., Sodomy in Enlightenment Prussia. From Execution to Suicide, in: Kent Gerard/Gert Hekma (Hg.), The Pursuit of Sodomy. Male Homosexuality in Renaissance and Enlightenment Europe, New York u. a. 1989, 163–175.

Stitziel, Judd, God, the Devil, Medicine and the Word. A Controversy over Ecstatic

Women in Protestant Middle Germany, 1691–1693, in: Central European History 3/1996, 309–337.

Stolberg, Michael, »Mein äskulapisches Orakel!« Patientenbriefe als Quelle einer Kulturgeschichte im 18. Jahrhundert, in: ÖZG 3 /1996, 385–404.

Stolz, Susanna, Die Handwerke des Körpers. Bader, Barbier, Perückenmacher, Friseur. Folge und Ausdruck historischen Körperverständnisses, Marburg 1992.

Stolzenberg-Bader, Edith, Weibliche Schwäche – männliche Stärke. Das Kulturbild der Frau in medizinischen und anatomischen Abhandlungen um die Wende des 18. zum 19. Jahrhundert, in: Jochen Martin/Renate Zoepffel (Hg.), Aufgabe, Rollen und Träume von Mann und Frau, Teilband 2, Freiburg u. a. 1989, 751–818.

Stowe, Steven M., Seeing Themselves at Work: Physicians and the Case Narrative in the Mid-Nineteenth Century American South, in: AHR 1/1996, 41–79.

Stukenbrock, Karin, Das Zeitalter der Aufklärung. Kindsmord, Fruchtabtreibung und medizinische Policey, in: Robert Jütte (Hg.), Geschichte der Abtreibung. Von der Antike bis zur Gegenwart, München 1993, 91–119.

Stukenbrock, Karin, Abtreibung im ländlichen Raum Schleswig-Holsteins im 18. Jahrhundert. Eine sozialgeschichtliche Untersuchung auf der Basis von Gerichtsakten, Neumünster 1993.

Stukenbrock, Karin, »Der zerstückte Cörper«. Zur Sozialgeschichte der anatomischen Sektion in der Frühen Neuzeit (1650–1800), Diss. Kiel 1999.

Süssmuth, Hans (Hg.), Historische Anthropologie, Göttingen 1984.

Talley, Colin L., Gender and Male Same-Sex Erotic Behaviour in British North America in the Seventeenth Century, in: JHS 3/1996, 385–408.

Tanner, Jakob, Körpererfahrung, Schmerz und die Konstruktion des Kulturellen, in: HA 3/1994, 489–502.

Theweleit, Klaus, Männerphantasien, Reinbek 1980.

Tuana, Nancy, The Less Noble Sex. Scientific, Religious, and Philosophical Conceptions of Women's Nature, Bloomington 1993.

Trusen, Winfried, Rechtliche Grundlagen der Hexenprozesse und ihrer Beendigung, in: Sönke Lorenz/Dieter R. Bauer (Hg.), Das Ende der Hexenverfolgung, Stuttgart 1995, 203–225.

Ulbricht, Otto, Kindsmord und Aufklärung in Deutschland, München 1990.

Ulbricht, Otto, Aus Marionetten werden Menschen. Die Rückkehr der unbekannten historischen Individuen in die Geschichte der frühen Neuzeit, in: Erhard Chvojka/Richard van Dülmen/Vera Jung (Hg.), Neue Blicke. Historische Anthropologie in der Praxis, Wien u. a. 1997, 13–32.

Vanja, Christina, »Und könnte sich groß Leids antun«. Zum Umgang mit selbstmordgefährdeten psychisch kranken Männern und Frauen am Beispiel der frühneuzeitlichen »Hohen Spitäler« Hessens, in: Gabriela Signori (Hg.), Trauer, Verzweiflung und

Anfechtung. Selbstmord und Selbstmordversuche in mittelalterlichen und frühneuzeitlichen Gesellschaften, Tübingen 1994, 210-232.

Vanja, Christina, Madhouses, Children's Wards, and Clinics. The Development of Insane Asylums in Germany, in: Norbert Finzsch/Robert Jütte (Hg.), Institutions of Confinement. Hospitals, Asylums, and Prisons in Western Europe and North America, 1500-1950, Washington 1996, 117-132.

Vance, Carole S., Social Construction Theory: Problems in the History of Sexuality, in: Dennis Altman/Carol S. Vance/Martha Vicinius et al. (Hg.), Homosexuality, which Homosexuality?, Amsterdam u.a. 1989, 13-25.

Veeser, Harold Aram (Hg.), The New Historicism, New York u.a. 1989.

Veeser, Harold Aram (Hg.), The New Historicism Reader, New York u.a. 1994.

Wächtershäuser, Wilhelm, Das Verbrechen des Kindesmordes im Zeitalter der Aufklärung. Eine rechtsgeschichtliche Untersuchung der dogmatischen, prozessualen und rechtssozialen Aspekte, Berlin 1973.

Walz, Rainer, Hexenglaube und magische Kommunikation im Dorf der frühen Neuzeit. Die Verfolgung in der Grafschaft Lippe, Paderborn 1993.

Watt, Jeffrey R., The Family, Love, and Suicide in Early Modern Geneva, in: Journal of Family History 1/1996, 63-86.

Weber, Hartwig, Kinderhexenprozesse, Frankfurt/M. u.a. 1991.

Wegert, Karl, Popular Culture, Crime, and Social Control in 18th-Century Württemberg, Stuttgart 1994.

Weiner, Dora B., Mind and Body in the Clinic. Philippe Pinel, Alexander Chrichton, Dominique Esquirol, and the Birth of Psychiatrie, in: G. S. Rousseau (Hg.), The Languages of Psyche. Mind and Body in Enlightenment Thought, Berkeley u.a. 1990, 331-402.

Wehler, Hans-Ulrich, Die Herausforderung der Kulturgeschichte, München 1998.

Wernz, Corinna, Sexualität als Krankheit. Der medizinische Diskurs zur Sexualität um 1800, Stuttgart 1993.

White, Hayden, Literaturtheorie und Geschichtschrreibung, in: Herta Nagl-Docekal (Hg.), Der Sinn des Historischen. Geschichtsphilosophische Debatten, Frankfurt/M. 1996, 67-106.

Williams, Elisabeth A., The Physical and the Moral. Anthropology, Physiology and Philosophical Medicine in France 1750-1850, Cambridge 1994.

Wilson, Renate, Pietist Universal Reform and Care of the Sick and the Poor. The Medical Institutions of the Francke Foundations and Their Social Context, in: Norbert Finzsch/Robert Jütte (Hg.), Institutions of Confinement. Hospitals, Asylums, and Prisons in Western Europe and North America, 1500-1950, Washington 1996, 133-152.

Winter, R., Die Lehre vom Kindesmord in der deutschen Gerichtsmedizin des 18. Jahrhunderts, in: Zeitschrift für ärztliche Fortbildung 20/1963, 1127-1131.

Wischhöfer, Bettina, Krankheit, Gesundheit und Gesellschaft in der Aufklärung. Das Beispiel Lippe 1750–1830, Frankfurt/M. u.a. 1991.

Wunder, Heide, »Er ist die Sonn', sie ist der Mond.« Frauen in der Frühen Neuzeit, München 1992.

Zeddies, Nicole, Verwirrte oder Verbrecher? Die Beurteilung des Selbstmordes von der Spätantike bis zum 9. Jahrhundert, in: Gabriela Signori (Hg.), Trauer, Verzweiflung und Anfechtung. Selbstmord und Selbstmordversuche in mittelalterlichen und frühneuzeitlichen Gesellschaften, Tübingen 1994, 55–90.

Bibliographien und Lexika

Arnold, Wilhelm/Eysenck, Jürgen/Meili, Richard (Hg.), Lexikon der Psychologie, 3 Bde., Freiburg 1988.

Baldinger, Ernst Gottfried, Biographien jetztlebender Ärzte und Naturforscher in und ausser Deutschland, Jena 1768.

Börner, Friedrich, Nachrichten von den vornehmsten Lebensumständen und Schriften jetztlebender berühmter Ärzte und Naturforscher in und um Deutschland, 4 Bde., Wolfenbüttel 1749–1756.

Callisen, Adolph Carl Peter, Medicinisches Schriftsteller-Lexicon der jetzt lebenden Ärzte, Wundärzte, Geburtshelfer, Apotheker und Naturforscher aller gebildeten Völker, 33 Bde., Copenhagen/Altona 1832–1845.

Elwert, Johann Caspar Philipp, Nachrichten von dem Leben und den Schriften jetztlebender Ärzte, Wundärzte, Thierärzte, Apotheker und Naturforscher, Hildesheim 1799.

Gurlt, Ernst/Hirsch, August (Hg.), Biographisches Lexikon der hervorragenden Ärzte aller Zeiten und Völker, 6 Bde., Wien/Leipzig 1884–88.

Herzog-August-Bibliothek Wolfenbüttel (Hg.), Verzeichnis medizinischer und naturwissenschaftlicher Drucke 1492–1830, 4 Bde., München 1987–1990.

Kestner, Christian Wilhelm, Medicinisches Gelehrten-Lexicon. Darinnen die Leben der berühmtesten Ärzte samt deren wichtigsten Schriften, sonderbaresten Entdeckungen und merckwürdigen Streitigkeiten (Reprint der Ausgabe Jena 1740), Hildesheim/New York 1971.

Laehr, Heinrich (Hg.), Die Literatur der Psychiatrie, Neurologie und Psychologie von 1459–1799, 3 Bde., Berlin 1900.

Abkürzungen und Zitierweise

AHR – American Historical Review
GG – Geschichte und Gesellschaft
HA – Historische Anthropologie
HZ – Historische Zeitschrift
JHS – Journal for the History of Sexuality
MedGG – Medizin, Gesellschaft und Geschichte
SOWI – Sozialwissenschaftliche Informationen
ÖZG – Österreichische Zeitschrift für Geschichtswissenschaften
ZfG – Zeitschrift für Geschichtswissenschaft

Die Interpunktion der Quellenzitate wurde einer flüssigeren Lesbarkeit zuliebe modernisiert, während die auch innerhalb einzelner Quellen variierende Orthographie der Authentizität halber beibehalten wurde.

Da die Quellensammlungen unterschiedlich aufgebaut (Dekaden, Centurien, Teile, Bände, Stücke, Abschnitte) und nicht immer (korrekt) durchnumeriert sind, werden in den Fußnoten je nach Autor die lateinischen oder arabischen Fallnummern angegeben oder die Seitenzahlen, über die sich eine Fallerzählung erstreckt.

Um den Fußnotenapparat nicht unnötig aufzublähen, wird im allgemeinen, zum Beispiel bei mehreren Zitaten innerhalb eines längeren Falles oder bei kurzen Fallgeschichten, auf Seitenangaben verzichtet.

Sachregister

Um die Übersichtlichkeit zu gewährleisten, wurden bestimmte ständig wiederholte oder umschriebene Begriffe nicht in den Index aufgenommen:

Anatomie, Arzt, Gemüt, Gericht, Gerichtsmedizin, Gesundheit, Gutachten, Gutachter, Humoralpathologie, Justiz, Körper, Krankheit, Leib, Medizin, Melancholie, Moral, Physikus, Physiologie, Psychiatrie, Säftelehre, Schwermut, Seele, Sexualität, Sittlichkeit, Unzucht, Verhör, Wahnsinn.

Andere Termini, die Kapitelschwerpunkte bilden, werden nur dann verzeichnet, wenn sie außerhalb dieser auftauchen:

Abort, Abtreibung, Besessenheit, Blasphemie, Brandstiftung, Entbindung, Folter, Geburt, Hebamme, Hexe, Hexerei, Hodenbruch, Hysterie, Impotenz, Jungfrau, Jungfernschaft, Kindsmord, Magie, Menstruation, Mola, Mord, Notzucht, Penis, Schwangerschaft, Sodomie, Soldat, Suizid, Teufel, Tod, Unfruchtbarkeit, Uterus, Vagina, Wehen, Zauberei.

Abführmittel *Siehe* Purganz
Abort 39, 215, 220, 360, 427, 433–434
Abtreibung 39, 41, 199, 378, 433
Aderlaß 122, 140–143, 148, 192, 210, 215, 220, 258, 270, 299, 305, 331, 336, 344, 351, 354, 358, 390, 422
Alpträume *Siehe* Traum
Anatomisches Theater 54, 448
Arbeitshaus 137, 220–221, 268, 303–305, 309, 365–366
Armenhaus 220, 260, 282, 305, 353, 424
Atem 269
Atembeschwerden 439
Augen 196, 209, 211, 247, 259, 274, 290, 305, 312, 327–328, 334, 340, 347, 355, 357, 360, 363, 368, 374, 376, 380, 386, 388, 390, 396, 404, 408, 416, 420
Ausschlag *Siehe* Hautkrankheit

Bauch 144, 153, 164, 182, 299, 322, 373
Besessenheit 49, 290, 302, 401
Beten 124, 185, 194, 197, 302, 305, 419, 423
Blasphemie 302
Blut 53–55, 78, 97, 110, 113–114, 116, 138, 140, 142–143, 148, 155, 162, 166, 177, 234–235, 238, 262, 267–269, 286, 297, 326, 329–330, 346, 360, 382–383, 388, 398, 405
– Blutung 271, 329
– Blutung, hämorrhoidale 273

Blutung *Siehe* Menstruation
Brandstiftung 255
Brechmittel *Siehe* Purganz
Bronchien 323

Carolina, CCC, Peinliche Halsgerichtsordnung 48, 225–227, 256, 289
Chirurg 30, 37–38, 42, 44, 46–47, 52, 75, 91, 115, 241, 248, 325, 329, 336, 351, 378, 428, 449, 452, 455–456
Chirurgisches Kollegium 448, 458

Darm 54, 86, 163, 247, 322–323, 328, 336

Ehre 96, 153, 233, 240, 249–250, 324, 333, 335
– ehrenhaft 225
– Ehrenkodex 332
– ehrenrettend 326
– Ehrenschänder 235
– ehrenvoll 395
– ehrerbietig 418
– Ehrerbietung 237
– entehren 200, 207, 238, 315, 318
– Unehre 325
– unehrenhaft 138, 338, 397
Eingeweide 144, 154, 204, 284, 297
Entbindung *Siehe* Geburt
Epilepsie 73, 77, 106, 129–130, 169, 208, 215, 220, 243, 292–293, 297, 327, 350, 376, 379–381, 388, 394, 398, 418–419, 425, 440
Exhumierung 50, 405

Fakultät 38
– juristische 28, 30, 42, 121, 266, 306
– medizinische 28–31, 40–43, 45–46, 77–78, 98, 120, 201, 213, 229, 245, 271, 295, 334, 338, 357, 375, 390–391, 404–406, 414, 420
– theologische 78
Fallsucht *Siehe* Epilepsie
Fehlgeburt *Siehe* Abort
Feldscher 44, 147, 190
Fieber 73, 111, 148, 151–152, 154, 193, 228, 257–259, 265, 276, 285, 295, 298, 325–326, 377, 385, 388, 408, 410, 438, 440, 447
Fluchen 305
Folter 9, 185, 198–199, 246, 265, 311, 373–375, 377, 379, 382, 387, 398, 413, 420, 423, 428

Galle 54–55, 86, 148, 262, 268, 320, 322, 324, 326–327, 330
Gebärmutter *Siehe* Uterus
Geburt 24, 39, 41, 48, 99, 101, 104, 111, 113, 130, 196, 214–215, 220, 228, 268, 270, 275–276, 286, 369, 374, 376, 406, 434
Gedärme *Siehe* Darm
Gefängnis 61, 212, 271, 301, 305, 373, 385, 387, 389, 398–399, 419, 440
Gehirn 12, 54–55, 75, 141, 192, 215, 219, 258, 260, 262–263, 268, 273, 277–280, 287, 312, 317, 319–320, 322, 324–325, 327, 330, 334, 350, 370, 406, 409, 416, 422, 433, 435–436, 438
– Hirnhäute 262, 320
Geschlechtskrankheit 89–90, 109–110, 113–114, 232, 237–240
Gewächs *Siehe* Tumor
Gift 45, 49, 117, 126, 210, 258–259, 264–265, 275, 319, 332, 411, 422, 425–426
– entgiftet 150
– giftig 113
– Vergiftungserscheinungen 206, 265
Gotteslästerung *Siehe* Blasphemie

Haar 73, 106, 264, 305–306, 345, 381, 389, 414, 417, 425
Hände 29, 76, 267, 278, 311, 328, 347, 359, 376, 408, 417
Haut 21, 114, 144, 150, 173, 210, 327, 419, 427
– Hautfarbe 436
– Hautkrankheit 111, 114–115, 239, 299, 329, 350, 381
– Hauttemperatur 305, 336
– Kopfhaut 320
– Vorhaut 85, 91, 232–233
Hebamme 30, 42, 44, 47, 75, 81, 97, 99–101, 104, 108–109, 111, 137, 139, 147, 153–156, 159, 161–162, 164, 175, 178, 228, 245, 325, 388, 399, 406, 452, 464
– Hebammenmeister 101
Herz 12, 111, 119, 125, 130, 152, 186, 193–195, 204, 228, 262, 268–269, 330, 334, 374, 382, 390, 405
Herzensangst 125–126, 154, 163, 269, 299, 302, 322, 325, 337, 352, 377, 408, 416, 439
Hexe 243, 255, 317, 334, 375
Hexenglauben 51
Hexerei 24, 39–41, 48, 190, 215, 290, 303, 317
Hirn *Siehe* Gehirn
Hodenbruch 239
Hure 118, 153–154, 231
Hurerei 95, 103, 284, 301
Hymen 97, 225, 233, 245–246, 324
Hypochonder 331
Hypochondrie 225, 259, 327, 384, 425
Hysterie 24, 251, 259, 294, 328, 378–379, 411, 425–427, 436
Imaginatio 122, 130–131, 155, 172, 182, 282, 286

Impotenz 40, 217
Irrenhaus 221, 347, 351, 381, 398, 454

Jude 51, 210, 213, 383–384, 387, 426
– Judenzopf 425
Jüdin 231, 426–427
Jungfernschaft 222
Jungfrau 97, 144, 223, 225, 275

katholisch 56, 71–72, 279, 420, 423, 445
Kolik 154, 156, 179, 228, 278, 295, 320, 439–440

Lachen 190, 305, 408
Landrecht, Preußisches Allgemeines 158
Laxiermittel *Siehe* Purganz
Leber 55, 144, 320, 322–324, 330
Lungen 73, 262, 322, 394

Magen 54, 148, 174, 192, 242–243, 265–266, 297, 326, 328, 336, 352, 404, 410, 416
– Magengeschwür 243
Magie 49, 120, 122, 191, 266, 291, 331, 399–400, 409, 439, 442
Marter *Siehe* Folter
Menstruation 212, 218–220, 233, 246, 265, 271, 273, 283, 294–296, 298–299, 312–313, 349–350, 380, 386, 422, 436, 438
Milz 54, 144, 225, 320, 322–323, 326, 330
Mißgeburt 48, 131, 137, 163, 208
Mola 134, 138, 155, 163–164, 174, 215
Mondkalb *Siehe* Mola
Mord 24, 39, 199–200, 328, 395, 409, 439
– Giftmord 32, 40, 265, 277
– Justizmord 312
– Kindsmord 39, 41, 52, 232, 376, 433–434

- Morddrohung 304–305
- Mordverdacht 381
- Mordversuch 106–107, 214
- Raubmord 395
- Sexualmord 32

Narbe 110, 115
Nerven 73, 102, 126, 132, 141–143, 215, 219, 221, 229, 257–260, 268, 278, 280, 285, 312, 325–326, 345–346, 357, 360, 363, 365, 374, 384, 396, 406, 413, 425, 427, 436
Nervenentzündung 259
Nervenfieber 215, 260, 396
Nieren 330
Notzucht 24, 87–88, 102, 104, 118, 194–196, 200–201, 324, 344, 421, 434–435
- Vergewaltigungsversuch 84

Obduktion *Siehe* Sektion
Ohnmacht 124, 143, 154, 182, 215, 223, 235, 292, 334, 377–378, 388, 418
Onanie 24, 79, 86–87, 93, 150, 200–201, 203, 205–207, 219, 232, 247–249, 251, 346
Organe 20, 53, 142, 208, 214, 257–258, 277, 422, 435–436
- Fehlfunktion 55, 211, 273, 297, 338, 434
- Geschlechts- 39, 78, 85, 93–94, 115, 131, 244
- Seelenorgan 262, 314
Organismus 205, 219, 284, 445

Penis 20
Pietismus 50, 55–56, 273, 302, 458
- Pietisterei 193
protestantisch 31, 43, 50–51, 56, 71–72, 196, 303, 307, 335, 387, 410, 420, 423, 445
Psychologie 13, 56, 122, 327, 359
Puls 192, 259, 278, 296, 305, 327–328, 333–334, 382, 386, 436
Purganz 140, 148, 159, 167, 192, 210, 258–259, 268, 331, 344, 351–352, 401

Rasen *Siehe* Toben
Regelblutung *Siehe* Menstruation

Satan *Siehe* Teufel
Schlaganfall *Siehe* Schlagfluß
Schlagfluß 262, 284, 348, 353, 361, 364–365, 384
Schmerz 14, 26, 85, 91, 97–99, 101, 104, 109–111, 116, 119, 125, 139, 151, 161, 163, 170, 180, 202, 211, 228, 232, 235–239, 242, 245, 247–249, 295, 298–299, 317, 319, 324, 326–328, 337–338, 342, 348, 353, 364, 372, 378, 381, 383, 385–386, 388, 408, 412, 424, 427, 431, 438
- Bauch- 180, 215, 228, 322, 439
- Brust- 270, 382, 439
- Herz- 439
- Hüft- 298
- Kopf- 143, 174, 212, 215, 228, 265, 274, 293, 295, 298–300, 302, 322, 333
- Kreuz- 86, 154, 171, 238, 298, 330, 394
- schmerzunempfindlich 374
- Stein- 383
- Zahn- 143, 320
Schwangerschaft 24, 39, 48, 215, 234, 264, 270, 276–277, 286, 324, 433
- Scheinschwangerschaft 39, 41, 219, 433
- Überschwängerung 39, 48, 156

Schwindel 86, 173, 265, 274, 298, 326, 364, 385, 438
Sektion 17, 37–38, 40, 45–46, 50, 52, 54–55, 142, 150–151, 171, 174, 176, 178, 213, 260, 262, 267, 275–276, 284, 287, 318–319, 321–322, 324, 327–330, 405, 409, 431, 433, 436, 456
Selbstbefleckung *Siehe* Onanie
Selbstmord *Siehe* Suizid
Seufzen 195, 305, 328, 337, 347
Sodomie 104, 251, 435
Soldat 89, 190–191, 201, 203, 205, 207, 221, 270, 304, 306, 425, 440–441
Spinnhaus 285
Suizid 24, 39–40, 46, 128, 200, 210, 214, 258, 280, 283, 338, 364, 370, 373, 392, 416, 440
– Suiziddrohung 305
– Suizidgefahr 257, 373–374
– Suizidversuch 191, 269, 273, 275, 338, 347, 419, 439

Territion *Siehe* Folter
Teufel 121–122, 186, 190–191, 194–195, 214, 270, 291–292, 298, 304, 317, 333, 335, 402, 410–412, 414, 416–417, 419–421, 423–424
– Teufelsbuhlschaft 417
– Teufelsglauben 122
– Teufelspakt 122, 190, 301, 416
Theatrum Anatomicum
– *Siehe* Anatomisches Theater
Toben 102, 123–124, 186, 190, 210–211, 282, 326, 340, 344, 351, 357, 370, 386, 417, 425, 440
– Kindbettrasen 215
Tod 40, 49, 55, 150–151, 162, 169, 175, 177, 189, 203, 221, 227, 260, 266, 271, 342, 362, 366, 380, 388, 398–399, 405, 410, 416, 426
– Todesstrafe 104, 195, 199, 225, 227, 229, 266, 272, 289, 293, 295, 298, 436
– Todesursache 45, 204, 260, 262, 284
– Todsünde 271, 315, 437
Tollwut 45, 304
Tortur *Siehe* Folter
Traum 195, 202, 206, 218–219, 269–270, 291, 300, 306, 334, 337, 438
Tumor 98, 115, 134, 150, 163, 284, 309, 381, 433

Unfruchtbarkeit 49, 251
Uterus 260, 300, 322, 324–325, 327, 433, 435, 437–438
– Uterusvorfall 101, 374, 388

Vagina 20, 76, 427
Vergewaltigung *Siehe* Notzucht
Vergiftung *Siehe* Gift
Versehen *Siehe* Imaginatio

Wehemutter *Siehe* Hebamme
Wehen 139, 151–152, 154, 177, 179, 427
Weinen 183, 190, 334, 337, 389
Witwe 99, 120, 156, 159, 162, 172, 225, 228, 280, 311, 322, 326, 334, 343, 353, 358, 361–363, 365–366, 394
Witwer 302

Zauberei 40, 120, 122, 439
Zigeuner 387–389
Zittern 86, 124, 163, 194, 328, 337, 365, 390, 410, 416
Zuchthaus 171–172, 272, 276, 284, 356, 382, 388, 422
Zunge 192, 328, 353, 368, 376, 388

493

Danksagung

Alle die ähnliches durchgemacht haben, wissen es: Ein Buch, zumal das erste, ist »eine schwere Geburt«.

Auf dem langen Weg zu seiner Fertigstellung waren eine Menge Hürden zu überwinden, und eine Anzahl Menschen trug ihren kleineren oder größeren Teil dazu bei. Ihnen allen namentlich zu danken ist unmöglich.

Die ideellen und nicht zuletzt materiellen Grundlagen für den von mir eigensinnig eingeschlagenen Weg schufen zunächst meine Eltern. Obwohl ihnen das Treiben einer Wissenschaftlerin, in specie einer Historikerin (sicher nicht ganz zu Unrecht), etwas exotisch erscheint, kann ich mir ihrer Unterstützung jederzeit gewiß sein.

Besonders danken möchte ich Richard van Dülmen, der meine Ideen nicht nur begeistert aufnahm, sondern mich gerade in der schwierigen Anfangsphase engagiert mit Rat und Tat unterstützte und einen gehörigen Anteil an meiner ungebrochenen Motivation auch über (vor allem finanzielle) Klippen hinweg hatte. Mindestens ebensoviel Dank gebührt Norbert Finzsch, der zu einem späteren Zeitpunkt eine ähnliche Rolle übernahm. Beide halfen mir dabei, als »freischaffende« Doktorandin den Anschluß an verschiedene Diskussionskreise in der Wissenschaftswelt nicht zu verlieren.

Ohne die Stipendien der Landesgraduiertenförderung des Saarlandes und der daran anschließenden großzügigen Förderung durch das Hamburger Institut für Sozialforschung wäre das Unternehmen sicher nicht zu einem glücklichen Abschluß gekommen. Den Mitarbeiterinnen der Bibliothek des Ärztlichen Vereins in Hamburg, die den Löwenanteil meines Quellenbestandes in ihrer Schatzkammer hüten, danke ich für ihre Freundlichkeit und Hilfsbereitschaft, ebenso den trotz Überlastung immer freundlichen und geduldigen Mitarbeiterinnen und Mitarbeitern der Hamburger Staatsbibliothek. Dem Stuttgarter Arbeitskreis für Frauen- und Geschlechtergeschichte der frühen Neuzeit sowie dem leider aus finanziellen Gründen aufgelösten Arbeitskreis zur Historischen Anthropologie, den Christoph Motsch und Christof Jeggle in Potsdam ins Leben gerufen hatten, verdankte ich gerade zu Beginn viele spannende Diskussionen und Anregungen. Die Isolation der einsamen Stipendiatin durchbrachen, mir immer wieder persönlich oder – E-Mail sei Dank – über Landes- und Kontinentgrenzen hinweg solidarischen Beistand und Mut zusprechend und sich geduldig zahllose Fallgeschichten, spezifisch-methodische wie allgemeine Zukunftsängste anhörend, besonders Andrea Griesebner, Pavel Himl, Dietlind Hüchtger, Susan Kassouf, Andrea Löther, Bärbel Mertsching, Marilyn Morris, Gisela Rechtin, Birgit Rohde und Karin Stukenbrock. Diverse Manuskriptfassungen arbeiteten tapfer, unerschrocken kritisch und nicht zuletzt prompt und zuverlässig durch: Norbert Finzsch, Ulrike Geiger, Nicole Grochowina, Waltraud Kemper und Heike Ruchotzki.

Schließlich dürfen jene beiden, die mir am nächsten stehen und standen und die deshalb auch am besten wissen dürften, was ich ihnen verdanke und was sie aushalten mußten, endlich (vorübergehend) erlöst aufatmen.

Ihnen sei dieses Buch gewidmet.